リチャード・クラウトハイマー

ローマ

――ある都市の肖像 312～1308年――

中山 典夫 訳

中央公論美術出版

ROME

Profile of a City, 312-1308

by

Richard Krautheimer

Japanese translation published by arrangement with Princeton University Press
through The English Agency (Japan) Ltd.

Japanease translation by Norio Nakayama

Published 2013 in Japan
by Chuo Koron Bijutsu Shuppan Co., Ltd
ISBN978-4-8055-0713-1

目次

第二部　中世の〈フォルマ・ウルビス・ロマエ〉

訳者あとがき 451

付録

ローマ――ある都市の肖像、三一二年～一三〇八年

訳文凡例

1 固有名詞の表記について

人名は、原則としてラテン名で表記したが、それでも後代の「国籍」に応じて慣用化されたもの——たとえばフリードリヒ、シャルル、ヘンリーなど——は、慣用に従って表記した。

ローマの教会名および地名は、今日のイタリア語での呼称で表記した。ただしその際、長音、促音は、その表記を原則として省いた。しかしないとあまりに奇妙に聞こえるいくつかの語では、今日の慣例にならって表記した。

2 カッコの使い方について

本書の性格上カタカナによる表記が多く、そこで以下のカッコを用いて各語を分類し、少しでも読みやすくなるようこころがけた。

〔 〕教会名

【 】古代モニュメント

〚 〛中世モニュメント

『 』文献

《 》美術作品および主題

〈 〉専門的な用語

「 」引用句および特に注意する語

3 注に引用の参考文献について

イタリック体は文献名、［ ］は頻出文献の省略形を示した。

序

この書で筆者は、コンスタンティヌスが入城した四世紀初頭から教皇権がアヴィニョンに去る一四世紀初頭までの約一〇〇〇年の都市ローマの歴史を、ひとつの命ある有機体の肖像として描くことを試みた。その際、次の八つの「如何に」をデッサンの骨格とした。すなわち

・如何に、コンスタンティヌスの時代にはなお〈カプト・ムンディ〉（世界の頭）であったこの古代都市が、教皇の座所となり、やがては西方の宗教および政治の核となったか、
・如何に、時を同じくしてその都市が、規模だけでなく豊かさにおいても、一田園都市へと寂れたか、
・如何に、その寂れた田園都市が、シャルルマーニュの時代から中期中世の間に立ち直り、経済的にも政治的にも成長したか、
・如何に、その都市の街路や教会、民家や城館、人びとの住みついた【コロセウム】の穹窿、要塞と化した修道院、水の上の生活は見えたか、
・如何に、現前するモニュメントが古代の異教と初期キリスト教の偉大なる思い出を呼び覚まし、それがこの都市の運命のどん底の瞬間にさえ生きながらえたか、
・如何に、その生きながらえた思い出が、再び盛り返した教会の力とともに、精神的、物質的、そして政治的に、この都市をして中世世界における指導的地位に押し上げる要因となったか、
・如何に、この都市の遺産が、くりかえし新たによみがえり、異邦からの訪問者、芸術の注文者、また芸術家自身を揺り動かし、その力を教会の設計、絵画、彫刻、いや都市の発展の上にさえ、影響を及ぼしたか、

・如何に、その建築と美術の力が、教皇、異邦人の皇帝、ローマ市民の常に変化し、互いに対立する政治の理念や現実と結びつき、それを形で表現したか。

要するに筆者は、一〇〇〇年にわたるローマの歴史を、ただモニュメントの歴史、都市図に見る変化の歴史ではなく、むしろモニュメントが語る歴史として、概観するよう努めたのである。しかしそれは、たとえ単なる肖像の形をとるとしても、おそろしく大胆な試みであった。資料の嵩はあまりにも莫大であり、ローマを知った、いや知り得たと信じた五〇年の蓄積にもかかわらず、多くの世俗建築、多くの教会建築、そして多くのフレスコが、筆者の注意からもれていた。もっと悲惨なのは、他の研究者の領域に立ち入らざるを得ないことであった。自身の研究領域に近い分野、すなわちその成果を知り、それについて学問的討論についていけると思えた分野——筆者の場合ではモザイクと壁画がそれに相当するのだが——においてさえ、それを専門とする人びととはけっして同じように自信をもっては動けないものであった。またつらいことには、やむを得ないことではあろうが、知識がただ一般程度を超えない分野——筆者にとっては教会史や政治史、あるいは社会史・経済史——にも立ち入らねばならなかった。たしかに書かれたものを読むこと、それぞれを専門とする友人の話を聞くことは、大いに役立った。しかしそれでも、いまだ十分に、いやまったく研究されてない分野や時代もあった。たとえば一〇世紀から一一世紀前半にかけての美術の歴史、あるいは中世におけるローマの人口の変化である。それゆえ、結局のところ筆者は、可能な場合には自分が知ると信じている事実に立ち戻ることが最善だと考えた。すなわち教会、住居、あるいは要塞など建物、街並みや道路の地図の変遷、それらに関する公開あるいは非公開の豊かな記録資料である。結局それらが、都市ローマのこの肖像を形つくる素材となった。生涯の終りに至ってもまだ知らなかった多くのことを新たに発見し、それらをまとめ得たことは、まずは筆者自身のため、次にはニューヨーク大学美術研究所の学生のため、そして最後に今この書のために、たしかにうれしいことであった。筆者は、この書の読者もまたこの楽しみを共有し、そして筆者の避けられなかった誤りを容赦していただけたらと願うばかりである。

まずはこころから感謝を、おわりのない討論で筆者を支えてくれたすべての友人、同僚、かつての学生諸君にささげます。友人のヴォルフガング・ロッツ氏は、ローマだけでなく多くのテーマに関するはかり知れない博識で筆者を支えてくれ、勇気づけ、ときには警告してくれました。ハンス・ベルティング氏、チェチリエ・デイヴィス－ワイヤー氏、ジャドスン・エメリク氏は、カロリング朝時代のモザイクとその政治的主題についての知識と考えを筆者に分けてくれました。ロベルト・ブレンターノ氏、アーノルド・エシュ氏、ジェラルド・E・カスパリー氏は、ローマ中世史研究の現況についての筆者の知識にはかり知れない貢献をしてくれました。

感謝の特別のことばは、この書執筆の当初からたすけてくれた秘書のジョアン・バークレイ・ロイド女史に向けられねばなりません。彼女は、筆者が見落とした資料を一度ならず掘り返してくれました。またこの書のいくつかのアイディアと文言は、彼女との数時間にわたる討論に基づいています。絶え間のない会話によるこの知的な助けのみならず彼女はまた、資料の整理、莫大な量の草稿から最終稿までの筆記という「家事」をも受けもってくれ、さらにはこの書に使われた美しい地図も描いてくれました。彼女への感謝のことばはけっして尽きることはありません。

さらにふたりの若い友人、筆記の仕事の一部を受けもち、筆者とともに章立てならびに校正を誠実にこなしてくれたデボラ・ケログ氏、この書のためにいくつかの美しい写真を提供してくれたチャールズ・マクレンドン氏に、同じようにこころから感謝します。

索引の製作はルイズ・マクデルモット夫人、ページのレイアウトはロバート・E・ブラウン氏と、それぞれ忍耐のいる仕事を引き受けてくれました。

筆者がこの書に取り組んでいる間に利用した多くの図書館や写真保管所の担当者は、例外なく非常に親切であり、筆者のために多くの時間をさいてくれました。まずはビブリオテカ・ヘルツィアーナに謝意を表します。その書籍および写真の蒐集の豊かさ、その職員の親切な応接は、まさに比類のないものです。なかでもくりかえし写真と貴重な助言を与えてくれたヒルデガルデ・ギース博士、エヴァ・シュターン博士、ガブリエーレ・フィシェラ女史に感謝しなければなりません。同じように、非常に貴重な写真を提供してくれたローマのアメリカン・アカデミーの写真部司書カレン・アイナウディ女史のこころの広さに感謝します。同じく、ヴァティカン図書室の担当者、特にホセ・ルイスシヤールト女史、さらにプリンストン大学のファイアストーン図書館の担当者、プリンストン神学校およびプリンストンの高級研究所（Institute for Advanced Study）図書館に感謝します。またヴァティカン美術館の写真保管所、ローマ信徒教会の文書館、古い写真の豊富な蒐集を誇るカピトリーノ美術館およびムゼオ・ディ・ローマの文書保管室の所長および担当者、さらにはガビネット・フォトグラフィコ・ナツィオナーレおよびソプラインテンデンツァ・アイ・モヌメンティ・デル・ラツィオの担当者に感謝します。

最後に、副理事長メアリ・M・デイヴィス女史をとおして常のごとく寛大に研究助成金を授与されたクレス財団にこころからの謝意を表します。これは筆者をして一学期間プリンストン高級研究所に滞在させ、この書の原稿を整理することを可能にしました。この研究所の親切なもてなし、そして特にそこでの滞在に道をひらいてくれた友人イルヴィング・ラヴィン教授にこころからのお礼を申し上げます。

ローマにて　一九七九年

第一部　イメージと実体

第一章　都市ローマとコンスタンティヌス

皇帝の首都ローマ[注1]

四世紀の初頭までにローマは、それまでの一〇〇〇年の間に、いくつかの丘に群がる集落から、まとまりをもつひとつの大都会に成長していた。そしてキリスト教は、ペトルスが説教し、パウルスがローマ人に宛てて手紙を書いた紀元後六〇年代から、すでにこの都会に根を下ろしていた。二世紀の終わり、あるいはおそくとも三世紀の中頃までには、ひとつのキリスト教共同体が芽生え、生長し、活動をはじめていた。しかし厳密にいうならば、ローマにおけるキリスト教の歴史は、コンスタンティヌスが共同皇帝のマクセンティウスからこの都市と帝国の西半分の支配権を奪った三一二年一月二八日にはじまった。フラミニア街道に沿った峡谷サクサ・ルブラ（赤い岩）で火ぶたを切り、ティベリス（テヴェレ）川岸へと下り、さらにはミルヴィウス橋をわたってつづいた騎兵戦――それゆえこの歴史的な戦闘は〈ミルヴィウスの戦い〉と呼ばれる――は、コンスタンティヌスによる首府の征服でおわった。彼は、自身の勝利を幻覚の中で彼に十字を示したキリスト教の神に帰した。キリストの十字は、コンスタンティヌスの導きの標《しるし》となった。コンスタンティヌスは教会の強力な後援者となり、その援助は、彼が三二四年帝国の東半分を征服したとき、さらに強固なものとなった。死の床で洗礼を受けたコンスタンティヌスは、教会の一員として世を去った。

コンスタンティヌスが入城したローマは、一〇〇年前にくらべれば、規模は大きくなっていたが人口は減っていた（図1）。都から帝国の各地に延びる主要な街道の網は、いまだ維持されていた。アッピア街道は、ナポリやブリンディシを経て海路東方へ向か

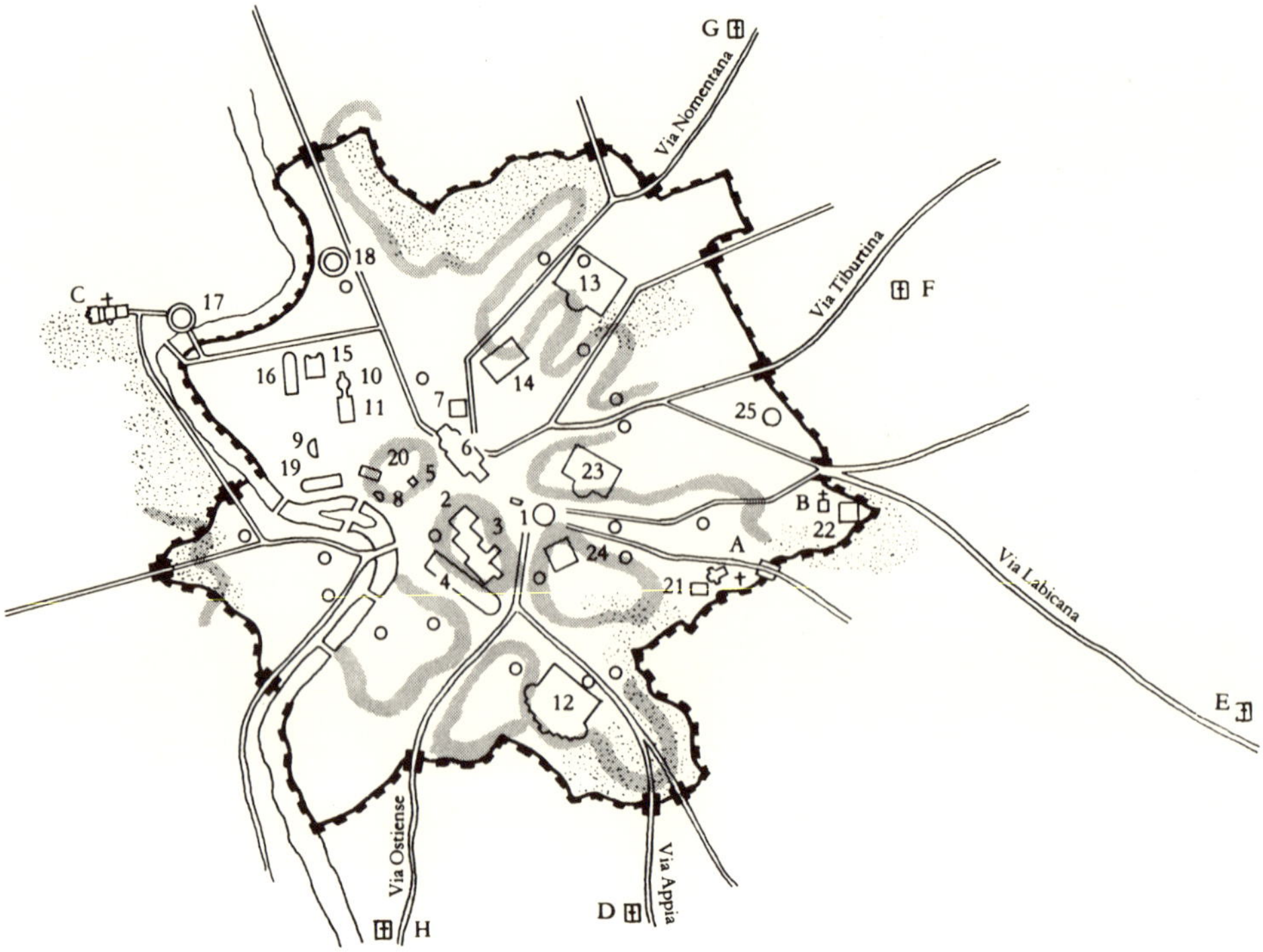

古代モニュメント

1. 【コロセウム】
2. 【フォールム】
3. パラティーノ
4. 【キルクス・マクシムス】
5. カンピドリオ（カピトリウム）
6. 【皇帝のフォールム】
7. 【トラヤヌスのフォールム】
8. 【マルケルス劇場】
9. 【ポンペイウス劇場】
10. 【パンテオン】
11. 【アグリッパの浴堂】
12. 【カラカラの浴堂】
13. 【ディオクレティアヌスの浴堂】
14. 【コンスタンティヌスの浴堂】
15. 【アレクサンデル・セヴェルスの浴堂】
16. 【ドミティアヌス競技場】（ピアッツァ・ナヴォーナ）
17. 【ハドリアヌスの墓廟】（［カステル・サンタンジェロ］）
18. 【アウグストゥスの墓廟】
19. 【キルクス・フラミニウス】
20. 【オクタヴィアのポルティコ】
21. 【カストラ・エクヴィトゥム・シングラリウム】
22. 【セソリウム】
23. 【トラヤヌスの浴堂】
24. 【クラウディアヌム】
25. 【ミネルヴァ・メディカ】

キリスト教の建物

○〈ティトゥルス〉

教会

A. ラテラーノのバシリカ
B. ［サンタ・クローチェ］

墓地バシリカと殉教者教会

C. ［サン・ピエトロ］
D. ［サン・セバスティアーノ］
E. ［サンティ・マルチェリーノ・エ・ピエトロ］
F. ［サン・ロレンツォ］
G. ［サンタニェーゼ］
H. 聖パウロの祠

庭園

1. 300年頃のローマ地図

2. 【ポンス・ファブリキウス】

い、フラミニア街道は、ウンブリアを横切ってアドリア海の北海岸、さらにはドナウ川流域の諸国へと延び、サラリア街道はサビニの山脈を抜けて東海岸のアンコナへとつづいていた。またカッシア街道はテヴェレ川を渡り、アレッツォ、フィレンツェを経てロンバルディアへ、アウレリア街道は西海岸に沿ってジェノヴァ、さらに遠くプロヴァンス、ガリア、スペインに向かっていた。その他いくつかの街道は、ノメントゥム（今日のメンタナ）、プラエネステ（パレストリーナ）、ラヴィニウムなど近隣の都市、またオスティアやポルトなど海港を都と結んでいた。そしてこれらの街道を渡していたのが、今日でもそのいくつかは使われている橋であった。市街から北約二マイルの地でテヴェレにかかるポンテ・ミルヴィオ（ミルヴィウス橋）は、フラミニア街道とカッシア街道をとおし、その北東では、ポンテ・サラリオがアニエネ川を渡していた。カッシア街道からは、ふたつの橋で街に入った。【ハドリアヌスの廟】（のちの〔カステル・サンタンジェロ〕）近くの、今はポンテ・サンタンジェロと呼ばれる【ポンス・アエリウス】は、一九世紀の九〇年代にもとの場所にかつての材料を使って建て替えられた。その下流にあったネロの橋は、今はない。トラステヴェーレを横切って街に入るアウレリア街道は、四つの橋で東岸と結ばれていた。一五世紀にポンテ・シストに替えられた【ポンス・アウレリア】、それに【ポンス・ケスティウス】と【ポンス・ファブ

3. 【アクヴァ・ユリア】(ラテラーノ近く)

リキウス】――このふたつは、テヴェレの島を抜けて渡る橋であり、後者は今日にもかつての面影を伝えている(図2)。さらにそこから南へ約一〇〇メートル下流、『サンタ・マリア・イン・コスメディン』近くのアエミリウス橋、これはのちに崩れ落ちたがその遺構は、〈ポンテ・ロット〉(破れ橋)と呼ばれて今日なお川面の上に聳え立つ。これらの街道や橋を渡って、今日もそうであるように旅人や食糧は運ばれてきた。しかし北アフリカ、南イタリア、シチリア、プロヴァンス、スペインからの油、ワイン、穀物、木材、あるいはギリシアや東方各地からの上等なワイン、大理石などの贅沢品は、海路を船で運ばれてきた。古代ローマの港町ホボケン、ティルバリー、オスティア、あるいはポルトでおろされた荷は、小さな舟に積み替えられ、川をのぼり、アヴェンティーノの麓の埠頭へと運ばれた。大理石をおろしたことから『マルモラータ』と呼ばれた埠頭、それに穀物などの倉庫〈ホレア〉の一部は、今日なお見ることができる。この長さ約五〇〇メートルの大埠頭『マルモラータ』は、ピラネージがのちに描くように〈ポンテ・ロット〉まで達していた。『カステル・

サンタンジェロ』の対岸には、北のラティウムやウンブリアから下ってきた荷をおろす短いふたつめの埠頭があった。都市ローマの水は、共和政時代から築かれ、常によく管理されてきた一一（あるいは枝をいれれば一九）の上水道によって、豊かに供給されていた。アーチをつらねる水道は、近隣の田園地帯をつらぬき、街の中へとつづいていた。今日でもその壮大な遺構は、『サン・グレゴリオ・マーニョ』とパラティーノをまたぐアーチ橋、ポルタ・マジョレからチェリオの頂に沿って延びる【アクヴァ・クラウディア】、ラテラーノ近くの【アクヴァ・ユリア】の長いアーチに見ることができる（図3）。

コンスタンティヌスの時代には、かつてはおそらく一〇〇万あるいは一五〇万を数え、ほとんどが公の福祉政策に頼っていた古代ローマの住民は、食糧の供給が悪化した紀元後二三〇年から二七〇年の混乱期以来減少をつづけていた。しかしその数は、いまだ八〇万には達していたと思われる。都市ローマは、政治上の役割も弱めていた。ディオクレティアヌス（二八五―三〇五年）による四分統治政は、それぞれの任務に応じて四人の共同皇帝の新しい宮廷を、東方ではアンティオキア、テッサロニキ、マルマラ海沿岸のニコメディア、バルカン半島ではシルミウム、北ではミラノ、トリエル、ヨークに置いた。ローマに、皇帝の宮廷が構えられることはなかった。政事および軍事の高級機関は、新しい行政の中心に拠点を移すか、あるいは四分統治者の宮廷に付随して移動した。たしかに元老院は、ローマにのこった。しかしその機関としての役割は、実際には儀礼とときたまの都市行政への介入に限られた。市政の実権は皇帝の手に握られ、彼の任命した役人組織にゆだねられた。それは、〈プラエフェクトゥス・ウルビ〉（市総督）を長とし、食糧の供給をつかさどる〈プラエフェクトゥス・アンノナエ〉（食糧庁長官）、警察庁長官、上水道監督官、河川および下水道監督官、港湾管理者、公共建築管理者、道路管理者、公共彫像管理者などから構成されていた。

都市ローマは、もはや権力の中心ではなくなっていた。しかし世界の目にはいまだ帝国の首都に見えていた。数世紀にわたるこの都市の名声と栄光は、リヴィウスやヴェルギリウスからカッシウス・ディオ、さらには『ヒストリア・アウグスタ』で語りつがれ、記念碑、建物、彫像、凱旋門、記念柱で形とされ、元老院で実体化され、元老院議員によって伝えられていた。個々に見れば、元老院議員とその家族がその莫大な富、社会的地位、縁故をとおして影響力をもち、属州では〈プロコンスル〉（コンスル代理）、ローマでは〈プラエフェクトゥス・ウルビ〉や〈コンスル〉（執政官）などの世襲の官職をとおして、権威を保持していた。たしかに組織としての元老院は、もはや権力をもたなかった。しかしその儀礼的な機能が意味を失っていたわけではない。たとえ〈プロ・フォルマ〉（形式的）であるとしても、元老院は皇帝選挙の適法性を宣言し、立法の正当性を承認し、限られた範囲であれ宮廷の権力を抑制し、その均衡を保つ役割を果たしていた。さらに重要なのは、元老院がその構成員と組織で古代ローマの伝統を代表していたこと、その存在が、別に宮廷という現実の権力の座があるにもかかわらず、この都市に唯一正統な政治的地位を与えていたことであった。平民あるいは貴族にかかわらずローマ人にとって、いやブリティーズ諸島やベルベル山中の属州住民、さらにはササン朝やインドの異邦人にとっても、ローマはなお世界の首都であり、帝国の女主人、文明世界の頭〈カプト・ムンディ〉でありつづけた。

城壁、道路、〈観光エリア〉注2

外見の上では、コンスタンティヌスが入城する前の四〇年に、ローマはすでに復興を果たしていた。あやまって【セルヴィアヌスの城壁】と呼ばれ、今日なおその一部を鉄道駅の近くに見る共和政ローマの城壁は、すでに紀元前一世紀以後の都市の膨張に呑みこまれていた。皇帝アウレリアヌスとプロブスは、二七二年から二七九年にかけて、膨張した都市を新しい城壁で囲った。何度も修理されてはいるが、この壁は、ほとんど一八キロメートルの全長を今日にのこしている（図4）。それは、テヴェレの上流を起点として左岸すなわち川の東側に、約一八平方キロメートルの四角形をつくる。右岸では、〈トランス・ティベリム〉すなわちトラステヴェーレ区域を囲って、ジャニコロ（ヤニクルム）の頂を頂点とする三角形をつくる。小さな通用門をともなう一四の城門は、それをくぐる街道の名で呼ばれていた。北の【ポルタ・フラミニア】（今日のポルタ・デル・ポポロ）、東の【ポルタ・ティブルティーナ】（ポルタ・サン・ロレンツォ）、南東の【ポルタ・ラビカーナ】（ポルタ・マジョレ）、南の【ポルタ・アッピア】（ポルタ・サン・セバスティアーノ）および【ポルタ・オスティエンシス】（ポルタ・サン・パオロ）、ジャニコロの上の【ポルタ・アウレリア】（ポルタ・サン・パンクラツィオ）などが、主要な役割を果たしていた。城壁は、三〇九年から三一二年にかけてかさあげされた。四〇二年から四〇三年にかけてふたたび積み上げられ、今日になお高さ一五メートルを越えるその偉容を伝えている。この最後のかさあげのとき、城門の両脇をかためる半円形あるいは四角形の双塔が補強、あるいは増築された。またそれぞれの門には前庭がそなえられ、その

4.【アウレリアヌスの城壁】

ほかに十字に射る二個の狭間をもつ四角形の塔が、当初は三八〇個壁から突き出ていた。内側では、アーチで覆われた通路が塔や門をつなぎ、壁や塔の上には、射手を守る凸型の胸壁がめぐらされていた。また同じとき壁は、トラステヴェーレの対岸から【ポルタ・フラミニア】まで、川の東岸に沿って延長された。この区間はのちに建物で覆われたが、それでも一九世紀末にテヴェレ川の堤防が改修されるまで、その遺構を見ることができた。当初の建造、また後代の修復も、砕石をコンクリートで固め、その表面をレンガで覆う、堅牢性を誇るローマ帝政時代以来の工法が用いられた。長い時代を越えて生き延びたこれら城壁と城門は、今日に古代末期ローマの威容を語るもっとも顕著なモニュメントとなっている。歴史上、この施設に十分な兵力が動員されたことは一度もなかった。しかしそれは、攻める側にとっては壊すこともよじ登ることもできない城壁であり、その脅威は敵に攻撃を思いとどまらせ、ローマ人のみならず異邦人にも「永遠の強さ」を印象づける、他に類を見ない壮大な建造物であった。

【アウレリアヌスの城壁】は、三世紀の五〇年にわたる混乱の後でのローマにおける大規模建造物の復活を告げるものであった。この復活は、四分統治政がねらった万機一新の精神と一致するものでもあった。また同時に、都市の防衛と公衆の衛生、

5.【クーリア・セナートゥス】

政治的プロパガンダ、帝都の荘厳化（そこにはいまだ「文明化された世界の首都」の理念が生きていた）など、現実的な目的もあった。それはまた、かつての扶養されることに慣れたローマの市民に、何百年の間ほとんど忘れていた「手仕事」を思い出させることにも役立った。じじつ石工、レンガ工、大工、彫刻師、画工、ガラス工、塗装工などの建築職人が、新たに鍛えられた。古代のレンガを盗んでの貧しい修理はあったであろうが、大きく見ればこの復興によって、建設業全体およびそれに関連する業界が再編成されたのだ。コンスタンティヌスがローマに入城する前の三〇年は、この建築産業復活の輝かしい時代でもあった。エスクヴィリーノには、カラカラ帝後の五〇年にわたる沈滞のあとの大事業として、この皇帝の浴堂よりさらに巨大な【ディオクレティアヌスの浴堂】が築かれた。二八三年に焼け落ちた【フォールム・ロマーヌム】には、フォールムに不可欠の元老院の議会所【クーリア・セナートゥス】が築かれた（図5）。その向かいの【バシリカ・ユリア】も、ほとんど完全な姿で再建された。【クーリア】の正面には、演説者の壇【ロストラ】が再建され、その後方には、ディオクレティアヌスと彼の協同皇帝の名誉をたたえる記念柱が建てられた。

マクセンティウスの建築事業は、その統治がわずか六年（三〇六－三一二年）と短いだけにいっそう、数においてもまた規模においても驚きにあたいする。【フォールム】の東の端、【コロセウム】の向かいに彼は、破壊されていたハドリアヌスの【ウエヌスとローマの神殿】を、のこされていた基壇を使って忠実に再現した。これに隣接して、同じように【コロセウム】の向かいに彼は、三〇

6.【バシリカ・ノーヴァ】

九年から三一二年のわずか三年の間に【バシリカ・ノーヴァ】を築いた。交差穹窿の丸天井をもつ身廊とその両側に樽型丸天井の大きな龕をそれぞれ三つもつこの巨大な会堂建築は、今日にあっても【フォールム】におけるもっとも印象深い遺構である（図6）。このバシリカは、コンスタンティヌスによってわずかに変えられて完成され、彼の名をとって【バシリカ・コンスタンティーニ】と呼ばれた。その近くのひとつの古い建物もまた、マクセンティウスによって基礎から建て替えられた。今日『サンティ・コスマ・エ・ダミアーノ』が入るこの建物は、アプスをもつ壁でふたつに分けられ、その前方半分の壁は大理石の化粧板で覆われている。【フォールム】に面して築かれた、今日あやまって〈ロムルスの神殿〉と呼ばれる丸屋根の円形建物は、正面が曲線を描く円柱廊をもつ（図7）。アルフレッド・フレイザーが推測するように本来市総督の接見に使われたであろうこの建物は、コンスタンティヌスによって仕上げられ、化粧張りと湾曲する正面はそのときのものと思われる。都のはずれ、すなわち【アウレリアヌスの城壁】に沿っても、新たにいくつかの建物が築かれた。東のルキニウスの庭園には、〈ミネルヴァ・メディカ〉と呼ばれた十角型で丸天井の庭園会堂

7.【テンプルム・ディヴィ・ロムリ】（〈テンプルム・ウルビス〉）

が築かれ、その遺構は今日になお伝わる。南東の広大な三世紀の宮殿建物群、いわゆる【セソリウム】には、のちに【ウエヌスとクピドの神殿】と呼ばれた、アプスをもつ大きな会堂建築が築かれた。四世紀初頭のマクセンティウスあるいはコンスタンティヌスによるこの建物群の遺構は、今日なお『サンタ・クローチェ・イン・ジェルサレンメ』の東隣に聳えている。そこからあまり遠くない、現在のラテラーノ聖堂の西方では、ひとつの豪壮な邸宅が改築され、少なくともそのひとつはコンスタンティヌスの時代にこの皇帝一族の神話的祖先を描いた壁画で飾られた。アッピア街道沿いには、大きな競技場を含むヴィルラが築かれ、三一〇年マクセンティウスの息子ロムルスに献じられた。また、おそらくマクセンティウス一族のものであろう廟堂も築かれた。しかしマクセンティウスによるもっとも壮大な建築事業は、【アウレリアヌスの城壁】を二倍に高めたことであった。それは、わずか六年の在位における驚くべき業績として後代に語り継がれた。

これらは、コンスタンティヌスの新しい首都を皇都にふさわしく荘厳した最後の大規模な建築事業であった。しかし城壁の内側に広がる市街は、数世紀にわたるローマの成長の結果であった。郊外の田園を抜けてきた街道は、それぞれの城門から街の中心へと延びていた。ヴィア・ラータ（大通り）今日のコルソは、ポルタ・デル・ポポロからカンピドリオの麓へと通じ、ノメンターナ門からは、クヴィリナーレの尾根をつたい、南西の斜面を下る〈アルタ・セミタ〉（高い道）――今日の「九月二〇日通り」と「一一月四日通り」に相当――が、同じく中心部に向かっていた。この道から分かれてクヴィリナーレの南側低地に下る〈ヴィクス・ログヌス〉（長い小径）は、ポルタ・ヴィミナリスから来る〈ヴィクス・パトリキウス〉と合流していた。前者は現在のヴィア・ナツィオナーレ、後者はヴィア・ウルバーナにほぼ一致する。これに、ポルタ・サン・ロレンツォからエスクヴィリーノを横切って【フォールム】に向かう三本目の道が合流していた。南東の城門、すなわちポルタ・マジョレとポルタ・サン・ロレンツォからは、今日のヴィア・ラビカーナおよびヴィア・サン・ジョヴァンニ・イン・ラテラーノに相当する二本の幹線が、【コロセウム】に向かっていた。アッピア街道とラティナ街道は、ポルタ・サン・セバスティアーノから市内に歩いて一〇分の地点で合流し、今日のパッセギアタ・アルカエオロジカを経てパラティーノ南東の端に向かい、さらにそこから今日のヴィア・デイ・チェルキに沿って丘の南崖と【キルクス・マクシムス】の間を抜け、ピアッツァ・ボッカ・デルラ・ヴェリタ、さらには川岸へとつづいていた。この道と、オスティア門（ポルタ・サン・パオロ）から来る今日のヴィア・アヴェンティーノおよびヴィア・サン・グレゴリオとパラティーノの端で交差する道もまた、【コロセウム】に向かっていた。城壁の西端【ポルタ・アウレリア】をくぐった道はトラステヴェーレを抜け、ヴァティカンからの道は【ハドリアヌスの廟堂】へ向かって下り、それぞれテヴェレに架かる橋を渡って東岸の道路網に合流した。これらの主要道路は、多くの場合あたかも定規で引いたように直線で、急な勾配をもっていた。大きな舗石で舗装されてはいたが、道幅は狭かった。〈ヴィア・ラータ〉（大通り）というラテン名は、広い通りのコルソを連想させるが、今日の約一〇メートルの道幅には到底およばなかった。加えて、今日の『サン・ロレンツォ・イン・ルチナ』と『サンタ・マリア・イン・ヴィア・ラータ』の近くにあったふたつの凱旋門が、道をいっそう狭めていた。もちろん小径はさらに狭く、それらはくねくねと、そしてときには鋭角に曲がり、ほとんど舗装されていなかった。

これらすべての主要道路は、カンピドリオ、【フォールム】、パラティーノ、【コロセウム】の成す都市中心部に向かっていた。この中心部は、何百年もかけての壮大な国家的モニュメントの建ち並ぶ〈観光エリア〉を形成していた。そこでは、ローマの市民は誇らしげに、属州や異国からの旅人は目をまるくして、神殿、宮殿、バシリカ、劇場、行政建物、柱列を見上げた。畳々と重なる大理石や似非大理石、鍍金されきらめく柱頭、凱旋門、彫像――その印象は、今日のヴェネツィア広場のモヌメント・ヴィットリアーノのおぞましい印象と似たものであったかもしれない（図８）。四世紀のある旅行者にとって、それらはまさにローマと帝国の栄光を見せつける壮大な見世物であった。彼が見たのは、五万人の観客を楽しませる巨大な劇場（図９）、そこから西に向かって延々とつづく【フォールム・ロマーヌム】の建築群（図10）、【ウエヌスとローマの神殿】、マクセンティウスが着工しコンスタンティヌス

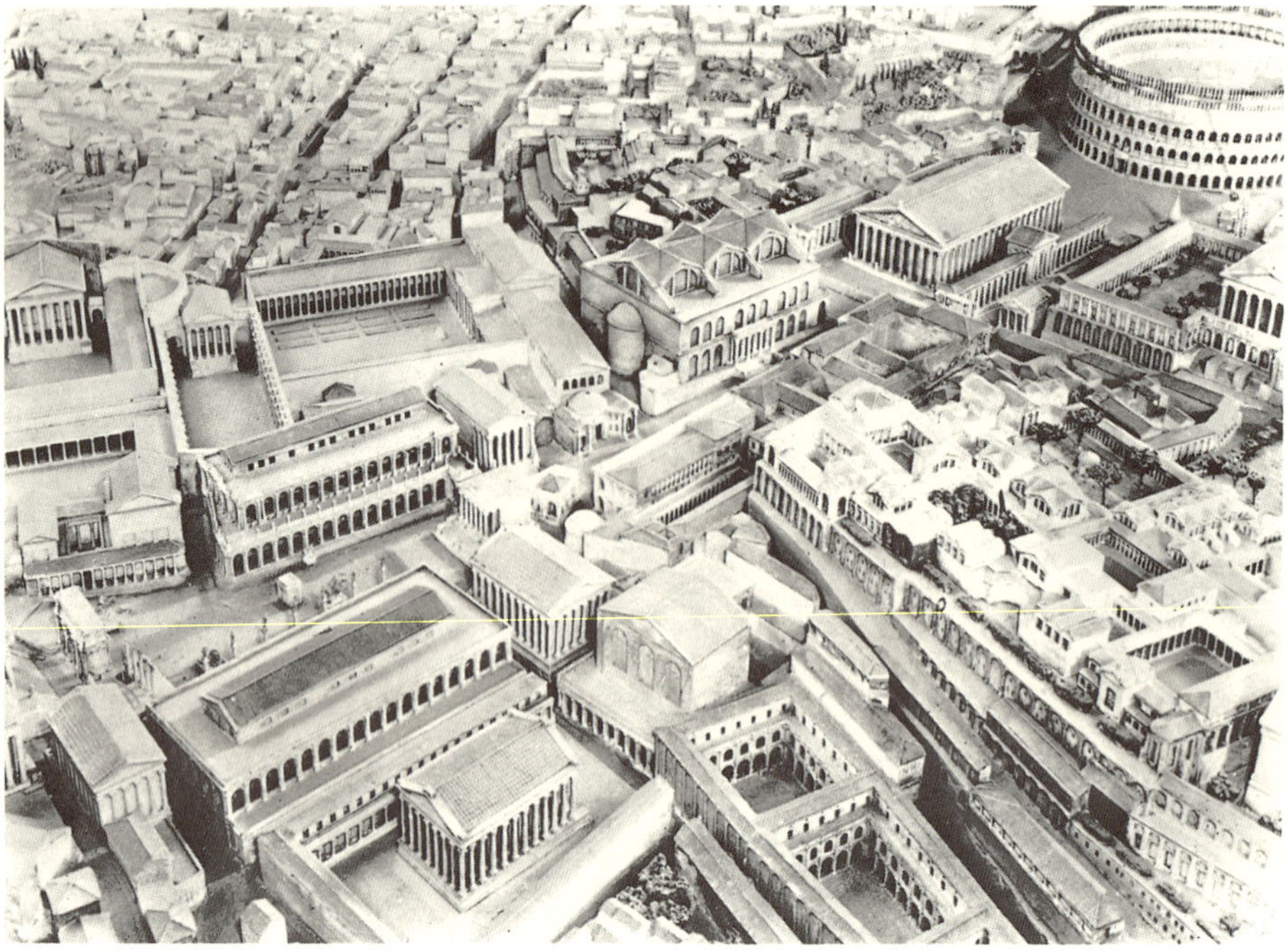

8. 【フォールム】模型　Museo della Civiltà Romana

9. 【コロセウム】と【ウエヌスとローマの神殿】

10.【フォールム】(西側からの眺め)

が巨大な丸天井を迫り上げた【バシリカ・ノーヴァ】、【ティトゥスの凱旋門】、今は『サンティ・コスマ・エ・ダミアーノ』に変えられたおそらく市総督の謁見用会堂、その円形の玄関、【アントニウスとファウスティーナの神殿】、さらにその奥の【バシリカ・アエミリア】と【バシリカ・ユリア】、【元老院議事堂】、【コンコルディアの神殿】、【サトゥルヌスの神殿】、【セプティミウス・セヴェルスの凱旋門】、そして多くの小さな祠、記念碑、記念像。さらにその後方には、神殿群の聳えるカンピドリオの丘、その東側の崖には国家の文書を収める【タブラリウム】の粗々しい剥き出しの壁とアーチをつらねた円柱廊が見えた。【フォールム・ロマーヌム】の北側には、それと平行して【皇帝たちのフォールム】が数世紀にわたって築かれた。今日のヴィア・デイ・フォーリ・インペリアリは、その廃墟の中をつらぬく。東から、紀元後七〇年のユダヤ戦争の終焉を告げる〈パキス〉(平和)と呼ばれた【ヴェスパシアヌスのフォールム】、つづいて紀元後九七年に完成し、その円柱廊と東壁のフリーズが中世に『コロナッケ』と呼ばれた【ネルヴァのフォールム】、聳え立つ後壁と【復讐神マルスの神殿】をのこす【アウグストゥスのフォールム】、その南側、【フォールム・ロマーヌム】に接して一族の祖神の【ウエヌスの神殿】をもつ【カエサルのフォールム】、その西

11.【トラヤヌスのフォールム】

側に、紀元後一一三年に完成し、最大の規模と豪華さを誇った【トラヤヌスのフォールム】。クヴィリナーレの丘を削ったその広大な敷地には、帝国最大の【バシリカ・ウルピア】、今日なおダキアへの勝利を証して聳え立つ【トラヤヌスの円柱】、しかし神格化された彼の神殿と騎馬像は、今はない。保存のよい北側半円アーケードの上には、屋根の下に三ないし四層をなして店舗を並べる【トラヤヌスのフォールム】が天を衝いていた（図11）。【フォールム・ロマーヌム】の南、古くからの支配層の居住地パラティーノには、紀元後一世紀以来皇帝たちが次々と宮殿を構えた。中でももっとも新しく、南東の端に今日なおその雄大な遺構を見せる【セプティミウス・セヴェルスの宮殿】は、東に【コロセウム】、西に【キルクス・マクシムス】を見下ろしていた。【フォールム・ロマーヌム】西端のカンピドリオの上では、鍍金されたブロンズの屋根を葺く神殿が建ち並んでいた。そのひとつ【ユピテルの大神殿】の基礎は、今日パラッツォ・デイ・コンセルヴァトーリの美術館建物の下に眠っている。

　ローマのまさに中心をなす【フォールム】を核とするこの豪華な〈観光エリア〉は、南、北東、そして西にその枝を伸ばしていた。カンピドリオとパラティーノの南にはふたつの小さな市場、今日の『サン・ニコラ・イン・カルチェレ』の地の【フォールム・ホリトリウム】（野菜市場）、『サン・ジョルジオ・イン・ヴェラブロ』とピアッツァ・ボッカ・デルラ・ヴェリタの地の【フォールム・ボアリウム】（牛市場）があった。【コロセウム】の北東オピウスの丘には【ネロの黄金宮】、【ティトゥスの浴堂】、そして今日なおその遺構の聳える【トラヤヌスの大浴堂】があった。カンピドリオの西方にも豪壮なモニュメントは散らばっていた。南西には、アウグストゥスの時代に築かれ、今日最上部と舞台を欠く【マルケルスの劇場】、その近くの一世紀初頭に建てられ二〇〇年後に改築された、本来はふたつの神殿を囲っていた広い方形の円柱廊【オクタヴィアのポルティコ】からは、その一部が今日『サンタンジェロ・イン・ペスケリア』に隣接するゲットーの中にのこる。そこから〈カンプス・マルティウス〉（カンポ・マルツィオ）が、西はテヴェレの堤、今の《サンタンジェロ》の対岸まで、北は【ポンテ・フラミニア】まで広がっていた。この野には、今は中世およびその後の建物に呑み込まれた【ポンペイウスの劇場】、今はピアッツァ・ナヴォーナに姿を変えた【ドミティアヌスの競技場】、三世紀にアレクサンデル・セヴェルスによって拡張され、今日のピアッツァ・ナヴォーナから【パンテオン】にまで達していた【ネロの浴堂】、アウグストゥス時代に築かれ、一世紀末から四世紀にかけて拡張再建された【アグリッパの浴堂】、アグリッパが築いた聖域の上にハドリアヌスが建てた【パンテオン】。その円柱廊の玄関、おそらくは天穹を象徴した丸天井、半球の周壁の遥かな高みの天窓は、当時のまま今日にのこる（図12）。コルソの近く、今日のピアッツァ・ディ・ピエトラの株式取引所の地には【ハドリアヌスの神殿】が聳え、ピアッツァ・コロンナには【マルクス・アウレリウスの記念柱】、さらにその北には【アウグストゥスの霊廟】、そしてその近くにはオベリスクを時の柱とする巨大な日時計があった。カンプス・マルティウスの西端、ハドリアヌスがテヴェレに架けた【アウリアヌスの橋】は、彼自身の霊廟に渡るためのものであった。今は『カステル・サンタンジェロ』として知られるその巨大な円筒形の霊廟は、もとは大理石の化粧板で覆われ、上階には彫像と円柱廊がめぐり、これもまた観光の最大の呼び物のひとつであった（図13）。カンプス・マルティウスの偉観は、さらに城壁の外のヴァティカンの丘までつづいていた。これらモニュメントの中には、まちがって『メタ・ロムリ』（ロムルスの標柱）と呼ばれて一六世紀まで生き延びたピラミッド型の墓もあった。またその近くには、中世に『テレビント』と呼ばれたオベリスクが立ち、またヴァティカンの南斜面、二世紀の巨大な円形墓廟の前には別のオベリスクが立っていた。一八世紀までの素描、絵画、版画には、中世に『サンタ・マリア・デルラ・フェブレ』と呼ばれた墓廟が登場する。『ググリア』と呼ばれたオベリスクは、今日ベルニーニのサン・ピエトロ広場に立つ。『サン・ピエトロ』のバシリカの下には、豪奢なモニュメントの並んだ墓地が広がっていた。キリスト教徒たちもまたそこに貧弱な一角を確保し、使徒ペトルスの殉教を記念する龕をもつ墓を築いた。ヴァティカンの丘の南の麓には、ネロの庭園と、最近その輪郭が正確に跡づけられ

12. 【パンテオン】外観

13. 【ハドリアヌスの墓廟】と【ポンス・アエリウス】（〔カステル・サンタンジェロ〕）と〔ポンテ・サンタンジェロ〕）

た彼のキルクス、土を固めた競技場があった。テヴェレ沿いのもうひとつの偉大な観光の呼び物に、模擬海戦のために【ハドリアヌスの霊廟】の北方に築かれた【ナウマキア】があった。しかしその跡は、まだ見つかっていない。

〈ドムス〉、〈インスラ〉、〈ヴィルラ〉注3

これら偉容を誇る大建築遺構では、それをまさに呑み込もうと庶民の住宅が取り囲み、ところによってはすでに侵食をはじめていた。四世紀ローマの地理辞典である『レギオナリア』は、当時の街区と公的および私的の建物を列挙するが、そこには、二八の図書館、六基のオベリスク、八個の橋、一一のフォールム、一〇のバシリカ、一一の公共浴堂、九つの競技場と劇場(いくつかの模擬海戦演技場も含む)、二基の戦捷記念柱、一五の大噴水、二二の騎馬像、八〇の黄金像、七四の象牙像、三六の凱旋門、加えて、軍隊、警察、消防の営舎がかぞえられている。さらにリストには、二九〇の穀物倉庫、八五六の私的浴堂、二五四のパン屋、四六の売春宿がつづき、最後に貧者や富者の住宅、すなわち四四〇〇〇を越える〈インスラ〉、一七九〇の〈ドムス〉を挙げている。前者〈インスラ〉は、多くの研究者はそれをただ住宅と解釈するが、そうではなくおそらくは下層および中層民が住むさまざまな規模、外観、素材からなるアパートメント形式の共同住宅をさしていたのであろう。それに対して私有の邸宅や城館を意味した後者〈ドムス〉は、内側にひとつあるいは多数の中庭、あるいは庭園に向かってそれぞれの部屋が開かれた低層の広々とした建物であり、その例は、ポンペイ、ヘルクラネウム、オスティアで数多く知られている。ローマでは、比較的大きな〈インスラ〉が後代の建物に組み込まれて生きのこっている。カンピドリオの麓にはそのひとつがあり(図14)、チェリオの斜面、『サンティ・ジョヴァンニ・エ・パオロ』の下には三つの建物の遺構が横たわり、それらの正面部が教会建物の左側面にのぞいている。さらにはパラティーノの南東の麓、『サンタナスタシア』の一部として、また『サン・クレメンテ』の「下の教会」の壁の一部としてのこされている。エスクヴィリーノの上でも、『サン・マルティーノ』に隣接して、また『サンタ・プラセーデ』の近くにも堅固な遺構を見ることができる。市の中心部でもガレリア・コロンナの下に規模の大きな〈インスラ〉の遺構が埋まっている。これらすべては、今日オスティアで確

14.　カンピドリオ西麓の古代の共同住宅（模型）

認される標準的なプランにしたがっている。多くのばあいアーケードやバルコニー、あるいは壁の張り出しで雨や日差しから守られた一階と中二階は、店舗や倉庫とその奥の住居として使われ、上階は、ときにはひとつの建物で二〇あるいはそれ以上の大小さまざまの住居に分かれていた。幅は六ないし八柱間（ベイ）間が普通で、高さは四ないし五階建ても珍しくなかった。建材も、標準はレンガで上張りしたコンクリートであった。もちろんこのような大きな共同住宅と一戸建て家屋の間には、とくに貧民街には、貧弱なレンガ、半木骨造り、あるいは木造の安普請による幅は二ベイ、あるいはただの一ベイ、高さは二階、あるいはせいぜい三階建てのまさに掘立小屋というべき住宅が数多く建っていたはずである。三世紀初頭につくられ今日断片でのこるローマの市街図を描いた《大理石図面》（フォルマ・ウルビス）は、大きな〈インスラ〉の並ぶ区画と小さな民家がつらなる様子を伝えている。またこの大理石の浮き彫り板には、それらの建物に沿う道路も見える。それら街路のいくつかは、たとえば【トラヤヌスのフォールム】の中のビベラティカ通りのように、買い物客の便宜をはかって十分な広さをもつものもあった（図15）。しかしほとんどは、今日チェリオの西斜面、『サンティ・ジョヴァンニ・エ・パオロ』の傍らを抜けるクリヴス・スカウリに見るように、あるいはまたトラステヴェーレを縦横に走る路地のように、狭く、しばしばアーチが跨ぎ、暗く、ごみごみしたものであった。ちなみにトラステヴェーレは、すでに紀元前一世紀には東方からの移住者で込み合う、もっとも人口密度の高い地域となっていた。

しかし帝都ローマにおいて、観光としての豪華な建造物と一般の住宅とがそれぞれの区域に限定されて建っていたわけではなかった。都市の中で、もっぱら記念碑的な構造物のみに割り当てられていた区域は、ただパラティーノ、【フォールム・ロマーヌム】、【皇帝たちのフォールム】だけであり、そして最後のものは、巨大な壁で日常の世界から隔絶されていた。他の場所では、偉大な公共建築の間に隙間を見つけて、住宅が入り込んでいた。【フォールム】やカンピドリオの周囲でも、そこでもっともよい場所を占めていた建物が荒廃すれば、たちまち住宅が割り込んできたのであった。その例は、たとえば【キルクス・マクシムス】に面したパラティーノの麓、あるいは【マルクス・アウレリウスの記念柱】の周囲に見ることができる。カンポ・マルツィオ地区では、住宅は【アウグストゥスの霊廟】間近まで、あるいはラルゴ・アルゲンティーナの神殿群と【パンテオン】の間にまで侵入していた。ま

15.　ヴィア・ビベラティカ（【トラヤヌスのフォールム】の中の通り）

たそれらは、チェリオやその他の富者の邸宅の間にも入り込んでいた。じじつ都市のいたるところ、とくに丘のあいだの低地、斜面、また常に洪水に脅かされるテヴェレの島や堤、それらほとんどが住宅で覆われていた。このように概観すれば、賃貸住宅、領主の城館、公共建築は、雑然と入り混じっていたのだ。地価は高く、今日のローマの旧市街のように、贅沢な公人、富裕な個人、不潔な貧民が、ともに密集して生きていたのだ。

とくべつに富んだ者だけが、込み合う市街を出て、その市街を半円形に囲み、丘の頂から【アウレリアヌスの城壁】を越えて城外に広がる緑地帯に広大な土地を手に入れ、そこに庭園を開き、自由で贅沢な私生活を守る壁で囲まれた別荘を構えることができた。ピンチオの西の頂『サンタ・トリニータ・デイ・モンティ』近くの将軍ルクルスの古いヴィルラ、ヴィットリオ・ヴェネト通り近くの【サルスティウスの庭

園】、エスクヴィリーノの上の【マエケナスのヴィルラ】と【皇帝リキニアヌスの庭園】、チェリオの城壁に近い二箇所の皇帝の所領、のちの『サンタ・クローチェ・イン・ジェルサレンメ』の敷地を含む【セソリウム】、その近くの私的な円形劇場【アンフィテアトルム・カストレンセ】などである。ラテラーノのバシリカの裏にあった多くの邸宅は、四世紀の初頭ほとんどが皇帝の所有に帰していた。またこの緑地帯には、【カラカラの浴堂】、【ディオクレティアヌスの浴堂】など、巨大で豪華な公共浴場も聳えていた。皇帝の所領地と兵営は、当然隣り合わせであった。城壁の北西の隅には、〈カストラ・プラエトリア〉――しかしこれはもはやプラエトルの近衛に使われることはなかった――が、また『サン・ジョヴァンニ・イン・ラテラーノ』の地には新しい近衛騎兵隊、『サント・ステファーノ・ロトンド』の地には警察隊の営舎があった。

今日の私たちは、城壁の内と外、〈エントロ〉と〈フオリ・レ・ムーラ〉を区別することに慣れている。しかし、一九世紀にはだれも疑わなかったこの区別は、じつは六ないし七世紀以前にはなく、それまで両者の対比はまったく考えられていなかった。【アウレリアヌスの城壁】が築かれたとき、それは都市周縁の広大な地を貫いていたのであり、壁の内の緑地帯はただ外へとつづいていたのだ。【セソリウム】の敷地は、半分は壁の内、半分は外にあり、平原に延びる街道に沿って外へと数キロもつづいていた。アッピア街道沿いには、富者のヴィルラは、『サン・セバスティアーノ』の向かいの地、さらにその外に【クヴィンティリアヌスのヴィルラ】があり、【マクセンティウスのヴィルラ】が『サン・セバスティアーノ』の向かいの地、さらにその外に【クヴィンティリアヌスのヴィルラ】があり、ティブルティーナ街道沿いには、今の市営の墓地カンポ・ヴェラーノの地に皇帝ルキウス・ヴェルス、プラエネステへ向かう街道沿いには『トル・デスキアヴィ』すなわち皇帝ゴルディアヌスのヴィルラがあり、そのほかノメンターナ街道やラビカーナ街道沿いにも、ヴィルラ【ドゥアス・ラウロス】、あるいはヴァティカンの丘の麓の【ネロの庭園】のように、皇帝の所領がつづいていた。それら領地の中あるいはその間には、カエキリア・メテラ、マクセンティウスの息子ロムルス、皇帝ゴルディアヌスなど富者の豪奢なマウソレウム（霊廟）が聳えていた。そのほか、壁面に遺灰容器を収める龕の並ぶ共同墓地、いわゆる〈コルンバリウム〉（鳩の巣）、またヴァティカンの丘の上、『サン・ピエトロ』の下には、一連のマウソレウムと並んで貧しい者たちの質素な墓もあった。これらはすべては、城壁の外にあった。ローマの法律は、城壁内に埋葬することを禁止していた。【アウグストゥスの霊廟】は【アウレリアヌスの城壁】以前のものであり、ハドリアヌスのそれは外であった。

以上見てきたローマの地図は、紀元後三一二年における政治、社会、経済の状況を反映していた。実際の政治の力は、四分統治の皇帝たちの宮廷とともにこの都市を離れたが、古い支配階級の門閥は、ローマに住み着いていた。彼らの富は莫大であり、それは主として、イタリア、北アフリカ、ガリア、スペインの広大な領地を源としていた。彼らは、その権力を元老院および門閥として保持した行政内の役職に集中させた。柱廊会堂の裁判所、元老院議事堂、総督官邸など【フォールム】を取り巻く行政の建物は、彼らの地位と力の象徴であり、同じことは【マルケルスの劇場】や【ポンペイウスの劇場】など、彼らの祖先が築いた公共建築、また彼らが私的あるいは公的に管理維持してきた神々の神殿についてもいえた。同じく、緑地帯のヴィルラや郊外のマウソレウムも、彼らの富と力の象徴であった。しかし対照的にその地図は、この都市の闇もまた映し出していた。たしかに都市の半分を占めていたのは、【フォールム】、カンピドリオ、カンプス・マルティウスの豪壮な観光建築であり、パラティーノの上の皇帝たちの宮殿、ネロの黄金宮、緑地帯の大邸宅と軍隊の営舎であった。民衆が雨露をしのぐ住宅は、〈観光エリア〉を取り巻く、そしてときにはそれを侵食せざるを得ない、狭い区域に押し込まれていた。その過密な人口、狭い路地、不衛生な環境は、職人、小店主、小雇い主、下級官吏、解放奴隷、いやいまだ主人に仕える奴隷、日雇いで働く半失業者、まったくの失業者の住む地域をスラムと化していた。じじつ、何百年も前から都市住民の大半は不完全な雇用状態にあり、金銭、穀物、豚肉、油など、国家の施しで生きてきたのであった。それでも世界でのローマのイメージは、その神殿、宮殿、富者の大邸宅によって決定されていた。

　ローマ人よ、おまえのなすべきは、
服したものを寛大にあつかい、逆らうものをおさえ、
おまえのすぐれた技で諸族を統べ、
あまねく平和と秩序を敷くことだ

ローマは、依然として文明化された世界の首都〈カプト・ムンディ〉であり、そして永遠のローマ〈ロマ・アエテルナ〉は、ヴェルギリウスが予言したように、この都市の名の下で、文明、繁栄、平和の永続を保証したのであった。

コンスタンティヌスとキリスト教建築 注4

このような環境の中でキリスト教は生長していた。三一二年には、ローマの人口の三分の一がキリスト教徒、あるいはその同情者であった。キリスト教徒もまた、たとえばミトラス、イシス、大母神、シリアの神々、ユダヤのエホヴァなど、他の外来の神々の信奉者と同様、彼ら独自の祈りの場をもっていた。それは、他の宗教のそれのように小さな聖域ではなく、また国家や政府の要人が固執する古い神々のそれのような神殿でもなかった。それらと違って彼らの祈りの場は〈ドムス・エクレシアエ〉（教会の家）、いわば「信徒集会所」であった。〈ティトゥルス〉と呼ばれたその集会所は、信徒共同体によって借り上げられた、あるいは買い取られた、あるいは寄付された普通の共同住宅すなわち〈インスラ〉、あるいは小さな邸〈ドムス〉であった。それらは、たとえば〈ティトゥルス・クレメンティス〉、〈ティトゥルス・アナスタシアエ〉、〈ティトゥルス・カエキリアエ〉、〈ティトゥルス・クリソゴニ〉といったように、建物本来の名義人（ティトゥルス）の名と結びつけられ、すでに四世紀にはローマ市内に二四あったことが知られる。しかしこの数は、当時のキリスト教社会の規模から見るとあまりにも小さい。コンスタンティヌスの時代多くの信者は、その他私的な祈りの場に集まっていたと考えられる。やがてこれら〈教会の家〉は、礼拝、洗礼、教化、慈善、管理運営の場、あるいはまた聖職者の住まいなど、そのさまざまな機能に応じて姿を変えていった。今日のニューヨークのハーレムやロンドンのホワイトチャペルの小さなセクト集会所は、三世紀ローマの状況を彷彿させるであろう。信仰に対して寛容であった三一二年直前のあるとき、ローマのあるキリスト教信徒団体が主として礼拝のための倉庫に似た簡素な会堂を建てた。トラステヴェーレのガリバルディ橋に近い中世の教会の傍らの地下に今日その壁の一部をのこす『サン・クリソゴーノ』の最初の建物は、その遺構と考えられる。そのほか〈教会の家〉として使われたと推測される建物は、『サンティ・ジョヴァンニ・エ・パオロ』および『サンタナスタシア』近くの〈インスラ〉型、『サンタ・チェチリア』近くの〈ドムス〉型など、のちに同じ地に建てられた教会の壁や基礎に組み込まれている。今日これら〈教会の家〉の多くは、聖クレメンテ、聖サビーナ、聖クリソゴーノと「聖」（サンクトゥス）の称号を冠するティトゥルス教会として、ローマ教会の最高の位に列せられている。しかし〈インスラ〉、〈ドムス〉、あるいは新たに建てられた倉庫に似たこれら〈教会の家〉は、まったくつつましく、一般の共同住宅、古くなった館、倉庫、職人の仕事場と区別できるものではなかった。四世紀においてさえわずか二四という数は、同時代のローマにあった四四〇〇〇の〈インスラ〉の中では消えてしまう。信徒の数の多かったにもかかわらず、コンスタンティヌス以前のローマのキリスト教は、ほとんど目に見える痕跡をのこしていない。これは驚くことではない。当時の信徒は、その中にまれには裕福な解放奴隷、法律家、役人、さらには貴族の女性がいたとしても、概して中級あるいは下級階層の出であった。このような状況は、この新しい宗教が上流階級に同情者を増した三世紀になっても、基本的には変わらなかった。平和時にあってもキリスト教徒は、たとえ暴力的な迫害はまれであったとしても、彼らの生き方や居る場所が広く知れることを避けたのであった。

郊外、すなわち【アウレリアヌスの城壁】の外にも、キリスト教の建物は存在した。彼ら信徒の墓地や祈りの場は、多くの場合広い領地の中に領主がキリスト教徒である解放奴隷や奴隷に貸したあるいは寄付した土地に築かれた。しかし街中の〈教会の家〉と同様、キリスト教徒の墓地や祈りの場は、一見したところでは他の宗教のそれと、いや古い神々に仕えるそれとも、見分けはつかなかった。埋葬は、ひらけた空の下の墓地で、さもなければ、おそらくキリスト教徒やユダヤ人特有の慣習に従って、カタコンベ、すなわち――経済的理由から――手に入れた高価な土地を徹底的に利用しようと、幾層にも坑道と墓室を掘りすすめた地下の墓地で行なわれた。カタコンベをローマのキリスト教社会の隠れ場あるいは秘密の集会所とするのは、たんなる風説であり真実ではない。ときおり故人の命日に小さなグループがカタコンベの一室に集まり飲食することはあったであろうが、それがすべてであった。そのような会食のための小さな空間は、まさに隣の非キリスト教徒のそれと同じように、地上の墓地や富裕な信者のための墓廟にさえ用意されていた。ローマ周辺の殉教者墓地の上に築かれた祈りの場もまた、隣人の異教徒のそれと見分けのつかない、つつましいものであった。アッピア街道に沿った『サン・セバスティアーノ』の地下には、使徒の代表ペトルスとパウルス崇拝のために設けられた祈りの場がのこされている(図16)。二五八年に両使徒の遺品が移され、彼らに捧げる宴が催されたこの施設には、おそらく供物をそなえたのであろう龕で一端が仕切られた小さな中庭、その中庭に向かって開かれた物置があり、その物置の絵画で飾られた後壁には信心深い訪問者が使徒を記念しての宴を記録した何百という刻文がのこされており、その中のひとつは二六〇年に刻まれたことがわかる。近くには、おそらく私的に使われた後代のものと思われる小さな食堂、深い泉に降りる長い階段があり、施

16. 〖サン・セバスティアーノ〗、ロジアと中庭をもつ祈りの場として復元

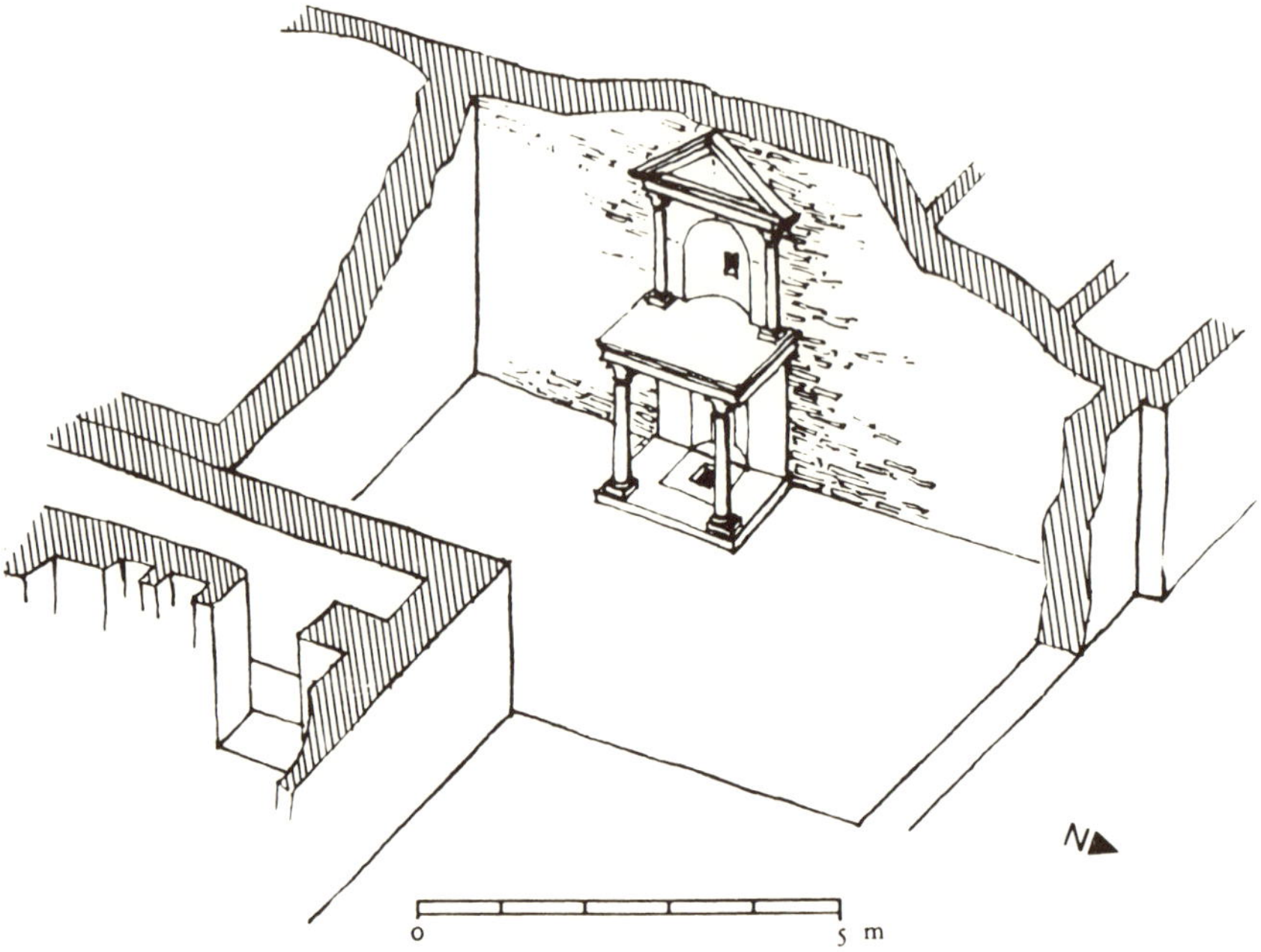

17. 〖サン・ピエトロ〗、2世紀の祠の復元

設全体は郊外の旅籠《はたご》を思わせる。ヴァティカンの丘の『サン・ピエトロ』の下に一九四〇年代の発掘で明らかにされた祈りの場もまた、ありふれた目立たないものであった。この地には、近くのトラステヴェーレに住む東方からの移住者たちがもちこんだ東方諸宗教の贄を尽くした廟が並ぶ墓地があり、その一画がキリスト教徒に確保され、いくつかの貧しい墓が築かれた。一六〇年から一八〇年の間にその一部が壁で仕切られ、ひとつの墓の上に円柱と破風で飾られ、供物をそなえる机をもつ小さなアエディクラ（壁龕）が設えられた（図17）。のこされた三世紀の刻文から、これが二〇〇年頃すでに「死の克服者」として称えられていた聖ペトルスの「勝利の記念碑」であったことが証明された。すなわち二世紀の後半にはすでに、ここが彼の埋葬の場と信じられていたのであろう。ここの祈りの場も、質素で目立つものではない。このような壁龕をもつ墓は、ローマの周辺やその他で無数発見されている。三一二年までのキリスト教は、城壁の内でも外でも、街の様子に何の変化もくわえなかったのだ。ローマを訪れた旅人は、古い神々の神殿、政府の建物、宮殿、劇場、大邸宅を見物し、そして中流階級の居住区を見わたし、気は進まなかったがスラム街にも視線をおくったかもしれない。しかし彼らが、キリスト教徒でない限り、〈教会の家〉やヴァティカンの丘の聖ペトルスの「勝利の記念碑」に目を向けることはなかった。

コンスタンティヌスにとって、このような状況は我慢できなかったに違いない。彼は、正式に改宗こそしていなかったが、キリスト教の同情者としてローマに入城した。やがて彼は、手に入れた権力の多くをかけて、彼に戦勝を約束してくれたキリスト、およびその教会の勝利を宣言するための政策を実行した。晩年のコンスタンティヌスは、明らかにローマ皇帝をキリスト教の皇帝に変えることを意図していた。その実現の歩みは急ぐものではなかったが、それでも三一三年までには、彼の側近のあいだでキリスト教聖職者や信徒は高い位置を占め、暗闇の中から立ち上がったキリスト教信徒会は、大きな政治的力をもつ組織へと変貌した。司教たちは、宮廷の身分帳の中で高い行政官に位置づけられ、教会のヒエラルヒーは確立し、西方にあってはローマの司教が、法で定めたわけではないが、じじつ上最高位の司教とされた（ポープ「教皇」という言葉はのちのものである）。それと付随して教会は、皇帝および他の私的な寄進によって広大な土地を手に入れ、急速に強力な経済力を身につけた。コンスタンティヌスがローマ教会や聖職者の維持のために与えた領地、およびそこからの収入は、精確に記録され、のちに歴代教皇の公式年代記『リベル・ポンティフィカリス』に再録された。彼の統治の最初期では、その寄進はローマおよびイタリアの土地に限られていたが、やがてシチリア、サルディニア、北アフリカ、ギリシアの土地が含まれ、三二四年の東方征服後にはエジプト、シリア、キリキアの領地が加わった。これらの所領地からの年収は、『サン・ピエトロ』だけでも三七〇〇ソリドゥス、現在の通貨に換算して約二五〇〇万ドルに達した。コンスタンティヌス支配下におけるローマ教会の収入の合計は、二五〇〇〇ソリドゥスに達した。これ自体莫大な額であるが、強大な門閥の収入と財産にくらべれば小さく、当時それは、教会のそれの一〇倍であったという。

このようなコンスタンティヌスの政策の中では、街中に散在する住宅での信者の集会がもつ家庭的で私的な性格は、もはや古臭いものとされた。といって、今ある〈教会の家〉を簡単に閉ざすわけにはいかなかった。そこに所属する信徒たちは反対したし、また異教徒の牛耳る元老院の影響下にある都心部、あるいはその近くに、キリスト教徒のための建物を建てることは、政治的にも得策でなかった。そこでコンスタンティヌスは、元老院の手がとどかぬところ、たとえば彼個人の所有地に、これまでの宗教建築にはない種類の、大勢の人間のための建物を新たに築くことを考えた。その種の建物としてすでにひとつのタイプが存在した。バシリカである。これは、木造の天井をもつ大きな広間を基本とし、その基本形から数世紀のあいだに、高窓のあるもの、壁の一端に張り出す奥室〈アプス〉（後陣）のあるもの、そのアプスが縦軸あるいは横軸、あるいは両軸につくものなど、プランや外形で常に新しい構造を生みだしてきていた。そして四世紀には、側壁の高窓から明るく光を採り入れる長方形の広間形式が好まれていた。機能においてもこのバシリカは、裁判所、市場、教練所、聖域、謁見の間、玉座の間、すなわち政府、軍隊、自治体、各派宗教、支配階級、皇帝などが催すさまざまな行事のための多目的ホールとして、いつの時代にも、あらゆる種類の用途に順応してきた。このようなバシリカという建築「種」が、新たに要求されたキリスト教徒大衆の集会所という機能に、容易に適応する伝統的な構造体とみなされたのだ。この構造体の枠内でコンスタンティヌスの建築家は、帝国内のいたるところに、いうまでもなく各地の教会指導者の意も入れてであろうが、修道院教会、殉教者教会、墓地教会などそれぞれの機能にあわせて、本来の「種」の新しい「変種」をつくり出した。そしてこのタイプの建物が、首都ローマ、聖地パレスティナ、新たな帝都トリエル、のちにはコンスタンティノープルの教会に、皇帝の命で、あるいは彼の認可を受けて、築かれた。しかしコンスタンティヌス自身が関心を抱いたのは、プランや細部ではなかったと思われる。彼が固執したのは、規模の大きさ、華麗な装飾、奇抜な調度、それに迅速な建設を可能にする単純なプラン、単純な工法であったと思われる。他方教会指導者たちは、構造の機能性により関心を寄せたであろうが、彼らにとっても、皇帝の強要する迅速さ、彼が施す資金の潤沢さは、歓迎するところであった。

皇帝にとっても、また教会指導者にとっても、できるだけ迅速に、巨大で豪華な聖堂を建て、飾ることは、キリスト教徒や異教徒に新しい神の力を目に見える形で示し、それでもって皇帝が奨励する新しい信仰を強烈に印象付ける大切な手段であった。このことにコンスタンティヌスは、マクセンティウスに対する勝利のあとただちに取りかかり、彼の支配が東方の属州も含む全帝国におよんだ三二四年以後には各地にそのようなキリスト教の聖堂が、皇帝自身および一族の敬虔な淑女たちの寄金によって築かれた。しかし彼のキリスト教化の政策は、一般的な意味でも、またとりわけ建築分野にあっては、さまざまな限界があったことを忘れてはならない。そしてそれは、他のどの地域以上に都市ローマにおいてそうであった。

コンスタンティヌスの当初の考えは、ローマに彼の刻印を押すこと、彼の都をキリスト教の首都に変えることであった。早くに、すでに三一二年から三一三年の冬に彼は、ラテラーノにローマ司教のための大聖堂を築くことを決めたと思われる。この地にあった邸宅、いわゆる【ドムス・ファウスタエ】は、――おそらく皇帝の所有に帰していたのであろう――皇帝の後援で開かれた三一三年の秋の教会会議の場に使われている。これに隣接した、おそらくマクセンティウス側で戦ったのであろう皇帝近衛騎兵団の兵舎が取り壊され、こ

18.　ラテラーノのバシリカ、1650年頃の復元案、Gagliaridi のフレスコ画、『サン・マルティーノ・アイ・モンティ』、ローマ

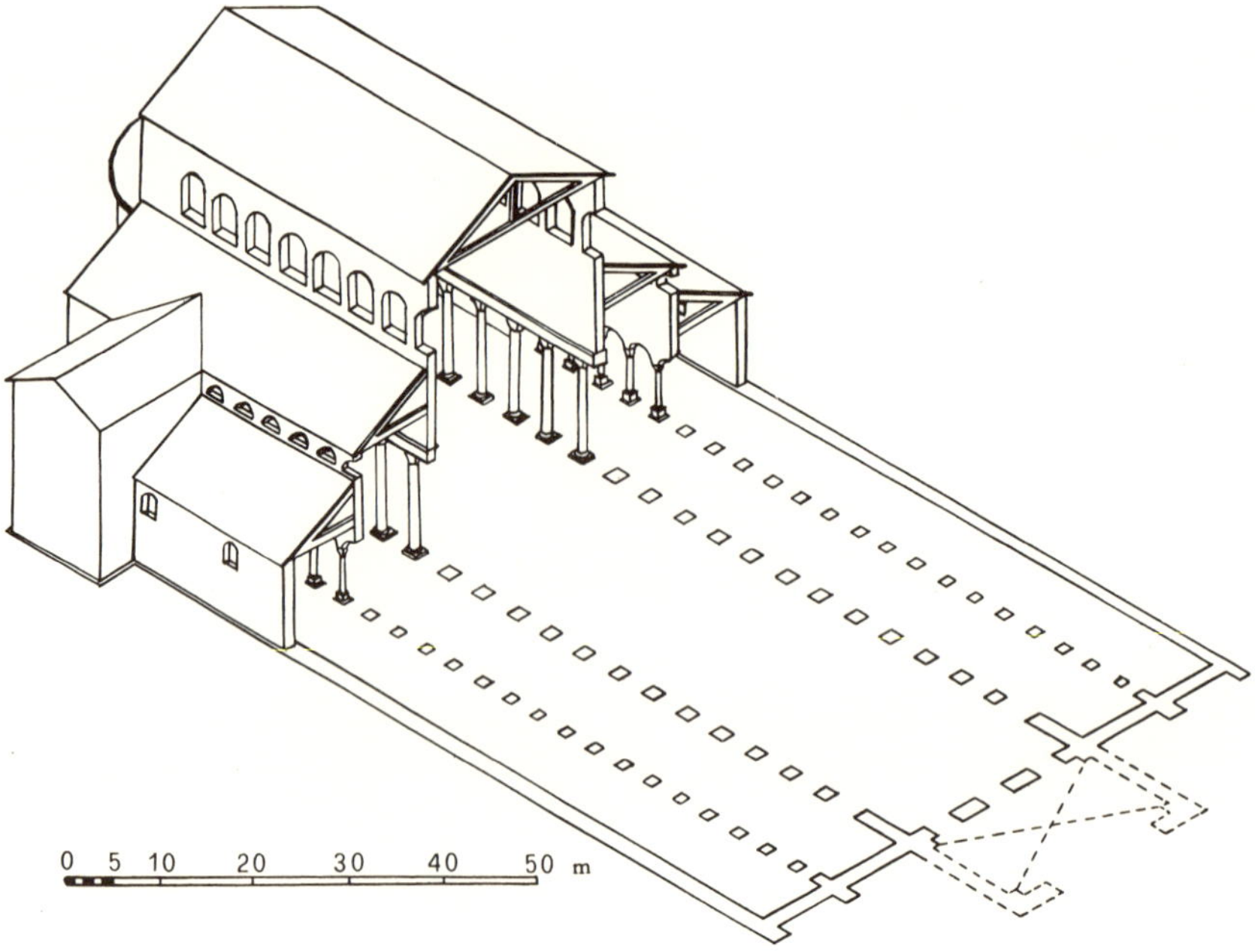

19. ラテラーノのバシリカ、Waddyによる復元（Lloydよる修正が加わる）

こに新しい聖堂は建てられた。その遺構は、一七世紀のフランチェスコ・ボロミーニによる徹底的な、また一九世紀後半の改築、増築にもかかわらず、今日の『サン・ジョヴァンニ・イン・ラテラーノ』の基礎と壁に見ることができる。ローマの『サン・マルティーノ・アイ・モンティ』の壁画は、ボロミーニの同時代人、いや彼自身が心に描いたコンスタンティヌスの聖堂の様子を伝えている（図18）。しかし多くの資料から、より正確なイメージを得ることができる（図19）。それは、木造の天井をもつ巨大な矩形の会堂、すなわちバシリカであった。身廊は一端にアプスをもち、両側にそれぞれ二列の側廊を配し、内側の側廊は外側のそれよりも高く、その側廊の端近くからは〈サクリスティア〉（聖具室）が突き出ていた。身廊と側廊は円柱で支えられており、身廊の柱列は楣式構造、側廊のそれはアーチ式構造からなり、光は大きな高窓から採られた。側廊のアーケードと、おそらく側廊の内側の壁も、大理石で上張りされていた。また『サン・マルティーノ・アイ・モンティ』の壁画に見るように、側廊を支える小円柱は高価な緑斑大理石からつくられており、そのうちの二四基は、ボロミーニの改築の際、身廊内の龕を飾る側柱として再利用された。コンスタンティヌスの聖堂のアプスの丸天井は金色にほのかに光り、身廊と内陣には、金と銀の燭台、金と銀の七個の机（そのひとつはおそらく祭壇、他

20.　1870年頃のラテラーノの光景、個人所蔵、ローマ

は供物台であったろう）が据えられていた。アプスには、円柱列に破風屋根を載せ、銀をかぶせた天蓋があり、キリスト、使徒、天使たちの像を護っていた。聖堂の後方には今日なお、おそらく三一五年頃、かつての邸宅の跡に築かれた洗礼堂を見ることができる。しかしその内部は、約一〇〇年後に変えられている。コンスタンティヌスが、彼の最初の教会ラテラーノ聖堂で目指したのは、キリスト教建築の大胆なはじまり、従来の信徒集会所のつつましく、私的であることを強調した質素な性格を打破することであった。それは、王者キリストの謁見の大広間としてモニュメンタルな大型建築のもっとも広く知られたタイプ、すなわちバシリカの伝統を受け継ぐものであり、装飾において、設備において、規模において、もっとも壮大な公共建造物であらねばならなかった。ちなみにその大きさは、縦約九八メートル（三三一と三分の一ローマ・フィート）、横約五六メートル（一九〇ローマ・フィート）であり、いかなる点においても、皇帝の寄進にふさわしいものであった。

市民大衆のための建築とされたが、ラテラーノの聖堂も洗礼堂も、実際にはそうではなく、市街から遠く離れた都の隅の、ほとんどが皇帝の私有である敷地の中に建てられていた。それは、ヴィルラ、耕地、ブトウ畑に囲まれた現在の教会の百年前のそれとほとんど変わらない風景の中にあったであろう（図

21.　廟墓建築の付属した『サン・セバスティアーノ』、G. Pacini による模型

20）。コンスタンティヌスの母ヘレナの宮廷礼拝堂もまた、ラテラーノの教会以上に目立つことなく、【セソリアヌム】の建物群の中に隠れていた。比較的おそく、三二六年と三二八年の間に、エルサレムから運ばれた「真の十字架」とともに献納された――それゆえ『サンタ・クローチェ・イン・ジェルサレンメ（エルサレム）』と呼ばれた――この教会は、三世紀前半に築かれた宮殿広間の中に設けられた。古い壁は今日なお外から見ることができるが、内部は一二世紀に変えられ、さらにそれは一八世紀の豪華な内装やファサードで覆われた。皇帝の建築家は、ただかつての宮殿広間にアプスを加え、横切る二列のアーケードで空間を三部に仕切った。それは、祭壇の周りの聖職者、その近くの皇帝家族とその従者、さらに召使いたちの席と、それぞれを隔てる宮廷礼拝堂の必要に応じたプランであった。しかし建物の私的な性格は弱く、少なくとも外観は、宮殿建築群の中のひとつにすぎなかった。

コンスタンティヌスおよび彼の一族がキリスト教徒のためにローマの城壁の内に築いたのは、ラテラーノのバシリカ、洗礼堂、『サンタ・クローチェ・イン・ジェルサレンメ』だけであった。それらは都心を離れた皇帝の所領地にあって、都市ローマをキリスト教の首都に変えることにはほとんど貢献しなかった。他方城壁の外の広大な彼の領地は、一族の援助でキリスト教色をより強めていた。カタコンベや信仰をあつめた聖地――その多くは皇帝の領地内にあった――の近くには、はるか遠くから望見される巨大なバシリカが、キリスト教徒のために築かれた。生きのこったこれらのいくつかはのちに正規の教会堂に変えられたが、当初は、なによりもまず墓地を屋根で覆うことであった。崇拝される殉教者の墓を守ってカタコンベの上に、あるいは由緒ある聖地の上に築かれたこれらバシリカは、信者の埋葬の場として、また近親の故人や殉教者を追悼する宴の場に使われた。聖祭（ミサ）は殉教者の記念の日にのみ催され、これら墓所建物に専従の聖職者が常駐することはなかった。アッピア街道沿いの『サン・セバスティアーノ』は、三世紀の聖ペトルスと聖パウルスの聖地（図16）の上に築かれた墓地建築の生きのこりのひとつであり、改築されてはいるが、その当初の姿を彷彿させる（図21）。今日の教会はかつての建物の身廊部のみを継いでいるのだが、それでもその壮大な規模に私たちは、コンスタンティヌスあるいはローマ教会指導者の大胆な志をしのぶことができる。その建造は、あるいはコンスタンティヌスの入城以前すでにローマの信徒団の主導ではじめられていたのかもしれない――皇帝の寄進の記録はのこされていない。しかしコンスタンティヌスが計画を引き継ぎ、完成させたのは確かであろう。角柱に支えられたアーケードで隔てられた身廊と側廊は、ファサード内側のナルテクスで結ばれ、他の端では、アプスをU字形の周廊が囲んでいた。床には隙間なく墓碑が敷き詰められ、それは周囲の壁にも、床面の上下に棚状に積み上げられていた。建物の周囲には、さまざまな規模と形の墓廟が群がっていた。またティブルティーナ街道沿いでは聖ラウレンティウスの墓所のあるカタコンベが古くから信仰をあつめ、コンスタンティヌスによって豪華に飾られていたが、さらにそれに近い崖の麓、今日の『サン・ロレンツォ』に隣接する二世紀以来の皇帝の領地に、ほとんど同じプランではあるが『サン・セバスティアーノ』の七五メートルに対して九八メートルと、より規模の大きい墓地バシリカが築かれた。この建物でも、ファサードではなく『サン・セバスティアーノ』のバシリカに似たU字形の周廊が街道に面し、五つの大きな入り口を開けていた。その玄関からは都の城門まで、信者を日照りや雨から守る柱廊がつづいており、それは八世紀までのこっていた。同じプランをもつ三つめの墓地バシリカは、殉教者マルケリヌスとペトルスの墓所を含むラビカーナ街道沿いのカタコンベに近い皇帝のヴィルラ【アド・ドゥアス・ラウロス】の敷地に築かれた。この建物の正面柱廊に接して建ち、その遺構を今日に伝える巨大な墓廟には、コンスタンティヌスの母ヘレナの石棺が収められていた。この墓廟と石棺は、本来皇帝自身のためのものであったと考えられる。同じタイプの四つめのバシリカは、おそらくコンスタンティヌスの死後、彼の娘コンスタンティーナによって殉教者アグネスの墓所に近いノメンターナ街道沿いの彼女の領地に築かれた。当時の傑出した建築技術を示すこの建物からは、外壁の大部分と下部構造の一部が本来の高さをそのままにのこしている（図22）。床下に墓碑を敷き詰めたこの墓地バシリカ『サンタニェーゼ』に隣接して、皇女自身の墓廟、今日の『サンタ・コス

22.〔サンタニェーゼ〕の墓地バシリカと〔サンタ・コスタンツァ〕、1900年頃

タンツァ〕が築かれた（図22・23）。直径二二、五〇メートルの円形建物の中央部丸天井は、二基を一組として合計二四基の円柱で支えられており、これら端麗な柱頭をもつ円柱は、古代の建造物からの借用である。中央部をめぐる内側の周廊は樽型の天井をのこすが、その外側の周廊は失われた。壁の内側は大理石で上張りされ、天井はモザイクで飾られていた。内側周廊のモザイクはのこされており、古い素描から知られる全体は、本来の輝きには到底およばないまでも強い印象を与える。このように墓地を屋根で覆う墓地バシリカや墓廟には、単

23.〔サンタ・コスタンツァ〕、1538/1539年頃の内部の様子、Francisco D'Ollanda の銅版画、エスコリアル

純なプランと質素な外形、豪華な内部装飾など、コンスタンティヌスの教会建築の特徴を見ることができる。

『サン・ピエトロ』もまた、プランは異なるが、コンスタンティヌスによって本来は墓地を屋根で覆う建物として築かれたものであり、主として信徒の埋葬、追悼の宴、それに聖ペトルス崇拝のために使われた。床には墓碑が敷き詰められ、ここでの葬祭の宴は、聖アウグスティヌスが約百年後に報告するようにまったく普通のことであった。外壁の周囲には他の墓廟が群がり、その中の大聖堂よりも古いひとつは、『サンタ・マリア・デルラ・フェブレ』として一八世紀までのこされていた。城壁の外の皇帝の領地、ヴァティカンの丘を【ネロの庭園】に向かって下る斜面、異教徒の墓地とその一隅を占めたキリスト教徒の小さな集会所を埋め立てた広い台地の上に位置する『サン・ピエトロ』は、ラテラーノ大聖堂や、『サン・ロレンツォ』および『サンタニェーゼ』と同様、木々やブドウ畑に囲まれていた。しかし聖ラウレンティウスや聖アグネスの墓所が建物の外、カタコンベの中にあったのに対し、聖ペトルスのそれは、まさにバシリカの中心に位置した。それゆえこのバシリカには、新しいプランが必要とされた（図24）。三一九年から三二二年のあいだに着工され、三二九年までには完成されたこの建物は、現在のサン・ピエトロ大聖堂に取って代わられている。しかしコンスタンティヌスのバシリカは、発掘された遺構および解体以前あるいはその間に成された記録、絵画、素描などから、その細部までほとんど完全に復元することができる。すでに新しいサン・ピエトロ大聖堂が出来上がったときに描かれたマルテン・ヘームスケルクの素描は、少なくとも旧建物の規模の巨大さを伝えている（図25）。ラテラーノ大聖堂と同じく、『サン・ピエトロ』もまた身廊と二重の側廊からなり、それらを支える円柱は、古代の建築からの略奪品であった。しかしラテラーノ大聖

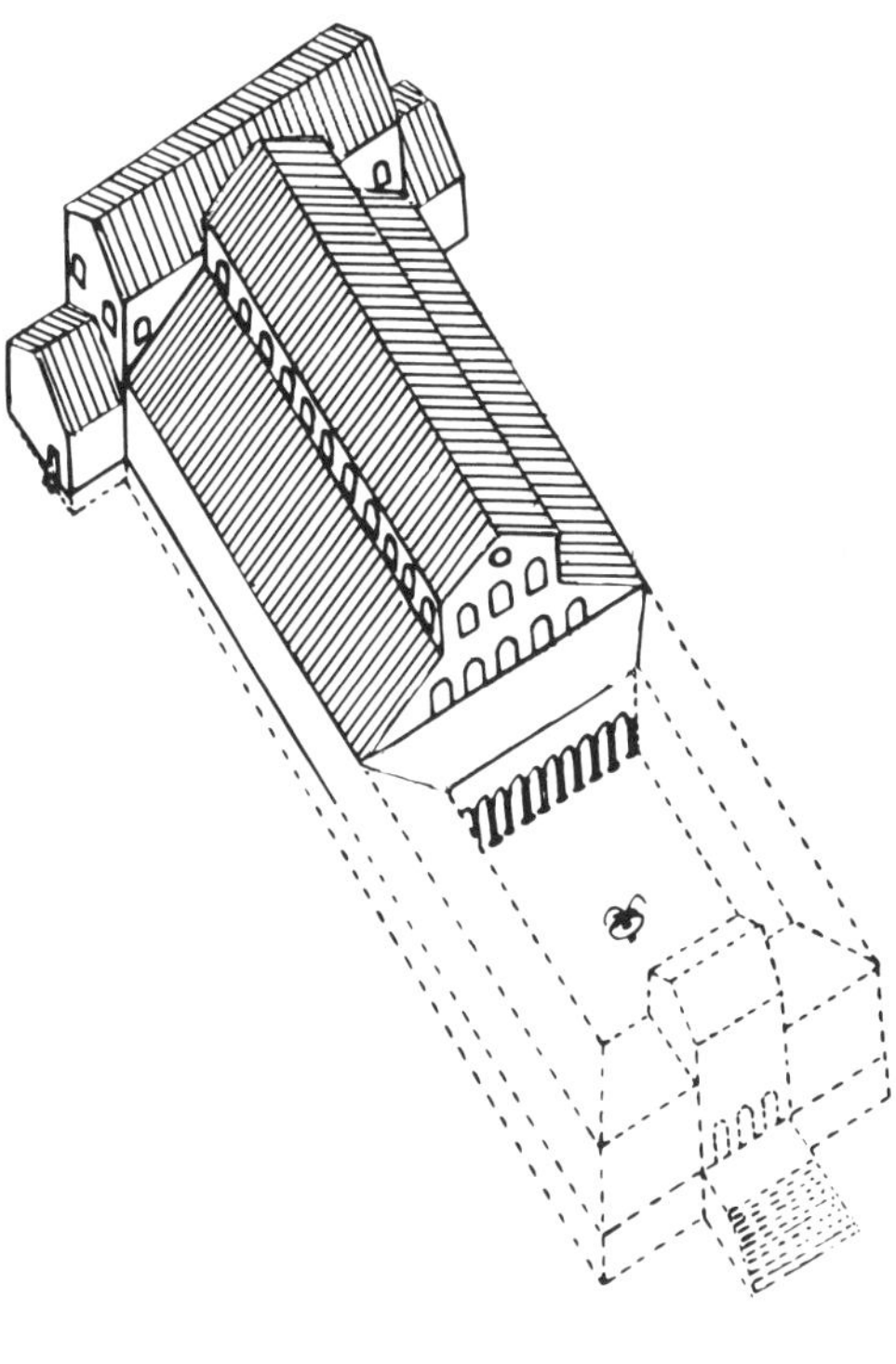

24. 『サン・ピエトロ』、330年頃の建物の復元

25.［サン・ピエトロ］16世紀の再建時（1534-1536年）の内部の様子。ヘームスケルクによる素描、Berlin, Kupferstichkabinet, 79 D2A, fol. 52r

堂とは異なり、ここではアプスと身廊の間に翼廊が築かれ、その長くて高い（しかし身廊よりは低い）建物には、アプスの前の聖ペトルスの祠を覆う天蓋が安置されていた。皇帝の寄進であるその天蓋は、ブドウの蔓の絡む大理石のよじれた円柱で支えられ、四方に開かれていた。今日の聖堂に再び使われているその天蓋の遺品は、多くの案内書が指摘するようにソロモンの神殿からもたらされたものではもちろんない。前方に広がる中庭（アトリウム）には、天蓋に守られて大きなブロンズのピニャ（まつかさ）が据えられていた。この建物の材料もまた、古代からの借用であった。アトリウムの上方に高く聳えるファサードは、一三世紀にわずかに変えられてはいるが、多くの高窓をもつ身廊部の壁とともに質素な外観を示し、内部の豪華さとの対比においてコンスタンティヌス教会建築の特徴を告げていた。他の墓地バシリカをはるかに超え、ラテラーノ大聖堂すらもわずかに超える規模は、ここに集まるこの地のキリスト教徒や巡礼者の数の大きさを物語っていた。

［サン・ロレンツォ］の場合と同様、信者を雨や日照りから守る柱廊が、街の入り口、すなわち【ハドリ

アヌスの霊廟】に近いポンス・アエリアスまで、おそらくコンスタンティヌスの時代あるいは少しあとに築かれた。おそらくコンスタンティヌスにとっては、『サン・ピエトロ』はもっとも重要な巡礼教会であり、じじつそれは、ラテラーノ大聖堂とならぶローマ市内およびその近郊でのもっとも目立つキリスト教建物であった。皇帝が『サン・ピエトロ』の内部装飾に費やした金銀は、ラテラーノ聖堂のそれを超えていた。

わずか二一年あるいは二五年の間になされたこれらの造営は、レンガ、木材、大理石の調達をはじめ、組織された労働者の偉大な業績であった。しかし真の偉業は、計画を完成させた飽くなき意志であった。キリスト教を信奉する皇帝と彼の一族は、市中や宮廷のキリスト教徒がもとめる建物を首都に築き、内部を豪華に飾り、維持するために資力を惜しむことなく投じた。そのようにして、洗礼施設および司教の住まいと仕事場をそなえた司教座聖堂、皇女や廷臣のための宮廷教会、城壁外の街道沿いの崇敬の地すなわち使徒ペトルスとパウルスの聖地、殉教聖者ペトルス、ラウレンティウス、アグネス、殉教者マルケリヌスとペトルスの壮大な墓所のバシリカ、それらに隣接した皇帝一族の霊廟、すなわちおそらくはコンスタンティヌス自身のために計画されたが母親ヘレナに譲られた霊廟、それに皇女コンスタンティーナのための『サンタ・コスタンツァ』は築かれた。

コンスタンティヌスのディレンマ、皇都から聖都へ 注5

コンスタンティヌスを教会の建設者としてのみ評価することは、あまりにも単純すぎる。ローマの皇帝には、他にも義務とすることがあった。伝統は皇帝に、特に帝都においては、神殿、バシリカ、浴場、あるいはその他都市の必要とする公共建築に彼の刻印を押すことをもとめたのだ。もちろんコンスタンティヌスは、神殿の建設には手をつけなかった。しかし公共の記念建造物から手を引くことは、ゆるされなかった。教会ほどではないが、ローマにおける彼の世俗建造物にも際立つものはあった。彼は、【フォールム・ロマーヌム】でのマクセンティウスの建築を引き継ぎ、完成させ、それは彼の名で呼ばれた。彼がローマに入城したとき【バシリカ・ノーヴァ】の壁と天井はすでに出来上がっていたであろうが、彼はその装飾を完成させ、西側短辺の壁龕に

26.【ヤヌス・クヴァドリフロンス】

自身の巨像を据えた。また彼は、長辺の北側にも壁龕を設け、南側に前室を加えた。このようにして、【フォールム】やパラティーノの皇帝たちの宮殿に面する南側長辺が、正面に変えられた。こうしてバシリカは、コンスタンティヌスのもの【バシリカ・コンスタンティーニ】となった。その近くに彼は、市総督の謁見の広間と執務室――今日の『サンティ・コスマ・エ・ダミアーノ』――を彼の名で献納した。また【フォールム】のどこかには、早くに失われたが八世紀の訪問者にはまだ知られていた騎馬像が、彼を称えて据えられていた。今日ロスピリオシの宮殿が建つクヴィリナーレの南斜面には、ローマではカラカラやディオクレティアヌスのそれに次いで大きい浴堂が、彼の名を冠して築かれた。その聳え立つ遺跡は、一六世紀にはまだ見ることができたという。【フォールム・ボアリウム】、すなわちテヴェレ川畔の古代の牛市場には、彼の時代に少なくともひとつの記念建築が築かれた。【ヤヌス・クヴァドリフロンス】（四つの顔をもつヤヌス）と呼ばれた巨大な四面アーチで、レンガでつくられ、その上に大理石の板を張り、九六の龕にはそれぞれ彫像が納められた（図26）。ローマにおけるコンスタンティヌス時代の最もよく知られたモニュメントは、【コロセウム】の近く、オスティア街道をまたぐ【コ

27.【コンスタンティヌスの凱旋門】、北東面

ンスタンティヌスの凱旋門】であろう（図27）。三一五年に元老院によって奉献されたこのアーチは、トラヤヌスおよびハドリアヌスの凱旋門から剥ぎ取られた浮き彫りで飾られており、そこに刻まれた銘は、コンスタンティヌスが〈インスティンクトゥ　ディヴィニターティス〉「神性なるものの導きで」帝国を征したと告げていた。

この銘文の曖昧さは、当時のローマの政治、社会、宗教における落ち着きのない力関係を反映していた。それは一方では、皇帝のキリスト教への傾愛および国内の新しい勢力すなわちキリスト教会とその信徒集団に対する敬意、他方では、異教勢力の保守的道徳意識を擁護するために、熟慮して選ばれたことばであった。元老院を支配していたローマの門閥の大多数は、そもそも異教徒であった。彼らは、行政機関の主要ポストを占め、施政において絶対的に優位な立場にあった。そして彼らは、ローマの伝統、その輝かしい過去、文化、古い神々の庇護者であった。皇帝が新しい神を崇拝するとしても、それは彼の私的な問題であった。しかしコンスタンティヌスが教会を援助すること、宮廷のキリスト教徒を優遇すること、それはけっして好ましいことではなかった。彼らの支配がおよぶ限り、ローマにおいても、いやその外においても、元老院に属する古い家系は新しい宗教の拡大を抑えた。コンスタンティヌスの教会建設事業はこのような状況下で進められたのであり、それは当然、ローマを目に見える形でキリスト教化しようとする彼の計画に制約を加えた。元老院が、実際の譲歩の跡はみせなかったにしろ皇帝の宗教的傾向に敬意を払ったように、コンスタンティヌスもまた、新しい信仰を奨励しながらも異教徒の感情に気を配っていた。このような複雑な思いの中で彼は、可能なかぎり壮大な教会をローマに築き、キリスト教の新しいイメージを誇示するため、それらを豪華に飾ったのであった。しかし壁に上張りされた、あるいは床に敷かれた大理石のほのかな輝き、金箔の丸天井、金銀の燭台や器、それらすべては、内に入ることのできた敬虔な信者や同情者、すなわち信徒会の仲間、教会の指導者、皇帝一族のキリスト教信奉者の目にのみ、用意されたものであった。外から見れば、これら教会はことさらに質素であった。加えてそれらはみな、信徒たちのほとんどがそこからやって来た市内の密集居住地区からは遠く離れた、都の隅の緑に囲まれた皇帝の領地に建てられていた。その地が選ばれたには、そこが皇帝の領地であり、広い空間が手に入り、住宅地より建築費用も安くてすむなど、実利的な理由もあったであろう。しかし政治的にも都合が好かった。城壁に近く、他の宮殿建築の陰に隠れた新しい教会は、並の旅人の目には入らなかったにちがいない。城壁の外、田園地帯の皇帝一族の領地に聳える墓地バシリカは、あるいは彼らの目に映ったかもしれない。ラビカーナ街道沿い、ヘレナの地所の『サンティ・マルチェリーノ・エ・ピエトロ』の墓地バシリカ、かつてのルキウス・ヴェルスのヴィルラ、カンポ・ヴェラーノの『サン・ロレンツォ』の墓地バシリカ、ノメンターナ街道の殉教者聖アグネスの眠る『サンタニェーゼ』、テヴェレの向こう岸、ネロの庭園の聖ペトルスの墓地バシリカである。これらは、たしかに壮大な規模で信仰の輝きを示そうとしたものではあったが、いずれも皇帝一族の私的な寄進であり、彼らの私的な主導で築かれたものであった。たしかに大衆の礼拝に開かれていたであろう。しかし、【フォールム】に聳えるクーリア、バシリカ、あるいは古い神々の神殿と同じ意味での公共建築ではなかった。皇帝は教会の建築に資金を投じた。しかしそれは国家の首長としてではなく、莫大な富をもつ一個人、教会の有力な友人として行なったことであった。その教会が建つのは、城壁の内であれ外であれ、行政機関の管轄外、元老院およびそれを構成するローマ貴族の手のとどかない皇帝一族の私有地であった。

ローマにおけるコンスタンティヌスの教会建設が二面の性格をもっていたことは、明らかである。大きく、堂々とし、贅を尽くしていることは、それらが公の建物であることを宣言している。しかしそれらは都の隅に追いやられ、皇帝の私有地の上に建つ。コンスタンティヌスは、キリスト教を街の中心部から遠く、〈ポメリウム〉、すなわち「都市の法的な境界」の外に離した。ポメリウムの内側には、古い神々の神殿や古い貴族の支配する行政建物が群がっていた。そこに彼は、世俗の公共建築のみを築いた。フォールムの【バシリカ・ノーヴァ】、【コロセウム】の傍の【コンスタンティヌスの凱旋門】、牛市場の【ヤヌス・クヴァドリフロンス】、クヴィリナーレの【コンスタンティヌスの浴堂】などである。彼の建設事業のこの二面性は、ローマの現実が彼に強いた政治の二面性のあらわれであった。彼は、ローマにあってはいまだ他のどこよりも力をもつ異教勢力との陰湿な争いを避けたのである。ただ一度だけ、彼はこの原則をやぶった。統治の最初の年、おそらく三一二年から三一三年にかけての冬、彼は、人目をはばかることなくローマの中心、おそらく【バシリカ・ノーヴァ】の中に、〈ラバルム〉（十字のある軍旗）をもつ彼の肖像を据えた。四分の一世紀のちでさえ彼の伝記者エウセビウスは、これを挑戦と理解した。はたして当時の異教徒たちもまた、これを挑戦と感じ、嫌悪したのだろうか。そして、そのような彼らの反応が、皇帝に対する警告となり、彼の教会建設の場所を選ぶことに影響をおよぼしたのだろうか。

三一二年、ローマに進軍したときのコンスタンティヌスがこの都市をキリスト教の帝国のキリスト教の首都に変えようと考えていたことは、まず間違いないであろう。じじつ彼の支配がつづく間に、彼の帝国は次第にキリスト教の帝国となっていった。しかし、元老院を構成する古い貴族に導かれたローマは、抵抗した。コンスタンティヌスの新しい信仰の記念碑である壮大な教会建物は、けっして都の中心部に近づくことはなかった。これは、みずからの領土をキリスト教化しようとする彼にとって、我慢できることではなかった。三二六年、公然となった元老院との決裂は、彼に二度とローマに戻らない決心をさせた。彼は新しい首都を捜し、それを東方に見つけた。コンスタンティノープルである。移転の理由は、政治的、戦略的、行政的に多々あったであろう。しかしそれら現実的な要因と並んで、ローマが彼に失望させたという事実もあった。彼の努力にもかかわらず、ローマは、本質的には異教でありつづけたのだ。ボスフォロス沿いの「新しいローマ」は、「古いローマ」がいまだ成り得なかったキリスト教帝国のキリスト教首都になった。

第二章　ローマのキリスト教化とキリスト教のローマ化

キリスト教の勝利 注1

コンスタンティヌスが離れるとローマは権力の真空地帯となり、もはや首都としての活力を失った。帝国の政治の中心は、皇帝の本拠地として安定したコンスタンティノープルへと急速に移り、以後、帝都を築こうとローマに帰る皇帝はなかった。しかしローマは施政の一部を手放さず、いまだみずからを帝国の正規の首都、開化した世界の中核であるとの主張を変えなかった。ローマのキリスト教の立場も、あいまいであった。コンスタンティヌスは、異教の都をキリスト教帝国の首都に変えることに失敗した。その役割は、新しい帝国の首都、「新しいローマ」コンスタンティノープルに引き継がれた。このことは、ローマ・キリスト教の権威を傷つけた。ローマは、またもや一群の強力な都市貴族の支える異教の要塞と化し、キリスト教は四世紀末まで、宮廷や街中の大衆のうしろ盾にもかかわらず存亡をかけての困難な時代をおくった。それでも教会は厳しい戦いをしのぎぬき、五世紀に教会は完全に勝利した。以後、ローマの地図はキリスト教の一色に染められ、それは一八七〇年までつづく。

コンスタンティヌスの教会は、そのほとんどが皇帝一族の領地、しかも常に都市の片隅あるいは城壁の外に築かれていた。しかし彼の晩年から一〇〇年の間にローマのキリスト教徒は、都市の居住域、ときには異教の神殿や世俗の公共建築の並ぶ中心部近くに、彼らの神のための巨大な建物を築き、みずからの存在を誇示するようになった（図28）。

といって信徒団の古くからの地味な集会所〈ティトゥルス〉が消えることはなく、むしろいくつかは四世紀に新たに創設され、中

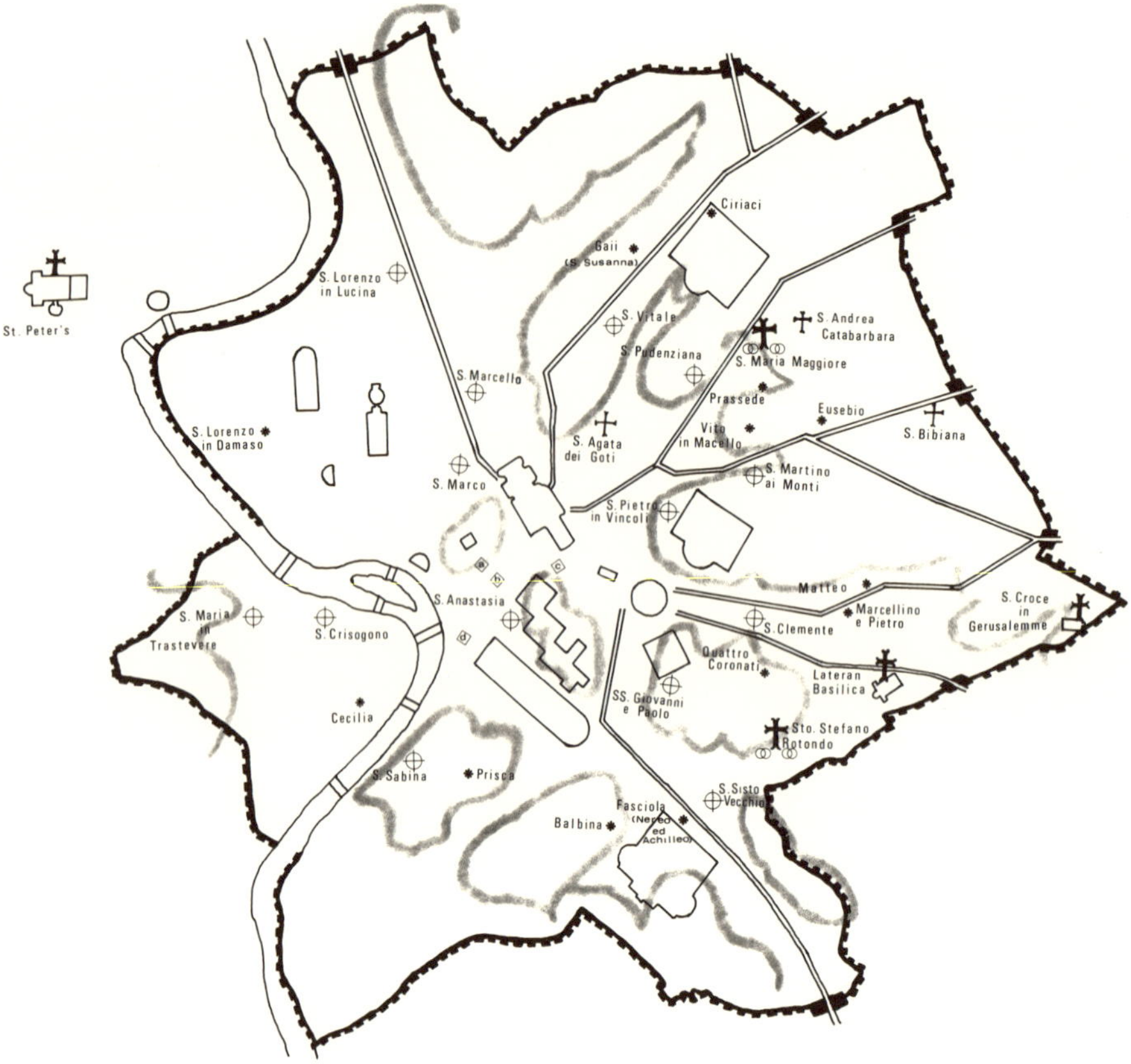

コンスタンティヌス時代の教会

ティトゥルスではじまったのではない大教会

ティトゥルスではじまったのではない小教会

ティトゥルスから教会に変えられたもの

ティトゥルスでありつづけたもの

世俗あるいは異教の建物（コンスタンティヌス以後に再び建てられたものも含む）

ⓐ【ポルティクス・デオルム・コンセンティウム】

ⓑ【サトゥルヌスの神殿】

ⓒ【プラエフェクトゥス・ウルビ】（[サンティ・コスマ・エ・ダミアーノ]）

ⓓ【スタティオ・アンノナエ】

28.　500年頃のローマ地図、教会と新たな世俗建築にはその後五〇〇年も生き延びたものもあった。しかし多くは次第に新しい壮麗な教会に取って代わられた。〈ティトゥルス〉は、長いあいだ教徒団の管理の下に置かれていたのであるから、そのままいわゆるパロキア（聖堂区）の財産となった。新しい〈ティトゥルス〉の建設資金は、パロキアの平信徒あるいは富裕な聖職者、あるいはローマの司教すなわち教皇が提供したのであろう。教会の建築資金もまた、かつてのローマの高級官僚がそうしたように、司教あるいは教会の長老が負担したのであろう。もちろんその負担が教皇や聖職者に重すぎれば、パロキアの富裕な構成員が援けたこともあったろう。四一〇年頃、聖ヒエロニムスやノラのパウリヌスと交友のあった元老院議員パンマキウスは、自己の資金で三戸の貸家（そのひとつは〈ティトゥルス〉であったと思われる）を、大きなバシリカ『サンティ・ジョヴァンニ・エ・パオロ』に建て替えた。古い三階建ての一般家屋式ファサードは、新しい教会の壁に組み込まれた。同じ頃未亡人ヴェスティーナは、夫の遺産を教会『サン・ヴィターレ』の建築費にあてた。教皇マルクス（在位三三六年）は、おそらく彼の家族に属していたであろう邸宅の一部を使って『サン・マルコ』の最初の建物を築いた。彼の後継者ユリウス一世（三三七－三五二年）は、のちの『サンタ・マリア・イン・トラステヴェーレ』の地に教会を建てた。教皇ダマスス一世（三六六－三八四年）、あるいはおそらく同じく富裕な上級聖職者であった彼の父親は、みずからの邸宅を〈ティトゥルス〉に変えた。今日のパラッツォ・デルラ・カンチェルレリアの地にあったその建物は、ただもとの形で建て替えられたのか、あるいは普通の型の教会に建て替えられたのか不明である。しかしそれが民家であれ教会であれ、たしかではないが銘文から推測するに、新しい建物の一部にはローマ教会の公文書館が含まれていたと思われる。四世紀の最後の一〇年に『サンタ・プデンツィアーナ』の改築と装飾、およびかつてのコンスタンティヌスの墓地バシリカ『サン・ロレンツォ・フオリ・レ・ムーラ』の改装を手がけたのは、司祭レオパルドゥスであったという。四二〇年から四三〇年の間に、ダルマティア出身の聖職者ペトルスは、アヴェンティーノの『サンタ・サビーナ』創建の資金を提供した。しかし『サンタ・サビーナ』にのこる奉献銘文は、彼とならんでもうひとりの創建者として当時の教皇の名をあげている。おそらく後者は、管財人のひとりとして工事を監督したのであろう。いずれにしても五世紀の中頃、ローマに教会を建てることは教皇の特権であり、また義務ともされていた。

　これら新しい教会建物は、次第にローマの中心部、すなわち貴族の邸宅地、中産階級の住居区、さらには両フォールムを含む〈観光エリア〉に迫っていた。『サン・マルコ』の最初の建物は、カンピドリオの西斜面から至近の距離、パラッツォ・ヴェネツィア傍

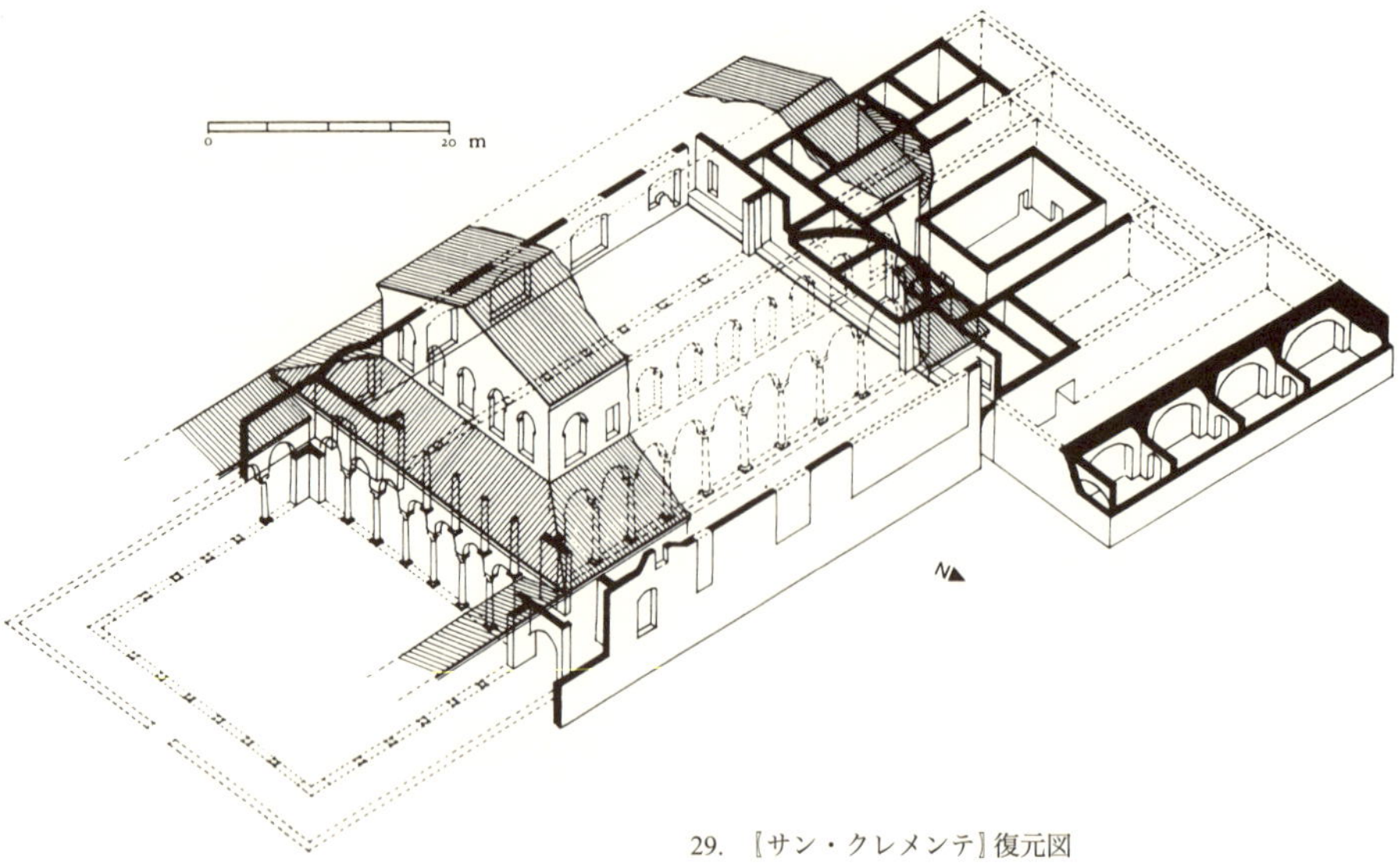

29. 『サン・クレメンテ』復元図

らに築かれた。その遺構（および六世紀の後継建物の遺構）は、九世紀、一五世紀、さらには一八世紀に改築された今日のバシリカの舗石の下に眠る。教皇ダマススの〈ティトゥルス〉『サン・ロレンツォ』は、劇場や競技場の立ち並ぶカンポ・マルツィオ地区の真中に位置し、彼の寄進によるもうひとつの教会『サンタナスタシア』は、皇帝の宮殿のあるパラティーノの麓の店舗つき共同住宅を継いだ。『サンタ・サビーナ』は、アヴェンティーノの貴族の豪壮な邸宅とその隣家の跡に築かれた。四〇〇年頃、最初の『サン・ピエトロ・イン・ヴィンコーリ』が、エスクヴィリーノの西側緑地帯の同じく豪奢な邸宅の跡に築かれた。また、今日もおそらく一二世紀の『サンタ・マリア・イン・トラステヴェーレ』のバシリカの下に埋もれているであろう教皇ユリウスの教会は、住宅の密集区の真中に位置していた。そして『サン・ヴィターレ』は、クヴィリナーレとヴィミナーレの間を今日のヴィア・ナツィオナーレにほぼ沿って東西に走る往来の多い通り、ヴィクス・ロングス沿いに築かれた。『サン・クレメンテ』のバシリカは、四世紀の後半、〈観光エリア〉の端、【コロセウム】と剣闘士の営舎に隣接する地に、かつては職人の仕事場であり、おそらく三世紀あるいは四世紀のはじめに〈ティトゥルス〉に変えられていた建物の壁を組み込んで築かれた。このバシリカのアプスは、二〇〇年頃ミトラスの聖域に変えられていた瀟洒な邸宅の上に位置していた（図29）。チェリオ西斜面の『サンティ・ジョヴァンニ・エ・パオロ』は、混雑した狭い通りに沿う、かつての二戸の民家とすでに〈ティトゥルス〉に変えられていた建物の一階と二階を組み込んで築

30.『サン・ヴィターレ』、ナルテクスから内部を見た様子、復元

かれた。シクストゥス三世（四三二―四四〇年）の教皇在位の終わり頃、カンポ・マルツィオの北部、【アウグストゥスの霊廟】と彼のオベリスクの近くにあった〈ティトゥルス〉は、『サン・ロレンツォ・イン・ルチナ』に変えられた。

これら新しい教会建物の多くは、半円形のアプスをもつ長くて高い身廊とその両側の側廊、質素な玄関（ナルテクス）、四囲を柱廊でかこまれた中庭（アトリウム）をもつ古代以来ローマに特有なバシリカ型式であった。四二〇年頃の『サン・ヴィターレ』のように、ファサードがアーケードになって開かれているものもあったが（図30）、多くは扉で閉じられていた。天井は木の梁構造で、身廊と側廊は、『サン・ヴィターレ』のように円柱、あるいはまれではあるが『サン・ロレンツォ・イン・ルチナ』の場合のように角柱のアーケードで仕切られていた。大理石の柵で仕切られた聖歌隊席は祭壇と聖職者のための空間を囲み、そこには、身廊の中央部を貫き柵で隔てられた通路（ソレア）を通ってたどり着いた。初期のバシリカの装飾からは、わずかな大理石の上張り板以外ほとんどのこされていない。側壁や内陣の壁をカタコンベではすでに普通とされていた人物の登場するモザイクあるいは壁画で飾ることは、四世紀の末まで許されていなかったと思われる。円柱、柱頭、柱礎は、そのほとんどが古代建築からの略奪品であり、しばしば寸法、材質、型がまちまちであった。新たにつくられたとしても、『サン・ヴィターレ』に見るように柱頭は粗野で飾りのない質素なものであった。四世紀をとおして、教徒団やその指導者にとって優雅さは問題ではなかった。それでも新しいバシリカは、かつてのあるいは新たにつくられた〈ティ

31.『サンタ・サビーナ』、北側外観

トゥルス〉とは本質的に異なっていた。〈ティトゥルス〉は、インスラあるいはドムスであれ、目立たず、周囲の建物に埋没していなければならなかった。それに対して新しいバシリカは、国家に認められたキリスト教会という新しい身分を声高に主張した。行政機関、接見の広間、宮殿といったモニュメンタルな世俗公共建築と同等の地位を主張した。それらは、規模や高さで周囲から抜きん出なければならなかった（図31）。都の隅の緑地帯から街の中心へと進出し、宮殿、公共建築、異教の神々の神殿と覇を競うに至った教会の建物は、五世紀になるとローマの眺望をすっかり変えた。

しかし四世紀、教会だけがローマの建築活動を独占したわけではない。無数の非キリスト教建造物、公共建築、大邸宅、フォールム、街道、上水道、いや神々の神殿や聖域さえが、修理、改築、改装され、また新たに築かれた。エスクヴィリーノの今日でも市場が開かれるピアッツァ・ヴィットリオ・エマヌエレ近くの商店や柱廊で囲まれた一世紀の市場【マケルム・リヴィアエ】は三六七年に、そして再び三七八年に改修された。テヴェレの岸に近い、今日のピアッツァ・ボッカ・デルラ・ヴェリタの地の『サンタ・マリア・イン・コスメディン』の前面部に組み込まれた円柱アーケードのロジアは、おそらく四〇〇年頃の穀物配給所【スタティオ・アンノナエ】のなごりであろう。異教の聖域も、修理あるいは再建された。異教色の濃い元老院勢力は明らかに、古いローマの神々を抑えようとする皇帝の政策に抵抗した。【フォールム・ロマーヌム】

は、異教保護の砦とされた。ヴィア・サクラに沿って三三七年から三四一年に一連の彫像が据えられたが、その中には異教の神々の像もあった。カンピドリオの崖下に今日なおのこる、ローマを守る一二神に献じられた小さな優雅な建物【ポルティクス・デオルム・コンセンティウム】は、三六七年に市総督によって再建されている。そのすぐ近くの【サトゥルヌスの神殿】は、四〇〇年頃、もはやローマでは三〇〇年の間使われることのなかった質素なデザインのイオニア式柱頭をもって再建された（図32）。【フォールム】の反対側、ヴィア・サクラ東端の【ヴェスタの神殿】が修理されたのは三九四年である。個人の邸宅もまた、古代の多くの場合異教の伝統に固執した。三三一年、すなわちまだコンスタンティヌスの治世下に、エスクヴィリーノの上に単一廊とアプスからなる大きな会堂が築かれた。一七世紀まで存在したこの【ユニウス・バッススのバシリカ】は、大理石で化粧したその壁が素描やわずかにのこる断片からまったく異教風に飾られていたことが知られる（図33）。似たような四世紀の会堂建築は、装飾は失われているが『サンタ・スザンナ』の中心部（側廊と二階柱廊部）、『サンティ・クヴァトロ・コロナーティ』のアプス、また『サンタ・バルビナ』にその跡をのこす。またオスティアにのこる四世紀後半の多くのドムスもまた、壁面や舗床の豪奢な装飾の主題から、その持ち主の異教的趣味を語っている。

32.【サトゥルヌスの神殿】

じじつ四世紀をとおしてローマは、そこを訪れる旅人にとっては彼がキリスト教の聖所で祈るために来たのではないかぎり、本質的には古来の異教の都であった。三五七年この地を訪れた皇帝コンスタンティウス二世が案内されたのは、「驚異の連続で目の眩む」【フォールム・

33.　【ユニウス・バッススのバシリカ】壁面装飾、Giuliano da Sangalloの素描。Biblioteca Vaticana, Barb. lat. 4424, fol. 33^v

ロマーヌム】、カンピドリオと【ユピテルの大神殿】、【コロセウム】、「円形の街」すなわち【パンテオン】、【トラヤヌスおよびマルクス・アウレリウスの記念柱】、【ウエヌスとローマの神殿】、【ヴェスパシアヌスの平和のフォールム】（ここには六世紀まで有名であった彫像が並んでいた）、【ポンペイウスの劇場】、【ドミティアヌスの競技場】、それに【キルクス・マクシムス】（ここで彼は競技を主催し、父親がエジプトから将来していたオベリスクを建てた）であった。巡幸のクライマックス、【トラヤヌスのフォールム】では、随行していたペルシアの王子は《トラヤヌスの騎馬像》の前で【トラヤヌスのフォールム】を指さし、彼に向かって「このような立派な馬をのぞむなら、あのような立派な厩舎をつくらねば」といったという。

「偉大なるローマ」への郷愁 注2

しかし四世紀をとおして次第に皇帝の法令は、異教弾圧の傾向を強めた。三四六年公での異教の礼拝は禁止され、その一〇年後、神殿は閉鎖された。三六四年神殿の財産は没収され、そして四〇八年すべての神殿は新しい、おそらく世俗の使用に当てるよう布令された。しかし同時にこれらの法令は、神殿を公共のモニュメントとして、――そしてこれが決定的な点なのだが――国家の財産として保護するよう繰り返し命じた。異教は排除されたが、そのモニュメントは偉大な過去、都市ローマと帝国の力の目に見える証拠として、永遠にのこされねばならなかったのだ。五〇〇年頃になってもゴート王テオドリクスのローマの宰相カシオドルスは、【ポンペイウスの劇場】を「低く垂れた石を繋げた丸天井の洞穴は人間の手になるものというより、あたかも巨大な山の洞窟のようだ」と畏敬の念をこめて賞賛している。また上水道のみならず下水道についても、「地上にあるものについてはあるいは他の都市もローマに匹敵するかもしれない、しかし地下のものについては、他に類を見ることはできない」という。さらに、「都を飾る莫大な数の人物像、馬の像」に驚嘆する。それから約三〇年後、ゴート人がローマを包囲したときのプロコピウスも、まだ「彫像で満ちた」ローマを見ている。【フォールム・ロマーヌム】では、ヤヌスの祠と二メートルを超えるそのブロンズ像、【ヴェスパシアヌスのフォールム】では、泉と当時まだ何人かいた古代美術の目利きがフィディアスあるいはリシッポスに帰したブロンズの雄牛、その近くにはミュロン作のブロンズの仔牛、さらには銘からフィディアスの作とされる彫像があった。そのほかにも、「この一画（【フォールム・ロマーヌム】とそれに隣接する【皇帝たちのフォールム】）には、フィディアスあるいはリシッポス作の多くの彫像」を見ることができたという。問題は作者ではなく、ローマの〈観光エリア〉にはまだ多くの古代の彫像があったということである。コンスタンティヌスの騎馬像は、八世紀まで【フォールム・ロマーヌム】に立っていた。ギリシア人であるプロコピウスは、これらローマの誇る美術財産を勝者であるローマ人のギリシアからの組織的な掠奪の結果とみた。しかしローマ人の作品、テヴェレ沿いの一種の美術館で見た「アエネアスのボート」、一本の幹を刳りぬいたカヌーの出来をも賞賛している。また彼は、ローマ市民が「すばらしい技量の成果であり、長い時の流れと放置に耐えてきた」公の建物や宝物に払う気配りを強調する。しかし同時に彼は、管理の悪さも報告している。

プロコピウスのような外からの人間だけでなく、ローマの住民もまた、都市の衰退とそのモニュメントの荒廃を意識していた。彼らは、かつてのローマに輝いた栄光の影だけを見ていた。彼らの書いたものには、四世紀さらにはそれ以前への郷愁が息づいている――それは文芸の一定型ともなった――。そしてその郷愁には、「偉大なるローマ」のイメージが貼り付いていた。神殿、劇場、競技場、浴堂、何百というブロンズや大理石の像、たとえそれらは壊れかかってはいても、「偉大なるローマ」の証人であった。

「偉大なるローマ」への物悲しい憧れは、現実を超えて強く生きつづけた。たしかに過去と現在の混同は不合理である。しかし永遠に失われた栄光へのロマンティックな憧憬、「ローマは文明世界の中心、すべての都市の女王」の想いは、教養人のみならず一般の人びとの間にも脈々と流れていた。何百年経ってもローマは、カシオドルスのいう〈コムニス・パトリア〉「全民族の故国」でありつづけた。栄光のイメージ、旅人はそれを見ようと訪れ、住民もまたそれを探した。そして彼らは探しもとめたから、モニュメントに具現しているそれを見つけた。

六世紀のカシオドルスあるいはプロコピウスにとって、古代ローマと結びつく異教的性格はまったく問題ではなかった。彼らにとって異教は、もはや危険な存在ではなかった。彼らが生きたのはキリスト教世界であった。しかしキリスト教化がまだ進行中であった四世紀では、そうではなかった。その頃、キリスト教の凱旋行進を目にして、古典古代を教養の糧とした人びとの悩みは深かった。キリスト教徒あるいは非キリスト教徒であれ、自分たちの言語、文化、思想を形成してきた古典の遺産を可能な限り保持することは、共通の願いであった。この願いは、東方の都市や属州、またコンスタンティノープルやミラノの宮廷にあっては、聖職者あるいはそうでない者にかかわらず、キリスト教の信仰と共存できるものであった。しかし四世紀のローマにあっては、古典的伝統は異教の信仰とあまりも強く結びついていた。たしかに四世紀も七〇年代になると、ローマにおいても異教徒は帝国の他の諸地域と同様、数の上でははるかな少数派であった。キリスト教徒は、行政府においても宮廷においても優位を占めていた。だが元老院や上級官職が権力を握るローマの貴族の間では、異教的思想はグノーシス主義、新プラトン主義、新ピタゴラス主義などの哲学、あるいは東方の神秘主義に影響された啓蒙思想として、あいかわらず強い勢力を誇っていた。もはや宗教的儀式とはいえずただ風土に根ざした慣習として古い神々を礼拝することは、ローマの一般市民にとっても不可欠のことであった。このような異教への想いが、大いなる帝国、その唯一正統な首都としてのローマの存続を確信させていたのだ。しかしその土台を、キリスト教徒は侵蝕しようとしていたのだ。改宗し、コンスタンティノープルに都を移して「偉大なるローマ」を裏切った皇帝たちへの怨念、かつては異教徒貴族の専有であった宮廷や行政府への新興キリスト教徒の進出に対する敵意、キリスト教新文化に対する反感、それらは政治的な要因とさえなってあらわれた。貴族的で伝統に結びついた異教徒にとって、古典的黄金時代こそが唯一文化に値するものであった。それゆえ彼らが注文する美術品は、この四〇〇年の間姿を消していたアウグスティヌス時代の美術の復活を目指した。三八〇年頃、ローマにおける抵抗運動の指導的貴族ニコマクス家とシンマクス家のためにつくられた象牙製ふたつ折り刻字板（ディプティコン）は、まさに古典の復活を告げる繊細で優雅な美術品であった。彼らにとって新しいキリスト教文化は、哲学、文学、美術のどの分野においても、平民的で——じじつキリスト教徒の多くは平民（プレブス）の出であった——無教養で低俗な趣味のあらわれ以外の何ものでもなかった。古典的伝統に対する無関心は、当初からのキリスト教会に内在する特徴であった。たしかにこの無関心は、三七〇年以後、知識階級の人間が初期の素朴で熱狂的な平民の指導者に取って代わった帝国の東部属州では姿を消した。しかし西側では強くのこった。ローマにあっては、四世紀中頃以後でも聖職者や教徒団体は、古典的哲学、文学、美術に無関心であった。反古典的ではなく、非古典的であった。四世紀のローマでキリスト教徒のためにつくられた無装飾の石棺や金色ガラス容器に、異教徒の貴族たちはショックを受けたに違いない。また彼らは、都のいたるところにあいついで生え出た大量のキリスト教建物にも驚愕し、またそれらを軽蔑したに違いない。それらは、プランは単純、古典的オーダーは無視、円柱、柱頭、エンタブレチュアは古代の建物からの略奪品、したがってしばしば統一のない混成であった。これらのことは、四世紀後半のキリスト教ローマにおける古典的、民族的、異教的性格の保持をめざした公的および私的美術を考察する際、留意されねばならない。

ローマの異教は、結局三九五年に抑え込まれた。おそらくいくらかの者が隠れ異教徒としてのこったであろうが、最後の異教徒ローマ貴族は改宗を迫られた。しかし同じ頃、すなわち三七〇年から四〇〇年にかけて、キリスト教と異教の戦いの中でひとつの本質的な変化が起こった。ローマがさらにキリスト教化したとき、教会がローマ化したのだ。異教と結びついたふたつの要素、すなわち都市ローマの歴史と古典ローマの伝統を肯定しようとする態度である。この変化には多くの理由がある。そのひとつは、教会が豊かになったこと。教会の経済的利益と大地主、すなわち貴族たちのそれとが結びついたのである。四世紀の間にキリスト教に改宗したローマの貴族は、すでにキリスト教徒の手にあった行政の中のエリートとなり、そこに本来彼らのものであった古代の遺産をもち込んだのだ。エスクヴィリーノの異教風バシリカ（図33）の持ち主ユニウス・バッススの同名の息子は市総督を務め、三五九年にキリスト教徒として没したが、彼の石棺は異教徒である貴族仲間のそれと同じく、洗練された古典的様式で装飾されていた（図34）。しかもこれは例外ではなく、四世紀の最後の三〇年間にローマ上流階級に属するキリスト教徒のためにつくられた一群の石棺や金属細工を代表するひとつであった。同じ美術家が、異教徒とキリスト教徒の注文に応じていたのだ。エスクヴィリーノ

34.『ユニウス・バッススの石棺』部分、《トラディティオ・レギス（掟の授与）》

に出土し、今日大英博物館が所蔵する所謂《プロジェクタの宝石函》は、三七九年と三八二年の間にキリスト教徒の若い男女の結婚の贈り物としてつくられたのであったろう（図35）。彼らは、異教の神々を古典の様式で描いた銀の化粧セットを受け取ることになんら良心の呵責を感じなかったようである。しかしこのような一部貴族の古典趣味が、装飾のない非古典的な石棺をつくりつづけていた中流キリスト教徒の保守的性格を変えることはなかった。しかし当時の西方、そしてローマにあっても、教養ある貴族や、その社会とかかわりをもつ知識人が、教会ヒエラルヒーの上位を占めていたことも事実であった。たとえばアンブロシウス。ミラノの司教の座に着いた彼は絶大なる政治権力を手中にした。あるいはヒエロニムス。二〇年にわたってローマ上流キリスト教貴婦人のもっとも人気ある魂の世話人であった彼は、三八五年パレスティナに身を退き、そこのベツレヘムで四一九年真の隠遁者として男性女性の敬虔な信者たちにかこまれて没した。あるいはアウグスティヌス。深刻な精神的危機のあと改宗した彼は、アフリカのヒッポの司教として初期キリスト教のもっとも偉大な神学者となった。あるいはゴール出身の貴族パウリヌス。莫大な富を誇った彼はナポリ近くノラの司教になった。このようなローマ教会指導者の新しい傾向は、三六六年、血なまぐさい抗争のあと教皇に選ばれたダマススにもっともよく代表される。高級聖職者の息子、金があって野心に燃え、享楽の人生を追いもとめた男、富裕な貴婦人の耳をくすぐり財布の紐をゆるめさす達人、「淑女の耳掻き」とうわさされる伊達男、すぐれた政治家でローマの愛国者。彼の政治の第一の目的は、皇帝と皇帝に支持された東方教会の強欲からローマとその教会を守ることであった。ダマススは、「使徒の御座」としてのローマの優位性をくりかえし強調した。偉大な同時代人にくらべればはるかに弱いが、彼もまた、教会と古典的過去との融合を目指したのだ。ダマススが教皇の位に着くと、ローマ教会は貴族出身の聖職者たちによって支配され、聖職にないキリスト教貴族の首長たちもそれを支えた——ヒエロニムスはこのようなローマ教会を「元老院」と呼んだ——。この「元老院」から歴代の教皇は選ばれ、外交官でもあり法学者でもあった教皇たちは、多くは高位聖職者の息子であり、彼らのほとんどはローマに生まれ、例外なくローマで教育を受けた。彼ら教会指導者の言語や思考は、例外なくキケロ、プラトン、ホラティウス、ヴェルギリウス、ウルピアヌスの著作に育てられていた。彼らにとって古典のない世界は、シェークスピアのない英語文化と同じく、考えられないことであった。彼らが教育を受けた「永遠なるローマ」は、まだ世界の中心であった。

35. 《プロジェクタの宝石函》部分、《ウエヌス》、London, British Museum

ここから、葛藤が生まれた。古典的伝統と異教主義は解きがたく結びついていた。古典をとれば、異教に溺れるのではないか。この危険を明確に意識していたのが三八〇年代のヒエロニムスであった。夢で彼は、キリスト教徒でありながらキケロを尊崇するがゆえに地獄に落とされる自分を見た。「ホラティウスと『詩篇』の関係は？　ヴェルギリウスと福音は？　キケロとパウルスは？」と彼は、三〇〇年前のテルトゥリアヌスの言葉を借りて考える。「エルサレムに対してアテナイは何だろう？」このディレンマから逃れるため彼はユダヤの荒野に身を隠し、後半生を新しい平易なラテン語、万人に理解される力強い言葉〈セルモ・フミリス〉の創造に献じた。ラテン語聖書『ヴルガータ』は、その成果であった。

しかし、だれもがヒエロニムスの道を歩んだのではな

36.『サンタ・プデンツィアーナ』、アプス・モザイク

い。アンブロシウスやアウグスティヌスは、魂を危うくする懸念もなく古典的遺産を受け入れた。ローマのキリスト教美術もまた、すでにダマススが教皇になる以前に、古典的、とくにローマの古典的特色を受け入れていた。三五四年頃につくられ、一六世紀の写しで今日に伝わる暦では、フィロカルスという名のローマの書記はアウグストゥス時代の文字の復活を試み、新古典的字体を創造していた。この字体は、四世紀の最後の三〇年間にダマススが殉教者の墓に刻んだ多くの墓碑銘に採用された。五世紀の初頭、新しい古典主義の流れは教会装飾の領域にもあらわれた。三九〇年頃、ひとつの大きな古代の浴堂が『サンタ・プデンツィアーナ』の教会に変えられ、つづく一五年間に飾られた。そのアプスの丸天井は、もはやコンスタンティヌスのラテラーノのバシリカのそれのように無地の金地ではなく、ローマの教会にのこる最古の人物表現、そしておそらくローマの教会のために考案された最初の図柄のひとつで飾られた（図36）。中央できらめく金色の衣に包まれて玉座につくキリスト、左右にローマ元老院議員の正装トーガをまとう使徒、《ユダヤ人の教会》（エクレシア・エクス・キルクムキシオーネ）と《異邦人の教会》（エクレシア・エクス・ゲンティブス）を象徴する女性像。前者は当然聖ペトルスのうしろ、後者は、異邦人の教師（ドクトル・ゲン

ティウム〉聖パウルスのうしろに立つ。宮殿を想わせる背景の巨大な建物が場面を閉じ、その上の空には宝石をちりばめた十字架、その両側に福音記者の象徴、《人間》、《ライオン》、《雄牛》、《鷲》が浮かぶ。大きく修復されてはいるが、表情、体躯、身振り、空間構成は、キリスト教的内容に変えられているとはいえその古典的、記念碑的、保守的な特徴でもってまさに古代ローマの美術を想起させる。

じじつ教皇ダマススの登位以来ローマの教会は、本来彼らにとっては異質である東方の出自を消し、自分たちを初源からローマそのものと見せようとつとめた。たしかに三世紀まで彼らの公式の言語はラテン語ではなくギリシア語であり、指導者たちもローマ人ではなくギリシア人であった。このような異国的過去は、消さねばならなかった。ダマススの詩は、まさにこのことをテーマとしていた。聖ヘルメスはギリシアからやってきたが、信仰のため血をローマで流したがゆえにローマの市民になった。カルタゴの聖サトゥルニヌスは、殉教することによってローマ人になった。東方出身のペトルスとパウルスは、キリストのためにローマで死んだがゆえに当然の権利として今やローマ人である。殉教者たちは、異教古代の英雄に代わってローマの守護者となり、その墓はローマを取り囲む。使徒の中の使徒ペトルスとパウルスは、ロムルスとレムスに代わって新しいローマ、キリスト教の都の建設者となった。彼らの一対の肖像は、貨幣の上のアウグスティ（一対の皇帝像）のように金地のガラス器の上にあらわれ、使徒の協和が皇帝のそれに取って代わった。いまや彼らは、〈レノヴァティオ・ウルビス〉「ローマの再生」を保証したのだ。たしかに〈カプト・オルビス〉「世界の頭」としてのローマ再生の思想は、アウグストゥスの時代以来貨幣の銘でうたわれ、四世紀の後半には栄光の過去の復活による世界の再生を目指す異教徒たちの標語となっていた。しかし同じ頃、同じ標語が別の意味をもってローマの教会に引き継がれたのだ。すでにコンスタンティヌスの神学者たちは、この皇帝がキリストの名において新生させたローマ帝国に地上における神の王国を見ていた。四世紀の終わり頃アンブロシウスは、キリストの王国にアウグストゥスの「パックス・ロマーナ」の再現を見た。同じ頃プルデンティウスの頌歌は、「全人類は、キリストの名のもと、普遍の絆で結ばれた全世界を見るため、ローマに屈服した。ゆえにキリストよ、あなたのローマ人にキリスト教の都を、世界にキリスト教の首都を与えたまえ。ペトルスとパウルスはユピテルを追い出さねばならない」と、キリスト教の旗の下での〈レノヴァティオ・ウルビス〉をうたった。ペトルスとパウルス、それに他の殉教者の血と墓でキリスト教化され、神聖化されたローマは、キリストの名のもと、世界を新生させねばならなかった。

このような流れの中で、四世紀末を代表する教会が築かれた。オスティア街道を城門から歩いて約二〇分のところの『サン・パオロ・フオリ・レ・ムーラ』である。三八四年までそこには、のちの『リベル・ポンティフィカリス（教皇伝）』に採用された「コンスタンティヌスによる豪華な建物」という報告とは違って、ただ聖パウルスの墓とされたものを納める小さな建物が建っていた。そのつつましさは、コンスタンティヌスが聖ペトルスに献じた大バシリカとはまったく対照的であった。このことは、民衆の間ではたとえばアッピア街道に沿った『サン・セバスティアーノ』の地下の彼らふたりを一組にしたモニュメントが示すように、使徒の中のプリンスである両者は対等に見られていただけにいっそう異様に見える。しかしコンスタンティヌス時代のローマ教会の公式な見解では、ペトルスはパウルスよりはるかに高い位置におかれていた。このことは、コンスタンティヌスの政策によってこの都市の中枢に据えられたローマの司教が、帝国西側での最高位を主張していたことを思えば容易に理解される。ローマの初代の司教であるペトルスは、以後途絶えることなく継承されたローマ司教の始祖であり、ローマのキリスト教会がその上に立つ「岩」であった。四世紀の後半――おそらく民衆の見方が再び勢いを得たのであろう――またもやパウルスは、ペトルスと肩を並べる地位についた。ただそれからわずか二〇〇年後のことではあるが、聖パウルスはこのたびは決定的に後方に追われ、コンスタンティヌスの時代のように再び聖ペトルスがローマの、いや今回は西側全体の指導的聖者となった。しかし四世紀の後半ではいまだ両者は協調関係にあり、ローマの共同の守護者として対等の立場を保持していたのだ。キリスト教徒の知識階級が支配していた当時の教会にとって、パウルスを下位とする見方は到底受け入れられるものではなかった。パウルスは哲学者であり、一二使徒の中の知識人であり、それゆえ新しく登場したキリスト教知識人の手本であった。また彼は、〈ドクトル・ゲンティウム〉「異邦人の教師」であるから、いまだローマの貴族の間に生きつづける異教主義との戦いの闘士ともみなされたのであろう。

したがって三八四年、コンスタンティヌス時代のつつましい祠を『サン・ピエトロ』と張り合うバシリカに変えることは、自然の成り行きであった。構想は、おそらく教皇ダマススから出たのであろう。それは、両使徒に等しい地位を与えようとする彼の意図にふさわしい考えであった。この要請に応えて当時の皇帝たち――ヴァレンティニアヌス二世、テオドシウス、アルカディウス――が、資金を提供したのであろう。工事の開始を承認する皇帝の答書は、当時のローマにおける政治状況の複雑さを反映してい

37. 『サン・パオロ・フオリ・レ・ムーラ』、1823年の火災の後の内部の様子、翼廊およびアプスへの眺め、L. Rossiniの銅版画

る。まず市総督が用地についての報告書を提出し、これに答えて皇帝が古来の聖なる地を、それを崇拝しようと押し寄せる大量の信者を収容する新しい建物で荘厳することを宣言する。つづいて市総督に、教会および行政機関と接触し、元老院およびローマ市民から街道沿いに十分な土地を確保する許可を得ることが委託される。この複雑な手続きは、皇帝に支持された教会と一方では地元のキリスト教貴族、他方ではいまだ力をもつ異教貴族との間の緊張から生まれる地元の微妙な感情に対する配慮のあらわれであった。規模の大きさにもかかわらず、建物はわずか六年から八年で完成した。装飾には、その後数年が費やされたと思われる。

新しいバシリカは、プラン、規模、雄大さで『サン・ピエトロ』に匹敵するものであらねばならなかった。今日の教会は、一八二三年の火災のあと四世紀末のバシリカを復元したものである。四四一年に地震あるいは火災にあっているが、そのときはたんなる修理と内装の補完に限られており、したがってプラン、プロポーション、それに壁の多くの部分は四世紀の様子を今日に伝えている。一八二三年の火災の前後につくられた版画や素描から、本来の建物の姿をかなり正確に知ることができる（図37）。高く広い身廊は、四四個の窓から十分な光を採り――ちなみに『サン・ピエトロ』の窓は二二

38.『サンタ・サビーナ』内部

39.『サンタ・サビーナ』、内側ファサードのモザイク部分、〈エクレシア・エクス・キルクムキシオーネ〉

個——、二重の側廊、柱廊で囲まれたアトリウム、『サン・ピエトロ』と同じくアプスのある翼廊、しかしそれは、使徒の墓のため、より広くより高くされている。身廊の四〇基の円柱は古代の建物からの借用であるが、柱頭が示すように入念に選ばれている。側廊の円柱は、新たにこの教会のために単純化されたコリント式でつくられている。四世紀の身廊には鍍金された格間天井が張られ、凱旋門は、おそらく図像ではなく文様のモザイクで飾られていたと推測される。五世紀の修理も、同じ入念さと気前のよさでなされており、四四一年に失われた二四基の円柱は、繊細なコリント式の柱頭をもつ贅沢な紫のパヴォナツェット大理石の柱で補充され、アーケードとスパンドレル（三角小間）には、ストゥッコ装飾が施されていた。身廊の壁は聖書の場面を描くフレスコ画、凱旋門はキリストに枝冠を捧げる二四人の長老を描くモザイクで飾られていた。

『サン・パオロ・フオリ・レ・ムーラ』の四世紀のオリジナル、また五世紀の修理に見られた細部の入念な仕上げ、贅沢な装飾、均衡の取れたプロポーションの重視などは、ローマ教会建築における新しい古典主義的傾向の顕著なあらわれであった。そしてこの傾向は、アヴェンティーノの上の『サンタ・サビーナ』で頂点に達した（図38）。着工は四二五年であるが竣工は四三二年以降であるこのバシリカは、ローマにのこる初期教会の中でもっとも優雅でもっとも豪華な建物である。ひときわ高い身廊には、二世紀の建物から借用した精緻な彫刻装飾をもつ円柱と柱頭が整然と並び、上方の大きな窓からは豊かな、しかし柔らかな光が射しこむ。アーケードの三角小間は、レンガ細工を模した地に聖杯、聖餅皿、楯を浮かす繊細な意匠の大理石板を貼り付け、その上方の窓までの壁は、アプスやそのアーチ同様モザイクで飾られていた。古い版画から、アプスのアーチにはキリストの半身像と彼の弟子たちを描く円盤が並んでいたことが知られる。これらモザイク装飾からは唯一ファサード内壁からの大きなパネルがのこされており、そこには金の地の上に威厳のあるローマ貴婦人の姿で〈エクレシア・エクス・キルクムキシオーネ〉（ユダヤ人の教会）と〈エクレシア・エクス・ゲンティブス〉（異邦人の教会）が描かれ、両者のあいだには美しいアランティカ文字で、この教会の献納者イリリアのペトルスの名が記されている（図39）。人物像および銘の字体には、円柱や柱頭の慎重な選択、全体のすばらしいプロポーションと同じ古典復活の精神が息づいていた。

新生ローマ教会の古典主義[注3]

キリスト教建築へ古典ローマの息吹を注ぎ込むこと、それは四世紀の最後の一〇年間にはじまった。しかしそれが頂点に達したのは、じつに奇妙なことだが、ローマが千年以上も経験しなかった大厄害のあとであった。四一〇年八月、アラリックの率いる西ゴートの一隊が都に侵入し、三日間略奪をつづけた。抵抗はなかった。このような襲撃に備えてまさに七年前【アウレリアヌスの城壁】はかさ上げされ、城門には塔が築かれていた。しかし要塞を守る兵士がいなかった。艦隊に守られてラヴェンナに座す西の皇帝ホノリウス――帝国は三九五年以来東西に分かれていた――は、何の手出しもできず、東の皇帝ははるか遠くコンスタンティノープルにいた。アヴェンティーノでは南側の頂や『サンタ・サビーナ』周辺に並ぶ邸宅、クヴィリナーレでは【サルスティウスの庭園】の中の宮殿、チェリオでは『サント・ステファーノ・ロトンド』南のヴァレリウス家の邸宅が焼け落ちた。【フォールム・ロマーヌム】では、【バシリカ・アエミリア】と近くの【元老院議事堂】が破壊された。略奪は広範囲におよんだ。ラテラーノのバシリカでも、コンスタンティヌスの献納した銀の調度の多くが奪われ、ヴェスパシアヌスとティトゥスがエルサレムからもち帰った宝物の多くも消えた。このような個々の略奪者による狼藉はあったが、しかし概していえば被害は限られていた。大虐殺も組織的な放火もなかった。住民には警告が発せられ、人びとは『サン・ピエトロ』と『サン・パオロ』に避難した。両教会の宝物に被害はなく、他の教会の貴重な品々も『サン・ピエトロ』に運ばれていた。また、たとえば今日大英博物館にある《プロジェクタの宝石函》のように、個人の宝物の多くも略奪の前に隠されたと見える。それらのいくつかは、一七あるいは一八世紀になって発見された。

しかしこのローマの略奪が、キリスト教徒であれ異教徒であれ、同時代人に与えた衝撃は大きかった。千年以上にわたって、そして今もローマは、「文明化された世界の頭」であった。そのローマが今、森の奥から湧き出た文字も知らない蛮人の手に落ちた。ヒエロニムスは書く。「世界の終わりだ。言葉も出ない。涙がこみあげて口述もできない。かつて全世界が跪いた都がいまや跪いた」。キリスト教徒と異教徒では、衝撃の受け止め方は違った。異教徒および隠れ異教徒は、この厄害の因を古い神々をないがしろにした市当局や皇帝に見た。人びとはただ、ローマの陥落を記憶から消し去ろうとした。ゴール出身の高級官僚、四一六年には異教徒を公言していたルティリウス・ナメンティアヌスにとって、それは束の間の悪夢にすぎなかった。ローマは永遠であらねばならなかった。ローマの略奪の次の年ホノリウスは、常勝トラヤヌスに比する皇帝としてローマに迎えられた。このとき、以後の千年この都市が歩むふたつの道が分岐した。一方に、衰えあらゆる敵の餌食となるローマ、他方に、偉大な栄光のイメージが輝き、生き返るローマ。このような異教徒の反応に対して、官僚機構の外にいたキリスト教徒にとって四一〇年の災害は、執拗に生きのこる異教主義とみずからの罪に対する劫罰以外の何ものでもなかった。アウグスティヌスにとっては、「この世」の統治は悪と繋がるものであり、それからの解放がすなわち救済であった。人類は悔い改め、「この世」でない「神の王国」を目指さねばならないとされた。

当時最大の神学者のこの見解はしかし、ローマ教会の最高指導者、教皇インノケンティウス一世、ケレスティヌス、シクストゥス三世の見解とはなりえなかった。大教皇レオ一世もまた、彼が副司教としてつとめたケレスティヌスやシクストゥスの政治に責任がなかったとはいえない。彼にとっても、古代ローマと異教はすでに過去のものであった。しかし新しいキリスト教のローマも、意味こそ違え、偉大であらねばならなかった。教会は豊かであった。ゴート人に略奪された教会に教皇が贈った銀器は、奪われる前と同じく豪華であった。都の経済は、いち早く落ち着きを取り戻した。経済的にはほとんど痛手を受けず、たとえ武力では劣るとも信仰で結束したこのキリスト教のローマには、コンスタンティノープルの教会に対抗する西側での指導力を主張し強化することと、皇帝に対する独立を守ること、キリスト教とローマの政治を展開させることが責務とされた。異教徒は、もはや危険な存在ではなかった。異教的思想とローマの結びつきは、異教主義と古典古代の結びつきと同様、すでに切り裂かれていた。だがローマが死んではならない。皇帝には、ローマを守る力はなかった。今やその安全は、キリスト教の英雄ペトルスとパウルス、聖ペトルスの後継者である司教（教皇）の肩にかかっていた。彼らだけが、のこされた唯一の力であった。ローマは教皇権、教皇権がローマそのものであった。それゆえ教皇権は、ローマの政治的および古典的伝統を、かつてのように不可分として継承しなければならなかった。ダマススの下ではじまった教皇権、聖ペトルス、教会と、ローマおよびその古典的伝統の同一化は、ケレスティヌスやシクストゥス三世の下で教皇政治の基柱となった。新しいローマ、キリスト教と古典、西の精神的指導者、ペトルスの後継者である教皇の都が、かつてのローマに取って代わったのだ。都市ローマと教皇権のこのような位置は、四四〇年から四六一年にかけて教皇の座についた大教皇レオ一世の下で不動のものとされた。「ローマはペトルスの聖なる座でもって世界の頭となった」――これは彼の言葉である。古典古代から引き継がれた〈カプト・オルビス〉に、新しい意味が与えられたのだ。ローマを世界の中心にしたのは、武力でも法律でも権力でもなく、教会の岩、指導者の始祖聖ペトルスの座であった。レオはペトルスの代理人であり、彼の言葉はペトルスの言葉であった。彼は、西方教会の確固たる首長、東方教会の侵食を防ぐ堤、世俗的ではなく精神的での意味ではあるが、かつてのローマの伝統にならった西方の支配者であった。

五世紀ローマの教会建築およびその装飾を代表する『サンタ・マリア・マジョレ』は、このような文脈の中で考察されねばならない。エスクヴィリーノの頂に立つこの教会は、五世紀のおそらく二〇年代に着工され、シクストゥス三世（四三二―四四〇年）の時代に完成されたのであろう。規模の大きさにもかかわらず半円形のアプスをもつ高く広い身廊とその両側に一筋の側廊という当時基準とされたその単純なプランは、一三世紀になって多角形のアプスをもつ翼廊を加えられ、一七世紀にバロックの装飾で覆われた（図40）。本来の身廊の状況は、一六世紀および一八世紀の変更にもかかわらず今日なお古い素描などからかなり正確に知ること

40.〘サンタ・マリア・マジョレ〙身廊

41.〘サンタ・マリア・マジョレ〙、Spencer Corbett の素描に L. Miccini が手を加えた内部復元図

ができる（図41）。古代の廃墟から慎重に選ばれた寸法と材質が見事に調和する二列に並ぶ二〇基の円柱は、ローマでは二世紀以来珍しくなっていたイオニア式の柱頭を載せ、その上のエンタブラチュアにも古典的オーダーが用いられている。古代の建築では普通であったこのオーダーは、ローマの教会建築においてはラテラーノ、『サン・ピエトロ』あるいは『サン・ロレンツォ』の墓地バシリカなど、ただコンスタンティヌスの教会に使われていたものであった。以後それはローマから消えたが、興味深いことにコンスタンティノープルには生きのこった。また『サンタ・マリア・マジョレ』では身廊の上部の壁が、上端にストゥッコによる古典風の巻きひげフリーズを載せた同じく古典的オーダーの高い付け柱で区切られていた。この付け柱の間には旧約聖書の場面を描く一連のモザイク画があり、それらは、一六〇〇年頃までは小さな側柱と交互に三角形と円弧の破風で囲まれたエディクラで守られていた。エディクラの上では、クリアストリー（高窓壁）のそれぞれの柱間にひとつずつ明けられた窓が、同じくストゥッコ細工の捩れた小円柱の二重オーダーとアーチで囲まれていた。身廊の天井は、おそらく今日の一五世紀のそれと同様、格間で飾られていたと思われる。凱旋門――本来はアプスのアーチ――はキリストの誕生と幼児時代、アプスの丸天井は殉教者に伴われた聖母を描くモザイクで覆われていた。

身廊壁およびアプス・アーチのモザイク画は、初期キリスト教美術の偉大な宣言であった（図42－45）。モーゼは、紅海の水を英雄的な身振りで打つ（図42）。彼のトーガ（外着）は明暗のある灰色と青の地に白線の折り目、黒線の縁、その下のトゥニカ（内着）は明るい青。彼と並ぶこれも威風堂々たる男は、灰色と白のトゥニカの上に深い青のトーガをまとう。そのうしろの群集は、無限の奥行きをもってひしめく。金の帯の甲冑をまとい深紅色のマントをひるがえすエジプト軍は緑がかった青色の水に沈み（図43）、白または明るい茶色の馬には濃い茶色の影と白のハイライト、その馬具は赤く輝く。コンポジション、人物、身振りと姿勢、色彩、それに印象主義的技法、それらすべてはアフリカ、シリア、シチリアのヴィルラ、何よりもピアッツァ・アルメリーナの床面モザイク、いくつかのフレスコ壁画、また数点の彩飾写本にのこる初期キリスト教絵画に共通するものである。アプス・アーチでは、四人の侍者（天使）を従えて玉座につく幼き皇帝キリスト（図44）。古典的な厳粛さと帝国的な豪華さ、その雰囲気をかもし出すのは、光を散らすべくガラスの立方体を緩やかに並べるモザイクであり、それは古代末期ローマ独特の手法である。アーチ右側のいまだ主題の不明な場面での聖母は、このモザイクの印象主義的性格の出来上がる様子を示す（図45）。顔では明暗をもつ肉色にいくつかの濃いピンクの点が散り、深い赤が唇、顎、鼻を引き立て、同一の曲線を描く赤、茶、黒のガラスがその輪郭をつくる。装身具、衣服にちりばめられる金と赤。天使たちとヨセフを伴い天の皇后は、神の子とともに挨拶に訪れた貴人の群れを優しく迎える。

建物とその装飾は、訪れた人のこころをつかむ。再び生き返った古典古代。イオニア式オーダー、付け柱、エディクラ、それらは【トラヤヌスのフォールム】以来ローマの建築から消えていたものであった。生き返った古典古代は、モザイクのキリスト教精神にも見える。それは、ローマにのこる聖書の場面を壮大な規模で描いた最初の作品であった。凱旋門にのこる献納銘「シクストゥ

42.［サンタ・マリア・マジョレ］身廊モザイク部分、《紅海を杖で打つモーゼ》

43.［サンタ・マリア・マジョレ］身廊モザイク部分、《紅海で溺れるエジプト軍》

ス　エピスコプス　デイ」（司教シクストゥスが神の人民へ）の文字は、聖書と古典の風趣を伝える。

『サンタ・マリア・マジョレ』が、特別であったのではない。シクストゥス三世の下で建てなおされたラテラーノの洗礼堂もまた、古典復活のひとつの証しであった（図46）。コンスタンティヌスの八角堂の外壁はのこされた。しかも一七世紀に上塗りされたが多くの部分がのこる新しい内部の構造は、たとえばノメンターナ街道沿いのコンスタンティヌスの娘の墓廟、『サンタ・コスタンツァ』以外には古代末期の建物にほとんど例をみないものであった。この墓廟と同様、ラテラーノの洗礼堂もまた高い中央部とそれを取り囲む低い周廊に分かれ、その周廊のかまぼこ型天井はモザイクで飾られ（一六世紀までのこっていた）、壁は色大理石の板で覆われ、付け柱で仕切られていた。中央には、おそらく木材あるいは蔓植物で組み立てられたメロンの形をしたドームがあり、クリアストリー（高窓壁）には八個の大きな窓が開いていた。ナルテクス（拝廊）は両端にアプスをもち、入り口は古典古代の建物から借用した美しい円柱で支えられていた。右側のアプスには、深い青色の地に金と緑の巻きひげ模様を描くモザイクがのこさ

44.『サンタ・マリア・マジョレ』凱旋門モザイク部分、《四人の天使に囲まれて玉座につくキリスト》

45.『サンタ・マリア・マジョレ』凱旋門モザイク部分、《聖母マリア》

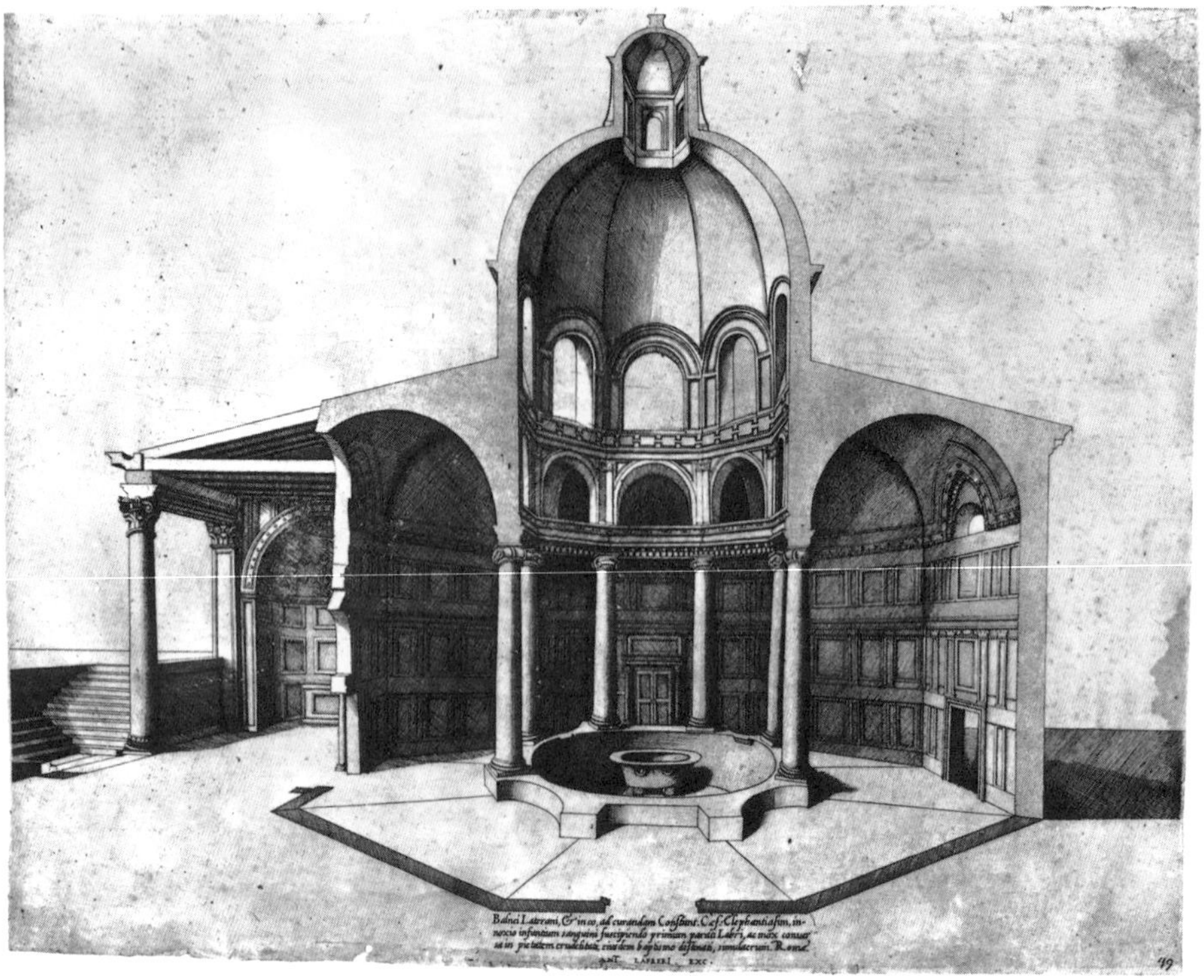

46.　ラテラーノ洗礼堂、1560年頃の復元。A. Lafréryの銅版画。

れている。反対側のモザイクは早くに失われたが、そこには円形の縁に沿って古典時代の原型に倣った羊飼いの姿が描かれていた。いたるところで目に付くのは、古代の復活であった。シクストゥス三世より一世代後になるが、教皇ヒラルス（四六一－四六八年）は同じ精神でラテラーノの洗礼堂近くの二世紀あるいは三世紀の建物を「真の十字架」を納める礼拝堂『サンタ・クローチェ』に建てかえた。それは一五八八年に壊されたが、版画や素描からその様子を知ることができる（図47）。ドーム状の六角形を中心部として十字型をなす建物の壁はすべて大理石で上張りされ、モザイクで飾られた中央丸天井には四人の人物像が描かれていた。一六世紀の学者はそれらを天使と呼んでいるが、半裸の彼らは異教のゲヌスであった可能性がある。彼らは十字を囲む円環を差し上げた両手で捧げもつが、これはおそらく教皇ヒラルス時代の発明であったかもしれない。『サンタ・クローチェ』の人物像が異教あるいはキリスト教のそれであったにしろ、十字、子羊、あるいはキリストの胸像をかこむ円環を四人の天使で支えることは、六世紀以降ラヴェンナやローマの丸天井モザイクのもっとも好むモティーフとなった。礼拝堂の前にはひとつの中庭をかこむ三つの柱廊があり、その円柱は教皇の伝記作家によると「途方もなく大きい」ものであったという。さらに、おそらくストリギリス紋様石棺を再利用した三つの噴水が水を吐いていた。中央の噴水には紫斑岩が使われ、楣と破風をのせた紫斑岩の円柱とブロンズの格子で囲まれ、全体はモザイクと色大理石の円柱で飾られていたという。これらからは何ものこされていないが、版画や素描、それに古い記録は、それらが如何に目立つものであり当時の人びとに強い印象を与えたかを伝えている。礼拝堂を含む全体がその多くを古代に負っていた。キリスト教による再使用、あるいは新たにつくられたにしろ、そこには初期キリスト教美術における古代復活の最終段階を見ることができる。

ローマのキリスト教美術における古代摂取の試みは、四三〇年から四六〇年にかけての三〇年に最高潮に達した。この新しい様式の源流は、あるいはキリスト教化した貴族の優雅で「古典的」な石棺（図34参照）、三人の皇帝によって最初に建てられた『サン・パオロ』（図37）、『サンタ・プデンツィアーナ』のアプス・モザイク（図36）、新しい精神ですべてがデザインされたローマの最初の教会建築『サンタ・サビーナ』（図38・39）までさかのぼることができるであろう。しかしローマ教会建築における真の古代復活といえる古典趣味は、四二〇年代の終わりごろにはじまり、シクストゥス三世、レオ大教皇時代の四三二年から四六一年にかけてその頂点に達した。しかしそれを超えてさらなる展開を見せることはなかった。偉大なる教師であったレオは、民衆を言葉だけでなく目

47.　サンタ・クローチェ礼拝堂、ラテラーノ、1500年頃、Giuliano da Sangallo の素描、Biblioteca Vaticana, Barb. lat. 4424, fol. 33r

に見える形で教化することに熱心であった。すでにシクストゥスの時代に、『サンタ・マリア・マジョレ』の身廊および凱旋門を飾るモザイクの主題を考案したのも彼であったと思われる。そして教皇の位置に登るやただちに彼は、四世紀を代表した三つの大教会の身廊の壁を聖書の物語で飾ることを決心したのであろう。そのひとつは『サン・ピエトロ』、そのふたつは『サン・パオロ・フオリ・レ・ムーラ』、ここでは四四一年の災害での身廊の一部の崩壊がその改修と装飾のきっかけとなったと考えられる。その三つ

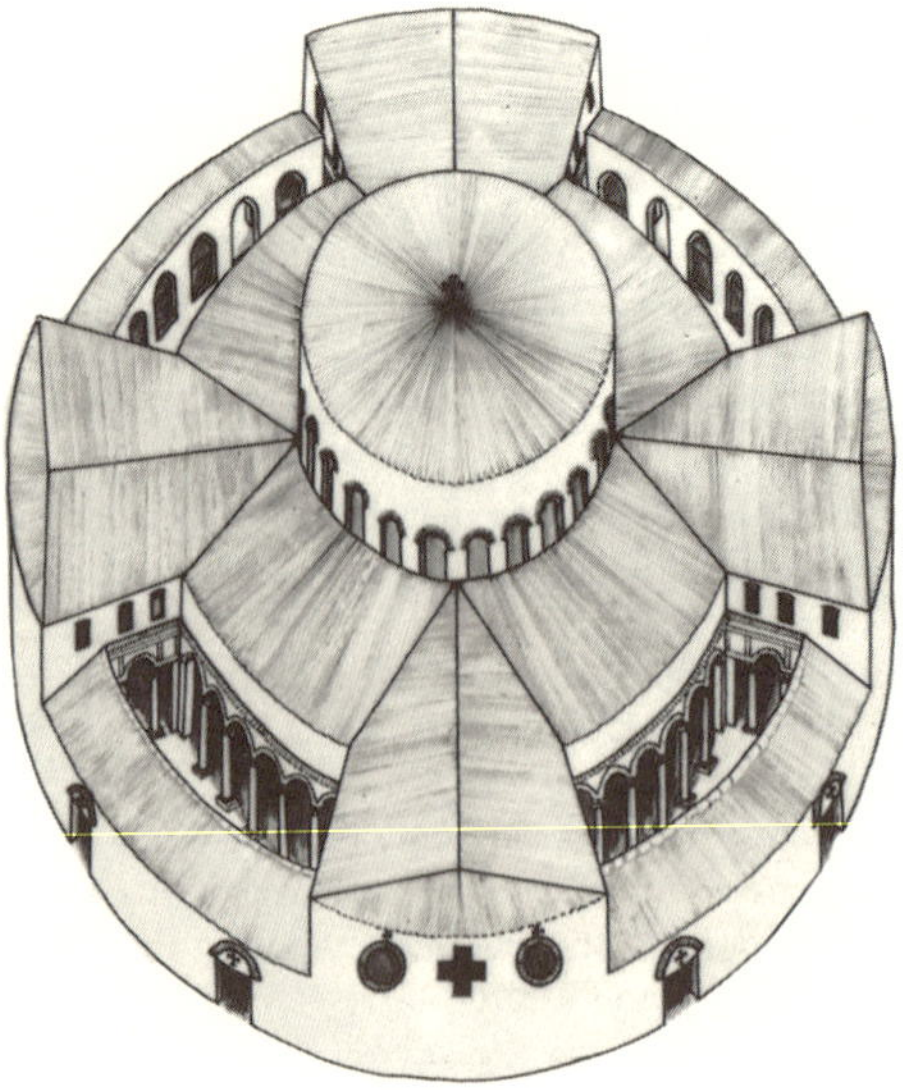

48. 『サント・ステファーノ・ロトンド』外観、Spencer Corbett による復元

49. 『サント・ステファーノ・ロトンド』内部

には、おそらくコンスタンティヌスのラテラーノのバシリカが挙げられるであろう。これらはすべて失われてしまったが、前のふたつでは中世の復元にその面影を見ることができる。『サン・パオロ』では身廊の柱列や壁面構造の豪壮な修理は一八二三年以後のものであり、それはたとえば壁の二層の装飾を枠取りするアーケードの上辺に這う古典的巻きひげやそれぞれ逆方向に捩れる小円柱の二重オーダーなど、『サンタ・マリア・マジョレ』のと同じ古典的趣味を見せていた（図41参照）。しかし壁面の絵画は一三世紀に大部分が修復あるいは新たにされており、それらも一七世紀につくられた拙い水彩画でのみ知られているにすぎない。それにもかかわらずこれら模写の中には、姿勢、細部、それに広々とした風景など、明らかに古代末期の絵画の特徴をしのばせるものがある。

50.『サント・ステファーノ・ロトンド』内部、Spencer Corbett による復元

最後にもう一度このキリスト教の古典趣味は、弱まった形であるが、『サント・ステファーノ・ロトンド』にあらわれた。教皇シンプリキウス（四六八－四八三年）によってチェリオの丘に建てられたこの建物は、内部の装飾を除いてほとんど全体がのこされている。直径と高さが等しく二二メートルの円形中央空間は、楣構造のイオニア式円柱列に載り、二二個の窓をもつ円筒型の壁とそれを覆うおそらく蔓植物で組み立てられたドームからなっていた（図48・49）。この中央部を周廊が包み、そこから四つの高い礼拝堂が十字型に張り出していた。それぞれの礼拝堂と礼拝堂の間には、おそらく水盤あるいは泉のある庭があり、それは、内側に周廊に向かうアーケード、外側に入り口をもつ渡り廊下で囲まれていた。この複雑な平面図は、おそらく東方の初期帝国時代の手本に倣ったのであろう。ここに見られる明と暗、開放と閉塞、高い空間と低い空間の混在（図50）は、

ティヴォリの【ハドリアヌスのヴィルラ】や、ラテラーノから『サント・ステファーノ』、さらにそれを越えて広がるチェリオの丘に散在した古代末期の邸宅の園亭、中庭、池の組み合わせを髣髴させる。しかし同時にまた『サント・ステファーノ』の造形言語、たとえば円柱を支える高い柱脚、雑なつくりではあるがイオニア式の柱頭、エンタブラチュア、痕跡から本来の華麗さを十分に推測させる装飾――身廊および礼拝堂壁面の大理石の上張りと彩色漆喰による被覆、中庭の大理石の舗装、さまざま場所で交互になされた大理石板とモザイクの床装飾、周廊と中庭の間のアーキヴォルト（迫縁）のストゥッコによる優雅な浮き彫り装飾――など、設計や出来映えにおいて大まかではあるが、それらは『サンタ・マリア・マジョレ』において形成された伝統の結末をも告げている。一方では古代末期のヴィルラの構造や園亭建築、他方では五世紀教会建築の古典様式復活と深く結びついて『サント・ステファーノ』は、五世紀末ローマの複雑な文化状況を反映していた。

教皇権の確立、ラテラーノ 注4

シクストゥス三世からシンプリキウスまでの教会建築は、五世紀のローマに復活した古典的伝統の伝達者としての教皇権の役割を語っていた。それはまた、ローマの司教すなわち教皇に与えられた大衆を支配する力の強さの証でもあった。もはや教会堂は、教区の信徒集団や富裕な個人によって計画され、献納されるのではなかった。シクストゥス三世以後教皇権は、建築活動をみずからに引き受け、教皇による建築活動を展開した。シクストゥス三世とヒラルスは、ラテラーノの洗礼堂を改築し、教皇宮殿内にいくつかの小さな礼拝堂を建てた。ローマの大バシリカの壁を聖書の主題で飾るよう命じたのは、教皇レオであった。かつては皇帝が指揮した建築は、いまや教皇の仕事となった。したがって五世紀の新しい教会建築は、明確に教皇による創建という地位を宣言することとなる。すなわちこの世紀のはじめには、元老議員パンマキウスは『サンティ・ジョヴァンニ・エ・パオロ』の新しいバシリカを教区の信徒に寄贈したが、同じ世紀の後半には、教皇と彼の聖職者たちが、ローマの大貴族と結びついて、ローマにおけるキリスト教会の創建者となったのだ。ここに教区という信徒集団は、四世紀をとおして保持してきた独立性を失った。

教皇権が教会建築に与えた影響は、市内だけでなく城壁の外、殉教者の聖域にも及んだ。四世紀および五世紀をとおして、ローマの住民だけでなく異邦人をも強く引きつけたのは殉教者の眠る聖地であり、できれば彼らもその近くに葬られることを望んだのであった。教皇ダマススは自作の詩を殉教者の墓に刻み、五世紀のはじめ三代の教皇は聖ラウレンティウスの墓の近くにみずからの墓所を求めた。レオ一世以来、当時もっとも崇敬をあつめていた墓地バシリカ『サン・ピエトロ』は、その後数世紀にわたって慣例的な歴代教皇の墓所となった。各地のカタコンベの上でも、教皇の建築活動がつづいた。四世紀から五世紀にかけて、既存の大規模な墓地バシリカの近くには小さな、それでもかなりの規模の、あまり高名でない殉教者のための聖域が築かれた。教皇ユリウス一世（三三七－三五二年）によって築かれ、のちに建て替えられたフラミニア街道沿いの『サン・ヴァレンティーノ』の遺構は、わずかではあるが今日なおポルタ・デル・ポポロとミルヴィウス橋の中ほどに見ることができる。レオ一世の時代ラティナ街道沿いの『サント・ステファーノ』は、二世紀の墓廟群〈トンベ・ラティネ〉近くにあったアニキウス一族の墓廟の上の広大なヴィルラの中に築かれた。四世紀から六世紀の間にローマの三大殉教者ペトルス、パウルス、ラウレンティウスの聖地の周囲には、墓廟、僧院、宿泊所が群れとなって築かれた。今日なお『サン・セバスティアーノ』の周囲にその一部を見ることのできる遺構と古い記録から、『サン・ピエトロ』周囲のかつての建築群を想像することは難しいことではない。そこには墓廟群があり、そのうちのふたつは巨大なロトンドであり、そのひとつは『サン・ピエトロ』のバシリカより一〇〇年古く、別のひとつには四〇〇年頃、皇帝の建物が建て増しされた。『サン・ピエトロ』のアプスに接して築かれた小さなバシリカはアニキウス家の墓所であり、またその近くには多数の廟堂があった。僧院はレオ一世によって最初のものが建てられ、そのあとに三つの僧院がつづいた。バシリカの中には、すでにダマススによって洗礼堂を設けられていた。五〇〇年頃、教皇シンマクスはアトリウムに隣接してふたつの謁見用広間を建て、「貧しい者のための住まい」とした。これは、救貧院というよりむしろ巡礼者のための宿泊所であったと思われる。さらに彼は、教会の前の広場におそらく巡礼者のためであろう、泉と手洗いを備えた。『サン・ロレンツォ・フオリ・レ・ムーラ』では、教皇ヒラルスが洗礼堂を設け、浴場、屋外プール、ギリシア語とラテン語のふたつの図書館をもつ別荘、さらにその近くに聖ステファヌスに献じた僧院を建てた。彼の後継者シンプリキウスはこの僧院のための教会を、さらに次の教皇フェリクス三世はそのすぐ傍らに聖アガピトゥスを記念しての聖堂を、そしてその数年後教皇シンマクスは「貧者のための住まい」を建てた。もちろん大きな教会の

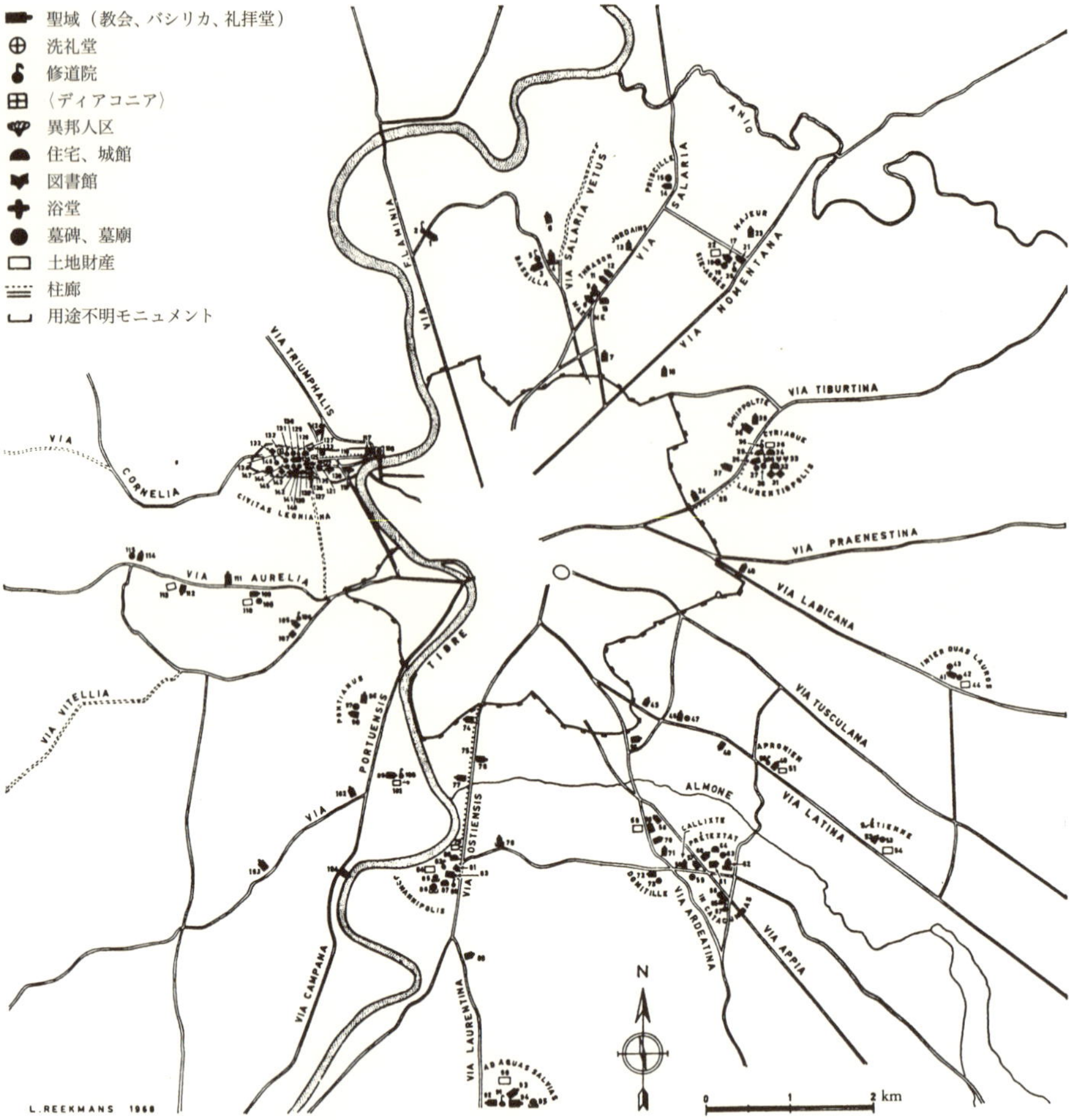

51.　ローマ地図、城壁の外の聖域群

周囲には、訪れる敬虔な信者たちを世話する、また彼らによって生計を立てる商人や職人、それに今世紀にも見かけたように乞食たちも棲みついた。このようにして六世紀の初頭までには、ティブルティーナ街道沿い、オスティア街道沿い、ヴァティカンの丘の麓の三大殉教者聖地には、新しい集落が生まれた（図51）。ヴァティカンの丘の麓の集落は、のちに〈ブルグス〉すなわち〈ボルゴ〉と呼ばれた。城門から長い柱廊で結ばれたこれら新集落はさらに成長し、カンパーニャへと延びていった。都に通じる他の街道に沿った殉教者の墓の周辺にも、小さな集落が生まれた。それらは、六世紀初頭にはそれぞれの教会——その数は四〇を超えた——と僧院をもち、散在する別荘や農場とともに、田園におけるキリスト教徒集落としての独特の風景をつくりだしていった。キリスト教ローマは【アウレリアヌスの城壁】を越え、郊外もまた欠くことのできない都の一部としたのだ。これもまた、四世紀末から五世紀にかけての教皇権の仕事であった。

同じ頃、城壁内のローマの地図も変わりはじめていた。シクストゥス三世以後、たしかに歴代の教皇は市内の各地にいくつかの教会を建て、またかつての集会所を教会に変えた。しかし城壁内に限っていえば、五世紀における教皇たちは、その活動を他のどこよりもラテラーノとその周辺に集中させたといえよう。ラテラーノでは、大聖堂の改装がつづいていた。四二九年にはアプス天井の金箔が人物像のあるモザイクに代わり、三〇年代にはシクストゥス三世に要請された皇帝の寄進で新しい銀の〈ファスティギウム〉（天蓋）が取り付けられ、四〇あるいは五〇年代には身廊の壁に聖書の物語が描かれた。シクストゥス三世によって装いも新たにされたコンスタンティヌスの洗礼堂には、その三〇年後いくつかの礼拝堂が付け加えられ、また中庭や泉が隣接された。宮殿が独立した大広間建築の集合体として教会の南および東へ拡張されたのも同じ頃であろう。《書きものをする聖アウグスティヌス》と呼ばれる七世紀（？）の壁画のある、おそらく図書館の一部であろう遺構が〈スカラ・サンタ〉の下部にのこされている。このように建築活動が司教の教会である大聖堂と彼の宮殿に集中したこと、それは、とりもなおさずローマの司教（教皇）が、法律によってではないにしろ事実としてこの都の支配者となったことを証明している。

しかし五世紀の教皇権が、ラテラーノに主眼を置いたには別の理由もあった。コンスタンティヌスの時代以来ローマのキリスト教地図は、ひとつのディレンマを示していた。コンスタンティヌスは、皇帝の命令でラテラーノをこの都市の政治的・宗教的中心と定めた。しかしそれは、彼が抱えていたそのときの政治的状況によるのであり、この地を教皇の聖堂、洗礼堂、宮殿の場とするのはもともと不自然であった。ローマのキリスト教徒大衆は、コンスタンティヌス以前にも、そして以後にも、ラテラーノとはかかわりをもたなかった。この地は、ローマ教区のただ公式の中心であり、それ以外の何ものでもなかった。コンスタンティヌスのはるか以前から、そしてその後も長く、外からの巡礼者も含めて信徒大衆が祈り、葬られるために訪れたのは、城壁の外の殉教者の聖地であった。このような大衆の意思に押されて、教皇や皇帝は殉教者パウルス、ペトルス、ラウレンティウスの聖地に、豪華に内装された巨大なバシリカを建てた。たしかに洗礼を授けることは、司教の特権であった。しかしそれでも殉教者の近くで洗礼を受けたいという信者の熱い願いに押されて、彼らは殉教者の聖地に洗礼堂を設けた。そしてやがて聖ペトルスの墓と聖地は、その豪華さと重要さで他のすべてを圧倒した。そこは、ローマの市民だけでなく、その数をますます増していた外からの巡礼者たちとっての祈りの場、救済をもとめる場となった。しかしそこの『サン・ピエトロ』は、司教の教会と宮殿の地ラテラーノから遥か離れた、殉教者の聖地にふさわしくテヴェレの向こう岸、城壁の外に位置していた。それは、ローマ・キリスト教の公式の中心ラテラーノと張り合う、民衆の信仰の中心となった。四世紀初頭にはじまった両者のあいだの競合は、その後数世紀にわたってこの都市の宗教史およびその地図に強い影響をおよぼしつづけた。『サン・ピエトロ』とラテラーノの主導権争いは、中世をとおして絶えなかった。そして非常にゆっくりではあったが『サン・ピエトロ』とその周辺が都市ローマに組み込まれ、一五世紀から一六世紀にかけてついに教皇が川を渡り、ヴァティカンに教会と宮殿が再建されとき、はじめて地図の上の中心の二分は消えた。そして四世紀の末以来、とくに五世紀にかけての『サン・ピエトロ』周辺における建築活動は、たしかに教皇や彼の側近に時折もとめられたヴァティカン訪問に備えるためでもあったが、それ以上に信徒大衆の要請に応えるものであった。

非公式ではあっても人びとが信仰の中心と認めるヴァティカンに対抗して、教皇の大聖堂、洗礼堂、宮殿が置かれるラテラーノをローマ・キリスト教の公の中心と主張することは、五世紀の中頃にあっては理解できないことではなかった。じじつラテラーノは、ローマ・キリスト教社会の政治および行政の中心であった。しかし城壁の近く、都の端に位置するこの地がますます孤立していったことも事実である。ローマの地図は、変わりつつあったのだ。かつての人口密集地からは次第に住民が消え、他方かつての帝国の〈観光エリア〉に人びとは住みつきはじめた。〈チッタ・バッサ〉（低市）では、住民は西部のカンポ・マルツィオ地区やテヴェレの岸辺に移動し、やがてその地の劇場、柱廊、神殿は、ここに生まれた中世ローマの過密中核市街（アビタート）の雑踏に飲み込まれていった。たしかにフォーラの北側やクヴィリナーレとヴィミナーレの間、『サン・ヴィターレ』の周辺には五世紀にもなお多くの住民がおり、四七〇年にはアリウス派の教団がヴィミナーレの丘の西側斜面に、今もなおその地に建つ彼らの教会『サンタ・ガータ・デイ・ゴーティ』を築いた。エスクヴィリーノの丘にもまだ居住区はあり、邸宅にも人は住んでいた。『サンタ・マリア・マジョレ』近くのユニウス・バッススの邸宅【ドムス・マグナ】は四七〇年以前に、にわか成金のゴート人、傭兵司令官ヴァヴィラの所有になっていた。また一般市民の需要に応えるべく、【リヴィアの市場】は四世紀に修復され、五世紀を超えて機能した。しかしラテラーノの東側、西側、北側の地域は住民に見捨てられ、邸宅の多くも空き家になり、教皇の宮殿や大聖堂の周囲には人影のまばらな三日月地帯が生まれた。中心部から遠く離れたこの地を選んだのは、施政者の都合であった。コンスタンティヌス時代の状況では、たしかに政治的な地の利はあった。しかしそれは短期におわり、五世紀になると長期にわたる不便に取って代わられた。民衆は、復活祭には司教じきじきの洗礼を受けることをもとめた。民衆は、大きな祝祭日にはローマのキリスト教徒、すなわち全住民が司教の座す大聖堂に集まることをもとめた。民衆は、ローマの精神的および政治的指導者が、現実的理由でもまた思想的理由でも、自分たちのすぐ近くに住むことをもとめた。遠く離れた地ラテラーノは、司教の大聖堂や宮殿にとってけっして望ましいものではなかった。

といって、司教自身や大聖堂が市中のどこかに移ることは不可能であった。ラテラーノのバシリカは、旧世界をキリスト教に変えたコンスタンティヌスによって創建された。それは、古い世界の首都における新しい信仰の勝利をうたう記念碑であった。宮殿はその後一〇〇年以上にわたって教皇の住まい、施政の場となり、拡大され荘厳された。因習は土地と建物に執着し、官僚はぬるま湯を好み、新しい環境に移ることを嫌う。教皇の官僚たちにとっては、ラテラーノの地はけっして不便の地ではなかった。広々と緑に囲まれ、豊かな水は、近くを走りいまだ機能する上水道から、食料は城壁の内の庭園と外の耕地から十分に供給された。ラテラーノの地が疎んじられるのは、別の理由であった。

敬虔なキリスト教徒は、復活祭に教皇じきじきの洗礼式に参加することを義務と感じ、それを熱望した。そしてその数は年々増え、各地に広がっていった。四世紀も末頃になると洗礼は復活祭以外にも行なわれるようになり、またラテラーノの洗礼堂だけでは足らず、それを補う施設が城壁の内にも外にも築かれた。城壁の外の洗礼施設は、もっぱら殉教者の墓を訪ねる未だ洗礼を受けてない巡礼者たちのためであった。ローマ市民の多くも、殉教者の近くでの洗礼によりあらたかな霊験を期待したにちがいない。城壁の内側では、『サン・ヴィターレ』、『サン・ロレンツォ・イン・ルチナ』、『サンタ・サビーナ』、『サン・マルチェロ・アル・コルソ』、『サンタ・マリア・マジョレ』など、五世紀の教会のほとんどに洗礼堂が設けられた。またたとえば『サン・クリソゴーノ・イン・トラステヴェーレ』のように、四世紀の教会にも新たに洗礼堂が加えられた。このようにして洗礼は、いまや市中のいたるところで、教皇から委託された教区の司祭によって執り行なわれた。

また祝祭日にラテラーノに集まる群衆の数を減らすため、司教座聖堂以外の教会に教皇自身が、ラテラーノの全聖職者と平信徒

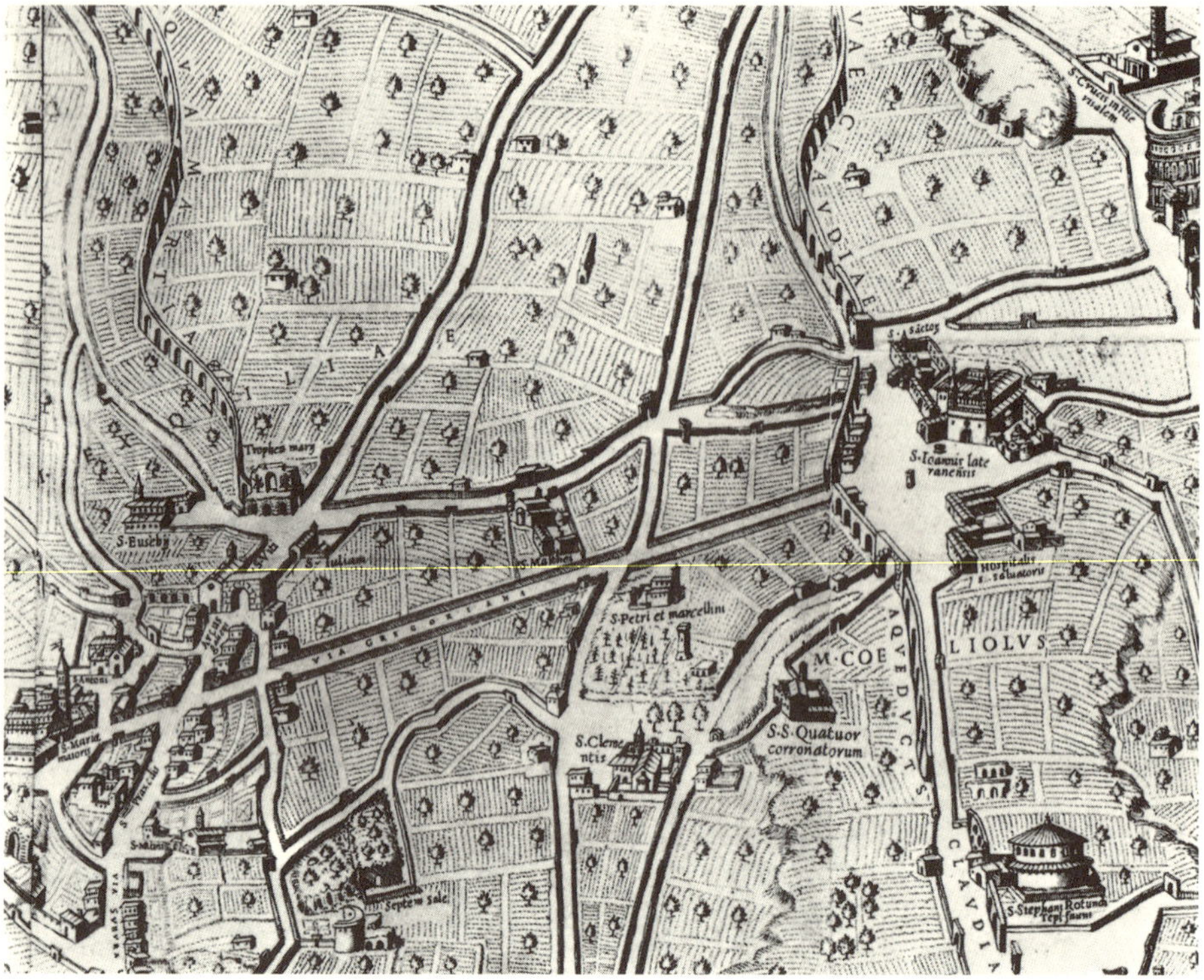

52.『カルタロの大地図』部分、1576年、5世紀のラテラーノとその周辺

の宮殿高官に伴われての荘重な行列で向かい、そこで彼によって執行される〈スタチオ礼拝式〉（分与儀式）の制度が導入された。五世紀には一般に容認されたこの制度がその後どのように発達し、その数がどのように増えていったか——一二世紀には九八になっていた——はわからない。しかし大祝祭日の儀式は、ラテラーノの大聖堂の外でも、たとえば『サンタ・クローチェ・イン・ジェルサレンメ』（聖金曜日）、『サンタ・マリア・マジョレ』（クリスマスの最初のミサ）、『サント・ステファーノ・ロトンド』（聖ステファヌスの日、クリスマスの次の日）で行なわれた。これら三つの教会は、ラテラーノを含む三日月地帯の周縁に位置し、互いの距離は一マイル足らずである。したがって教皇の住まいに近く、また少なくともあとのふたつは市内の居住区にも近い（図52）。この三聖域は、ローマの教会の中で特別であった。いずれも独自の聖職者や信徒集団をもたず、ラテラーノの手の中で全ローマ社会に奉仕したと思われる。じじつ五世紀に新たに建てられた『サンタ・マリア・マジョレ』と『サント・ステファーノ・ロトンド』は、同時代の教区教会、たとえば『サンタ・サビーナ』や『サン・ピエトロ・イン・ヴィンコーリ』に

比べて、ほぼ二倍の規模をもつ。明らかにこのふたつは信徒の大集団、いわば〈トゥッタ・ロマ〉（全ローマ）を受け入れるべく計画されたのであり、献辞の「プレビ・デイ」（神の民）もおそらくこのことを意味していたのであろう。教皇の使用にふさわしく設計され、豪華に飾られたこの両者は、ラテラーノの系列教会、いや教皇の大聖堂の延長であった。

ここにはまた、ローマの地図を書き換えようとする五世紀教皇たちの明確な意図を読み取ることができる。古い中心地から遠く離れて『サンタ・クローチェ・イン・ジェルサレンメ』、『サント・ステファーノ・ロトンド』、『サンタ・マリア・マジョレ』は、一六世紀の地図にもまだ見られるように、都の南東にラテラーノを中心としたひとつの聖職者地区をつくっていた。五世紀の末にはこの地区の内、あるいはその周辺にいくつかのより小さな教会が築かれた。『サンタ・マリア・マジョレ』の近くでは、かつての【ユニウス・バッススのバシリカ】が四八〇年頃『サンタンドレア・イン・カタバルバラ』に替えられ、同じ頃さらに南に『サンタ・ビビアーナ』が築かれた。この教会については中世に別の建物になり、さらに一六二四年ベルニーニによって建て替えられ、その元のバシリカの平面図、寸法はわからない。『サンタ・マリア・マジョレ』の南西では、五〇〇年頃かつての〈ティトゥルス〉が聖マルティヌスに捧げる教会に替えられ、九世紀に今日の『サン・マルティーノ・アイ・モンティ』に引き継がれた。かつての所有者に去られた邸宅のいくつかでは、たとえばヒエロニムスの熱烈な信奉者であったある女性の館のように、敬虔な紳士淑女が集団で住み、正規の修道会の先駆ともいえる共同の生活をおくっていた。当然ラテラーノの宮殿の周囲には、教皇の宮廷に属する人たち――高位の聖職者、外交官、行政官、それに彼らの家族――が住んだであろう。また『サンタ・マリア・マジョレ』の周辺には、教皇の宮廷や高官たちの保護を期待し、それによって生計を立てる貧しい信者が住みついたであろう。このようにして都の東南部にはラテラーノを中心として西、北、東に向かって拡張しながら、ローマの新しい中核が形成されつつあった。いわば〈五世紀のボルゴ〉が、教皇の大聖堂、その付属建物、彼の宮殿の周囲に生まれようとしていたのだ。だが、このプロジェクトは無に帰したのだ。歴史は、別の道を選んだ。

第三章　大教皇グレゴリウスの時代

グレゴリウス一世とベネディクト修道会[注1]

グレゴリウス一世（大教皇グレゴリウス、聖グレゴリウス）は、中世最初の教皇すなわち以後の数世紀にわたる西方世界でのこの都市の役割を定めた中世都市ローマの創建者であった。しかし同時に彼は、今やキリスト教化されても、ローマの古典古代を引き継いだ、最後の古代キリスト教教皇でもあった。彼について語るとき、この二面性を忘れてはならない。

五四〇年頃、ローマの富裕な名門貴族アニキウス家に教皇フェリクス三世の曾孫として生まれた彼は、家族の所有地のひとつ、おそらくチェリオにある屋敷で育った。五三五年教皇アガピトゥスの建てたローマ最後の大図書館に隣接したその地には、今日の『サン・グレゴリオ・マーニョ』の教会と修道院が建つ。グレゴリウスは、古典と教父の著作について学んだのち公務に就き、ローマの市総督を勤めたが、まもなくチェリオ西斜面の自邸にみずから設立した修道院に引きこもった。今日に多くがのこるその図書館建物もまた、おそらく修道院の一部とされたのであろう。修道院と邸宅からのこる建物はわずかであるが、彼の九世紀の伝記作家は、その領地に聖バルバラと聖マリアの礼拝堂、僧房、厩、地下倉、壁にグレゴリウスの両親の肖像がかかるアトリウム（中庭のある玄関広間か）、彼自身の円形肖像画をかける小さな龕をもつ地下室など、グレゴリウスの時代あるいはその後まもなく建てられたのであろう修道院の多くの建物を数え上げている。しかし今日では、現在の教会とアガピトゥスの図書館廃墟の間に建つ三つの礼拝堂のうちのふたつにのみ、五世紀と中世の建物の一部を見ることができる。あるいはそれらは、グレゴリウスゆかりの建物の

53.『サン・グレゴリオ・マーニョ』の礼拝堂

一部であったかもしれない。現在の三つの礼拝堂は、教会史家であり教会改革者でもあった枢機卿チェザーレ・バロニオが一六〇二年に新築、あるいは古い建物を改築したものである（図53）。右側の聖シルヴィアの礼拝堂は、そのときまったく新しく建てられており、そのアプスはグイド・レニの《合奏する天使たち》で飾られている。中央の聖アンドレアの礼拝堂は、かつてのアプスを瀟洒な玄関廊にするなどすっかり姿を変えられ、レニおよびドメニキーノのフレスコ画で飾られている。しかし本来は玄関の一部であり、五世紀の工法で築かれた後壁の高いところには一一世紀前半の壁画の跡が見られる。左側の聖バルバラの礼拝堂は、トリクリニウム（食堂）とも呼ばれ、伝説によると聖グレゴリウスに食事に招かれた貧者の間にひとりの天使があらわれたという。聖アンドレアの礼拝堂と同様、この建物もまた古代ローマの共同住宅の床の上に築かれている。一六〇二年の改築以前この礼拝堂の前面は、四つの窓とふたつの入り口をもって広く開き、その構造は、古代ローマの夏の食堂を想起させるものであった。これが、グレゴリウスの伝記作家が修道院の一部と報告する建物であったかどうかはわからない。いずれにしても一七世紀の初頭以来この三つの礼拝堂は、糸杉の木陰に建つ今日もローマのもっとも魅力的、いやロマンティックとさえいえる風景となっている。

新しい修道院で三年を過ごした後グレゴリウスは聖職に就き、

〈レガトゥス〉（教皇特使）としてコンスタンティノープルの皇帝の宮廷に向かった。帰ると彼は、教皇ペラギウス二世の書記――今日の言葉では「総理大臣」がふさわしい――になり、五九〇年二月、彼の後を継いだ。グレゴリウスの行政の手腕、外交の才能、政治の洞察力、それに健全な人間理解は、教皇在位の一四年間をローマのみならずヨーロッパの歴史の転換期とした。

行政また外交の面でも、グレゴリウスが直面した課題は手ごわいものであった。ローマ自体とイタリア内の教会領地〈パトリモニウム・ペトリ〉（ペトルスの国土）は、堅実に維持されねばならなかった。ローマ市内にあっては食料の供給制度の再構築、行政および福祉制度の再建、改善、保持がまっていた。施政の機構も引き締める必要があった。新たに法務局が、ひとりの大臣（プリミケリウス）の下に平信徒の法律家（デフェンソーレス）を配して組織された。同じように、非聖職者も登用した一般公務局が七人の司祭を長とし、外交、財政、行政、福祉の部局と並んで組織された（グレゴリウスが教皇の位にあった間、彼の修道院時代の友人たちによって構成された一種の「私設顧問団」ともいうべきこれらの組織は、彼を補佐し、ときには多分、邪魔した）。イタリア、サルデーニャ、シチリアの広大な教会領地は、中央によって効率よく経営された。このような組織の改革は、グレゴリウスの外交政策とも密接に絡み合っていた。五五二年以来イタリアは法的にはビザンティンの占領下に置かれ、そして五六八年以来半島の大部分は実際にはランゴバルト人の手の中にあった。グレゴリウスは、この外圧の間で舵を取らねばならなかった。すなわち法的にはビザンティンの都市のひとつにすぎないローマにあっては、教皇といえども「現実には」（デ・ファクト）グレゴリウスの在位時から七世紀にかけて、「法的には」（デ・ユレ）つづく一〇〇年の間も、皇帝の下に位置していたのだ。元老院議員や聖職者たちはラテラーノのあるひとつの広間に集まり、玉座につく皇帝陛下の肖像の前で忠誠を誓うことを慣わしとしていた。コンスタンティノープルの宮廷にはローマ教会の代表として教皇特使（レガトゥス）が常駐し、両者の関係を慎重にあつかっていた。他方ローマのビザンティン官僚は、ときには強欲でうるさかったが概して無力で無能であった。たまにラヴェンナの総督がちょっかいを出すことはあったが、それとて教皇の宝物を狙ってのことであった。それに対して、教会の領地や都市ローマに対するランゴバルトの脅威は深刻であった。それでもグレゴリウスは、ビザンティンの意にさからいながらも交渉でもって、年毎の貢税と引き換えにランゴバルトとの休戦にこぎつけた。ローマとパトリモニウム・ペトリは、一時的であれ安全の保障を得たのであり、結局それはその後一五〇年つづいた。

しかしグレゴリウスが目指したもの、そして得たものは、そのような目先の協和ではなく、はるか先を見る遠大なものであった。

キリスト教徒である一般大衆により近づこうとした彼が直面したのは、時代に横たわる根本的なディレンマであった。二〇〇年前キリスト教がみずからに取り入れた古典古代の伝統は、宗教的にも世俗的にもいまだ合理的な思想の伝達手段として生きのこっていた。そしてそこには常に異教的イメージがしみ込んでいた。だがそのイメージは、文学や哲学と結びつきただ教育を受けた知識人にのみ受け入れられるものであり、グレゴリウスが近づこうとする民衆にとっては、もはや何の意味ももたなかった。民衆の間では、新しい文化、もはや初期教父の哲学的神学的思想とも、また古典時代からの異教的要素とも関わりのない、まったく新しいキリスト教の文化が育っていたのだ。その言語はラテン語であったが、しかしもはやキケロやアウグストゥスのそれとは違っていた。この新しい文化は、太古の民間信仰に根をもち、不合理と魔術的要素に染められた狂信的色彩を帯びていた。そしてただそれを媒体としてのみグレゴリウスは彼の時代の民衆に近づくことができ、それによってのみ知識階級と大衆の間の溝を埋めることができたのだ。彼は、知的で崇高な内容を理解しやすいよう、日常のありふれた言葉使いと話し方で諄々と説いた。またそれまでの習慣と違って彼は、教養人にも無学者にも同じように語りかけた。奇跡と精霊、善と悪、それらに働く神の力を真の現実と信じて、誠実に語りかけた。二〇〇年前の教養あるキリスト教徒ならば疑ったであろうことを、グレゴリウスと彼の同時代人はすべて事実として受けいれたのだ。聖人と聖遺物の本質は、ただ奇跡を起こすことであった。天の罰をなだめるために彼は、行進と連祷《れんとう》（リタニア）の制度を創出し、それにローマの全聖職者と民衆を参加させた。大衆の要求に応えるため彼のキリスト教は、古典的合理思想を無視、いやそれに逆らって、民衆の魔術的信仰に根ざした教義をも内包する、新しい信仰を展開しなければならなかったのだ。民衆を導くために聖職者は、いまや知的な仕事ではなく素朴な祈りと奉仕にすべての意を集中することがもとめられたのだ。

かつて五世紀の一時期ローマに実現したキリスト教と古典的伝統の融合は、この世紀の終わりにはもはや用をなさなくなっていた。それでも、グレゴリウスや彼の仲間は古典なしでは何もできなかった。たしかに彼らは、古典の哲学や文学、それに潜在する異教的イメージを排除した。しかしそれら異教的イメージは、古代の知的雰囲気、その言語や根本思想から切り離すことのできないものであった。しかもそれらは、かつてはキリスト教の思想とも深く結びつき、聖職者あるいは平信徒の指導者の教育に欠かすことのできないものとされていた。それゆえ古典は、ラテラーノの学校〈スコラ・カントルム〉——伝承によればグレゴリウスが創立したとされる——の基本的な履修科目ともされた。のみならずグレゴリウス時代の教養人は、ローマを世界の中心とする古代の伝統的思想をも受け継ぎ、さらに次の世代に引き渡した。彼らは、古代ローマ人の論理の明快さ、その行政手腕、やるべきときはやるという直截的な判断力をも受け継いだ。そしてこれらのまさにローマ人に際立つ特質は、五四〇年頃から聖ベネディクトゥスの周囲に集まり、のちにベネディクト修道士となる人びとの理念とも結びついたのであった。知性と実践をモットーにした彼らの修道院生活は、祈りと労働を基本としていた。農民の生活と深く結びつき厳格に組織されたその修道院は、やがてそれぞれの地で、有能で力のある地主となった。ベネディクト修道会は、八世紀後半にはヨーロッパに生きのこった唯一の修道会となり、その後四〇〇年にわたってローマ教会の大黒柱でありつづけた。

グレゴリウスは、教皇に登位する以前からこのベネディクト修道士会の理念と実践に共鳴しており、彼自身の建てた修道院もまた、都会に位置するゆえの改変はあったが、聖ベネディクトゥスのそれに似た会則に従った。彼が教皇の位にあった間ベネディクト修道士会は、教会領地全域にわたって民衆を指導するにうってつけの同盟者となった。またこの組織は、グレゴリウスのもっとも遠大な計画における有能な道具ともなった。すなわちロンバルディア、スペイン、イングランドなど、そしてやがてはネーデルランド、ドイツへと拡大した辺境の民族の伝道である。それ以前にあっては、すでに四世紀の末から改宗していたゴールのフランク族がローマ教会に従う北方唯一の民族であった。キリスト教徒であるゲルマン民族のほとんどは早くからアリウス主義を選んでいた。グレゴリウスは彼らの改宗を目指し、まずカトリックの女王をとおしてロンバルディア人からはじめ、スペインのアリウス派西ゴート人をローマ教会へと変え、その事業を完成へと向かわせた。彼が派遣したベネディクト修道会士は、異教のイングランドを改宗させた。そしてその後八〇〇年以上にわたってイングランドの聖職者と修道士たちは、異端のアイルランド人からローマの神学と政治的立場を守りつづけた。そして八世紀までにベネディクト修道士会は、抵抗するアイルランド、さらには異教のドイツへとローマのキリスト教をひろめ、北フランス、北イタリア、スイスにアイルランドでの修道院制度を定着させていった。グレゴリウスは、イングランドへの伝道をアングロサクソンの少年奴隷たちを見たことからはじめたという。それが事実か否かはたいした問題ではない。〈ノン　アングリ　セド　アンゲリ〉の言葉すべりは調子がよすぎる。しかしローマが西および中央ヨーロッパの伝道の中心、改宗したゲルマン民族の精神的指導者、全中世をとおして西方教会の組織の枢軸、ますます力をつけてきた西方キリスト教および西方の政治勢力の首都となったのは、疑いもなく彼の功績であった。

危機と破壊のローマ 注2

これら西方全体に目を向けた遠大な事業の一方でグレゴリウスは、ローマ自体についても、この都市の未来に大きな影響をおよぼす厳しい仕事に取り組んだ。グレゴリウスの伝記作家は、教皇の説教あるいは目撃者の報告を下敷きにして、彼が登位した五九〇年頃のローマの状況を暗澹とした筆致で叙述する。田園地帯を略奪し焼き尽くすランゴバルド人。それに都を水に浸すテヴェレの氾濫。それは岸辺の穀物蔵や古い神殿を破壊し、流れ寄る牛の死体や巨大な水蛇――著者はそれを「ドラゴン」と呼ぶ――をのこし、何百という人びとを飢えあるいは疫病に斃した。崩落した建物、家を棄てる住民、虐殺される民衆、たったひとりの銀行家しかのこさなかった混乱の経済。あたかもすべてが奈落に落ちてゆくかのようであった。自然の災害はこれまで都を襲った最悪のものであり、都の建物と機能の崩壊はこの五〇ないし六〇年の間に起こった戦乱と略奪の結果だという。そしてグレゴリウスの尽力だけが、この状況を救うことができたというのだ。しかしそのすべてが、真実であったのではないだろう。悔悛をもとめる説教においては、グレゴリウスが状況を最悪の局面で語ったのは当然であろう。自然の災害は以前にも以後にもあったし、都市機能の弱体化はその後も長くつづいた。ただ五三〇年代から世紀末にかけてつづいた戦乱が、状況をより悪化させたことは事実であろう。それでもすべてが完全に崩壊したわけではない。行政と都市機能の骨組みはのこっていたのであり、それがグレゴリウスによるローマの建て直し、この都市に与えられた新しい「レゾンデートル」の土台となったのである。

たしかにグレゴリウスの時代、ローマは危機の状態にあった。人口はおそらく九万人までに減り、政治的には東ローマ、すなわちビザンティン帝国の遠い属州の一都市にすぎず、ラヴェンナのビザンティン総督の支配下に置かれていた。その一〇〇年前、ローマは全イタリアとともにゴート人に占領され、四〇年にわたって不名誉ではあるが平和に、異邦の王テオドリクスと彼の顧問、生粋のローマ人カシオドルスの支配の下で生きていた。そして五三四年、西方の再征服を志した東ローマのユスティニアヌスは、彼にとっては蛮族であり異端（アリウス派）である王位簒奪者からのローマ奪回に着手した。二年後、ローマはユスティニアヌスの将軍ベリサリウスの手に落ちた。しかしまた奪われ、そして取りもどしたが、またもや奪われ、ようやく五五二年ベリサリウスの後継者ナルセスによって決着がついた、と歴史家プロコピウス、そしてのちにロベルト・グラヴェスは報告する。戦闘と攻囲は田園を荒廃させ、市中の経済は崩壊し、人口を激減させた。しかし復興は、ビザンティンによって再建された厳格な軍政の下で、少なくとも表面上は、急速になされたかに見える。ローマ土着とビザンティン軍属の工人によって【アウレリアヌスの城壁】は修理され、上水道も補修され、つづく二世紀の間それなりに機能した。主要街道も手を入れられ、橋も再建された。そのうちのふたつが今日にのこされている。五六五年に改築されたポンテ・サラリオは一八二九年に破壊され、ナルセスの献辞銘を剥がされたあと、再び組み立てられた（図54）。五五二年に築かれたポンテ・ノメンターノは、一八二九年まで一五世紀の橋詰めの塔で守られていた（図55）。しかしビザンティンによって回復された平和とそれなりの繁栄は、五六八年ランゴバルド人が北部および中央イタリアに侵入しその大部分を手中にしたとき、またもや打ち砕かれた。グレゴリウスが「聖ペトルスの座」についたとき、彼らはローマ周辺の田園地帯を荒らしていた。地方の司教座は、防御の可能な山岳都市に移らねばならなかった。教会およびビザンティン政府の領土は、侵入者に奪われるか、奪われなくとも脅かされた。農園の住民、地方の聖職者、修道院の修道士たちは散り、多くはローマに逃げ込んだ。人口は膨れ、食料の供給は悪化した。グレゴリウスの教皇在位中、逃げ匿われた尼僧だけでも三〇〇〇に達したという。

この五〇余年にわたる戦乱は、たしかに大きな災害をもたらした。しかしそれは、すでに数世紀にわたってローマを弱らせてきた病をいっきにすすめたにすぎない。じじつそれ以前に経済はすでに混乱し、統治の力は萎れ、物質的な衰えは目に見えていた。五世紀に花開いたキリスト教の、そして古代からの「大いなるローマ」のイメージの背後には、暗く恐ろしい闇が迫っていたのだ。遠くすでに三世紀以来、利潤の少ない城壁の外の農地は次第に棄てられ、五〇〇年頃には、排水されない耕地は沼地と化し、マラリアはカンパーニャの野を不毛の荒野としていた。それは二〇世紀の前半までつづいた。海外からの食糧供給は、これも三世紀以来農場労働者の反乱、地方都市自身の需要の増加、奴隷経済の終焉による大農場農業の非能率化などによって弱体化していた。そしてそれに拍車をかけたのが、五世紀のヴァンダール人によるアフリカ、ブルゴーニュ人とフランク人によるゴール、西ゴート人によるスペインの占領であった。ただシチリアと南イタリアが供給源としてのこされたが、これらとてヴァンダール人の海賊、ゴート人との戦争、ランゴバルト人の侵入などで脅かされた。進行する食糧供給の減少は、それでなくとも不健康なローマ市内の状況

54.　1821 年のポンテ・サラリオ、作者不明のイギリスの水彩画。Metropolitan Museum, New York

55.　1860 年頃のポンテ・ノメンターノ

56. 洪水につかる【セプティミウス・セヴェルスの凱旋門】、その向こうにカンピドリオの丘、1650年頃。クロード・ローランによる素描。Oxford, Christ Church

をさらに悪化させた。失業者は増大し、貧困化は進み、仕事と最低の生活条件を与えていた市内あるいは城壁近くの農場も放棄された。すでに三九六年にノラのパウリヌスは、「援けを必要とするローマの貧窮者……惨めな境遇に置かれた敬虔な人びとの群れ」について語っている。五世紀の終わりには、ローマではマラリア、コレラ、ペストに並んで、飢えが日常化していたのだ。グレゴリウスが説教の中で描写するテヴェレの洪水は、太古から百年に三度か四度はきまって襲うものであり、その被害は二〇世紀の初頭に堤防が築かれるまで繰り返されたのであった。『リベル・ポンティフィカリス』は七一六年、七九一年、八五六年、八六〇年と四度の洪水を報告しており、その内容は、常套句の存在を思わせるほど似ていた。コルソは水深三メートルを超える水に沈み、ポルタ・デル・ポポロからカンピドリオの麓、さらに南はボッカ・デルラ・ヴェリタ（真実の口）、西は今日のポンテ・シストまでの教会や家並みは水につかった。教皇や聖職者はボートで食料を運んだ。『サン・ピエトロ』からミルヴィアヌス橋までのテヴェレ西岸の耕地プラティは水に浸り、収穫は無に帰した、云々。今日市内中心部の建物の四ないし五メートルのところに見られる水位跡は、一五世紀から一九世紀の同じような洪水の証しである。一五〇年前に水につかった【パンテオン】の光景（図184）は、今日でも恐れられているそのような洪水の様子を伝えている。地下水もまた、市の低地帯の局部的洪水の原因となった。クロード・ローラン（あるいは彼の弟子）の素描は、おそらく地下水で水没した【フォールム】を描いているのであろう（図56）。五世紀から六世紀にかけての経済的不幸や戦乱の重圧の下で、都市の社会的機能もまた分断された。アニキウス家のような強力な門閥は別として、多くの貴族はローマの領地や邸宅を棄て、帝国宮廷の安穏な場所をもとめてラヴェンナ、つづいてコンスタンティノープルへと移って行った。貧しい人びとの多くも、山岳の町へ、あるいはローマ北方の田園地帯へと、生きる道をもとめて去っていった。もちろんその地での彼らの産物は、みずからが生きてゆくのがやっとで、都市ローマの食糧供給には何の役にも立たなかった。このようにして、紀元四〇〇年頃に八〇万を数えた人口は、四五二年には五〇万、五〇〇年頃にはおそらく一〇万と激減していった。ゴート人による攻囲の後では三万、あるいはそれ以下の住民しかのこらなかった。その数は、グレゴリウスの時代のランゴバルド人侵略からの避難してきた人びとによって、九万ぐらいには増えたとも思われる。

この暗闇の中で、都市もその形をゆっくりと、しかし確実に壊していった。すでに五〇〇年頃テオドリクスの秘書カシオドルスは王と交わした書簡で、ローマを救う彼らの試みについて述べている。たしかに建物のいくつかは応急的に繕われた。しかし全般的に見れば、書簡はまったく惨めな状況を伝えている。カシオドルスの努力では、衰退を止めることはできなかった。下水道も上水道も修理が必要とされた。しかし水も管理する人間も、私的な目的にさかれてしまっていた。公の穀物倉は、「老朽し崩れ落ちていた」。ヴィア・サクラ沿いのふたつのブロンズの象は、「朽ち果て、……その砕けた四肢は鉄の釘で補強され、垂れ下がった腹はレンガで支えられていた」。多くのブロンズ像は略奪されていたが、「彼らは唖ではなく、盗人が叩けば鳴り響く音で、ねぼけた見張り人の目を醒ました」。公の建造物からは大理石、鉛、真鍮が盗まれた。【コロセウム】にのこる留め金の穴は、古代からルネサンスまでつづいた略奪の証しである。神殿は「略奪と荒廃にまかされた」と、カシオドルスは嘆く。四〇八年盗品が没収されたこともあったが、資金がなく放置されたという。大邸宅の多くも棄てられた。そのあるものには敬虔な男や女の団体があるいは六世紀以降には修道士たちが瞑想的な生活をおくるために住みついたが、他のものは採石場と化した。柱廊は壊され、壁の大理石の上張りは剥がされ、舗石はめくられた。古代の廃墟は、皇帝の禁止令は繰り返されたにもかかわらず、略奪の餌食とされたのだ。

57.　テヴェレの浮き水車、1870年頃。Museo di Roma

四五九年には、神殿、公共建築、邸宅にかかわらず「修繕を越える」建物は盗用が公認された。しかしこの条件はもっとも広く解釈されたに違いない。貴重な資材の盗用は古くからのローマの習慣であり、コンスタンティヌスの時代から教会はその最大の受益者、一番の被疑者であった。初期キリスト教時代から中世をとおして、そしてさらにその後も、ローマの多くの教会は盗品で満ちていた。旧の『サン・ピエトロ』を建てるために柱身、柱脚、柱頭、エンタブラチュアが集められた。かつてのラテラーノのバシリカの側廊には四二基の古代の緑色の円柱が、『サンタ・コスタンツァ』には二世紀の柱頭、円柱、大理石の上張りが、『サンタ・サビーナ』には二四基のコリント式円柱が、『サン・ピエトロ・イン・ヴィンコーリ』には二〇基のドーリス式円柱が、そして六世紀には『サン・ロレンツォ・フオリ・レ・ムーラ』の東側バシリカの円柱には精緻な細工の柱頭が載せられた（図68）。古代ローマの破壊が、四世紀以降のキリスト教のローマを建設したのだ。

異教の神殿や彫像、公共の建物、貴族の邸宅だけでなく、一般の住宅や共同住宅もまた朽ちていった。階段は崩れ落ち、水道管はつまり、屋根やテラスは雨漏りし、階上階は人が住めなくなった。人びとは、低い階や棄てられた邸宅に必要なだけの支えをして住み家とした――このことは以後一〇〇〇年以上つづく――。疑いもなくグレゴリウスの時代には、古代の都市ローマを形つくっていた建物は、たとえすべてではないにしろ、そのほとんどが廃墟と化していたのだ。といって、ローマが消えたわけではなかった。傷つきぼろぼろになりながらも都市の骨格は、その基幹を保っていた。ビザンティンに修理された城壁は聳えていた。田園をぬける街道は、処どころは土や瓦礫で埋まっていてもいまだ通じていたし、街中の幹線道路も、そして広場も自由な往来は保たれていた。六〇八年に皇帝フォカスを称えて【フォールム】に建てられた円柱は、三世紀の舗石の上に聳えていた。上水道は、少なくとも部分的には機能し、公の浴場のいくつかも使われていた。五三七年ビザンティン軍の工兵に補修されたジャニコロの上の上水道は斜面の水車を回し、テヴェレに浮かぶ水車は一九世紀まで稼働した（図57）。【フォールム】に人びとは集まり、そこでは品物、それに奴隷さえ売買され、さまざまな情報が飛び交った。【トラヤヌスのフォールム】では文芸の催しもあり、それは七世紀までつづいた。古代のモニュメントを訪れる旅人も絶えなかった。六六七年皇帝コンスタンス二世がローマに来たとき随行のひとりは、【トラヤヌス記念柱】の基壇や【ヤヌス・クヴァドリフロンス】に主君の名前を刻んだ。パラティーノの諸宮殿もまだ手入れされていたと思われる。グレゴリウスの時代にも、さまざまな役職者たちがそこで働いていたことが知られている。六八七年にはひとりの「宮殿管理人」（クラトル・パラティイ）が、その誉ある役職についていた。公の世俗建物も、皇帝の持ち物であったもの、あるいはまだ使用に耐え必要な経費が調達できたものは維持された。教会には、以前と同様多くの寄進があった。新しい教会も建てられた。グレゴリウスが登位する前の六〇年間には五三七年の『サンティ・クヴィリコ・エ・ジュリッタ』、五六〇年頃の『サンティ・アポストリ』（本来使徒ヤコブスとフィリプスに献じられた）、おそらく五五〇年頃には街をはずれた城壁近くの『サン・ジョヴァンニ・ア・ポルタ・ラティナ』、壁の外ではおそらく六〇〇年頃の殉教者ネレウス、アキレウス、ドミティルラ（カタコンベは彼女の名で呼ばれる）の墓の上のバシリカ、また五七九年から五九〇年の間の聖ラウレンティウスの墓の上の今日の巨大な教会の内陣としてのこるバシリカが築かれた。これら五つの建物すべてはビザンティンによる占領時代のものであり、したがってこれらには東方独特の要素が見られる。『サンティ・クヴィリコ・エ・ジュリッタ』――そしておそらく『サンティ・アポストリ』――のトレフォイル（三つ葉模様）型アプス、『サン・ジョヴァンニ・ア・ポルタ・ラティナ』の外側が多角形のアプス、『サン・ロレンツォ』それに『サンタニェーゼ』さらにはドミティルラ・カタコンベの墓地バシリカの側廊や内側ナルテクス上方のギャラリーである。

住宅もまた、つぎはぎされ、ほとんど崩れ落ちてはいたが存在した。街にとどまった人びとは、テヴェレの島の両対岸に集まっ

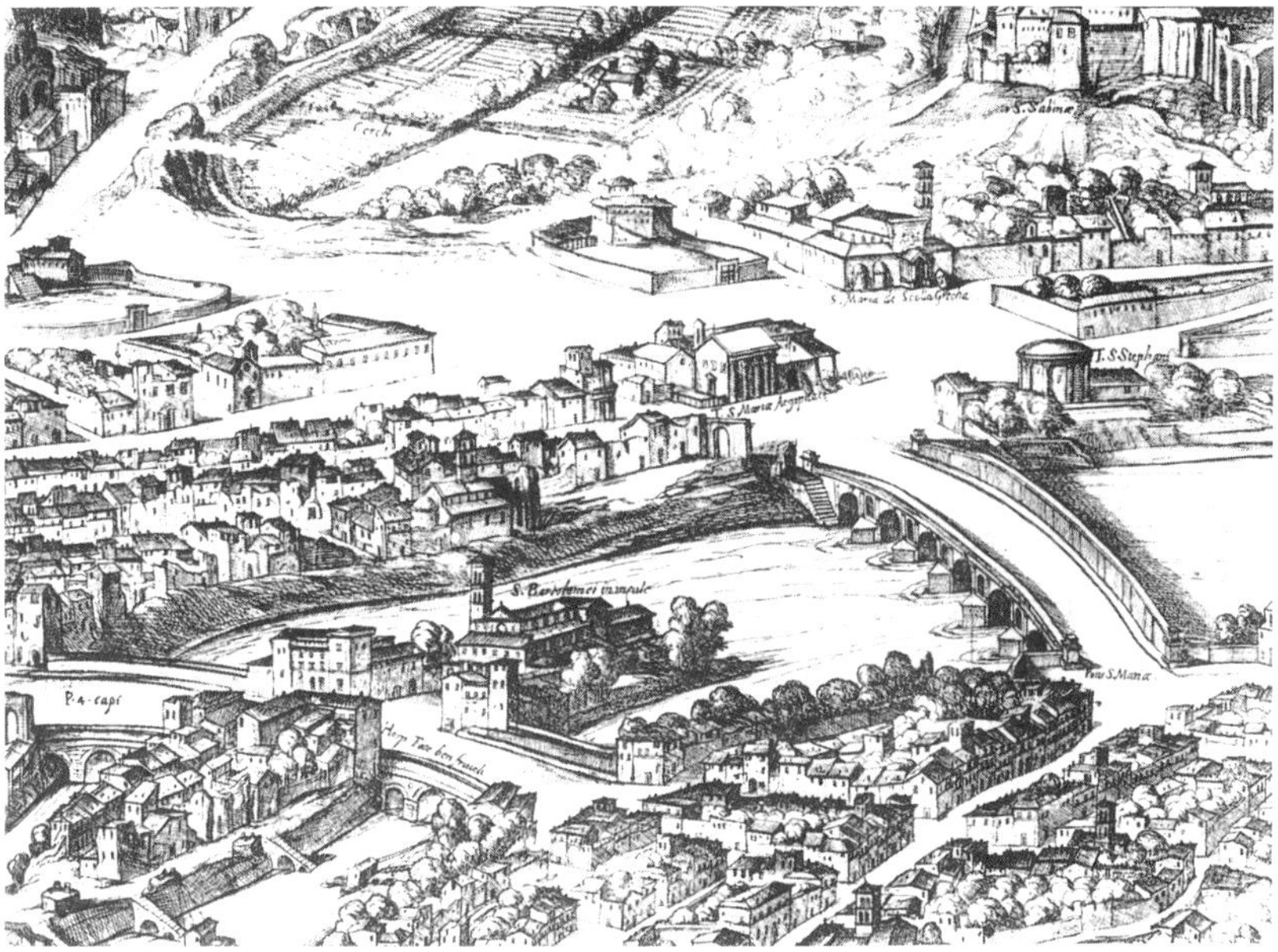

58.『テンペスタのローマ地図』部分、1593年——トラステヴェーレ、ポンス・ファブリキウスとポンス・ケスティウスのかかるテヴェレの島、その下流のポンテ・ロット（ポンテ・サンタ・マリア）、その向こうに〘サンタ・マリア・イン・コスメディン〙、さらにその上方に〘サンタ・サビーナ〙のあるアヴェンティーノの丘

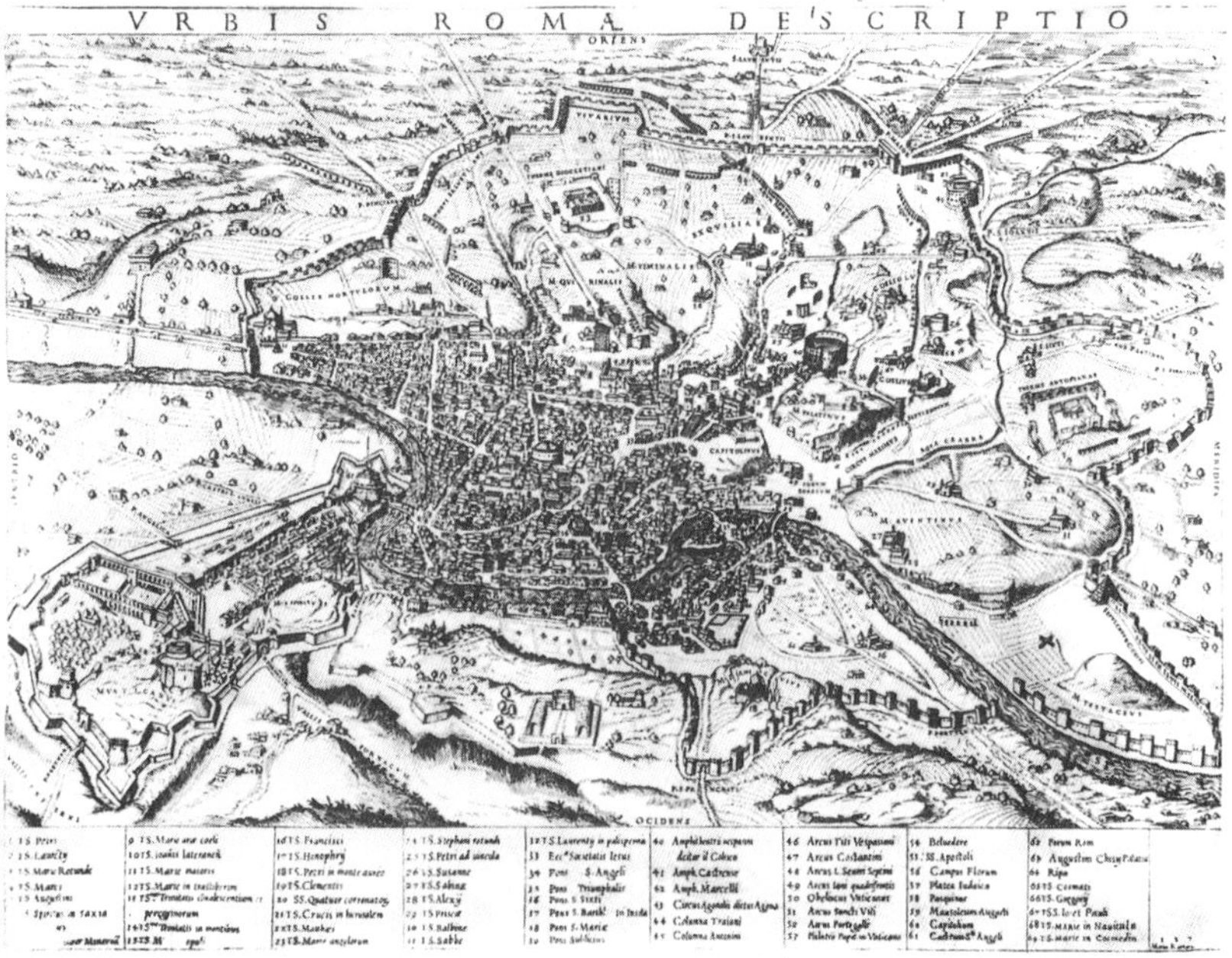

59.『カルタロの小地図』、1575年

60.　パラティーノから眺めた〈ディスアビタート〉、——左に【コロセウム】、中央に『サンティ・ジョヴァンニ・エ・パオロ』、右に『サン・グレゴリオ・マーニョ』—— 1560 年頃、G. A. Dosiono の素描、Firenze, Uffizi

61.　〈ディスアビタート〉南部 ——遠くに【コロセウム】——1870 年頃

た。すなわち西はトラステヴェーレ、東はカンピドリオの麓の【マルケルスの劇場】からほぼ今日のヴィア・アレヌラの間、要するにテヴェレにかかる橋の近く、グレゴリウスが設けた食料供給センターの周辺である（図58）。かつては住宅街が並び、緑地帯には大邸宅が構えていた東部、南部、北部は、城壁まで荒れ野と化していた。一六世紀の言葉を使えば、〈アビタート〉（密集区）と〈ディスアビタート〉（過疎区）の対比は明白であった（図59）。五世紀にはじまり次第に顕著になったこの二分は、一九世紀の後半までつづいた。住民の密集する中核市街を取り囲んで、ブドウ畑、休耕地、廃墟が延々と広がり、そのところどころに小さな集落、わずかな農園が点在した（図60）。一八七〇年代までパラティーノとチェリオの間には、ポルタ・パオロ（かつてのポルタ・オスティエンシス）から【コロセウム】に向かって、ブドウ畑、庭園、小さな森の広い帯がつづいていた（図61）。広大な〈ディスアビタート〉に囲まれた小さな建物密集域〈アビタート〉、これが中世をとおしての、いやそれを超えての都市ローマの紛うことなき肖像であった。この姿はすでにグレゴリウスの時代に、一六世紀ほど明確ではないが、現出していたのだ。しかし五九〇年頃のこの中核市街は、中身の抜けた殻ではなかった。そこにこそ、グレゴリウスの活動の基盤があった。

教皇権の立て直しと世俗への進出[注3]

都市のハード面すなわち形の骨格と同様、ソフト面すなわち社会および経済の枠組みも、たしかに悪化し再組織の必要はあったが生きのこっていた。ラヴェンナのビザンティン政府は無力だった。ランゴバルド人の脅威を前にしてビザンティンの守備隊は、数少ない城塞、すなわちイタリアの「俗の都」ラヴェンナと「聖の都」ローマ、海に近いナポリとリミニ、それにローマからラヴェンナへの内陸の帯状地帯、それらにのみ封じ込められていた。コンスタンティノープルから、ときにはラヴェンナからも切り離されたローマ駐在のビザンティンの役人は、次第に地元の権威に頼らざるを得なくなった。しかし俗の権威はもはや頼りにならなかった。五五四年に再興された元老院はただ儀式的機能しかもたず、したがって六〇三年以降にはそれに代わって数少ないローマ生粋の、しかし大半は新顔である有力門閥から選ばれた非公式の顧問団が形成された。ローマの市内あるいは近くに土地を手に入れたビザンティンの役人や軍人、またランゴバルド人はいち早く地元の貴族と結びつき、次第に力をつけてきた教皇の行政に入り込んでいった。

教会は、都市ローマの経済、社会、政治を機能させるのこされた唯一の有能な機関であった。四世紀以降皇帝および私人からの寄進、また買い入れや交換によって地中海沿岸の各地に広大な領地〈パトリモニウム・ペトリ〉を手に入れていた教会は、確かに六世紀の中頃までに東方、アフリカ、スペイン、ゴールの領地を失っていた。それでも南イタリア、シチリア、サルディニア、そしてより重要な中部イタリア、すなわちローマからアドリア海への道筋のトゥスキア、トスカーナ、リグリア、ロマーニャにも、飛び飛びではあるが領土がのこっていた。したがって教会は、イタリア半島およびその近海諸島の最大でもっとも力のある地主であった。たしかにランゴバルドの侵入者は中部イタリアを脅かし、あるいは占領した。しかしグレゴリウスは、交渉によってその多くの安全を保障し、また南イタリアやシチリアの領土を確実にした。これらのいくらかは地方の役所によって管理されたが、五世紀の末以来、大部分はローマの直接の行政下に置かれた。その中央の管理機構は教皇庁の中に置かれ、予算は効率よく、第一に教皇の施策、第二に聖職者たちの需要、第三に教会建物の維持、第四に福祉へと配分された。このようにして確保された財源は、五世紀をとおして教皇に、たとえば『サンタ・サビーナ』、『サンタ・マリア・マジョレ』、『サント・ステファーノ・ロトンド』、ラテラーノ建物群などの野心的な建築活動を可能にした。それ以上に重要なのは、やがてそれら財源が教会を、これまで住民の最低生活を守るために国家が漫然と行なってきた福祉事業をより効果的に引き継ぐポジションに置いたことであった。教会は、まず飢饉の際に食料の配給を部分的にあるいは全面的に引き受け、つづいて六世紀の最初の数年間に、貧しい巡礼者のための宿泊所を建設した。このようにしていつの間にか教会は、五世紀後半から六世紀初頭にかけてのイタリアにおける政治的真空に乗じて強大な政治勢力となっていたのだ。

それでも、ゴート戦争、ビザンティンの支配、ランゴバルド人の侵入と打ちつづいた戦役は、国土を荒らし、教会の経済的地位およびその能力を著しく悪化させていた。教会の所有する土地は減り、そこからの食糧の供給は当てにならず、ローマの困窮は増大した。ゴート戦争の傷は、いくらかはビザンティンのローマ占領後の二〇数年間に癒されたかもしれない。巨大で贅沢な教会建築に資金をまわすゆとりも生じたのであろう。個人の献金もあった。『サンティ・アポストリ』の建設資金は、ビザンティンの総督ナルセスから出たのかもしれない。ランゴバルド人が田園地帯を荒らしたあとでさえ、『サン・ロレンツォ・フオリ・レ・ムーラ』の新しいバシリカのような豪華な教会が、グレゴリウスの前任者ペラギウス二世によって築かれていた。彼の献納銘は侵入者の脅威に言及している。無傷のままのこった教会領地もあった。福祉政策は、なんとか維持することができた。食糧の入手と配給の組織は痛手をこうむったが、骨格はのこった。六世紀最後の三〇年ビザンティンの行政能力は衰え、それにともなって教会はローマの住民を扶養するすべての仕事を引き受ける状況に置かれた。俗の政府に、絶えることなく襲いかかる飢餓と戦う力はもはや期待できなかった。

これが、グレゴリウスが教皇の位に就いたときの状況であった。都市住民の食糧供給に責任をもつのは、もはや名目上の統治者ビザンティン国家ではなく、教会であった。そのほか施政の仕事も、あまりの怠慢ゆえに次第に教会の手に移っていた。経験の上でも組織の面でも、ローマで機能するのは教会の財政当局だけであった。政府の行政機能は破綻し、グレゴリウスの時代、軍隊の会計さえも教会の手に移った。確かにグレゴリウスのように精力的な教皇なら、軍事にも手を出したであろう。彼は、ランゴバルド人と休戦について交渉した。また彼はラヴェンナの彼の代理人をとおして、ローマの上水道の責任者を教皇の名で任命させるよう強い態度で迫った。要するに教会は、ローマおよびトスカーナを含む中部イタリアからシチリアまでの〈パトリモニウム・ペトリ〉の世俗的で独立した支配者の機能と責任を、一方ではみずから望んで、しかし他方ではやむを得ず、引き受けることになったのだ。このように状況は、グレゴリウスの時代に、完全とはいえないまでも、大きく前進したのであった。

都市行政における世俗の政府と教会機関の共同作業、そして次第に進む後者による前者への浸食は、まず教会による公共建築の受用ということに明白にあらわれた。六世紀には、公の財源あるいは富裕な高官の寄付による公共建築の維持および管理はもはや期待できなかった。しかもそれらの多くは、本来の存在意味を失っていた。国家あるいは市政府の立場は弱まり、公共建築の維持管理という重荷は、当然の成り行きとして、それが可能な組織に移されたのであった。すでに教皇フェリクス四世（五二六－五三〇年）在位のまだカシオドルスとテオドリクスの時代に、おそらく市総督の謁見に使われていたであろうヴィア・サクラ沿いの豪華な会堂と、それに隣接する【バシリカ・ノーヴァ】を丸屋根でつないだ古代の建物（図6）が教会の手に渡り、教会『サンティ・コスマ・エ・ダミアーノ』に変えられた。この建物からは、一六三二年まで四世紀の色大理石の〈オプス・セクティレ〉（切石細工）に

62.『サンタ・マリア・アンティクヴァ』内部

よる壁化粧がのこされていた。教皇フェリクスは、教会としての新たな機能を明らかにするため、アプスのアーチを天使と福音記者の象徴、丸天井をペトルスとパウルス、ふたりの保護聖人と東方の聖人テオドルス、さらに寄進者である教皇を伴ったキリストの再臨を描くモザイクで飾った。

この『サンティ・コスマ・エ・ダミアーノ』から約半世紀後、【フォールム】の反対側パラティーノの北西の麓のひとつの公共建物が教会——のちに（六三五年から六四二年の間に）『サンタ・マリア・アンティクヴァ』と呼ばれた——に変えられた。紀元後一世紀末に儀式用の会堂として建てられたこの建物は、六世紀の中頃、丘の上の当時ビザンティンの支配者が住む宮殿への登り道を守る警備所とされていた（図62）。キリスト教者の最高位に位置する皇帝の代理人にふさわしくこの警備門は、ブロンズの扉をもつコンスタンティノープルの宮殿の警衛門〈カルケ〉を飾るモザイクに比すべく、キリスト教を主題とする壁画で飾られていた。のちに教会に変えられたその建物の壁画は、八四七年に地滑りで埋もれるまでの約二〇〇年の間に次々と新しい絵画で覆われた。一七〇二年に発見された廃墟は、一九〇〇年の発掘でその正体が確認された。ただし八四七年以後この教会の権利と財産は、【フォールム】とヴィア・サクラを挟んだ向かいの『サンタ・マリア・ノーヴァ』（今日の『サンタ・フランチェスカ・ロマーナ』）に移さ

63.　1740年頃の【パンテオン】内部、G. P. Panniniの絵画、National Gallery, Washington, D. C.

れていた。地滑りによる早い時期の密封は、次々と上塗りされた壁面をもつこの教会を七世紀から八世紀にかけてのローマ美術史の宝庫、早い時代の西方と東方の関係を正確に伝える〈ピナコテカ〉（絵画館）に変えた（図79－83参照）。

グレゴリウス自身は、公共の施設を教会として引き継ぐことに積極的ではなかった。それらは結局のところ皇帝の所有物であり、ビザンティンとランゴバルト人との微妙なバランスの上に立つ彼の政策を考えれば、皇帝の認可をもとめることも躊躇されるし莫大な維持費も彼の気をくじいたのであろう。だが彼の死後三〇年の間に事情は一変した。六二五年から六三八年の間に教皇ホノリウスは、【フォールム・ロマーヌム】の上の【元老院の家】の構造をわずかに変えて『サンタドリアーノ』にした。おそらく同じ頃、【セクレタリウム・セナートゥス】（元老院の高等裁判所）は聖マルティーナに献じた礼拝堂に変えられた。これらすべては、皇帝の〈プラケート〉（同意）のもとで行なわれたのであろう。六三〇年あるいはその前後に、【ローマの神殿】のブロンズの瓦を『サン・ピエトロ』に移すことを教皇に許可する皇帝の勅令が発せられている。所有者に去られたあるいは不用とされた、あるいはまた維持費があまりにも高い個人の大邸宅も、あたかも当然のごとく教会の手に移った。教会は、それらを管理する余裕をもち、また新たに利用できるローマにのこされた唯一の機関であった。大邸宅は修道院に、その宴会広間は教会に変えられた。チェリオの上のグレゴリウスの邸宅は、そのひとつの例であった。数十年後ホノリウス一世は、同じようにふたつの邸宅の大広間を教会に変えた。そのひとつはエスクヴィリーノの上の今日の『サンタ・ルチア・イン・セルチス』の女子修道院の中に、そのふたつはチェリオの北西突端の『サンティ・クヴァトロ・コロナーティ』の基礎壁にその遺構を見ることができる。

刺激的なのは、六〇九年にローマではじめて異教の神殿がそっくりキリスト教の手に移ったことであった。かつてすべての神々に捧げられた【パンテオン】が、教皇ボニファティウス四世の要請に応えた皇帝によって、処女マリアとすべての殉教者に献じた教会『サンタ・マリア・ロトゥンダ』に変えられたのだ（図63）。これは、以後長期にわたってのちに都心となる地域の東半分を受けもつ主要な教会となった。構造的にはほとんど変えられることなく、中央の龕が祭壇とされ、それを飾っていた聖母子の画像の七世紀のオリジナルが二〇世紀になって上塗りの下から発見された。異教の聖域が法律によって閉鎖されてから二〇〇年ののちに、ようやく古代ローマの神殿のひとつがキリスト教化されたことは不思議である。東方のキリスト教徒がすでに四世紀に何の疑念もなく異教の神殿を我が物とし、また六世紀には西方の諸地方もそれに倣っていたことを思えば、ローマの遅れはいっそう奇妙である。【パンテオン】のあとでも次に神殿がキリスト教化されるまでには、なお三〇〇年近くを要した。〈ボッカ・デルラ・ヴェリタ〉（真実の口）の上の【フォルトゥーナ・ヴィリリスの神殿】が教会に変えられたのは、八七二年から八八二年の間であった。盛期中世まで、すでに廃墟と化して久しい異教の神殿や聖域がキリスト教に利用されることは避けられていたのである。神殿に憑く霊の信仰が、ただローマにのみ強く生きのこっていたのだろうか。そうだとすれば、その理由は何か。グレゴリウスはしばしばそのような信仰の流布について言及している。しかし晩年、彼もまたそれを打破したかに見える。「熟慮のすえ」彼は、イングランドへの伝道者に偶像を破壊したあと異教の聖地を教会として使用することを指示している。実利が、迷信的な気おくれに打ち勝ったのだろうか。【パンテオン】改宗のアイディアも彼自身から出たのであろう。また彼がこの異教の神殿から悪魔を追い払ったという中世の伝説も、あながち的はずれでないのであろう。伝説は、彼の名を【ハドリアヌスの霊廟】のキリスト教化とも結びつけている。古代ローマ以来この巨大な筒型建造物は、アエリウス橋（ポンテ・サンタンジェロ）を渡って都心に向かう道を守る西側橋頭堡として使われてきた。五三六年ビザンティン軍は墓廟の彫像を砕き、敵の上に投げ落とすことで包囲するゴート人の〈クー・ド・マン〉（急襲隊）を破った。五九〇年グレゴリウスがローマを襲った悪疫に対して神の助けを願って行進したとき、大天使ミカエルがここに降り来たって厄害を鎮めたという。この伝説はともかく、霊廟の頂に聖ミカエルに献じた礼拝堂を据えたのは、彼の後任者ボニファティウスであったことは大いにありうる。この献納と東岸の都心と西岸の『サン・ピエトロ』を守る要塞として、今日もそれは『カステル・サンタンジェロ』と呼ばれている。

六世紀になって、グレゴリウスの時代とさらにはその後の三〇年に建てられた教会のほとんどは、ふたつのフォールム、ヴィア・サクラ、パラティーノの周囲と、まさに古代ローマ帝国の心臓部に集中している（図64）。このエリアは当時も、また以前にもけっして人びとが集まり住むところではなかった。それは、かつての政治的示威の役割を奪われ、ただ〈観光エリア〉としてのこされた地であり、そこに大勢の人の祈る場所は必要とされなかった。その地の公の建造物が教会に変えられたのは、あるいは管理の重荷を教会に移すことにあったのかもしれない。しかしそこには、既存建物の転用だけでなく、それと並んで六世紀および七世紀には新たに多くの教会が築かれてもいる。古代ローマの権威誇示エリアのキリスト教化は徹底していたのだ。それは、『サンティ・コスマ・エ・ダミアーノ』にはじまり、【ネルヴァのフォールム】後方の『サンティ・クヴィリコ・エ・ジュリッタ』、【トラヤヌスのフォールム】北側の『サンティ・アポストリ』、さらにパラティーノの崖の下の『サンタ・マリア・アンティクヴァ』とつづいた。六二五年から六三八年にかけては、【フォールム】のかつての元老院の建物の中に『サンタドリアーノ』とおそらく『サンタ・マルティーナ』が築かれた。さらに時代が下って、しかしまだ七世紀に【コンコルディアの神殿】の近くにひとつの〈ディアコニア〉（福祉センター）が築かれた。同じくまだ六八〇年以前であったと思われるが、【トラヤヌスのフォールム】を見下ろす高台、今日『トレ・デルレ・ミリツィエ』が立つ近くに、のちに『サンタバチロ』として知られる聖キュルスと聖ヨハネスに献じた礼拝堂が築かれた。このようにパラティーノの麓から【フォールム】を経て【トラヤヌスのフォールム】の北側に至る、すなわち古代ローマのモニュメントが集まる〈観光エリア〉を囲んで、キリスト教化された公共建造物と新たに築かれた教会は、広大なキリスト教域をつくり出していた（図64）。【パンテオン】を神々の神殿から唯一神《ゆいいっしん》の祈りの場に変えたのと同じ思想が、いまだ異教時代の記憶を強くのこす古代ローマの中核部をキリストに献じさせたのであろう。二五〇年前コンスタンティヌスは、新しい信仰が異教の霊のこもる【フォールム】に近づくことを避けた。そしていま教会は、その地を徹底的にみずからのものにした。かつての帝国の核を視覚的にも観念的にも変質させるには、二五〇年を必要としたのだ。

このようにして古代ローマの中核部はキリスト教化された。しかしそれには、明らかにビザンティンおよび東方の影響があった。キリキアの奇跡の治療者コスマスとダミアヌスの崇拝は、おそらくコンスタンティノープルを経て六世紀の初頭ローマに到達した

〈ディアコニア〉

▲ 600年以前
1.［サンタ・マリア・イン・コスメディン］
2.［サン・ジョルジオ・イン・ヴェラブロ］
3.［サン・テオドロ］
4.［サンタ・マリア・アンティクヴァ］
5.［サンタ・マリア・イン・ヴィア・ラータ］

750年以前
6.［サン・シルヴェストロ］
7.［サンタ・マリア・イン・アドリアーノ］
8.［サンテウタキオ］
9.［サンタ・マリア・イン・アクヴィロ］
10.［サンティ・セルジオ・エ・バッコ］
11.［サンタドリアーノ］
12.［サンティ・コスマ・エ・ダミアーノ］
13.［サンタ・マリア・イン・ドムニカ］
14.［サンタ・ルチア・イン・セルチス］
15.［サンタガータ・デ・カバルリス］

△ 750年以後
16.［サン・マルティーノ・ユクスタ・ベアトゥム・ペトルム］
17.［サンタ・マリア・イン・カプト・ポルティチ］
18.［サンタンジェロ・イン・ペスケリア］
19.［サンティ・ボニファチオ・エド・アレッシオ］
20.［サンタ・ルチア・イン・セプテム・ヴィア］
21.［サンティ・ネレオ・エド・アキレオ］
22.［サンティ・シルヴェストロ・エ・マルティーノ］
23.［サン・ヴィート］

東方系教会
1.［サンタ・マリア・イン・コスメディン］
2.［サン・ジョルジオ・イン・ヴェラブロ］
3.［サン・テオドロ］
4.［サンタ・マリア・アンティクヴァ］
12.［サンティ・コスマ・エ・ダミアーノ］
18.［サンタンジェロ・イン・ペスケリア］
24.［サンティ・アポストリ］
25.［サンティ・クヴィリコ・エ・ジュリッタ］
26.［サン・ジョヴァンニ・ア・ポルタ・ラティナ］

修道院
ラテン系大修道院
700年以前
31.［サント・ステファーノ・マジョレ］
37.［サン・グレゴリオ・イン・クリヴォ・スカウロ］
38.［サンテラスモ］

700年以後
22.［サンティ・シルヴェストロ・エ・マルティーノ］
32.［サンタ・マリア・イン・カンポ・マルツィオ］
33.［サンタ・マリア・イン・トラステヴェーレ］
34.［サン・クリソゴーノ］
35.［サンタガータ・エ・チェチリア］
36.［サンタ・マリア・イン・カピトリオ］
39.［サンタ・ビビアーナ］

東方系大修道院
700年以前
30.［サン・サバ］

700年以後
27.［サン・シルヴェストロ・イン・カピテ］
28.［サンタ・プラセーデ］
29.［サン・チェザレオ・イン・パラティオ］

ラテン系小修道院
700年以前
40.［サンティ・ジョヴァンニ・エ・パオロ］（ヴァティカン）
50. コルサルム（［サン・シンメトリオ］）
51.［サントノリオ］
52.［サン・パンクラツィオ］

700年以後
16.［サン・マルティーノ・ユクスタ・ベアトゥム・ペトルム］
23.［サン・ヴィート］
41.［サント・ステファーノ・ミノーレ］
42.［サン・ロレンツォ・イン・パルラチノ］
43.［サン・プリスカ］（［サン・ドナート］）
44.［サンティ・セルジオ・エ・バッコ・デ・スブラ］
45.［サンテウフェミア］
46.［サンティ・コスマ・エ・ダミアーノ・アド・プレセペム］
47.［サンタンドレア・イン・マッサ・ユリアーナ］
48.［サンティ・ロレンツォ・エド・アドリアーノ］
49.［サンタ・マリア・イン・テンプリ］
53.［サント・ステファーノ］（ラテラーノ）
54.［サンティ・セルジオ・エ・バッコ・デ・フォルミス］
55.［サンタ・マリア・デ・ユリア］
56.［サンタガータ・デ・スブラ］

のであろう。殉教者セルギウスとバックスの崇敬も、兵士の聖者ハドリアヌスのそれと同様シリアからやってきた。殉教者クヴィリクスとジュリッタの崇拝は、南小アジアのタルススから広まった。キュルスとヨハネスはエジプトからやってきたのだが、彼らの遺品は六一〇年から六二〇年にかけてなおアレクサンドリアの近くで崇敬されていた。東方では一般的であった使徒フィリプスとヤコブスの合同崇敬は、彼らを称えた教会『サンティ・アポストリ』がローマに築かれるまで西方では知られていなかった。パラティーノの南西角の麓に、おそらく四世紀にアナスタシアという名の女性によって建てられた〈ティトゥルス・アナスタシアエ〉は、二〇〇年後、コンスタンティノープルで崇敬されていた同名の聖者に献納された。このような東方からローマへの聖者の移動は当然のことながら、ビザンティン権力者の目の下で改装あるいは創建され、彼らに献納された教会でのできご

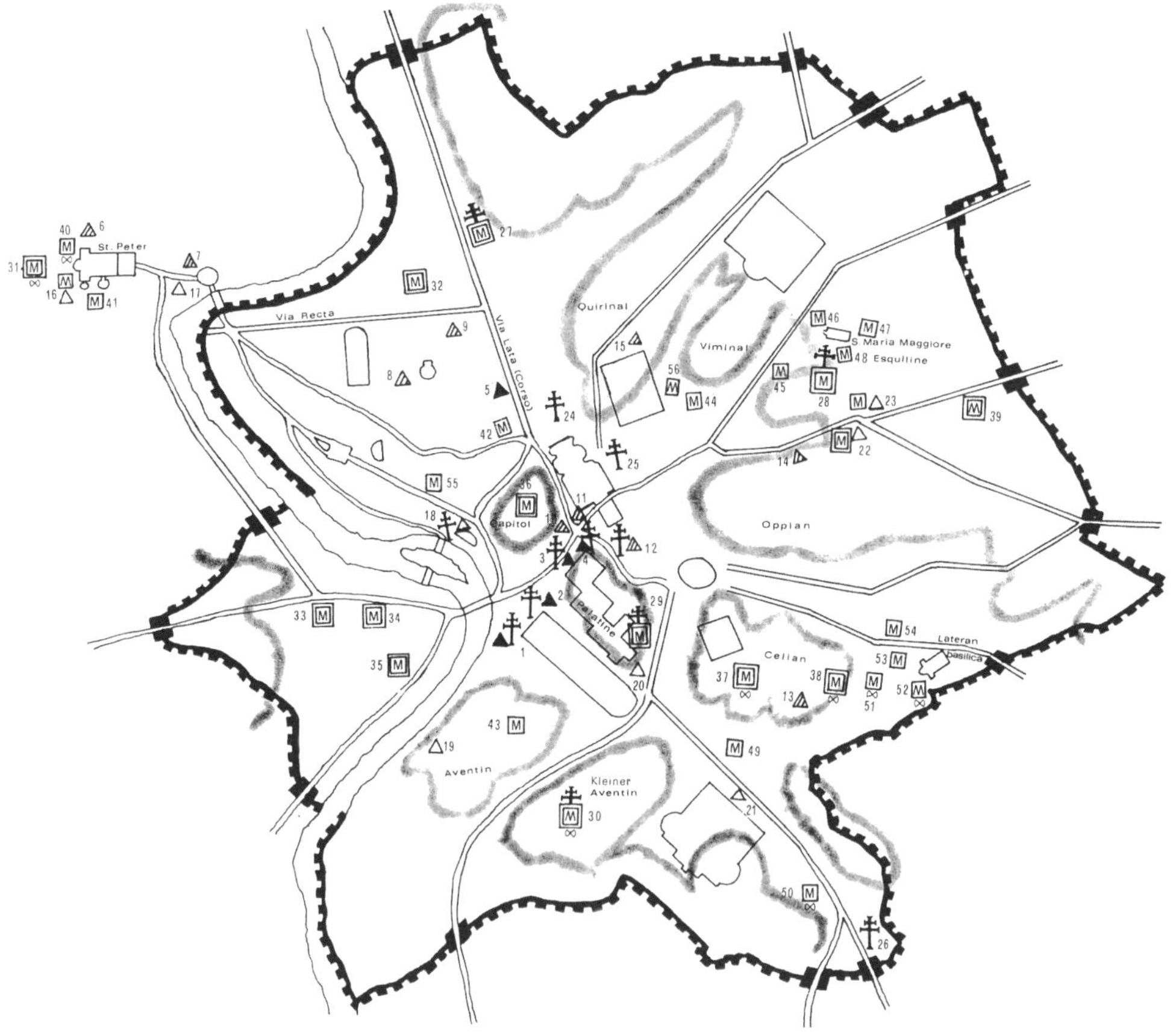

64.　7–8世紀のローマ地図

とであった。それは、文字通り彼らの目の下でのできごとであった。皇帝がローマに来るときは彼の、いつもは彼の代理人の住まいは、北に【フォールム】を見下ろすパラティーノの上の宮殿であり、そして古代からの慣習に従って、統治者の役所もまたそこに置かれていたのだ。彼らの軍隊の司令部は【皇帝たちのフォールム】の北側、【トラヤヌスのフォールム】に隣接するピアッツァ・マニャナポリ、すなわち『サンティ・アポストリ』の近くに置かれていたと思われる。そこには今日、ネロによるローマを灰燼と化した大火の伝説と結びついた一三世紀の塔『トレ・デルレ・ミリツィエ』が立っている。この呼称は、ある早い時代この地に軍事施設があったことを推測させる。じじつこの塔は、少なくとも一五世紀末まで存在し一一三〇年には『ミリティアエ・ティベリナエ』として知られていた古い要塞に付属したものであった。この名は、ビザンティン皇帝ティベリウス・コンスタンティヌス（五七八－五八二年）の名を冠した「野蛮人」の連隊、あるいは五七八年のランゴバルト人の攻撃からローマを守るべく即時編成された市民軍を示唆するのかもしれない。またマニャナポリは、ナポリからの〈バンヌム〉（徴募兵）、〈バンヌム・ネアポリス〉の転訛ともいわれる。しかしこの語源説は怪しく、〘ミリティアエ・ティベリナエ〙との関係も見当たらない。

このように六世紀から七世紀初頭にかけて、パラティーノの丘と〘トレ・デルレ・ミリツィエ〙付近との間にビザンティン市区が生育していったのであろう。それは、ある意味では古代ローマの統治エリアの復活であった。ここに、このエリアを棄て、ラテラーノを中心にキリスト教ローマを築くという五世紀の偉大な教皇たちが抱いた構想は頓挫した。同じく、もちろんかつての意味はまったく失ってではあるが、古代ローマのモニュメントを保存あるいは復原しようとしたカシオドロスの構想もまた、夢と消えた。五三〇年から六四〇年の一一〇年、すなわち『サンティ・コスマ・エ・ダミアーノ』と【元老院の家】の『サンタドリアーノ』の教会化の間で、キリスト教の意味を与え、統治地域に変えることによってこのエリアに新しい命を吹き込む最後の努力がなされたのだ。

グレゴリウスの福祉政策 注4

しかしグレゴリウスと彼につづいた教皇たちにとって、当時成長しはじめていた密集居住地域〈アビタート〉の外に位置するこの行政エリアは、まったくといっていいほど意味をもたなかった。当時人びとが定住したのは、西岸のトラステヴェーレ、東岸では【マルケルスの劇場】とポンテ・サンタ・マリア（今日のポンテ・ロット）およびポンテ・ファブリツィオの橋頭付近からカンピドリオの西麓とさらに西に向かっての今日のヴィア・アレヌラまでの区域であった。この密集居住地域において、ローマの事実上の支配者である教皇がまずしなければならない仕事、それは住民の食糧の確保、インフラストラクチャーの保障、能率的な行政組織の確立、一般大衆との直接的接触であった。それにつづく、重要さでは引けを取らぬ課題、それはローマに新しい「レゾンデートル」を与えることであった。全ヨーロッパをキリスト教に改宗し、ローマ教会（カトリック）を再生させてこそ、ローマは西方の聖都として定まり、使徒と殉教者の墓所は崇敬の中心点となるのであり、しかも、誰もがこの都市を訪れることができねばならなかった。すなわちローマに打ち寄せる巡礼者の大波をしっかりと受け止めること、それが教皇の仕事であった。グレゴリウスは、最高位の行政官としての全エネルギーをかけてこれらの仕事に立ち向かった。

全住民——従来の居住者、巡礼者、ランゴバルト人の侵入からの避難者、いつの間にか定住した外国人——、彼らを養うことは、教会の義務であった。減ったとはいえ中部イタリアにはなお多くの教会領地が広がり、南イタリアやシチリアの領地は無事であった。食糧は、その地からおくられてきていた。グレゴリウスは、彼の登位前の騒然とした数十年に崩壊した組織を再編し、引き締め、改善した。シチリア、トゥスキアなどの領地〈パトリモニウム〉は地域ごとに組織され、教皇庁の直接の管理下に置かれた。小作人、農奴、穀物扱い者は帝国政府の干渉から確実に保護された。収穫は「教会の穀物蔵」に集められ、必要な場合には追加の穀物が買い集められ、教会が所有するあるいはチャーターした船でローマに運ばれ、そこで再び教会の所有する穀物蔵に蓄えられた。

ローマでの民衆への配給もまた、完全に統制された。人びとは、五世紀のラテラーノの教皇宮殿に中心となる福祉機関が置かれていたことを思い出した。おそらくそれをグレゴリウスは復活させ、改善したのであろう。ラテラーノに九世紀までの教会、修道院、個人など受給者の名簿がのこされている。毎月朔日には、季節によって変わることはあっても、穀物、ワイン、チーズ、野菜、ラード、肉、油、魚が配給された。病人や虚弱者には移動スープ接待所が設けられ、自活できる者には香辛料がふるまわれた。聖職者、修道士、教会には必需品が、年に四回現物で支給された。しかしラテラーノは、当時居住区として成長していた都心部〈アビタート〉からあまりにも遠く離れていた。そのため密集居住域近くに、ラテラーノを補助する福祉機関〈ディアコニア〉——今日「カルディナル・ディアコン」（助祭枢機卿）という言葉にのこる——が設けられた。このような機関は、東方では四世紀以来知られており、六世紀の終わり頃にはラヴェンナ、リミニ、ナポリなどの港湾都市でも一般化していた。ローマでは六八七年、そのような仕事に奉仕する修道士たちが正規の教会に所属する聖職者や職員とは別個の集団として組織されたとき、はじめてこの呼称が記録に登場する。しかし考古学的証拠は、このような組織がすでにビザンティンによる占領（五三六年）につづく五〇年の間、すなわちグレゴリウス登位以前に存在したことを推測させる。そのはじまりは、帝国軍の物資補給部隊とかかわりがあったかもしれない。活動の様子は、八世紀以降のものではあるが、かなり完全に記録にのこされている。それは、ラテラーノの中央福祉行政の補助として第一に食糧の確保と配給、つぎにもはや機能を失っていた公共浴場に代わっての入浴手段の手配、さらに巡礼者、貧者、病人のための宿泊所（これらはしばしば一箇所にまとめられた）の運営などであった。その運営資金には、教会あるいは富裕な寄進者がそのためと特別に定めた土地からの収入があてられた。教会の「慈善」という概念からみれば、この施設の仕事は純粋に世俗のものではなく、神や隣人に対するキリスト教徒としての義務とも重なりあっていた。しかし〈ディアコニア〉は、いかなる意味においても教会ではなかった。たしかにそれは、教会によって運営され、それぞれが礼拝所をもっていた。しかし宗教的でありながら、それと同じくらいかつての政府機関の伝統を受け継ぐものでもあった。たしかに修道士たちによって運営されたが、監督していたのは教皇庁の平信徒職員〈パーテル・ディアコニア〉であり、設置されていた場所も多くのばあい、古代に食糧が収納、貯蔵、配給されていた場所であった。

ローマの〈ディアコニア〉の遺構は、『サンタ・マリア・イン・コスメディン』、『サン・ジョルジオ・イン・ヴェラブロ』、『サン・テオドロ』、『サンタ・マリア・イン・ヴィア・ラータ』に見ることができる。この四つは、考古学的に六〇〇年頃、あるいはそれ以前と年代づけられる。またすべては、かつて政府の食糧配給の行政機関あるいは貯蔵所が置かれていた場所であった。それぞれの建物のプランはいくつかの貯蔵庫、事務室、仕事に従事する修道士たちの居住区、さらにはそれらとは独立した礼拝所としての広い空間といった、過去からの伝統、半宗教的性格、実践的必要性などによって定められていた。これら四か所のすべては、アヴェンティーノ崖下のテヴェレの埠頭に近く、倉庫や市場が集まる古代からローマの食糧配給と深く結びついた区域内に位置していた。すなわちかつて食糧の供給をつかさどった帝国の高官が謁見した柱廊【スタティオ・アンノナエ】があったピアッツァ・ボッカ・デルラ・ヴェリタ（真実の口広場）からはじまり、北の【ヤヌス・クヴァドリフロンス】のアーチと『サン・ジョルジオ・イン・ヴェラブロ』のある牛市場【フォールム・ボアリウム】に至り、さらに北へ、一一ないし一二世紀以来『サン・ニコラ・イン・カルチェレ』があった野菜市場【フォールム・ホリトリウム】へとつづくエリアである。【フォールム・ボアリウム】の東、パラティーノの西側崖下には大きな穀物倉庫が並び、またコルソの南端部にも他の多くの〈ホレウム〉（倉庫）が連なっていた。このように、初期のディアコニアの地に選ばれたのは川から人口密集域の縁に沿ってカンピドリオの丘の北に延び、そこを超えて北西地区にいたる一帯であった。またそれは、ポンテ・サンタ・マリア（ポンテ・ロット）でトラステヴェーレと結ばれていた。交通の便も良く、しか

65. 『サンタ・マリア・イン・コスメディン』の〈ディアコニア〉、Spencer Corbettによる復元

もそれら〈ディアコニア〉は、まさにパラティーノの上に居を構えるビザンティンの権力者の目の下にあり、守備隊は——われわれの推測によれば——『トレ・デルレ・ミリツィエ』の近くに駐屯していたのだ。

　初期の〈ディアコニア〉の例は、ピアッツァ・ボッカ・デルラ・ヴェリタの『サンタ・マリア・イン・コスメディン』に見ることができる。八世紀そして再び一二世紀に巨大な教会に拡張されたこの教会建物は、二〇世紀になってからも二度修復され、そのとき、本稿に関係ないことだが、魅力的な一八世紀のファサードを失った。今日の教会の壁は、早い時代のふたつの建物の遺構を囲んでいる。すなわち【スタティオ・アンノナエ】の古代の柱廊と、その柱廊と交差して建てられ、今日の教会の身廊壁にのこされた大きな広間の両壁である（図65）。おそらく礼拝堂であったこの広間は、両側に二段に仕切られた空間をもち、その下階は事務所あるいは通路、上階には窓に似た開口部が中央の広間に向かって開いている。このようなプラン、この地の食糧配給所としての伝統、八世紀以降は文献資料で証明される〈ディ

66.［サン・テオドロ］、かつての〈ディアコニア〉の場所に15世紀に建てられた教会。1625年頃のB. Breenbergの素描、Paris, Louvre

アコニア〉としての機能、それらすべては、この広間と両側の部屋が教会の福祉センターとして使われたことを語っている。さらに壁のレンガ工法は、ローマでは珍しいが六世紀のナポリでは普通であった特徴を示しており、またのちの時代の記録が伝えることではあるが、教会やその地域の名称は、コンスタンティノープルあるいは南イタリアから移住してきたギリシア人との関係を推測させる。コスメディンは「装飾」を意味するギリシア語であり、教会は「ギリシア人の教会」と呼ばれ、「ギリシア通り」もあり、この区域は〈スコラ・グラエカ〉(〈スコラ〉は初期中世ローマにあっては異邦人社会および彼らの居住区を意味した）と呼ばれてもいた。これらのことから『サンタ・マリア・イン・コスメディン』の福祉センターは、おそらくビザンティンの占領後まもなく南イタリアから移住してきたギリシア人商人によって設置されたのであろう。これに二、三〇年おくれて、他のセンターがつづいたのであろう。六四〇年頃すでに「教会」と呼ばれていた『サン・ジョルジオ・イン・ヴェラブロ』の〈ディアコニア〉は、【牛市場】に今見る九世紀の教会の下に横たわっている。『サン・テオドロ』は、パラティーノの西側麓、すなわち『サン・ジョルジオ』からも『サンタ・マリア・イン・コスメディン』からも歩いて数分のところの古代ローマの穀物倉の上に築かれていた。円形で丸屋根をのせる現在の教会は一四五三－五四年頃教皇ニコラウス五世によって建てられた（図66）。その円形堂の下および周囲には、古代ローマ後期の壁龕のある広間を中心にした穀物倉の跡が確認される。おそらく〈ディアコニア〉はかつての穀物倉の貯蔵庫を継承し、その礼拝所は古代ローマ後期の広間を丸天井で覆ったのであろう。この礼拝所の龕は今日ニコラウスの教会の中にのこされており、そこには六〇〇年頃のモザイク画の跡も見られる。最後に『サンタ・マリア・イン・ヴィア・ラータ』であるが、ここでは豪壮なバロックのファサードの下に〈ディアコニア〉の跡がのこる。これもまた、帝政時代の穀物倉の中に築かれていた。相互に連結された六つの貯蔵室のうち、ひとつは礼拝所になり、他のひとつは《エフェソスの七人の眠り人》を描く七世紀初頭の壁画で飾られていた。

聖遺物信仰と巡礼の洪水 注5

これらディアコニアは、それらが創設された時代のローマの状況を教えてくれる。しかしそれが、都市の視覚的イメージ、すなわち都市の姿に変化をあたえたことはない。実用を第一とした質素な構造は、プランにおいても外観においても古いものにわずかに手を加えたに過ぎない。同じように、数を増しつつあった修道院もまたローマを訪れる旅人の目に刺激をあたえることはなかった。五世紀に創立された四つのもっとも初期の修道院のうち三つは、城壁の外の名だたる聖域、すなわち『サン・ピエトロ』、『サン・セバスティアーノ』、『サン・ロレンツォ・フオリ・レ・ムーラ』に付属し、短命であった四つ目は市内の今は不明の地に位置していた。グレゴリウスの時代には、五つ目が『サン・パオロ・フオリ・レ・ムーラ』にあったはずである。それが六三〇年には一七、その五〇年後には二四に増えていた。大方は城壁の外にあって、巡礼の中心地や大きな教会の周囲に設けられていた。市内にはわずか八つを数えるに過ぎず、そのほとんどは、維持の困難から、あるいは敬虔の念から所有者が手放したかつての邸宅を利用していた。チェリオの上のグレゴリウスの修道院は、その最初の例である。その後教皇ボニファティウス四世やホノリウス一世も、みずからの邸宅内に修道院を置いた。ただしグレゴリウス以前にも、彼の前任者ペラギウス二世が自身の邸宅に養老院を設立したことが知られている。七世紀および八世紀のローマにおいて修道院が教会と国家の行政におよぼした影響は大きかった。修道士たちは、教会に最高から最低までの仕事で仕えた。ある者はビザンティンとの政治や神学の諸問題を交渉する外交官あるいは神学者として、またある者は、かつてのグレゴリウスのように、歴代教皇の片腕たる相談相手となって活躍した。他方伝道者として西方にローマの扉を開いた者、福祉センターの職員として働いたのも彼らであり、ラテラーノ、『サン・ピエトロ』、『サン・パオロ』など大バシリカの聖歌隊のメンバー、また殉教者の墓の番人も修道士であった。

五世紀後半のゴールのフランク族のローマ教会への忠誠、ランゴバルト人、バヴァリア人、西ゴート族の異教あるいはアリウス派からの改宗、イングランド、フランスの沿岸地帯、ネーデルランドなど北方へのグレゴリウスによる伝道、これら一連の出来事は、互いに連動して約一〇〇年の間にローマと教皇を西ヨーロッパの精神的中心とした。必然的にローマ教会はひとつの政治勢力となり、都市ローマは、新たに改宗した蛮族や半蛮族にとっても畏敬をもって訪れる目的地となった。そしてこの現実のローマの上にさらに過去の強力なイメージが重なり、魔術の中心地、聖なる都としてのこの都市の優位性を助長した。二世紀以来ローマは、キリスト教徒にとってペトルスとパウルスの眠る地、何百という、真実であれフィクションであれ殉教者の眠る地であり、その墓が絶えることなく巡礼者をひきつけてきた。そして西ヨーロッパにおけるカトリック・キリスト教の拡大は、聖地巡礼の憧れをさらにあおり、ローマへの旅人の数を膨らました。六世紀から七世紀にかけて、北方の新たなキリスト教徒の間だけでなく古い信者たちの間にも、聖遺物による奇跡への信仰はますます強まり、グレゴリウスもまたそれをあおった。奇跡の源泉は、まず殉教者であった。殉教者の墓の傍ら、とりわけ『サン・ピエトロ』の近くに葬られること、それは救済の約束とされた。すでに六世紀に、聖遺物は熱心に捜しもとめられた。骨の一部を持ち去ることは、東方でははやくから慣習となっていた。それはしかし西方では眉をひそめられ、ローマの法律にも反した。グレゴリウス自身も強い態度で戒めた。ビザンティンの女帝が聖パウルスの頭蓋骨、骸布を所望してきたとき彼は、その要求をかわすためいくつかの背筋の寒くなる話で応えた。彼の生きた時代のことだが、とグレゴリウスはいう。『サン・パオロ』の僧院長が使徒の墓の近くで骨を見つけた。使徒のものではなかったにもかかわらずそれを動かした僧院長はおそろしい前兆のあとで命を絶った。ペラギウス二世が聖ペトルスの亡骸の上でちょっとした工事を試みたとき、「わずか一五尺離れたところで」おそろしい出来事が起こった。同じくペラギウスの時代のことだが、ある工事中に偶然にも聖ラウレンティウスの墓を開けてしまったことがあった。「殉教者の亡骸に触れたのではなく」ただそれを見ただけの労働者全員が一〇日以内に死んだ、云々。この絶大なる権力者の要請に応えたグレゴリウスの最大の贈り物は、聖ペトルスをつないだ鉄の鎖の削り粉であった。それは、高位の者へ配られた伝統的な聖遺物であった。「亡骸の一部に触れることはローマ人の――そして西方の――慣習ではない」と彼はいった。墓に垂らした亜麻布は霊験あらたかであり、亡骸の傍らに灯っていたランプの油もそうであった。グレゴリウスがそれを小瓶にとり、ランゴバルト人の女王テオドリンダに贈ったとされるものが今日モンツァに伝わる。遺骨を崇拝する、いわんや売買する東方の慣習をグレゴリウスは、ばかばかしい胸のむかつく行為とみなしていた。ましてや、彼がビザンティンの女帝に告げたように、その真正性が疑わしい場合にはなおさらであった。二年前彼は、『サン・パオロ・フオリ・レ・ムーラ』近くのほとんどは異教徒が葬られている墓地から骨を掘り出し、聖遺骨として売ろうとしていたギリシア人の僧たちを逮捕したこともあった。殉教者の遺体あるいは遺骨を動かすことへのローマ人の嫌悪の情は、いくつかの例外はあるものの、八世紀までつづいた。しかしローマ以外の西方では、すでに早くから大量の聖遺骨が合法的にあるいは回り道をして需要に応えていた。

いずれにしても、殉教者の墓、その奇跡、その聖遺物でもってローマは、六世紀から七世紀の間に西方の魔術の中心地になった。六四〇年エルサレムはイスラム教徒の手に落ち、ローマは、殉教者の墓所、〈リミナ・アポストロルム〉（使徒たちの家）、特に『サン・ピエトロ』とその崇拝を中心にしたキリスト教唯一の聖都としてのこされた。北方の人びとにとって、ペトルスは聖者中の聖者であり、彼の墓に詣でること、その近くに葬られること、その聖遺物に触れること、それは救済の確実な約束であった。ローマは、ペトルスの座であり、使徒としての彼を継ぐ教皇の座であった。ローマ、教皇、聖ペトルスは同一視され、ほとんど同義語となった。聖ペトルスの墓は、全ヨーロッパの崇敬の中心、寄進や施物の受納所、そこで交わされる契約、誓いの保証人となった。

ローマへのますます増える巡礼者の流れを整理し彼らを世話すること、それは六世紀以降の教会のもっとも重要な仕事となった。すでに三世紀および四世紀にも崇拝の場を訪れる巡礼者はいた。多くの名が『サン・セバスティアーノ』の地下の祠の壁、また『サン・ピエトロ』の〈メモリア〉に刻されている。それによると、四〇〇年にはナポリやカプア近くの村の全住民が殉教者の墓を訪れている。その一〇〇年後、巡礼者の数はさらに増大し、流れは途絶えることがなかった。『サン・ピエトロ』、『サン・パオロ・フオリ・レ・ムーラ』、『サン・ロレンツォ・フオリ・レ・ムーラ』の三大聖地、それにアウレリア街道沿いの『サン・パンクラツィオ』には、貧しい巡礼者の宿泊所あるいは巡礼者に慈悲を求める乞食のための「貧者の家」が設けられた。教皇ペラギウス一世は前任者の死に関する嫌疑を晴らすために、偽り者を断罪する聖人パンクラティウスの墓の前でビザンティンの総督の列席のもと厳粛な誓いを立てたという。グレゴリウス大教皇と彼の後継者の時代、ローマへの巡礼者は途方もない数に達し、それは、西ヨーロッパのローマ教会への改宗によってさらに増大した。

七世紀から八世紀にかけて、巡礼者は洪水となって押し寄せた。主な聖地を巡ること、それは〈ドゥ・リグー〉（欠くべからざること）とされたのであった。たとえ六六七年の皇帝コンスタンス二世の場合のごとく国事の旅であっても、また古代ローマの驚異を巡る観光旅行、それにちょっとばかりの略奪を兼ねたものであっても、それは〈ドゥ・リグー〉であった。コンスタンスは、異議もあるだろうが、古典の伝統がしみ込んだ東方の教養人であった。しかし概して巡礼者は、みずからの魂のためにのみ聖地を巡る素朴な民衆であった。遠くからであればあるほど、道が難義であればあるほど、霊験はあらたかとされた。じじつ彼らは遠くから来た。六六〇年頃、アイルランドの修道士の一団はローマの宿で、エジプト、パレスティナ、東方ギリシア、南ロシアからの巡礼仲間に会ったという。しかし大半は改宗したばかりの西方の民族、フランク人、アイルランド人、イングランド人、それに八世紀からはフリジア人、南部ゲルマン人が加わった。彼らは独りで、あるいは仲間とアルプスの峠を徒歩あるいは馬で越えた。余裕のある者はフランスを横切り、マルセイユから船に乗った。プロヴァンスや北イタリアの道筋には、雨露をしのぐ素朴な宿、親切に迎える民家や修道院があった。大抵は一度であったが、くりかえす者もいた。ベネディクト・ビスコプは、六五三年から六八〇年の間に五度ノーサンブリアから訪れている。巡礼者は多彩であった。教皇庁での仕事を使徒の墓での祈りに結びつける司教たち、土産とする聖遺物——八世紀後半以降は遺骨よりも墓に触れた亜麻布が普通になった——や教義および儀式に関する情報をもとめる僧たち、ネーデルランドやドイツの異教徒改宗のための知識をあつめるイングランドの伝道師たち、高名な伝道司教に先導された修道士や修道尼たち。「一族を引き連れた」バヴァリアの公爵テオド、悪評高いアクヴィテインのウナルドのような首長と従者の一行、七四四年、馬、毛布、路銀と引きかえに全財産をスイスのザンクト・ガレンの修道院にのこした高貴の女性。しかし大半は、名もない民衆であった。当然のことながら敬虔な信者の中には、七四九年にゲルマン人への伝道師ボニファティウスがいう「セクスに飢えた蒙昧なスイス人、バヴァリア人、フランク人」といった不埒なやからも紛れ込んでいたであろう。すでにその一〇〇年前のある手紙は、「怠け者として旅を習慣とする多くの者とちがって神の光に導かれ〈使徒たちの家〉への困難な道を行く」〈ボナ・

フィーデ〉(本物の)巡礼者として、その手紙の持参者を推薦している。

到着した巡礼者は、本物も偽者も、〈ディアコニア〉で宿、食べ物、施し物を受ける。八世紀の前半、〈ディアコニア〉の数と場所は不足し、新しい施設が築かれた(図64)。『サン・ピエトロ』近くにはすでに八世紀前半までに四つの施設があったが、八〇六年に五つ目として『サン・ペルレグリーノ(聖巡礼者)』が奉献され、六つ目として八一二年「聖ペトルスの愛を求めて遠くから訪れ足を痛めた巡礼者を世話するために」『サント・ステファーノ・デリ・アビシニ』が築かれた。さらにふたつ、『サンテウスタキオ』と『サンタ・マリア・イン・アクヴィロ』が、カンポ・マルツィオ地区の【パンテオン】近くに設けられた。そしてすでに八〇〇年頃には外の聖地に向かう城壁内の巡礼道に沿って、すなわち『サン・ロレンツォ』へ向かう道筋に三つ、『サン・パオロ』へのパラティーノ東南の道沿いにひとつ、『サンタニェーゼ』への道沿いにひとつの〈ディアコニア〉が設置された。八世紀には、多くが宿泊所として使われていた。『サンテウスタキオ』の施設は一〇〇人の貧しい、おそらく巡礼者に、寝る場所と食べ物を提供した。『サン・ピエトロ』近くのふたつはその規模が知られていない。あるものはまた、病院として奉仕した。七世紀あるいは八世紀初頭からのこる手紙は、ローマのある宿泊所の支配人に「貧しい者と病人のためのベッドとシーツ、病人のための薬とすべての必要品と、そして医者を呼ぶ」ことを命じている。またあるものは、当然のことだが、巡礼者と住民の養老院として使われていた。しかし多くの〈ディアコニア〉は八世紀の後半に設けられており、それらは、食糧の貯蔵と配給という伝統的な機能を保ち、〈アビタート〉の中やしばしばその周縁部に配置された。【オクタヴィアのポルティコ】は七五五年に教会、すなわち『サンタンジェロ・イン・ペスケリア』に変えられたが、その〈ディアコニア〉はすでにそれ以前にあったか、あるいはその後教会に付属して建てられたのか不明である。【フォーールム】では、すでに六〇〇年頃にひとつの〈ディアコニア〉が『サンタ・マリア・アンティクヴァ』に付属していたが、以前に公共の建物から変えられていたふたつの教会『サンティ・コスマ・エ・ダミアーノ』と『サンタドリアーノ』には七八〇年頃、おそらく礼拝に必要とされない建物の一部を貯蔵所として利用できたからであろう、新たに〈ディアコニア〉が設けられた。同じく【フォールム】では、『サンティ・セルジオ・エ・バッコ』の〈ディアコニア〉が、おそらく早くに食糧配給所があった【コンコルディアの神殿】に崩壊の危機が迫った七九〇年頃、【セプティミウス・セヴェルスの凱旋門】に移された。そこには、二度にわたって改築された教会が一五三六年まで建っていた。九世紀初頭には、〈ディアコニア〉の数は二四に達していた。その後それらは、福祉の機能を失い、ただその名称だけをのこした。

貧しい巡礼者の世話には出費もかさんだが、それは十分に取り戻すことができた。彼らの流入によって生まれる雇用と富裕な巡礼者の落とす金が、収支のバランスを保ったのだ。巡礼者は、聖地に着くとまず贈り物を捧げた。七一八年に巡礼の一行を先達したボニファティウスは、聖ペトルスの墓は「大勢の巡礼者の祈りで裕福になった」と書く。滞在を望む富裕な巡礼者は、長期的な収入源となった。たとえば六六八年にウェセックスのカドワラ、一世代のちの別のブリトン人、マーシアの王コエンリド、七二六年のウェセックスのイナ、そして東アングリアのオッファのように、彼らは『サン・ピエトロ』の近くに居を構えた。「イングランドの貴族や平民の多くは男も女も、公爵も細民も、まちがいなく天国に受け入れられるようにと祈り、断食し、施し物をして」日々をすごした。八世紀の中頃になると、さまざまな北方人が『サン・ピエトロ』の近くに永続的に住みついた。「貧者を援けるために、そして『サン・ピエトロ』の灯を絶やさぬために」、多くの施し物が故郷からもたらされた。それは、マーシアの王からだけでも年に三六五マルクに達した。ついには従者を連れた金持ち、寄食する貧者、世捨て人などがまとまって住む、民族ごとの〈スコラ〉（異邦人区）が生まれた。このような北方人の〈スコラ〉の早いもののひとつ、今日の『サント・スピリト・イン・サッシア』の病院と教会の近くにあったサクソン人のそれは、すでに七二六年には存在したと思われる。この〈スコラ〉は「ブルグス・サクソヌム」と呼ばれたが、「ブルグス」が「ボルゴ」となって川向うの『サン・ピエトロ』に至る市街の呼称としてのこった。七七〇年頃『サン・ピエトロ』のバシリカの北に彼ら独自の教会『サン・ジュスティン』をもつランゴバルト人のスコラ、同じ世紀の終わりにアトリウムの南にフランク族のスコラ、そして最後に丘の頂、ベルニーニのポルティコの東南『サン・ミケレ・イン・ボルゴ』の地にフリジア人の居留区が生まれた。七九九年には、これら〈スコラ〉は民事的にも軍事的にも自治権をもつ統一体として組織された。しかしやがて時の流れとともにそれらも都市ローマに吸収されていった。

ローマに定住した異邦人たちは次第にローマ化したが、故郷に帰った者たちは、西ヨーロッパの各地にローマの空気を運んだ。司教と僧たちは、聖遺物とともにローマの儀式の慣習を土産とした。六八〇年ベネディクト・ビスコプは、イングランドに典礼の書ならびに彼の修道院教会の内陣仕切りに安置する〈イコン〉（聖像）と、その壁を飾る絵画（おそらくこれもイコンであろう）を持ち帰り、さらには教皇の許しを得て『サン・ピエトロ』の聖歌隊長がイングランドにローマの聖歌を伝えるため同行した。六世紀の後半フランクの司教たちは、古いガリアの儀式に代わるローマの典礼を学び自分たちの教区に導入するため、みずからローマにおもむくか、あるいは人をローマに派遣した。五九〇年トゥールのグレゴリウスは司祭のひとりに詳細な報告書を送らせている。ボニファティウスに導かれローマと常に接触していたイングランドの伝道師たちは、新たに改宗したオランダのユトレヒトから南ドイツのヴュルツブルクやアイヒシュテトまでの国々に、ローマの典礼を運んだ。七五四年ピピンは、ローマから訪ねてきた教皇ステファヌス二世の了解の下にローマの典礼をフランク王国における唯一許されるものと布告した。しかしそれは、帰国した巡礼者や伝道師たちが長い間に準備してきたことを、単に仕上げたに過ぎなかった。大教皇グレゴリウス以来「聖ペトルスの座」は、宗教界のみならず世俗界においても、キリスト教西方の実際的支配者、最高の裁決者へと成長し、それはやがて全ヨーロッパの宗教思想、教義、実践の権威者、支配者となった。西方にローマを運んだのは、使徒の墓を訪ねた巡礼者や使徒の座から派遣された伝道者たちであった。しかし同時に彼らは、ローマの政治力の強化、ローマ、教皇、聖ペトルスの事実上の一体性への道を拓いたのであった。

巡礼者がローマに与えた経済的影響もまた、容易に理解できる。彼らの流入は、貧窮していた都市に資金と雇用を持ち込み、ローマを支えてきた三つの産業のひとつ、すなわち旅行業を発展させた。ふたつ目の産業、すなわち建築業もまた巡礼者の流入によって促進された。この旅行業と建築業の繁栄は、同時代からのこる記録と教会遺構に明らかに見ることができる。三つ目の産業は、古代以来の膨らみつづけてきた官僚制度、これは今日なお繁栄している。

旅行産業、すなわちローマへの巡礼は、六世紀後半から七世紀にかけて頂点に達した。今日にのこるもっとも古い三点のキリスト教ローマの案内書が、七世紀――そのうちの二点は六四〇年以前――のものであることは、偶然ではない。これらは、巡礼者のために書かれたもので殉教者の墓の奇跡への信仰に訴え、同じ構成をもつ。叙述は、城壁外の街道に沿ってすすみ、ときおり伝説上の誇張を交えて、カタコンベ、その中の重要な墓所、墓地教会、小さな祠などを経て、バシリカに至る。たとえば「ヴィア・アッピアを行くと聖セバスティアヌスの墓所に至る。彼の亡骸ははるか深いところに眠っており、そこにはまた、使徒ペトルスとパウルスが四〇年間眠っていた祠もある。教会の西側からは、聖クヴィリヌスの眠る墓へと降りて行くことができる。……そして同じ道をさらに北へ行くと、聖なる殉教者ティブルティウス、ヴァレリアヌス、マキシムスの墓に至る」また他のところでは、「ティブルティーナ街道沿いには、聖ラウレンティウスの大きな教会がある。かつて彼の亡骸はここに眠っていたが、今それは新しく建てられた素晴らしく美しいバシリカに移されている。この教会の祭壇の下にはアブンドゥスも葬られており、外の柱廊では、彼が井戸に投げ込まれたとき首に括られていた石を見ることができる。そしてそこには、ヘレナエウス、ユリアヌス、プリミティヴス……」と、さらに多くの殉教者の叙述がつづく。今日でもそれぞれのカタコンベで私たちは、ガイドが叫ぶ同じような台詞を、哀れっぽい乞食の泣き声、その鉢に投げ込まれる小銭の音の混じる騒音の中に聞くことができる。また私たちは、墓や接待を受けた修道院への捧げ物、宿の主人や商人の手に渡った金銭を想像することができる。当然のことながら街の中でも、似たような伝説がもっともらしく語られていた。『サン・ロレンツォ・イン・パニスペルナ』では、「聖ラウレンティウスが焼かれた」焼き網の現物さえ見ることができた。

教会建築への影響注6

巡礼者の洪水は、殉教者の墓所での新しい建築活動を促した。聖地に聳えていたコンスタンティヌス時代の巨大な墓地バシリカは、棄てられるかあるいは二義的なものへと格下げされた。新しいタイプの巡礼者は、殉教者をより身近に感じることを望んだのだ。地下深いカタコンベの中の墓にたどり着くには、急な階段を下り、暗くて狭い迷路を抜けなければならなかった。不便でありまた危険でもあり、その状況はローマが得た最大の巡礼聖地という地位を危うくもした。この問題を解決したのが、『サン・ロレンツォ・フオリ・レ・ムーラ』の四世紀の墓地バシリカの傍らに丘を削ってペラギウス二世（五七九－五九〇年）が築いた「素晴らしく美しいバシリカ」であった（図67）。アプスを欠き、方向を逆にしてその建物は、今日に一三世紀のバシリカの東隅の一段と高い内陣としてのこる。しかし本来の床面は、一三世紀の身廊床面よりも約二メートル下にあった。その本来の床面、すなわちカタコンベの丘を削った窪みに沈むペラギウスの教会の床は、掘り崩した周囲から独立した聖ラウレンティウスの墓と同じ高さとされた。側廊とその上のギャラリー（階上柱廊）は身廊の三方をめぐり、巡礼者は、丘の麓に位置した隣のバシリカと結ぶ側面の通路から、そのギャラリーを経て側廊と身廊に入った（図68）。またギャラリーは、丘の頂と同じ高さにあり、そこからも出入りすることもできた。『サン・ロレンツォ』を囲んでいたその丘は、すでに切り開かれて今はない。しかしドミティルラのカタコンベでは、丘はのこされている。『サンタニェーゼ』では、六三〇年頃教皇ホノリウスが同じ方法で新しい教会を築き、ここにも丘の一部はのこる。すなわちここでは丘を掘り下げ、階段を降りて側面から入る身廊と側廊を殉教者の墓と同じ高さとし、また身廊の三方を巡るギャラリーの床面をアプス後方のヴィア・ノメンターナと同じ高さにし、ただクリアストリー（高窓壁）とギャラリーだけが丘の頂の上にあらわれるようにした（図69）。おそらく六〇〇年頃の建立とみられるドミティルラ・カタコンベの殉教者ネレウス、アキレウス、ドミティルラの墓所を拡張した大きな教会『サンティ・ネレオ・エド・アキレオ・イン・ドミティルラ』は、同じ教会様式を受け継いだ三番目の例であった。

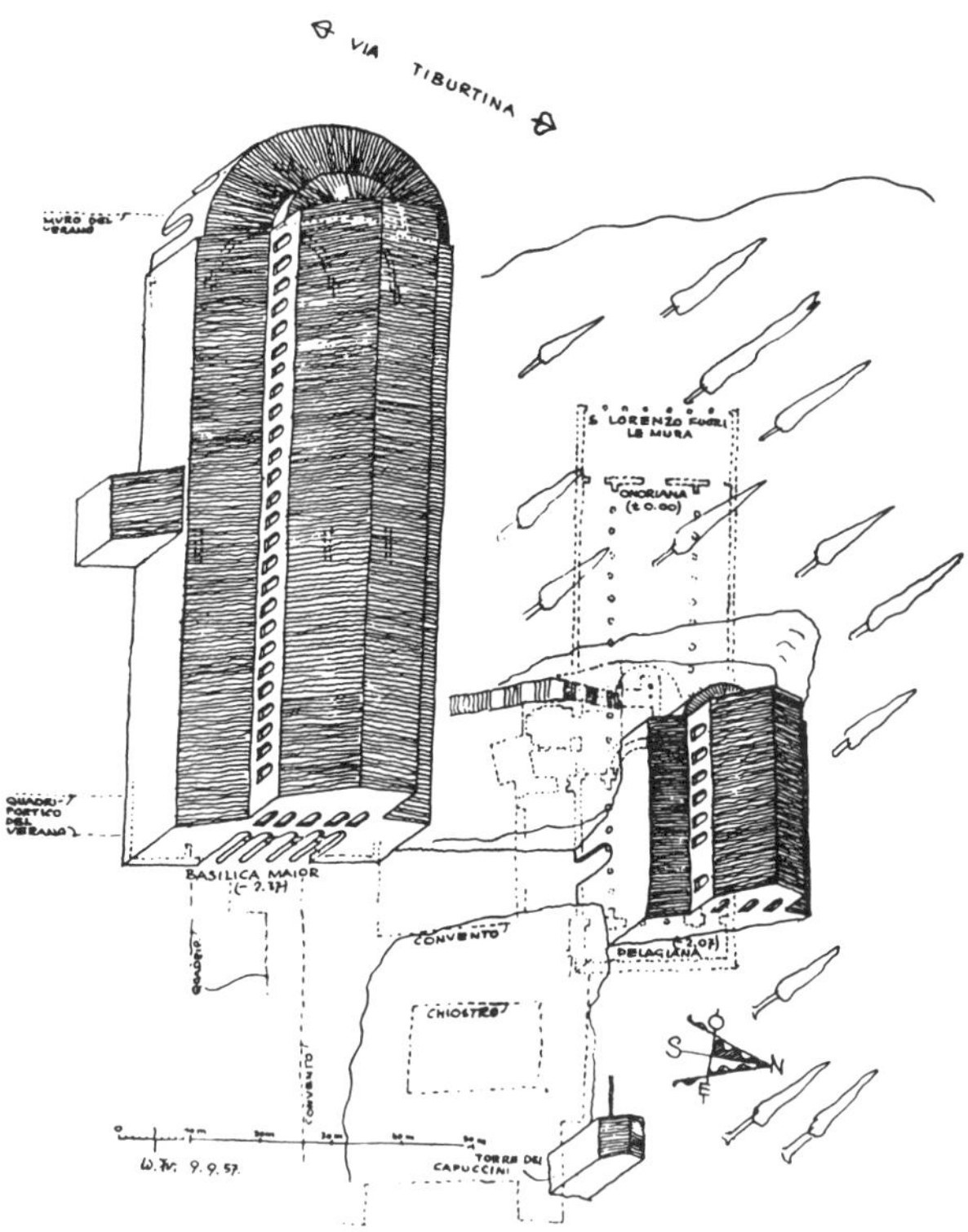

67.『サン・ロレンツォ・フオリ・レ・ムーラ』、——墓地バシリカとペラギウスのバシリカ——、W. Frank による復元

　この新しい型の教会建築は、巡礼者の急増によって提起された問題を解決する独創的な方法であった。聖者の墓は、より近くから親しく目にすることができるようになった。丘の中にはめ込まれた建物の一階広間は、大勢の人を収容し、丘の頂から入れるギャラリーは、溢れた人びとや階段の昇り降りのできない、あるいは望まない人にも参拝の機会を与えた。ギャラリーをもつバシリカ建築は、たしかに新しい発明ではなかった。それは、『サンタ・スザンナ』にのこる古い建物部分が示すように、ローマでも四世紀にすでに世俗の謁見の広間に使われていた。また東方の教会建築では、五世紀以来見かけるものであった。しかし六

68.『サン・ロレンツォ・フオリ・レ・ムーラ』、東側から見たペラギウスのバシリカ内部

世紀以前のローマでこの型が教会建築に用いられることはなく、東方でも地方にはまだ生きのこっていたが、主要都市ではすでに流行遅れとなっていた。たとえ時代に遅れたものであっても東方のひとつの建築様式が、ビザンティンによる占領の最初の一〇〇年の間にローマに入ってきたことは十分あり得る。そして実用主義的傾向の強いローマ人は、その機能的目的にのみ注目し、カタコンベの教会に採用したのであった。

同じ頃、同じような目的、すなわち礼拝の対象への巡礼者の流れを整え、礼拝の対象を聖餐の場である主祭壇に近づけるために、ふたつ目の同じく独創的な工夫が生まれた。礼拝の対象が床面と同じ水準に、あるいはカタコンベに比べれば浅いところ、または『サン・ピエトロ』のように、それがバシリカの内部に在るところでは、主祭壇の下に環状の周歩式聖堂が設けられたのだ（図70）。すなわち床面から階段を数段降りての通路が、アプスの内側に沿って半円形を描き、その頂点から直線の通路が分岐し、それがアプスの弦線上に据えられた主祭壇真下の聖遺物安置所に向かうのであった。巡礼者は半円弧を描く通路の一端から入り、直線の通路の分岐点で立ち止まり、祈りをささげ、さらに進み、反対の端から階段を上り外に出る。この工夫は、多くの困難な問題を解決した。それは、主祭壇の周りを広くあけ、信者の群れを整然とした行列に変え、彼らを聖遺物へ極度に近づけず、すなわちその一片を失敬する誘惑から遠ざけた。主祭壇の前あるいは足元に開けられた小窓は、高貴な巡礼者が聖遺物をより近くから見ること、賽銭を投げ入れること、そこから亜麻布（あるいは司教のパリウム）を垂れ下げて殉教者の墓に触れさせ、それを聖遺物として持ち帰ることを可能にした。あるいはまた、このような地下聖堂を設けることによってアプス内の舗床は翼廊や身廊のそれより数段高くされ、その結果、祭壇を墓の真上に直接置くことも可能とされた。『サン・ピエトロ』では、それは銀の天蓋

69.『サンタニェーゼ・フオリ・レ・ムーラ』、通りから見た1900年頃の様子

で覆われ、グレゴリウスの伝記作家は、教皇は使徒の亡骸の真上でミサを執り行なったとさえ報告している。

この環状式地下聖堂は、ローマに独自の型式であった。それを最初に採用したのは、今日知るところでは『サン・ピエトロ』であり、そのコンスタンティヌス時代のアプスの真下に設けられた（図70）。主祭壇とアプスの床面は高くされ、内陣との仕切りとしてブドウの蔓を絡ませた六基のコリント式円柱が梁を渡して並べられた。この構造は、すでに五九〇年、すなわちグレゴリウスの教皇位就任の以前に存在していたと思われる。おそらくそれは、教皇秘書としての彼の工夫であったと思われ、聖遺骨を動かすことを嫌悪した彼の姿勢にも適合する。またもし信者が聖遺骨にあまりに近づけば、それが持ち去られるおそれもあった。この環状式地下聖堂は、近年の『サン・ピエトロ』での発掘でその遺構が確認された。アウレリアヌス門の外、ジャニコロの上の『サン・パンクラツィオ』には、この環状式地下聖堂の新しいタイプが比較的よくのこされている。六三〇年頃教皇ホノリウスは、ここの古い礼拝堂を『サン・ピエトロ』のより小さい、しかしかなりの規模の「コピー」として、翼廊、アプス、環状式地下聖堂をもつ教会に変えた。今私たちが目にするのは、さらにそれを建て替えたバロックの威容である。七三一年から七四一年

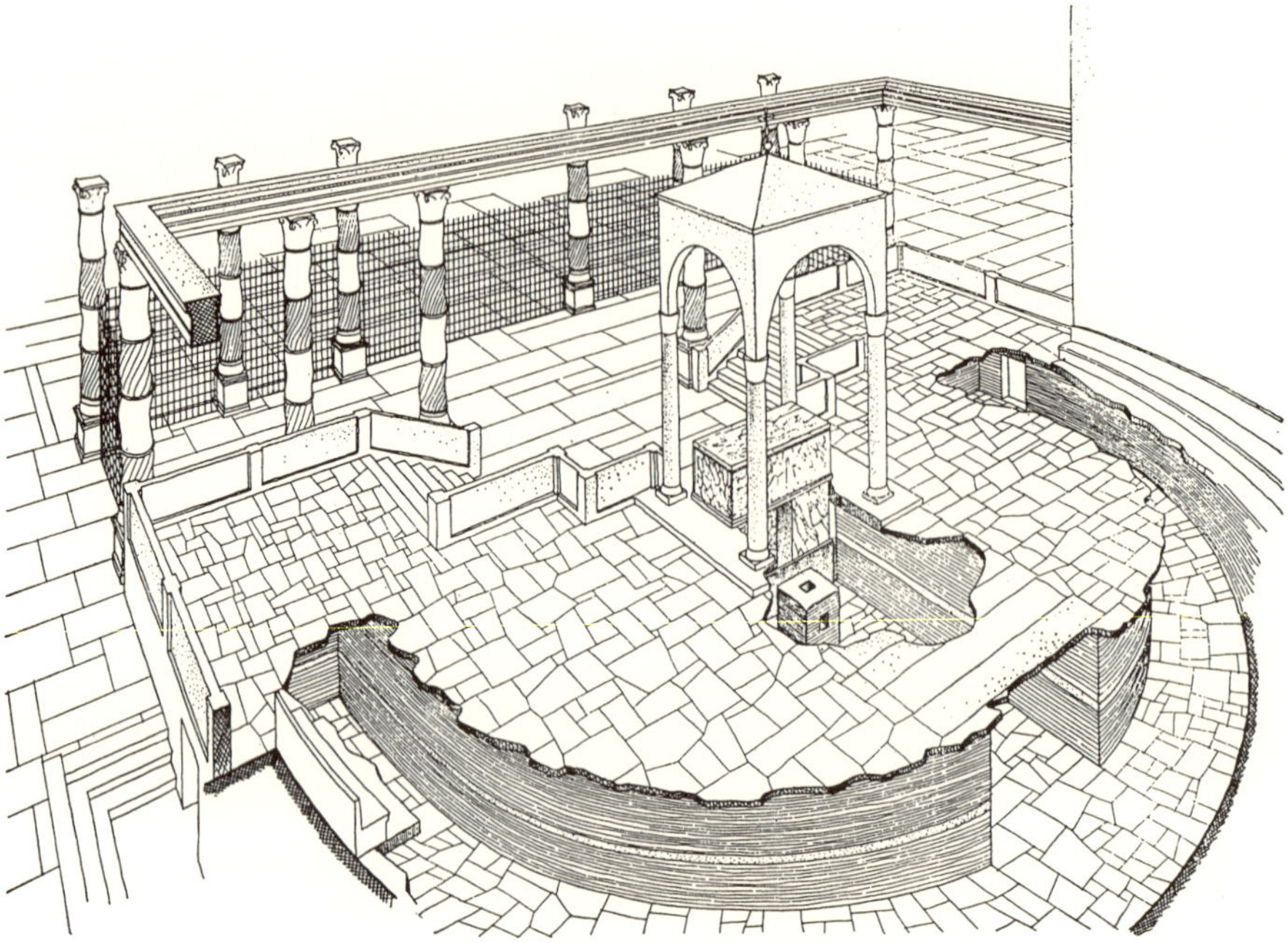

70.『サン・ピエトロ』、環状式地下聖堂の復元図

にかけて、『サン・クリソゴーノ』の四世紀の教会が改築されたとき、この環状式地下聖堂はローマに再び登場し、そして九世紀にはローマに建てられる教会に共通の要素となった。またこの環状式地下聖堂は、西ヨーロッパにおける八世紀の中頃以降の中世初期教会建築の一大特徴ともなった。最初はイタリアの各地、たとえばラヴェンナに、そしてまもなくアルプスを越えて広がっていった。それは、カロリング王朝とそれと手を結んだ教皇庁の下でのローマとフランク王国の教会建築における密接な結びつきの証しでもあった。

グレゴリウスの登位前、ローマでは教会建築がかなり活発に行なわれていた。すでに彼の前任者ペラギウス二世は、聖ラウレンティウスの墓の上に新しいバシリカを建てていた（図67）。同時代の人びとに賛嘆されたその建物は、一階には縦溝のある柱身にコリント式の柱頭とエンタブラチュアを載せる二四基の円柱、その上のギャラリーには、小さいが高価な円柱が並び――それらはみなさまざまな時代の建物からの「略奪品」であった――、アプスの丸天井とアーチは、華麗なモザイクで飾られていた（図68）。アプスの銘文は経済の困難とランゴバルト人の侵略を示唆しているが、資金は工面され、この新しい豪華な建物は完成された。天の怒りを鎮め災害から民を護ること、それはローマを支配する教皇のもっとも大切な仕事であったのだ。あるいは建築工事は、のちの世紀でしばしばそうであったように、雇用を増やすためであったかもしれない。確かなことは、それがますます増大する巡礼者をさらに引きつけたこと、その巡礼者たちによって雇用の機会がさらに増えたこと、多くの寄進が手に入ったことであった。グレゴリウスの没後四分の一世紀が経って、またもや教皇ホノリウスは大規模な建築活動をはじめた。じじつホノリウスは歴史上の大建築教皇のひとりに数えられ、今日にも彼の仕事はローマのいたるところで見ることができる。あるいは【元老院の家】を『サンタドリアーノ』に、【元老院裁判所】を『サンタ・マルティーナ』に、邸宅の宴会広間を『サンタ・ルチア・イン・セルチス』や『サンティ・クヴァトロ・コロナーティ』に変えることは、それほど費用がかからなかったかもしれない。しかし『サン・パンクラツィオ』や『サンタニェーゼ』などの新しい教会は大規模な建物であり、大理石の円柱――おそらく他所から持ってきたものであったろう――、大理石の上張り、モザイクで贅沢に飾られ、銀の器や豪華に輝く家具を備えていた。『サン・ピエトロ』もまた、徹底して改装された。天井の一六本の大梁は取り替えられ、屋根は【ウエヌスとローマの神殿】から「略奪」したブロンズで葺かれ、主な扉は銀で覆われ、身廊の天井には金箔の格間が張られ、おそらくモザイクも修理されたか新たにつくられたにちがいない。これらすべては大金を要したであろう。しかし行政経費、それに福祉事業の経費――グレゴリウスの時代より減ってはいただろうが――だけでなく、さらにこの大金を要する建築活動、これらの財源はまだ教皇庁には確保されていたと思われる。ホノリウスの時代には、教会が所有する土地からの収入はまだ十分にあった。中部イタリアの領地は、グレゴリウスが締結し年毎に更新されてきた休戦条約によって持ちこたえており、南イタリアやシチリアの領土は無事で、しかも時折ビザンティンの税金を免除されてもいた。教会領地の賃貸というホノリウスの政策は、のちに結局は譲渡となってしまうのだが、短期間であったにしろ定まった収入を保証していた。しかしこのことは、私たちの主題とは関係ない。大切なのは、豪奢な教会建築に大金をかけたホノリウスの気前のよさと熱心さである。

　グレゴリウスの政治は、これら彼の前と後の教皇たちとはまったく違っていた。彼が教皇の位にあった間、ひとつの教会も建てられなかった。ただ『サン・ピエトロ』にいくつかの銀の家具が取り付けられ、――彼の教皇選出の前であれ後であれ――環状式地下聖堂が設けられたこと、そしてかつての穀物倉がいくつかの〈ディアコニア〉に変えられたにすぎず、それらは大金を必要とするものではなかった。明らかにグレゴリウスは、今彼が教皇として成さねばならない仕事に集中した。それは、教会、その財産、その首都を侵略から守ること、世俗政府の仕事を教会が引き受け、効率の悪いビザンティンの行政を放逐すること、教会領地の経営を建て直すこと、都市ローマのインフラストラクチャーを維持すること、民衆を扶養すること、彼らのレベルと彼らの言葉で大衆と交流することであった。北方の国々の改宗によってローマは、いまや全西ヨーロッパからの巡礼の目的地、西方キリスト教の聖都になった。これらすべては、けっして高尚な理想ではなく、日常の行政のレベルで実行された。アウグスティヌスが偉大な神学者、アンブロシウスが偉大な政治家、ヒエロニムスが偉大な説教者、聖書の翻訳家であったならば、グレゴリウスは、都市ローマとその西方世界での位置をたしかにした偉大なる実務家であった。

第四章　東と西のはざまのローマ

東方の圧力[注1]

七世紀、ローマと地中海全域における政治、経済、文化の状況は、遠くと近くで起きた事件の衝撃で大きく変わった。イスラム教徒は、六三五年にシリアのパレスティナを占領、六四〇年にエルサレム、六四一年にはエジプト、つづいてメソポタミア、イランを手中にした。この世紀の終わりには北アフリカがアラビア人の手に落ち、七一一年に彼らはスペインに渡り、北部の山地を除く全土に侵攻した。地中海は、イスラム教徒の内海となった。南でイスラム教徒、バルカン半島でスラヴ人とブルガリア人、イタリアでランゴバルト人と戦うビザンティン帝国は、わずかに南イタリア、シチリアに危うい足場を保ち、その勢力は、公称とはほど遠い権威でローマに駐留するも、小アジア、ギリシア、バルカン半島の南部に限られていた。もちろんビザンティン帝国は、ローマ教会とその首都での権威を強めようと努力をくりかえした。そしてその努力は八世紀の初頭、ローマをひとつの行政区、すなわち民事および軍事を司るビザンティンの〈ドゥクス〉（公）が支配する公国と変えたとき、頂点に達した。結局この試みは失敗したが、皇帝とラヴェンナの彼の総督（エクサルク）は、いまだローマの主人は自分だと考えていた。法的および宗教的に現実におよぼす彼らの権威は、遠く離れたこの地の日常には無力であったにもかかわらず、けっして疑われることはなかった。七三一年まで教皇の選出には公式に皇帝の認可が必要とされ、皇帝の命令があれば教皇は、特命大使をおくるか彼自身がコンスタンティノープルの宮廷に出向かなければならなかった。またローマは、絶えず東方の神学論争に巻き込まれた。そして六六七年、ローマを訪ねた皇帝コンスタンス二世が教皇、僧、貴人たちに礼をつくして迎えられたとき、ビザンティンの存在は現実の形であらわれた。一二日間の滞在のあとコンスタンス――性格的におかしかったと思われる――は、すでに六〇年前から教会の所有となっていた【パンテオン】からブロンズの屋根板を持ち帰った。南イタリアの教会領土には重税が課せられ、総督は教皇の選出に干渉した。「キリストをとおして作用する力はひとつかふたつか」という教義の問題に強情をはった教皇マルティヌス一世は六五三年逮捕され、裁判のためコンスタンティノープルに送られた。これらのことは、一方の東方教会と皇帝、他方のローマとイタリア、すなわち教会と世俗指導者の次第に強まる対立の導火線ともなった。ローマと東方は、時おり共通の利害から協力することもあったが、両者の関係は感情的には対立しつづけた。

地中海周辺の出来事は、ローマにさまざまな影響をおよぼした。経済的にローマは、まさに惨憺たる状況にあった。北アフリカとその穀物は失われ、地中海およびイタリア沿岸の海路は脅かされた。南イタリアの教会領土には重税が課せられ、さらにはビザンティン帝国に奪われる危険に迫られた。中部イタリアでは、ホノリウス一世がはじめた教会領地の個人への賃借という近視眼的政策が、教会と地主の対立を生んでいた。このようにして七世紀の後半、教会の財源は窮乏し、常に問題であったローマ市民への食糧の配給はいっそう困難となった。衛生環境も悪化したのであろう、六八〇年にはペストが発生した。ペストからの守護者としての聖セバスティアヌスを描く『サン・ピエトロ・イン・ヴィンコーリ』のモザイク画はおそらくこの厄病の蔓延と関係があり、この頃に制作されたのであろう。しかし時代の不幸は、ローマに新しい事態を生んだ。六一三年のパレスティナに対するペルシア軍の猛攻とそれにつづくイスラム教徒によるオリエントおよび北アフリカの占領は、難民を西方に追いやった。ローマに定住した彼らのうちから、やがて影響力をもつ者があらわれた。六四二年教皇に選ばれたテオドルス一世は、エルサレムの司教の息子であった。一世代後の六七八年から七五二年にかけては、東方の血を引く一連の教皇たちが「聖ペトルスの座」を占有した。一三人のうち一一人が、シリアあるいはギリシア人の血を引き、そのうちのある者はシチリアで生まれ、そこで育った。彼らが選ばれたのは、彼らが東方の言語や事情に精通し、押し寄せる神学論争に与する能力を有していたからであろう。しかしまさにみずからが、あるいはみずからの家族が宗教的な迫害からの避難者であったがゆえに、彼らは、ビザンティンの神学的要求には頑なに抵抗した。修道士たちも、ローマに避難した。ユダヤの丘の聖サバスの修道院〈ラヴラ〉から逃げてきた修道士たちは、小アヴェンティーノのかつては大教皇グレゴリウスの母方の持ち物であった邸宅に住みついた。宴会広間は礼拝堂に変えられ（その壁の一部は中世の教会『サン・サバ』のファサードにのこる）、その床下に修道士たちは、竈に似た墓を二層に並べた正規のパレスティナ式墓所を設けた。トレ・フォンターネには六四一年、ペルシアの殉教者アナスタシウスの頭蓋を持って小アジアの東南部からやってきた修道士の集団が落ち着いた。彼らの修道院は、早い時代に中世の建物に取って代わられ、二〇世紀の前半まで市街の外に孤立していたその建物も、今はアパートやオフィスビルに飲み込まれている。そのほかの当時東方からローマに来た信徒集団は、ただ名前だけで知られている。シリアあるいはメソポタミアからのネストリウス派の集団は、まもなく異端として解散させられた。今はもはや何処とは知れない地にギリシア人が創設したふたつの修道院もまた、やがて消えた。アルメニア人の信徒集団も存在したという。六七〇年頃、西ヨーロッパの未開の国々にローマの教義と典礼をひろめたある集団もまた、イスラム教徒の国々を追われて当時すでにローマ化していた難民たちであった。六六四年、いまだ揺らぐイングランドの教会を立て直すために派遣されたのは、「民族的には」アフリカ人でナポリ近くの修道院にいたハドリアヌスと、キリキアのタルスス出身でローマの修道士テオドルスであった。

難民は、東方の聖遺物、祝祭、慣習をローマへ持ち込んだ。聖アナスタシウスの頭蓋骨の他に聖ゲオルギウスの頭蓋骨（おそらく六八二年、しかし七四〇年代にラテラーノで再発見）やキリストの秣桶（『サンタ・マリア・マジョレ』に安置されたがこれが最初に言及されたのはパレスティナ出身の教皇テオドルス一世の時代）などが将来され、七世紀の終わりにはシリア人の教皇セルギウス一世によって聖母マリアを称える三つの祝祭 —— 誕生、お告げ、被昇天 —— が導入された。またこの教皇のとき、〈アグヌス・デイ〉（神羔誦《しんこうしょう》）が応答頌歌としてミサに採り入れられた。殉教者の骨を持ち出すという慣習もこの頃ローマに入り、深く根づいた。〈エクス・オシブス〉（骨を聖遺物とすること）は東方の習慣であり、本来ローマ人の好むことではなかった。大教皇グレゴリウスは、聖ラウレンティウスの聖骨を求めるビザンティンの女帝に対して、墓を暴くことについてのおぞましい物語でもって警告した。グレゴリウスの後継者教皇ボニファティウス四世が殉教者の大量の骨をカタコンベから【パンテオン】に移したことは、後世の伝説と思われる。ローマでの聖遺骨の移動は、六四〇年代のふたりの東方出身の教皇の時代にはじめて記録されている。すなわちヨハネス四世はサローナ地方の殉教者の遺骨をラテラーノの聖ヴェナンツィオの礼拝堂に、教皇テオドルス一世は殉教者プリムスとフェリキアヌスの遺骨をヴィア・ノメンターナの彼らのカタコンベから『サント・ステファーノ・ロトンド』に移したという。もうひとりの「東方人」

シチリア出身の教皇レオ二世は、一群の殉教者の遺骨をポルトゥエンセ沿いのジェネローサのカタコンベから市内に運び、『サンタ・ビビアーナ』に隣接した礼拝堂に安置した。図像の主題も、東方から入ってきた。教皇テオドルスが『サント・ステファーノ・ロトンド』のアプスに描かせたモザイク画では、宝石をちりばめた十字架が円盤の中のキリストの胸像を戴き、左右にふたりの殉教者を従えて描かれていた。それは、彼の父祖の地エルサレムの聖墓教会の中庭に立つ十字架、また巡礼者のみやげ物として売られた無数の小さな油壷（アンプラ）にキリストの頭部とともに描かれた十字架を思い出させる。すなわちそれは、聖サバスの〈ラヴラ〉を追われた修道士たちの墓と同様、個人の記念であり、東方の聖者、聖遺物、祝祭のローマへの流入が与えた西方への永続的な影響とは異なるものであった。

東方の影響は典礼や教義の上にもおよび、ローマの教会の構造や装飾さえも変えることになった。七〇五年と七〇七年の間に、独立する構造物としての説教壇が『サンタ・マリア・アンティクヴァ』の内陣に設けられた。おそらくこのような説教壇は、ビザンティウム、シリア、パレスティナでは早くから行なわれていた礼拝時の説教が西方でも一般化した、七世紀にローマに入ってきたのであろう。これまでの内陣に至る長い通路「ソレア」は、聖歌隊のための短く広い空間〈スコラ・カントルム〉に変えられた。また多くの教会に設けられた内陣の前のアーケードも、その最初の例は東方に見られる。この独立した円柱列は、ローマでは五九〇年頃『サン・ピエトロ』に登場した。ブドウの蔓を巻きつけたその六基の円柱は、環状式地下聖堂およびそれに伴ったアプスの床上げ工事（図70）の際に取り払われたコンスタンティヌス時代の天蓋を支えていたものであった。さらにこの円柱列には、七四〇年代に「ギリシアから将来された」、すなわち東方由来の同じくブドウを絡めた円柱の列が加えられた。イコン（聖像）もまた、七世紀のはじめ頃からローマの一般的な特徴となった。そのいくつかの興味深い例が二〇世紀の後半に発見されており、【パンテオン】の聖母子像は、十中八九この建物が教会に変えられた六〇九年ころの作、聖セバスティアヌスを描いた『サン・ピエトロ・イン・ヴィンコーリ』のモザイクの聖像は六八〇年頃、『サンタ・フランチェスカ・ロマーナ』のおそらく『サンタ・マリア・アンティクヴァ』から移されたのであろう巨大な聖母図は七〇〇年あるいはそれ以前、『サンタ・マリア・イン・トラステヴェーレ』の左右に天使を従えた聖母の図も八世紀の初期と思われる。しかしこれらの制作年代は、研究者によって大きく揺れている。すべては、様式ではローマ風であるが、イコノグラフィーでは東方の伝統に結びついている。大小にかかわらずイコンを掲げるローマでの慣習は、八世紀の前半、東方で図像の崇拝を禁止する政策が採られたとき、急速にその勢いを得た。西方の指導者を自任するローマは、東方の聖像否定の動きに抵抗し、おそらく抗議の意味も含めてイコンの崇拝、制作、流布の中心となったのであろう。七世紀から八世紀にかけての教皇の寄進リストには、板絵や銀板の打ち出しを高価な金属に嵌め込んだイコンが数多く挙げられている。そのようなイコンは、――リストからわかることだが――多くの場合、内陣の前の梁をわたした柱列の頂、金属の浮き彫りの場合には、コンスタンティノープルのユスティニアヌスのハギア・ソフィアでそうであったように、アーキトレーヴに懸けられた。今日ローマの教会で「ビザンティンの聖母」としてバロックの主祭壇に納められ崇拝されているイコンの中には、【パンテオン】や『サンタ・フランチェスカ・ロマーナ』の例のごとく、後代の上塗りの下に中世初期のオリジナルをのこしているものがあるかも知れない。精査をまたねばならないが、その可能性は十分ある。

七世紀の後半ローマは、政治と神学のビザンティンの要求にみずからの利益を調和させようとつとめ、両者の間には、ときには文化面での密接な結びつきも生まれた。イスラム教徒の占領地からの、当然のことながらギリシア語で教育を受けた難民の流入は、その結びつきをさらに強めた。六六四年イングランドにおくられたハドリアヌスとテオドルスは、ローマの言語だけでなく、明らかに東方の言葉も使用できたのであろう。七世紀末以後の政治的および神学的葛藤の際にも、文化面での絆はゆるむことはなかった。それどころかテオドルス一世から八世紀の中頃のツァカリアスまで、わずか数人のローマ人を例外として、ギリシアやシリアの血を引く教皇たちが連綿とつづいたのである。半世紀以前にくらべて八世紀の前半には、ローマにはギリシア語を知る神学者が大勢おり、六八〇年から七五〇年にかけてギリシア語からの、あるいはギリシア語への翻訳――後者は宣伝のため――がさかんに行われた。しかもこのギリシア語のもつ意味は、七五〇年以後――イスラム教徒の国々よりむしろビザンティン帝国からの――新しい難民の波がローマを打ち寄せたとき、いっそう強いものとなった。

それでもビザンティンとの政治と宗教――両者は実際には同義であった――での葛藤は、七世紀をとおしてつづいた。それは、七二六年東方の教会と帝国が〈イコノクラスム〉(偶像破壊運動)をはじめ、キリスト、聖母、聖者たちの像の崇拝を禁止したとき頂点に達した。この運動は、七八六年から八一六年の三〇年間の中断を除いて八四六年までつづいたが、それに応じることを拒否したローマの教会は、像の崇拝を堅持し〈イコノクラスム〉の侵食と激しく戦った。その間、すでに七二〇年代から、東方の政府と教会の政策に抵抗した無数の修道士や隠遁者が迫害から逃れていた。彼らの大半は、西方でギリシア語を話す地方、すなわち南イタリアやシチリアに向かった。ふたつの波が、ローマに打ち寄せた。その第一波は、〈イコノクラスム〉による迫害が頂点に達した七五四年頃、第二波は、それが中断の後再発した八一六年の直後であった。これらふたつの波は、当時の教皇の反ビザンティン政策とあいまって、あたたかく迎えられた。避難してきた修道士の数は、実際にはそれほど多くはなかったであろう。しかし七五〇年代に彼らは、チェリオのグレゴリウス大教皇のそれのように、多くの名声のある修道院を占有することとなった。何故ベネディクト派の修道士がそこから追い出されたのか、わからない。七六一年には、教皇ステファヌス二世とパウルス一世が『サン・シルヴェストロ・イン・カピテ』の近くの彼らの邸宅に創設した修道院が、ギリシア人の修道士たちに与えられた。八一六年以後に到着した第二波の修道士難民もまた、ローマの歓迎を受け、教皇たちは彼らにいくつかの大きな修道院を提供した。しかし六四〇年頃のパレスティナあるいはシリア、そしてそれから一〇〇年以上のちの東方からのギリシア語を話す難民たちは、彼らの神学上の見解や典礼の習慣をいちはやくローマの伝統に同化させた。また七世紀から九世紀にかけてのローマ美術の成立の上に、彼らがおよぼした影響は少なくない。

初期中世のローマ美術注2

政治、神学、文化面でのビザンティンとの繋がりは、常に緊密であったわけではない。しかし途絶えることもなかった。この時代、ローマ独自の伝統も生き長らえていたのであろうが、今日その存在を正しく評価することは難しい。だが東方の、特にビザンティンの建築、図像、様式とのローマの出会い、その受容、拒絶、変形の跡をたどることは、これもまた容易ではない。しかしローマ美術史の魅力ある一章ではある。その跡は、ローマのモザイク、壁画、イコン、建築プランに見ることができる。しかしのこされた証拠は少なく、多くのことがわかっていない。モザイク、壁画、イコンの遺品は数十点をかぞえるに過ぎず、年代が確実なのはそのうちの数点である。建築にいたっては、『サンタニェーゼ・フオリ・レ・ムーラ』（六二五－六三八年）から七五五年の『サンタ

71.『サンティ・コスマ・エ・ダミアーノ』、アプス・モザイク

ンジェロ・イン・ペスケリア』までの一〇〇年間からは、ひとつの例ものこされていない。それでも二〇世紀になって絵画の様式とその変遷についての研究は進み、遺品の年代、東方の直接あるいは間接の影響、その影響は一度か繰り返されたのか、あるいは永続的であったのか、などの問題が議論されてきた。ここではただ、それらの議論を要約し、その成果を歴史的意味をもつ、また質的にも傑出したいくつかの作品に焦点を当てて紹介するにとどめる。様式、解釈についての問題にた一〇〇年の差をもって討論される制作年代の決定についての問題に敢えて飛び込む勇気は、筆者にはない。

ローマにおけるビザンティン占領以前のキリスト教美術の特質は、【フォールム】の『サンティ・コスマ・エ・ダミアーノ』のモザイクにもっともよく見ることができる（図71）。アプスでは、赤みがかったピンク、淡い青、白い雲の浮ぶ濃紺の空を背に再臨のキリストが天から降り、地上では左右にペトルスとパウルス、聖コスマスとダミアヌス、さらにテオドルスと寄進者教皇フェリクス四世（全身後補）が控える。そのアプスの上方と左右の壁には、金色の地に、天使と福音記者の象徴が黙示録の子羊の載る玉座を見守り、二四人の長老が冠を差し出す（一六三二年改築の際切り取られ、ふたつの冠とそれをもつ手のみがのこる）。このモザイクの図様は、ローマにのこる最古の例である。しかしおそらくより古い伝統に倣ったもので、その原型をある研究者は、ラテラーノや『サン・パオロ』の五世紀のアプス・モザイクに見る。その両者、少なくともひとつは、同じ構成の図像をあらわしていたと推測するのである。じじつアプスを取り囲む壁面のモザイクは『サン・パオロ』の凱旋門のそれに倣ったものであり、黙示録の子羊がキリストの胸像に代えられていることを除けば、細部はすべてにおいて同じである。『サンティ・コスマ・エ・ダミアーノ』の人物像は、厳めしく堂々としている（図72）。体躯は頑丈で、重々しい衣の下の四肢は関節の存在を明確にし、限られているとはいえ明確に切り取られた空間の中でのびのびと動いている。モザイクの〈テッセラ〉（片）は小さく、緊密に並べられている。顔は光と影で力強く肉付けされ、彩色は、全体的には抑制されているが、ところどころの輝く赤と青で活き活きとされている（図73）。また肌には、大理石の〈テッセラ〉よりもガラスの立方体が多く使われ、それはローマ生え抜きの技法を示すものと主張され、たしかに『サンタ・マリア・マジョレ』のモザイクや他のローマ五世紀の作品と共通する。この技法がじじつローマに限られるか否かは別としても、『サンティ・コスマ・エ・ダミアーノ』のモザイクが『サンタ・マリア・マジョレ』の凱旋アーチ——本来はアプス・アーチ——に見た古代末期キリスト教モザイクの伝統を継いだものであることは間違いない（図44・45）。構図と人物像の雄大さは、ゆったりとした動きとともに両者に共通する。ただ五世紀の二次元的

72.『サンティ・コスマ・エ・ダミアーノ』、アプス・モザイク部分、《聖パウルスと聖コスマス》

73.『サンティ・コスマ・エ・ダミアーノ』、アプス・モザイク部分、《聖コスマスの頭部》

幻想主義は、より量感のある彫塑的な性格に道を譲っている。それは同じ頃、おそらくビザンティンの影響下で、ラヴェンナにあらわれた様式に依存するとまではいえないが関係するのであろう。それから約五〇年ののち、ローマに大きく異なる様式があらわれる。『サン・ロレンツォ・フオリ・レ・ムーラ』の六世紀の教会——現在は中世に改築されたバシリカの内陣としてのこる——のアプス・アーチのモザイク（五七九－五九〇年）では、どこと特定できない、本来存在しない空間に、硬直した人物像が並ぶ。動きは不安定であり、黒く輪郭付けられた体躯はかろうじて丸みを帯びる。色彩は力強く——『サンティ・コスマ・エ・ダミアーノ』よりも力強い——、いまだわずかな量感をもつ衣は、ほとんど線だけの枠構造に変えられている。頭部は、光と影でわずかに肉付けされているも、顔面は具象性を失い、斑《まだら》なハイライトのみが目立つ（図74）。補修の多い『サン・テオドロ』のモザイクも、そのオリジナルの箇所は五九〇－六〇〇年に年代付けられるであろう。それからさらに約四〇年あるいは五〇年後に、『サンタニェーゼ・フオリ・レ・ムーラ』のアプス丸天井のモザイクに、金色の地に張り付いたような硬直した人物像があらわれる。肉付けは消え、体躯は水気を奪われ、単に重い、ほとんど金属の箔と化した衣は、ただわずかの黒い線で仕切られている。色調はさめ、顔面のそれ

74.『サン・ロレンツォ・フオリ・レ・ムーラ』、ペラギウスのバシリカ、凱旋門モザイク部分《聖ロレンツォ頭部》

75.『サンタニェーゼ・フオリ・レ・ムーラ』、アプス・モザイク部分、《聖アグネス頭部》

76.『サンタ・マリア・アンティクヴァ』、フレスコ部分、《マリア・レギナ》

77.【パンテオン】の聖母のイコン部分、《幼児頭部》

は、頬のふたつの黄色味がかった褐色の病的な斑点で暗示されるにすぎない（図75）。これらのどこにも、東方からの影響は見られない。しかしその東方の帝国においても、雄大な記念碑的性格、丸みをもつ彫塑的様式、自然で合理的な空間は、まさにこの頃次第に姿を消しつつあった。

同じ二次元表現でも、素材や技法の異なるモザイクと壁画を簡単に比較することはできない。しかし研究者の間では、『サンタ・マリア・アンティクヴァ』にのこる絵画の中で最も初期のものを『サンティ・コスマ・エ・ダミアーノ』のモザイクに結びつける傾向がある。前者は、ふたりの天使に礼拝される聖母と幼児キリスト、いわゆる《マリア・レギナ》（女王マリア）と呼ばれる一群の聖像のひとつで、後代の上塗りの下に発見された（図76・79）。ここにあるのは、堂々とした豊かな体躯、丸みを帯びた顔、大きな目、広い白眼のなかの大きな瞳である。どの形も明確に輪郭づけられ、頬も額も多角形の一面としてくっきりと引き立ち、その周囲は、『サンティ・コスマ・エ・ダミアーノ』以上に、むしろ『サン・ロレンツォ』に近い、強い黒線で縁どられている。この聖母子像は、五三〇年頃、すなわちかつての皇帝の宮殿の警衛所が教会に変えられる以前に描かれたとされてきた。なぜならこの壁面は、多分五七六年あるいはその直前、以前の建物の小さな龕が教会の巨大なアプスに変えられたとき切り裂かれたからである。したがってそれは、教会ではなく警衛所を飾っていたのであり、その装飾はローマがビザンティンに占領されていたとき、すなわち五三六年から五四五年の間、あるいは、様式的に可能ならば、五五〇年直後になされたと見るのが妥当と思われる。しかし、発展にはただ一本の道があるのではなく、多くの道が並んで走ることもあるだろう。じじつ【パンテオン】にのこる、おそらくこの建物が聖母の教会とされた六〇九年の作とみなされる聖母子像の断片は、『サンティ・コスマ・エ・ダミアーノ』のモザイクの様式に近い、いやその復活ともいえる（図77）。幼児の頭部はまるく、光と影で量感を与えられ、口は小さく、顎はふっくらと、瞳は幅を変える白眼のなかで際立つ。

もちろん異なる表現形式、すなわちモザイクと壁画が、まったく同じ道をたどって発展したとみなす必要はない。それでも少なくとも両者は、六世紀をとおしてローマ独自の伝統に従っていたといえる。他方同時期の教会の建築家は、――ビザンティンによる占領下であればなおさらのこと――目を東方に向けていたといえよう。すでに『サンティ・クヴィリコ・エ・ジュリッタ』は、五三八年から五四五年の間に三個の丸屋根の内陣と多角形のアプスをもって建てられていた。これは、コンスタンティノープルではよく知られ、そこから東方全域に広がっていた教会建築様式であった。ナルセスによって使徒フィリプスとヤコブスに捧げられた『サンティ・アポストリ』もまた、同じタイプであったと考えられる。この世紀の中頃（あるいはそれ以前の可能性もある）『サン・ジョヴァンニ・ア・ポルタ・ラティナ』では、身廊の一端は外側が三面の外壁をもつアプスで閉じられていたが、これもまたビザンティンの特徴であった。さらに、六世紀の後半から七世紀にかけてカタコンベの教会にローマの建築家が採用したギャラリー（上階廊）をもつバシリカ（図67－69参照）もまた、その頃すでに流行遅れとなってはいたものの、ビザンティンの首都および北部ギリシアでよく知られた教会様式であった。たしかにモザイクとか壁画といった手仕事的な分野は、地元と強く結びつき、柱頭などの建築彫刻もまたもともとローマにあった古代からの借用で間に合わせることもできたかもしれない。しかし建物のプランは、コンスタンティノープルあるいは他の東方の主要都市から――あるいはビザンティンの軍属技術者をとおして――、直接オリエントから輸入されたと考えることもできよう。

ローマの〈ヘレニズム〉注3

『サンタニェーゼ』のモザイクの箔のように薄い人物像（図75）は、七世紀にあっても極端な例であった。しかしそのような線によって構成され立体性のない人物像は、初期中世ローマ美術遺品の中でさらに二度登場する。六四二年から六四九年の間に『サント・ステファーノ・ロトンド』に教皇テオドルスが描かせたモザイク画の《エルサレムの十字架》の左右に立つふたりの聖者は、様式的に『サンタニェーゼ』のモザイクと比べられてきた。しかし筆者には、たしかにここでも黒線による構成が支配的ではあるが、彼らの頭部は、肌のさまざまな色調でもってより堅固に肉づけされているように見える（図78）。ラテラーノの洗礼堂の近くに教皇ヨハネス四世が建てた聖ヴェナンツィオの礼拝堂に、教皇テオドルスは自身の肖像を含む一連のモザイクを寄進した。アプスには、これもまた東方のイコノグラフィーと結びつく左右に天使と聖母、さらに聖者たちとテオドルスをともなうキリストの胸像が描かれ、アプスの周囲の壁には、教皇ヨハネスがその聖遺物をダルマティアから将来した殉教者たちが登場する。ここでも顔は黒色で縁取られているが、それでもそれらは柔らかい肉づけや陰影、さらには優しい肌色の跡を伝えている。聖者や殉教者の姿勢は硬直し、衣も型にはまった線による構成ではあるが、量感の表現がまったく見られないわけではない。

これらの作品にみられる空間に立つ人物の幻想性は、七世紀中頃のひとつの特徴である。それは、明暗と彩色でもって人物像にゆったりとした立体性を与え、おぼろげにかすむ大気のなかの軽やかな筆致で全体を優しくしようとするひとつの様式を生み出している。古典的ともいえるこの様式は、七世紀前半のコンスタンティノープルで、特に皇帝ヘラクリウス（六一〇－六四一年）のためにつくられた作品に見られるものであった。それがコンスタンティノープル独自のものであったかは、今後の研究をまたなければならない。いずれにしてもそれは、六世紀から七世紀にかけての五〇年間のあるとき、ローマの『サンタ・マリア・アンティクヴァ』に登場した。古い建物が教会に変えられたとき切断された《マリア・レギナ》（図76）の上には《お告げ》が上塗りされ、それからは天使の大部分とマリアの顔がのこされている（図79・80）。この壁面はさらに幾層にも上塗りされ、いわゆる〈パリンプセスト〉（重ね書きされた羊皮紙）としての壁を形成している。じじつこの教会は、六世紀の中頃から九世紀の中頃まで改装を繰り返し、

78. 『サント・ステファーノ・ロトンド』、モザイク

その壁は三〇〇年にわたるローマの絵画史の証人となっている（図79）。《お告げ》の天使は細身の身体をまっすぐに立て、その顔はふっくらと丸く、目鼻立ちは、マリアのそれと同様、「古典的」な美しさをもつ――それゆえこの像は《美しい天使》あるいは《ポンペイ風の天使》と呼ばれる（図80）。口は小さくて優しく、筆勢は緩やかで、柔らかな量感を生む陰影は、古代末期よりもむしろ一世紀のポンペイの絵を思わせ、またこの絵画様式は〈ヘレニスティック〉（ギリシア風）とさえ呼ばれている。《お告げ》の制作年代については、研究者たちの間でも六三〇年頃、すなわちビザンティンの首都でこの様式が頂点に達したとき、あるいはそれよりも五〇年前、すなわちコンスタンティノープル――あるいはことによるとローマ自身でも――六〇〇年以前に流行した〈ヘレニズム〉（ギリシア主義）が反映している、と意見が分かれる。筆者は、早い年代説に傾く。教会の改装は、建物の教会転用からそう遠くない日であったと考えるからである。

《美しい天使》は、孤立した現象ではない。『サンタ・マリア・アンティクヴァ』においてもサロメと彼女の息子たち、すなわちマカバイ族の殉教者を描いたフレスコ画には、からだつき、目鼻立ち、柔らかな肉づけ、広々とした大気の中での軽やかな動きなど類似点が多く見られ、また他の壁面にも似た作品を指摘することができる。それらは、ローマに輸入された同時代のビザンティン美術が速やか

79.〖サンタ・マリア・アンティクヴァ〗、〈パリンプセスト〉の壁

80.〖サンタ・マリア・アンティクヴァ〗、《美しい天使》

に吸収され、方言化され、根づいていたことを物語る。六四九年から六五三年の間に《お告げ》を塗りつぶしてその上に描かれた教父たちの像——《お告げ》と《マリア・レギナ》の間にその頭像のひとつが見える——は、この新来の〈ヘレニズム〉様式がさらに平面化、硬直化を進めた様子を伝える（図79）。堅固な鋳型に注ぎ込まれ、黒の輪郭線に縛られた頭部は、型通りのハイライトをあてられ、それでもヘレニズム風の彩色および肉付け、それに幻想性を思わせる。聖ヴェナンツィオの礼拝堂のモザイクに見た紋切り型の彩色やハイライトもまた、ローマに押し寄せた〈ヘレニズム〉の波の痕跡であろう。黒い輪郭線に縛られた固く彫塑的な形態と〈ヘレニズム〉風の幻想性とのこのような結びつきは、七世紀後半の——少ない遺品からの推測ではあるが——東方のモザイクや絵画の特

徴でもあった。ローマでは、八四七年以来『サンタ・マリア・アンティクヴァ』の法的相続人となった『サンタ・マリア・ノーヴァ』、現在の『サンタ・フランチェスカ・ロマーナ』に伝わる大きな聖母のイコンもまた、同じ流れを示している（図81）。このイコンが『サンタ・マリア・アンティクヴァ』に由来することは、まず間違いないであろう。制作年代に関しては六〇〇年頃あるいは七〇〇年頃と推測されてきたが、その間ということもあり得る。

ビザンティン世界との繋がりをさらに強める次のヘレニズムの大波は、教皇ヨハネス七世（七〇五―七〇七年）の時代に、コンスタンティノープルから直接ローマに打ち寄せた。それは、彼の血筋を思えば不思議ではない。彼の父プラトンは、ビザンティン政府で民事および海軍でキャリアをつんだあと、ビザンティン皇帝の持ち物であったパラティーノの宮殿の管理者〈クラトル・パラティイ〉となり、丘の麓の『サンタナスタシア』に葬られた。ヨハネスは、教皇としての二年という短い期間ではあるが、コンスタンティノープルの宮廷との緊密な接触を保った。ビザンティンの大君の流儀にならって彼は、ローマにおける美術の偉大な保護者

81.　『サンタ・フランチェスカ・ロマーナ』(『サンタ・マリア・ノーヴァ』)、《聖母》

となり、それまでの半世紀間の教皇による貧弱な芸術後援を終わらせた。『サン・ピエトロ』のアトリウムの舗装、また『サンタ・スザンナ』の祭壇天蓋を木製から大理石に替えたこと、それだけでも豪華さに飢えていた市民は、教皇の気前のよさに感嘆の声を上げたに違いない。『サン・ピエトロ』で彼は、北の外側の側廊の内側ファサードの壁に接して、短い筒型丸天井をブドウの絡む二基の円柱で支える彼自身のための礼拝堂を設け、その入り口上方の壁を側廊の幅全体に広がるモザイクで飾った。長さ約九メートル高さ約六メートルのそのモザイクは、寄進者と聖母の巨大な像とそれを取り囲むマリアの生涯の七場面からなっていた。今日その断片は、ローマ、フィレンツェ、オルテに見るこ

とができる。また彼のお気に入りの教会『サンタ・マリア・アンティクヴァ』では、内陣はすっかり改装され、身廊には聖書の場面で飾られた聖歌隊席（スコラ・カントルム）が新たに加えられ、また説教壇が設けられた。パラティーノの丘に、おそらく古代の宮殿の一部を使って、ラテラーノを補うあるいはそれに取って代わる新しい司教宮殿を築こうとした壮大な計画は、彼の死であっけなく沙汰止みとなった。三〇年後グレゴリウス三世（七三一－七四一年）およびその後任ツァカリアス（七四一－七五二年）は、気前のよい寄進の伝統を受け継いだ。グレゴリウスは『サン・ピエトロ』に、かつてのコンスタンティヌスのそれに調和させてブドウの蔓の絡む六基の円柱を加えた。銀の調度品、祭壇の容器、煌く家具を『サン・ピエトロ』、『サンタ・マリア・マジョレ』、それに特別に彼の心をひきつけた『サン・クリソゴーノ』に贈った。この『サン・クリソゴーノ』の今みる一二世紀のバシリカの下に埋もれる本来の教会に彼は、『サン・ピエトロ』のそれを思わせる環状式地下聖堂を築き、その壁面を絵画で飾った。『サン・パオロ・フオリ・レ・ムーラ』と『サンタ・マリア・マジョレ』では、巨大な屋根の梁を取り替えたが、それは技術的にも大変な仕事であった。彼の修復工事は【パンテオン】、その他多くの教会、また長い間放置されていたカタコンベの墓地バシリカにまでおよんだ。また押し寄せる巡礼者のために彼は、前任者グレゴリウス二世を引き継いで、簡易宿泊所、〈ディアコニア〉を新設、あるいは古いものを修理した。ラテラーノのバシリカ、『サン・ピエトロ』、『サン・パオロ・フオリ・レ・ムーラ』、『サン・クリソゴーノ』の福祉事業を援けるために、それらに付属する修道院を修復、あるいは新たに創設した。教皇はまた、彼が「あまりにも放って置かれている」とみなしたラテラーノの教皇宮殿を修復し、拡張し、モザイク、大理石、壁画で飾った。彼の年代記者は、大理石、モザイク、絵画で飾られた新しい〈トリクリニウム〉（食堂）、聖者を描く壁画のある聖シルヴェステルの礼拝堂と柱廊、文書館の前の柱廊、ブロンズの扉と格子をもつ塔、扉の上の救世主の像、世界地図と解説の詩文のある階上の食堂などが、当時の人びとに与えた驚きを伝えている。この華やかなイメージは、宮殿とともに消えた。またこの記述は、建築活動そのものについてはコンスタンティノープルの帝国宮殿の同時期のそれと同様、何も語っていない。ヨハネス七世が『サンタ・マリア・アンティクヴァ』の上の丘に計画した宮殿建物は、どのような姿を見せようとしたのだろうか。

ヨハネス七世の時代からのこる絵画やモザイクには、ビザンティンとの新しい結びつきをはっきりと見ることができる。『サンタ・マリア・アンティクヴァ』のアプスを囲む壁の高いところに描かれた《天使セラフの頭部》は、《美しい天使》を思い出させる（図82）。じじつこのセラフの頭部は、のびのびとした幅広い筆致で、ゆったりと描かれている。たしかに、輪郭、眉、鼻、衣の襞はすでにローマと東方の絵画の伝統となっていた黒い線の堅固な枠組みに支えられているが、全体の印象主義的および幻想的要素は、第一波の〈ヘレニズム〉よりいっそう顕著である。『サンタ・マリア・アンティクヴァ』の司祭席を飾る一連の使徒の胸像も、その証人である（図83）。『サンタ・マリア・イン・トラステヴェーレ』にのこるヨハネス七世あるいは彼の後継者によって寄進されたイコンでは、玉座に着く聖母子のローマ風の引き締まった形態と硬い輪郭線は、左右に列する天使たちのビザンティン風の繊細な優しさと対照する。ここでは、対象によって異なる様式が採用されているのだ。また『サン・ピエトロ』の教皇の礼拝堂を飾ったモザイクの断片では、今日ヴァティカンの洞窟（グロッテ・ヴァティカーネ）にある《マリアの誕生》に見るように、彩色や肉付けは、輪郭や衣の襞を描く黒線の堅固な構成で支えられている（図84）。ガラスと大理石のテッセラを混用し、後者を特に肌に使うモザイクの技法自体もまた、東方からの新しい影響を示している。この技法は、ローマではなくビザンティンのものであったとされ

82.［サンタ・マリア・アンティクヴァ］、《天使セラフ頭部》

83.［サンタ・マリア・アンティクヴァ］、《使徒頭部》

84.　グロッテ・ヴァティカーネ、モザイク《マリアの誕生》部分（侍女の頭部）

85.　『サンタ・マリア・アンティクヴァ』、テオドトゥスの礼拝堂、《奉献者の家族の群像》の中の少年像

る。ヨハネス七世は、ビザンティンから職人たちを呼び寄せ、教皇の死後彼らは故郷に帰ったのであろうが、その前に地元の職人に技を教えていたのであろう。

ヨハネス七世時代のこの第二次〈ヘレニズム〉の波は、一〇〇年前の第一波と同じく、たしかにローマにその痕跡をのこした。しかし第一次と同様第二次の波も、まもなくローマの線描の癖に同化されていった。次第に硬直化してゆく線構成の中で、ヘレニズム風の幻想的要素と印象主義的な技法はわずかに生きのこった。〈ヘレニズム〉の第一波のあとがそうであったように、ここでも人物たちは、全身像であれ胸像であれ、大気の存在も感じさせない無機的な空間の中で、水気を抜かれ、ぎこちなくポーズをとる。衣の襞は、けっして治ることのない線描の癖へと硬直し、身振り、四肢の動きは、ただ型通りに暗示される。それらは、長い三角形の頭部に巨大な目、一直線の鼻筋、小さな、ときにはすねた口、堅く締まった顎を特徴とする。これらローマの癖は、もとをただせばその源は六世紀のビザンティンにあった。八世紀のローマの例を挙げれば、七三一－七四一年とされる『サン・クリソゴーノ』の最初の教会の環状式地下聖堂壁画。おそらく同時代あるいは一世代後の今日『サン・サバ』の下に埋まる礼拝堂の壁画（その断片が今日当地の修道院にのこる）、教皇パウルス一世（七五七－七六七年）が『サンタ・マリア・アンティクヴァ』の側廊に描かせた壁画などがある。そしてこの様式の際立った例としては、『サンタ・マリア・アンティクヴァ』内陣左側礼拝堂の壁画が挙げられる。寄進者は教皇庁の高官テオドトゥスで、その肩書きは〈ディスペンサトル〉、おそらく当時教会に付属していた〈ディアコニア〉の創設者あるいは経済的後援者であったのだろう。ちなみに彼は、教皇ハドリアヌス一世の叔父にあたる。壁画の中の教皇グレゴリウス三世の肖像が制作中に彼の後任ツァカリアスのそれに代えられていることから、七四一年の作と知られる。寄進者テオドトゥス一族の肖像は、まさに当時の様式を示している（図85）。身体、頭部、衣は、量感の表現とは何の関わりもないかぼそい線で構成されている。しかしその体躯や頭部の型通りのハイライトには、かすかにビザンティンから吹いてきた〈ヘレニズム〉の風を感じることもできる。この世紀の後半、たとえばパウルス一世（七五七－七六七年）時代の『サンタ・マリア・アンティクヴァ』側廊の壁画、あるいはハドリアヌス一世（七七二－七九五年）時代のアトリウムの壁画では線描様式が元気に、ときには興奮気味に、しかしビザンティンの特質である幻想性とか繊細さとは無縁に、すべてを支配している。この様式は、新しいアクセントを加えながら九世紀の壁画やモザイクに受け継がれていった。

六〇〇年ごろの第一次、七〇〇年ごろの第二次のヘレニズムの波、いやそれだけでなく一般的なビザンティン様式やビザンティン式イコノグラフィーの源は、東方属州の中心都市ではなく、コンスタンティノープル自体、あるいはその直接の影響下にあった地域に発したと思われる。ときには個々の職人あるいは工房そっくりが、直接ビザンティンの首都から呼び寄せられたこともあったであろう。ヨハネス七世の下で働いた職人だけが孤立した現象ではなかった。これらビザンティンの影響は、七世紀にシリアやパレスティナあるいはアフリカ諸州へのイスラム教徒の攻撃から逃れた、あるいは八世紀の後半、そして再び八二〇年以後、ビザンティンの中核部から逃れてきた修道士たちによってローマにもたらされた、と考えられてきた。しかしその証拠はない。修道士たちの貢献は典礼の慣習、神学的教義、そしていくつかのイコノグラフィーに限られていたとも思われる。七五〇年および八一六年の偶像破壊運動から逃れてきた修道士たちは、いくらかの写本や碑文詩を運んだかもしれない。しかし彼らの本当の貢献はもっと遅くになって、しかもコンスタンティノープル自体からではなくビザンティンの属州あるいは西方のビザンティン化された地域からやってきた。東方――ビザンティンに限る必要はない――の要素の復活は、八世紀中頃から九世紀にかけてのある時期、ロー

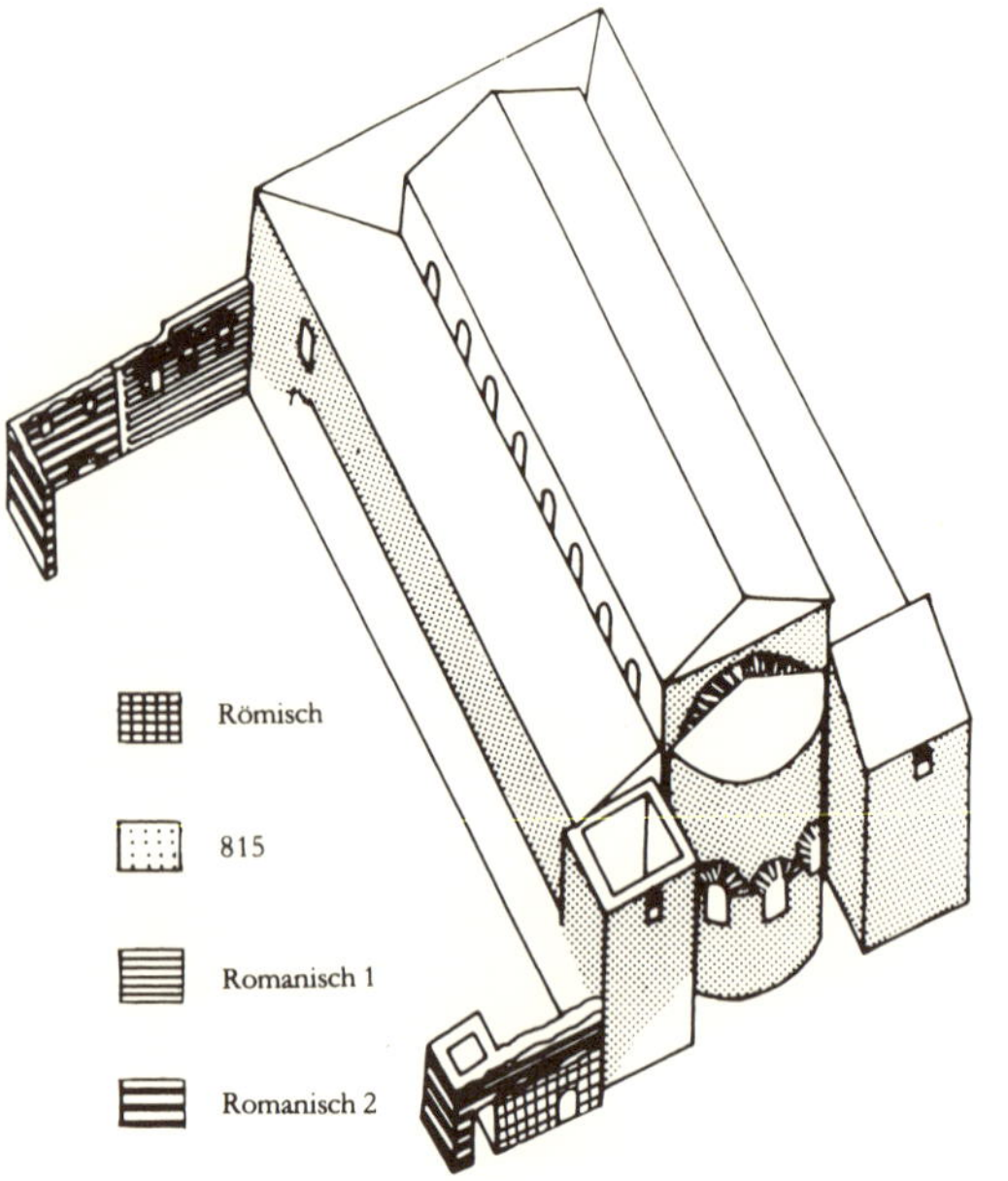

86.『サンティ・ネレオ・エド・アキレオ』、Frank-Krautheimer-Corbett-Lloyd の復元

マの教会建築に顕著にあらわれた。その頃、三つのアプス、すなわち身廊と両側廊にそれぞれアプスをもつ教会建築が登場する。七五五年の『サンタンジェロ・イン・ペスケリア』、ハドリアヌス一世時代の七八〇年頃に改築された『サンタ・マリア・イン・コスメディン』（彼の伝記作家は三つのアプスをもつ建物の特異性を強調している）、そして八二〇年頃の『サンタ・マリア・イン・ドムニカ』。疑いもなくシリア・パレスティナに起源をもつこの教会タイプは、六世紀にすでに西方に根を下ろしており、パレンツォ（ポレシュ）の大聖堂はそのひとつの例である。オータンの『サン・マルタン』はすでに失われているが、古い資料からもうひとつの例であったと推測される。このタイプは、このような西方におけるいくつかの媒体を経てローマに届いたのであろう。別のシリア・パレスティナの特徴、アプスの左右に塔を築く教会タイプもまた、西方の媒体を経てローマに到来したのであろう。ローマで知られているただひとつ例、【カラカラの浴堂】近くの『サンティ・ネレオ・エド・アキレオ』（図86）が築かれたのは、シリアやパレスティナがイスラム教徒の手に落ち、西方との接触が途絶えてかなりのちのことであった。じじつこれら八世紀から九世紀にかけての輸入品は孤立した特異体であり、あとにつづくものはなかった。八〇〇年頃ローマにギャラリー（階上回廊）をもつバシリカが再登場したときも、それはまったく個々の特殊な事情で説明される。七八〇年頃見せかけのギャラリーをもって改築された『サンタ・マリア・イン・コスメディン』は、その建物がギャラリーをもつ古い〈ディアコニア〉（図65参照）を受け継いだのであり、七九八／九年の『サンタ・スザンナ』は明らかに、ギャラリーをもった五世紀の宴会場を改造したものであり、『サンティ・ネレオ・エド・アキレオ』もまた、疑いもなくドミティルラ・カタコンベの殉教者の墓の上に立つ聖堂を城壁内でコピーしたものであった。要するにこのような現象は、局地的で短命なも

のであった。

ローマの汎イタリア主義 注4

ローマという都市のもつ権威は、ビザンティンとの繋がりが密接であったこの一〇〇有余年においてさえも、まさに眼を見張るものであった。たしかに東方の聖者、イコノグラフィーの体系、コンスタンティノープル風ネオ・ヘレニズムなど、ビザンティンの諸要素は押し寄せてきた。職人が工房ごと呼び寄せられることもあった。しかしまさに東方の聖遺物、祝祭、典礼がそうであったように、彼ら職人もまた急速に吸収され、ローマ土着の伝統に同化された。ビザンティンに占領されたにもかかわらず、東方との密接な関係は二〇〇年以上もつづいたにもかかわらず、避難民は次々と入ってきたにもかかわらず、ローマは西方の都市でありつづけた。いやむしろこの都市は、まさにこの七世紀から八世紀の間に、西方の至聖の地、精神の首都、政治の中心地へと成長した。

ローマの権威は、未開の国々への布教師、それ以上に巡礼者によって、西方諸国へと運ばれた。北からの司教や僧たちは、巡礼から帰るとき聖遺物とともにローマの儀式を土産にした。すでにローマの典礼に融け込んでいた、あるいはローマの教会建築や装飾に組み込まれていた東方の要素もまた、西方の各地へと広められていった。六八〇年ベネディクト・ビスコプがイングランドに持ち帰ったのは、ミサを正しく行なうための典礼に関する書物、彼の修道院教会の内陣を荘厳するための当時すでにローマ教会の一部となっていた東方風の諸種のイコン（聖像）、それに『サン・ピエトロ』の聖歌隊長であった。同じようにフランク族の司教は、八世紀の前半あるいはそれ以前に、因習とされていたゴール式の儀式を改めるためにすでに東方要素を吸収していたローマの慣習を自分たちの教区に導入した。同じ頃、ローマと頻繁に接触していたイングランドの伝道師たちは、ローマの典礼を新たにキリスト教化した地域に伝えた。このようにローマは、七世紀から八世紀にかけて、全西方のキリスト教徒の教義および実践の指導者、支配者となった。

　これらは、当時の政治の流れと無縁ではなかった。六世紀から八世紀までの教皇庁の政治は、たしかに東と西のはざまで混乱していた。ランゴバルド人の脅威に対抗し彼らと取引するためには、また教会、ローマ、教皇自身の領土の保全と独立を確保するためには、微妙なバランスの上に立ってのビザンティンの皇帝あるいはイタリアにおける彼の代理人との協調が必要とされた。加えて教義上での確執は七世紀をとおしてつづき、皇帝や彼の代理人の干渉もたびたび繰り返された。それには、教皇権もその西方の政治力としての主張も、何の役に立たなかった。だが八世紀の前半、風向きは変わった。教皇権は、西方ではいまやみずからが頼りにされる存在であることを自覚した。そして七二九年教皇グレゴリウス二世は、ビザンティンの皇帝に対していう。「全西方がその視線をそそぐのは、ただ我々の上、西方のすべての王国が崇める聖ペトルスの上だけ。我々は、西の最果ての国まで、洗礼を熱望する者を求めに行く。そしてそこの王侯たちは、ただ我々だけからそれを受けることを望むのだ」と。七世紀の中頃以来教皇権は、西方を現実に支配する軍事力にも支えられていることを自覚した。その間にローマとその領土にあっては、血縁と利害関係を軸にして教会や修道院、〈ディアコニア〉と結びつく新しい地主階級が形成されていた。すなわち、数を減らしたとはいえいまだ隠然たる力をもつ古いローマ貴族、一世代あるいは二世代のうちに馴化されローマ化したビザンティン人やランゴバルド人の豪族である。そしてこれら新興階級から、ビザンティンの正規軍に取って代わる、兵を小地主やその借地人から徴集し、土地の名士が統率するそれぞれの地の市民軍が生まれていた。これらの市民軍は、やがてビザンティン帝国に立ち向かう力の核となり、ローマの、そしてついには全イタリアの独立運動の原動力となった。ローマとラヴェンナの市民軍は、六四九年あるいは六五〇年のはじめ、教皇マルティヌスを逮捕しようとした帝国軍に刃向かい、それを数ヶ月の間妨げた。それから三〇年余りのち、教皇セルギウス一世の逮捕に向かわされたラヴェンナの市民軍は反乱し、逆に教皇を救い出した。この世紀の変わり目頃、「全イタリア」（実際にはせいぜい中部イタリア）の連合市民軍は謀叛し、総督軍からローマを守るべく結集した。このようなことがあって七世紀の末頃には、ローマの市民軍は、聖職者や〈ポプルス〉（門閥出身の平信徒指導者）と並ぶ、教皇選出の三番目の勢力となった。聖職者、貴族、市民軍は、世俗の力としての教皇権とその座である都市ローマを支える実質的な基盤であった。

　この基盤は、ビザンティン帝国との絶交を用意した。しかし帝国は、そう簡単にはイタリアの支配権、ローマの法的な統治権を手放そうとはしなかった。七一一年、神学的および政治的統一を回復するためのコンスタンティノープルでの皇帝と教皇の会談は、失敗に終わった。ローマとその領土をビザンティンの〈ドゥカトゥス〉(公国)にする試みは、成功しなかった。公然たる決裂は、七二六年皇帝レオ三世によって布告された〈イコノクラスム〉(偶像の破棄)という教義上の問題からやってきた。ローマの抵抗は、過酷な報復を招いた。ビザンティンの官憲による教皇グレゴリウス二世暗殺の企ては繰り返され、南イタリアおよびシチリアの教会領には重税が課せられ、また没収がつづいた。同じ頃、約一世紀の間静かにしていたランゴバルド人は、中部イタリアの教会領およびラヴェンナ周辺のビザンティンの領土を侵した。巧みな交渉で教皇グレゴリウス二世は、ランゴバルド人の王リトプランドに彼の武器を聖ペトルスの墓に置くよう説得した。その一〇年後のランゴバルド人の新たな脅威——そのときまでにローマの城壁は急ぎ修復されていた——もまた、同じように交渉で決着がつけられた。そのとき教皇ツァカリアスは、あたかも世俗の君主の如く、敵から返された辺境の都市を自分のものとした。七四三年ランゴバルド人がまたもやラヴェンナに向けて行動を起こしたとき、総督や住民は、「彼らの羊飼い」である教皇に救いを求めた。ローマの外交と市民軍は、もはや無視できない要素となっていた。

平和は、またもや砕かれた。七五三年と七五四年ランゴバルド人は、一方でビザンティンのラヴェンナを占領し、他方で攻囲したローマに開城を迫った。教皇ステファヌス二世は時を稼ぎ、巧妙な取引で包囲を解かせた。しかしそのときビザンティンは、教皇をいまだビザンティンに有益な最高位の官僚とみなしたのであろう、皇帝の名で彼にランゴバルド人の占領下にあるビザンティンの土地を取りもどすよう命じた。ステファヌスはこの命令を拒否し、いまはランゴバルド人に立ち向かえる西方の唯一の力であるフランク王家に目を向けた。七五三年の冬、彼はアルプスを越えた。数年前教皇の容認の下で王位を簒奪していたピピン短躯王は、彼の息子たちとともにサン・ドゥニにおいて聖油できよめられた。フランク族の王としての正当性を公認された彼は、ローマの安全と〈サンクタエ　デイ　エクレシアエ　レス　プブリカ　ロマノルム〉(神の聖なる教会のローマ人の国家)の領地を保証し、教皇より〈パトリキウス・ロマノルム〉(ローマ人の守護者)の称号を与えられた。それは、ビザンティンの総督が有していたのに似せて、法に基づくことなく勝手に新たにつくられた称号であった。ピピンは、武の圧力の下でランゴバルド人に教会の領地回復を約束させ、約束が破られたとしてただちに軍を進め、ランゴバルド人に教会の領地だけでなく、かつてのビザンティンの領土をも「聖ペトルスと聖なるローマの教会」に寄進するよう迫った。かつての法的なビザンティンの財産とローマの法的地位は、あいまいのままにのこされた。しかし実際には、ビザンティンはナポリ以北のイタリアから逐われ、ヨーロッパにおける政治的力を失った。それに代わって教会と有力な門閥によって代表されるローマが、イタリアにおける最大の力として歴史の表舞台に登場した。最後の動乱として七七三年、ランゴバルド人がまたもやローマと、ラヴェンナに通じる街道を守る諸都市を襲ったとき、新しい教皇ハドリアヌス一世は、ピピンの息子シャルルマーニュに援けをもとめた。シャルルマーニュは軍を進め、ランゴバルド人の首都パヴィアを占領し、七七四年彼らの王国を併合した。フランク人と教皇は共同して、北部および中部イタリアを支配した。「ローマの守護者」としてシャルルマーニュは、ローマと教会の保護を引き受けた。もはや東方にすがることなく、また何よりも地中海に目を向ける必要のなくなった教皇権は、現実的にも名目的にも西方の統治者、精神的支配者であると同時に、中部イタリアの広大な領土の世俗的な領主となった。いまやフランク王国は、教皇権の歴史上決定的な、そして危険な要因となった。このような状況の下でローマは、宗教界と世俗界の首都、聖ペトルスの座、「ペトルスの領土」の領主教皇の首都としての新しい地位を確立した。

教会、ローマ、そして聖ペトルスは同義とされた。五世紀以来ゆっくりと発展してきたこのイメージは、七世紀から八世紀にかけて完成した形を得たのだ。北からの巡礼者が目指し、北のキリスト教徒の王たちが競って贈り物を奉げ、その祭壇にランゴバルド人の王が武器を置いたのは、聖ペトルスの墓であった。ピピンやシャルルマーニュによる領土の保障は、聖ペトルスのためであった。教会の首長が占めるのは、聖ペトルスの座であった。聖ペトルスの名の下で、イングランドの伝道師たちは異教のドイツに信仰を広め、彼の名の下で、アイルランドやガリアの修道院や典礼は改革された。ローマは聖ペトルスの都であり、ローマの市民と教会領地の住民は、まさに彼の選ばれた民、〈ペクリアリス・ポプルス〉であり、教会の領地は彼の、あるいは教会の〈レス・プブリカ〉（国家）であった。

じじつ大教皇グレゴリウスの時代から、ラティウムから南部トスカーナまでの中部イタリアの教会領地は、理念の上では聖ペトルスの領土（パトリモニウム・ペトリ）であり、その要塞はペトルスの砦（カストラ・ペトリ）であった。「聖ペトルスの座」教皇庁によって治められたその領地は、教皇権を合法的ではないにしろ事実上の世俗の力とし、ローマをその事実上の国家の首都とした。都市や領地の自治は進み、教会内の長い慣習の上に立つのであれ、新たにつくり出されたあるいはビザンティンの伝統から受け継いだ政策であれ、それらは自治権をもつ「国家」であった。市民軍は、ローマだけでなく――ローマではすでに七世紀に一二の管区に分かれて組織されていた――教会の領土の各地に組織された。外交やローマおよびパトリモニウム・ペトリの教会財産の管理は、教皇を頭に戴き、聖職者や平信徒によって構成された教皇庁政府が掌握した。政事、軍事、裁判の高級職は、首都および領地の名士によって占められた。教会、民事、軍事の指導者は、互いに絡み合った。同じ門閥家が、高位の聖職、民事、軍事を牛耳ることもあった。教皇の選挙も結局は、これら「行政、軍事、聖職の指導者」であった門閥家に左右された。教皇は「僧、高位の聖職者、市民軍の高級将校」によって選ばれ、「全軍、品位ある市民、ローマ人民のあらゆる会集」によって支持された。「ローマ人民のあらゆる会集」とは、互いに競い合う門閥家あるいはその門閥家の構成員から選ばれた候補者を支持する、声高に、必要とあれば暴力に訴える党派を意味したのであろう。またそれら党派は、ビザンティン、ランゴバルド人、あるいはフランク族の利害を代表し、互いに激しく衝突した。争いが「普通」であった七世紀後半の不安定な時代ののち、しばらく平和な選挙がつづいたが、七五七年以降、またもやそれは、ローマや地方の都市を支配する門閥同士の激しい戦いの場となった。聖職者だけに投票権を認め、平信徒の指導者や市民軍には歓呼と文書による同意を認めるという試みもなされたが、失敗に終わった。激しい内紛もあったが、概していえば八世紀の門閥家はローマに、聖職者と平信徒の官僚たちによる巧みな施政を基盤とした長期にわたる安定した統治をもたらした。そして理論的には、この政権はローマの人民を代表するものであったが、実際には、〈オプティマーテース〉と呼ばれた支配階級とその家族で構成された。

この政権が重視したのは、何よりも教会、ローマ、〈パトリモニウム・ペトリ〉――この三者は同義語でもあった――の独立であった。しかしそこには、他のニュアンスも感じられる。ローマと〈パトリモニウム・ペトリ〉からなるイタリア中部のゆるやかな同盟は、ときにはランゴバルド人と手を組み、またときには対立したが、その一貫した目的は、イタリアに居のこるビザンティンの勢力を一掃することであった。これは、すべての外なる者を排除しようとする「汎イタリア主義」のはじまりでもあった。ローマはその首都であった。教皇権と偉大な門閥家のローマ、そして古い「栄光のローマ」の思い出がまたもやよみがえった都であった。長らく忘れられていた古代ローマの称号が、ビザンティンのそれと混ざって、あるいはそれに取って代わって復活した。〈コンスル〉は、ビザンティンの〈ドゥクス〉や〈コメス〉と並んで使われた。〈セナートゥス〉は、以前にも大門閥家の意味で使われることはあったが、九世紀に一般化した。フランク族の王には、〈パトリキウス・ロマノルム〉の称号が与えられた。それまで単に〈レス・プブリカ〉と呼ばれた国体は、〈サンクタエ　デイ　エクレシアエ　レス　プブリカ　ロマノルム〉となった。しかし両者とも、法的には何の根拠もない勝手な呼称であった。反ビザンティン感情は、古代ローマの栄光への思い出によって強化された。聖ペトルス、教皇権のローマ、キリスト教の都は、「栄光のローマ」の思い出の上に築かれた。都市ローマは、世界に新しいイメージを与えた。そのイメージを織りなす横糸はキリスト教の過去と現在、その縦糸は「栄光のローマ」であった。このローマが世界に与えた新しいイメージから〈オリエント〉（東方）は消え、〈オクシデント〉（西方）とその遺産が舞台に上った。

第五章　カロリング朝ルネサンスとローマ

中世都市ローマの形成注1

中世都市ローマの形は、七六〇年から八六〇年の一〇〇年間につくられた。街のいたるところの建物が、この都市のこの時代の活力とヨーロッパの政治におけるその位置を反映していた。政治の力はまもなく衰えたが、活力への思い出はその後数世紀にわたって、都市ローマの思想的基盤となった。この一〇〇年間のはじまりは、カロリング朝時代の初期、すなわちシャルルマーニュの長い政権（七六八－八一四年）の前半に当たり、ハドリアヌス一世の教皇時代（七七二－七九五年）と一致する。そして絶頂期は九世紀の前半、すなわち教皇レオ三世（七九四－八一六年）およびパスカリス一世（八一七－八二四年）の時代、またシャルルマーニュの晩年および彼の息子ルドヴィクス（ルイ）敬虔王の時代であった。末期の八四〇－八六〇年は、シャルルマーニュの孫たちの政権初期、グレゴリウス四世（八二七－八四四年）、セルギウス二世（八四四－八四七年）、さらにレオ四世（八四七－八五五年）の時代に相当する。つづく八九〇年までの数十年は、キリスト教による世界支配を理想とした偉大な教皇ニコラウス一世とヨハネス八世の人物像と重なる。しかし今日のローマに九世紀末のこの偉大な教皇たちをしのばせるモニュメントはのこされていない。厳しい現実の中で彼らの理想が実現されることはなかったが、それは数世紀後再び生き返り、中世をとおしての歴代教皇とその座ローマの思想を決定づけた。しかしそのときには、もはやカロリング朝時代のたくましい息吹はなく、建築、モザイク、壁画からもかつての活力は消えていた。

そのカロリング朝時代のローマは、教皇ハドリアヌス一世とともにはじまった。彼は、これまでにも教皇、高位聖職者、教皇庁官僚を輩出してきた都市ローマを牛耳る大門閥家のひとつコロンナ家に生まれた。一族の邸宅は『サン・マルコ』の近く、今日のパラッツォ・ヴェネツィアの地にあった。彼の叔父であり後見人であったテオドトゥスは、七五五年『サンタンジェロ・イン・ペスケリア』の〈ディアコニア〉を創設し、『サンタ・マリア・アンティクヴァ』の彼の名をとった礼拝堂に壁画を献じた高位の平信徒官僚であった。ハドリアヌス自身は、若いときから教皇庁での役務を習い、〈ノタリウス・レギオヌム〉（「市政務官」とでも訳すべきか）として仕えた。その家系、教育、経験は、彼をキリスト教ローマと古代ローマの伝統に結びつけ、彼に新たに勝ち取ったローマの独立と世俗権利を守る役割を担わせた。伝記作家は、彼が〈ロマンティカ〉（生粋のローマ人）であることを強調し、彼を「力あるローマ人を両親にもち、信仰と〈パトリア〉（「誕生地」、「故郷」、「母国」の意を含む）と彼にすべてを委ねた人びとの守護者であり、神の教会と国家の敵に立ち向かう戦士」と伝える。たしかに彼は、フランクの王による教会、教会の領地、都市ローマの守護を必要とみなした。しかし同時に、その守護者と距離を保つことも忘れなかった。シャルルマーニュは、父親ピピンと同様、ローマと教皇の守護者〈パトリキウス・ロマノルム〉であったが、城壁外の『サン・ピエトロ』から客として正式に都に入るには、教皇の許しを得なければならなかった。

ハドリアヌスが教皇に選ばれたとき、ローマはひどい状況にあった。八世紀前半の経済の繁栄は、七五二年および七五五年と二度にわたるランゴバルド人のローマ攻囲と近郊田園の略奪によって破壊されていた。その後約二〇年の小さな安らぎのあと、ハドリアヌス登位の年に、ランゴバルド人がまたもや襲ってきた。そして事態はますます悪化した。またもや城壁の外の農地は、教会あるいは私人の所有にかかわらず略奪され、焼かれ、その地の住民や修道士たちは壁の中に追われ、食糧の調達や配給は破綻した。ローマが誇る上水道は放置され、あるいは侵略者によって破壊され、そのほとんどの機能を失った。都市は、外敵だけでなく天災への備えも貧しく、街やテヴェレ右岸プラティの耕地はたびたび水につかった。建物もひどい状態にあった。民家については何も知られていないが、城壁の内と外の教会は、聖ペトルス、パウルス、ラウレンティウスの巨大なバシリカから、墓地の上の礼拝堂に至るまで壊れ、傷ついていた。カタコンベも荒れ、ランゴバルド人は殉教者の真の、あるいはうわさの骨を持ち去り、平原の牧人たちは地下の墓地を牛や羊の避難所に使った。この世紀のはじめにわずか二年在位したヨハネス七世と三〇年代のグレゴリウス三世を例外として、歴代の教皇たちは、迫るローマの政治的存亡の危機に追われ、彼らに教会の建築や装飾にかかわる余裕はなかった。ハドリアヌスもまた、六世紀後半以来先人たちを悩ましてきた同じ問題に直面した。ただ問題の背景は変わっていた。ランゴバルド人は最後には敗れ、ビザンティンは中部イタリアから撤退し、フランクの王に守られたローマにもはや外からの憂えはなかった。教会にのこされていた、あるいは回復された領地は、新しい健全な経済の基盤とされた。ハドリアヌスに重くのしかかった、そして何よりも先ず手をつけねばならぬ仕事、それは、この基盤の上で首都ローマを再建することであった。

この目的のために彼が用いた手段は、たしかに新しいものではなかったが、彼はそれと真剣に取り組んだ。住民と巡礼者を食べさせなければならなかった。しかし遠方からの食糧の輸入は、ほとんど不可能であった。南イタリアの教会の領地はビザンティンに没収されており、中部および北部イタリアからの長い陸路には、いまだ多くの障害があった。そこでハドリアヌスは、ローマ近郊の農業を活性化することに努め、そこに、その収穫の一定量を教会、聖職者、教皇庁、福祉機関に供出することを義務づけた教会直営の大農園を築いた。〈ドムス・クルタエ〉と呼ばれたこの教会農園は、すでに八世紀の四〇年代に登場しており、すでに教皇ツァカリアスはカンパーニャに四つの組織を置いていた。それまでの教会領地は、規模も小さく、ときには互いに歩いて数日かかるほどに離れて散らばっていた。ツァカリアスの〈ドムス・クルタエ〉は、都に近い遺贈された広い土地を買い付けによってさらに拡張し、大農園にしたものであった。それらは、「教皇の農地に関する法律」〈コンスティトゥタ　アポストリカエ　エクスアラティオニス〉によって、「永遠にそして絶対に割譲してはならない」とされた。農園には、付属する礼拝堂が新築あるいは改築され、作業を監督する聖職者の一団が配置された。そしてすでにツァカリアスの時代に、このような農園のひとつが教皇の宮廷の食糧供給のためと特別に定められていた。ツァカリアスは、すでに存在していた、しかしほとんど忘れられていた大教皇グレゴリウスあるいはさらにそれ以前にさかのぼる慣例を、あらためて成文化したに過ぎなかったのかもしれない。そしてハドリアヌスもまた、彼の〈ドムス・クルタエ〉をはじめたとき、ただツァカリアスのそれを再生させたに過ぎなかったのかもしれない。今日良く知られた例としてローマの北、ヴェイイの古代のヴィルラ跡に築かれたカプラコルムの〈ドムス・クルタエ〉がある。いまだ確認されてない他の例も、似たようなものであったと考えられる。いずれにしても、このような教会農園を拡充したのはハドリアヌスであり、彼の二三年の在位の間に、少なくとも七つが創設されている。それらは、先人のそれよりも規模は大きく、田園をつらぬく街道に沿って築かれ、いっそう都と緊密に結びつけられていた。たとえば、もっとも規模の大きなもののひとつカプラコルムの〈ドムス・クルタエ〉は、「屋敷地、耕作地、建物、ブドウ畑、オリーヴの森、水車小屋」をもち、その産品は、ローマの福祉機関におくられた。このように〈ドムス・クルタエ〉から、コムギ、オートムギ、ブドウ酒、野菜など産品は市内の「教会の倉庫」に運ばれ、そこで仕分けられ別々に蓄えられた。毎年一〇〇頭の豚が屠殺され、豚肉は教会用とされる食品と混ざることなく別して貯蔵された。これら蓄えられた食糧からラテラーノでは、毎日一〇〇人の貧しい人に「貧しい人たちが描かれた階段に接した回廊」で配られた。この壁画がどのようなものであったか、それがハドリアヌスの時代に、あるいはそれ以前に描かれたものであったか、いま研究者たちは熱心に調べている。配られたのは、ひとりあたり一ポンドのパン、コップ二杯のワイン、一皿の肉であった。要するにハドリアヌスは、大教皇グレゴリウスによって創始され、二〇〇年以上忘れられていた生産と配給の組織を、再びよみがえらせたのであった。当然これら〈ドムス・クルタエ〉は、大教皇グレゴリウスの場合と同様、大門閥家や力ある修道院など在来の大地主に挟まれた中での、教会の政治的および経済的勢力の基盤として使われた。つづく九世紀の最初の四半世紀ハドリアヌスの後継者たちは、〈ドムス・クルタエ〉の数と規模を買収、遺贈、政敵とされた大地主からの没収、またはファルファの場合のように修道院所有地の不法な占拠など、あらゆる手段を用いて拡大させた。敵対する門閥間の抗争、放火、流血の惨事の中で「ペトルスの領土」〈パトリモニウム・ペトリ〉は、ハドリアヌス、レオ三世、パスカリス一世の時代に経済的および政治的に有力な武器へと成長した。

ハドリアヌス一世とレオ三世のローマでは、〈ディアコニア〉の数も増した。これもまた「グレゴリウス式」救民システムの再生であったが、それは同時に、都市大衆や貧しい巡礼者への教皇の支配力の強化という政策の一環でもあった。ハドリアヌスは、地元と外からの貧者を扶養するため『サン・ピエトロ』近くの三つの〈ディアコニア〉を復活させた。彼らには週に一度の入浴も保証されたというが、これは当時にあっては法外の贅沢であった。さらに『サンタドリアーノ』、『サンティ・セルジオ・エ・バッコ』、『サンティ・コスマ・エ・ダミアーノ』のそれぞれに、また【フォールム】の上の居住区域の縁にも、新たに、あるいは古いものを改修して〈ディアコニア〉が設けられた。それらはすでに教会に変えられていた古代の建物であったが、貯蔵庫に使える空間もまだのこっており、またブドウ園、農奴なども十分に用意され、すべてのひとに「頻繁な入浴」を提供するための敷地もあった。さらにレオ三世の時代には、『サンティ・ネレオ・エド・アキレオ』と『サン・マルティーノ・アイ・モンティ』の〈ディアコニア〉が、古い〈ティトゥルス〉に取って代わった。上水道の修理もまた、首都を養うハドリアヌスのプロジェクトの一部であった。登位してまもなくハドリアヌスは、七七五年のランゴバルド人の攻囲の際に切断され、『サン・ピエトロ』への鉛の導管も略奪されていた【アクヴァ・サバティーナ】を、ジャニコロの水車、さらには『サン・ピエトロ』のアトリウムの噴水、近くの「巡礼者とそれを必要とする人たち」のための浴場――ここでも衛生に対する配慮がうかがえる――のため、そして「昔のように豊かな水を街中の噴水、浴場、そして水車小屋におくるよう」にと、城壁の外はるか遠くの一〇〇個の橋脚を再建し、その配管を補修した。【アクヴァ・クラウディア】もまた、補修された。この上水道は、ポルタ・マジョレを抜け、チェリオの丘を横切り、『サンティ・ジョヴァンニ・エ・パオロ』近くの巨大な貯水池〈クラウディアヌム〉を満たし、パラティーノ、アヴェンティーノの丘、さらにトラステヴェーレに達していた。おそらく教皇ハドリアヌスの時代には、ラテラーノの浴場、洗礼堂、そしてさらにチェリオの上の教会堂は、主としてこの水道の恩恵を受けていたと思われる。【アクヴァ・サバティーナ】と同じ頃、【アクヴァ・マルキア】の支脈でチェリオに沿ってほとんど地下を流れ、『サンタ・マリア・イン・コスメディン』近くでテヴェレに落ち込む『アクヴァ・ヨビア』も修理された。さらにヨビアと同じく大部分が地下を流れる【アクヴァ・ヴェルギーネ】は、「ほぼ全市内」に給水するため再び使用された。食糧の配給や給水の回復と並行して、ローマを外敵や自然の災害から守る対策も講じられた。【アウレリアヌスの城壁】は、八世紀の軍事情勢にとっては、その全周に沿って守るにも攻めるにもあまりにも長すぎ、すでに以前から懸念の種となっていた。早い時代の補修は応急手当の域を出なかったが、ハドリアヌスは、周辺全域の必要とされるところの壁と塔を「地面から」（何を意味したか不明）修復した。またハドリアヌスは、テヴェレに新しい堤防を築いたが、それは『カステル・サンタンジェロ』のたもとの橋から四世紀および五世紀に築かれた柱廊を抜けて『サン・ピエトロ』に向かう信者の群れを守るためであった。

　これらすべては、すぐれた先見性、合理的な計算、明確な目的、それに莫大な労働力を必要とする大規模な都市計画事業であった。労働力は、地方からの徴募でまかなわれた。これは、ローマでは古代末期以後言及のない、おそらく使われることのなかったのであろう手段であった。ハドリアヌスの徴募は交替制を取り、人員は工事現場の近く、たとえば城壁の外の【アクヴァ・クラウディア】の工事では、当時カンパニアと呼ばれていた南部ラティウムで補充された。労働者の賃金、食事代、それに資材の費用はかなりの額（城壁の修理には金一〇〇ポンド）になったが、教皇庁によって調達された。それぞれの工事の技術的困難も大きく、その克服を教皇の伝記作家は誇らしげに列挙する。『サン・ピエトロ』の巨大な身廊に新たに長さ八〇フィートの横木を架けたこと、『カステル・サンタンジェロ』近くのテヴェレに堤防を築くため一二〇〇〇個以上の凝灰石のブロックを積み上げたこと、『サンタ・マリア・イン・コスメディン』の再建のために教会の裏の大きな神殿を焼き払い、その全作業に一年を要したことなどである。この大事業でハドリアヌスが目指したことは明確であった。農業生産の再組織、福祉機関の再構築、住民と巡礼者への食糧の配給、上水道の補修、都市防御の再建、それらすべては、ローマの都市機能回復を目指した総合的で先見性のある確かなプロジェクトであった。

ローマを安全で住みやすい都市にすること、それがハドリアヌスの第一の目標であった。もうひとつの目標は、この都市の聖地の偉大さを回復し、殉教者への崇敬をよみがえらせることであった。八世紀にも教会の建物はそれなりの状態を保ち、新しいフレスコやイコンも少なくなかった。『サンタ・マリア・アンティクヴァ』では、ヨハネス七世やテオドトゥスの壁画群はのこされており、パウルス一世はアプスや凱旋門を改修していた。それに、ハドリアヌス自身はアトリウムの壁画を加えた。しかしハドリアヌスの計画はもっと壮大であった。「城壁の内と外のすべての教会を修復し美しく飾った」という伝記作家の報告がまったくの事実でないとしても、少なくとも彼ができるだけ多くのもの、特にその必要を迫られたものを修理し、さらに磨き上げたことは間違いない。まず手がけたのは、その聖遺物や祝祭日に巡礼者が殺到する名高い聖地の整備であった。『サン・ピエトロ』ではアトリウム、舗床、アプスのモザイクの修復、つづいて同じく城壁の外の『サン・パオロ』、『サン・ロレンツォ』、『サン・パンクラツィオ』、ラビカーナ街道沿いの『サンティ・マルチェリーノ・エ・ピエトロ』、壁の内では《キリストの秣桶》のある『サンタ・マリア・マジョレ』、それに『ラテラーノのバシリカ』、『サン・クレメンテ』などがよみがえった。さらに『サンティ・アポストリ』ではアプスが鉄の締め金で補強され、一族の館に近いハドリアヌス私有の教会『サン・マルコ』も改装された。屋根の修繕も差し迫った仕事であった。主な教会の身廊に梁を架けるため、シャルルマーニュに要請してスポレト近くの森から大木が伐り出され、『サン・パオロ』には三五本、『ラテラーノのバシリカ』には一五本、『サン・ピエトロ』には一四本、『サンタ・マリア・マジョレ』には二〇本の巨大な横木が架けられた。またシャルルマーニュは、『サン・ピエトロ』の屋根のために鉛一〇〇〇ポンドを用意した。サンスの大司教ヴァルカリウスは、おそらく教皇およびフランク王の信頼を得ていた技術者としてローマにおくられ、教皇の顧問となった。工事を実際に監督するために、教皇宮廷の高官の一団〈ヴェスティアリウス・ヤヌアリウス〉が組織され、ときにはハドリアヌス自身が加わった。高価な品々が大小の教会に惜しみなく寄進された。内陣入り口の銀を被せた楣に懸けられる銀を打ち出したイコン、扉、凱旋門、内陣壁、身廊の柱と柱の間に垂れる紫、金を刺繍した豪華な絹織物などで、その贅沢さを伝記作家は誇らしげに列挙する。新たに安定した領地からの富が、教会に自信を与えたのだ。ここでも最大の分け前を得たのは『サン・ピエトロ』であった。内陣の入口から祭壇までの床は銀で舗装され、復活祭、クリスマス、聖ペトルスとパウルスの祝祭日、それに教皇の記念日に点灯される一三六五個の明かりをもつ十字型のシャンデリアが吊られ、身廊の柱間には六五枚の幕、中央の扉口には巨大な垂れ幕が懸けられた。その他にも『サン・パオロ』に七〇枚、ラテラーノに五七枚、『サンタ・マリア・マジョレ』に四二枚の垂れ幕が贈られている。さらに『サン・パンクラツィオ』は三〇組、『サンティ・アポストリ』と『サント・ステファーノ・ロトンド』はそれぞれに釣り合った数の幕を受け取ったが、それらは紫の亜麻布でできていた。さらに当時機能していた二二の〈ティトゥルス〉教会には二〇枚、一六の〈ディアコニア〉には六枚の幕が贈られ、そしてすべての〈ティトゥルス〉教会および他の教会、〈ディアコニア〉および修道院に、祭壇用の器具一式が寄進された。

カタコンベとそこにある礼拝堂にも、問題が迫っていた。その地での埋葬は、すでに長い間行なわれていなかった。ゴート戦争以来、地下と地上の墓地は朽ち、わずかに大教皇グレゴリウスの時代までときたまの修理がその存続を保っていた。ローマの信者、いやそれ以上に北からの巡礼者は、壁の外のカタコンベや聖地で発見されたすべての骨を聖なる遺骨とみなし、ただそれを目にするため、それに触れるために押し寄せた。八世紀の三〇年代、礼拝堂や墓地を修理しイン・シトゥ（現場）での殉教者崇拝を復活させようとした最後のキャンペーンは不首尾に終わった。略奪や放置による荒廃は目にあまり、教会には、聖遺物を個々にあるいはまとめて城壁内の安全な場所に移す対策が迫られた。聖遺物の移動、このかつてはローマ人が眉をひそめ、ただ東方出身の教皇のみが行なった東方の慣習が、八世紀の中頃にローマ化したのだ。七六一年教皇パウルス一世が一族の館に彼の兄で前任者であるステファヌス二世が建てた『サン・シルヴェストロ・イン・カピテ』の修道院と教会を完成させたとき、彼はそこに「荒れ果てた墓地から数え切れない聖者の亡骸」を運んだ。今日その教会はコルソの東に改築されてのこり、修道院は中央郵便局になっている。

87.『サンタ・マリア・イン・コスメディン』、広間式地下聖堂

ハドリアヌスもまた、『サンタ・マリア・イン・コスメディン』を改築したとき大量の聖遺物を持ち込み、内陣の下の円柱と楣で支えられ、壁に棚で等分された龕をもつ小さな地下バシリカ、いわゆる「広間型地下聖堂」（図87）に収めた。しかしこの型の地下聖堂は、参拝者と聖遺物をあまりにも近づけた。それゆえ九世紀の教会建築家は、五九〇年頃『サン・ピエトロ』ではじめて考案された環状式地下聖堂（図70参照）を『サンタ・プラセーデ』、『サンティ・クヴァトロ・コロナーティ』、『サント・ステファーノ・デリ・アビシニ』などで再び採用した。ところでコスメディンの地下聖堂は、まさにローマならではの特異性を示していた。それは、はるか遠い昔の異教とキリスト教のふたつの型を受け継いでいた。すなわち、両壁に骨壷を収める鳩の巣状の龕をもつ古代ローマの〈コルンバリウム〉と古代キリスト教の豪華なバシリカ型の墓廟を融合させたのだ。このバシリカ型墓廟の一五世紀までもっともよく知られた例は、『サン・ピエトロ』のアプスに接し、三九〇年頃大教皇グレゴリウスの先祖で四世紀のローマを支配したキリスト教徒の大貴族の一員アニキウス・プロブスの墓として築かれたものであった。

キリスト教古代の復活 注2

八世紀末の教皇権による建築活動には、さらに別の目的が見えてくる。たしかに都市ローマは、住民と巡礼者の安全と健康を守るために整備された。しかしローマは、かつての輝かしいキリスト教のためにも美化されねばならなかった。ハドリアヌスとパウルス、それに彼らの九世紀の後継者たちは明らかに、あるいは暗に、この都市の四〇〇年あるいは五〇〇年前の地位を取り戻すことを目指していた。教会への惜しみない豪奢な寄進は、『リベル・ポンティフィカリス』（教皇伝）が語るように、明らかにかつてのコンスタンティヌスのそれと張り合うことを意識していた。パウルス一世からパスカリスの時代までつづいた個々での、あるいは大量にまとめての聖遺物の街中への移動は、ローマ・キリスト教の栄光の過去を信者の前に目に見える形で提示したものであった。とりわけ、『サン・シルヴェストロ・イン・カピテ』に安置された聖遺骨の中にコンスタンティヌスと同時代のシルヴェステルを含む三人の初期キリスト教時代の教皇のそれが含まれていたことは、教皇とキリスト教皇帝との結びつきの伝統を強調したものであった。またステファヌス二世とパウルス一世の頃、ローマの貴婦人アウレア・ペトロニルラの石棺が、『サン・ピエトロ』からその南側側廊に接して四〇〇年頃皇帝の墓廟として築かれた円形堂に移されたことも、聖ペトルスの血筋だけでなく初期キリスト教の栄光を強調するためであった。民衆の信仰は、彼女を使徒の娘としていたのだ。そして七六〇年、この円形の墓廟はフランク王家の礼拝堂とされたが、それはもちろん彼らと使徒さらにはその後継者たちとの絆を血の通うものとするためであった。教皇伝記作家の建築用語にも初期キリスト教、とくにコンスタンティヌス時代が復活している。教皇ハドリアヌスの登位を語るところでは、『サン・ピエトロ』は〈バシリカ〉でも〈エクレシア〉でもなく〈アウラ〉と呼ばれている。〈アウラ〉は、かつてはたとえば『サン・ピエトロ』のアプス・アーチ、凱旋門、金の十字標に刻まれたコンスタンティヌスの献納銘に見られるように、銘文の中での儀式ばった言葉としてのみ使われていたものであった。金の十字標の銘については、『リベル・ポンティフィカリス』のシルヴェステルの伝記の中でも触れられている。以前はただ「大アーチ」と呼ばれていた身廊と翼廊の間のアーチは、九世紀の二〇年代と三〇年代には「凱旋門」と呼ばれ、この呼称は今日にも受け継がれている。それ以前では、古代ローマの「凱旋門」もただアーチと呼ばれていた。おそらくそれは、それぞれで勝利に言及したコンスタンティヌスの（凱旋）門と『サン・ピエトロ』の「凱旋門」の上の献納銘から、両者の勝利を結びつけて勝手につくられた建築語であったと思われる。九世紀の三〇年代および四〇年代には、当時の〈ティトゥルス〉教会にその保護聖者と結びついた慣習的な呼び名――たとえば『サンタ・プリスカ』、『サンティ・ジョヴァンニ・エ・パオロ』、『サンティ・クヴァトロ・コロナーティ』など――ではなく、六世紀以来消えていた呼称――たとえば〈ティトゥルス・アクヴィラエ・エト・プリスカエ〉、〈ティトゥルス・パンマキイ〉、〈ティトゥルス・アエミィリアナエ〉など――が与えられてもいる。また八世紀後半の旅行案内書『コデクス・エインシドレンシス』は、もはや信心深い巡礼者のためだけに書かれたものではない。その前置きのアンソロジーでは異教とキリスト教、俗と聖の碑文を偏ることなく紹介し、市内各地の案内では直接の見聞あるいは地図からの引用にかかわらず、キリスト教と古代の差別なく今あるモニュメントが列挙されている。すなわちこの案内書は、キリスト教徒であるが古代に関する知識とそれに関心をもつ旅人のために書かれたものであった。久しくキリスト教一辺倒であったこの都のイメージの中に、古代ローマが復活したのだ。

　このようなことすべては、八世紀中頃前にローマではじまり、少し遅れてフランクの宮廷に流行った思潮から生まれた。それは先ず、あの有名な偽書『コンスタンティヌスの約束（コンスティトゥム・コンスタンティニ）』にあらわれた。そしてその思潮は、八〇〇年のシャルルマーニュの皇帝戴冠という出来事で結実した。コンスタンティヌスから教皇シルヴェステルに宛てた布告の形をとるこの書が、七五四年教皇ステファヌス二世のフランス滞在中に一気に書かれたのか、あるいはこの世紀の終わりまでに徐々に書き進められたのかわからない。しかしそこには、諸種の研究をまとめると、皇帝コンスタンティヌスがシルヴェステルおよび聖ペトルスの後継者としての教皇たちに、彼の「世俗の王座――すなわち皇帝としての名誉（インシグニア）や財産（レガリア）――」以上の地位を認め、そのうえ教皇に、ラテラーノの宮殿、都市ローマ、さらに「イタリアと西方諸国のすべての州、町、都市」を譲り、この譲与ゆえに自分は首都を東方に移す、と書かれていた。さらには、教皇は東方の総大司教の上に立つとさえ述べられていた。それは、西方におけるビザンティンの皇帝の法的な宗主権をまったく否定するのではないが、他方彼の東方での事実上の支配さえも制限しようとする明確な政治的意図を告げていた。すなわち教皇には、全キリスト教国の皇帝的地位、精神的最高位、さらにローマ、イタリア、さらに西方諸地方の世俗的支配を主張することを認めたのであった。必ずしもすべてが明確ではないがそれは、教皇とフランク王の地位をローマ側から定義しようとするものであったといえよう。すなわちこの書によれば、王、しかも「野蛮人」の王は、教皇に当初からそなわる皇帝的権威に無条件に従う臣下であった。王は、シャルルマーニュがそうであったように、力はもつが、聖ペトルスの座と彼の都の従順な護衛者、七五四年以来法的根拠もなく教皇が王に与えた「パトリキウス・ロマノルム」の称号の持ち主にすぎなかった。またそこに語られるイタリアに対する教皇権の主張は、比較的確かな根拠をもっていた。すなわち教皇は、教会の領土、ビザンティンから取りもどした中部イタリアを含む「聖ペトルスの領土」（パトリモニウム・ペトリ）をその主張の基盤としていた。三つ目のローマに対する主張は、もっとも明確で異議を挟む余地もなく、それゆえこれが中核をなした。そしてこれら三つの主張は、コンスタンティヌスの名を冠することで神聖化されたのであった。

教皇権の独立を常に考えていたハドリアヌスは、最後までビザンティンの皇帝、フランクの王、それに教皇の間の力のバランスを維持しようと慎重につとめた。しかしそのバランスは、反乱でローマを逐われたレオ三世が七九九年シャルルマーニュの援護の下で帰還したとき大きく崩れた。政敵を倒し教皇の座を守った彼は、八〇〇年のクリスマスの日『サン・ピエトロ』でシャルルに皇帝の冠を授けた。この成り行きは、おそらく事前にフランク側と教皇の代理人の話し合いで用意されていたに違いないし、シャルルの伝記作家アインハルトはそうではないというが、王も何が起こるか気づいていたはずである。ローマに着いたとき彼は、以前のローマ訪問のときの身分〈パトリキウス〉をはるかに越える、ローマあるいはビザンティンの皇帝に用意される最高の儀式でもって迎えられていたのだ。戴冠後祝賀する聖職者、役人、市民軍、貴族、一般市民から成る合唱隊は、彼を「アウグストゥス」と称える歌をすでに繰り返し練習していたではないか。しかしこの新しい皇帝の統治権については、あまり綿密には準備されていなかったようだ。ビザンティンの感情を傷つけたくないという配慮が、この出来事のもつ意義を不明瞭にしたとも思われる。フランクの陣営は漠然と、そして理想主義的に、西方のほとんど全域に支配を広げた力に基づくシャルルの全ヨーロッパ的「キリスト教帝国」を考えていたのであろう。他方教皇の外交官はより現実的に、「インペリウム・ロマルム」（ローマ人によるローマ人のための帝国）を心に描いていたに違いない。都市ローマと教会の守護を義務づけられた「皇帝」は、以前の「パトリキウス・ロマノルム」とそれほど異なるものではなく、皇帝とローマ守護者の地位は、『コンスタンティヌスの約束』がほのめかす教皇からの賜物にすぎなかったのだ。

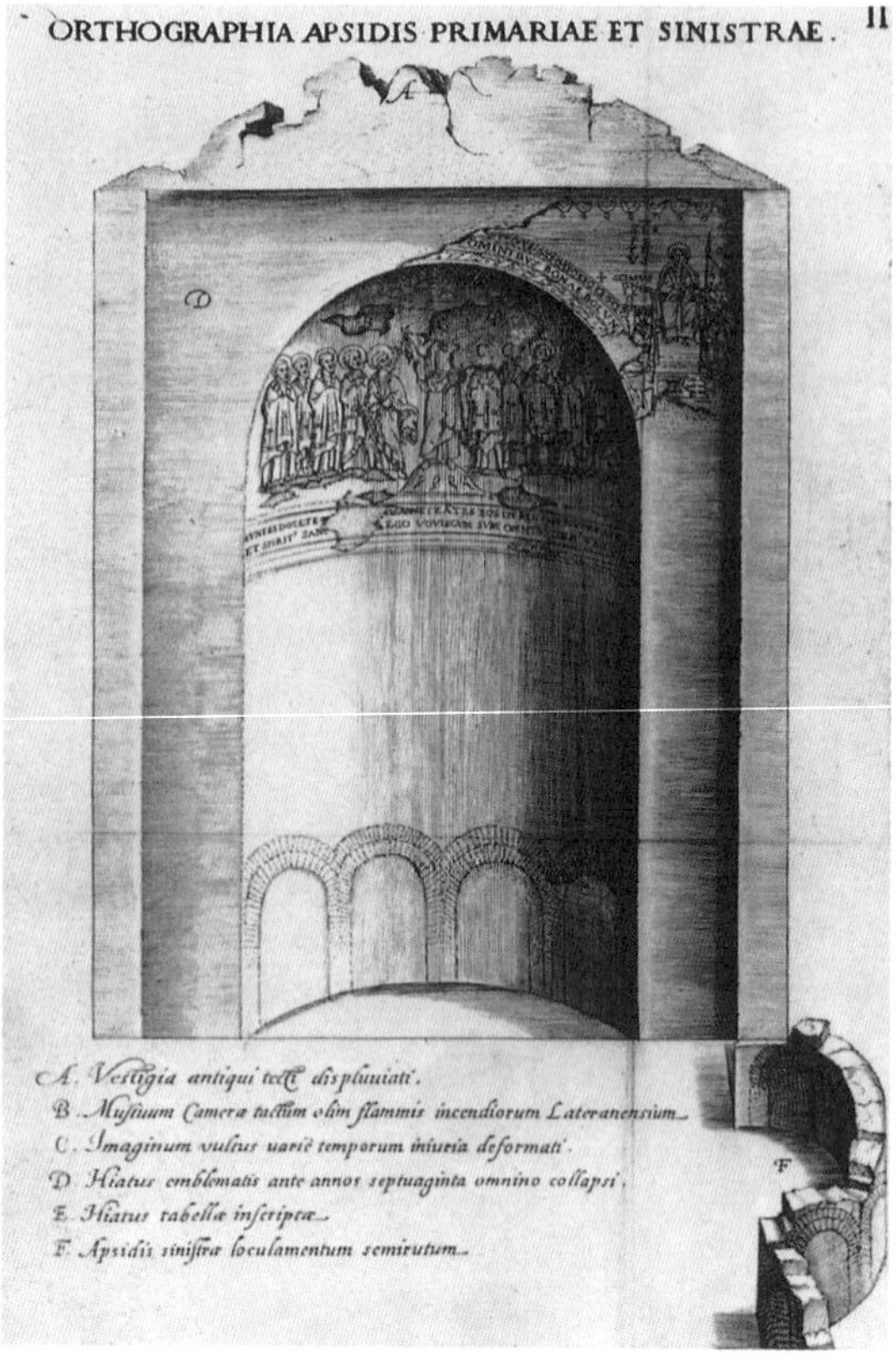
ORTHOGRAPHIA APSIDIS PRIMARIAE ET SINISTRAE. 11
A. Vestigia antiqui tecti displuuiati.
B. Musiuum Cameræ tactum olim flammis incendiorum Lateranensium.
C. Imaginum vultus uarie temporum iniuria deformati.
D. Hiatus emblematis ante annos septuaginta omnino collapsi.
E. Hiatus tabellæ inscriptæ.
F. Apsidis sinistræ loculamentum semirutum.
F

88.　ラテラーノ、レオ3世のトリクリニウム、1625年以前

教皇庁の外交は、一方でシャルルマーニュをコンスタンティヌスの後継者、教会の保護者、他方で教皇をフランク王と教皇のもつ支配権の本源である聖ペトルスの後継者と見た。この見方は、七九八年あるいは七九九年四月以前に描かれたレオ三世のトリクリニウムのモザイクにすでに反映していた。トリクリニウム、すなわちラテラーノ宮殿の三つのコンク（小型のアプス）をもつこの広間は、一五八九年にその主アプスを除いて壊され、ただ記述や素描だけで知られる。のこされた主アプスとそのモザイクは一六二五年に完全に補修され、一七四三年に〈スカラ・サンタ〉の後ろに新しく設けられた龕に移された。この移転の際、オリジナルからのこっていたわずかの部分も壊され、今日にはその補修後のあまり信頼できないコピーしか伝えられていない（図88）。オリジナルからは頭部の断片がヴァティカン図書館にのこるだけだが、全体のイメージを推測することはできる。アプスの開口部を囲むアーチ上方の左右には、それぞれ三人の人物像からなるふたつの群像が描かれていた（図89）。右側では、玉座に着くペトルスが教皇レオに〈パリウム〉（外衣）を、シャルル——このときはまだ皇帝ではなく王——に旗を手渡している（図90）。左側では、現在ではキリストがコンスタンティヌスにラバルム（軍団旗）を、聖ペトルスにパリウムを手渡す。この群像は、一六二五年に補修、いやおそらくは再制作されたと思われる（であれば、その際何を典拠にしたかは不明である）。聖ペトルスの代わりにシルヴェステルが描かれていたのではないだろうか（まったく別の群像も提案されている）。筆者自身は、ほとんどのどの研究者もそうなのだが、この群像ははじめから、『コンスタンティヌスの約束』の精神に対応して、右側の群像の祖型

として着想されていたと考える。アプスの半ドームには、オリジナルでも今日に伝わるコピーでも、世界への布教に旅立つ一一人の弟子たちを左右に従えるキリストが描かれていた。明らかにこの場面は、信仰の拡大とローマ教会のヨーロッパにおける地位の強化という政策を暗示していた。この政策の下で教会は、シャルルマーニュの支持に頼ったのだ。かつて教会は、「キリストの導きの下での世界の再生」（これは『サン・ピエトロ』の凱旋門に記され、八世紀の中頃から『コンスタンティヌスの約束』で暗示されたもの）のために、コンスタンティヌスからも同じ支持を受けていた。シャルルは、コンスタンティヌスを手本として教会を支え、守らねばならなかった。細部ではまだ検討の余地もあるだろうが、その結果がどうであれ筆者には、レオのトリクリニウムはローマにおけるカロリング朝ルネサンスの最初の目に見える証拠であると思える。

89. ラテラーノ、レオ3世のトリクリニウム、1625年の修復以後

八〇〇年クリスマスの日の戴冠は、あるいはシャルルの頭にはなかったかもしれない。いずれにしてもそれは、モザイクに描かれたのとは違う政治状況をつくり出した。レオ三世と彼の顧問たちは、皇帝の冠を単なる従来の教皇と〈パトリキウス・ロマノルム〉の間の同盟の徴とみなしていた。しかし新しく誕生した帝国は、政治的にも観念的にも教皇側が楽観したのとは違ったものへと成長した。このような帝国の誕生自体、隠然とつづいていた西方に対するビザンティンの権限を否定することであった。そのうえ新しい西方の皇帝は、陰に陽に古代ローマ皇帝の後継を表明し、またあからさまにキリスト教皇帝たちの後継である

90.　ラテラーノ、レオ3世のトリクリニウム、モザイク部分、《聖ペトルス、シャルルマーニュ、レオ3世》、18世紀のコピー

ことを主張した。じじつシャルルマーニュは、「イタリア、ゴール、ドイツ」の首都を含む、古代皇帝たちの版図の大部分を支配した。「かつてのカエサルや皇帝たちの都、帝国の母なる地」ローマを手にした彼と彼の後継者は、八〇〇年のクリスマスにすでに使われた「カエサル」や「アウグストゥス」をみずからの称号として公式に採用した。また古代ローマの慣例にならって、記録の日付にはコンスルの執政暦や「ポスト・コンスラトゥム」（古代ローマ暦）を用い、封印にはローマの象徴的なイメージに縁どられた「レノヴァティオ・ロマニ・インペリイ」の銘を刻した。シャルルの宮廷詩人アルクインは、彼を「フラヴィウス・アニキウス・カルルス」と呼んでいる。フラヴィウスは、コンスタンティヌス以来キリスト教皇帝に冠せられた公式名称であった。他方教皇側は、『コンスタンティヌスの約束』が暗示するように、コンスタンティヌスとシルヴェステルを念頭にしてのキリスト教帝国の再生を夢見ていた。あのころキリスト教と帝国はひとつであり、最初のキリスト教皇帝で教会の保護者コンスタンティヌスは、教皇と協調し一体となって統治していたと彼らは考えていたに違いない。七九八－七九九年のトリクリニウムのモザイクが暗示するシャルルとコンスタンティヌスの関係は、政治上の欠かせぬ要素となるはずであった。しばしば教皇側は、コンスタンティヌスにならったシャルルマーニュ、「新しいコンスタンティヌス」に言及している。八一六年シャルルマーニュの息子ルドヴィクス（ルイ）敬虔王の戴冠には、コンスタンティヌスの冠が使われたとさえいわれる。詩的空想ではあろうが、この伝承には新しい帝国に対する同時代人の思いが読み取れる。たとえ現実はどうであれ、観念的にはローマは帝国の首都であり、シルヴェステル、い

や聖ペトルスの後継者の座であったのだ。

両者にとっても、懸念はあった。教皇にとっては、あまりにも強力な同盟者にひれ伏すことになるのではないか、皇帝にとっては、ローマの支配、教皇権、ペトルスの座を常に狙う門閥間の確執に巻き込まれるのではないか。シャルルの後継者たちが皇帝という役割にそなわる権利や義務をいっそう意識したとき、フランク側も教皇側も、それぞれの懸念が現実になったことに気づいた。八四二年シャルルマーニュの孫ロタールは、都市ローマに対する権力の実行を迫られた。教皇グレゴリウス四世に対するローマ貴族の反乱を圧さえるため、また他方ではあまりにも過激な教皇側の反応を制御するため、皇帝の法令が発せられた。それは、都市ローマと教皇に対する皇帝の宗主権を事実上宣言するものであった。聖職者の投票と世俗指導者の同意で選ばれてきた教皇の位に、皇帝の承認が必要とされた。またローマの貴族には教皇の専制を監視する権利が、皇帝の公使〈ミスス〉には教皇の代理人とともに都市と教皇の座を監督する立場が与えられた。さらに別の布告は、教皇、聖職者、市民の指導者たちに皇帝にたいする忠誠の誓いを求めた。このような皇帝の要求に反発してローマの聖職者と世俗の指導者は、その後数十年にわたってローマと教会の独立と地元有力家系による教皇の座の確保を公約としたローマ大門閥家から教皇を選出した。そして八四三年、皇帝が都市ローマと〈パトリモニウム・ペトリ〉を、その間に生まれていたイタリア準王国の領土として要求したとき、危機は沸点に達した。ローマの大公のひとり教皇セルギウス二世は、報復の軍隊をおくったロタールの息子であるイタリア王の威嚇にもかかわらず、この要求をはねつけた。教皇に反対の動きとして急ぎ開催された公会議は、失敗に終わった。争いは、うやむやにされた。教皇選出の皇帝の承認は継続され、皇帝への忠誠の宣誓も以前通りであり、教皇による戴冠も皇帝位の正当な必須条件としてのこされた。しかしローマ人の異邦人に対する疑念は強く、ときにはサボタージュとなってあらわれた。そしてそれは、カロリング朝の中央集権能力が弱まるにつれていっそう激しさを増した。八四六年のサラセンの襲来とそれによる聖ペトルスとパウルスの教会の略奪は、都市ローマの無力と皇帝の守護者としての力の不十分さを露呈させた。自衛と独立は、ローマ人の悲願となった。新たな襲来の脅威は、教皇レオ四世の指揮する、しかしナポリ、ガエタ、アマルフィの艦船によって編成された連合軍の勝利によって回避された。

〈キヴィタス・レオニナ〉(レオの都)注3

このとき、海岸沿いだけでなく内陸の各地にも防衛施設の建設がはじまった。『サン・ピエトロ』とその財宝、周囲の小さな教会群、修道院、宿泊所、異邦人区を守るために、バシリカの周辺一帯を囲む城壁が築かれた(図91)。『カステル・サンタンジェロ』を起点としたこの〈レオの壁〉は、真西に向かって、今日北からの道がベルニーニの広場にぶつかる所にあった『サン・ペルレグリーノ門』まで伸び、そこからは丘の麓に沿い、バシリカと『サント・ステファーノ・デリ・アビシニ』および付近の修道院を守って、『サン・ピエトロ』のアプスの後方へとつづいていたと推測される。そこでUターンした壁は、東に向かって今日の『サント・スピリト』近くの『サクソン人の門』を経てテヴェレの堤に達していた。北側の壁からは多くがのこっており、今日その大部分は、一五世紀の〈パセット〉、すなわち『カステル・サンタンジェロ』からヴァティカン宮殿を結ぶ回廊を載せている。『サン・ピエトロ』北側の教皇の庭園にも本来の壁の一部が確認されている。レオ四世の壁の南側は中世に姿を消し、その正確な位置は不明である。後代の壁は大建築教皇ニコラウス三世によって、おそらく一二七七年から一二八〇年の間に、本来の位置に沿ってあるいはわずか南にずれて再建されたと思われる。〈レオの壁〉は、フリジア人街(一二世紀に『サン・ミケレ・マーニョ』に取って代わられた)のあった丘と『サント・スピリト』の病院、さらにサクソン人街を囲っていたのであろう。北側と西側はのちに拡張され、その新しい壁の様子は、オリジナルは一四四七年にさかのぼる『ストロッツィのローマ図』の一四七四年のコピーに見ることができる(図91)。北側の環状に突出した壁は、ニコラウス三世による中世のヴァティカン宮殿を囲うため彼によって築かれたのであろう。さらにその巨大な環状壁は、バシリカの後方の丘を登り、その頂上にペルトゥサ門をもつ。この壁の建造は、一四五一年から一四五五年にかけて壁全体を補強したニコラウス五世に帰せられている。そのとき築かれた巨大な塔(トリオーネ)の小割り石をはめ込んだ基礎は、北側環状壁の東隅に今も見ることができる(図92)。『ストロッツィのローマ図』にその塔は見えない。しかし『サン・ピエトロ』後方の巨大な環状壁は描かれており、このことからこの巨壁は一五世紀までには築かれていたことがわかる。一六世紀になると、九世紀から一五世紀の間に築かれたすべての壁は、今日もヴァティカン市を囲む、稜堡をもつ近代風の防御施設に取って代わられた。

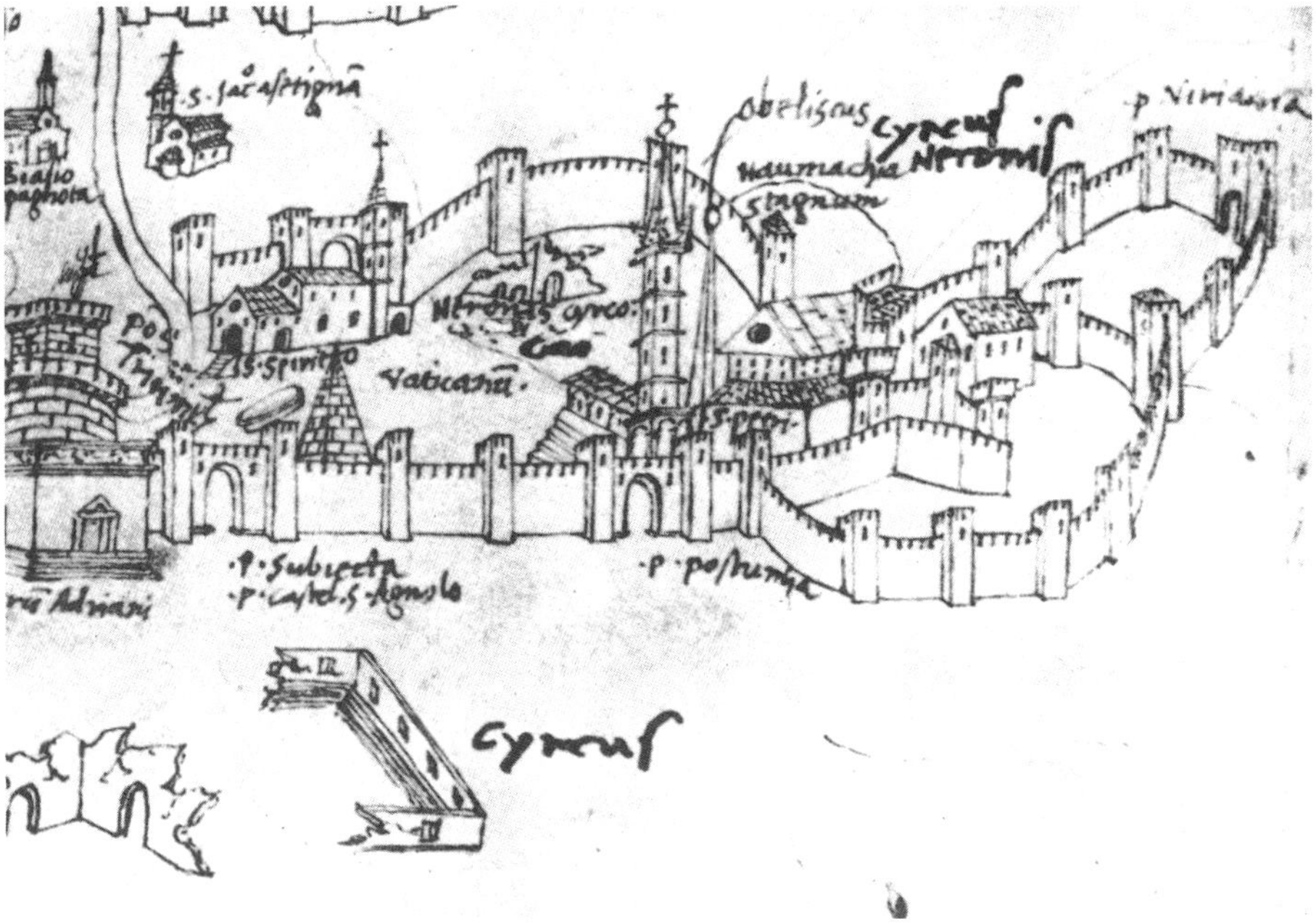

91.『ストロッツィのローマ地図』(1474年、原図は1450年頃) 部分、〈ボルゴ〉(キヴィタス・レオニナ) の一部、拡張後の〈レオの壁〉

92.〈レオの壁〉、北側の一部、1938年以前

レオ四世の壁は、彼の登位の半世紀前にすでに計画されていた。レオ三世は、基礎を築き材料を集めていたが、それは盗まれてしまった。八四六年のサラセン人の襲来が、レオ四世を行動に移させた。皇帝の同意は得られ、作業を進めるための会議も開かれた。労働力としてカンパーニャの〈ドムス・クルタエ〉（教会農園）や独立した教会あるいは修道院が組織した市民軍が動員された。各市民軍には壁の一区画が割り当てられ、それはのこされた銘文から確認される。構造は新しい防御技術に従い、【アウレリアヌスの城壁】とは違っていた。レオの壁の遺構は、後代の改築の下に隠れているが、その特徴は明らかに見て取れる。それは、古い城壁の特徴である凹凸の胸壁を冠する単純な防壁だけでなく、熱湯や石を落とす張り出した狭間をもつ要塞化された塔（トゥレス・カステラタエ）を四六基備えていた。八四七年にはじまった工事は八五三年に完成した。この年の六月二七日、教皇レオの新しい都市〈キヴィタス・レオニナ〉は厳かに聖別された。教皇と彼にしたがう聖職者たちは、裸足で頭に灰をかぶり、壁の周囲をめぐりながら、聖なる水を新しい建物にふりかけた。それぞれの門で教皇は、新しい都が敵から守られるようにと祈りをささげた。〈キヴィタス・レオニナ〉は、ローマの外の別のローマであり、その後数世紀にわたってそうありつづけた。『サン・ペルレグリーノ門』、『サクソン人の門』『カステル・サンタンジェロ』近くの門、それに今は不明のもうひとつの門には、献辞の銘が刻された。それは、誇りと自身に満ちた新しい精神に息づき、ローマは再び、「世界の頭、輝きと期待の黄金のローマ」となり、「ローマ人、フランク人、ランゴバルド人」に、レオの功績を称えるよう呼びかけていた。似たようなことは、八八〇年代教皇ヨハネス八世によって、新たなサラセンの脅威から『サン・パオロ・フオリ・レ・ムーラ』を守る要塞「ヨハニスポリス」が築かれときにも見られた。その門の上の銘文は、「気品ある者たち、老いも若きも、トーガを着る者」にと、呼びかけていた。教皇の周囲で形成された新しいカロリング朝ローマのイメージは、このレオの都の建設とサラセンに対する勝利で完成されたかに見える。しかしそれもつかの間の夢で、レオの新しい都以外目に見える証拠をのこしていない。レオ三世（七九五―八一六年）からレオ四世（八四七―八五五年）の時代までのカロリング朝ルネサンスの精華は、この最後の局面においてではなく、むしろローマ自体の教会建築やその装飾にあらわれた。

カロリング朝ルネサンスにおけるローマのイメージは、同時代の人びとにとっても多様であった。何よりもローマは、昔に変わらぬ殉教者の都、聖ペトルスの眠る地、巡礼者の目的の地であった。またローマは、聖ペトルスと彼の後継者の座であり、現実的に見れば広大な〈パトリモニウム〉の首都、行政の中心であった。しかしローマは二重の、そして互いに矛盾する意味での皇帝の首都でもあった。『コンスタンティヌスの約束』が示唆するように、教皇シルヴェステルが皇帝コンスタンティヌスから委ねられた権力は、教皇に皇帝に肩を並べる位置を与えた。しかし同時に西方の新しい皇帝は、コンスタンティヌスをはじめローマのすべての皇帝の後継者として、ローマを自身の首都として支配する権利をもった。ローマは、「帝国の母」でもあったのだ。シャルルマーニュが皇帝の冠を戴いたことは、ローマが彼の支配域の一部になったことも語っていたのだ。レオ三世が彼に都市の旗印を手渡したことは、彼らの皇帝に首都を手渡したことの象徴であった。皇帝の戴冠は、ローマの『サン・ピエトロ』でなされたことでその正統性を得ることができた。それでも同時代の人びとはまだ、帝国の支配は、ローマを支配する権力と「ローマ人」による選択を基にして成り立つと主張した。「栄光のローマ」はその地位を取りもどし、「ローマ」と「帝国」の概念は交換可能であり、不可分なものとされたのだ。しかし現実には、このふたつの概念はけっしてひとつになることはなく、それは、「コンスタンティヌスのローマ」と「カエサルのローマ」、「教皇のローマ」と「カロリング朝皇帝のローマ」、「古いローマ」とボスポロスのほとりの東方皇帝の都であり古い皇帝の都の鏡像である「新しいローマ」、と多くの概念の間を揺れ動いていた。

これら多様なイメージのすべては個々に、あるいはまとまってレオ三世からレオ四世までの、さらにはそれ以後の教皇たちの寄進や建築活動にあらわれた。キリスト教華やかなかつてのローマをよみがえらせること、それはすでにハドリアヌス一世のもっとも大切な目的のひとつであった。彼の後継者にとっても、たとえ強い政治的主張が隠されていたとしても、華やかなキリスト教ローマの再現こそが何よりも重要な関心事であった。新しい教会が、まだのこっていた〈ティトゥルス〉に取って代わった。古い時代の民家あるいは質素な広間を使った施設は、もはや新しいローマのイメージにはそぐわないとされたのだ。教会や教皇の宮殿の建物や装飾も、ますます豪華になった。レオ三世の伝記作家は、修理されたあるいは新たに建てられた教会を倦むことなく列挙する。ラテラーノ宮殿や『サン・ピエトロ』周囲の謁見や宴会用の会堂建築、モザイクや絵画、銀の調度品、祭壇や廊内に張られる綴れ錦の幕、シャンデリア、それらすべては教皇の寄進であった。八〇六年から八〇七年にかけて一二〇の大小の銀の燭台が、受け取る側のランクに慎重に合わせて、当時ローマにあったすべての教会、〈ディアコニア〉、修道院、礼拝堂に贈られた。このような教会へのレオ三世の潤沢な寄進の詳細にわたる目録は、『リベル・ポンティフィカリス』の中の以前の誰の伝記にも、ハドリアヌスの伝記にすら見ることはできない。コンスタンティヌスの時代以来のことであり、もちろん彼との類似は偶然ではない。パスカリス一世やグレゴリウス四世（八二七－八四四年）の伝記でも、記述の重点は政治的出来事よりも彼らの寄進の上に置かれている。教皇の気前のよさがその伝記の中で二義的になるのは、九世紀も中頃を過ぎてからである。おそらくそれは、現実を反映していたのであろう。

宮殿と教会の建築[注4]

かつての皇帝のローマは九世紀のビザンティンにまだ生きつづけており、それは、その強い影響をとりわけラテラーノの教皇宮殿建築の上に及ぼした。しかしこの教皇宮殿からは、レオ三世のトリクリニウムのモザイクの断片（図88・89参照）以外何ものこされておらず、現存する証拠といえば、一五八九年の取り壊し以前の記述、平面図、景観図にすぎず、それらはただ漠然としたイメージしか伝えない。しかしローマ司教（教皇）に譲られる以前の建物の中核部が今日の『スカラ・サンタ』の近くにあったこと、またその中核部が次第に西側へと広がっていったことは、間違いないと思われる。また宮殿の主となった教皇が、すでに八世紀から（それ以前は考えられない）ボスポロスの「新しいローマ」のビザンティン皇帝宮殿との競合を意識していたことも明らかである。この世紀の中頃少し前、教皇ツァカリアスはキリストの像を冠したブロンズの扉をもつ「玄関塔」を築いたが、それがコンスタンティノープルの皇帝宮殿の二階建て塔型式玄関「カルケ」に由来することは疑いの余地がない。また彼によって建てられ、大理石の上張り、モザイク、壁画で飾られ、回廊を備えたトリクリニウムも皇帝の宮殿のそれに対抗するものであった。六〇年後にレオ三世がラテラーノ宮殿に建て増した部分にも、ビザンティンの「バシレウス」の宮殿に対抗する意図が明らかに見える。そのアプスが《使徒の派遣》と《教皇と皇帝》の群像を描くモザイクで飾られたトリクリニウム（図89・90参照）は、規模が約二六×一二、五メートルで、「他のどのトリクリニウムより大きい」ものであった。壁は大理石で上張りされ、入り口は白と多色の円柱と壁柱に支えられ、一五八八年以前の素描が示すようにナルテクス（玄関廊）を備えていた。この色彩豊かな装飾と高価な材料の建物は、

93.　ラテラーノの広場と教会（13世紀のバシリカ翼廊部と宴会堂）、1588年以前、ヴァティカンのフレスコの一部

古代までさかのぼる儀式用宴会広間の伝統を引き継いだものであった。コンスタンティノープルには、たとえばレオのトリクリニウムより少し遅れるがまったく同じ特徴をもつ宮廷の宴会広間のように、この古い建物型式は生きつづけていた。またレオ三世が八〇〇年直後にラテラーノの宮殿に築き五〇年後に修理されたふたつ目のトリクリニウムも、コンスタンティノープルの大宮殿に対となるものをもっていた。一五八八年のラテラーノ宮殿取り壊し以前から伝わる視覚的あるいは文字による証拠は、このレオの建物の印象をよく伝えている（図93）。長さ六八メートルに及ぶトリクリニウムは、ラテラーノ教会の北側側面に直角を成す宮殿の主階に位置し、国家的宴会場の役目を果たしていた。広間は一端がアプスでおわり、両側に五つのコンク（小型アプス）をもち、祝宴の際には椅子にすわるのではなく横になったのであろう食卓と寝椅子（アクビタ）を備えていた。前の三つのコンクをもつ広間と同様、この広間も壁は大理石で化粧され、床には大理石が敷き詰められ、斑岩の噴水が水を吐き、モザイクで飾られていた。そこからは、宮殿北側の広場を見下ろす屋根付きのバルコニーに出ることができた。一三

〇〇年までこのバルコニーは、教皇の〈ウルビ・エト・オルビ〉を祝福する伝統の場として何度も修理され新装された。このバルコニーと広間は、宮殿の教会のファサードに近い部分と長い廊下――「マクロナ」とギリシア語で呼ばれ、レオ三世によって修理された――でつながれていた。両側にコンクをもつ食堂はもちろん古代から伝わった会堂型式で、コンスタンティノープル、ラヴェンナにも例を見ることができ、ローマにもレオ三世によって『サン・ピエトロ』のアトリウムにつづく階段わきにさらにひとつ築かれていた。しかしラテラーノの宴会広間は、その設備、装飾、調度、機能で明らかにコンスタンティノープルの皇帝大宮殿の「一九の寝椅子の間」と張り合うものであった。両者は、規模、宮殿内の位置、宮殿の他の部分との連絡、そして国家的大宴会の場としての機能でまさに一致していた。しかしコンスタンティノープルの皇帝の大宮殿にならった他の会堂や礼拝堂がさらにラテラーノ宮殿に増築されたか、あるいは九世紀に新たに建てられたかはわからない。グレゴリウス四世が建てたというもうひとつの「トリコンク式広間」と「快適な居間」――吹き放しのロジアか――、また八七〇年頃に完成したニコラウス一世の「三つの噴水をもつバシリカ」についても不明である。しかし東方の宮殿と何らかの関係があったことは、間違いないであろう。なぜなら、ビザンティンの皇帝宮殿と張り合うことは、八世紀の中頃以来ラテラーノ宮殿における教皇の建築活動の目標のひとつであったからだ。もちろんこのような傾向に拍車をかけたのは、教皇だけでなく西方の皇帝にも仕える帝国の首都としてのローマをよみがえらせようとする意図であった。

当時の人びとが都市ローマに抱いたさまざまな思いは、レオ三世の後継者たちによる九世紀中頃までの教会建築にもっともよくあらわれている。この四半世紀の間に、ローマ帝国再建の夢は現実へと向かい、その希望と悦びが建築とその装飾にあらわれたのだ。ハドリアヌスによる教会は、つづくレオ三世の教会の大半がそうであるように、ビザンティンの手本にならうか、あるいはすでに西方で土着化していた東方の建築様式に影響されていた。八一九年あるいは八二〇年、すなわちパスカリス一世の時代に、すでにその六五年前の『サンタンジェロ・イン・ペスケリア』のように三つのアプスをもつ『サンタ・マリア・イン・ドムニカ』が築かれている。そして早くもすでにレオ三世登位のはじめの数年間に、建物やモザイクの装飾は初期キリスト教、特にコンスタンティヌスの手本にならうことをはじめていた。そしてパスカリス一世以後教会は、そのプラン、その装備、その数――今日にも十余がのこる――で、ただ古代ローマの再生だけでなく、皇帝コンスタンティヌスの建築と装飾の精神での都市およびそのモニュメントの蘇生を目指した。九世紀前半の新しい教会の大半は、もはや時代遅れとなり、教皇と皇帝の首都にはふさわしくないとされたかつての信徒集会所（ティトゥルス）や古い教会の建て替えであった。新しい教会は、他を抜きん出る大きさをもち、その威容で当時の人びとの目を見張らせるものでなければならなかった。それは、設計、施工、壁の構造において、ローマの新しいイメージをつくりださねばならなかった。東方の建築様式、あるいはレオ三世時代にはまだ支配的であった土着的な特徴は姿を消していった。新しい建築とモザイクは、あらゆる面でかつてのキリスト教ローマの栄光をよみがえらせようとする強い意志のあらわれであった。コンスタンティヌスとシルヴェステルのローマ、殉教者のローマ、聖ペトルスのローマ、教皇とフランク王国の力の源としてのローマ、ペトルスが眠る教会のローマ。それらはひとつの政治的信念となって、公然と過去の手本に向かったのだ。当然のことながら異教の古典的要素もまた、純粋な装飾として、したがって中立的に、あるいはキリスト教的に解釈されて、入り込んだ。ローマの復古もまたその一局面であるカロリング朝のルネサンスが、アルプスの北に根を下ろし、そこを中心にしたことは、ローマをまったく新しい状況においた。いまやこの都市は、その歴史上はじめて、もはや地中海的でなくヨーロッパ的視野で考察されねばならなくなったのだ。しかしこの枠組みの中でも、カロリング朝ルネサンスの範囲内でも、ローマはとくべつな独自の重みをもっていた。

　カロリング朝時代のローマの教会様式をもっともよく伝えているのは、教皇パスカリスによって建てられ装飾された『サンタ・プラセーデ』であろう（図94）。この教会は、「荒れ果てた墓地に放置され」、パスカリスが「朽廃から救うために」収集し、街中の教会に丁重に移していた「多くの聖者の遺骨を納める」ために、古い信徒集会所（ティトゥルス）に代えて建てたものであった。教会には殉教聖者の名を書き連ねた長大な名簿がのこされており、またアプスのモザイクの銘も殉教ということを強調している。建物の構成は、かなり縮小され、いくらか単純化されてはいるが、コンスタンティヌスの『サン・ピエトロ』にならっている（図94・95また図24参照）。すなわち、四方がアーケードを支える柱廊で囲まれたアトリウム、それへ昇る階段、質素なファサード、円柱列で支えられた身廊。この身廊は一六世紀に改装され、一二個の窓が壁として塞がれ、それに代わって四個の大きな窓が開けられた。また身廊を仕切るアーチとそれを支える角柱が中期中世に付け加えられた。凱旋門で身廊と結ばれた狭い翼廊、単純なアプス、その下の環状式地下聖堂――これは五九〇年に『サン・ピエトロ』にはじめて導入されたものであった――（図96）、以上は類似点だが

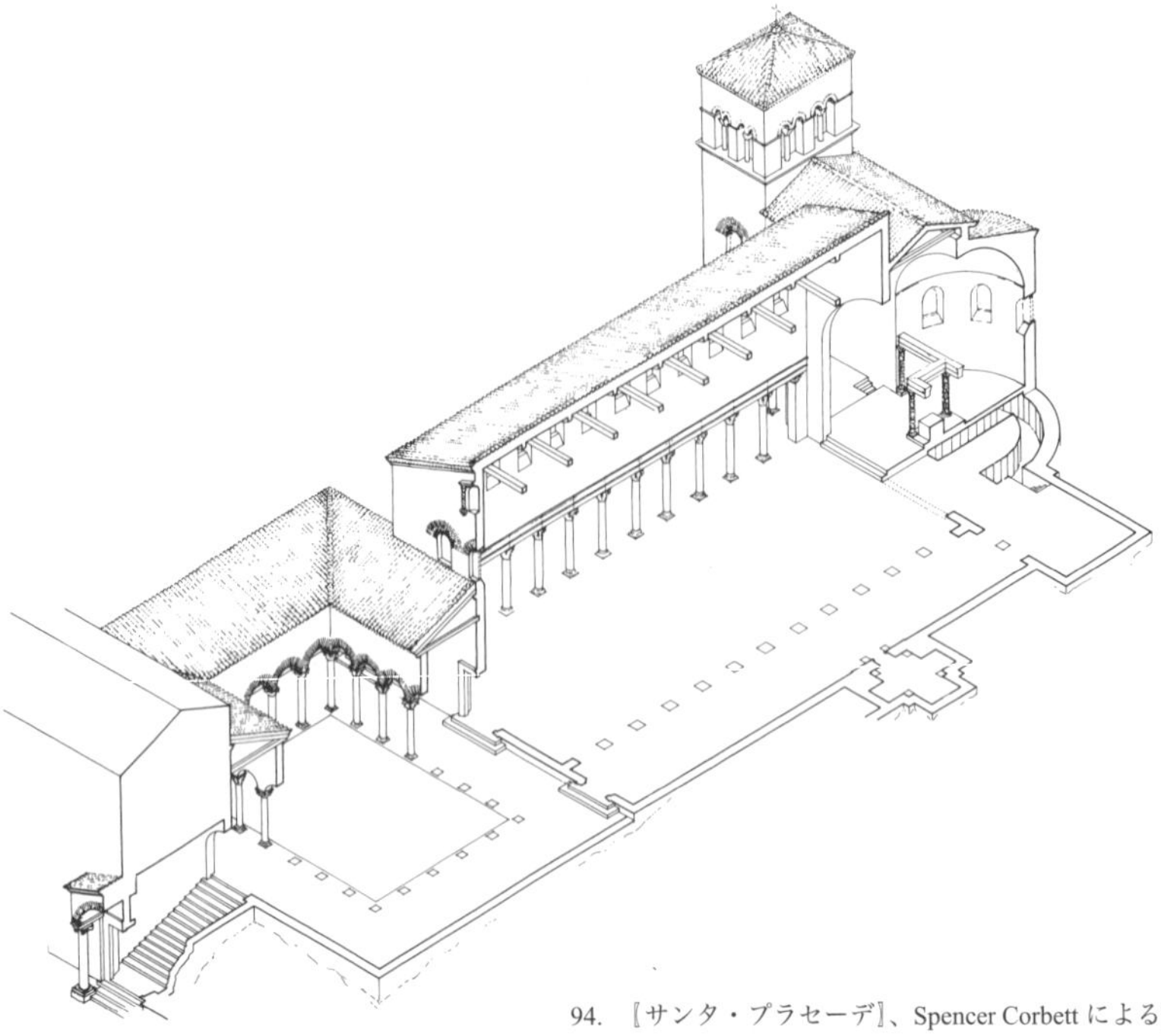

94.［サンタ・プラセーデ］、Spencer Corbettによる復原

95.［サンタ・プラセーデ］、身廊

縮小も明らかである。『サン・ピエトロ』の四列の側廊は二列に、身廊の両側に並ぶ二二基の円柱は一一基に、側廊と翼廊を結ぶ開口部の二基の円柱は一基とされている。しかし『サン・ピエトロ』の一段と低くなった翼廊はここでは側廊と同じ高さでつづき、端にアプスをもたない。この点ではパスカリスの建築家は、これもまたコンスタンティヌスの創建とされる他の手本、たとえば『サン・パオロ・フオリ・レ・ムーラ』にしたがったと思われる。建築の工法もまた、四ないし五世紀のそれを踏襲している（図97）。レンガは、ときには波打つもほぼ規則正しく積まれ、八世紀のローマに特有の粗雑さは見られない。今日塞がれている本来の小さな窓は、負荷を軽減するための二重のアーチで縁取られていた。これは古代のあるいは四世紀の『サン・パオロ・フオリ・レ・ムーラ』凱旋門の大きな張間（スパン）に使われた二重アーチを想起させる。基礎は、もちろん四〇〇年ないし五〇〇年以前のように粗いコンクリートを流し込んだのではなく、ここではいわゆる【セルヴィアヌスの城壁】から取り出した大きな凝灰岩の角石で固く築かれている。同じ基礎は、『サン・シルヴェストロ・イン・カピテ』、『サンティ・クヴァトロ・コロナーティ』、および『サン・マルティーノ・アイ・モンティ』の側面にも見られる。円柱とアーキトレーヴは古代建築からの借用であるが、初期キリスト教時代のように寸法も材質も慎重に選ばれ入念に仕上げられている。

『サンタ・プラセーデ』では、建物と同様その装飾にも九世紀初頭の都市ローマの性格を見ることができる（図95）。アプスの壁は大理石で覆われ（二〇世紀前半に修復）、丸天井には今日なお本来のモザイクがのこされている。全体の印象はラテラーノ宮殿のレオのトリクリニウムを想起させる。八世紀の末ローマにモザイクが再び登場したという事実は、おそらくビザンティンの皇帝の教会や世俗建物と張り合う意思のあらわれであろう。しかしそこには、それ以上にカロリング朝ローマに古代末期のローマ・キリスト教のモニュメント美術に結びつけたい思いが作用していた。『サン・ピエトロ』、『ラテラーノのバシリカ』、『サン・パオロ・フオリ・レ・ムーラ』は、教会の建築家やモザイク制作者が何よりも目標とした手本であった。カロリング朝時代のモザイク作家が用いたテッセラは、ビザンティンでの普通の大理石とガラスの混用ではなく、もっぱらガラスの細片のみであり、それは三〇〇年ないし四〇〇年前のローマの、すなわち彼らの先輩と同じであった。じじつそれらガラスのテッセラは、破損した古代のモザイクから集められたものであったと推測される。図像の主題もまた、遠い過去のキリスト教から採った。『サンタ・プラセーデ』の《キリストの再臨》でキリストは赤、ピンク、白、青みがかった灰色の雲のたなびく深い紺色の空に浮かび、緑の絨毯を敷く大地の上

96.『サンタ・プラセーデ』、ファサード

にはペトルスとパウルスが立ち、教会の守護聖人プラクセディスと彼女の伝説上の姉妹プデンツィアーナ、聖堂寄進者パスカリスを紹介する。その際パスカリスだけが、地上に生きる者であることを示す青色の矩形の後光をもつ。画面の両端には棕櫚の樹が立ち、その一本にはフェニックスがとまる。同じ図柄は『サンタ・チェチリア』にも登場する（図98）。それは初期キリスト教のアプスのテーマにさかのぼるものであり、六世紀には【フォールム】の『サンティ・コスマ・エ・ダミアーノ』のモザイクに、キリスト、聖人、寄進者、棕櫚の樹、フェニックスとすべてがあらわれてい

97.『サンタ・プラセーデ』、高窓壁外観

た（図71参照）。下の縁に描かれた金地の上の子羊のフリーズもまた、同じ手本にさかのぼる。またフリーズの下に見える献辞銘の文体や字体も同様で、深い青の地の上に金で書かれたその美しい古代風の文字は、『サンティ・コスマ・エ・ダミアーノ』の銘、『サンタ・マリア・マジョレ』の凱旋門および『サンタ・サビーナ』のモザイク（図39参照）の五世紀の銘を想起させる。ローマには、これより早いモザイクの献辞銘はのこされていない。しかし四世紀のそれもあまり違わなかったのではないかと思われる。『サンタ・プラセーデ』のアプス開口部を囲んでいた壁には、左右の四人の天使、福音記者の象徴、それに二四人の長老に礼拝される《啓示の子羊》が描かれていた。このテーマは『サン・パオロ・フオリ・レ・ムーラ』にも登場していたが、そこでは『サンティ・コスマ・エ・ダミアーノ』と同様、アプスのモザイクの下方に描かれていた。このように、ローマの初期キリスト教の手本、あるいはそれを受け継いだ六世紀の作品からのテーマでもってそれ以前の一五〇年間を支配していた東方の伝統的テーマに取って代わることは、パスカリス時代の美術家の一貫した姿勢であった。いやすでにレオ三世のトリクリニウムのアプス・モザイクもまた、（ある人たちが推測するように）ビザンティンの手本にならった

98.『サンタ・チェチリア』、アプス・モザイク

99.『サンタ・マリア・イン・ドムニカ』、アプス・モザイク部分、《パスカリウス1世の肖像》

のではなく、初期キリスト教ローマにその雛形を探ることができるのかもしれない。いずれにしてもそのモザイクは、主としてガラスのテッセラを用いるというローマ伝来の手法をすでに採用していた。そしてこの手法は、九世紀のローマ・モザイクの特徴となり、その例は、レオ三世晩期（八一五／八一六年）の『サンティ・ネレオ・エド・アキレオ』、パスカリス一世時代の『サンタ・プラセーデ』、『聖ゼノの礼拝堂』、『サンタ・チェチリア』、およびおそらく八一七年から八二〇年の間に築かれたであろう『サンタ・マリア・イン・ドムニカ』（図99）、さらにはグレゴリウス四世時代の八二九／八三〇年頃の『サン・マルコ』などに見ることができる。同じように、《二四人の長老による子羊の礼拝》など初期キリスト教の主題もまた繰り返し登場した。『サンタ・マリア・イン・ドムニカ』のアプス・モザイク上方の《マンドーラ（楕円形後光）の中のキリストに近寄る使徒たち》は、五世紀の『サンタガータ・デイ・ゴーティ』および『サンタンドレア・イン・カタバルバラ』に登場していた。また九世紀のアプス丸天井には、たとえば『サンタ・プラセーデ』の例のように色彩鮮やかな雲のたなびく深い青色の空に浮かぶ、あるいは佇立するキリストとその左右に並ぶ二大使徒、教会の守護聖人、寄進した教皇たちが描かれる。この主題は、カロリング朝時代のローマが再び採用したテーマの中で最も早いもののひとつであった。それはすでに八世紀の末に『サンタ・スザンナ』のアプス・モザイクに登場しており、そこではふたりの寄進者、レオ三世とシャルルマーニュが描かれていた。彼らの像は一六世紀に失われてしまったが、記述と素描で伝えられている。

ビザンティンと古代の影響[注5]

以上見てきたように、ローマにおける初期キリスト教への回帰はカロリング朝ルネサンスの早い局面ですでにはじまっていたのであり、そしてつづく高潮期にその的をコンスタンティヌスに絞ったのであった。しかし九世紀ローマのモザイク美術は、古代の要素を唯一のレパートリーとしたわけではなかった。『サンタ・マリア・イン・ドムニカ』のアプスにおける《天使たちに囲まれて玉座に着く聖母》は、ビザンティンの伝統に由来する構図であった（図100）。同じように、一五九七年まで『サンティ・ネレオ・エド・アキレオ』のアプスを飾っていた《二頭の子羊の間の宝石を鏤めた十字架》もまた、源を東方にもつ主題である。このような図柄は、偶像破壊運動が中断した七八四年から八一五年の間に、あるいはこの三〇年の平和の時代の前に、迫害から逃れてきたビザンティンの美術家たちによってローマに伝えられたのかもしれない。また『サンタ・プラセーデ』の『聖ゼノの礼拝堂』右側の龕の《冥府のキリスト》も、ギリシアの手本にならったと思われる。あるいは、ギリシア様式の写本を制作していた北イタリアのギリシア人修道院のひとつを通して伝えられたのかもしれない。ローマでも、『サン・サバ』にビザンティン様式の写本制作の中心があったと推測されている。このようなローマへのビザンティンの影響は、九世紀をとおして、いや一〇世紀の後半までその存在を主張していたのだ。他にもたとえば八七二年から八八二年の間に【フォルトゥーナ・ヴィリリスの神殿】（『サンタ・マリア・エギツィアカ』に聖別）の壁に描かれたフレスコ画、『サン・クレメンテ』の「下の教会」の《冥府のキリスト》を描く壁画、ティヴォリの〈テンピオ・デルラ・トッセ〉（教会に変えられた古代の墓廟）の九六五年に描かれた《キリストの昇天》が知られる。中でも教皇パスカリス一世が八一七年から八二四年の間に築いた『聖ゼノの礼拝堂』の一連のモザイク画は、カロリング朝ルネサンスにビザンティンがローマに及ぼした影響の傑出した例といえよう。天井に天使に支えられたキリスト、その下位に置かれた聖母マリア、それにつづくペトルスとパウルス、さらに聖者と殉教者、このような序列に基づく主題は、東方の教会に見られたビザンティン神学のヒエラルヒーに従うものであった。

しかしこれらすべては、五、六世紀から八世紀にかけて展開されたのと同じローマ・キリスト教の遺産の再生という枠の中で考

100. 『サンタ・マリア・イン・ドムニカ』、アプス・モザイク部分

察されねばならない。じじつ九世紀のモザイク作者が描いた人物たちの顔立ち、衣文、身振り、動きは、五〇年前に『サンタ・マリア・アンティクヴァ』のアプス、側廊、アトリウムの壁面においてビザンティンの遺産を自分たちの「方言」に変えた地元職人たちの伝統に根を下ろしたものであった。彫刻的な量感に欠ける人物像は、奥行きのない平らな絵画「空間」での硬直した姿勢で同じポーズを繰り返す。人間の群集は、最前列の人物列の上方に、頭の上部輪郭線あるいは単に光輪を三ないし四列に重ねることによって暗示される。『サンタ・マリア・イン・ドムニカ』のアプス・モザイクは、この技法の明らかな例である（図100）。衣の襞は、身体各部の位置をただぼんやりと暗示する縁取り線であらわされる。顔は、卵形あるいは三角形をなし、黒っぽい線で輪郭づけられる。これらはすべて、八世紀後半のローマにその原型をもっていた。

えらばれた「言葉」は同じであったが、その「発音」はまったく違っていた。そのことをもっともよく告げているのが、『聖ゼノの礼拝堂』のモザイクである。『サンタ・プラセーデ』の左側廊に付属し、大理石の化粧張りとモザイクで豊かに飾られたこの礼拝堂は、教皇の母テオドーラ・エピスコパを記念し、また殉教者の聖遺物をもまつるものであった。その構造は、当時まだ郊外の各所に見られた古代末期の異教あるいはキリスト教の廟墓にならい、十字形をなし、中央の交差丸天井は四隅の円柱で支えられていた（図101）。ちなみに筆者は、ここでは特定の墓廟、すなわちコンスタンティヌスが自身と母ヘレナのために築いた『サンティ・マルチェリーノ・エ・ピエトロ』の墓地バシリカに隣接する殉教者ティブリティウスの廟とされるものが手本にされたと考える。『聖ゼノの礼拝堂』の装飾もまた、さまざまな形で早い時代の手本に影響されていた。《四人の天使によって支えられる円環の中のキリストの胸像》（図102）を描く丸天井のモザイクは、その知られているもっとも早い手本を教皇ヒラルスが五世紀の六〇年代にラテラーノ洗礼堂近くの『サンタ・クローチェ』の今は失われた礼拝堂の中央丸天井に描かせたモザイクに求められる。そこでは、四人のカリアティード（天使ではない！）が月桂冠の中の十字架を支えており、それが異教のモザイクの五世紀におけるキリスト教徒の借用であることは明らかである。モティーフは異なるが同じパターンは、六世紀ラヴェンナの『サン・ヴィターレ』や大司教宮殿の礼拝堂などのモザイクにのこされている。今日にはまったく姿を消してはいるが、当然ローマの『サンタ・クローチェ』により古い手本があったことが考えられる。『聖ゼノの礼拝堂』の壁面のモザイクもまた、初期キリスト教のモティーフに影響されている。ファ

101. 『サンタ・プラセーデ』、『聖ゼノの礼拝堂』、Charles Whithamの水彩画、個人所蔵

102. 『サンタ・プラセーデ』、『聖ゼノの礼拝堂』、丸天井モザイク

サードの外壁では、正面入り口の上の窓をキリスト、使徒、殉教者の胸像をもつメダイヨンを並べた二重の半円が囲んでいる（図103）。それら胸像は、一八世紀までのこされていた五世紀の『サンタ・サビーナ』のアプス・アーチの装飾を想起させる。『聖ゼノの礼拝堂』のファサード内側の壁では聖ペトルスとパウルスが、宝石を鏤め、十字架を戴いた空《から》の玉座を指差している（図104）。同じ意匠（所謂〈エティマシア〉）は、『サンタ・マリア・マジョレ』の五世紀の凱旋門（それにおそらくラテラーノのアプス）に見ることができた。祭壇上方のアーチの内側を飾る動物や鳥を取り込んだ古代様式のアカンサス文様、いわゆる「住民のいる蔓草文」は、ラテラーノ洗礼堂ナルテクスの五世紀のモザイクを思い出させる。礼拝堂の天井、側壁、龕を飾る天使、聖人、殉教者、矩形の後光をもつテオドーラ・エピスコパなどの人物像は、伝統的なポーズを

103.『サンタ・プラセーデ』、『聖ゼノの礼拝堂』への入り口

104.『サンタ・プラセーデ』、『聖ゼノの礼拝堂』、《聖ペトルスとパウルス》

とり、その顔や衣は、当時のローマに普通であった描線で枠取られている（図105）。しかし彩色にあっては、これら人物像は、いやレオ三世やパスカリスの工房でつくられたすべてのモザイクは、伝統からの離反を見せていた。衣の襞はもはや黒ではなく、明るいあるいは濃い青、緑、赤の線からなる。聖ペトルスの髭や毛髪には白と青、そして女性殉教者の衣にはもっとも鮮やかな色が使われ、そこでは明るいあるいは濃い青、黄、緑、白、赤、金色のテッセラが緊密に並べられ、宝石を鏤めた広い金色の襟が首の線を引き立てている（図106）。レンガ色の小さなテッセラが、口あるいは頬の赤みを暗示し、鼻、顎など顔立ちは錆色あるいは暗赤色で輪郭づけられている。『サンタ・マリア・イン・ドムニカ』の天使の光輪は、金と青を交互にし、キリストの金の光輪は、青あるいは緑の腕木の十字架で際立たされ、さらに光輪全体を赤色で縁取る（図100）。煌くガラスのテッセラによるこれらモザイクは、ゆらめく蝋燭の光を反射し、全堂内を神秘な輝きで満たしていた。色彩、光、印象主義的技法、それに何よりもガラス・テッセラの使用は、『聖ゼノの礼拝堂』のモザイクおよびそれに似たすべての作品をローマのキリスト教古代のモザイクと結びつける。この礼拝堂、『サンタ・プラセーデ』の凱旋門、『サンタ・チェチリア』と『サンタ・マリア・イン・ドムニカ』のアプスのモザイク、さらには『サンティ・ネレオ・エド・アキレオ』のアプス・アーチなどの顔の描き方は、まさに『サンタ・マリア・マジョレ』の凱旋門のそれを想起させる。これこそが事実、キリスト教古代の再生であった。

しかしパスカリス一世時代のローマにおけるこのルネサンスの思潮を、ただ上で見たような一般的流れの中でのみ理解することはできない。そこには、個人的な趣味も入り込んでいるのだ。この教皇の在位時に築かれた教会の設計および装飾に対する彼の飽くなき関心は、異常といわざるを得ない。わずか七年の間に『サンタ・プラセーデ』、『サンタ・マリア・イン・ドムニカ』、『サンタ・チェチリア』、『サンティ・クヴァトロ・コロナーティ』と、四つの大きな教会が建てられ、豪華なモザイクで飾られた。そして可能であるところすべてに、優雅で面長の彼の肖像が登場した。ただ一ヶ所、『サンタ・プラセーデ』では少しばかり強面とも見えるが、しかしそこでも、いくらか見栄っ張りだが洗練された紳士の面影は隠せない。彼が雇った美術家が、同じように洗練され、同じように幻想主義的様式の極みに達していたことは、偶然ではないであろう。またパスカリス時代のモザイクの人物像が、類まれに垢抜けした優雅さをもつことも偶然ではないであろう。「あまりにも傷つきやすい」と評する者もいる。特に華奢な身体とすました小さな顔を多くのアクセサリーで飾った女性聖人は、蠱惑的なティーン・エージャーを想わせ、これらモザイクをもっとも

106.〘サンタ・プラセーデ〙、〘聖ゼノの礼拝堂〙ファサード、《ある女性聖者の頭部》

105.〘サンタ・プラセーデ〙、〘聖ゼノの礼拝堂〙『天使頭部』

よく知るある女性研究者は「パスカリスのロリータ」という（図107）。「偉大なるキリスト教ローマ」の再生は、当然のことながら、本物あるいはまがい物であれ古典古代への追憶とも結びついた。『聖ゼノの礼拝堂』のプランは、明らかにある古代の墓廟からの借り物であった。そしてカロリング朝の建築家は、繰り返しそのような手本にならった十字型プランの礼拝堂を彼らの教会堂に加えた。『サンティ・クヴァトロ・コロナーティ』のバシリカには、ふたつのそのような礼拝堂が取り付けられ、そのうちのひとつは今日にのこされており、その古代の建築の一部を使った美しいアーチ台は、今なおその本来の場所に見ることができる（図108）。もちろん彫刻的装飾では、古代の要素が

107.〘サンタ・プラセーデ〙、アプス・モザイク、《ある女性聖者の頭部》

108.『サンティ・クヴァトロ・コロナーティ』、9世紀の礼拝堂

大手を振っていた。『サンタ・プラセーデ』の内陣には、溝のある柱身を四つのアカンサスの輪で巻き、結び目をもつ紐で固く括った月桂樹の葉の束を柱頭とする、ユニークな細工を施した美しい六基の円柱がのこされている（図109）。古代の建物からの借用であるこれら円柱は、おそらく本来は主祭壇の破風型アーケード（『サン・ピエトロ』の〈ファスティギウム〉と似たものか）に使われていたのであろう。『聖ゼノの礼拝堂』においても、柱頭、円柱身、その上のアーチ台は、古代建築からの借用であった。四基のこる柱礎のうちひとつは古代末期五世紀の建築からの借用であり（図110）、他はブドウ蔓草文を描く、しかしまがうことなく真似た九世紀の複製品であった（図111）。一世紀の建物から借用した二基の斑岩製円柱とアーキトレーヴで囲まれた玄関は、ローマ時代の原型にならっている（図112）。――『サンティ・コスマ・エ・ダミアーノ』の玄関として使われた四世紀の円形玄関参照。――またこの九世紀の石工は、アーキトレーヴを短くした側面で前面の本来の文様を模倣し、その上その九世紀の柱頭は、たしかに編み紐文様で飾られてはいるが、ローマでは五世紀以来姿

109.『サンタ・プラセーデ』、古代の円柱、おそらく祭壇天蓋の一部

を消していたイオニア式オーダーを模している。

寸法を小さくした『サンタ・プラセーデ』、それに主要部分の数や配列だけを勝手に変えた中世の多くの教会など、『サン・ピエトロ』の「嫡出のコピー」は、ローマでは例外の域を出なかった。『サンタ・プラセーデ』の約三〇年後に『サン・ピエトロ』の後方に築かれた『サント・ステファーノ・デリ・アビシニ』は、大きく形を変えてはいるが、今日にのこるもうひとつの例外といえるであろう。他方コンスタンティヌス時代の、あるいはごく一般的にいえば初期キリスト教時代の三廊式バシリカは、九世紀のローマ教会の変わらぬ手本でありつづけた。その建築は、この世紀の教皇たちが推し進めた大規模なプロジェクトの一部であった。す

110.［サンタ・プラセーデ］、［聖ゼノの礼拝堂］、逆さにされた柱頭をもつ古代の柱礎

111.［サンタ・プラセーデ］、［聖ゼノの礼拝堂］、古代の手本にならった９世紀の柱礎

112.『サンタ・プラセーデ』、『聖ゼノの礼拝堂』の玄関、古代のアーキトレーヴと9世紀の柱頭、アーキトレーヴの側面には9世紀における古代の文様のコピー

なわちそれは、殉教者の聖なる遺物をカタコンベから城壁内の安全な場所へ移し、旧式の信徒集会所（ティトゥルス）や古びた教会を新しく建て替え、かつてのローマ・キリスト教の栄光を回復し、さらにはその後ろにあった古典古代をもひそかに再生させるという壮大な計画であった。『サンティ・クヴァトロ・コロナーティ』では、巨大な塔に守られたアトリウムが築かれ、五〇メートルを超える身廊は「楣式柱列」（楣を載せるコロネード）に支えられていた。ローマ建築からの借用であるその楣の一部は、一二世紀に縮小された今日の教会の前庭の壁に嵌め込まれてのこる。アプスには環状式地下聖堂と殉教者を祭る祭壇（コンフェシオ）が備わり、そこには今日なおレオ四世（八四七－八五五年）がカタコンベから移させた聖遺物のリストがのこされている。左右の側廊にはそれぞれに殉教者礼拝堂が付属し、そのひとつは『サンタ・プラセーデ』の『聖ゼノの礼拝堂』のように十字形をなし、他のひとつは四葉型の丸屋根を載せる。ほとんど同じ頃、『サン・マルティーノ・アイ・モンティ』と『サンタ・マリア・ノーヴァ』も築かれている。アトリウム、環状式地下聖堂、身廊に「楣式柱列」を備えた前者は、一六五〇年頃豪

113.『サン・マルティーノ・アイ・モンティ』、1650年頃改装された教会内部

壮なバロックの教会に改築されたが、その基本構造に本来の形態を伝えている（図113）。今日『サンタ・フランチェスカ・ロマーナ』と呼ばれる『サンタ・マリア・ノーヴァ』は、八四七年に地すべりで埋まった『サンタ・マリア・アンティクヴァ』に代わって、またそこにあった聖像を引き継いで【フォールム】の東側の高みに築かれたものであった。この教会の本来の姿は、今日バロックの改築の陰に隠れてほとんど知ることはできない。この時代の教会建築は、「楣式柱列」で特色づけられ、様式的には『サンタ・マリア・マジョレ』、あるいはいっそう強くラテラーノのバシリカの影響を受けていた。ただ後者と違うのは、三廊式に縮小されていること、また当時すでに機能を失っていた翼廊の聖具室をもたないことであった。もちろん「楣式柱列」と同様に、アーチを繋ぐ列柱「拱式柱列」も使われた。その例としては『サンタ・マリア・イン・ドムニカ』、『サンタ・チェチリア』、『サンタ・マリア・イン・ドムニカ』、『サン・ジョルジオ・イン・ヴェラブロ』、あ

るいは『サン・マルコ』が挙げられよう。『サン・マルコ』は、十五世紀および十八世紀に建て替えられ、過剰なまでに豪奢な材料と色彩で飾られてしまった九世紀バシリカのもっとも好い例である。「拱式柱列」を採用した九世紀の建築家はおそらく、たとえば『サン・パオロ・フオリ・レ・ムーラ』や『サンタ・サビーナ』など四世紀末ないし五世紀初頭のバシリカを頭に描いていたに違いない。あるいは彼らは単に、借用する古代建築の中に適当の大きさの楣を見出すことができなかったがゆえに、やむを得ず「拱式柱列」を採用したのかもしれない。「楣式柱列」あるいは「拱式柱列」を採用するにしろ、あるいはまた翼廊のあるなしにかかわらず九世紀ローマの教会は、コンスタンティヌス時代の要素だけでなく、六世紀の終わりに『サン・ピエトロ』に導入された環状式地下聖堂や〈コンフェシオ〉といったコンスタンティヌス以後のものもまた、取り入れたのであった。このことは、聖遺物を安置しそれを身近に感じること、それがカロリング朝時代のローマ教会建築の重要な目的であったことを思えば当然であった。九世紀には、ローマに限らず他所の教会建築家にとっても、『サン・ピエトロ』式の環状式地下聖堂はコンスタンティヌス式バシリカに必須の構成要素と見られていたのであろう。

九世紀、いやすでに七七〇年以後の新しい教会が建てられたのは、当時都市ローマの心臓部となっていたリーパ区――すなわち【マルケルス劇場】からカンピドリオの丘の麓、西部では【ポンペイウス劇場】までの域――でも、【パンテオン】周辺でも、またトラステヴェーレでもなく、むしろ『サンタ・チェチリア』、『サン・マルコ』、『サン・シルヴェストロ・イン・カピテ』のように〈アビタート〉の外縁部、あるいは『サンタ・プラセーデ』、『サンティ・ネレオ・エド・アキレオ』、『サンタ・スザンナ』、『サンタ・マリア・イン・ドムニカ』、『サンティ・クヴァトロ・コロナーティ』のように〈ディスアビタート〉であった。これらの教会の多くは、かつての〈ティトゥルス〉あるいは〈ディアコニア〉（福祉センター）の地に築かれた。〈ティトゥルス〉を核としていた信徒団体は、すでに久しい昔に姿を消していた。地域の住民との結びつきは、教会を建てる教皇たちにとってもはや重要な問題ではなかった。もちろん地元の伝統を守ることは大切であった。しかし信徒団体やその聖職者の立場は、『サンタ・プラセーデ』、『サンタ・チェチリア』、『サン・シルヴェストロ・イン・カピテ』に見られたように、新しい教会の修道士団体によって引き継がれていたのだ。同時にこれら新しい修道士会は、〈ディスアビタート〉の大部分の教会管理を世俗の要求から守る役割も果たした。このようなことから七六〇年から八六〇年の間に築かれた新しい教会は、確かに非居住地域を経済的には支配したが、都市中核部の外観と結びつくことはなく、それに影響をおよぼすこともなかった。

上で見たように、ローマにおける初期キリスト教の建物やその装飾の復活は、おそらくすでにレオ三世以前、いやハドリアヌス一世以前にはじまっていたと思われる。八世紀の半ば過ぎに築かれた『サン・シルヴェストロ・イン・カピテ』は、その早い例であったろう。建物の細部は不明だがこの教会は、おそらく六世紀以後のローマ教会建築とは際立って対照的な「楣式柱列」をもつ大きなバシリカであったに違いない。環状式地下聖堂も備えていたかもしれない。カロリング朝時代の多くの教会に見られるように、ここでも大きな石の塊を積む基礎は【セルヴィアヌスの城壁】を石切り場として使うことで可能となった新しい構築法の最初の証しであろう。それから約三〇年後、レオ三世の教皇在位の初期、『サンタナスタシア』の古い建物にのこっていた四世紀の翼廊に、三廊式の長方形の建物——「楣式柱列」か——が建て増しされた。この増築によって新しいバシリカは、コンスタンティヌスの『サン・ピエトロ』のプランを引き継いだ。この建物の下にローマ時代の家——おそらくかつての〈ティトゥルス〉——が存在したことが環状式地下聖堂の設置を阻んだのであろう。しかし〈クリアストリー〉（高窓壁）は、このグループの後期の建物を特色付ける壁工法と小さな二重弓形窓枠をもっていた。

北方とローマの古代再生 注6

より重要なのは、ローマに源をもつ流れとアルプスの北の流れの合流である。九世紀になって間もなくヘッセン州フルダの修道院教会が、新たに「ロマーノ・モーレ（ローマ風）」で築かれた。すなわちその建物は、西側の主アプスの前でおそらくその両端を「楣式柱列」で仕切られた長い翼廊が交差し、「楣式柱列」あるいは「拱式柱列」で支えられ身廊をもち、また東側にはアトリウムが接続し、そのアトリウムのファサードから西側のアプスまでの全長は一二〇メートルに達していた。『サン・ピエトロ』にならい、それと張り合う意図は明らかである。しかしローマには、これほど早くこれほど正確にコンスタンティヌスのバシリカをならった教会はなかった。フルダは、八一七年から八五五年にローマで最高潮に達した動きを先取りしたかに見える。たしかにローマとアルプス北方諸地域との結びつきは、以前からすでにつづいていた。七五二年から七五七年の間に『サン・ピエトロ』の屋根の上には金と銀で塗られた木製の塔が聳えていたが、それはフランク族のモティーフであった。『サン・ピエトロ』の屋根の大梁を交換する工事には、北方の技術者ヴァルカリウスが顧問として招かれた。八五〇年頃『サンティ・クヴァトロ・コロナーティ』のアトリウムの門の上に、アルプスの北ではまったく普通であるがローマでは類のない建造物、すなわちアトリウムを守るように聳える頑丈な塔が築かれた(図114)。じじつ塔の窓の柱は、まぎれもなく北方、おそらくイングランドに由来する特徴を見せている。しかしこのような北方的要素はローマでは非常に稀でもあったし、またまもなくして消えた。他方、フルダで純粋に模倣された『サン・ピエトロ』の建築もまた、ゼリゲンシュタットの唯一の例外を除いて、アルプスの北に根づくことはなかった。むしろ北方の教会建築は、西面の塔とか西面建物群といった、ローマではけっして見られない要素を採用した。要するにコンスタンティヌスの教会建築は、カロリング朝ルネサンスの北方ヴァージョンには根を下ろすことなく、ただローマにおいて際立った特色として復活したのだ。

114.『サンティ・クヴァトロ・コロナーティ』、門塔

他方広い意味でのカロリング朝ルネサンスは、アルプスの北にしっかりと根を張った。それは、ここではスペインとブリタニアからの刺激ではじまった。八世紀の最後の二〇年間、シャルルマーニュの宮廷にヨーロッパ各地から学者や詩人が集まった。ヨークのアルクイン、スペインからのテオドゥルフ、フランク人のアインハルド。彼らは、オヴィディウス、ホラティ

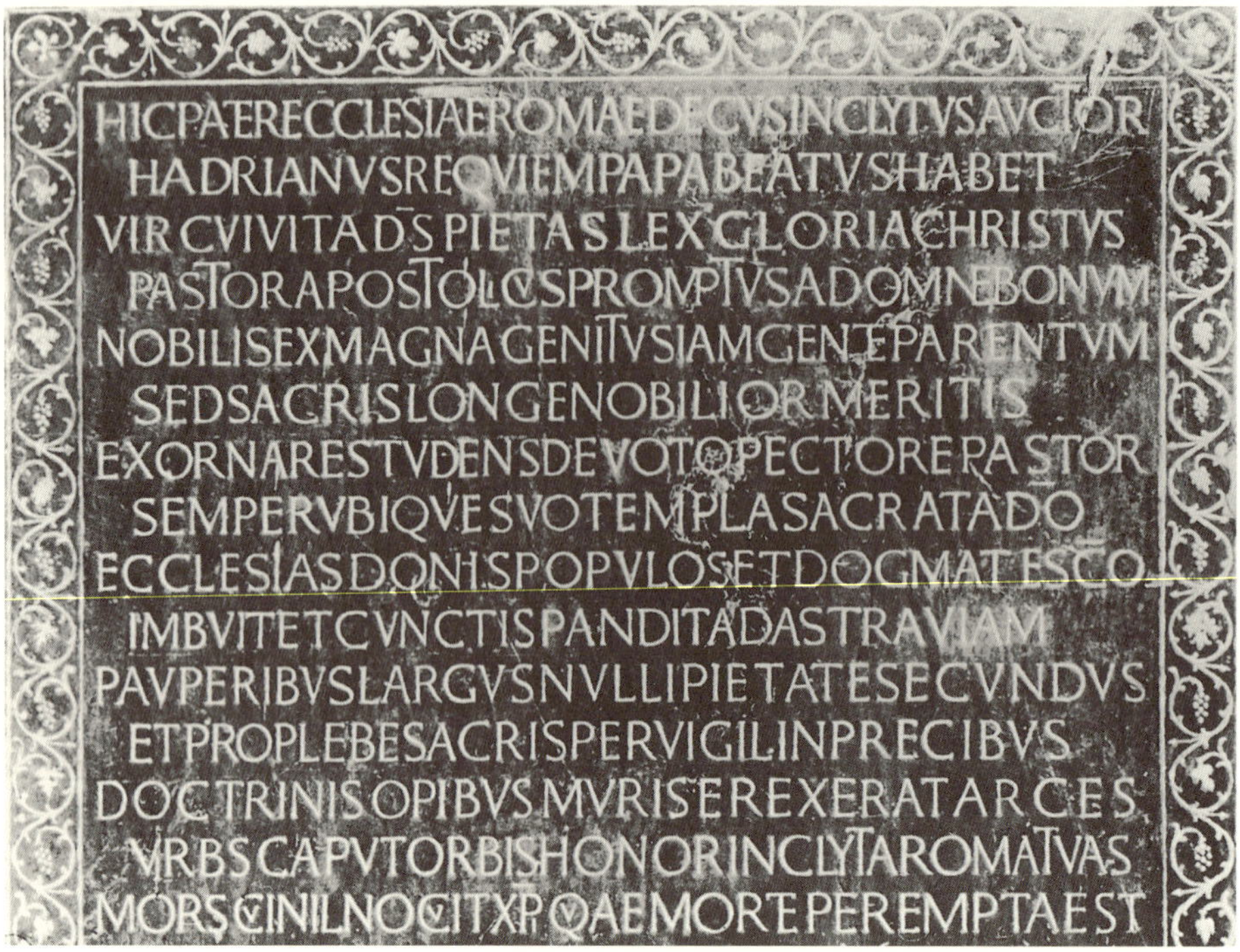
HICPATERECCLESIAEROMAEDECVSINCLYTVSAVCTOR
HADRIANVSREQVIEMPAPABEATVSHABET
VIRCVIVITADSPIETASLEXGLORIACHRISTVS
PASTORAPOSTOLICVSPROMPTVSADOMNEBONVM
NOBILISEXMAGNAGENITVSIAMGENTEPARENTVM
SEDSACRISLONGENOBILIORMERITIS
EXORNARESTVDENSDEVOTOPECTOREPASTOR
SEMPERVBIQVESVOTEMPLASACRATADO
ECCLESIASDONISPOPVLOSETDOGMATESCO
IMBVITETCVNCTISPANDITADASTRAVIAM
PAVPERIBVSLARGVSNVLLIPIETATESECVNDVS
ETPROPLEBESACRISPERVIGILINPRECIBVS
DOCTRINISOPIBVSMVRISEREXERATARCES
VRBSCAPVTORBISHONORINCLYTAROMATVAS
MORSCVINILNOCVITXPIQVAEMORTEPEREMPTAEST

115.　ハドリアヌス1世の墓銘、部分

ウス、ヴェルギリウス、スエトンに学んだ新しい散文および韻文による、たとえ内容は厳しくキリスト教的であっても、ローマあるいはギリシア神話への暗示の混ざる文体の創造を目指した。フランスの北部や東部、トリエル、ランス、トゥールの修道院、それにカロリング朝の宮廷では古典あるいはキリスト教古代の主題にあふれた挿絵入り手写本がつくられた。アーヘン、メッツなどでは、象牙彫り師や金細工師が同じ流れに従い、アーヘンのブロンズ鋳物師は、純粋な古典様式で宮廷礼拝堂の手すりや扉を制作した。これらすべては、ローマで同様の傾向が生まれる遥か以前に起こったことであった。アルクインによる六脚韻詩を二世紀のカピタリス・クヴァトラータ字体で刻み、優雅な古典的蔓草文様で縁取った教皇ハドリアヌスの墓碑は、アーヘンの近くで制作されてローマに運ばれた（図115）。このようにフランク王国宮廷でのルネサンス文化は、ほとんど九世紀を通して花開いていたのだが、その花は、ローマにかなり遅れて到達したか、あるいはまったく届かなかった。ただたしかにカロリング朝の擬古典的な文学様式は、九世紀も遅くなってはじめてローマに伝わり、短い期間影響を及ぼした。そのすばらしい証拠は、アナスタシウス・ビブリオテカリウスが著した、あるいは刺激を与えた同時代の

『教皇伝』、『ニコラウス一世の書簡』、ヨハネス・ディアコヌス・インモニデスの著した『大教皇グレゴリウス伝』である。じつカロリング朝の王からの贈り物――たとえばシャルル禿頭王が八七五年の彼の戴冠のときに持参した『カテドラ・ペトリ』と『サン・パオロ・フオリ・レ・ムーラの聖書』など――を除いて、北方の写本や象牙細工の技術がローマに登場することはなかった。あるいはレオ四世の時代に『サン・クレメンテ』の壁に描かれた《マリアの昇天》は、唯一の例外といえるかもしれない。使徒たちの落ち着きのない姿や驚きの顔つきは、このフレスコが北方の画家の手になると思わせるほどランス派の写本挿絵に似ている。九世紀のローマの写本制作所、同時代のラテン語またはギリシア語の写本、あるいは「ローマ様式」の字体や挿絵の存在を伝える資料は、今日まで発見されていない。

したがってレオ三世からレオ四世まで、すなわち八〇〇年頃から八五〇年頃までに、ローマにおいて築かれたあるいは飾られた教会は、カロリング朝ルネサンスの中にあって特異な地位を占めていた。アルプスの北での動きは、少なくともその初期にあっては、基本的には文学や美術における古典形式の復活を特徴とする一種の尚古的現象であったといえよう。その尚古的要素は、異教あるいはキリスト教にかかわらず、アウグストゥスの時代から五ないし六世紀に至るローマ芸術のすべての範疇から引用されたものであった。フルダの建築家は、もちろんただキリスト教古代だけを手本とした。アルプスの北の人びとにとっては、昔からの巡礼の目的地であり信仰の中心であった『サン・ピエトロ』のバシリカは、たとえコンスタンティヌスとの関係を知らなくても、当然手本とすべき原型とみなされたのであろう。広い意味での政治信条――キリスト教の帝国、正義による支配、あるいは大教皇グレゴリウスを起源とする一連の思想――は、少なくとも八世紀初頭の聖ビード以来、北方の思想ではなじみ深いものとなっていた。しかし狭い意味における北方でのルネサンスは、筆者が思うに、八〇〇年の西方キリスト教帝国の設立とそれにつづく伝統的正統性の模索ではじめて動き出した。古代への憧憬は、けっして消えることはなかった。しかしそれは、深まることもなかった。異教古代のイメージもキリスト教古代のそれも、霧の中にのこされた。そしてこのような北方のルネサンスの中に、教皇の宮廷にあってはすでに久しい以前に命を吹き込まれていた思想が、政治的思惑を絡んで入り込んできたのだ。

北方とは対照的にローマでは、都市の革新と芸術の再生は、自分たちの古代末期帝政、特にキリスト教の伝統に深く根を張っていた。そしてその根は、八世紀の半ば以降の教皇の宮廷において、まったく現実的な理由から醸成された想像上の「コンスタンティヌス時代」へ回帰する政治的イデオロギーにまでとどいていた。他方以前に相続していた、あるいは新たに入ってきた東方的要素は、再生したローマ・キリスト教の伝統にいち早く吸収された。しかもこの伝統は、古代モニュメントの現存、中でも『サン・ピエトロ』、『ラテラーノ・バシリカ』、『サン・パオロ・フオリ・レ・ムーラ』、『サンタ・マリア・マジョレ』などの偉大なモニュメントを目の前にすることによって、莫大な威力を発揮した。八〇〇年の直前にこのキリスト教古代の再生からはじまったこの都市の美術の動きは、九世紀の半ばからの六〇年間、あるいはそれ以上にわたって、十有余のローマの建物やモザイクでその意図するものをあらわしつづけた。中世のローマには、他にも花と咲いた時期はあったが、それらと比べてもこの時代は、堂々たる教会の建築や装飾が途絶えることなく、長期にわたってつづいたことで特異であった。モザイク、壁画、大理石の化粧張り、内陣を仕切る草木を絡ませた大理石の円柱、すべてを覆って煌く銀箔。教皇たちの伝記は、今日ほとんど失われてしまったそれらを縷々と記録する。

この九世紀の例だけでなく、キリスト教古代から中世末までのローマにときどき見られた長期にわたる花の満開の継続といった現象は、どのように説明できるのだろうか。それは、もちろんそれぞれの時代に与えられた特別な事情によるであろう。しかし筆者は、それと同時に教皇制度の一般的な性格も理由に挙げられると考える。教皇は、コンスタンティヌスの時代以来〈ペル　デフィニティオーネム〉（当然のこととして）選挙で選ばれた。一般的に見て、教皇がその選挙の時点に達するのは年功を積んだ熟年、少なくとも成年になってからであろう。とすれば、彼の統治期間は短い。――〈ノン　ハベビス　アンノス　ペトリ〉――政治であれ他のことであれ大きな事業は、次に選出される教皇に一定の基本的条件を必要とした。中世におけるこの条件のひとつは、明らかに、教会の聖職位階であれローマ貴族の位であれ――両者はローマではキリスト教古代から一三世紀に至るまでまったく同じものであった――、近い関係の集団からひきつづき教皇が選ばれることであった。家族や親族に支えられ、教会の政治や財政と絡み合った彼らの力の支持を得た教皇だけが、大規模な建築プロジェクトを最後まで遂行することができた。すなわち、この集団内での門閥の結束や競い合いから〈パパビリ〉（教皇適格者）と認められた者がつづいて登位することで、大きな事業は長い時間を堪えることができたのだ。ダマスス一世（三六六－三八四年）からシンプリキウス（四六八－四八三年）の一〇〇年にわたるキリスト教古代の状況が、おそらくそうであったに違いない。しかしこの期間に登位した歴代教皇の出自については、資料があまりにも少ない。

だが七五〇年から八六〇年にかけての状況は、確かである。このとき、富裕なローマの門閥からひきつづき選ばれたステファヌス二世からニコラウス一世に至る十人の教皇によって、一連の教会の建築と装飾の統一あるプロジェクトは遂行されたのだ。

第六章　現実、イデオロギー、修辞[注1]

〈カプト・ムンディ〉[注2]

中期中世、すなわち一一世紀末から一三世紀、ローマは革新の道を歩み、それは都市のモニュメントにあらわれた。新しい教会は築かれ、芸術はこの間に二度再生し、都市の地図は書き換えられた。ローマは、古い伝統に忠実に従いながらも、それまでの孤立の殻を破った。この再生を理解するためには、先行するカロリング朝時代の終焉から中期中世にかけての、すなわち一〇世紀の、この都市の歴史について知ることが必要である。すなわちこのたびの都市ローマ再生の基となった経済や政治の現実、イデオロギー的主張、さらには修辞的な粉飾による自己顕示についても、その展開を把握することが必要とされるのだ。

ゴート戦争の後ローマは、居住区の周縁域、すなわち【アウレリアヌスの城壁】内外の耕地に依存した農業都市になっていた。田園的な風情は近代にまでその跡を多くのこしており、一九二〇年代にはいまだ【マルケルス劇場】の傍らで週二回牛市場が開かれ、【パンテオン】の周囲では農夫が鍬をふるっていた。テヴェレの氾濫で〈ボルゴ〉北部のプラティが水に浸かり種蒔きや収穫が不能となると、たちまちローマは飢饉に襲われた。陸路や水運による交易も、頼りにはならなかった。危急に備えて八、九世紀の教皇たちが拓いた教会の農場〈ドムス・クルタエ〉は、次第に個人の所有へと移っていた。中世初期および中期の教会や教会に結びついた門閥家は、その収入と政治的力をカンパーニャやヴィテルボに向かうローマ北部の丘陵地、南ではテッラチーナ地方に至る農園に頼り、海外との交易はほとんど途絶えていた。ただ巡礼者だけが昔と同じく、収入の可能性や敬虔な贈り物をたずさえてやってきた。彼らは、泊まる所、賄い、その他のサーヴィスを必要とし、それは、ローマを訪れる教皇庁の客や高貴な旅人とて同じであった。しかし彼らの需要に応えた鍛冶屋、靴屋、肉屋など職人といえども、常に農業生産と結びついていた。教皇庁と門閥家は複雑に絡み合った上流社会を構築したが、それが都市の現実の仕組みに影響することはなかった。ローマの実際の姿は、質素で堅実な農業都市でありつづけた。

一方でのぎりぎりの自足経済、他方での教皇権や大門閥家の世界へ向けての大言壮語的主張、このアンビヴァレンスは、その背景を成す政治状況とともに考える必要がある。九世紀の四〇年代以来、カロリング朝ならびに教皇権と帝国の同盟は徐々に弱体化し、ついには崩壊した。その結果教皇権とローマは、地元の門閥グループの手に戻された。しかしこれら門閥同士や敵対する家族間の私闘はつづき、市内を血なまぐさい雰囲気で覆った。ローマは、外からも脅かされていた。イタリアの海岸を荒らしていたイスラムの海賊はしばしば内陸にも侵攻し、城壁の外の『サン・ピエトロ』や『サン・パオロ・フオリ・レ・ムーラ』を略奪した。八四九年と九一六年、ガエタとナポリの海と陸の軍は彼らを撃退した。しかしそれが状況を変えることはなかった。この戦いに教皇配下のローマ軍はほとんど参加しなかった。教皇権は、道徳的、政治的、財政的にますます沈下した。ラティウムや中部イタリアの〈パトリモニウム・ペトリ〉は、個人地主あるいはファルファ・サビナの修道院など大土地所有者の手に移った。ローマでの教皇の権威は地に墜ちた。一〇世紀の三〇年代から五〇年代にかけて、一名家の末裔アルベリクは〈プリンケプス〉および〈セナトール・オムニウム・ロマノルム〉として、ローマと彼の領地を支配下に置く強力な政府を立てた。彼の要請に応えて、ベネディクト修道士会の内部に新たに組織されたクリュニー派の信徒集団は、再びローマとその周辺に修道院を築いた。注目すべきは、ローマにおけるこの修道院の改革がひとりの世俗者の主導によって着手され、外から呼ばれた教会指導者によって遂行されたことである。アルベリクと彼を支持する貴族たちは、ローマを自分たちの都市として扱う現実主義者であり、教会を支配し教皇権を自由にすることをまったく当然のこととみなしていた。臨終の床で実の息子を教皇ヨハネス一二世とする手配をしたときアルベリクは、都市と教会をひとつにすることさえ考えていたと思われる。ともあれローマをして、アルプスの向こうあるいはこちらから窺う北方の敵に手を出させない、またビザンティンの皇帝とほとんど対等に交渉できる中部イタリアの指導的公国としたアルベリクの業績は、後代のローマ貴族の思い出の中で生きつづけた。彼らは、如何にしてアルベリクが権力の座に着いたか、如何に彼が異邦人に対するローマ人の憎しみと軽蔑をあおり、如何に彼らの栄光の過去を思い出させたか、それを語りついだ。

中世のローマ人にとって、過去の栄光こそが現在の政治および経済の状況以上に力をもつ「現実」であった。この想いは、あるいは単なる呪文であったかもしれない。しかしそれは、時には政治的出来事の上に影響を及ぼすこともあった。この想いの中では、過去を今に繋ぐ多くの、そしてさまざまの異教およびキリスト教の伝統の糸が絡み合っていた。基本的にローマは、〈カプト・ムンディ〉、〈ドミナ・ゲンティウム〉（諸民族の女主人）、〈レギナ・ウルビウム〉（諸都市の女王）でありつづけたのだ。ローマは、使徒、特に聖ペトルスの眠る地、彼と彼の後継者の御座であり、それゆえ最高の名誉を有す地であった。かつてレオ一世は、キリスト教とローマの一体化を政治の目的とした。そしてその目的は、四〇〇年後教皇ニコラウス一世が皇帝との結びつきで強化された教皇権を東方と西方で確実なものにしようとしたとき復活し、その後も全中世をとおして、さまざまな政治的および精神的状況の下で繰り返し標榜された。しかし中世のローマは、帝国の首都でもあり、ただローマにおいてのみ皇帝の戴冠は権威を与えられた。もちろんこの皇帝戴冠の権利が、教皇権あるいは教皇を選んだローマ市民の伝統に基づくものか、あるいはかつて古代の皇帝がそこから世界に号令した都市ローマ自体の伝統に基づくものか、この問題は判然としないままのこされていた。世界支配の主張も、アクセントの違いこそあれローマの住民自身——早い時代には偉大な人物、後には大衆——によって標榜された。過去への憧憬は、貴族たちが古代ローマの肩書きや呼称を名のることにもあらわれた。アルベリクの父親テオフィラクトゥスはみずからを〈セナトール・ロマノルム〉と美化し、次々と取り替えた夫たちとともに『カステル・サンタンジェロ』に幽閉された母親マロツィアは〈セナトリクス〉であり、息子は初代ローマ皇帝にちなんで〈オクタヴィアヌス〉と名づけられた。アルベリクはローマ市民に「都ローマの名誉」にかけて、「かつては我われの奴隷であり、今や我われのローマを支配しようと狙う」野蛮人への敵意をあおった。「栄光のローマ」は、異邦人による支配からの解放の象徴であった。教皇だけでなくドイツの皇帝たちもまたそれぞれの目的のために、過去への憧憬と混ざったローマ市民の民族主義的感情に訴えた。そして教皇、皇帝、さらにローマ市民が、自分たちのローマ支配を世界支配の主張へと拡大させた。このようにすでに早い時代に、中世の三者鼎立の思想は形成された。

ザクセン家の皇帝は、改めてローマでの皇帝戴冠とローマの支配を主張した。九六二年オットー一世は戴冠のためにローマに入り、急ぎアルベリクの息子ヨハネス一二世をみずから選んだ教皇に替えた。オットーはみずからの皇帝位を確実とし王による神政国家を樹立するために、どのローマ貴族よりも残忍で現実的な方法で、都市ローマと教皇権を人質とした。異邦人およびおそらく平民の出もいたであろう彼の傀儡教皇たちに対するローマ人の抵抗は、わずか二〇年の間に三度の暴動を噴出させ、その都度容赦なく鎮圧された。最も激しい蜂起の際の指導者、当時の市総督は、ロバの背に仰向けに縛られ、市中を引き回されたのち教皇の宮殿ラテラーノの《マルクス・アウレリウスの像》に毛髪で吊り下げられ、そして追放された。追放は、元老院議員、高貴な人間への処罰であった。それに対して、一二人の平民の指導者〈デカルコネス・デ・ヴルギ・ポプロ〉は、絞首刑に処せられた。法の施行には、微妙な差違があった。ちなみにデカルコネス（decarcones）は正しくはデカリオネス（decariones）で、リオニ（rioni）を代表していたのだろうか。そうであれば、これはテヴェレの東側に一二、トラステヴェーレにひとつ、のちに〈ボルゴ〉のひとつを加えた中世のローマ都市区分の最初の言及となる。オットーの息子と孫、すなわちオットー二世とオットー三世の下でも、大門閥のひとつクレスケンティ家に率いられた蜂起はつづいた。ローマ党と皇帝党が対峙した。最後の反逆者ヨハネス・クレスケンティウスは、手本としたアルベリクに倣ってローマの民族主義的伝統の名の下で独立した公国の創設を目指し、〈パトリキウス〉の肩書きを受け継いだ。オットー三世およびローマ自体の強力な皇帝派から『カステル・サンタンジェロ』を守って戦い捕虜となった彼は九九八年に処刑され、その亡骸は都を見下ろすマリオの丘にさらされた。ゆっくりと、しかし着実な都の没落を哀しい歌がうたっていた。「おお、ローマよ、打ち萎れたおまえを、多くの者たちが踏みにじった。今はザクセンの王が、おまえを侮り辱め、おまえの力を打ち砕いた。おまえの金や銀を彼らは持ち去り、懐にしまいこんだ。かつておまえは、大いなる力をほこり、すべての民族を負かした。最高権威の笏を執り、おまえは全世界を、南から北まで征服した。ガリア人は、おまえを破ったが、おまえはうつくしかった。おお、レオのみやこよ！」と、九七二年の後まもなく、ソラクテ山修道院の修道士ベネディクトはうたった。都市ローマと教皇権は、どん底に堕ちていた。

一〇〇〇年頃、短命ではあったが新しい見事なローマのイメージが形成された。オットー三世は、教会と世俗の権威の支持を得て教会と帝国をともに革新しようと試みた。彼は、教皇権と帝国はかつて八〇〇年頃のシャルルマーニュとレオ三世の同盟以上に堅く結束すべきだと考えた。この新しい結びつきはビザンティンを手本とした（オットーの母親はビザンティンの皇女であった）。オットー三世にとって、教皇権と皇帝権は皇帝の下での二重の神政国家であり、その核に位置するのが、そこから皇帝と教皇が一致協力してキリスト教帝国に号令する世界的君主国の首都ローマであった。コンスタンティヌスの時代に実現したと信じられたこの共同の首都構想は、その実現で帝国がみずからの存在を主張できるひとつの政治理論となった。ローマにおいてこそ帝国と教会は再生され得たのだ。すでにシャルルマーニュの時代に、ローマは「皇帝が居を構えるのがあたりまえ」の都市であった。オットーにとってこの都市は、単に「世界の頭」、「諸都市の女王」であるだけでなく、特に「聖ペトルスの亡骸の眠る名誉」を有し、それゆえに「世界の皇帝を任命するにふさわしい」、「我われの王国の首都」であった。この考えは、オットーがみずからをコンスタンティヌスに似せて〈イサポストロス〉（使徒に比する者）と高言し、同時に都市ローマの主人としてその守りに責任をもつ使徒の従

116. 『オットー３世の福音書』、オットー３世に贈り物をささげる「帝国諸州」、Bayerische Staatsbibliothek München, Cod. Monac. Lat. 4453, Cim. 58, fol. 23^{v} および 24^{r}

者とみなしはじめたとき、その重さを増した。彼が師であるゲルベルトを教皇に任じ、これまでコンスタンティヌス時代の教皇だけの名であったシルヴェステルを名のらせたのは、偶然ではない。彼の目的は、これもまた疑いもなく、教会を革新し、ローマを再び誰もが認める西方の女主人にすることであった。オットーはローマに、ビザンティンと彼が頭の中で描いた古代ローマが手本として混融した宮廷を構え、ローマの貴族をその官職につけた。ミュンヘンにある一〇〇〇年頃オットー三世のために書かれた福音書の挿絵は、あらゆる言葉以上にこの新しい帝国のイメージを明白に伝える（図116）。玉座に着き、左右に聖と俗の高官を従えたオットーは、帝国を構成する「諸民族」の表敬を受けている。「ガリア」すなわちライン地方とネーデルランド、「ゲルマニア」すなわちラインとエルベの間、「スラヴィア」すなわちエルベの東側、そしてこの三者を率いるのが「ローマ」すなわちオットーの首都である。オットーはローマ人を贔屓し、ドイツ人およびローマ以外のイタリア人臣下を苛立たせた。王の布告は、先ず「元老院の執政官とローマの民衆」、つづいてローマ以外のイタリア出身の聖と俗の顕官に発せられた。ローマ人への呼びかけの中で彼はいう。「余は、世界を支配していたおまえたちの先祖さえ到達し得なかった我が帝国の最遠の地におまえたちを導いた。これらすべてを余は、おまえたちの名と栄光を世界の果てまで伝えるために成したのだ」と。修辞的粉飾もあるだろうが、根底に横たわる政治理念、宮廷での名誉ある職、それにもしかしたら失脚したクレスケンティウス一派の大私有地から分配された恩賞といった具体的な利益も、ローマの貴族、聖職者、知識人を惹きつけたに違いない。ローマ人の間に、皇帝の党が形成された。わずか五年の間、一〇〇二年のオットーの死、その一年後のシルヴェステルの死まで、ローマに新しい時代がはじまったかに見え、ある詩人は「ガウデ　パーパ、ガウデ　カエサル、ガウデアト　エクレシア」（教皇万歳、皇帝万歳、教会万歳）と高らかにうたった。

腐敗と改革運動、グレゴリウス七世[注3]

それは、あまりにも短い幕間劇であった。オットーの死につづいた約五〇年の間に、ローマと教皇権はもとの木阿弥に戻った。はじめは近くの山岳地帯トゥスクルムの一門閥家が都を支配し教皇を立てたが、四〇年代からは同じことをドイツ人の皇帝ハインリヒ三世が行なった。誰もが、このような教皇叙任の正当性を疑わなかった。フランス、イングランド、ドイツの司教も、彼らの権力の記章である杖、指輪をじじつ上の支配者から授けられ、その職に任命された。このことは王から見れば、司教の任命はすなわち領地の封土にすぎず、当然のことながら、教会の人間も王の一家臣、世界帝国の一官僚にすぎなかった。悪用に道は拓かれた。〈シモニア〉、すなわち教会職の売買は公然化し、世俗の大物と化した聖職者は側室たちと贅沢に暮らし、生まれた男子に教会と世俗の財産を世襲させた。

すでに一一世紀の早い時期に、このような風潮に対する抵抗が、約半世紀前からまず自分たちの間で改革運動を進めていた修道士のグループから起こった。おそらくはじめはクリュニーの修道院での小さな動きであったのだろうが、やがて彼らは、ロレーヌや北イタリアの修道院の指揮の下、教会の改革を声高に叫び、聖職の売買、聖職者の封建臣下化、聖職者の側室制度の禁止を求め、倫理および金銭の腐敗に戦いを挑んだ。この改革の叫びは、北イタリア、フランス、ラインランドに形成されつつあった「都市」の中層および下層大衆の間に反響を呼び――ミラノの〈パタリア〉は際立った例――、ときには異端の動きと結びつくことさえあった。根底に横たわるのは、この時代特有の問題点を除けば、全中世をとおしての、さらにはその後のキリスト教の改革、革命で繰り返されたものと同じであった。社会や経済の改善、福音に基づくキリスト教の純粋性と使徒の時代に似た素朴さへの回帰、狭い教条主義やあまりに先鋭化した知識主義から解放された、日々の生活での穏やかな信仰への回帰であった。そして教会の、自由な宗教活動のためのあらゆる世俗圧力からの独立であった。

一〇五〇年頃、これら要求はひとつの綱領に固まり、それとともに改革の運動は、その目的、性格、担い手を変えた。初期の段階で修道士と平信徒のグループに強くあらわれていた福音主義的革命要素は、次第に和らげられた。関心は聖職者の道徳の改善や聖職売買（シモニア）の撤廃から離れ、むしろ教会の独立、世俗、特に皇帝の影響からの解放に向かった。戦いは、倫理から政治へその焦点を移したのだ。同時に、新しい指導者たちが登場した。彼らは、もはや田園の大修道院に世間を遁れた修道士ではなく、街中のクリュニー派修道院出身で権力の中心、ローマの教会で高位についた聖職者、すなわち枢機卿ペトルス・ダミアヌスやシルヴァ・カンディダの枢機卿フンベルト、それに一〇五〇年以来歴代の教皇の陰で暗躍していた大助祭ヒルデブラントであった。ダミアヌスは倫理を説く思想家、フンベルトとヒルデブラントは行動的な実践家であった。彼らは協同して教会の政治的独立のために、世俗のみならず教会の諸問題への介入、特に教皇選挙の追認、司教の叙任権を求める皇帝の主張に反抗した。この「叙任権争い」で立場を固めるため教会は、みずからの組織の改編を目指した。教皇の選挙はただ枢機卿の手にのみ委ねられ、皇帝の追認権は無視された。世俗支配者の司教叙任権は断固否定され、そして一一世紀の半ば以来教皇の行政は厳格な官僚制を敷くに至った。皮肉なことには、時を同じくして教会はみずからの世俗の権力を強め、かつ拡大せざるを得ない立場に立った。たしかに教皇権とその行政組織へのローマ貴族の息の詰まる影響力は取り払われ、〈パトリモニウム・ペトリ〉（教会領土）は改革拡張された。しかしそのことで教会は、そしてこれもまた皮肉にも、その世俗の権力を現実的に強化し、みずからが封建領主にならざるを得なくなった。のちに南イタリアおよびシチリアの王となるノルマンの将軍が、有力で危険な封建臣下また庇護者とされた。ローマ貴族、そして最終的にはラティウム諸都市の貴族たちは、次第に教皇配下の封土領主となり、さらに彼らもまた、その臣下とともに封建制に組み込まれていった。このようにして、完全に組織化された教会封建国家は形成され、その中で教皇の有力な家臣が、ローマ都市行政での高位の世俗職を占めていった。

独立のための戦いは急速に聖俗両域での教会の主導権をめぐる戦いに変わり、次第にヒルデブラントが先頭に立つようになった。ローマの一門閥、おそらく近年ユダヤ教からキリスト教に改宗したばかりの大銀行家ピエルレオニ一族と血縁関係にあった家の出である彼は、『サンタ・マリア・イン・アヴェンティーノ』のクリュニー派修道院で教育を受け、早くから改革の仲間に加わり、教会に対する宗教的熱情と功名心、それに政治的野望に駆られ、一一世紀の五〇年代の後半からは政治の改革に邁進した。不屈で独裁的であった彼は、「主人だけでなく使用人のためにも法律をつくる」政治的現実主義者でもあった。たしかに教皇に選ばれる前後の妥協を迫られた彼は、のちに『ディクタートゥス・パパエ』（教皇勅書）に示される自身の思想に必ずしも忠実であったとはいえない。それでも彼は、中世におけるふたりの偉大な教皇のひとりであることに違いはない。他のひとりは、グレゴリウスが輪郭を描いた中世教会の最高の目標を完成に導いたインノケンティウス三世である。

戦いの中心はローマであり、この都は文字通り戦場となった。一〇六一年、ローマ教会と帝国（王ハインリヒ四世はまだ子供であった）および封土の放棄を望まない帝国の司教たちとの決裂は、避けられないものとなった。帝国の司教たちは、ヒルデブラントが強いる教皇アレクサンデルのいくらか変則な選出に反対して、対立教皇ガダルス（ホノリウス二世）を立てた。皇帝の使節ベンツォにあおられて（彼の報告書はまさに奇妙な大言壮語の宝箱）、ローマ貴族のある党派は対立教皇をローマに呼び寄せ、〈レオの都市〉を占領した。はじめ旗色の悪かったヒルデブラントとアレクサンデルは、しかしピエルレオニ家とその財力およびノルマンの傭兵の援けによって最後には勝利した。しかしつづく二年間も、「街中の戦いは『カステル・サンタンジェロ』からカンピテルリ（【マルケルス劇場】の後方の市区）の間で荒れ狂った」。一〇年後、ヒルデブランド、今は教皇グレゴリウス七世が、みずからの目的をなおも押し進めようとしたとき、市街戦は再び火を噴いた。教皇の座に着いたその年彼は、かねてから敵対していたローマのある大物に拉致され街の中心であるパリオーネ区のその男の屋敷に閉じ込められたが、早くも次の日民衆はその建物になだれ込み、彼を救い出した。数ヵ月後、——正確な日付は不明——彼は『ディクタートゥス・パパエ』をしたためた。これは、彼の政治の基本綱領でも、ましてや目前の政治的問題の解決案でもなく、むしろ基準となる掟を集めた箇条書きといったものであった。教会は神によって設けられたと認められるべきである。教皇は普遍の権威をもち、すべての教会を代表すべきである。教皇は、教会に関する絶対の政治権力をその手に握り、新しい法律を布告し、教会公会議を無効にする権利を持つべきである。あらゆる世俗の権力は教会の下位に置かれるべきであり、したがって教皇は王や皇帝を退位させ、みずから皇帝の冠を戴く権利を有する。以上は、『コンスタンティヌスの約束』を想い起こさせる。このような世俗権力に対する教会の優位性が、そこに明確に名を挙げられている地域以外のハンガリー、クロアチア、さらには辺境キエフの暗黙の教会封土にも妥当されたのか否かは定かでない。しかしこれらの規定は、ときには教皇の特使によってさえ文字通り厳格に解釈された。叙任の権利を放棄する意思もなく、また出来もしなかったハインリヒ四世は破門され、二度、すなわち一〇七七年のカノッサでの短い屈服の前と後に、形式上退位させられた。逆に彼の側からグレゴリウスは、「簒奪者」、「教皇ではなく、偽僧である」と告発された。一〇八〇年二度目に退位させられたあとハインリヒはローマに軍を進め、都を三度にわたって包囲した。一〇八三年の二度目の包囲の際、彼の軍は〈レオの都〉と『サン・ピエトロ』を占領した。このとき城門は火災で傷ついた。グレゴリウスは『カステル・サンタンジェロ』を守り、東岸の本来の都への皇帝軍の侵入を阻んだ。しかし翌年ハインリヒは市内に入りラテラーノを占領し、『サン・ピエトロ』で彼が任命した対立教皇によって皇帝の冠を戴かせた。彼は、反グレゴリウスの多くの貴族、それに三年つづいた戦乱に倦んだ民衆の支持を得たが、グレゴリウスの一派は、パラティーノ南東隅の当時は壁で塞がれていた古代のアーケード【セプティツォニウム】とカンピドリオの同じく要塞化されたコルシ家の建物にたてこもった。そしてこれらもまた敵の手に落ちたが、教皇が逃げ込んだテヴェレの島と『カステル・サンタンジェロ』は、からくものこった。ロベルトス・グイスカルドゥス（ロベール・ジスカール）に率いられたノルマン軍は、ハインリヒ軍を追い払い、教皇を解放した。しかしそれには、大きなつけが回ってきた。ノルマン軍による略奪の嵐は吹き荒れ、多くのローマ人は連れ去られ、噂では奴隷に売られたという。そして街は荒廃した。破壊は、あるいは当時の人びとが感じたほどひどくはなかったかもしれない。それでも【アウレリアヌスの城壁】までのびる非居住区、それにラテラーノから【コロセウム】に至る本来の市街区の外、さらには『サン・シルヴェストロ・イン・カピテ』から『サン・ロレンツォ・イン・ルチナ』に至るカンポ・マルツィオ北縁地域など、いわゆる〈ディスアビタート〉が受けた被害は甚大であった。

叙任権争い 注4

一〇八五年五月、グレゴリウスはサレルノで仲間に看取られて世を去った。教皇と皇帝の戦いはつづいていたが、もはやそれはグレゴリウスが頭に描いていた目的、すなわち教会と帝国の関係の根底に横たわる問題からは遠のき、皇帝による司教叙任という象徴的な行為に集中した。主張と反論、血腥い戦乱はさらに四〇年つづき、そのすべての重荷を負ったのは、またもやローマであった。教皇派と皇帝に支持された対立教皇派――両者とも名目上は枢機卿会議で公式に認められていた――は、玉虫色に変る同盟の中で、聖職者、貴族、民衆たちによってほとんど同じ程度に支持されていた。それぞれの陣営は市街戦を繰り広げ、それぞれは、ラテラーノ、『サン・ピエトロ』とレオの都市、『カステル・サンタンジェロ』、テヴェレの島など戦略拠点を死守した。ただ傭兵の給料や党派買収の資金が欠乏したとき、やむを得ぬ数ヶ月あるいは数年の休戦がつづいた。一〇八八年教皇に選ばれたウルバヌス二世は、彼の一一年の教皇在位中の六年はローマに入ることが出来ず、ようやく入城できても、かつてのグレゴリウス七世の熱心な支持者であり大銀行家であるピエルレオニ一族の支配するテヴェレの島、あるいは【マルケルス劇場】近く、あるいは劇場そのものの中の要塞化された屋敷に身を隠さねばならなかった。しかも歿後彼の亡骸は埋葬のため、トラステヴェーレを抜け、迂回して『サン・ピエトロ』に運ばれねばならなかった。ポンテ・サンタンジェロは、対立皇帝の支持者によって制圧されていたのであろう。彼の後継者パスカリス二世は、在位の一九年間、カンパーニャや「支配者が退けば反抗的になる」都の敵と戦いつづけた。彼は、カンピドリオのコルシの要塞を二度目に破壊したという。この要塞は、グレゴリウス七世の伝記作家によれば一〇八四年にハインリヒ四世によってすでに一度破壊されていたという。おそらくいずれの場合も完全な破壊ではなかったのであろう。パスカリスの在位の後半、混乱はさらに激しさを増した。一一一一年ドイツの新しい王ハインリヒ五世は、司教叙任権を主張するため、また皇帝としての戴冠のため、ローマに向けて軍を進めた。テヴェレの島のピエルレオニ一族の要塞にかくまわれていた教皇は、皇帝との妥協に応じた。しかし司教に世俗の封土すべての放棄を求めたその妥協案は、それを認めないドイツの司教たちの反対にあって『サン・ピエトロ』での批准を阻まれた。都の各所でまたもや市街戦がはじまった。王に連れ去られていた教皇は、強いられるままに王の叙任権を認め、『サン・ピエトロ』でひそかに彼に冠を授けた。この譲歩は、ハインリヒがローマを離れるや否やただちに撤回された。ハインリヒはまたもやローマに軍を進め、一一一七年パスカリスは都を追われた。王はラテラーノから『サン・ピエトロ』までを手中にしたが、教皇派は『カステル・サンタンジェロ』を確保し、彼らは花綵《はなづな》で飾られた街中を進む王の凱旋行進を妨害した。王は船で川を渡らなければならなかったという。おそらくピエルレオニ一族が、島への橋を塞いでいたのであろう。

パスカリスの後継者ゲラシウス二世（一一一八－一一一九年）の下でもローマは、それぞれの要塞をめぐる戦いの場であった。教皇と彼に味方する枢機卿がフランギパーニ一族の首長に拉致され手荒い仕打ちを受けたという知らせに、「ローマの一二の〈リオネ〉」（川東の街が市区に分けられていたことの最初の明確な言及）が蜂起し、加えて「トラステヴェーレと島の住民」が武器をとり、リーパ区とトラストヴェーレの有力門閥、ピエルレオニ、ノルマンニ、テバルディ、ブッカペコリニ、ボヴェスキに率いられて立ち上がった。しかしラテラーノ、その周辺地域、それにおそらく市街区の一部は敵側の手中にのこった。教皇は解放されたが、都から逃げ出さねばならなかった。ようやく一一二二年、叙任権の問題が教皇カリクストゥス二世と皇帝ハインリヒ五世の間の妥協「ヴォルムスの政教条約」を見出したとき、ローマに平和が戻った。もちろんこれもまた、短い幕間劇にすぎなかった。一一三〇年、インノケンティウス二世とアナクレトゥス二世が同じ日に教皇に選ばれた。前者はトラステヴェーレのパパレスキ家の出で、フランギパーニ一族とドイツの王ロタールに支持されていた。アナクレトゥスはピエルレオニ家に属し、『サンタ・マリア・イン・トラステヴィーレ』の枢機卿であった。枢機卿、貴族、民衆の多数派、さらには南イタリアおよびシチリアを支配するノルマンの一族に支持されたアナクレトゥスは、市街とラテラーノを手中にし、いくつかの大きな教会を略奪したという。他方インノケンティウス側は、パラティーノの上や麓、それに【コロセウム】のフランギパーニの要塞、カンピドリオのコルシの砦を拠点とした。しかし数週間後、インノケンティウスはフランスに逃れた。三年後彼は皇帝とともに帰ってきたが、アナクレトゥス派を『カステル・サンタンジェロ』や『サン・ピエトロ』から追い出すことは出来なかった。皇帝の戴冠はラテラーノで執り行わねばならず、まもなくロタールとインノケンティウスは再びローマを離れた。一一三七年の二度目のローマ進軍も、成果なく終わった。一一三八年アナクレトゥスは世を去った。インノケンティウスはローマの支配を手に入れたが、それも長くはつづかず、五年後またもや、今回は民衆による反乱が起こった。それらもやがて克服され、それから七〇年後教皇たちは、ようやくローマおよびパトリモニウム・ペトリの実際の、そして公式に認められた統治権を獲得した。これを教皇は帝国に対する勝利とみなし、世界支配の全権を主張した。

じじつ一二世紀をとおして教会と王権の関係は、グレゴリウス七世が描いた輪郭どおりに次第に安定し、彼の示した基本原則はより正確に、そしてより厳格に明文化されていった。しかし改革運動の根本を成していた道徳の問題、それにグレゴリウス七世の主要関心事であった世俗権力の教会の権威への従属という問題もまた、とうの昔に忘れ去られていた。一一三〇年以来教皇側は、当初から明確には規定されていなかった王や皇帝の教皇との従属関係を次第に封建制度の法的義務という法学上の問題で捉えるようになった。この自信に溢れる見解は、たとえば今日に一六世紀の簡単な素描で知られるラテラーノ宮殿の一一三三年頃に制作されたひとつの壁画にあらわれていた。それには、「王は城門の前に立ち、都を守ることを誓った。それから彼は、教皇の封建臣下として、彼（教皇）の贈り物である冠を受け取った」との銘文が添えられていた。この銘文の意味を多くの人たちは最も広く、「宗教に関する権威も世俗の権力も、法的には教会に属する。世俗の権力は戴冠によって教皇から皇帝に移され、したがって帝国は、教会の封土とされる」と解釈した。しかしこの見解が、教皇側の法律家によってはっきりと明文化されたことはなかった。しかし地上の最高の地位、最高監督機関として世俗のすべての権力の宗教の力による支配、地上の諸権力のもめごとの調停、皇帝の権力をじじつ上みずからのものとすること、これら教皇側主張は、改革時代以後くりかえし、教皇の声明、世間の出来事に関する非公式な意見表明、儀式あるいは教皇の衣装の様式に至るまで、じつにさまざまな形で暗示された。グレゴリウス七世は、『コンスタンティヌスの約束』が教皇に認めていた皇帝の記章を身につける権利を改めて主張した。教皇の山の高い帽子〈ティアラ〉は皇帝の冠と解釈され、おそらく金の環であったろう〈ディアデム〉（冠環）は「神の手から授けられた王位」の象徴とされた。ときには、「聖ペトルスの手から授けられた皇帝権」を象徴するふたつ目のディアデムが付け加えられた。さらに教皇は、「皇帝の地位の標」として赤いマントを纏い、インノケンティウス二世は頌歌の中で「カエサル、世界の支配者」あるいは「真の皇帝」と呼びかけられた。じじつ、教皇を皇帝として位置づける見方は、帝国に対する勝利によって強められ、次第により明確になっていった。それは、インノケンティウス三世の時代に、教皇の人格と職能に具現化された規模雄大な世俗的影響力と宗教的領域における完璧なまでの権威でもって最高の域に到達した。その一〇〇年後ボニファティウス八世は、〈ティアラ〉に三つ目の〈ディアデム〉を加え、それは三段の冠になった。ドイツ皇帝の特使アルブレヒトに対して彼は、「余はカエサル、皇帝である」と応えたというが、あるいはそれは当時の口さがない噂であったかもしれない。しかし好い噂もそうであるようにそこには、必ずしも明確なものではないが、書簡や布告に垣間見られる彼の真の一面が隠れていたのかもしれない。

教皇権を聖俗両域における最高権力、真の皇帝の権威とみなすことは、当然のことながら当時の世界における都市ローマの地位に反映した。全中世をとおして人びとが固執したその〈カプト・ムンディ〉としての地位は、それぞれの抱く政治的主張に応じてそのアクセントの位置を変えた。オットー三世以来皇帝の周囲では、ローマは何よりも皇帝の公式の首都であった。私たちは、一〇三三年の皇帝の鉛の封印にはじめて〈ロマ　カプト　ムンディ　テネト　フレナ　オルビス　ロトゥンディ〉（ローマ、世界の頭は全世界の手綱をもつ）と記されたことを知っている。確かにこの文句は、当時すでに単なる修辞的自己顕示であったかもしれない。しかしそれは、中世の終わりまで皇帝の封印の銘でありつづけた。その根底に横たわるのは、一一世紀末から一二世紀にかけての教皇権との戦いが頂点に達していたときでさえ、歴代の皇帝たちが懸命に守りつづけた思想であった。他方同じ時代の教皇やその代弁者は、彼らに与えられていた世俗の統治権および皇帝の代理権の主張（明確に表明されてはいないが）という政治的立場から、ローマに突出した地位を与えていた。それは、まったく別の枠組みにおいてではあるが、教皇ニコラウス一世や彼の外交官たちがすでに二五〇年前につくり出していた考えでもあった。しかし一二世紀および一三世紀の教皇たちにとって、〈カプト・ムンディ〉は、けっして単なる空虚なきまり文句ではなかった。ローマは結局のところ、「彼らの皇帝」（教皇）の首都であった。彼らは、ドイツの皇帝以上にみずからを古代ローマとその偉大な皇帝たちの遺産相続人とみなしていたのだ。その「皇帝」たちの栄光が、今日の輝かしいキリスト教ローマの名声を生んだのであり、教皇の座がすなわち世界支配を主張する「彼らの皇帝」の都であったのだ。ところでもうひとつの非常に現実的な、遥かに散文的な都市ローマの地位、それはラティウムとその周辺を含む教皇支配下地域の行政の中心ということであった。

一一四三年の革命[注5]

この頃歴史の上に、ローマの伝統を基盤として世界の支配を主張する第三の勢力が登場した。ローマ市民である。これまでも彼らは、詩人や歴史家によって繰り返し古代ローマの伝統の担い手、その名声と美徳の相続人と呼ばれてきた。だが古代ローマの栄光、その言語、そして失われた自由への憧憬は、教皇や皇帝、それに民衆指導者によって、その時々の政治状況に都合の好いように使われてきた。八六〇年のニコラウス一世にとってローマ市民は〈クヴィリテス〉（古代ローマ市民の敬称）であり、一〇六一年ハインリヒ四世の代弁者は、集まった貴族たちに〈パトレス　コンスクリプティ〉（正規の長老）と呼びかけ、一〇八一年都を包囲したハインリヒは「テントでできた新しいローマ」を建造し、古代の慣習にならって「新しいセントリオーネ（百人隊）、トリブーネ（護民官）、セナトーレ（元老院議員）、プラエフェクトゥス（総督）、ノメンクラトル（告名者）」を任命した。しかしこれらは空虚なたわごとであり、そのように呼ばれたローマ人はローマの市民ではなく、皇帝が味方につけたいとのぞんだ一群の貴族にすぎなかった。じじつその一〇年後の一一三〇年、「我われのコンスルやプファルツ司法官」とともに王ロタールを教皇の同意の下で戴冠のためローマに招待したのは、名簿に名を連ねた貴族たちであった。しかしこの招待は——これ自体は新しいことであったが——王が「ローマの法に従うこと、ローマ市民の一致を壊さないこと（ここではアナクレトゥス二世の認証を意味した）」を条件としていた。この条件は、自信、あまりにも過剰な自信を語っている。しかしやがてこの単なる修辞的空言は、明確な政治的目標をもつイデオロギーと行動へと固まっていった。一一四三年一〇月、教皇インノケンティウス二世が教皇による暗黙のローマ統治権を主張するために、ローマ市民軍が打ち負かしたばかりの都市ティヴォリをみずからの封土にすることをローマ市民に要請したとき、この傲慢な態度に市民は反乱という手段で立ち上がった。彼らは、「国体の健全化を叫んでカンピドリオ（カピトリウム）の上に集まり、都市のかつての尊厳の回復を望んで、すでに数百年前に崩壊していた元老院を復活させた」という。これは、まさにその時ローマに来ていた、「古代の手本に倣って元老院の権威と騎士階級を復活し、カピトールの再建」を叫んで活動していた革命的な知識人ブレスキアのアルノルトの理念と一致した。このような革命的な心情は、はっきりしない形においてではあるが、すでにかなり前から表面下でくすぶっていたと思われる。それに形を与えたのは、豊かになりながら、しかし政治的には無力のままであった一般市民、それに大領主の下級家臣、門閥家と結ぶ位階制度とはかかわりのない一部の聖職者などの間から湧き上がった自治および周辺地域支配の要求であった。一一四三年その心情は、市民の名でローマを治めていた教皇、高位の聖職者、大門閥家に立ち向かう行動に結実した。共和政が宣言され、七世紀以来もはや存在しなかった元老院が再び設けられた。たしかにそれまでも、〈セナトール〉や〈セナトリクス〉といった肩書きは使われていた。しかしそれは、貴族の単なる名誉称号に過ぎなかった。新しい元老院の五六人の議員は、市民の間から選ばれ、その中には法律家や下級貴族出身の男たちがいた。最高行政官、すなわちひとりの〈パトリキウス〉として、ジョルダヌス・ピエルレオニ――アナクレトゥス二世の兄弟、インノケンティウス二世の後継者側に寝返ったピエルレオニ一族の一匹狼――が任命された。要求は立法化された。教皇は、世俗の支配権を〈パトリキウス〉に譲り、「昔の聖職者のように」十分の一税と寄付で生きなければならないとされた。「すべての貴族」は都から追放され、多くの枢機卿の邸宅や「豪華な宮殿」は略奪された。一一四五年教皇ルキウスがカンピドリオに向けて計画した攻撃は失敗に終わり、つづいて、疲れきったそれぞれの党派の間での一時的の妥協が生まれた。市民側は〈パトリキウス〉の権利と地位を放棄し、教皇は共和政を認め、みずからの権限を元老院議員を追認することと忠誠の誓いを受けることに限った。しかし両派はこの妥協に満足せず、ドイツ王コンラードに仲介を頼んだ。元老院は彼に皇帝の冠を申し出、「聖職者側からのあらゆる不都合を取り除く」ために、ローマに宮殿を構えるよう招待した。コンラードに、「ローマの元老院と民衆の力で全世界を掌中にしていたコンスタンティヌスやユスティニアヌスの時代」に戻ることを期待したのだ。ユスティニアヌスへの言及は、元老院議員の中に法律家がいたことを語っている。しかし元老院は力をもたず、王は来なかった。反対にコンラードは、力のある封建領主やノルマンの王たちの支持の下で新たなローマ攻撃を画策していた教皇と取引した。一一四五年の妥協は、四年後無に帰した。しかし教皇の外交官と新しい王フリードリヒ・バルバロッサとの交渉は、一一五三年、教皇の世俗支配を支持するという皇帝の約束を取り付けた。この約束は、翌年選ばれた教皇ハドリアヌス四世がローマに起きた新たな反乱や、かつての盟友シチリア王による教皇領への侵入で脅かされたとき、いっそうその重要度を増した。一一五五年ローマに来たバルバロッサに元老院は媚を呈して戴冠を申し出たが、彼はそれをそっけないやり方で断った。王は、ローマの偉大な過去の名の下でその「賢明で勇敢な市民」が提出した要求をすげなく扱い、「イタリア風の大いなる冗漫と長い美辞麗句で展開される」彼らの演説を中断させた。一一五五年七月皇帝の戴冠は、すでに慣例となった〈ボルゴ〉での市民との血なまぐさい戦いの中、そしてこれもまた慣例となったマラリアの流行がドイツ軍の退却を迫る中、『サン・ピエトロ』において教皇の手で執り行われた。

皇帝と教皇の危うい同盟は、まもなく政治の現実とイデオロギーの違いにぶつかり、破裂した。皇帝は、教皇庁が自分たちの勢力範囲とみなしていたイタリア司教区の事柄に口を出した。叙任権問題も再燃し、教皇側は皇帝冠の封土従属問題さえ持ち出した。それに対して皇帝の側は、教会の世俗権力はただコンスタンティヌスによって教会に委託されたものと主張し、まったく皮肉なことだが、教会は原始キリスト教の貧しさに戻れという革命主義者の叫びを引き継いだ。しかし両者は互いに激しく戦ったにもかかわらず、皇帝も教皇も――もはやハドリアヌスではなく、後継者のアレクサンデル三世に代わっていた――、それぞれみずからのために、教会行政の世俗権利とそれに伴う所得の分配およびラティウム諸都市へのローマ支配権の拡大――これは教皇、皇帝のそれぞれもまた主張した――を求めるローマ市民の請求を頑なに拒絶しつづけた。ローマ市民の要求に対するバルバロッサの拒絶は、明らかにロンバルディア諸都市と戦う彼の政治的な理由によるものであった。一一六七年トゥスクルムに向けて進んでいた市民軍は、モンテ・ポルツィオの麓でドイツ騎士団と傭兵騎馬隊に襲われ、二〇〇〇人以上のローマ人が戦死した。つづいて皇帝は矛先を教皇に向け、彼の兵は〈ボルゴ〉に侵入し、『サン・ピエトロ』の門を焼き払い、バシリカを占拠した。結局皇帝軍を撃滅したのは、全中世をとおして北からの侵攻者に対するローマの忠実な同盟軍でありつづけたマラリアであった。おそらく皇帝に対してローマ市民と同程度に不信を抱きフランギパーニ家の建物に隠れていた教皇は、結局都を逃れた。その後一〇年間、皇帝、教皇、市民の三者間戦争はつづき、それは皇帝派の対立教皇擁立、大封建領主の教会領侵犯、反抗的な市民の教会およびその領地の没収などによっていっそう複雑化した。対立する二派のあらゆる和解工作は、長つづきしなかった（三者間の和解の試みがなされたことは一度もなかった）。一一七七年ヴェネツィアで結ばれたバルバロッサとアレクサンデルの間の平和の約束も抗争を終わらせることはなかった。一一八八年になってようやく、いまはクレメンス三世に代わっていた教皇側は、市民との間に最終的で持続的な妥協に至った。クレメンスがローマ出身であったことが、和解の成立を容易にした。すべての世俗権利、それに没収されていた教会財産は教皇に返され、元老院および市民の他の代表者は、教皇への忠誠を誓った。それと引き換えに市民側は、戦争あるいは平和を決定する権利を手に入れ、毎年教皇の所得の一部を一方では城壁の維持費用として、また他方では高官への「贈り物」として受け取った。ローマ市民と市内および周辺地域封建領主には戦争による被害の高額な賠償金が支払われ、市内における皇帝の影響力は、市総督の任命のみに縮小された。

すぐれた妥協案のすべてがそうであるように、一一八八年の協約もまた、両派にそれなりの譲歩を求め、さらなる駆け引きのための余地をのこした。教皇は、みずからの統治権が尊重されたとみなし、市民は、自分たちの都市が一一世紀の終わり頃から北イタリア、フランス、ラインランド地方で樹立されていたのと似た自治都市として認められたとみなした。しかし両派のそれぞれひとりの活動的な指導者は、もっと多くを手に入れることができた。最初の駆け引きで市民側は、より強くなるためにと五六人の構成員を持つ動きの鈍い元老院に代わって、最高の行政官としてたったひとりの〈セナトール〉を置いた。選挙で選ばれたのは、おそらく貴族ではないベネディクトゥス・カルスホモであった。彼はひとつの憲法を用意していたと見え、市民の統治権を確立し、それを教会も主張する地域にまで拡大することに着手した。彼の内政も外交も、その性格から大衆迎合的と呼ばれるものであり、必然的に教皇派との摩擦を招いた。じじつその後の八〇年の間、困難な状況がつづいた。ただ有能な教皇インノケンティウス三世だけが、その在位の一八年間（一一九八－一二一六年）、状況を慎重に、そして時には強硬にバランスをとることに成功した。それを援けたのは、市民の間での社会的および経済的階層の変化であった。古い貴族は、「変わってはならないものがすべて変わらねばならない」ことを知った。彼らは、一一四三年に導入された革新と折り合いをつけ、元老院に多くの議員を送り込んだ。またカポッキ、オルシーニ、アンニバルディといった富裕な市民の系統を引く（たとえばボヴェスキ家からのオルシーニ家）、あるいは、かつてインノケンティウス家やコンティ家がそうであったように、地方から市内へ移ってきたなどで新しい都市貴族が登場していた。そして民衆出の富裕な家系もまた、続々と貴族の列に加わった。このようなさまざまな社会層から補充された支配集団の中で、当然のことながら党派の分裂が起こった。ある党は過激な「ローマ主義」を主張して都市支配域の拡大を図り、またある党は教皇の側に立ち、教会の領土や権威の維持に努めた。インノケンティウスは、在位の間巧妙な政策でもって争いの勃発を防ぎ、都を平和に管理することにそのほとんどのエネルギーを費やした。皇帝にのこされた最後の権限は、市総督を教皇の封建臣下にすることによって取り除かれた。〈セナトール〉も、教皇によって任命された。他方市民側は、限られた区域内ではあったがその主権を確保し、戦争あるいは平和の決定、条約の締結、封建制度内での特権の主張、近隣諸都市への課税などの権利を確保した。教皇は、けっして暴力に訴えることはなかった。「ラティウムの広大な地域を支配し、華と栄える共同体である」ローマは、戦禍の危険を冒すにはあまりにも価値が大きかった。しかしインノケンティウスは、万全を期してピエルレオニ、スブラのパンドゥルフ、テバルディといった、ローマおよびラティウムにしっかりと根を張り、教会に忠実な一連の新旧貴族を〈セナトール〉に任命することによって、市民の上に揺るぎない力を誇示した。「われらは彼らを思いのままにできる」と、彼は一二〇一年に書いている。教皇派と市民派の間で当時起きた唯一の大きな争いは、血ではなく舌で戦われた。たしかに石も投げられ、いくつかの塔は壊され、わずかな人は死んだ（たったひとりであったともいう）。しかし争いを解決したのは、教皇の調停、それに明らかに収賄であった。「教皇の金は彼らを負かした」と、敵側はいう。インノケンティウスがローマでとった行動は、中部イタリア各地の教皇領の維持、再編成、拡大といった彼の世俗支配全体のそれと一致する。彼の政権下で教会は一大封建領主となり、彼は外交的および法律的手段でもって、以後数百年にわたって存続することとなる教皇君主国家を立て、それを重要地域の広大な封土を自身および彼と結びついた門閥の領地にすることによって確実なものとした。市民に及ぼす確かな権威、教皇国家の整理統合、能率よく再組織された政治体制と健全な財政、それらが互いに作用し合って、強固で現実的な彼の国際政治および聖俗両域にわたる世界支配の基礎は築かれた。

社会と経済の変化 注6

教皇権の強化、皇帝権に対する最終的勝利、政治的統一体としてのローマ市民の登場、それらはみな九世紀から一二世紀の間にこの都市が経験した社会および経済の変化と緊密に結びついていた。都市ローマには、長い間に農業の匂いが染みついていた。貧富にかかわらずローマ人は、住まいの裏に畑を耕し、〈ディスアビタート〉や城壁の外、それもかなり遠方の地にまで耕地を確保し、また買い増していた。耕地やブドウ畑の産物は市場で売られ、職人も基本的には農業者を顧客としていた。さらにカンパーニャや山岳地帯の大土地所有者は、相変わらず教皇権や市民の事柄に大きな影響を及ぼしていた。一一世紀および一二世紀には彼らのほとんどは教皇権の封建家臣であったから、その影響はいっそう大きくなっていた。じじつ一三世紀の終わりになっても、教皇、枢機卿、その他教会の高位聖職者の多くは、ローマ近隣の土地貴族の出であった。しかし一一世紀から一二世紀にかけては、別の力も台頭してきた。教皇の行政官、いや教皇自身に、異邦の血が次第に濃く混ざってきた。一二世紀のウルバヌス二世やカリクストゥス二世はフランス人、ハドリアヌス四世はフランスで教育を受けたイギリス人、一三世紀の一連のフランス人教皇についてはいうまでもない。他方市民側にあっても、社会的および経済的に新たに力をつけた集団が登場してきた。職人たちは、一〇世紀後半から一一世紀前半にかけてすでにかなりの力をつけていたと思われる。市場で製品を売る靴職人、仕立て職人、庭園職人、それに八百屋、肉屋、鍛冶屋、鍋釜師、金細工師は、価格や賃金の調整、取引相手との交渉、交通および荷役の権利獲得のための〈スコラ〉（組合）を結成していた。また船乗り、船大工、弁護士、教会雇い人、それに〈マンシオナリ〉（おそらく教会領地の管理人）も、はやくから組合をつくっていた。つづいて牛飼い、穀物商人、飼料商人（本来は農業従事者）、さらに一二世紀には遠洋船所有者、大型商人も組合に結集した。こうして生まれた強い経済力をもつ市民は、当然政治の上でもその権力を主張した。その彼らが、大門閥家の反抗的な下級家臣および不満を抱く知識人、法律家、下級聖職者と手を組んで、一一四三年の革命は実現された。

同じように、革命に必須の基盤組織、教皇と市民の間で最終的に実現した妥協の下地もはやくから存在した。すでに中世の初期から、市民は軍事的に組織化されていた。あるいはそれは、七世紀にビザンティンの制度に倣って生まれたローマ防衛のためのおそらく一二の軍事的区分が基であったかもしれない（同じ頃ラヴェンナは一二の軍域に分けられていた）。その頃からローマのそれぞれの市区は、自前の市民軍、独自の軍旗、独自の指導者あるいは代表者をもっていたと思われる。七七四年シャルルマーニュがはじめてローマに来たとき、城門の前で彼はそれぞれ旗をもったローマの〈ユディケス〉（裁く人たち）、それぞれの指揮者に率いられた市民軍、学童、それに〈ヴェネランダス　クルケス、イド　エスト　シグナ〉（崇高なる十字架、すなわち軍旗）に迎えられた。これは、教皇の伝記作家によると、ビザンティンの太守を迎えるときの伝統的な儀式であったという。のちに歴代の皇帝は、民兵、旗、幟の行進に迎えられた。教皇の荘重な儀式の際にも、それらは欠くことのできないものであった。一二世紀には、一二本の幟が教皇の前ではためいた。その二〇〇年前の九六五年、皇帝オットー一世がある暴動を鎮圧したとき、貴族の指導者たち〈コンスレス〉とともに平民の一二人の代表者〈デカルコネス　デ　ヴルギ　ポプロ〉が厳罰に処せられた。この一二人の代表者とは間違いなく、当時市を分けていた一二の〈リオネ〉を代表し、一二の幟もまた、一二の市区をあらわしていたのであろう。この市区の軍事的性格については、別の記録もある。一一一八年ゲラシウス二世の教皇選出の際、ローマ人、すなわち貴族とその眷属、ローマの一二の〈リオネ〉、さらにトラステヴェーレとテヴェレの島の男たち〈レギオネス　XII　ロマナエ　キヴィタテス、トラスティベリニ　エト　インスラニ〉は、正規の教皇を守るため武器を持って立ち上がったという。

　このように一二の〈リオネ〉は、たしかに市民の軍事的組織として生まれたものであった。しかしそれはすでに早くから、市街の区分けとしての機能も果たしていた。一〇世紀以来公文書は、不動産の位置を近くの名の知れたモニュメントあるいは地形の特徴とともに、その〈レギオネス〉でもって表示していた。軍事的市区〈リオネ〉は、早くから『リベル・ポンティフィカリス』が言及していた七という教区とも、アウグストゥス時代の一四の〈レギオネス〉とも一致しないが、一四という数は後者と一致する。現実面では、その政治上の意味はすでに一〇世紀のオットー一世に対する反乱の際に明らかにされた。一一四三年のローマの共和政〈コムーネ〉の樹立と行政上および法律上の独立の要求で〈リオネ〉は、かつてはその特徴であった軍事的性格を失い、現実面だけでなく法律的にもローマ自治の政治および社会の基盤組織となったのだ。したがって一一四三年以来定期的に選出されてきた五六人の〈セナトール〉は、一四の〈リオネ〉を代表していたと思われる。すなわち各〈リオネ〉に四人である。川の東岸を一二区、西岸のトラステヴェーレと島のそれぞれを一区とすれば、その数は二〇年前、すなわち一一一八年のそれと一致する。しかし個々の〈リオネ〉の正確な境界は、その全体数と同様不明である。一四世紀にはなお一三の〈リオネ〉が存在していた。島はもはやひとつの市区とはみなされず、この頃トラステヴェーレは公式に市の行政区に数えられた。『サン・ピエトロ』とヴァティカンの周域からなる〈キヴィタス・レオニナ〉すなわち〈ボルゴ〉は一五八六年まで独立市であり、その後一四番目の〈リオネ〉としてローマに併合された。

大まかにみれば、ローマの共和政樹立を促し、教皇との妥協を実現させたのは、職人と小商人からなり、〈リオネ〉にまとまった市民であった。それに対して、ラティウムの大地主や企業家、金融家からなる新しい都市貴族は、教皇側であった。このような概観は、状況をあまりにも単純化するかもしれない。しかし大筋では間違っていないだろう。たしかに都市の金持ち貴族と地主層の境は曖昧である。大地主自身、大商人、遠洋船主であった。一二世紀のはじめ頃、ローマ以南の海岸を支配していたトゥスクルムのプトレマイオス一世と同名の彼の息子は、その地域での交易を可能にし互いの関係を確かにするため、ガエタ共和国ならびにモンテ・カシーノの修道院と協定を結んでいる。このような大きな企業の経営には、金融が必要とされた。ローマでも大きなあるいは小さな銀行業あるいは金融業は、早くから繁盛していたに違いない。一一世紀から一二世紀にかけてローマは、金融の一大中心地であった。巡礼者が持ち込んだ異国の通貨を扱うためには、両替商が必要とされたであろう。よりひろい範囲でも、企業の金融には銀行家が必要とされたに違いない。それゆえ庭師の組合は一〇三〇年、ひとりの銀行家を組合の長〈プリオル〉に選んだのであろう。地方の大地主も、彼らの土地を広げるために、そして産物を商品化するためにも金融の支援を必要とした。しかし誰よりも銀行家を必要としたのは、教会であった。領地、封土、征服した諸都市からの収入は不定期であり、あまり信頼のできるものではなかった。ときには南イタリアやシチリアのノルマンの支配者、あるいはトゥスツィアの伯爵夫人マティルダからの助けも借りねばならなかった。しかし膨張しつづける教皇庁の運営費の充当、改革教皇、特にグレゴリウス七世の活躍の支援、叙任権争いの戦費の調達、そして当然貴族や平民たちを味方にするための皇帝側を上回る賄賂金の捻出、などなど日常の支出には、銀行による恒常的な支えが必須とされた。そして十分の一税などの税収、信者の献納金（ロボロ・ディ・サン・ピエトロ）、教皇や彼の政府の決定に影響を与えるための賄賂金を含むその他の収入、さらには遠く海外からの現金でなく振替による送金などを管理するためにも、教皇庁はより大規模での銀行の手援けを必要とした。逆に必要とされるところに教会の資金を送るためにも、銀行は使われた。ただ広いネットワークをもつ大きな銀行だけが、このような教皇庁の要請に応えることができた。一三世紀以来この種の〈メルカトレス　デ　クリア〉（教皇庁の御用達）は、シエナあるいはフィレンツェの商会が勤めていた。それ以前の一一、一二世紀には、教皇の金融はローマ人が扱っていたと思われる。中でもピエルレオニ家は突出しており、年代記編者は繰り返し、「ピエルレオニ家の金がローマおよび教皇権をめぐる戦いを決した」と報告している。しかしこの家族だけではなかった。盟友としてあるいは競争相手として常にピエルレオニ家の近くにいたフランギパーニ家もまた、一二世紀の中頃には教皇の大きな信用取引相手であったと思われる。もちろんテバルディ家、ブラクッキ家、ボヴェスキ家（名前から本来は牛飼いであったと推測される）など他のローマ門閥家も、交易あるいは銀行業（この両業種はほとんど同義であった）に従事していた、あるいはかつて従事していたと思われる。これらの門閥家は当初からの土地所有者ではなく、のちに領地を手に入れた成り上がりであったと推測される。かつてローマを牛耳っていた古い氏族がその権力基盤を地方にもっていたのに対し、新しい家族は街を故郷としていた。しかし彼らはいち早く地方に根を張る古い貴族と繋がり、また後者も次第に街中に邸宅を購いあるいは新たに建てて定住し、両者の境は次第に消えていった。

街あるいは地方出身のいずれにしろ彼ら門閥家は、一二世紀の後半ローマ市民と教皇権の間の妥協の中で都市の行政に入り込んでいった。同時に彼らは、法的に認められることはなかったが、都市の法律上および行政上の区分〈リオネ〉を覆うネットワークを形成していった。九世紀以来アルベリクス一族とのちのトゥスクルム伯爵家は、クヴィリナーレの斜面に居を構えていた。その後裔コロンナ家は、中世中期この地を所有し、彼らはそこからクヴィリナーレとエスクヴィリーノを支配した。さらに一一六七年一族は、アウグストゥスの霊廟を手に入れ、その支配域はリオネ・モンティの広い地域に拡大した。一一世紀以来フランギパーニ家は、パラティーノ、【コロセウム】、【キルクス・マキシムス】、『トレ・デルレ・ミリツィエ』を含むこの市区のさらに多くの部分を手に入れた。それは、ラテラーノおよびそこの教皇宮殿への主要通路を占める戦略上重要な区域であった。同じモンティ区のヴィミナーレの西斜面および【ネルヴァ・フォールム】の後方は、一二〇〇年頃からコンティ・ディ・セニ家の所有となった。同じようにして他の門閥家も〈アビタート〉の一部を支配下に置き、ピエルレオニ家は、一一世紀から一二世紀にかけてトラステヴェーレ、テヴェレの島、リーパを支配下に置いていた。中でもリーパは一一〇〇年頃、ピエルレオニ家の実質上の領地となっていた。常にピエルレオニ家の近くにいたグレゴリウス七世が『サンタ・マリア・イン・ポルティク』を建て、『サン・ニコラ・イン・カルチェレ』(一一〇〇年頃のこの一族の長の名から「ペトルス・レオニスの教会」と呼ばれた)を改築あるいは新築したのは、この家族の支援があってのことだと考えられる。このふたつの教会はやがて、枢機卿の導くディアコニアに昇格した。しかしトラステヴェーレでは、ピエルレオニ家はその支配権をノルマンニ家、パパレスキ家、テバルディ家と分けあった。同じ頃クレスケンティ家は、ポンテ区あるいはパリオーネ区の一部を管理下に置いた――グレゴリウス七世がこの一族の仲間に拉致されたことを思い出していただきたい――。一三世紀になると、ボヴェスキ家から分かれたオルシーニ家は、ポンテ区の『モンテ・ジョルダーノ』とパリオーネの【ポンペイウス劇場】を所有し、サヴェルリ家はアヴェンティーノとその麓の川に面した部分、それに【マルケルス劇場】を含むリーパ、カエタニ家は島と『トレ・デルレ・ミリツィエ』を支配下に置いた。アンニバルディ家はフランギパーニ家から【コロセウム】、エスクヴィリーノの西端からチェリオまでの地域を受け継ぎ、カポッキ家はクヴィリナーレとアヴェンティーノの一部を支配した。

教皇権の〈カプト・ムンディ〉、その崩壊、そして「聖年」注7

一二世紀におけるゆっくりとした準備期間ののち中世の教皇権は、インノケンティウス三世とその後任ホノリウス三世の下でその権威の頂点に達した。じじつ両者の在位の間(一一九八－一二二七年)に教皇権は、その思わく通りに、地上での最高の権力を手に入れた。宗教界での権威は、その最高位に就くことで手にしていた。すべての教会、枢機卿、司教、下級聖職者、それに新たに創設されたフランシスコおよびドミニコ修道士会を含む全修道士が、教皇の傘下に置かれた。世俗の事案においても教皇は、教会の範囲さらにはそれを超えてのヨーロッパにおける最高位の調停者であった。同じくこの頃伸び盛りの大国フランスは、一三世紀の前半をとおして教皇との妥協を模索した。イングランド、ハンガリー、スカンディナヴィアとスペインの王国は、教会によって教皇の属国とみなされ、みずからも、イングランドを例外として、それを認めていた。このような流れは、ハインリヒ六世やその息子フリードリヒ二世といった偉大な個性、またかつてノルマンの支配下にあったシチリアや南イタリアとの皇帝冠の統合にもかかわらず教皇権との戦いに敗れたホーエンシュタウフェン家の姿に明確にあらわれた。一二二〇年以後一世紀にわたってひとりの皇帝もローマで戴冠することなく、一二二〇年から一四三二年の間、ひとりの皇帝も教皇から冠を授かっていない。シャルルマーニュの後裔であるドイツの皇帝は、ローマを全世界的君主国の首都として主張することを放棄したのだ。一三世紀初頭のローマは、皇帝冠のためでも市民がそれを声高に宣言したからでもなく、まさに教皇権によって政治的、法律的そして財政的権力の中心とされたがゆえに、現実的な意味での〈カプト・ムンディ〉になった。西方キリスト教圏におけるいくらかでも意味をもつ法的取り決めは、それが教会内のもの、あるいは教会と世俗権力の間のものだけでなく、まぎれもなく世俗権力同士の取り決めであっても、すべていつかは教皇の宮廷に届いた。ゆっくりと進んだ構造の変化は、いつの間にか教皇の宮廷をして、外国での訴訟のローマでの代理をつとめる弁護士や書記を含む何百の役人を抱える、教皇庁という膨れ上がった官僚機構に変えていた。当然のことながら、教皇選出の合法性、王位継承問題、領地の法的請求権など、教皇に裁断を仰ぐ政治上の係争も持ち込まれ、それらの訴訟に関する手数料あるいは賄賂、また十分の一税、教会聖職位の売買料など、莫大な金額がローマに流入した。このようにして教会は、――文字どおり引用すると――「巨大な金融コンツェルンに変容し、その集金人は世界の隅々に出没し、その貸し金は、テンプル騎士団の屋敷、トスカーナの銀行家の長持ちを満たした」――。当時活躍したのは、フィレンツェよりむしろシエナの銀行家であった。そしてそれは、「自前の振替業者を抱え、投資を展開」し、ローマにそれ相当の組織、教皇庁の〈カメラ〉をもつ一大コンツェルンであった。司教選出や次第にローマに集中した聖職禄の授与の管理もまた、莫大な金額を教皇庁の幹部の手許に届けた。教皇や枢機卿は巨大な資産を蓄え、教皇の縁者は、経済的および政治的圧力でローマ近郊や全ラティウムの相続領地の近くの資源や土地をみずからのものとしていった。全西方キリスト教圏の聖俗両域を網羅する広く張られた政策は、理性的な、いや石橋をたたいてわたる教皇の政治とあいまって、教皇の座ローマをしてまさに世界支配の中心地となした。

しかしインノケンティウスの政治は、ホノリウス三世に引き継がれたにせよ、長つづきはしなかった。国際政治の場にあって教皇権は、ことあるごとにホーエンシュタウフェンの皇帝フリードリヒ・バルバロッサと、さらには母親を通してシチリアと南イタリアのノルマンの支配を相続したハインリヒ六世の後継フリードリヒ二世に脅かされた。このドイツ王への牽制として教皇権が頼ったフランスの王家も、長い目で見たときもっと危険な存在であった。同じ頃、すなわち一三世紀の三〇年代、ローマ市民もまた、再びその立場を次第に強く主張しはじめた。教皇権の弱体化、とりわけフリードリヒ二世との戦いで生じた財政上の困難は、ローマ市民の革新の意志をいっそう攻撃的にした。彼らは、聖職者に税を課し、自分たちと同じ裁判に服させる権利を主張するまでに至った。このような攻撃的な主張は、身内の係争でしばらく弱まることはあったが、やがて外から強力な指導者、ブランカレオーネ・ディ・アンダロを招くこととなった。一二五二年〈セナトール〉に就いた彼は、一二五八年のその死までに都市ローマを強力な自治体に仕上げ、その支配域をじじつ上全ラティウムに拡大した。彼は、都市内の抗争を抑えるため、それぞれの門閥家が軍事の拠点とした一四〇の館塔《やかたとう》を破壊し、アンニバルディ家のふたりを絞首刑に処した。職人組合の組織を固め、その政治的および経済的力を強めた。巨大な封建領主を制御し、教皇の都市統治権を単なる名目上ものとした。彼の支配の下でローマは、局地的ではあったにしろ、ひとつの重要な勢力となった。修辞が意味を成さない現実主義者であった彼に、「世界の頭であるべし」とする都市ローマの古来のモットーは縁がなかった。彼の死後ローマの振り子は、もとの教皇派と反教皇派、それぞれの権力を主張する教皇と市民の間の市街戦を繰り広げるいつもの混乱状態へと振り戻った。またもや強い人間が求められ、一二六三年それにホーエンシュタウフェン家に敵対するフランス人、シチリアおよび南イタリアの王としては彼らの後継者、アンジューのシャルルを選んだ。しかしこの結果、教会にとってフランス王の分家アンジューは、彼がローマに居を構え、近くに居るだけにいっそう危険な後援者となった。二一年の間シャルルは、公式に認められることはなかったが、じじつ上ローマと教皇権を支配した。一二六一年から一二七七年までの間、フランス出身あるいはナポリのアンジュー家と繋がりをもつ教皇が六代つづいた。一二六一年から一二九六年の間の六〇人の枢機卿のうち二一人はフランス出身、あるいはその生まれまたは利害関係からフランス贔屓であった。だが彼らの中に、フランスあるいはアンジュー家に無条件でしたがった者はいなかった。彼らはローマの環境に慣れ、現地のいずれかの門閥と結びつき、資本の投資あるいは土地の所有で独自の経済的利益を確保していた。教皇庁の生粋のローマ人と手を組むことによって彼らは、ひとつの複雑な国際的勢力を形成していった。

　教会内部あるいは市民の間のこの国際的勢力との戦いは、大きな門閥家を中心に結成された派閥間の抗争を招き、内戦の様相を呈した。サヴェルリ家、オルシーニ家、アンニバルディ家、コロンナ家、カエタニ家、ステファネスキ家は、街中のそれぞれの広大な私有地に要塞化した城館を構え、またラティウム各地の丘の上の町や大私有地に砦を築いた。これら家系から出た枢機卿や司教座教会の参事会員は、西方の各地で巨万の聖職禄を蓄え、その家族は、教皇庁内やローマ市民の間に政治的および経済的に大きな影響力をもつに至った。やがてこの勢力は、一二七七年「生粋のローマ人」ニコラウス三世を教皇に選んだ。三年の在位の間に彼は、ローマにおけるアンジュー家の権力を駆逐し、教皇自身が〈セナトール〉となる市民側との同意に達した――しかしこの同意は、教皇が代理人を立てたことで変わった――。アンジュー家に顔を向けたフランス人マルティヌス四世を例外として、ニコラウスの後にはローマの貴族の出あるいはそれらと結びついた一連のローマ人の教皇がつづいた。ホノリウス四世はサヴェルリ家の一員であり、ニコラウス四世はコロンナ家の被保護者、この列の最後、在位の短かった世俗離れの聖人教皇ケレスティヌス五世につづいたボニファティウス八世はカエタニ家に属していた。彼ら教皇たちは、自身のあるいは血縁の家族出身の枢機卿を大量に任命し、教皇と枢機卿たちは莫大な富を蓄え、その家族は急速に、そして平然と大資産家となった。その間に教皇の行政は鈍重で膠着した官僚主義に陥り、他方では西方の各地から裁きを訴えた人びとが、これもまた莫大な裁判手数料や賄賂金を裁判の場に流していた。十分の一税も巨額になり、たったひとつのフィレンツェの銀行が、三年半の間に十分の一税を担保に一三七〇〇〇フロリン（フィレンツェ金貨）を融通し、巡礼者が『サン・ピエトロ』に寄付した額は、平年でも三〇四〇〇金ドゥカート（ヴェネツィア金貨）に達した。教会幹部やその縁者は、未曾有の金持ちになった。おのれの家族のために権力と富を手に入れようとする政治は、ボニファティウス八世の時代に頂点に達した。どうみても彼の身内贔屓は、度を越していたと思われる。わずか四年の間にカエタニ家は、五〇万ドゥカートをはるかに超える金額でセルモネータ、ニンファ、サンタ・フェリーチェ・アル・チルチェロの大私有地や町を買い入れた。

しかし同じ頃、内政、外政、それに金融の分野で、教皇の権威は失墜した。アンジュー家の追放でしばらくは弱まったものの、フランスの権勢は相変わらず脅威であった。教皇権は、莫大な収入にもかかわらず銀行に常に負債を抱え、ボニファティウスの度を越えた身内贔屓は、ローマの貴族同士の対立をいっそうあおった。地元と結びついたローマ門閥の利害関係は、否応なく市民との合意に向かわざるを得なかった。このことは、ときには国際政治にも影響を及ぼした。一三〇三年、カエタニ家出身の教皇とその親族に痛めつけられたコロンナ家は、ボニファティウスを倒すためフランスと手を組んだ。アヴィニョンへの遷座は用意された。しかしこの事件が起こるまで、教皇庁も教皇も、世界の変化を直視しなかったかに見える。ボニファティウス八世は、大勅書『ウナム・サンクタム』の中で動じることなく、一〇〇年前のインノケンティウス三世と同様、宗教界および世俗界の支配を主張した。

インノケンティウスには現実の権力の把握が基盤にあったが、ボニファティウス八世には、もはや主張する権威の貫徹は不可能であった。たしかに一二世紀の後半がすでにそうであったように、一二七〇年以後も、世俗離れしたケレスティヌス五世を例外として、教皇およびその顧問たちは偉大な法律家、組織者、財政家であった。しかし法律家や財政家がいつもすぐれた政治家、あるいは深遠な宗教思想家ではなかった。一三世紀の後半、教会は内的にも外的にも困難を抱えた。一方では既成の教会は富と権力に執着し、他方では深遠な内なる信仰に燃え、世俗の地位財産を棄てることにあこがれる平信徒や新しい修道会士たちがおり、両者の間の溝は広がるばかりであった。そしてヨーロッパという政治のチェス盤の上では、教会は次第にフランスの人質へと追い詰められていった。首都としてのローマとともに、世界の支配を求める教皇の主張はもはや空疎な夢と化した。

一三〇〇年を歴史上はじめての「聖年」とするボニファティウス八世の宣言は、このような文脈の中で考察されねばならない。もちろん民衆の求めもあったろう。また西方キリスト教界の深遠な精神的要請に添うものでもあったろう。そうでなければ、二百万（おそらく数十万のプラス・マイナスはあるだろうが）の巡礼者がローマに押し寄せ、一日にそのうちの二〇万が街に滞在するようなことはなかったであろう。しかし同時に「聖年」は、民衆の信仰の熱情を自分たちの聖俗両面の働きと一致させようとする、教会側の思わくでもあった。結局ここで、救済を究極の切り札とし、贖宥を信者の間に広めたのは、教会であった。当然祝祭は、大衆を動かす巨大な催し物となり、また当然のことながら、教会とローマに莫大な金をおとした。大量の巡礼者の世話は見事に組織され、それは批判的判断のできる者さえ驚かせた。フィレンツェの富裕な商人のひとりであるジョヴァンニ・ヴィルラーニは、ローマへの巡礼について「人間も馬も、ただ辛抱さえすれば、なんの叫喚も小競り合いもなく、十分に食べ物を与えられた」と報告している。アスティからやってきた別の裕福な巡礼者は、「パン、ワイン、肉、魚、燕麦は安く」（そしておそらく十分に）手に入ったと書いている。例年の寄付の数百倍の富が、教皇庁、それぞれの教会、修道院の金庫を満たした。『サン・パオロ・フオリ・レ・ムーラ』でアスティからの男は、「昼となく夜となく熊手で（敬虔な巡礼者が使徒の墓の上に投げた）貨幣を掻き集めるふたりの聖職者」を見たという。もちろん金は、宿屋や居酒屋、食料店、干し草や藁売り、博労、その他の巡礼者や旅行者を相手に生計を立てる者みんなの財布にも流れ込んだ。それはさておき、「聖年」と西方各地からの信者の洪水は、ローマと教皇権をいま一度キリスト教界の中心にした。使徒や殉教者の墓を訪れることによって得られた贖宥、無数の聖遺物、教会の大きさと豪華さ、商業都市としてのの豊かさ、それらすべてが訪問客のみならずローマの住民の心に、いまや同義語となったローマと教皇権の偉大さを植え付け、そしてまぶたに焼き付けた。修辞、イデオロギー、現実は、やっとここで、そして中世では最後に、一致したかに見えた。

第七章　一二世紀・よみがえるローマ

一二世紀ローマの教会建築 注1

中世におけるローマの現実と当時の人びとが自分たちの都市に抱いたイメージは多様で、ときには相互に矛盾しながら複雑に絡み合っていた。このことは、市街の姿、教会、修道院、世俗建物、またモザイク、壁画、教会調度品など目に見えるさまざまな現象、さらには古代からのこされたモニュメントに対する人びとの関心にあらわれていた。そして明らかにそれらは、カロリング朝ルネサンス、それにつづいた都市の荒廃、さらにその後のローマにおける新たな再生を語っていた。都市構造の変化は、さまざまな地区で進行した。『サン・ピエトロ』と『サンタンジェロ』を含む川向こうの〈ボルゴ〉地区は、新しい都市の中心となり、その結果都市の居住区〈アビタート〉は西に向かって河の屈曲部を取り囲む地域に広がり、〈アビタート〉の東側外縁部では、はじめこそ目立たない存在であったカンピドリオが、やがてローマの地図の上での第二の中心となった。都市全体の発展と同様、この再生の動きは建物や絵画など個々のモニュメントにもあらわれた。

教会と修道院の中では、一二世紀前半の三つの建物、すなわち『サン・クレメンテ』、『サンタ・マリア・イン・トラステヴェーレ』、『サンティ・クヴァトロ・コロナーティ』が際立っていた。一二世紀のはじめにはすでに道路面の五メートル下に隠れていた四世紀の古い『サン・クレメンテ』のバシリカは、一〇八四年のノルマン人の略奪後のおそらく二〇年間はまだ何とか保持され、使用されていたと思われる。一一一〇年から一一三〇年の間に、この旧バシリカ、いわゆる「下の教会」の上にゆたかなモザイクで

117.『サン・クレメンテ』内部

飾られ、豪華な儀式用の調度を備えた新しい教会が築かれた――「上の教会」――。この新しい建物は、破風屋根の玄関と、それにつづく質素なイオニア式柱廊で囲まれた矩形のアトリウムをもっていた。これは、「下の教会」のアトリウムを少し小さくして再現したものであった。新しい教会は、今は一八世紀の豪華な装飾に覆われているが、本来は単純な設計にしたがっていた（図117）。身廊をはさむ側廊の幅は左右で異なるが、それは新教会が「下の教会」の身廊と左側側廊の上にのみ築かれたことによる。身廊と側廊を隔てる左右それぞれ一〇個のアーチを支える柱列は、中央、すなわち聖職者用空間がはじまる位置に立つ幅の広い角柱とその前後の本来はコリント式の柱頭をもった四基の円柱からなり、その上方の高窓壁には、本来は細い縦長の窓と円形の窓が交互に並んでいた。また本来は身廊のみが大きなアプスで終わっていたが、のちに右側の側廊に小さな三角形のアプスが加えられた。アトリウムと右側側廊の最初の柱間を抱え込む建物もまた新しい教会と同時に建てられ、のちに拡張、改築された。小さな弓形の窓と円形の〈オクリ〉（小窓）をもつこの二階建て、ところによっては三階建てのレンガ造りは、閉ざされたまとまりのあるひとつの塊を成していた。

新しい教会のプランは簡素であったが、調度や装飾は贅沢であった。アプスの前には、天蓋が覆う主祭壇の載る一段と高くなった祭壇室があり、その前方には、四方を柵で囲まれた〈アンボ〉（朗詠用高壇）、所見台、聖歌隊席〈スコラ・カントルム〉をおさめる、身廊中央の角柱まで届く長い構造物が伸びていた。アプス内の玉座は、普通の司教座よりもむしろ大司教の座〈カテドラ〉を想わせる。〈スコラ・カントルム〉の大理石の柵、説教壇、司教座の一部は、閉ざされた「下の教会」から受け継いだものだが、その配置

118.〚サン・クレメンテ〛、アプス・モザイク

は、新しい教会構造のはじまりを示していた。コスマーティ一族の大理石技法、いわゆる〈マルモラリ〉にはるかに先んじる〈オプス・セクティレ〉（切石細工）の床面の装飾もまた、特色のある新しい構成を示している。緑の蛇紋岩と紫の斑岩から成り、身廊の全長にわたる円を連ねた細い帯とそれを囲む〈ジロッシュ〉（斜子文）が、入り口の扉から〈スコラ・カントルム〉まで、そしてさらにアプス内の祭壇室まで伸び、その両側には多彩な幾何学紋が広がる。アプスおよびそれを取り巻く弓形の壁面の装飾もまた様式的・図像学的新しさを示すが、それについてはのちに詳しく触れ、ここでは簡単に全体の印象を述べるにとどめる（図118）。アプスの丸天井では、生い茂るアカンサスの群葉から、聖母と聖ヨハネスを左右にし、装飾的なブドウの蔓に囲まれ、天空に冠されたキリストの十字架が立つ。蔓の間、モザイクの下辺には、鹿、鳥、童子、人物群、果物籠、農村風景、羊をつれた牧人、鶏に餌をやる農婦などが描かれている（図139・141－145）。これら細密図は、四、五世紀以来ローマの教会装飾から姿を消していたものであった。長い銘文と子羊のフリーズがアプス丸天井の下端を区切り、両側と上方の壁には、四段にわたって下から《ベツレヘムとエルサレム》、《イザヤとエレミア》、《ラウレンティウスと寄進者クレメンスをともなったペトルスとパウルス》、

119.『サンタ・マリア・イン・トラステヴェーレ』、1900年頃のファサード

そして最上段に《全能者キリスト》とその左右の《福音記者の象徴》とつづく。ここでは、旧約と新約の聖書からの主題が意味深く選ばれ、またその表現にモザイクという技法が採用されている。まさにこの点に、真の新しさが見られる。というのは、このような大規模なモザイク制作の例は、これ以前の約三〇〇年間見られなかったからである。『サン・クレメンテ』の床面、調度品、装飾に出費が惜しまれることはなかった。質素な建築という枠の中で、新しい時代の精神にふさわしい絢爛たる荘厳の場がつくられ、新しさと伝統の要素が組み合わされていた。

この動きは、『サン・クレメンテ』の数年後『サンタ・マリア・イン・トラステヴェーレ』により鮮明な形であらわれた。ただしそれは、豪壮ではあるが消化の悪い一九世紀の〈ピオ・ノーノ〉様式で覆われてしまった。今日の建物自体の建造は、おそらくその名義枢機卿であったピエトロ・ピエルレオニ、のちのアナクレトゥス二世によって一二世紀の二〇年代に、四世紀および九世紀の建物の上にはじめられたのであろう。しかし富裕な寄進者——それがアナクレトゥスか否かは別にして——による華やかな設備と装飾は、明らかにアナクレトゥスに敵対したインノケンティウス二世によって一一四三年に完成された。『サン・クレメンテ』の約一・三倍という規模の大きさは、たとえば五世紀の『サンタ・サビーナ』に匹敵する。建物の入念な仕上げも印象深い。一七〇二年の改築前までは楣を載せたコリント式柱頭の円柱列の単純な建物であったナルテクスの後には、突き出た軒蛇腹で強調された身廊のファサードが聳えている(図119)。軒蛇腹のモザイクは中世のものだが、ファサードの壁画は一九世紀に描かれた。右側には、側廊の最初の柱間の上に鐘楼が立ち上がる。内部では身廊と側廊の広い空間が、本来はおそらく身廊と同じ高さであったと思われる翼廊に向かって開いていた(図120)。身廊の端

120.［サンタ・マリア・イン・トラステヴェーレ］、1825年頃の内部の様子、Antonio Sarti の銅版画

121.［サンタ・マリア・イン・トラステヴェーレ］、アプス・モザイク

では二基の花崗岩製の巨大な円柱が、主祭壇を覆う凱旋門を支える。一五世紀あるいは一六世紀の平面図によると、本来翼廊は一対の円柱で側廊から区画されていた。身廊両側のそれぞれ一一基の円柱は、アーチではなく楣を載せる「楣式柱列」である。古代の建物から「略奪」したそれら円柱は、台座や堂々とした柱頭との印象深い混合体をつくりあげ、しかもその注意深い選択と配置でもって身廊の平信徒と聖職者の席を明確に分けていた。本来身廊と側廊の高窓壁には、縦に細長い数少ない窓だけがあった。一九世紀の広い窓、壁画、角柱は、一二世紀の本来のプランにも、また一七世紀の豪華な天井にもそぐわない。〈オプス・セクティレ〉舗装の床面は、すでに本来のものではなかった一三世紀の床面に代わって、一八世紀に新たに敷かれたものである。『サン・クレメンテ』同様、アプスの丸天井はモザイクの大画面で覆われている。描かれているのは《玉座につくキリストと聖母》、その左右にこの教会に縁のある聖者たちが連なり、彼らはペトルスに先導され、寄進者インノケンティウス二世がしんがりをつとめる（図121）。《玉座につくキリストと聖母》という主題は、たしかにローマの大型構図では新しい。しかしここの画面を構成する要素は、初期キリスト教以来伝統とされ、特にカロリング朝のアプスに多く使われた定型、すなわち《聖者や寄進者に取り巻かれたキリストあるいは聖母》に先例をもつ。アプスのモザイクは、左右の《キリストの誕生と犠牲を予言するイザヤとエレミア》を描く翼廊の壁面へと広がる。この内陣の装飾は、その一五〇年後、カヴァルリーニによるアプス側壁のモザイク画（図176・177）でもって完結する。アプスの外壁（図版なし）もまた内部のモザイクに劣らず、いやそれ以上に新鮮で印象的である。広く平らな角柱に担われた九面の盲アーケードは、その垂直の線で壁面を区画し、アーチは、装飾のない、上端と下端が張り出した軒蛇腹から突き出ている。アーケードのうちの三面は窓をもち、その窓はのちに内側のモザイクの配置に合わせて下方にずらされている。アプスの半分の高さには、繊細に刻線された大理石の細い〈コーニス〉（蛇腹）が、角柱の上とその間の空間を横切り、アーチの〈コンソール〉（持ち送り）部では、古代ローマの建物から「略奪」した大理石のコーニスと煉瓦のそれが交互に並ぶ。この壁面構成はまさに新しく、またローマでは他に類を見ないものであった。

ほぼ同じ頃、『サン・クレメンテ』の近くに新しい『サンティ・クヴァトロ・コロナーティ』が築かれた。この地のカロリング朝時代の巨大なバシリカは、一〇八四年ノルマン人によって焼かれ、一〇九九年あるいはその後まもなく、パスカリス二世による元の規模での再建の試みは不首尾に終わっていた。おそらく必要な資金が集まらず、あるいは巨大な身廊を覆うに必要な長大な梁材が手に入らなかったのであろう。それに代わって一一一六年、かつての身廊の後部に身廊、側廊、翼廊をはめ込んだ、はるかに規模の小さな建物が完成した（図122）。古代遺跡からの「略奪」であるコリント式柱頭をもつ円柱は、身廊両側のアーケードを支え、その五つのアーチの上方、本来人間は立ち入ることができない「見かけの上階席」には、中央の角柱でそれぞれ三連のアーチに分けられたふたつのアーケードが並んでいた。おそらくこの「見かけの上階席」は、建物全体を覆う屋根のための盲壁であったのだろう。身廊および側廊の床面は、『サン・クレメンテ』同様前コスマーティ様式で舗装されている。教会の左側には、同じ頃に同じ壁工法で、おそらくより古いものに代わったのであろう新しい修道院が築かれた。その長い西翼は、『サン・クレメンテ』の教会や修道院に似て、明り採りとして小さい〈オクリ〉（小窓）が開けられていた（図123）。この修道院の回廊（図131）は、その狭いアーケードが繊細に溝を彫られた壁柱で飾られた角柱で、長辺では八つのグループ、短辺では六つのグループに区画されていた。アーチは、質素な葉型柱頭をもつ二基一対に並べられた細い円柱に載り、その内側はコスマーティ様式に似た多彩なモザイクで飾られ、二重の歯形フリーズと一連のコンソールで縁取られていた。これは、ローマにのこる最も早い、おそらく最初に築かれた回廊である。教会の近くのすでに在った建物に組み込まれた早い時代の修道院は、ローマ以外では八ないし九世紀にすでに一般的であった回廊を設けるには狭すぎたのであろう。一二世紀から一三世紀にかけて、『サンティ・クヴァトロ・コロナーティ』の回廊の向かい側に、四世紀の古いバシ

122.『サンティ・クヴァトロ・コロナーティ』内部

123.『サンティ・クヴァトロ・コロナーティ』、1880年頃の教会と修道院

リカの右側側廊と九世紀に建て増しされた礼拝堂を取り込んで広大な修道院建物群が築かれた。これら新しい建物群の中で重要なもののひとつに、一二四六年に寄進された豊富なフレスコ画をもつ聖シルヴェステルの礼拝堂がある。これら一二世紀から一三世紀にかけての建物は、今日なおラテラーノに向かう細い街道を見下ろす丘の上に聳え立っている（図123）。

以上のように設計や建造には違いもあるが、『サン・クレメンテ』、『サンタ・マリア・イン・トラステヴェーレ』、『サンティ・クヴァトロ・コロナーティ』はいずれも共通する特徴をもっていた。それは、おそらく九世紀末から一二世紀にかけてローマの教会建築を支配していたのであろう平均的建築様式とは、明らかに違っていた。八五〇年頃、カロリング朝の教会建設および装飾の大波がひいてからは、ローマでは新しい教会の建設はほとんどなかったかに見える。ただ古代の遺跡の中に、小さな礼拝堂がはめ込まれることはあった。たとえば今日ピアッツァ・ナヴォーナの豪華なバロック教会『サンタニェーゼ』の地下にぶざまな修復の状態でのこるオラトリウムは、その早い八世紀の例である。一〇世紀の例としては、【ポンペイウス劇場】の穹窿のひとつを使った礼拝堂『サンタ・バルバラ・デイ・リブライ』がある。異教の神殿が教会に変えられ、フレスコで飾られることもあった。たとえば【フォルトゥーナ・ヴィリリ

124.『サン・ジョヴァンニ・ア・ポルタ・ラティナ』内部

スの神殿】は、八七二年から八八二年の間に先ず『サンタ・マリア・アド・グラデリス』に、そしてのちに『サンタ・マリア・エギツィアカ』とされた。アプスをもつ一廊式の小さな礼拝堂が、新たに建てられることもあった。それらの多くは、たとえばアヴェンティーノの上に九七〇年頃医師ペトルスが寄進した壁画で飾られた『サンタ・マリア・イン・パルララ』、今日の教会『サン・セバスティアーノ・アラ・ポルヴェリエラ』のように、瀟洒で魅力的なものであった。もうひとつの例として、鐘の銘からその建立が一〇九〇年あるいはその少し前と知られるトラステヴェーレの南端に近い『サンタ・マリア・イン・カペルラ』が挙げられるが、これは一九世紀の末にプロポーションを無視して拡大されてしまった。これらの多くは、たとえば『サンタ・バルバラ・デイ・リブライ』のように、「家庭司祭」によって執り行われる家族ミサのために個人的に築かれたのであろう。あるいは、たとえば『サンタ・マリア・イン・パルララ』の場合のように、その運営が修道士団体に任されたものもあった。

そして一一世紀の七〇年代に、新しい教会建築の洪水が押し寄せた。その多くは、〈アビタート〉、すなわちコルソからテヴェレの屈曲部に至る範囲にあり、教区の信徒教会であった。大きいものは聖職者団体あるいは修道院に、小さいものにあってはふたりあるいはひとりの聖職者で管理された。支配的な型は、木造屋根でアプスをもつ簡単な三廊式バシリカであり、それは一世紀以上にわたって標準とされた。身廊の両側ではそれぞれ四基から七基の円柱がアーケードとその上の高窓壁を支え、天井は低く、床面はほぼ正方形あるいは縦と横の比が二対三までの矩形をなし、それは円柱の数によってきまった。窓は小さく、内部は暗かった。一一〇〇年頃に築かれたピアッツァ・デル・コレジオ・ロマーノ近くの『サント・ステファーノ・デル・カッコ』や『サン・サルヴァトーレ・イン・オンダ』は、おそらくこの種の典型を示していたのであろうが、一七世紀から一九世紀の間にほとんど完全に改築されてしまった。『サン・ジョヴァンニ・ア・ポルタ・ラティナ』は、街中から遠く離れた【アウレリアヌスの城壁】の近くに位置し、修道院教会として使われていた。建立も比較的遅く（一一九一年）、しかもアプスと内陣は六世紀の教会の一部を再利用していたにもかかわらず、建築の上から見ればこの型の特徴をもっともよく伝えている（図124）。身廊の両側には、さまざまな材質で柱身の長さが違う円柱がそれぞれ五基ずつ並ぶ。柱礎と台座は古代の建物からの「略奪」品、イオニア式柱頭の一部は古代からの略奪品であるが一二世紀の製品も混ざる。祭壇の近くには、コスマーティ様式に似た本来の〈オプス・セクティレ〉舗装の一部がのこる。ファサードの前には、アーケードを載せるナルテクスがあり、そこから鐘楼が立ち上がっていた。このような質素な教会群を背景として、それらとは対照的に、上で見た大規模で贅沢な装飾と調度を備えた壮大な教会『サンタ・マリア・イン・トラステヴェーレ』とその仲間は聳え立っていたのだ。

新しい教会の施設と装飾[注2]

教会建築の新しい規準となったのは、これら大教会であった。『サンタ・マリア・イン・トラステヴェーレ』と同様、一一二三年から一一三〇年の間に築かれたほとんど同じ大きさの教会『サン・クリソゴーノ』は、身廊と側廊をそれぞれ楣式構造の一一基の古代の円柱列で分ける三廊式長方形の建物であり、それに、中央に円柱で支えられた凱旋門をもつ奥行きの深い翼廊およびアプスがつく。本来の装飾は失われたが、それでも広々とした身廊、凱旋門を支える斑岩製を含む高価な円柱、いくたびか修復された〈オプス・セクティレ〉の床面、それらが織り成す豪壮な印象は今日にものこる。『サン・バルトロメオ・イン・イソラ』は、確かに基本的には『サンタ・マリア・イン・トラステヴェーレ』および『サン・クリソゴーノ』と同じプランにしたがっているが、その規準からのわずかな逸脱も示している。この教会は、多分一一一三年、あるいは一一六〇年に建てられ、その大きさは前述ふたつの教会の約半分である。身廊はアーチを載せる「拱式構造」の円柱列で分けられ、床面から五段高くなった翼廊の下には、円柱で丸天井を支えた会堂式地下聖堂が設けられていた。【フォールム】の九世紀に建てられた教会『サンタ・マリア・ノーヴァ』（今日の『サンタ・フランチェスカ・ロマーナ』）は、一一六一年の改築の際、翼廊、アプス、鐘楼を加えて拡張され、モザイクで飾られた。さらに一七世紀における二度の改築でその中世的特徴は覆い隠されたが、すべてが消えたわけではない。もうひとつの規準からの変型は、『サンティ・クヴァトロ・コロナーティ』に見たように、翼廊と見かけの二階席の設置である（図122）。この例としては、一一四四年から一一四五年にかけて新たに築かれた『サンタ・クローチェ・イン・ジェルサレンメ』が挙げられる（しかしそれは一七四三年の改築ですっかり姿を変えてしまった）。これもまた一八世紀の改築以前のことだが、おそらく一二一七年に築かれたであろう『サンティ・ボニファチオ・エド・アレッシオ』もこの例として挙げられる。のこされた部分や古い素描、版画、記述が示すように、このふたつの教会では本来の建物が、アーケードに開かれた「見かけの二階席」、翼廊、アプス、楣式構造のナルテクス、それに翼廊の最初の柱間あるいはナルテクスから立ち上がる鐘楼をもっていたことがわかる。さらに『サンタ・クローチェ』では壁画の一部がのこされており、『サンティ・ボニファチオ・エド・アレッシオ』の盛り上げられた翼廊部の下には会堂式地下聖堂のあったことが知られる。『サン・クレメンテ』のプランと装飾もまた、多くの教会建築の規準とされた。

一一二三年頃、聖職者か平信徒か知られないが金持ちであったことは確かな教皇の侍従アルファヌスの献金で、八世紀の教会『サンタ・マリア・イン・コスメディン』が改築された。その際、鐘楼、壁画、コスマーティ様式の床、儀式用の調度、祭壇天蓋（これは一三世紀後半にゴティックのものに替えられた）、祭壇の前の〈ペルゴーラ〉（植物で飾られた）の円柱、聖歌隊席、司教座などが加えられた。二〇世紀の初頭に過度に修復され、一八世紀の魅力的なファサードも取り払われたこの教会は、それでも今日、ローマ中世の名残を最もよく伝えるものとして観光の目玉とされている（図125・126）。身廊両脇のアーケードは、それぞれ二基の広い角柱で三部に区切られ、それによって身廊空間は平信徒域、〈スコラ・カントルム〉すなわち聖職者域、祭壇域に分けられている。『サン・クレメンテ』のそれに似て、大きな〈ロータ〉（環状紋）とそれを囲むジロッシェ（斜子紋）で飾られた床面は、ここでも扉から

125.『サンタ・マリア・イン・コスメディン』、身廊

126.『サンタ・マリア・イン・コスメディン』、外観

祭壇までの道を示している。この教会本体の前には、同じ幅をもち、玄関楼（プロトュロン）のついたナルテクスがあり（一〇世紀の初頭に本来の姿で再建）、側廊の最初の柱間からは鐘楼が聳え立つ。規準からのもうひとつの重要な変異は、壁のような角柱に添う壁柱から立ち上がり、身廊および側廊を横切って架かるアーチの導入である。このアーチは、一〇九九年頃に試みられ失敗に終わった『サンティ・クヴァトロ・コロナーティ』の最初の再建の際に採用されたことが知られ、また一一一六年と推測される『サンティ・ジョヴァンニ・エ・パオロ』の改築の際にも使われた。このような横断アーチは、身廊空間を儀式に合わせて区切ることにも用いられた。他方、簡素なバシリカの群れも変化していた。たとえば『サン・グレゴリオ・マーニョ』や『サン・サバ』などでは、側廊もアプスをもち、したがって身廊の主アプスは左右の小さなアプスに挟まれることになる。また一二世紀の建築家や寄進者は、規準とされるものの個々の特徴を古い建物に付け加えることもした。たとえば、ここでは四例を挙げるにとどめるが、一一三〇年

の『サン・ロレンツォ・イン・ルチナ』、一一五四年の『サンティ・ジョヴァンニ・エ・パオロ』、一一四五年から一一五三年の間の『サンタ・マリア・マジョレ』、一三世紀の初頭の『サン・ジョルジオ・イン・ヴェラブロ』には、イオニア式の楣式円柱列をもつナルテクスが建て増しされた。『サンタ・プラセーデ』、『サンタ・マリア・イン・コスメディン』、『サン・コシマート』では、アトリウムあるいはナルテクスに『サン・クレメンテ』に見た破風屋根をもつ玄関が、また『サン・バルトロメオ・イン・イソラ』や『サンティ・ボニファチオ・エド・アレッシオ』では、会堂式地下聖堂が設けられた。また一一世紀の後半から一三世紀にかけて、いやさらにその後まで、市街の各地の新しいあるいは古い教会に鐘楼が築かれた。そのあるものは『サンタ・マリア・イン・コスメディン』のそれのように巨大であったが、あるものは『サンタ・ルフィナ・イン・トラステヴェーレ』のそれのように小さい塔、いわゆる〈カンパニレッティ〉であった（図127）。これら鐘楼は、場所がほとんどないにもかかわらず、多くの場合教会に隣接して、あるいは例は少ないが『サンティ・ジョヴァンニ・エ・パオロ』のように教会に対置して（図128）、あるいは『サンタ・プラセーデ』の

127.『サンタ・ルフィナ』、鐘楼

128.『サンティ・ジョヴァンニ・エ・パオロ』、修理以前の鐘楼

129.〖サン・ロレンツォ・フオリ・レ・ムーラ〗、1200年頃の身廊

ように翼廊の上に聳え立った。もちろんもっとも多いのは、『サンタ・サビーナ』、『サンタ・プデンツィアーナ』、『サンタ・マリア・ノーヴァ』、さらには一四世紀の『サンタ・マリア・マジョレ』のように、側廊の第一あるいは最後の柱間の上に築かれた。

教会の建築年代を正確に知ることは、文献資料が常に頼りになるとはかぎらず、容易でない。教会の聖別は、竣工から時間を置いて行なわれることが多く、たとえば一一四三年に装飾を含めて完成された『サンタ・マリア・イン・トラステヴェーレ』は、一二一五年になってはじめて聖別された。様式上の特徴が、年代決定の鍵になることも少ない。教会のプランや装飾の様式は、この一〇〇年の間ほとんど変わっていない。『サン・ロレンツォ・フオリ・レ・ムーラ』では、一二世紀末に枢機卿長ケンキウス・カメラリウス、のちの教皇ホノリウス三世によって大きなバシリカの増築が計画され、一三世紀の第一四半期に完成した。六世紀の教皇ペラギウスの建てた二階席をもつ古いバシリカは、そのアプスを取り壊した跡を新しい教会の祭壇室にし、その古い床面は（小さな地下聖堂を除いて）盛土され、新しい身廊の床より高く、九段の階を昇る。地下聖堂の聖ラウレンティウスの眠る墓は修復され、新たに飾られた。新しい身廊では、両側でそれぞれ一一基の円柱から成る楣式構造の柱列が狭い側廊を分けている（図129）。窓は、身廊でも側廊でも、小さいままのこされている。おそらく円柱と楣は、かつて教会の南にあり、すでに廃墟となっていた四世紀の墓地バシリカから持ってきたのであろう。ここでは、二世代以上も隔てて『サン・クリソゴーノ』や『サンタ・マリア・イン・トラステヴェーレ』の型が、翼廊なしではあるが、再び用いられている。新しいバシリカの前には、同じく楣式構造の円柱列で支えられ、モザイクのフリーズで飾られたナルテクスが横たわる（図130）。一二一七年に建てられたこのナルテクスは、約一〇〇年の隔りがあるにもかかわらず、『サンタ・マリア・イン・トラステヴェーレ』のそれに似る（図119参照）。ナルテクスおよび身廊のイオニ

130.『サン・ロレンツォ・フオリ・レ・ムーラ』、ファサードとナルテクス

ア式柱頭は、いくつかの「略奪」品を除いて、中世石工の繊細な仕事振りを見せている。主祭壇の上の天蓋は、一一四八年フーゴ〈フミリス・アッバス〉によってペラギウスのバシリカのために注文され、おそらく新しい祭壇室に使われたのであろう。それに対して、聖歌隊席、司教座、朗詠壇など儀式用施設は、華やかな多彩のモザイクの象嵌細工で飾られて一二五四年に完成された。一二六〇年頃『サンタ・マリア・イン・アラコエリ』は、一五〇年前にローマで再び流行していた広いアーチ式構造の身廊、吹き抜けの翼廊、ひとつのアプス、天井のない木組み屋根、コスマーティ様式の床面をもつバシリカ形式に固執している。ただ実際の施工には、ゴティックの要素が入り込んでいる。一二世紀の半ば頃からは、身廊と同じ高さの吹き抜けの翼廊が、権威あるバシリカの規準とみなされるようになった。じじつ翼廊のなかった初期キリスト教時代の大バシリカには、標準に沿って翼廊が建て増しされた。『サン・ピエトロ』では、一一五四年にコンスタンティヌス時代の低い北側の翼廊が身廊の高さにまで引き上げられ、『サンタ・クローチェ・イン・ジェルサレンメ』では一一四四年、本来仕切りのなかった広間を区切って翼廊がつくられ、『サンタ・マリア・マジョレ』では、古い縦廊に狭いが標準の翼廊が増築され、ラテラーノのバシリカでは一二九一年、コンスタンティヌス時代の低い側部屋が吹き抜けの翼廊に替えられた。

131.『サンティ・クヴァトロ・コロナーティ』、回廊

教会装飾もまた建物同様、一三世紀にかけて規格化されたといえる。アプス・モザイクでは、聖者と寄進者に囲まれたキリストと聖母という昔からの図柄は、一一四〇年『サンタ・マリア・イン・トラステヴェーレ』に再び採用されたあと、わずかな変化を示しながらなお一〇〇年にわたって保持された。それは、一一六一年頃の『サンタ・マリア・ノーヴァ』、一二一〇年頃の『サン・ピエトロ』、一二一八年から一二二七年の間の『サン・パオロ・フオリ・レ・ムーラ』に見ることができる。もちろん一三世紀のモザイクでも人物像の様式は変化しており、特にローマに呼ばれた異邦の美術家、たとえば『サン・ピエトロ』のノルマンのシチリア、『サン・パオロ』のヴェネツィアの影響は明らかである。しかし新しい様式への本当の変化は、その二世代後、一三世紀の七〇年代になってはじめてはじまる。

この規格化ということがあって、中期中世におけるローマの教会建築およびアプス・モザイクや壁画には、その主題を含む全体の意匠がほとんど変化の様子を見せなかった。ただ建築技法、儀式用調度、床面の装飾、あるいはしばしば正確な制作年代を知ることのできる回廊建築といった、まさに特殊な細部が、それらを基にしての時代の展開を跡づける可能性を与える。中でも聖歌隊席、説教壇、司教座、降誕祭用燭台の〈オプス・セクティレ〉装飾には、明らかな変遷の過程をたどることができる。すなわちはじめは単純で粗雑であった紋様は、一二世紀の後半から一三世紀にかけて次第に緻密で繊細なものとなり、一三世紀の半ばには、斑岩と緑と白の大理石による細工は赤、青、金色が細かな図柄を生むガラスのモザイクに取って代わられた。『サンタ・マリア・イン・コスメディン』の調度（一一二三年）は、その早い例であり（図125）、一二三五年頃の『サン・サバ』の祭壇室前方内陣、一二五四

132.［サン・パオロ・フオリ・レ・ムーラ］、回廊

年の『サン・ロレンツォ・フオリ・レ・ムーラ』の説教壇と聖歌隊席は、後期の例である。似た変遷の様子は、回廊建築にも見ることができる。それは、一一一六年あるいはその数年後の『サンティ・クヴァトロ・コロナーティ』（図131）にはじまり、一一八七年から一一九一年の間の『サン・ロレンツォ・フオリ・レ・ムーラ』のそれを経て、一一九三年から一二二八年の間の『サン・パオロ・フオリ・レ・ムーラ』（図132）および一二二〇年から一二三二年の間の『サン・ジョヴァンニ・イン・ラテラーノ』の見事な回廊施設にいたる。アーケードの配列、それを支える二基一対の小円柱、アーチの縁取り、その上の軒蛇腹、はじめは質素で明快であったそれらは、次第に技巧を凝らしたものへとなっていった。後期の回廊では、小円柱は捩れ、モザイクの象嵌細工が施され、軒蛇腹には生い茂る樹葉、仮面、ライオンの頭、パルメットなどが刻まれ、フリーズには大理石の象嵌細工による幾何学紋が登場した。これら細部の変化を考察すれば、『サンタ・チェチリア』、『サン・コシマート』、『サンタ・サビーナ』などの未だ確定されてない回廊の正確な建築年代を知ることが出来るかもしれない。この分野の研究は、未開拓である。また中期中世ローマの建築技法にあっては、その正確な用い方、その進歩の跡についての研究が十分でなく、それゆえ多くの建物が、未だ様式的および考古学的に正確な年代を確定されることなくのこされている。

しかしそのことで、歴史の本筋が影響されることはない。一二世紀の前半から一三世紀にかけてのローマにあっては、教会建築および装飾の様式は、ある点では単調なまでに相伝され、際立った変化を見せていない。この間のローマ教会建築が如何に刺激に乏しいものであったかは、それをこの頃、いやすでに一世代あるいは二世代前から、ノルマンディー、イングランド、ブルゴーニュ、南西フランスの巡礼道沿い、ライン川流域地帯、ロンバルディア、トスカーナなどに築かれていたロマネスクの大教会と比べてみれば、いっそう明確であろう。たとえばカーンの『サン・エティエンヌ』(一〇六四年)、クリュニーの第三修道院教会(一〇八五年)、トゥールの『サン・マルタン』(九九七―一〇五〇年)、トゥールーズの『サン・セルナン』(一〇九六年)、一〇三〇年と一〇六一年の間に建てられ、一〇八〇年頃に改築されたシュパイエルの大聖堂、一〇九〇年に今日の姿になったミラノの『サンタンブロジオ』、内陣に肋(リブ)丸天井をもつダラムの大聖堂(一〇九三―一一〇四年)、『サンタ・マリア・イン・トラステヴェーレ』と同じ年に築かれたサン・ドゥニの修道院教会の初期ゴティックのファサードと周廊式内陣などが挙げられよう。フランス、イングランド、ドイツのこれら教会の大半は、丸天井をもつ。しかし木組み屋根のそれら教会にあっても、身廊、側廊、翼廊、交差部、付属礼拝堂は明確に区別され、支え部は強調され、壁は垂直方向だけでなく水平にも、飾り帯、盲アーケード、壁柱、半円柱、半柱身で、これもまた明確に分節されている。要するに、空間、量塊、平面は、内でも外でもアクセントをもって区切られ、それに高くそそり立つ内部の張りつめた構成が加わる。それに対してローマでは、そのような特徴は二義的な現象に過ぎない。ここでは、古い基礎あるいは壁の再利用といった既存の要素に規定されない限り、プロポーションは心地よいゆとりをもつ。空間はよどみなく、ごくまれにしか使われなかった横断アーチも、すでに一〇六〇年のフィレンツェの『サン・ミニアート』に見られるように、けっして空間を分割するものではなかった。壁は、水平にも垂直にも分割されることなく、五世紀以来そうであったように、壁画のためにとっておかれた。支えの要素は円柱であり、形態を変えた複雑な角柱が使われることはなかった。いや柱身、柱礎、ときには柱頭も、古代からの再利用であった。珍しいことだが、ロマネスク様式のひとつの特徴が、ローマの教会建築に組み込まれたことがある。『サンティ・ジョヴァンニ・エ・パオロ』の初期キリスト教時代のアプスの上に、ロンバルディあるいはライン地方特有の小バルコニーが載ったのだが、これはあくまでも特殊な例であった(図133)。要するに中世のローマの教会建築は、一一世紀の前半以来大西洋からエルベ流域、ルンドやダラムからフィレンツェあるいはサンティアゴ・デ・コンポステラまでの建築思想を根本から変えた大きな流れから、はっきりと隔離されていたのだ。ローマの建築は固陋《ころう》で新味に欠け、アルプス北の発展に比べれば保守的で時代遅れであった。そ

133.『サンティ・ジョヴァンニ・エ・パオロ』、背面、Jan de Bisschop の素描、1644 / 1645 年、Albertina, Wien

れは、同一の規格をただわずかな変更を加えて採用し、繰り返し同一の手本に倣った。だからといって、中世ローマ教会の建築と装飾をただ単調、保守的、質的に無意味として傍らへ押しやるのは、あまりにも短絡的であろう。

ローマにおける一二世紀のすべての、あるいはほとんどすべての建築規準がこの地特有の初期キリスト教の手本にさかのぼることはいうまでもない。『サンタ・マリア・イン・トラステヴェーレ』や『サン・クリソゴーノ』のように翼廊をもつバシリカには、誰しも先ず『サン・ピエトロ』を想起するにちがいない。たしかに中世には、初期キリスト教、特にコンスタンティヌスの教会建築へ帰ろうとする動きがたびたび繰り返され、そのつど、理念上の核とされたのが『サン・ピエトロ』であった。そしてこの教会の際立った特色であり、当時の斬新な建築上の試みであったエクセドラをもつ狭く低い翼廊（図24）は、すでに四世紀の後半に『サン・パオロ』の高く吹き抜けの端が側廊の壁と並ぶ翼廊に発展していた。この形の翼廊は、カロリング朝時代に、すべてにおいてではないが再び採用され、そして一二世紀に規準形とされたのであった。中世の建築家は、この点では、そのバシリカがローマにおける全中世をとおしての理念上の原型でありつづけた『サン・ピエトロ』以上に『サン・パオロ』の型を優先し、それを規準として採用したのであろう。他方、『サンタ・サビーナ』（図38）あるいは一二九二年以前のラテラーノのバシリカの翼廊をもたないプランは、規模を極端に縮小して、たとえば『サン・サルヴァトーレ・イン・オンダ』に見るように、一二世紀に規準となった質素なバシリカの手本とされた。それに対して、一一一六年に再建された『サンティ・クヴァトロ・コロナーティ』（図122）のように「見かけの二階席」をもつ教会は、たとえば今日新しい教会の内陣として使われている『サン・ロレンツォ・フオリ・レ・ムーラ』東側バシリカや『サンタニェーゼ』のように、二階席をもった初期キリスト教のバシリカにさかのぼることが出来るのであろう。確かなことは、一一世紀以降の中世ローマの教会建築家や寄進者が、数百年前ものモニュメントを意識していたということである。ローマは、みずからの伝統を重荷としていた。そしてこの都市が背負う重荷は、この都市を他のヨーロッパから遠ざけた。ローマは、その偉大なキリスト教の伝統、「キリスト世界の頭」という立場を十分に意識し、当時のローマの人びとにとってその外側は想像できない世界の中で、日々そのことを想っていたのだ。ローマは、聖ペトルスが築いた教皇権の座であること、大使徒の墓所と多くの殉教者の聖遺物を有すること、西方のあらゆる地から巡礼者を引きつける信仰の中核であることを常に意識していた。それは誇りであり、この都市の偉大なキリスト教モニュメントに今なお証明されているのであり、教皇の座ラテラーノのバシリカ、真実であれ伝説であれコンスタンティヌスの建立とされる『サン・ピエトロ』や『サン・パオロ』は、日々その想いを呼び覚ましてくれる。それらは、カロリング朝時代にすでに一度手本とされた。それゆえ、それらおよびそれらに影響されたカロリング朝時代の建物が、その圧倒的な存在でもって、またそれらと結びついた意義ゆえに、ローマの教会建築や装飾を規定したのであろう。このような過去をもつ都市に、アルプスの北に展開したニューモードは馴染まないものであった。

モンテ・カシーノの先見性 注3

とはいうものの、ローマにおいては教会建築および装飾における初期キリスト教の再生は、一二世紀の初頭になってはじめて登場したのだ。その半世紀前、モンテ・カシーノの僧院長デシデリウスは、新しい修道院教会を建て、それを飾っていた。この教会

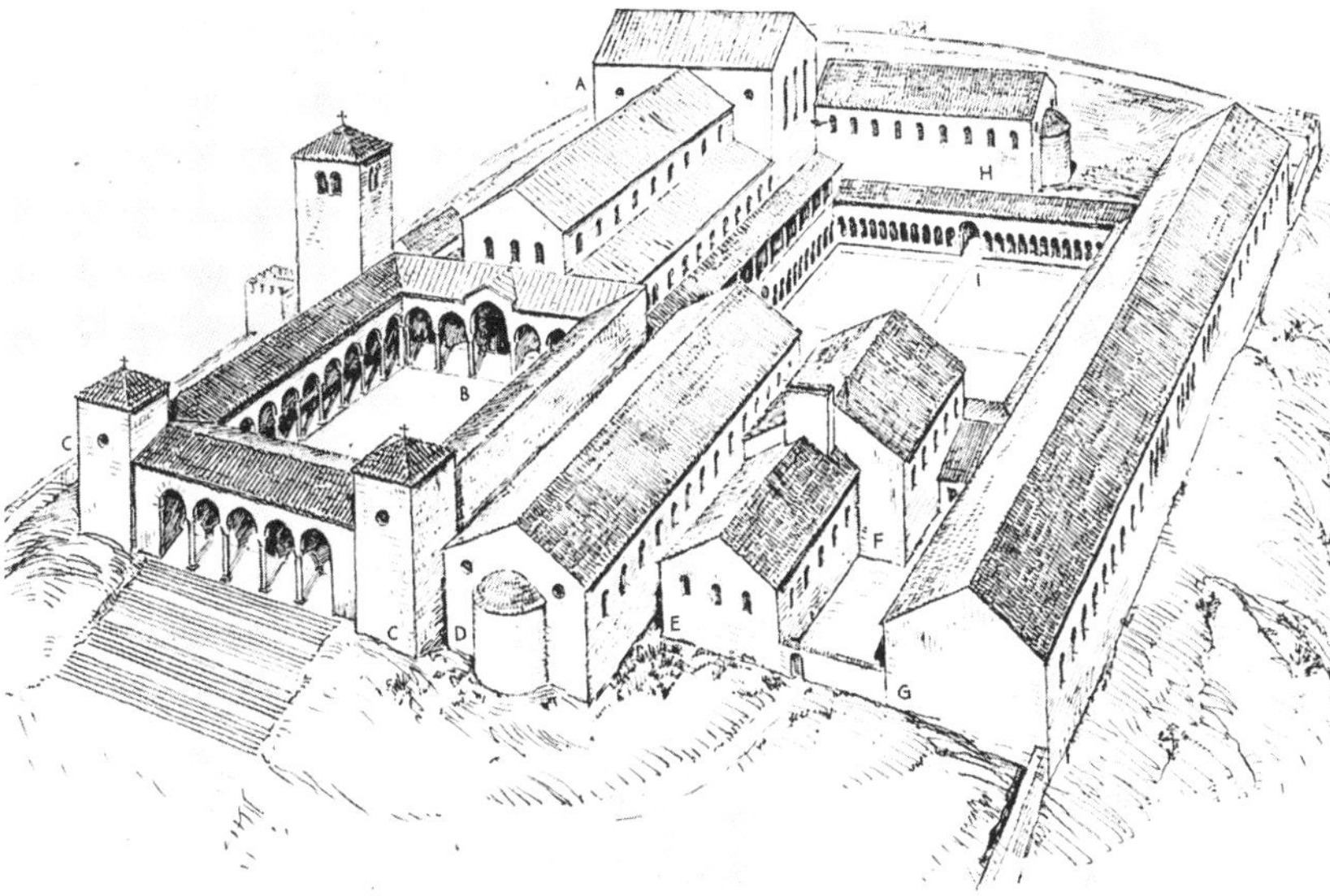

134.　1100年頃のモンテ・カシーノ、ConantとWillardによる復元

は今はないが、私たちは発掘、古い設計図、教会が聖別された一〇七一年にオスティアのレオが著した詳細な記述、さらには一一世紀の後半に中部および南イタリアのサレルノからバリやトラニ、さらにローマの北方ネピ近くのカステル・サンテリアに至るまでの各地に築かれた無数の末孫教会を基にして、その明確なイメージを得ることができる。それは、アーチ式円柱列に支えられた三廊式の本体建物、円柱に支えられた凱旋門、盛り上げられた翼廊、アーチ式構造の円柱廊に囲まれて正面にふたつの塔をもつアトリウム、本体建物の左方に聳える鐘楼から成っていた（図134）。身廊の床は、多彩な円形紋の列とそれを囲む〈ジロッシュ〉（斜子文）が軸に沿って、しかしいまだ内陣への道を明確に示すことはなくつらなり、その左右を幾何学紋が埋めた、いわゆる前コスマーティ様式で飾られていた。壁面はフレスコ、凱旋門、アプス、アプス・アーチはモザイクで飾られていた。モザイクの主題は、サレルノにのこる断片からエルンスト・キツィンガーが指摘するように、キリストの胸像〈ヴェロニカ〉とそれを囲む福音記者の象徴であったと推測される。白と色大理石の柵で囲まれた〈スコラ・カントルム〉は身廊にまで伸び、翼廊内の祭壇は、一部に銀を張った円柱に支えられたブロンズの内陣壁で囲まれていた。珍しくただ銀を張った木でつくられた説教壇の近くには、大理石の降誕祭用燭台が立っていた。モンテ・カシーノの比較的大きな末孫教会では、翼廊の下にそれと同じ幅と長さで会堂式地下聖堂が設けられている。しかしこれは、岩盤の上に建ち、聖ベネディクトゥスの墓を傷

つけてはならない条件をもつモンテ・カシーノの親教会にあっては、出来ないことであった。フォルミスの『サンタンジェロ』が代表的な例であろうが、より小さな末孫教会では翼廊を欠き、身廊と側廊はアプスを備え、アトリウムに代わって前面にはアーケードをもつナルテクスが横たわり、それは中央に角柱に尖頭アーチを載せる玄関をつけていた。身廊、アプス、ナルテクスはゆたかに壁画で飾られていたが、それはおそらく、モンテ・カシーノの装飾を念頭においてのことであったろう。

疑いもなくデシデリウスは、ローマに彼の教会の手本を求めたであろう。円柱、柱頭、柱礎、その他の大理石材はローマで購入され、彼がアプスに記させた銘文は、ラテラーノのバシリカや『サン・ピエトロ』の凱旋門のそれを想起させる。アーチ式構造の身廊、高い翼廊、円柱に載る凱旋門、福音記者の象徴とキリストの胸像を描くモザイクなど、その全体像は『サン・パオロ』に近い。このようにモンテ・カシーノでは、すでに一〇六六年にローマの初期キリスト教を手本にすることが考えられていたのだ。グレゴリウス七世の弟子であるデシデリウスは、師の改革の思想とキリスト教古代への想いを、目に見える形にしようとしたのだ。またデシデリウスが、特に『サン・パオロ』を手本に選んだことも不思議ではない。このバシリカは、まだ僧院長ヒルデブラントであったグレゴリウス七世自身によって改革されたベネディクト派のローマ最大の修道院に託されていたのだ。モンテ・カシーノでは、当然のことながらその手本は一一世紀の建築法で翻案された。規模は格段に縮小され、プロポーションはより高さを目指し、儀式を前提とした空間配置へと変えられもした。また多くの祭壇が必要とされ、ひとつであったアプスは三つになった。

しかしみずからの計画を進めるためにデシデリウスは、他の手本にも目を配った。九世紀以来ローマでは、〈オプス・セクティレ〉の床面、大型のブロンズや銀の細工物、モザイクがつくられることはなかった。モンテ・カシーノの伝記者オスティアのレオは、デシデリウスが新しさを目指していたことを知っていた。彼が力説しているように、〈マギストラ・ラティニタス〉がすでに五〇〇年以上も学ぶことを止めていたモザイクや〈オプス・セクティレ〉の技法は、改めてコンスタンティノープルから呼ばれた職人たちによってモンテ・カシーノに将来された。〈アンテペンディウム〉をエナメルや高価な金属で飾る仕事を監督するために、修道士のひとりがコンスタンティノープルに派遣されてもいる。一〇六六年、デシデリウスがかつてアマルフィで見たのと同じブロンズの扉が、古い教会のために注文された（のちに拡大され新しい教会にはめ込まれた扉が今日にのこされている）。新技術を存続させるために、職人養成の学校さえ設立された。レオの言葉を借りれば、かつて西が東に教えた技術が、五〇〇年を経て、東が西にもってきたというのだ。彼の目は、カロリング朝のモザイクを見ていなかったのだろう。またある部分では、コンスタンティノープルからだけでなく、ビザンティン様式を身につけた南イタリアからの職人も参加したとする研究者もいる。いずれにしても彼らは、技術だけでなく、当然のことながら当時のビザンティンの装飾意匠も持ち込んだであろう。床面やブロンズ扉のデザインには、アマルフィの扉やのちの南イタリアの扉のそれと同じビザンティンの影響を見ることができる。もちろん扉全体の構成は西方由来のものであり、人物の表現も西方の特徴をもつ。おそらく下絵が東方に送られたのであろう。たとえば、聖ベネディクトゥスの生涯を描き、コンスタンティノープルで制作されたアンテペンディウムのエナメル細工は、その明白な例であろう。この西方の偉大な聖者のための手本が、コンスタンティノープルにあったとは考えられない。しかしもっと明白なのは、サレルノにのこる断片が示すように、モンテ・カシーノのモザイクの図柄や様式が、ビザンティンの雛形との関係を絶ち、みずからの手本をローマにのこされていたかつてのアプス・モザイクに求めたことである。

ローマには、確かに昔のモザイクがのこされていた。それらの何かが、一一世紀の最後の三五年間にデシデリウスと彼の周囲の南イタリア人を惹きつけたのであろう。しかしローマの教会建築者が、それらを省みることはなかったようだ。グレゴリウス七世やローマの教会改革者たちには、コンスタンティヌス時代の教会建築の原型に立ち返ることで彼らの改革の思想を具現化することなど、考えも及ばなかったのだろう。当時西方の顧客は、ブロンズの扉をコンスタンティノープルでつくらせたのであろうが、意匠、主題、銘文（ただしラテン語の献辞を除く）においてビザンティンの手本に極似しているのは、一〇七〇年に僧院長ヒルデブ

135.［サン・パオロ・フオリ・レ・ムーラ］、ブロンズ扉の部分、《キリストの宮参り》

ランド、のちの教皇グレゴリウスが注文し、故郷アマルフィとモンテ・カシーノの扉代を払ったのと同じパンタレオーネが資金を出した『サン・パオロ・フオリ・レ・ムーラ』の扉だけである（図135）。これらのことから、ローマでの初期キリスト教へ戻ろうとする、また教会および修道院建築において修道院的特徴を強めようとする動きは、モンテ・カシーノから一あるいは二世代遅れて生まれたと考えられる。そしてその旗振りは、ベネディクト派修道士であったとおもわれる。その際、『サン・パオロ・フオリ・レ・ムーラ』に付属するこの会派のローマ最大の修道院が指導的立場に立ったことは、当然であろう。モンテ・カシーノは、ローマ教会建築のもっとも手近な手本であったが、それと並んで『サン・パオロ』もまたいくらかの影響を及ぼしたのだ。この両者からの影響下で一一二〇年以後ローマでは、身廊の床面より高められた翼廊や円柱で支えられた凱旋門をもつバシリカが築かれた。モンテ・カシーノの原木からローマへの最も早い二本の挿し木『サン・クリソゴーノ』と『サンタ・マリア・イン・トラステヴェーレ』は、その規模で（一〇パーセントの誤差を無視すれば）デシデリウスの教会に匹敵する。ローマがモンテ・カシーノから引き継いだ建築上の特徴としては、教会の傍らに独立して立つ鐘楼（これはローマ中期中世の象徴となった）、比較的規模の大きな修道院における回廊、三つのアプスをもつ三廊式のプラン（モンテ・カシーノ影響下の比較的小さな教会では翼廊のアプスが普通であった）、翼廊の下の会堂式地下聖堂（モンテ・カシーノの比較的大きな末孫教会に見られた）などが挙げられよう。楣式あるいはアーチ式構造の柱列をもつナルテクスもまた、モンテ・カシーノからローマに移植されたものであった。入念に仕上げられた教会調度品および床面の装飾もまた、同じ流れにのる。聖歌隊席（スコラ・カントルム）、朗詠壇、説教壇、降誕祭用燭台、祭壇天蓋、司教座などすべては、多彩な大理石の象嵌細工の幾何学紋で繊細に飾られた。ローマの職人たちが、デシデリウスが創設した学校の卒業者に技術を学んだこともあり得る。ローマでは一二世紀から一三世紀にかけて、コスマーティ、ヴァサレティ、ロマーニなど、大理石装飾の職人工房が次々に生まれた。このようなモンテ・カシーノの影響の下で、ローマの偉大なモザイク芸術の伝統が再び命をよみがえらせたのだ。『サン・クレメンテ』のアプス・モザイクは、そのことを如実に語っている。またモンテ・カシーノが、一一世紀末以後のローマの壁画の上に大きな影響を及ぼしたことも確かである。この頃、『サン・クレメンテ』の「下の教会」はかろうじて維持されており、その壁面が、鳥が隙間を飛ぶ模様の織物、燭台から立ち上がる花樹による縁取りなど、生きいきと生命感の溢れる絵で飾られた（図136）。そして、魚の泳ぐ海に一年以上沈められたのち、聖クレメンスの教会で元気に生き返った子供の奇跡を描いた中央部には、ゆ

136.『サン・クレメンテ』、〈下の教会〉、フレスコ、《幼児の奇跡》

たかな情感が溢れる。意匠、構図、彩色は、デシデリウスの時代、あるいはすでにそれ以前にモンテ・カシーノで写本画を制作していた美術家たちの伝統をついだものと思われる。あるいは『サン・クレメンテ』の画家は、モンテ・カシーノの同僚とともに、南イタリアあるいはビザンティンの要素をローマ独特の様式に適合させたのかもしれない。いずれにしても、長い茎をもって器から立ち上がる植物や互いに巻きつく樹葉といった古典古代風のその意匠は、いみじくも、常に古代末期の様式要素にさかのぼるローマの伝統を示している。

このように中期中世ローマの教会建築家は、モンテ・カシーノに刺激され、古代末期の手本に目を向けた。この動きは、おそらくベネディクト会修道士と彼らに結びついた聖職者たちによって、ローマにもたらされたのであろう。しかし古代のオリジナルと直に触れることのできたローマの建築家自身は、異教であれキリスト教であれ、古代末期芸術のゆたかさの中に深く沈み、みずからの様式のための確かな感覚を育

137. ヴィア・サン・チェルソ61番地の12世紀あるいは13世紀のイオニア式柱頭

138. 『サンティ・ジョヴァンニ・エ・パオロ』のナルテクスに見える1154年のイオニア式柱頭

て、そこからキリスト教的特徴だけでなく、無宗教的あるいは明らかに異教的性格をも受け継いだのであった。このようにして中期中世ローマの教会建築は古代末期を再生させたのだが、そこには、この地特有の要素も混じっていた。上に見たモンテ・カシーノ系統のグループとは異なり、翼廊と身廊の床が同じ高さのもの、アプスが三つでなくひとつのもの、身廊のプロポーションが急迫せずゆったりとしたもの、柱列がアーチ式でなく楣式のものも相変わらず存続し、柱頭、柱身、柱礎は、ローマに豊富な古代の廃墟の中から選び出された。またローマの石工は早くから、古典古代の手本に倣った、ときには非常に繊細なイオニア式柱頭をみずからの手で制作していた（図137・138）。『サン・ピエトロ』、『サン・パオロ』、『サンタ・マリア・マジョレ』、さらには『サンタ・スザンナ』、『サンタ・プラセーデ』に見られるこれらの特徴は、モンテ・カシーノの建築とは異質のものであり、おそらく古代末期ローマの手本から、あるいはカロリング朝時代の古代の「コピー」から、受け継いだのであろう。ただ、四世紀と九世紀のローマ教会建築の象徴であり、モンテ・カシーノ派が熱心に受け継いだアトリウムは、奇妙なことに中期中世のローマでは稀であった。『サン・クレメンテ』、『サンティ・クヴァトロ・コロナーティ』、『サン・グレゴリオ・マーニョ』のそれは例外であり、しかもはじめのふたつは前にあったものの単なる複製に過ぎない。その上、この三者はいずれも過疎地〈ディスアビタート〉の広い空間の中に建っていた。トラステヴェーレやパリオーネなど住居の密集した〈アビタート〉には、もともとアトリウムのための敷地はなかったのであろう。

一二世紀ローマの絵画 注4

『サン・クレメンテ』および『サンタ・マリア・イン・トラステヴェーレ』のモザイクもまた現地ローマの、当時からすればばすでに六〇〇年ないし七〇〇年前の手本から影響された。そこにはなお、今は失われた多くの古いモザイクが、まだ存在していたはずである。モンテ・カシーノのデシデリウスや彼の僧院長時代に学んだ職人たちも、初期キリスト教時代の偉大なローマのモザイク、特にあやまった伝承であれコンスタンティヌスの名と結びついた『サン・ピエトロ』あるいは『サン・パオロ・フオリ・レ・ムーラ』のモザイクを手本としたに違いない。そのモンテ・カシーノ派の一二世紀前半におけるローマの後継者たち——ここでもベネディクト会修道士が大いに貢献したであろう——にとっては、これらモザイクだけでなく、初期キリスト教と古代末期のあらゆるものが、さらにゆたかな、尽きることのない源泉となったであろう。そして異教、キリスト教にかかわらずその泉からは、主題上の要素、様式上の特性、そしてときには全体の構図までがすくい取られ、選択され、新たに組み合わされたのだ。もちろんそこには、頭部、顔つき、衣服、植物、動物の扱い方や、樹葉をつけた十字架、天国に流れる川、生い茂るアカンサスの蔓、さらには籠の中の鳥、鶏に餌をやる少女などの細部に、中期中世独自の表現法や意味づけを見ることもできる。このように古代末期の源泉と一二および一三世紀のローマ再生の繋がりはさまざまな様相を呈するのだが、中でも目を引くのは、両者の空間の処理の仕方である。ところで中世の人びとは、ラテラーノの洗礼堂がコンスタンティヌスの建物の時代に建てられた（これは正しい）だけでなく、飾ら

139.　『サン・クレメンテ』、アプス・モザイク部分、《十字架》

れたのも彼の時代と信じていた（じつは五世紀）。この洗礼堂のナルテクスの左側アプスにおいては、丸天井の（ここでは金色ではなく）紺色の地の上にアカンサスの蔓が整然と並んで広がる（図140）。『サン・クレメンテ』のアプス丸天井において生い茂るアカンサスから立ち上がる磔刑像（図139）は、これもまたコンスタンティヌスに帰せられていたラテラーノのバシリカのアプス・モザイクの中央に立つ十字架の一変型であろう。おそらく一二九三年のヤコポ・トリティによる『サンタ・マリア・マジョレ』のアプス・モザイクもまた、ラテラーノのひとつの変型といえよう。ラテラーノの十字架の上方に浮かぶ、〈ヴェロニカ〉と呼ばれて名高いキリストのメダイヨンは、『サン・クレメンテ』ではアプス・アーチの頂点に置かれる（図118）。『サン・クレメンテ』の十字架の縦木と横木にとまる鳩は、ラテラーノの十字架にはめ込まれた宝石に代わるものであろう。アプス丸天井の天頂に扇のように浮かぶ天蓋は、ほとんど同じ形でラテラーノ洗礼堂ナルテクスのアプス丸天井（図140）に登場する。もちろん使われるテーマは、まぎれもなく中世の様式であらわされている。しかし少なくとも『サン・クレメンテ』のモザイクには、古代末期の手本に直接学んだ技法と意匠の要素が見られる。たとえば、『サンタ・プデンツィアーナ』（図36参照）や『サンタ・マリア・マジョレ』（図42–45参照）など四、五世紀のモザイクを想起させる印象主義的手法、白大理石の小石を敷き詰め、黒と灰色のガラス片で縁取る古代ローマ伝来の技法による肌や衣服の強調、黒と白ひとつずつの石で暗示される目、それに鋭い輪郭の欠如などである。『サンタ・マリア・イン・トラステヴェーレ』のモザイク（図121）もまた、すでに『サン・クレメンテ』よりも硬直化しているとはいえ、古代末期キリスト教の手本を継いでいる。そしてそれらの手本は、そのほ

140.　ラテラーノの洗礼堂、ナルテクス、アプス・モザイク

とんどがコンスタンティヌスの名と結びついていたのだ。

『サン・クレメンテ』であれ、あるいは『サンタ・マリア・イン・トラステヴェーレ』であれ、そのモザイクの主題すべてがキリスト教の意味をもっていたわけではない。いや初期キリスト教の手本の中に、すでに風俗場面は入り込んでいた。ラテラーノ洗礼堂ナルテクスの左側アプスのモザイクは失われてしまったが、その縁には牛飼いや羊飼い、子羊、鶏小屋と鳥に餌をやる女性などが描かれていた。それらは、『サン・クレメンテ』に再び登場する（図141）。そのほかにもここには、『サンタ・コスタンツァ』（図23参照）の穹窿天井の縁に見たのに似た水鳥、同じく『サンタ・コスタンツァ』やローマの他の初期教会のアプスやその周囲の壁に見た、葉や房をつけたブドウの樹、戯れる童子たちといった古代末期の風俗要素も加わる。さらに『サン・クレメンテ』のモザイク作家は、他の、今はどれと確認できない古代末期の手本から、多くのものを引用する。山羊飼いと乳搾り桶をもつ小人のような醜い奴隷（図142）、雛に食べ物を与える親鳥、トカゲをくわえたコウノトリ、豪華な孔雀（図143）、狩り道具一式を描く静物画（図144）、海豚と戯れる童子（図145）、ラッパを吹く童子、種蒔く人、修道士、鳥に餌をやる平信徒、三人の男たちの群れ、その中のひとりは華美な服をまとう。彼らはみな中世の服装を身につけるが、その動きや配列は古代末期

145.『サン・クレメンテ』、アプス・モザイク部分、《海豚にのる童子》

141.『サン・クレメンテ』、アプス・モザイク部分、《鶏に餌をやる女性》

142.『サン・クレメンテ』、アプス・モザイク部分、《羊飼いと奴隷》

144.『サン・クレメンテ』、アプス・モザイク部分、《狩りの用具》

143.『サン・クレメンテ』、アプス・モザイク部分、《孔雀》

の手本を想起させる。もちろんそれらの手本は、カロリング朝の写本を通して伝えられたとも考えられる。同じように『サンタ・マリア・イン・トラステヴェーレ』では、一対の童子が花や大きな器をもった大きな布をもつ（図146）。今日ヴァティカン美術館にある『サン・ニコラ・イン・カルチェレ』の壁画の断片には、サギ（図147）、オウム、海豚、ライオンの頭をもつ怪物、古代風の仮面が描かれている。『サンタ・マリア・イン・コスメディン』では、身廊の壁の上方にファウヌスの頭を囲む円形紋と、樹葉、格間、壷から立ち上がる燭台、散る花、果物、鳥、織物、豊穣の角など、古代風の文様を連ねたフリーズがつづいていた。今日それらは、ただ二〇世紀初頭の写真以外ほとんど見ることができない（図148）。このように一一世紀の末から一二世紀の初頭にかけてのローマの教会では、いたるところで古代の手本を確認することが出来る。自然の息吹を感じさせるそれらに、中世の人びとは、本来の意味は失われているにもかかわらず、求めても手に入れることのできなかった写実世界の代わりを見たのであろう。

146.『サンタ・マリア・イン・トラステヴェーレ』、モザイク部分、《布をもつ童子》

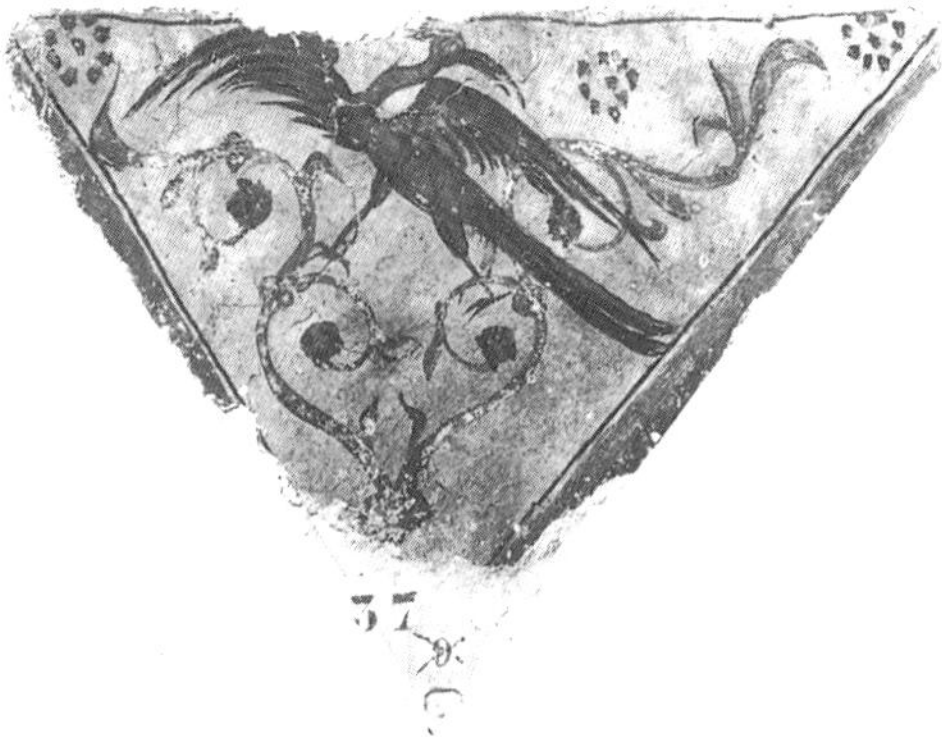

147.『サン・ニコラ・イン・カルチェレ』、《サギ》、Musei Vaticani

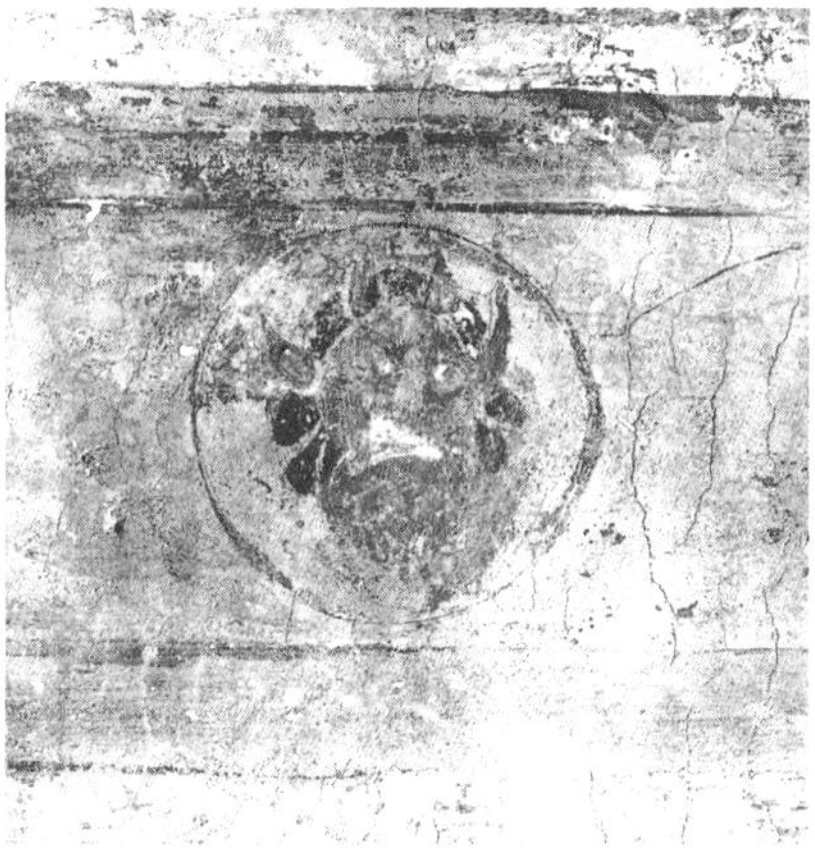

148.『サンタ・マリア・イン・コスメディン』、《ファウヌス頭部》

古代遺品の役割 注5

一二世紀のはじめにおける古代の刺激やそれの当時の美術への反映、それはヨーロッパ全体からみれば特別なことではなく、ただローマだけの問題であった。一一世紀の末からつづく約一五〇年の間、フランス、イングランド、イタリアの文学者やその庇護者たちは、古典古代の語彙や語法を学び、やがてはその言葉で思索することをはじめていた。人びとは、このような古代復活の風潮の中で、古典の句を引用し、その優雅さを楽しみ、みずからの学識をひけらかしていたのだ。そして美術家は、古代ローマのキリスト教あるいは異教のモザイクや壁画、あるいは古代の彫像のもつ意匠の洗練さ、風俗場面の自然らしさ、鳥あるいは人間の動きの優雅さ、動物や人間の仕草の真実らしさに喜びを見出し、それらを模倣することをはじめていたのだ。もちろん一二世紀におけるこのようなルネサンスは、多くの側面をもつ。それらを全体として考察した最初の人エルヴィン・パノフスキーは、そこにふたつの大きな流れを見た。北方でのルネサンスは、アルプスの北という古代美術の伝統への愛に溺れぬ地に芽吹いたのであり、それゆえ詩や散文の中での自然の再発見という、基本的には文学上の動きとしてあらわれた。したがってそこでは、古代彫刻の表現法が受け継がれたのは遅く、あのランスの巨匠たちの力強い情熱が爆発したのは遥かのちのことであった。他方古代の地であるプロヴァンスやイタリアの造形芸術は、たとえばサン・ジレ・ドュ・ガルやモデナで見るように、教会ファサードや玄関の装飾に、装飾紋様や人物像をすすんで取り入れた。このような違いがすべての点で徹底していたかどうかはともかく、再生された古典的要素は、教会ファサードの中世世界に完全に組み込まれ、本来の異教的意味を奪われたか、あるいは、たとえば『サン・クレメンテ』のモザイク（図141－145）や『サン・ニコラ・イン・カルチェレ』の壁画断片（図147）に見る紋様、風俗場面、サギ、童子のように、はじめから信仰とは関わりのない珍しさ、自然らしさ、美しさゆえの興味の対象とされたのであろう。

このように中世のルネサンスの中で、ローマは独自の地位を占めていた。ここでは、古代が新たに探し求められたのではない。それは、はじめから目の前にあった。【パンテオン】、【コロセウム】、【マルケルスやポンペイウスの劇場】、巨大な浴堂やパラティーノの上の諸宮殿の廃墟、【フォールム】やマルスの野の神殿の遺構、【ネルヴァ、アウグストゥス、トラヤヌスのフォールム】、【凱旋門】や【マルクス・アウレリウスおよびトラヤヌスの記念柱】、【ハドリアヌスおよびアウグストゥスの霊廟】、オベリスク、特に『サン・ピエトロ』の南翼傍らに聳えるそれ、【ケスティウスのピラミッド】と一五世紀までハドリアヌスの霊廟近くに立っていた別のピラミッド。古代の彫像もまだ大量にあった。記念柱や凱旋門の浮き彫り、当時【フォールム】の『サンタ・マルティーナ』の近くにあり、今日カピトリーノ美術館に収められた《河の神（マルフォリオ）》、クヴィリナーレの上の《馬を抑える男たち（カバルリ・ディ・マルモ）》、その傍らの二体の《河の神》と三体の《野蛮人（トロフェイ・ディ・マリオ）》の立像、さらに中世の訪問者は言及するが私たちには失われてしまった多くの彫像。黄金宮の中、パラティーノの上、【コロセウム】の穹窿の下の廃墟には、多くの壁画、モザイク、漆喰細工があった。それらのほとんどは今日失われてしまい、ただいくつかが中世の模倣の中に生き延びた。同じように、キリスト教古代の偉大なモニュメント、『サン・ピエトロ』、『サン・パオロ』、『サンタ・マリア・マジョレ』、ラテラーノのバシリカも、そのモザイクや壁画とともに入念に管理され、保持されていた。古典的過去との触れ合いや異教およびキリスト教モニュメントの中に古典古代を見ることは、ローマでは日常の経験であった。生粋の、また中世の移住ローマ人にとって、古代は彼らの環境の欠かすことの出来ない一部であった。古代は、遠い過去ではなく、生きている現実の要素であった。このような親密さは、奇妙な関係も生んだ。古代末期から一六世紀に至るまで、古代ローマの彫像や建築材は普通、石灰窯でその生涯を終えた。八世紀に城壁の修理に使われたのは、おそらく古代の大理石を焼いた石灰であったろう。今日のラルゴ・アルゲンティーナの一画は、すでに一〇二三年に多くの石灰窯場があったことから中世には〈デ・カルカラリス〉と呼ばれており、ここ以外にも【アウグストゥスの霊廟】近く、【パンテオン】後方の【アグリッパの浴堂】の中、【フォールム】の上、そのほか大理石が手に入るいたるところに石灰焼成窯場は存在した。同じく古代以来つづいていた慣習に、古代の建物の一部――柱礎、柱身、柱頭、楣、角柱、壁柱、奉納祭壇、銘文、あるいは単に角石――を〈スポリウム〉（略奪品）としてそのまま、あるいは少し変えて、新しい建物に再利用してきた。キリスト教古代にあっては――『サンタ・サビーナ』に見るように――、そしてカロリング朝時代にあっても、ローマの中世の教会の柱廊のすべては、あるいは少なくとも一部は、古代建築からの「略奪品」で組み立てられていた。コーニスの持ち送り、コーニス自体、聖歌隊席や説教壇の囲い壁も、「略奪品」からできていた。一般の住宅にもしばしば玄関に古代の円柱が使われ、ときにはそれに古代のフリーズがついていることもあった。ポンテ・サンタンジェロ広場の角の建物に今日なお見ることできるライオンの頭とパルメットのフリーズは、その一例である（図233）。また同じようなものは、ヴィア・ディ・フェロ一〇番地の建物にも見ることができる。石灰焼成職人や石工は、彼らの仕事場に彫像、建築装飾、柱頭、フリーズ、コーニスなど、大理石の「略奪品」を納める倉庫をもっていた。そのような倉庫の多くが今日までに確認されている。おそらく古代末期からルネサンスまで使われていたと見え、そこには古代の「盗品」が山積みされていた。そのあるものは、所有者の〈マルモラリ・ロマニ〉（ローマの大理石細工師）が手本として利用したこともあったであろう。しかしほとんどは窯で焼かれるか、あるいは建築材として、それらが今日発見された場所へ、ときには少し手を加えられて、売られていったのであろう。デシデリウスがモンテ・カシーノのために大理石や他の材料をローマで買い求めたように、サン・ドゥニのシュジェもまた彼の修道院教会の建築材をローマから運ばせた。ただ彼の場合少し違ったのは、名誉心から【ディオクレティアヌスの浴堂】や他の浴堂の円柱に目をつけたことであった。しかも彼は、船で直接現場に運べるよう、事前に綿密な計画を立てていた。ローマの〈マルモラリ〉は、大理石細工師としてだけでなく、古代からの略奪品や他の建築材の商人として、名を知られていたのではないだろうか。ときおり彼らの中のあるものは、古代の遺品の上にみずからの名を刻しており、それは持ち主を明確にするというよりも、むしろ父から子へ、さらに孫へと受け継がれた一族商会の宣伝のためであったと考えられる。

古代の遺構やその装飾、それに彫像や浮き彫り、それらは明らかに中世の人びとにとっては資材としての再利用を超え、それを所有することが大きな魅力であったと思われる。しかし自分たちのとはあまりにも異なる世界のこれら証言者に対する彼らの心情は、曖昧で複雑であった。ローマの市民や旅行者、特に巡礼者にとって、古代の建物あるいは断片でのこる彫像の大きさはあまりにも圧倒的であり、そこに、それらに関する奇異な物語が生まれた。【コロセウム】は太陽神の神殿であり、かつては巨大な丸天井で覆われていた。『サン・ピエトロ』のアトリウムの〈ピニャ〉（まつかさ）は、どのようにしてとは誰も知らないが、かつては【パンテオン】の〈オパイオン〉（天窓）の上に立っていた。『サン・ピエトロ』のオベリスクを支える四個のブロンズ壁の間をすり抜けると、罪の赦しが約束された。オベリスクの頂に載るブロンズの球には、カエサルの遺灰が納められている（図149）。要するに、すべての古代の彫像や建物は、魔法の力をそなえていたのだ。大衆の思いと魔力に対する畏れは、知識人の叙述の中にも入り込んだ。

しかし石灰への焼成を逃れた古代の建築や彫像、あるいは壁画、漆喰細工、モザイクなどの古典的要素は、その由来がキリスト教であれ異教であれ、中世の知識人をまったく別のやりかたで惹きつけた。彼らにとって古代の美術品は、その具象性ゆえに、喜びと驚きの対象であった。彼らはそこに、真の命の気高さ、雄大さ、優雅さ、そして技術の高さを見出し、感動したのだ。彼らは、異教の要素にキリスト教の意味を与えることもできたであろうが、むしろ多くの場合それを問題にしなかった。信仰的内容はどうであれ、彼らは、詩人がみずからの作品に高尚さ繊細さを付与するため、みずからの学識の豊かさを自慢するために古代の詩句を引用したのと同じように、古代の美術品を扱ったのだ。その異教的性格は、些細なこと、無意味なこととみなされたのだ。純粋に装飾的なものには、当然のことながら意味はない。『サン・クレメンテ』あるいは『サン・ニコラ・イン・カルチェレ』の装飾を任された聖職者や修道士たちもまた、当時の教養人であった。そして彼らもまた、おそらくそれに非キリスト教的主題を持ち込むことに何のこだわりも感じなかったに違いない。異教は消えていたのであり、童子、あるいはファウヌスの頭自体も、もはや実の抜けた殻であり、単なる飾りに過ぎなかった。このように無害であったからこそ彼らは、それらをただ真の生命感、完成度の高さにゆえに芸術作品として称えることが出来たのだ。人の手は、その技術をあれほどの高さへ高めることが出来たのであるから、「人間は、自然よりすばらしい」と、のちのある中世の美術家は感嘆の声をあげている。

いつの時代にも、街中の古代遺品に感銘を受けるローマ人はいたであろう。ましてや、建物、彫像、記念物、壁画、モザイクになじみのない異邦からの旅人は、それらにいっそう強い関心

149. 『サン・ピエトロ』のオベリスク、1534–1536年、ヘームスケルクの素描、Berlin, Kupferstichkabinett, 79D2A, fol. 22v

を寄せたに違いない。その証拠は、一二世紀の旅行記に大量にのこされている。特に彼らの関心は、その頃新たに建てられたあるいは建て替えられた教会に向けられ、その壁画やモザイクの中の古代の紋様や主題に集中し、あるいは『サンタ・マリア・イン・トラステヴェーレ』では、そこに使われた古代ローマの豪華な円柱、柱頭、柱礎に惹きつけられた。一一四五年から一一五〇年の間のあるとき、イングランド王ヘンリー二世の弟でウィンチェスターの司教ヘンリーは、ローマへの出張の際、故国への土産として古代の彫像を買い求めた。夢中のあまり髯も整えぬ姿で街中をうろつく彼を、ローマの住民はわらった。しかしこの逸話を伝えるソールズベリーのジョンは、彼の持ち帰った「邪悪な意思でなく、異教徒の繊細でまじめな誤りに基づいてつくられた」ものを認めていた。その異教的内容が許されたわけではないが、その審美上の質は別だというのだ。骨董市場といったものは、おそらく存在しなかったであろう。一九世紀の終わり頃、中世のある石工の仕事場で保存状態のよいアントニウスの像が、円柱やその他の「略奪品」の間から発見された。このように、石工がすぐれた作品を手許においていたとしても、またたとえそれに風変わりなイギリス人が喜んで金を払ったとしても、そこに商取引があったとは思えない。一二〇〇年頃、ローマを訪れた別のイングランド人マギスター・グレゴリウスもまた、古代遺品のすばらしさの虜となった。彼は、【パンテオン】の直径を測って二六六フィートと記録した（彼の足は小さかったに違いない）。【ディオクレティアヌスの浴堂】の円柱が高いので小石を投げてみたのだが、柱頭まで届かなかった。いったいイングランドの大学教師以外、誰がこんなことをするだろうか。彼は、おそらく古代のものであろうブロンズの水盤の中の熱い硫黄水で手を洗い、給仕人に小銭を渡したが、悪臭のためさすがに身体は浸けなかった。ラテラーノの宮殿の前では、《棘を抜く少年》（図156）の特大の男根に目を見張り、――実際には普通の大きさなのだが――「なんとばかばかしいプリアポスだ！」と叫ぶ。また「魔法にかけられたのか、わけのわからないままに」彼は、バラ色の大理石の「裸を恥じる」ウエヌス像を見るため、三度もクヴィリナーレに走った。これらを伝える彼の著作は『魔法あるいは人間の手になる都市ローマの奇跡の物語』と題しており、実際彼は、当時の街中で語られていた空想的な話の多くを信じており、古代の作品に魔術的な力を見ていたのだ。しかし彼は、巡礼者のために、あるいは巡礼者によって語られる話は信用しなかった。彼は巡礼者が好きではなかったし、情報は教皇宮廷の聖職者たちとの会話から得たものであった。それでも彼は、古代の美術作品に対しては大いに関心を抱いた。ラテラーノのブロンズ製《コンスタンティヌス頭部》の質の高さに感動し、その大きさ、その技術、「作者の功績」、その美しさ、「如何なる人間の頭といえども、ここにある完全なる美の一片すらも示すことはない」、固いブロンズの柔らかい髪の毛の幻影、その真の生命感、「目を半分閉じて見れば、それは動き、語りかけてくるようだ」と言葉を尽くして称える。

政治における復古思想[注6]

このように古代美術は魅力的であったが、危険でもあった。たしかに称賛にあたいするのだが、そのあまりの完全さは、不気味でただ邪悪な魔物だけが手に入れることのできるものであった。危険でないのは、それらがキリスト教的、あるいは政治的な象徴として理解された場合であった。古代の主題がキリスト教的に解釈された例については、たとえば『サン・クレメンテ』のモザイクにおけるように、簡単にではあるがすでに触れた。しかし古代末期の主題と様式の復活、またモニュメントや彫像への親近感が、とりわけ政治的匂いの濃い環境に置かれたとき——まさに一二世紀および一三世紀のローマがそうであったのだが——、それは政治的意味をもつことになる。ヴェルギリウス以来「輝かしいローマ」には常に、「世界の女王」、「世界の頭」の形容が結びついていた。かつての「ローマ」への回帰、それは理想であった。とどかぬ理想であるがゆえにそれは、永遠に追いつづける夢であった。栄光の過去への回帰、それは中世のローマにあっては、修辞や憧憬、現実の権力の行使など、さまざまな面で分かち難く政治と結びついていた。ソラクテのベネディクトゥスの年代記が伝える外からの脅威、相次ぐアルベリク、クレスケンティ家、ピエルレオニ家など門閥家の反乱、それらローマの衰亡を語る記録を独特の色合いに染め、ローマによる世界制覇というオットー三世の夢、異教徒のローマをキリスト教徒の都に変えたという中世人の誇り、それらに底流するのは、栄光の過去への追憶であった。たしかに教皇の座であるローマは、九世紀のニコラウス一世から一三世紀のインノケンティウス三世まで、一貫して聖ペトルスとローマ皇帝の遺産であり、それゆえ繰り返し、聖俗の最高の権威を有する都と表明されてきた。しかし同時にローマは、教皇あるいは皇帝の世界支配に抵抗する自由な共和政の砦とも目された。一一二二年、叙任権をめぐる争いは教皇側の勝利に終わった。ドイツ皇帝は抑えられ、教会は世俗世界への影響力を勝ち取り、世俗の諸権力を手に入れた。教皇は、キリスト教の精神的指導者で

150.［サンティ・クヴァトロ・コロナーティ］、サン・シルヴェストロの礼拝堂、フレスコ、《教皇にフリギウムを差し出すコンスタンティヌス》

あるだけでなく西方諸王侯の上に立つ最高の支配者であるとするグレゴリウス七世が最初に描いた輪郭は、一二世紀の三〇年代以降歴代の教皇によって、次第に明確な形に仕上げられていった。その頃ラテラーノの宮殿や教会を飾った壁画、モザイク、およびそれらに添えられた銘文が、その明確な証拠である。後代のコピーから知られるそれらは、〈ウォルムスの政教協約〉での叙任権闘争の勝利、ドイツ皇帝の立てた対立教皇に対する教皇権の勝利、教皇の封建制世俗界での現実的な最高地位の主張など、歴史的な必然を語っていた。たとえばラテラーノの壁画のひとつには、処女マリア、すなわち天の女王が左右に教皇アナクレトゥス一世とシルヴェステル一世を従えてあらわされていた。前者は、伝承によれば使徒ペトルス自身によって任命された殉教者ペトルスの聖域の創設者であり、後者は、世俗界のコンスタンティヌスと対を成す宗教界の代表者として『コンスタンティヌスの約束』を受け取った教皇であった。マリアの足元には、カリクストゥス二世とおそらく一一三〇年と一一三八年の間に描かれてこのフレスコ画の寄進者であったアナクレトゥス二世（のちに対立教皇とされた）が跪いていた。その下方には、過去数百年の偉大な教皇たちが列をなし、その中にはレオ一世、グレゴリウス大教皇、それに叙任権闘争を勝利させた教皇たちが並んでいた。別の壁画は、一一三三年の教皇インノケンティウス二世による皇帝ロタール三世の戴冠式の三場面、《ローマへの宣誓》、《教皇への宣誓》、《戴冠》を描いていた。添えられた銘文は、まさに直截に、皇帝は教皇の封建臣下であること、王冠は教皇の封土を意味すること、すなわち教皇は宗教界および世俗界の最高支配者であることを告げていた。一一五九年と一一八一年の間、あるいはその後間もなくに築かれたバシリカのナルテクスを飾るモザイクは、教皇に「約束」の証書を手渡すコンスタンティヌスを描いてお

151.『サン・チェサレオ』、説教壇部分

り、それは皇帝位の記章、特権、西方すべての支配権が委譲されたとする教皇の主張を図解するものであった。同じように『サンティ・クヴァトロ・コロナーティ』の修道院内にある『カペラ・ディ・サン・シルヴェストロ』の一二四六年に完成されたフレスコ画は、教皇シルヴェステルに皇帝の〈フリギウム〉（頭飾り）を渡すコンスタンティヌスを描いていた（図150）。中期中世における教皇側の公的な見解によれば、教皇は、教会を支配すると同じように皇帝や諸侯を統治していたのだ。彼は、聖ペトルスの後継者であると同時に、コンスタンティヌス、さらにはローマ皇帝の後継者でもあった。

世界を支配する聖ペトルス、コンスタンティヌス、ローマ皇帝、彼らは中世ローマにおいて、そして少なくとも教皇の周囲において、それぞれの伝統的の役でもって政治的な古代復活の劇をゆたかに演じていた。コンスタンティヌスが建てた聖ペトルスの聖域『サン・ピエトロ』は、理念の上では、当然のことながら中世ローマにおける教会建築の偉大なる手本であった。しかし現実にあっては、すでに見たようにカロリング朝時代以来、次第にそれとは異なる教会建築の規準型が形成された。低い屋根とさらに低く側廊から突き出たエクセドラをもつ『サン・ピエトロ』の翼廊構造（図24）は当時すでに時代遅れとされ、身廊と同じ高さと幅をもつ『サン・パオロ・フオリ・レ・ムーラ』（図37）に取って代わられたのだ。『サン・ピエトロ』自体、この型で改築されたと思われる。少なくとも一一五四年には、新しい規準に沿って両エクセドラ——あるいは北

152. ラテラーノに蒐集された古代彫像を基にした空想図、Giovanni da Modena（?）の素描、Modena, Biblioteca Estense

側だけ——は、翼廊の高さまで建て増しされたと考えられる。また同じくコンスタンティヌスの建物とみなされていた『サン・パオロ』および『サンタニェーゼ・フオリ・レ・ムーラ』の二階式教会建築は、一一四四年から翌年にかけて改築された『サンティ・クヴァトロ・コロナーティ』や『サンタ・クローチェ』の「見かけの二階席」をもつバシリカの原型とされたのであろう。モザイクの作者もまた、これもすでに見たように、繰り返しラテラーノ洗礼堂や『サンタ・コスタンツァ』などコンスタンティヌス時代のモザイク、あるいは間違いなく五世紀の建築であるにもかかわらず皇帝の寄進とされたラテラーノのバシリカの古いモザイクに、大きな刺激を受けている。そして一二世紀の建築家にとっては、『サンタ・マリア・マジョレ』のように古典的雰囲気をもつ初期キリスト教の教会もまた、コンスタンティヌス風の理想的教会像とみなされたのであろう。初期キリスト教時代以来使われることがほとんどなかった柱頭が中世に復活したのも、かつて『サンタ・マリア・マジョレ』に在った五世紀のイオニア式柱頭からの刺激であったかもしれない。いずれにしても、これら手本と結びつけることによって、みずからを聖ペトルスおよびコンスタンティヌスの正規の後継者とみなす教皇の地位は、目に見える形で主張された、あるいは支持されたのであろう。一二および一三世紀の教会装飾への非キリスト教的、あるいは間違いなく異教的要素の採用が、みずからをローマ皇帝の相続人とみなす教皇の思いの結果なのか、このことも一考の価値がある。じじつ、一二世紀の前半に『サンタ・マリア・イン・コスメディン』、『サン・ロレンツォ・イン・ルチナ』、『サン・クレメンテ』に据えられた教皇用の玉座の肘掛を飾ったライオン、童子、あるいは樹葉文様など古代ローマからの「略奪品」は、教皇による皇帝の座の主張とする研究者もいる。このような推測が古代的な主題全般にわたって妥当するならば、それらがすでに初期キリスト教の美術に無害な風俗場面として登場している事実は、どのように理解すればよいのだろうか。それらは、パラティーノの皇帝離宮、【ドムス・アウレア】、あるいは大浴堂など、中世には古代ローマ皇帝の宮殿とみなされていた古代建築の漆喰浮き彫り、壁画、床面および壁面モザイクにふんだんに見ることができた。たしかに一二および一三世紀のローマでは、古代様式の再利用はひとつの流行になっていた。コスマーティ一族をはじめローマの大理石職人工房の作品には、スフィンクス、ライオン、グリフィンなど、政治的あるいは思想的背景の何もない、ただ流行としか思えない、ときには驚くほど本物に似た、擬古典的作品が大量に見られるのだ。『サン・チェサレオ』の説教壇は、その由来はともかくとして、そのような野心的ではあるが粗雑な美術の多くの例の中のひとつである（図151）。

153.　1534–1536年頃のラテラーノの眺め、ヘームスケルクの素描（部分）──15世紀の基壇に載る《マルクス・アウレリウスの騎馬像》と12世紀のライオン像、Berlin, Kupferstichkabinett, 79D2A, fol. 71r

全中世をとおして教皇の住まいであったラテラーノ宮には、古代彫刻作品のコレクションがあり、それは、みずからを古代ローマの伝統継承者とする教皇の主張を強化するためのものと、少なくとも一一世紀と一二世紀には、解釈されていたのだろうか。当時すでに宮殿の前や柱廊の中には、《牝狼（ルーパ）》、《マルクス・アウレリウスの騎馬像》、《ヴェスパシアヌスの掟（レ

154.《マルクス・アウレリウスの騎馬像》

クス・ヴェスパシアニ）》、《棘を抜く少年》、《コンスタンティヌスの巨像からの頭部と手》などのブロンズ作品があつめられていた。最後の三点は円柱の上に据えられ、《牝狼》の下には水を吐く山羊、あるいは山羊の頭部があった。これらのいくつかは、一五世紀のある写本に空想的に潤色されて描かれている（図152）。「世界の如何なる宮殿をも凌駕するラテラーノの我々皇帝の宮殿」は、『コンスタンティヌスの約束』の中でコンスタンティヌスから教皇へのもっとも大切な贈り物のひとつとして挙げられていた。《マルクス・アウレリウスの騎馬像》は、その『約束』が暗示した意味での、教皇による都市ローマおよび西方の支配の正当性の象徴として理解されたのだ。この像は、いつとはわからない時に、今日のサン・ジョヴァンニ病院の地にあったこの皇帝の先祖のヴィルラから教皇宮殿の古い部分の北東の一隅に移され、おそらく一二世紀あるいは一三世紀のあるとき、円柱とライオンに支えられた新しい基台の上に据えられたのであろう（図153・154・260）。すでに一〇世紀に、コンスタンティヌスの像と信じられ、それは一二世紀まで疑われることはなかった。《牝狼》同様、この騎馬像も「裁き」の場とされた。すでに触れたように、九六三年皇帝と教皇への反乱を企てた不幸な市総督は、この像に髪を縛られて吊るされた。当時像は、教皇の――そして本来はおそらく皇帝の――裁判権の象徴、『コンスタンティヌスの約束』が表明する教皇の世俗支配の正当性のモニュメントとされたのであろう。ブロンズの《牝狼》（図155）は、一〇世紀の中頃、あるいは九世紀の末（いずれにしても一〇世紀のはじめの三〇年ではない）、裁判が行なわれた宮殿の柱廊でのローマにおける皇帝の〈ミスス〉（代理人）の座を示し

155.《カンピドリオの牝狼》

ていた。本来カンピドリオにあった《牝狼》は、紀元前六五年そこで落雷にあい、脚を折り、ともにあらわされていた双子の像を壊されたという。その後他の聖像とともにカンピドリオの穹窿の中に隠され、そこから、いつとは知れぬ時に、ラテラーノに移されたのであろう。この引っ越しは明らかに《牝狼》が、本来そうであったように「ローマ人の母」としてローマの支配者の象徴とされ、一一世紀半ばの皇帝権力の衰退とともに、おそらく『コンスタンティヌスの約束』の新しい解釈と一致して、教皇の司法権およびローマ支配の象徴とされたのであろう。教皇の支配権の三つ目の証人は、《牝狼》の前に据えられたブロンズの板《ヴェスパシアヌスの掟》であった。美しい古字体の銘は、以前アウグストゥスが所有していた皇帝の〈ポテスタス〉(権力)が、元老院と民衆によってヴェスパシアヌスに委ねられた布告の一部を告げていた。このブロンズ板に最初に言及したのはマギスター・グレゴリウスであったが、もちろんすでに早くからそこに据えられていたに違いない。彼が解読に苦心した字体は、九世紀、いや一〇世紀にも普通に使われ、読まれていたのであろう。そしてこのブロンズ板で、環は閉じられるというのであろう。元老院と民衆は、司法権とローマの支配権を皇帝に委ね、ローマと帝国をキリスト教化した皇帝コンスタンティヌスは、それを教皇に渡したというのである。《牝狼》、

156.《棘を抜く少年》

《マルクス・アウレリウスの騎馬像》、《ヴェスパシアヌスの掟》とともに、ラテラーノ宮の前ではさらに、《コンスタンティヌスのブロンズ巨像からの頭部と、球をもつひとつの手》を見ることができた。これらもまた、明らかに政治的意味をもっていた。一一世紀から一三世紀、民間信仰はそれらの断片に巨人サムソンを見ていたのだが、マギスター・グレゴリウスあるいは教皇庁の彼の知人たちは、それらを政治的に解釈し、球は世界、それを手にもつ権力を考えた。このイングランド人は、それらを【コロセウム】の中、あるいはその近くにあった巨像の一部とみなし――彼はスエトンの『ネロの生涯』や古代の地誌を読んでいた――、その巨像を古代人がローマの象徴として崇めた太陽神と考え、それは「皇帝の金」で覆われていたという。知識人たちにとってこれら巨大な断片は、ローマの力、ローマの世界支配権、古代ローマの豪華さを象徴するものであったのであろう。

ラテラーノの彫像群は、別の意味にも解釈されていた。民間の信仰は、独自の伝説をつくりあげていた。「サムソン」はその一例であり、別の例を私たちはあとで《マルクス・アウレリウスの騎馬像》に見る。いくつかの像は円柱の上に据えられており、それゆえ、W・S・ヘクシェルが提案したように、崇拝の対象であったとも考えられる。いずれにしても《棘を抜く少年》（図156）は、どう見ても異教の遺品であり、キリストやこの宮殿の主である彼の地上の代理人の勝利からすれば、まったく馬鹿馬鹿しいものであった。しかしそうであってもこれら異教の「偶像」は、ある種の畏怖を感じさせたに違いない。巨像の頭部と手は、マギスター・グレゴリウスの報告によれば、「ぞっとするような大きさ」をもち、その技術上の完全さや真の命に迫る美しさもまた、畏怖の念を起こさせたのであろう。ところで、数世紀にわたってラテラーノに集められたこれら彫刻作品は、その解釈は措くとしても、また別の側面をもっていた。教皇のような人物にとって、その値段はともかくとして、それら希少な風変わりで美しい作品を多く所有することは、大きな楽しみであり誇りでもあったに違いない。すなわちラテラーノの彫像コレクションは、ひとつはそれらが政治的意味をもっていたこと、ふたつはそれらがローマの住民や訪問者を畏怖させたこと、そしてもうひとつ、それらが教皇宮の知識人たちに大いに賞玩されたことであった。

157. カーサ・ディ・クレスチェンツィオ

　古代ローマとその再生は、教皇権にとって政治的意味をもっていた。しかしそれだけではない。それは、一一四三年から翌年にかけてローマ市民による、まったく中世的なやり方での共和政の復活にとっても意味をもっていた。しかしこの復活した共和政は、今日に伝わる建物や装飾にはほとんどその跡をのこしていない。確かに一一五〇年頃カンピドリオの上に築かれた『パラッツォ・デル・セナトーレ』（元老院宮殿）は、短期間ではあったが、大変な努力を費やして手に入れた民衆の自由の具体的な象徴であった。しかし結局この建物は、【タブラリウム】の廃墟にあったコルシ一族の家が移ったにすぎなかった。そしてそれを継いだ、今日ミケランジェロの新たな建物群に囲まれた一三世紀の建物にも、その設計および遂行に古代の要素を何ひとつ見ることはできない。

　古代の息吹を目に見える形で伝える唯一のこされた建物は、おそらく共和政樹立の数十年、いや多分半世紀も前に築かれていた（図157）。この

158. カーサ・ディ・クレスチェンツィオの外部装飾の一部

〈カーサ・ディ・クレスチェンツィオ〉と呼ばれる建物は、銘にのこる文字の様式から建築年が「一一世紀の後半から一二世紀の中頃までの間、おそらく世紀の変わり目近く」と、ある程度の確実性をもって推定されている。あるクレンスケンスとあるテオドーラ——このふたつの名は一〇世紀のローマの支配者アルベリクの家系を想起させる——の息子あるいは子孫のひとりニコラウスの持ち物であったこの建物は、【マルケルス劇場】と【サンタ・マリア・イン・コスメディン】の間の川に近い、中世の住宅密集地の真中に本来は館塔《やかたとう》として築かれたものであった。しかし建物は、二〇世紀のはじめのアスファルトを敷き詰めた開発で孤立し、今日ただ一階部とアーケード式のロジアをもつ上階の一部をのこすだけだが、その構造において同時代の他の館塔とは明らかに違っていた。壁に埋め込まれ、レンガを積み重ねわずかに曲面を見せる七基の円柱は、同じくレンガの角柱と交互に、ファサードをただ頼りなく区切る。柱頭に代わってレンガを斜めに嵌めた二列の棚が円柱を冠し、コンソールと円柱上の楣を飾るフリーズの渦巻き、簇葉《ぞくよう》、童子、スフィンクス、格間などは、そのほとんどすべてが、わずかに間に挟まれた中世のコピーを除いて、古代ローマの建物から「略奪」したさまざまな建築装飾の寄せ集めであった（図158）。つましい建築方法であるにもかかわらずこの建物は、一二世紀中葉のローマ共和政高潮期に流行した古代復活を想わせる深長な意味を含んでいた。所有者がいたるところに刻ませた銘もまた、それを裏付けていた。それらは、キリスト教あるいはストア哲学に裏打ちされた、地上の名声のはかなさや人の世の無常を主要テーマとし、それにみずからの家系への誇りを織り込み、かつてのローマの栄光を取り戻そうとする高邁な志を

159. カンピドリオのオベリスクと【コロセウム】への眺望、1534-1536年頃、ヘームスケルクの素描、Berlin, Kupferstichkabinett, 79D2A, fol.11v

うたって、この建物をそのための民衆の砦にしようと告げていた。銘文が、人びとに〈クヴィリテス〉で呼びかけるのは、偶然ではない。それは、古代ローマ共和政の市民に使われ、とうの昔に廃れていた呼称であった。

〈カーサ・ディ・クレスチェンツィオ〉が、じじつ一一〇〇年頃あるいはその直後に建てられたとしたら、それは当時の状況にひときわ特別な光を投げかける。一一四三年に共和政を実現させた精神そのものは、それが行動に結晶する以前おそらく知識人や文学者の間ですでに用意されていたのだ。じじつ古代の詩文に刺激された古代の再生とその政治的解釈の気運は、文学や美術にさまざまな形であらわれていた。また純粋に実用的に必要とされた事業、たとえば一一五七年の城壁、あるいは一一九一年から一一九三年にかけてのケスティウス橋などの修理が、古代のローマにおけると同様、責任者であった役人、——上述の橋の場合には元老院議員ベネディクトゥス・カルスホモ——の名を含む銘文で記録されたのも、おそらく偶然ではないであろう。すでに一一一九年には、《マルクス・アウレリウスの記念柱》が『サン・シルヴェストロ・イン・カピテ』の所有であったことが、円柱とそれに付属する礼拝堂の所有権およびその収入を修道院のものとするという意味の簡潔な言葉で確認される。それに対して、いまだ『サンティ・アポストリ』の所有であった《トラヤヌスの記念柱》は、それに接して建てられた礼拝堂が『サン・キリアコ・イン・ヴィア・ラータ』の女子修道院に属していたにもかかわらず、ふたりの聖使徒およびローマの民衆に対する敬意から、直接元老院の保護の下に置かれていた。それによってこの記念柱が、「大地が存在するかぎり完全で無傷であらねばならない」とされ、この布告に反したものは死刑、または財産の没収に処せられることが定められた。一一五〇年と一二五〇年の間のあるとき、――著者は早い年代を採りたいが、より事情に詳しいと思われる他の人たちはむしろ遅い年代に傾いている――古代ローマ時代の一基のオベリスクが修理され、カンピドリオの丘の北端に中世につくられた四頭のライオンに支えられた基台の上に据えられた。そのオベリスクとライオンは、一五八二年カエリウスのヴィルラ・マッティに移され、今日もそこに見ることができる。このカンピドリオのオベリスクは、中世の『パラッツォ・デル・セナトーレ』と一二世紀に築かれ、一二六〇年頃まで今日の『サンタ・マリア・イン・アラコエリ』の翼廊の位置にあった教会『サンタ・マリア・イン・カピトリオ』との間に聳えていた（図159）。このことから、このオベリスクがコムーネ（自治都市）と元老院、すなわち生き返ったローマ共和政の象徴とみなされていたことは十分にありうる。

古代への愛と憎しみ 注7

再びよみがえった古代ローマという想い、またそれが同時代の政治の理想と現実で意味したこと、それは『サン・ピエトロ』の参事会員ベネディクトゥスが一一四〇年と一一四三年の間に筆を執り、次の年に改訂したローマ案内書『ミラビリア』に、もっともはっきりと見ることができる。それは、時代の政治情勢を読むすぐれた直観の持ち主によって、著者と同じ程度の教養を有し政治に目覚めた読者のために、四世紀のローマ地誌、聖人受難史、七世紀の巡礼案内書、『リベル・ポンティフィカリス』などさまざまな資料に基づいて著されたものであった。しかし私たちにとってより興味深いことは、ここに、古代末期以来の古代のモニュメントや故地にまつわる伝説、それらの当時の政治的意図での新しい解釈が採用され、さらには神殿やその他の名所案内の際にローマの詩文、中でもオヴィディウスの『ファスティ（祭暦）』からの引用が見られることである。そしてその全体の構成は、たとえば見物の対象を選ぶ視点に見られるように、従来のローマ案内書とはまったく違っている。巡礼者用の案内書では、当然のことながらその行程はカタコンベや教会の聖遺物に準じていた。また『コデクス・エインシドレンシス』では、異教もキリスト教も問わない街中の碑文、神殿、教会が列挙されていた。それらに対して『ミラビリア』の著者は、視点をもっぱら古代のローマに集中させた。彼にとって教会は、たんに古代の建物や聖域のかつての場所を知る手がかりとして使われているに過ぎない。そのようにして彼は、古代都市をめぐるひとつの体系的な見学コースをつくるのだが、その際注意は常にモニュメント自体に向けられる。確かに彼にとって文献資料との正確な同定は重要ではあった。しかしそれは二義的な意味しかもたなかった。彼はヴァティカンからはじめ、まずオベリスクに目を向ける。その先端の球はカエサルの遺灰を納めると、ベネディクトゥスは誰よりも先に主張する。つづいてアトリウムの中のふたつの霊廟（そのひとつを彼はアポロの神殿だとする）と天蓋に覆われた〈ピニャ〉〈まつかさ〉。そこから【ハドリアヌスの廟】とその周囲の古代の名所へと歩を進め、川を渡って【アウグストゥスの廟】、【パンテオン】やマルスの野の他の神殿を訪ね、さらに行程のクライマックスで今や神殿の跡形もないカンピドリオ、フォールム、パラティーノへと向かう。次に、カエリウス、エスクヴィリーノ、クヴィリナーレ、アヴェンティーノと〈ディスアビタート〉の古代遺跡を見物し、そしてトラステヴェーレでその案内をおえる。

古代ローマを追慕する目的、記述全体に底流する目的、それは取り上げられた伝説の種類、その伝説やモニュメントの解釈、使われる言葉の含む意味、そして導かれる結論で明らかにされる。繰り返し述べられるのは、皇帝の時代ではなく「執政官と元老院の時代」に起こったとされる出来事である。【パンテオン】の建造は、「元老院の下でのシュヴァーベン人やザクセン人、その他の西方諸民族の征服」（明らかにホーエンシュタウフェン家のコンラド三世やシュプリングブルク家のロタールなど一二世紀前半のドイツ皇帝に対する当てこすり）や「東方でのペルシア人の征服」と結びつけられた。アウグストゥスは国を広げたのであるから彼の名は「アブ・アウゲンド・レム・プブリカム」に由来し、カンピドリオ（カピトリウム）は「全世界を支配するために元老院議員や執政官が協議する場」であるから「カプト・ムンディ」に由来するという。ローマに征服された国々での不穏な動きを警告するカンピドリオの上の鐘をつけた七〇の彫像という〈サルヴァティオ・ロマエ〉の太古の伝説は、改めてその意味を掘り返された。ラテラーノの《マルクス・アウレリウスの像》は「コンスタンティヌスといわれているが、それは正しくない」。そうではなくて、「元老院議員と執政官の時代に」ローマが東方のある王に包囲されたとき、その王を虜にし、ローマを解放したある騎士をあらわしている。コンスタンティヌスを民衆の英雄に代えたことには、世俗の統治権を教皇に委ねたとされるこの皇帝に対する貶めの意図が見える。ラテラーノのブロンズ像に足を止めなかったことも、同じ意図によるものであろう。「確かにあそこには、多くのすばらしいものがある。しかしそれらについて語る必要はない」。おそらくそれらが、教皇の統治権の象徴であったからであろう。だが果たして、《棘を抜く少年》や、マギスター・グレゴリウスがそこで見た猪の像などが、そのような象徴であったのだろうか。この案内書は、文献資料、著者の採った方法、政治的目的を述べたあと、「都市ローマの異教時代には、これらのほかにも古い年代記から知ることのできる、自分の目で見ることのできる、そして周りの老人から聞くことのできる多くの神殿、皇帝、執政官、元老院議員、総督の宮殿があった。それらが金、銀、ブロンズ、象牙、宝石の輝きをもって如何に美しかったか、可能なかぎり私たちは、後の世代のために思い出としてのこさなければならない」の言葉でおわる。

ここに明らかに見られる古代ローマへの憧憬は、その意味を当時の政治的野望に負っており、またそれを、たとえばブレスキアのアルノルトのような知識人があおってもいた。しかしこのことは、歪んだイメージを生むおそれもある。共和政の動きに参加した知識人は、過去の栄光に関する知識のゆたかさを誇っても、それに対する強い敬愛を語っても、それが異教のものであることを知っていた。中世はキリスト教の時代であり、古代に熱中した人たちといえども、周りの人と同様、良きキリスト教徒であった。古代ローマの歴史に対する彼らの愛の裏には、それが異教としてキリスト教に克服されたこと、それが、長く罪深い異教の伝統に対する神の罰であったこと、聖なる人びとによるその行いが正しかったこと、それをけっして疑わない信仰があった。ソールズベリーのジョンは、ウィンチェスターのヘンリーによる古代彫像の収集を非難することなく報告する。しかし同時に彼は、古代の書物を燃やした大教皇グレゴリウスに「聖なる書は遥かにすぐれる」ゆえに、ほとんど躊躇することなく同意する者でもあった。一三および一四世紀の伝記作家は、それをさらに拡大した。彼らにとってグレゴリウスは、忌まわしい異端を根こそぎにし、真理の棕櫚の樹を育てるために「街のいたるところにあった悪魔の像の頭や手足をもぎ取った」偉大なる教皇であった。ラヴァルダンのヒルデベルトの七四行の長い詩は、「古代ローマに対する愛」と「キリストの勝利による異教都市ローマの神の予定の破壊に対する確信」の絡み合い、まさに表裏一体の愛と憎しみをうたう。以下に要となるいくつかの行を翻訳する。

ローマよ、すべてを破壊されても、おまえとくらべるものはない
その廃墟さえが、かつての栄光を語る
はるかな時の流れは、偉大なおまえの誇りを貶めた
カエサルの宮殿も神々の神殿も、泥土に沈む
かつて蛮人を震え上がらせたあの偉大なモニュメントは倒れ
そのぶざまな姿を、いま神々は悼む
王たちの剣が、元老院議員たちの思慮深い知恵が
いや神々自身が、生きとし生けるものの頭上に築いたローマ（1－8行）

そして、わたしたちが称える都はほろんだ
わたしたちが称える都、かつてのローマ（19－20行）

神々さえも、この都のみずからの像におどろき
みずからを彫られた顔に似せようとする
自然さえも、神々をつくることはできなかった形で
人間は神々のおどろくべき像をつくった
そのような顔立ちゆえに、神々は称えられた
神々の力ではなく、それをつくった技ゆえに（31－36行）

ローマの廃墟への悲しい愛をうたうここまでの行を読めば、これにつづく対を成す後半のあることを忘れてしまいそうだ。

支配者たちがいなければ、幸せの都
あるいはいても、教えに欠ければただの恥辱（37－38行）

わたしが、偶像に、偽の神々によろこんでいたとき
わたしの民、守りをかためる軍は誇りであった
しかし偶像を、その異教の祭壇を打ち棄てたときから
わたしは、たったひとりの真の神に服した
わたしの力は涸れ、わたしの神殿は廃墟と化した
わたしの民は奴隷となり、わたしの騎士は消えた
わたしが誰であったか、もはや知らない
わたしはローマ、かすかに思い出すローマ！（39－46行）

しかし、鷲よりも十字の旗が、カエサルよりもペトルスが、
甲冑の王侯よりも無辜の民が、わたしをよろこばす（49－50行）

カエサルが彼の剣で、わたしに富をくれた
元老院議員たちの知恵が、雄弁家の熟練の舌が、わたしの勇敢な軍団が、
すぐれた政府が、わたしにこの世の富をくれた
そして十字が、天国を（71－74行）

異教のローマは、キリスト教ゆえによりすぐれたものとされ、中世の人間には他は考えられないローマに取って代えられた。このことは、西方キリスト教世界では共通の想いであった。普通の訪問者、ましてや救済を求める巡礼者にとって、ローマはすなわちキリスト教の都であり、頭にあるのは、ただこの都のキリスト教の聖地であった。古代の廃墟は、その異教的、いや悪魔的雰囲気ゆえに、ただ忌まわしい過去の奇妙な遺物に過ぎなかった。ラヴァルダンのヒルデベルトたちの想いは違っていた。異教のローマは征服された。確かにローマは、キリスト教徒の都になった。しかし異教徒を征服する中でローマは、異教のモニュメントを当然の遺産としてみずからのものにした。異教徒の都は、キリスト教徒のローマに併合され、新しいローマの不可欠の要素と成った。もちろんこのような声は小さかった。しかしそれは、ローマのイメージを決定し、一五世紀までの知識階級に受け継がれた。一三世紀以来繰り返しこのイメージは、いくつかの選ばれた建物を使ってローマを象徴的に描く様式化された都市風景図に登場する。

160. バイエルンのルドヴィヒ王の封印（拡大）、München, Bayerisches Hauptstaatsarchiv（Kaiser-Ludwig-Selekt 1263）

アッシジにある一二八〇年頃のチマブエのローマ図には、そのような都市の象徴として『ミラビリア』や古代末期以降の都市案内書を想わせるモニュメント、すなわち塔や門をもつ城壁、『サン・ピエトロ』、コムーネの紋章をつけた『サンタ・マリア・イン・アラコエリ』、『トレ・デルレ・ミリツィエ』、それにおそらく『トル・デコンティ』、『カステル・サンタンジェロ』、『サン・ピエトロ』のオベリスク、【パンテオン】、それにおそらく【コロセウム】であろう建物が選ばれている。一三二八年のバイエルンの王ルドヴィヒの金の封印には、もっと明確に塔、門をもつ城壁があらわされ（図160）、テヴェレ川、【パンテオン】、【マルクス・アウレリウスの記念柱】、多分【アウグストゥスの廟】、『パラッツォ・デル・セナトーレ』、【コロセウム】、【凱旋門】、【ケスティウスのピラミッド】、ラテラーノ、川を渡って、橋を守る『カステル・サンタンジェロ』、『サン・ピエトロ』、オベリスク、流れを下って『サンタ・マリア・イン・トラステヴェーレ』が見える。しかしキリスト教ローマから異教のローマを際立たせる意図は、まだ明確ではない。一四六〇年頃にフィレンツェでつくられた長持ちの絵では、もはや両者が混合することはない（図223）。ここに登場するのは、『カステル・サンタンジェロ』、その橋、多くの塔をもつ城壁、記念柱、【パンテオン】、【コロセウム】、カンピドリオの上の『パラッツォ・デル・セナトーレ』など、ただ非キリスト教の象徴である。それは、描かれた主題が『アエネイス』とカエサルの勝利であれば当然かもしれない。ただ例外は『サンタ・マリア・イン・アラコエリ』の登場である。それは、『パラッツォ・デル・セナトーレ』とともにこの教会のもつ民衆の象徴としての位置、および伝説上のアウグストゥスとの繋がりから説明されるであろう。しかもこの頃、中世はすでに終わりを迎えていたのであり、それとともに、ラヴァルダンのヒルデベルトたちにとってはまったく自明であったあの古代ローマとキリスト教ローマの融合もまた、終焉を告げていたのだ。

第八章　一三世紀――エピローグ

一三世紀におけるローマの華やぎ[注1]

一三世紀のローマは、三度華やぎを見た。この世紀の初頭、教皇インノケンティウス三世およびその後継者ホノリウス三世の下でローマは、教皇権によるまさに現実的な意味でのキリスト教世界の首都、コンスタンティヌスと使徒ペトルスの遺産相続者、聖俗両世界の最高権威者、そして皇帝や王たちを戴冠または退位させる教皇の座であり、西方の法的および外交的諸問題裁決の場、金融の中枢、教皇の意のままに機能する教会国家の首都であった。中世がつくり上げた都市ローマの理念は、じじつこの三〇年に政治の現実と一致した。つづいて世紀の中頃、ごく控えめな目的をもったブランカレオーネ・ディ・アンダロは、六年という短い期間ではあったがローマをほとんど完全な自由都市、さらに組織されまた強くもあった中部イタリアの大半を傘下とする一大中心都市とした。「偉大なるローマ」というぼんやりした伝統的な思想を背景に、鮮明に輪郭づけられた「現実」が前面にあらわれたのだ。そして最後に、一二七七年から一三〇三年にかけて、この世紀のはじめにそうであったように、ローマを〈カプト・ムンディ〉にしようと強い志を抱いた一連の教皇が再び登場した。しかし彼らの試みは成功しなかった。政治および経済の現実は、もはやこの壮大な理念を遂行させなかった。その代わりに、この二六年の間にローマは、全世界とはいえないにしても、少なくともイタリアの文化の首都、シエナ、フィレンツェ、ヴェネツィアと肩を並べる美術の中心地となった。しかし結局は政治上の出来事が、この都市の最後の華やぎ、中世における最後の花を枯らせてしまった。

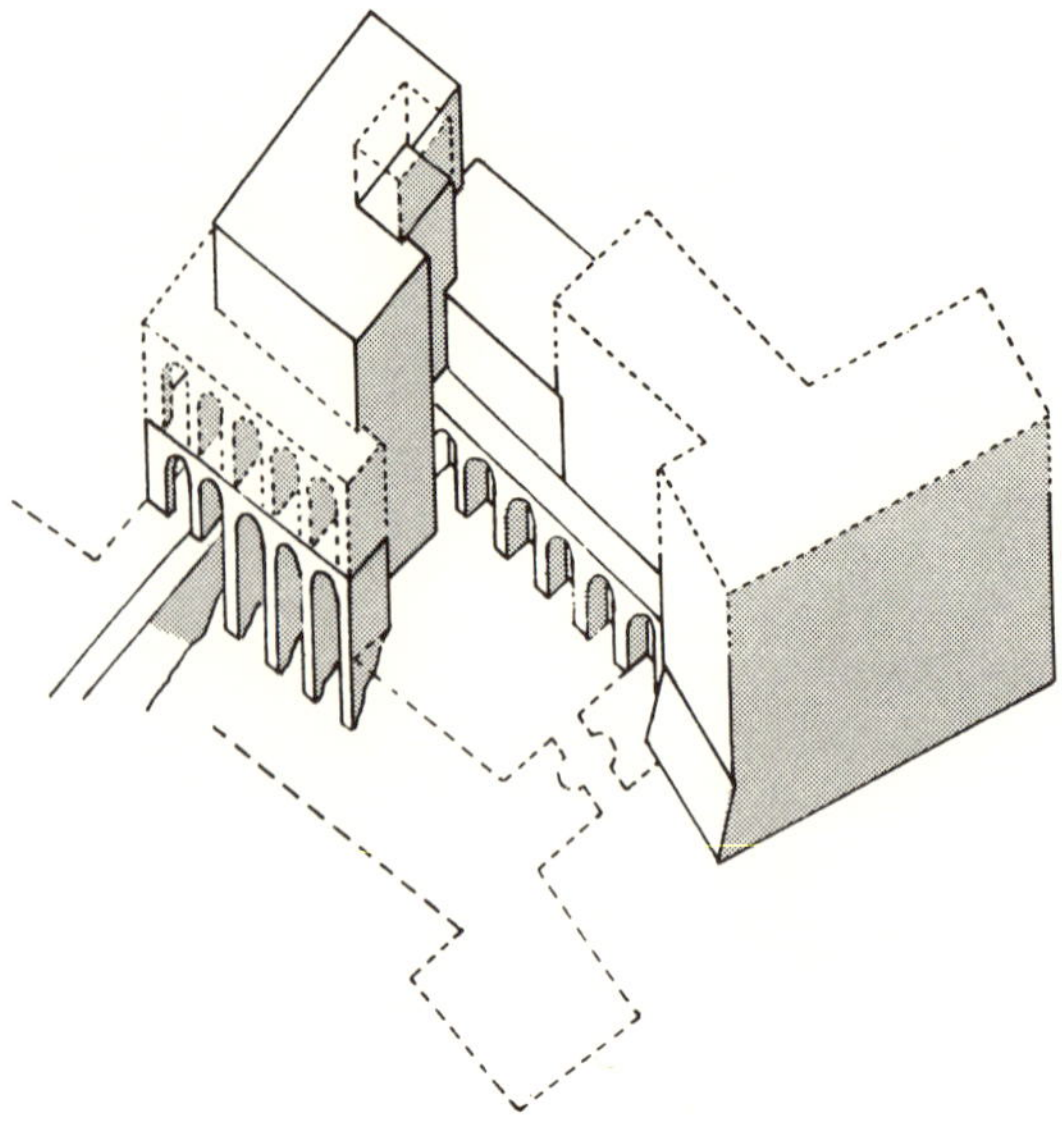

161.　1280年頃のヴァティカン宮殿、D. Redig de Camposの復元

中世世界における教皇権とローマの優位性は、一三世紀初頭に頂点に達した。しかしその痕跡は、都市の構造あるいは今日に伝わるモニュメントにわずかにのこるだけである。インノケンティウス三世は、まだ枢機卿であったとき、【フォールム】の彼の名義教会『サンティ・セルジオ・エ・バッコ』を建て替えた。【セプティミウス・セヴェルスの凱旋門】に接した小さく目立たないその教会は、一二〇〇年後再び改築され、この建物は一五三六年に取り壊されるが、その直前マルテン・ファン・ヘームスケルクの素描にのこされた。教皇時代のインノケンティウス三世は、教会建築への出費を渋った。彼の伝記に彼の寄進のリストが挙げられているが、それはローマ近くのフォサノヴァ、カサマリなどシトー派修道士会の教会や修道院を除けばじつにつましいものであった。確かに彼は、ローマおよび山岳都市のいくつかの教会に織物や祭壇用器具を寄贈しており、それらは数も多く、高価で色彩鮮やかなものであったが、それにかかった金額は、教皇庁の全予算から見ればごくわずかなものであった。

他方世俗建築に彼は、実用的、人道的、社会的目的だけでなく、教皇権と出身家族の声望のために、かなりの資金を投じた。古いラテラーノ宮の本体部は補強・修理され、敷地内には小さな病院も築かれた。一一九八年彼は、〈ボルゴ〉、すなわち川向こうの『カステル・サンタンジェロ』のやや東側に、救貧院および宿泊所として『サント・スピリト・イン・サッシア』を建てた。また彼は、一二〇八年旧『サン・ピエトロ』の約一〇〇メートル北、ヴァティカンの丘を少し登ったところに、要塞のような離宮を築いた。これは現在のヴァティカン宮の核となるもので、今の小さな中庭〈コルティレ・デル・パパガルロ〉の一画に位置した。その建物は、〈トゥフェルリ〉（凝灰岩の一種）を〈オプス・サラキネスクム〉（サラセン技法）で積み上げた、五階の隅塔《すみとう》をもつ三階建ての重々しい塊状の構造物であった（図161）。隅塔の最上階は今日礼拝堂に使われ、フラ・アンジェリコのフレスコ画で飾られている。前庭にも防御のためのいくつかの塔が築かれていたが、それらからは、他の多くの公用建物同様何ものこされていない。記録によれば、それら塔は主翼建物に接して、あるいはその一部として築かれ、そこには司祭の礼拝堂、執務室、居室のほか、パン焼き場、ワイン貯蔵室、厨房、鍛冶場、さらには書記官、財務官、施物世話官、さらに彼らに仕える下級役人の住まいが入っていた。インノケンティウスの伝記作家のことばを借りればそれらは、「ホノラビレ　エト　ウティレ」（堂々として実用向き）な建物であったという。教皇位に就いて最初の年インノケンティウスは、自身の一族のために『トル・デコンティ』の建設に取り掛かった（図162）。それは、【ネルヴァのフォールム】の後方に位置して、当時の記録によると「高さ、幅において他の如何なる塔をも凌駕する」巨大で堂々とした館塔《やかたとう》であったという。記録はさらにつづけて、この力の誇示を埋め合わせるために教皇は、『サント・スピリト』の救貧院を建てたという。もちろんこの塔は独立していたのではなく、コンティ家とその郎党が住む区域を守る要塞の一部であり、狙われる〈アビタート〉の近くにあって外からの敵を威圧する役目を果たしていた。

162.　1880年頃の〔トル・デコンティ〕

　インノケンティウスは、教会の建築は他に任せたのであろう。彼の秘書枢機卿ケンキオ・サヴェルリ、のちの教皇ホノリウス三世は、インノケンティウスが教皇位に就く数年前すでに『サン・ロレンツォ・フオリ・レ・ムーラ』の建造をはじめていた。インノケンティウスの教皇在位の間も工事はつづき、結局自身が教皇の座に就いたあとホノリウスは、この聖人の祠の上の巨大な教会を完成させた。しかしおそらくその資金、少なくとも一部は、他から調達されたと思われる。玄関のモザイクのフリーズにひとりの平信徒が描かれており、おそらく彼が出資者であったろう。これまでにもすでに繰り返し触れたこの教会は、今日なおその古風だが印象深い姿をティヴォリに向かう街道わきに見せている。質素な身廊を支える円柱と楣は、すべて近くの古い建物からの「略奪品」である（図129・130）。六世紀の古い教会は一段と高くなった祭壇室に変えられ、それに身廊、側廊、ナルテクスが建て増しされて全長七五メートルの建物とされた。おそらくこの改築には、この教会の歴史ゆえに、あるいはそこに収められた殉教者の聖遺物ゆえに、あるいはその両方の理由で、多くの崇敬をあつめていた『サン・ピエトロ』、『サン・パオロ・フオリ・レ・ムーラ』、『サンタ・マリア・マジョレ』、『サン・セバスティアーノ』（その礼拝堂のひとつをホノリウスは改装している）など、城壁内外の巨大バシリカと競合しようとするホノリウスの意図があったと思われる。彼の後継者グレゴリウス九世は、ラテラーノの近くに「貧者のための高貴な宮殿」、巡礼者と旅行者のための宿泊所、あるいは病院を兼ねた救貧院、要するにインノケンティウスの『サント・スピリト』に似た施設を建てた。

概していえば、インノケンティウスと彼のふたりの後継者は、教会の建設よりもむしろ政治、行政、立法、財政に意を向けていた。建てたとしてもそれは、第一に自身と自身の一族を守り安全な居住を可能にする要塞化された離宮であり、第二にローマの住民や訪問者のための救貧院、病院、宿泊所などの厚生施設であった。これはまた、第三の目的、すなわち豪壮な宮殿や砦および巡礼者が訪ねる教会の華麗な装飾で外からの訪問者に強い印象を与えること、とも結びついていた。これらすべては、在位中の教皇たちの寄進であり、彼らと彼らが代表する機関、すなわち教皇権と教会に、名声と信望をもたらすものであった。インノケンティウスによってはじめられ、彼のふたりの後継者によって完成された『サン・ピエトロ』および『サン・パオロ・フオリ・レ・ムーラ』の豪華なモザイク装飾もまた、強い印象を目的としたものであった。インノケンティウスによる『サン・ピエトロ』のアプス・モザイクは、一六世紀後半の新しい建物で消えるまで本来の場所にのこされていた（図163）。描かれていたのは、中央で《玉座に着くキリスト》、その左右に棕櫚の樹を後ろにして立つペトルスとパウルス、彼らの足元には丸屋根の小さな円形建物や巨大な花があり、小さなライオン、小さな人間（おそらくピグミー、そのひとりは斧で花を伐る）のいる風景が広がる。場面中央の下方にはひとつの川が流れ、おそらくそれは古代にしばしば見られた《ナイルの風景》を示しているのであろう。その下のアプス丸天井の底辺に沿うフリーズには、左のエルサレム、右のベツレヘムから出てきた、《一二頭の子羊》が棕櫚の樹で互いに隔てられて連なり、棕櫚の樹の左右それぞれの一本にはフェニックスがとまる。中央では小高い丘の上に《神の子羊》、その向かって左に教皇インノケ

163.　旧『サン・ピエトロ』、インノケンティウス3世のアプス・モザイク、Giacomo Grimaldiによる素描、Biblioteca Vaticana, Arch. S. Pietro, Album, fol. 50

ンティウス、右に手に旗をもち〈エクレシア・ロマナ〉と銘記された人物像が立つ。このモザイクからは、教皇と〈エクレシア〉の頭部、フェニックスの一羽が断片として今日に伝わる。丸天井部のキリスト、ペトルス、パウルス、棕櫚の樹、ナイル風景、その下の子羊のフリーズは、重要な変更はあるが、インノケンティウスによる改装以前の四世紀後半のモザイクをほとんどそのまま再現したものであったと思われる。その初期キリスト教のモザイクでは、ペトルスとパウルスの間のキリストは立っていたのであろうし、《トラディティオ・レゲス》（掟の授与）の定型にしたがって、ペトルスに巻物を渡していたのであろう。《教皇とエクレシア》の図式は、以前に例がない。しかしそれがインノケンティウスのモザイクにこのような場面として描かれたことには、特別な意味があった。もちろん寄進者としての教皇の像は、少なくともすでに六世紀以来、一二世紀にいたるまでローマのアプス・モザイクに登場している。しかし『サンティ・コスマ・エ・ダミアーノ』（図71）、『サンタ・プラセーデ』（図94）、『サンタ・マリア・イン・トラステヴェーレ』（図121）では、教皇は使徒たちの傍らに立っていた。彼は、使徒たちの仲介によって神の領域に入ることの許された天国の住民のひとりであった。あるいは、『サンタ・マリア・イン・ドムニカ』（図100）に見るように、天国の軍勢の真中にあって聖母の足元に跪いていた。『サン・ピエトロ』では《インノケンティウスとエクレシア》は、一二人の使徒（子羊）とともに別に隔てられた空間、すなわちキリスト（神の子羊）が肉となりみずからを生贄とした世界にいる（図163）。この世界は、天国よりも低くこの日常の世界よりも高い。しかしここのインノケンティウスは、以前一般的であったような、両手に教会の雛形を抱える寄進者ではない。彼は、ただ「教皇」なのである。ここでの教皇とローマ教会は、同じ位階にあって地上ではない世界に登場し、また子羊（すなわち使徒）たちの間に位置することで地上での「使徒の後継者」を示す。彼は、〈イサポストロス〉（同等の使徒）と呼べるかもしれない。アプス・モザイク下の「これは聖ペトルスの座、使徒公孫の神殿、すべての教会の名声の母……」の銘は、使徒後継と教皇の統治権という同じ主題を強調し、これでもってインノケンティウスは、それまで伝統的に「すべての教会の母」とされ、ローマの司教座教会であったラテラーノのバシリカの肩書きを、『サン・ピエトロ』のものとしたのだ。

『サン・パオロ』のアプス・モザイクもまた、インノケンティウスの在位時に着手されたと思われる。大部分はホノリウス三世の下で制作されたが完成は彼の没後であった。一八二三年教会は焼け落ち、そのときひどく損傷したモザイクは、今日極度に修復された状態でのこされている。しかし使徒と福音記者の間で威厳をもって玉座に着く姿と、下部の十字架やその他の受難の象徴でキリストを称えるという主題は、非政治的な性格をもつ。『サン・ピエトロ』のモザイク（図163）が、教会、ローマ、教皇権の歴史とその偉大さを強調するのに対し、『サン・パオロ』のそれは、中立的な性格を保つ。興味深いことにホノリウス三世の小さな姿は、画面の下、すなわち天の領域の外でキリストの足元に跪く。寄進者は、死すべき「人間」なのである。

教皇の現実の権力とその意識は、この世紀の中葉に後退した。代わって市民の力が、次第に勃興してきた。このような政治状況は、都市自治の代表的建物、カンピドリオの上の『パラッツォ・デル・セナトーレ』（元老院宮殿）の建築にあらわれた。この建物がその頃まったく新しく建てられたのか、あるいは単に建て替えられたのか、定かでない。というのは、ある記録は一一五一年市民の議会が「元老院宮殿の新しい集会広間」で開かれたと伝えており、すでにそのとき〈コムーネ〉（自治都市）のひとつの建物が使われていたからである。すでに触れたことだが、この「集会広間」はもしかしたら、【フォールム】を見下ろして丘の東側崖にアーケードを開けた古代の建造物、いわゆる【タブラリウム】の廃墟の上にコルシ家が一一世紀あるいはそれ以前に築いたかつての

164.　1300年頃の〔パラッツォ・デル・セナトーレ〕、Pietrangeliの復元図

要塞化された邸の中にあったのかもしれない。この早い時代の自治の建物がどのようなものであったにしろ、一〇〇年後それは大きく改築されたか、あるいは同じ場所の〈パラティウム・ノヴム〉（新宮殿）に取って代わられたことになる。新しい『パラッツォ・デル・セナトーレ』の正確な建築年代はこれからの研究課題である。ただブランカレオーネが〈セナトーレ〉であったときに、その建設がはじまったことは大いにあり得る。一二五七年にはじめて新旧のパラッツォが区別されて言及されている。建設は、ゆっくりと進められたと思われる。しかし新しいパラッツォは、今日まで二度の大きな改築――一四〇〇年前後のすべての開口部を閉ざし、四つの塔を備えた要塞への改造、そして一五三八年にミケランジェロによってはじめられ、一六一二年に他の人物によって完成された改築――を経験したにもかかわらず、そのプランと一三〇六年の様子を十分に復元することができる。今日背後に高く聳える塔の中核部は一四〇〇年頃のものと思われ、一五五〇年にはまだ見ることのできたロジアと舞台状ファサードは、一五世紀中葉の改築によるものであろう。それに対して、一三世紀――あるいはボニファティウス八世の在位時以後――のパラッツォのファサードは、角柱とイオニア式円柱に支えられた三層のアーケードから成っていた（図164）。内部もまた、三層に重なる広間が建物のほぼ全空間を占めていた。右側で傾斜道が玄関に向かって昇り、

階段室は裏側にあった。建物右側には、傾斜道の中ほどで執行される処刑に〈セナトーレ〉が臨む小さな空間が設けられた。左側の北西の隅には塔が聳え、そこで「鳴り響くトランペットと鐘の音でもって」民衆とセナトーレの全体集会──民衆はパラッツォ前の広場に集まった──が招集された。右側の隅にはのちにふたつ目の塔が築かれ、それは一四世紀前半まで存在した。一三世紀の建物の主翼部は、その長さ、奥行き、高さで、ミケランジェロの宮殿に相当していたと思われる。建物全体の構造は、北イタリアの自治都市が百年前あるいはそれ以前に築いていた市庁舎に似せたものであった。奇妙なことに、ローマは遅れていたのだ。それでも一三世紀のパラッツォは、丘全体、さらにはその向こうの〈アビタート〉の東部を見下ろす、印象深い建物であったに違いない。

一三世紀初頭における教皇権の高揚および五〇年代に復活した自治都市の誇りは、今日に伝わるモニュメントにわずかしか見ることができない。それとは対照的に、ニコラウス三世からボニファティウス八世まで、すなわち一二七七年から一三〇三年までの歴代の教皇は、ローマを美しく飾ることに大いなる喜びを感じていた。教皇や枢機卿は教会を建て替え、新しく飾り、高価な織物や祭壇器具を寄進し、自分のために豪華な宮殿を築き、技巧を凝らした墓所を設けた。教皇の廷臣たちは、これみよがしの豪華さに囲まれて贅沢な生活をおくった。高価な宝石、織物、金銀細工は、教皇や枢機卿の邸宅、ラテラーノ宮殿、ローマや丘陵都市の教会や修道院の宝庫を埋めた。その財産目録には、歴代の教皇や異国の王たちから寄進されたイングランド、キプロス、あるいはシチリアから運ばれたとされる──事実そうであったかもしれない──金糸で刺繍され、真珠や宝石を鏤めた礼服の記述が延々とつづく。しかしそれらからは、ローマ、アナーニ、ヴェーロリにほんのわずかのこるに過ぎない。いまだかつて教会の高位聖職者やその親族が、これほどまでに自分たちのゆたかさを誇示したことはなかった。ローマ生まれのローマ育ちである教皇や枢機卿は、互いに張り合い、それはカロリング朝時代の状況に似ていた。彼らはまさに、教会を常に新しく飾り、宝庫を世界の珍貴な品物で埋め、ローマを光り輝く世界の首都にしようとする以後も途絶えることのない伝統の創始者であった。聖人を敬うために、寄進者の魂を救うために、信者の心を動かすために、大金が投じられた。コロンナ家のあるふたりは、『サンタ・マリア・マジョレ』の翼廊とアプスを築き、アプス丸天井をモザイク、古いファサードの内壁および外壁を絵画で飾る資金を提供した。枢機卿ジャン・ショレは、『サンタ・チェチリア』の新装を引き受け、フレスコ画で飾り、祭壇の天蓋をあつらえた。カエタニ家の甥のひとりベルトルド・ステファネスキは、『サンタ・マリア・イン・トラステヴェーレ』のアプスの壁を聖母の生涯を描くモザイクで飾った。彼の兄弟の枢

165.　ヴァティカンの動物園、『フラ・パオリーノのローマ地図』部分、1323年、Biblioteca Vaticana, Vat. lat. 1960, fol. 270v

機卿ヤコポは、『サン・ピエトロ』のために八〇〇〇ドゥカート金貨を平然と投げ出し、二二〇〇ドゥカートはジョットーのモザイク《ナヴィチェルラ》（ペテロの小舟）、八〇〇ドゥカートは祭壇画、五〇〇〇ドゥカートはアプスの壁画に使われた。同じ頃、教皇や枢機卿、それに彼らの一族もまた、大金を投じてローマあるいはその近郊に多くの廟堂を築き、豪華に飾った。

インノケンティウス三世がヴァティカンの丘に築いた宮殿は、一三〇〇年までにニコラウス三世および彼の後継者たちによって、豪壮な離宮に拡張された。この一三世紀末の建物は、インノケンティウスのそれとともに、大きく変えられ他の建物に囲まれてはいるが、今日の宮殿の核を成している。インノケンティウスが築いたひとつの塔、前庭、それにおそらくいくつかの小さな公用建物の付属する質素な三階建ての構造物（図161）に、ニコラウスと彼の後継者は、現在の〈コルティレ・デル・パパガルロ〉を囲み、隣の一六世紀の建物に繋がるいくつかの翼棟を増築した。今日なお〈コルティレ・ディ・サン・ダマソ〉の一部としてのこる豪勢なロジアが、〈ボルゴ〉に向けて築かれた。それを飾っていた壁画の断片が、ヴァティカン美術館の倉庫に保存されている。そこには、ゆたかな色彩と古代末期の絵画を想わせる印象主義的技法で、さまざまな鳥、海の怪物、花、遠近法によるだまし絵風の龕が描かれていた。宮殿の北側では壁で囲まれた大きな庭が、今日ベルヴェデーレ宮（一四八三年創建）が建つ丘の北の端まで伸びていたと思われる。一三二三年に描かれた地図は、この庭が一種の動物園であったことを推測させる（図165）。他方ラテラーノの宮殿では、ニコラウスは『サンクタ・サンクトルム礼拝堂』を改築し、おそらく一二九九年ボニファティウス八世は、レオ三世の大きなトリクリニウムに繋がる古いバルコニー、いわゆる〈アクビタ〉を、北に向き、そこから教皇が広場に集まった大衆に祝福を与える広々とした〈ロジア・ディ・ベネディツィオーネ〉（祝福のバルコニー）に変えた（図93・260）。『サンタ・マリア・マジョレ』だけでなく、ラテラーノの教会、それに『サン・ピエトロ』と『サン・パオロ・フオリ・レ・ムーラ』の両大バシリカもまた改築され、モザイクや壁画で飾られ、祭壇天蓋、祭壇画、人物像のある石棺、高価なミサ用礼服で荘厳された。これらは、少なくともその一部は、一三〇〇年の「聖年」の準備であったとみなす説もあるが、それは当たらない。「聖年」は、当時の記録にあるようにたとえまったく予想されていなかったのではないにしろ、一三〇〇年の二月になってはじめて宣言されたのである。したがってニコラウス三世以後の教皇が、都市ローマやその古い聖地に惜しみなく与えた輝きは、街、教会、教皇の宮殿を可能な限り豪華に、印象深いものにしようとする壮大なプロジェクトの一環であったと理解すべきであろう。そしてもちろんその際彼らが頭に描いたのは、使徒を慕う〈アド　リミナ　アポストロルム〉巡礼者であれ、仕事で教皇庁に出張する〈アド　リミナ　クリアエ〉聖職者や俗人であれ、ますます増大する訪問者の波であった。

外からの美術家たち 注2

都を新しい輝きで満たそうとする大いなる情熱とそれに費やされた富は、多くの美術家をローマに引き寄せた。すでに一二七二年、チマブエはフィレンツェから来た。だがいったいどこで仕事をしたのか、はたして彼は絵を描いたのか、わかっていない。『サン・パオロ・フオリ・レ・ムーラ』に新たに描かれた歴代教皇の肖像のいくつかに、彼の手を見ることはできるかもしれない。招かれたのかどうかは不明だが彼がローマに来た事実は、教皇の宮廷が美術奨励の中心としてその意義を増大しつつあった、あるいは少なくとも人びとがそういう期待を抱いたことを語っている。この頃もうひとりのフィレンツェ人、アルノルフォ・ディ・カンビオが約二五年間ローマに住んだことも知られている。ある大きな工房の手を借りて彼は、ローマの依頼人やヴィテルボおよびペルージアの教皇の仮離宮のために多くの石彫の作品を制作した。ローマには、一二八五年の『サン・ピエトロ』と一二九三年から一二九六年にかけての『サンタ・チェチリア』の祭壇天蓋、それに一二七六年作の枢機卿リカルドの像——その一部がラテラーノの回廊にある（図170）——など、一連の墓碑彫刻がのこされている。『サン・ピエトロ』に一三〇〇年頃彼が完成させたボニファティウス八世の霊廟については、一六一八年に取り壊される前の素描からその様子を知ることができる（図171）。今日には、ただその一部がヴァティカンの洞窟と教皇の居室にのこる。おそらくまだ七〇年代に彼が『サンタ・マリア・イン・アラコエリ』のために制作した、ローマの〈セナトール〉シャルル・ダンジューの像は、今日カンピドリオの上のコンセルヴァトワールにある。『サン・ピエトロ』の聖ペトルスのブロンズ像（図174）は、おそらく一二九六年のアルノルフォの作であり、『サンタ・マリア・マジョレ』の《飼い葉桶》の人物像は、彼の弟子の手になるものであろう。ジョットーは、『サン・ピエトロ』での仕事のため枢機卿ステファネスキにローマに呼ばれた。それが一三〇〇年の「聖年」の準備のためであったか、あるいはそのかなり後のことであったか、あるいは二度に分かれてのことであったか激しい論議を呼んでいる。アプスのフレスコ画は失われ、旧教会のアトリウムに向かって開いた玄関のファサード内壁を飾るモザイク《ペテロの小舟（ナヴィチェルラ）》は、ただ粗悪なコピーから知られる。しかし主祭壇のための威容を誇る三つ折れ祭壇画は、今日ヴァティカンの絵画館に見ることができる。私たちが目指す「都市ローマの肖像」にとって重要なのは、これら偉大な美術家たちが、まさにこの時代に、そしてローマにおいて、歴史の表に登場したということである。この動きを、たとえはじめたのではないにしろ導いたのは、カヴァルリーニであった。一二七七年から一二九〇年にかけて彼は、現在までまだ確定されていない美術家たちと協同で『サン・パオロ・フオリ・レ・ムーラ』の五世紀の壁画を、以前とは異なる彼ら独自の構図で描きなおした。このフレスコ画の大部分は、一八二三年の火災で破壊され、ただその全体像が一七世紀のコピーで知られる。しかしいくつかの教皇の肖像はのこされており、そこにはカヴァルリーニ以外にもうひとり別の美術家の手も認められる。一二七八年から一二八〇年にかけて教皇ニコラウス三世は、旧ラテラーノ宮殿の『サンクタ・サンクトルム礼拝堂』（これは今日〈スカラ・サンタ〉の上方に見ることができる）のモザイクと壁画を寄進したが、これもまた、カヴァルリーニの初期の作品とみなすことができるかもしれない。しかし断定するには、今日なお資料が不十分である。それに対して『サンタ・マリア・イン・トラステヴェーレ』のアプス上方の壁にマリアの生涯を描く五面のモザイクは、カヴァルリーニによって遅くとも一二九三年までに制作されたことは確かである。一二九一年から一二九三年の間、あるいはその直後『サンタ・チェチリア』に彼が工房の仲間と制作したフレスコ画からは、ファサード内側の《最後の審判》、身廊壁面の新約および旧約聖書の物語からの断片など多くがのこされている。後者は、明らかに『サン・パオロ』のそれを手本にしている。『サンタ・チェチリア』でも、『サン・パオロ』と同様、身廊アーケード上方のアーチの三角隅あるいはアーチの上のフリーズに一連の教皇の肖像が並んでいた。またカヴァルリーニは、枢機卿ステファネスキのために『サン・ジョルジオ・イン・ヴェラブロ』のアプス壁面にキリストと四人の聖者を描いたが、これは一二九六年あるいはその直後の作であったろう。しかしこれらは、彼の作品の一部に過ぎない。彼と彼の工房は、『サン・ピエトロ』のファサードの窓に挟まれた内壁に聖ペトルスとパウルス、さらにふたりの使徒、四人の福音記者、計八人の巨大な像を描いた。これは、古いバシリカの最後の部分が取り壊された一六一一年まで、ほとんど傷つくことなくのこされていた。かつて高窓壁（クリアストリー）を飾っていた同じく巨大な聖者像が、カヴァルリーニの工房の作品であったかどうかはわからない。いずれにしてもそれらは、アーケード上方の一連の教皇肖像（これもまた一六一一年までのこっていた）と同様、一三世紀末における『サン・ピエトロ』新装プロジェクトの一部であった。ギベルティによればカヴァルリーニは、『サン・ピエトロ』での仕事と並んで『サン・クリソゴーノ』の身廊壁面すべてを飾ったという。またギベルティによると、おそらくインノケンティウスによって着手され、ようやく一三二五年に完成した『サン・パオロ』ファサード壁面のモザイクも、カヴァルリーニの手になるという。カヴァルリーニが新しい世紀になってもかなり生きていたことは確かである。いずれにしても一三世紀の最後の四半世紀には、彼がローマにおけるフレスコ画およびモザイク画の指導的でもっとも売れっ子の作家であったことは間違いない。

カヴァルリーニとともに、一三世紀の八〇および九〇年代にローマを舞台に活躍したのがトリティであった。彼は、おそらくローマの生まれではないであろうが、八〇年代の後半からローマに住んでいた。一二九〇年と一二九五年の間に彼は、『サンタ・マリア・マジョレ』でアプス丸天井に《マリアの戴冠》、その下方に《マリアの生涯》をモザイクで描き、前者にみずからの署名をのこした。一二九二年以前の作であり、同じく彼が署名したラテラーノのバシリカのアプスのモザイクは、一八七八年コピーに代の壁に、バルラアム伝説と漁夫たちや籠の中の鳥などを含む風俗場面のある一連の百科事典的な絵を描いた。この絵は、二〇世紀の後半に発見された。これからもさらに新しい発見があるだろうが、今日知られているものは、わずか一二七七年から一三〇三年という短い期間にローマに華やかにきらめいた絵画、モザイク、彫刻、金銀細工、織物美術のほんの一部に過ぎない。この一瞬の間ローマは、ゆたかで派手好きの教皇、枢機卿、およびその家族たちに支えられ（もちろん他の要因による）、新しい美術を生み出したイタリアやヨーロッパの他の都市と並ぶ、西方における美術の偉大な中心のひとつであった。

えられた。ローマの外では、アッシジの『サン・フランチェスコ』の絵画で埋められた身廊アーチのひとつ、および「上の教会」の旧約聖書からの場面のいくつかに、彼の手が認められる。ローマに定住した名の知れる三人目の美術家フィリッポ・ルスティは、一二九三年から一二九七年の間に弟子たちとともに『サンタ・マリア・マジョレ』のファサードの上部をモザイクで飾った。しかし同じ頃、この名の知れた三人のほかにも、今日までその名が知れない何人かのすぐれた美術家が、ローマで活躍していた。そのうちのひとり、おそらくアッシジで学んだ、しかしトリティともカヴァルリーニとも違う美術家は、『サンタ・マリア・マジョレ』の翼廊を遠近法によるだまし絵風の龕と預言者の肖像を囲む円盤を含む花の装飾紋様で飾った。同じく九〇年代に、トリティ、カヴァルリーニ、ジョットーに近い、しかし明らかに彼らとは違うもうひとりの美術家は、トレ・フォンターネの修道院二階ロジア

　しかし、それはまさに一瞬に過ぎなかった。教皇権の政治的および経済的基盤は、ボニファティウス八世が信じたほど堅固ではなかった。彼によって財産のほとんどを奪われ、復讐を期するコロンナ一族と組んだフランスは、一三〇三年ボニファティウスを攻め、退位させた。数ヵ月後彼は歿し、不安な状況がつづいた二年後、教皇と教皇庁はアヴィニョンに移った。ローマの美術奨励の源は涸れ、活躍の場を失った美術家はローマを去った。カヴァルリーニは、ナポリのアンジューの宮廷に向かった（もう一度ローマに帰った可能性はある）。トリティやルスティの行方はわからない。彼らや名の知れない他の仲間のある者はアッシジの美術家集団に合流し、またある者はアヴィニョンに向かったのであろう。一三〇三年以前の約三〇年は、モニュメントに読み取ることのできる中世ローマ史の最後の章、短く美しい小春日和であった。

ローマの保守性（建築）と革新性（絵画と彫刻）注3

しかしこの短く美しい日々は、ローマの歴史に繰り返しあらわれる特異な現象に明るい光を当てた。本質的にローマは、保守的であった。キリスト教であれ異教であれ、「過去」がこの都市の誇りであった。しかしそれは同時に重荷でもあり、その重荷がこの都市の動きを鈍らせた。「世界の女王」、「ペトルスの後継者の座」は、新しい思想に容易に道を開かなかった。この都市に中世の大学のなかったことは、偶然ではない。ローマ法を発展させたのはローマでなくボローニャであり、スコラ哲学はパリに生まれた。同じように、ローマの美術家やパトロンは長い間、ヨーロッパの他の地で興った新しい美術の流れをまったく無視した。しかし都市ローマの長い歴史の中で、政治がこの都市を異国の思潮とかかわりあう状況に追い込んだとき、ここには革新と伝統の力の相互作用から常に、驚くほど強靭で新しい、そしてまさにローマ独特の美術が生まれた。たとえばそれは、九世紀のアルプスの北に興ったカロリング朝ルネサンスがシャルルマーニュと教皇権の政治的野心と結びついたとき生まれた。またそれは、一一世紀から一二世紀への変わり目、ローマに押し寄せた異国の美術が改革をめぐる戦いと帝国との戦いに勝利した教皇権の再興とローマ共和政の復活に平行し、それに対応し、そのエネルギーを吸収して変異したときに生まれた。そしてもう一度それは、一三世紀の最後の数十年間、教皇権が地上の最高権力としての地を確信したとき、その支援の下で生まれた。いずれの場合も新しい美術の勃興は、政治の改革の動きと結びついていた。そしていずれの場合もそれは、それぞれの時代における異教およびキリスト教過去の再発見と絡み合っていた。異国の思想は、それが生きている伝統と結びついたときのみ根を下ろした。しかしこの時々に出現した隆盛の下にも、目に見えない一筋の太い保守の水脈が流れていた。

このけっして涸れることのなかった保守の水脈は、一三世紀地表に湧き出て、ローマの建築家とその注文主を浸した。〈アビタート〉は、ますますその住民を、多分無秩序に、増大させていた。私的な建物も、おそらく大量に築かれていたであろう。枢機卿、高級聖職者、法律家、それに銀行家、牛仲買人、それに小売商人に至るまで、それぞれはそれなりの邸宅や小家を必要としたであろう。しかしその建物がどんなものであったかは、今日ほとんど知られていない。中世ローマの私的建築の歴史は、今後の研究をまたねばならない。一二世紀、〈アビタート〉の外縁にふたつの大建築集中域が生まれた。そのひとつはヴァティカンであり、そこには『サン・ピエトロ』とインノケンティウス三世の宮殿を中心に高位の聖職者や役人の邸宅が蝟集した。そのふたつはカンピドリオの上で、そこにはコムーネの最初（と推測される）の建物『パラッツォ・デル・セナトーレ』、『サンタ・マリア・イン・アラコエリ』の前身となる教会、それに丘の上の市場が築かれた。一三世紀この両域はさらに発展し、さらに建物を増したが、ローマの地図に加えるべき新しい要素は何もなかった。

教会建築にも、これといった新しさはなかった。アルプスの北ではすでにゴティックが約一五〇年前から教会建築を支配していたが、イタリア、特にローマは、いまだこの新しい流れにあらがっていた。旧ラテラーノ宮から今日にのこる唯一の建物『サンクタ・サンクトルム礼拝堂』は、すでに触れたように、一二七八年から一二八〇年の間にかつての地上階の堅固な壁の上に建て増しされたものだが、たしかにそのトリフォリウムのアーケード、尖頭アーチの高窓、肋骨丸天井にゴティックの影響が窺われる。しかし注文者である教皇や彼の建築家マギスター・コスマトゥスが手本としたのは、すでに五〇年前に築かれていた、しかも西フランスの教会建築に土着の特色を加えて発展させたアッシジの『サン・フランチェスコ』の翼廊であった。ゴティック中心地の高く軽快な身廊建築に比べれば、アッシジ、さらには西フランスの的要素は、手本と同様『サンクタ・サンクトルム礼拝堂』は、プロポーションは窮屈で、壁は重々しく、窓は小さい。その上この礼拝堂のゴティックゴティック的要素は、当時ローマ教会建築の基本要素であった大理石の上張り、モザイク、壁画で、他よりもはるかに豪華に飾られていた。レンガで築かれ、ただ円形アーチの盲アーケードと蛇腹で区切られた外壁は、一五〇年前のローマの建物のそれとほとんど変わらない。ローマの托鉢修道士会の教会は、なおいっそうその建築で他の地域の近代的、進歩的なものから遠退いていた。『サンタ・マリア・イン・アラコエリ』は、一二六〇年頃、一二世紀前半のより規模の大きい翼廊付きバシリカにならって建てられているが、そこには、たしかにその手本にはそぐわないいくつかのゴティック的要素が見られる。また一三世紀八〇年代の『サンタ・マリア・ソプラ・ミネルヴァ』の建物――この教会は一八四八年から一八五五年の間に原形をとどめぬまでに改築された――では、建築家は、――ヴァザーリの主張するようにフィレンツェ出身のドミニコ修道会士であるか否かは別にして――明らかに当時まだ建築中であったフィレンツェの『サンタ・マリア・ノヴェルラ』に倣っている。しかしその建築は、尖頭アーチ、四つの部分を組み合わせた角柱、無地の壁に張り付いた短い角柱に載る円柱、解放された

166.　1840年頃の『サンタ・マリア・ソプラ・ミネルヴァ』

梁構造の天井（ただし側廊は一四世紀、身廊は一四五三年になってその天井を完成した）をもつものの、フィレンツェの手本をいわゆる「托鉢ゴティック」に簡略化したものであった（図166）。

このようにローマは、一方ではその古い伝統を変わらぬ誇りとしながらも、他方ではそれを重荷とした。このことが結局、この都市がアルプスの北で発展した新しい様式に不承不承、そしてきわめて限られた範囲で、注意を向けることとなった。トスカーナがみずからに適合させ消化したものさえ、ローマの趣味は受け入れなかった。教皇ニコラウス四世の下で一二八八年から一二九〇年あるいは一二九六年にかけてラテラーノのバシリカと『サンタ・マリア・マジョレ』が根本的に改築されたとき、新しく建てられた部分にほんのわずかのゴティック的要素、たとえば尖頭式アーチの窓（ただしトレーサリーはない）、ファサードの丸窓、屋根の縁に沿ったコンソールの上の尖頭アーチのフリーズが付け加えられたにすぎない。それにラテラーノの教会では、フランスの司教座教会の内陣周廊を想わせる、しかしここではただ付け加えられた祭壇の場を確保するという機能上の目的のために、アプスをめぐる不完全な周廊が設けられた。ラテラーノのバシリカの北側にあって街からの路と広場を見下ろす一対の塔をもつ建物正面は、ゴティックよりもむしろ一一世紀後半から一二世紀にかけてのアプリアあるいはシチリアに見られた塔をもつノルマン式ファサードを想起させる。また、短い半角柱と円柱に支えられた弓型盲アーチのアーケードで仕切られた外壁をもつラテラーノと『サンタ・マリア・マジョレ』のアプスは、ゴティックよりも、むしろ辺境のロマネスク様式を想起させる（図167）。そのような外面の装飾は、寄進者や建築家に

167.　ラテラーノのバシリカ、1800年頃のアプスと翼廊、Gabinetto delle Stampe, Roma

とってはプランや規模に比べれば、根本的な意味をもつものではなかったのだ。このふたつの権威ある教会の古い祭壇は、身廊と同じ高さ、ラテラーノでは幅も等しい（『サンタ・マリア・マジョレ』では傾斜する地形が十分な幅を許さなかった）翼廊に変えられた。すなわち歴史ある教会は、カロリング朝以来一二世紀まで「初期キリスト教的標準型」とみなされてきた、ひとつの規範に倣って建て替えられたのだ。教皇や彼の顧問たちにとって改築とは、ただその間の建築家による規範からの逸脱を正すことであったのかもしれない。ラテラーノのバシリカを「現代風」、すなわちゴティックの司教座教会に変えることなど、たとえ資金や技術が足りたとしても、彼らには考えられないことであった。ローマの教会は、その歴史、そのペトルスの後継者との繋がりで浄化された、そしてそれゆえにローマの内外の規準となる手本にふさわしいものであらねばならなかった。教会建築においては、新しさはただ二義的なものに過ぎなかった。一三世紀の教会建築家と注文者の本心は、一〇〇〇年前に確定された基準に沿って新しくすることであった。ローマにあっては、最も古いものが最も新しかったのだ。

伝統によって浄化された手本のない分野にあっては、革新の意思と外からの影響は大いに歓迎された。古代末期以来、人物彫刻の分野でローマは、意味ある何ものをもつくり出さなかった。建物がつくられるとき、あるいは墓が築かれるとき、彫刻はまったく問題にされなかった。たしかにコスマーティの工房は、一二世紀の中葉から一三世紀の末にかけてスフィンクス、ライオン、怪物の像をもつフリーズや柱頭を制作した。しかしそれらは、美術家というよりむしろ職人の仕事であった。中世をとおして、偉大な人物の多くは古代からのこる石棺に埋葬された。九八五年『サン・ピエトロ』のアトリウムに葬られた皇帝オットー二世の石棺は今教会の下のヴァティカンの洞窟に安置されているが、その『カステル・サンタンジェロ』、すなわちハドリアヌスの廟から持ってこられた斑岩の蓋は、今日『サン・ピエトロ』の洗礼盤として使われている。インノケンティウス二世は一一四三年、ラテラーノに運ばれていたハドリアヌスの斑岩製石棺に葬られたが、その石棺は一三〇八年、火事で教会の屋根が焼け落ちたとき失われた。アナスタシウス四世は一一五一年、同じくラテラーノにおいて、おそらく本来はコンスタンティヌスのためにに用意されたであろう

168.『サンタ・マリア・イン・アラコエリ』、ルカ・サヴェルリの墓所

169.『サンタ・マリア・マジョレ』、ジョヴァンニ・コスマーティ作、枢機卿コンサルヴォ・ロドリゲスの墓所

聖ヘレナの斑岩製石棺、いわゆる《戦闘図の石棺》に葬られた。枢機卿ジュリエルモ・フィエスキは、一二五六年『サン・ロレンツォ・フオリ・レ・ムーラ』に、破風屋根の天蓋に覆われた古代の《結婚図の石棺》に葬られた。教皇ホノリウス四世の父親ルカ・サヴェルリは、一二六三年ないしはそのすぐのち、『サンタ・マリア・イン・アラコエリ』で《花綵《はなづな》を担う若いゲニー》で飾られた石棺に葬られた（図168）。ローマの教会では、他に多くの古代の石棺が今日では忘れられた高官の柩、聖遺物の祠、あるいは泉の水盤としてルネサンスののちまで使われた。ときには、古代風の壁墓も築かれた。一二一三年頃、『サンタ・マリア・イン・コスメディン』に築かれた侍従アルファヌスの壁墓は、擬古典風の壁柱で仕切られ、フィエスキやサヴァルリの棺を覆う入念に細工された本物の天蓋を想わせる破風のある壁天蓋で覆われていた。

しかし一三世紀も後半になると、フランス出身の教皇や枢機卿、および彼らのイタリア出身の同僚たちは、ヴィテルボ、オルヴィエト、ペルージアと各地をさまよう教皇庁にあって、あるいはローマに居を構えても、「現代的」な墓を望むようになった。それはこの世紀中葉のフランスの手本に倣ったもので、おそらくフランス人の美術家あるいはフランス人の注文者によってローマの職人に伝えられたのであろう。この様式をいち早く取り入れたのが、フィレンツェ出身の彫刻家兼建築家アルノルフォ・ディ・カンビオであった。一二七五年頃からローマに住みついた彼は、はじめはアンジューのシャルルに仕え、その後二〇年、あるいはもっと長く大きな工房の親方として活躍し、また一二八四年からはローマとフィレンツェを行き来していた。彼がローマの注文者や彫刻家仲間に導入したフランス式墓所は、そのもっとも単純な形では石棺は台座に載り、その石棺の蓋の上には死者の「ギサント」（横臥像）が横たわり、その上方の壁は《聖者に囲まれた聖母》を描く絵画、モザイクあるいは彫刻で飾られ、全体は〈クラッベ〉（蟹脚飾り）と

170.『サン・ジョヴァンニ・イン・ラテラーノ』回廊、アルノルフォ・ディ・カンビオ作、枢機卿リカルド・アンニバルディの墓所（部分）、《聖職者》

171.　ボニファティウス8世の墓所、Giacomo Grimaldi による素描、Biblioteca Vaticana, Barb. lat. 2733, fol.8^{r}

〈フィアレ〉（小塔飾り）をもつ尖頭アーチと切妻からなる壁天蓋で覆われていた。『サンタ・マリア・マジョレ』にある一三〇二年の枢機卿ロドリゲスの墓所（図169）は、アルノルフォの後継者として新しい様式を取り入れたコスマーティ一族のひとりによる後期の例である。もちろんこの型の墓は、資金が潤沢であればいくらでも豪勢に飾られた。ラテラーノにある枢機卿リカルド・アンニバルディの墓所は、一二七六年頃のローマにおけるアルノルフォのもっとも初期の作であり、横臥像の前で幕を開ける助祭あるいは天使、その後方の行進する聖職者たちの像で飾られており、そのわずかな断片が回廊にのこされている（図170）。ボニファティウス八世が、世を去る四年前の一二九九年みずからの記念碑として『サン・ピエトロ』につくらせた礼拝堂は、一六の〈フィアレ〉、ほとんど同数の小さな切妻飾り、それに八角形のドームをもつ天蓋で覆われたまさにゴティック様式の典型を示すものであり、内部には祭壇と目を閉じた教皇の肖像が載る石棺が収められていた（図171）。後ろの壁には、ペトルスとパウルスを左右にした聖母とそれを傍らから見下ろす教皇の半身像がモザイクで描かれ、それはトリティの作であった。この墓所からはモザイクの半身像と横臥像および石棺がのこされており、今日、前者は教皇の居室、あとのふたつはヴァティカンの洞窟に見ることができる（図173）。アルノルフォは、一二八五年『サン・パオロ』、一二九三年から一二九六年にかけて『サンタ・チェチリア』の祭壇の天蓋を制作したが、そこでは、この頃すでにフランスでは時代遅れとなっていたゴティック様式が、今は盛りと花を咲かせている。彼の彫刻もまた、三〇年前に彼の師ニコラ・ピサーノの作品を支配していたフランス・ゴティックの様式を継いでいた。ニコラが同時代のフランス様式をみずからの作風としていたのに対し、アルノルフォの彫刻はその前にふたつの段階を経ており、世紀の終わりに師の作風に到達したときにはすでに絶望的に時代遅れとなっていた。もちろんアルノルフォの人物像は、ニコラのそれと同様、明確に造形された頭部を載せる重みのある体躯で、空間の中での充実した量感を示し、衣服は、その下の肉体の存在をあらわにし、四肢の関節の働きを明確にしめしている。またその衣の襞は、優しい曲線で流れることはなく、ニコラの場合と同様硬い圭角をつくって折れ、フランスでそうであったように地面に重々しく垂れる。もちろんアルノルフォの造形は、アンニバルディの墓の聖職者像（図170）、あるいは今日カンピドリオにあるアンジューのシャルル像、あるいはおそらくアルノルフォの工房の作であろう『サンタ・マリア・マジョレ』の《飼い葉桶》の諸王の像に見られるように、ニコラのそれよりも繊細であり、動きは優雅である。それがローマの後期の作品、たとえば『サンタ・チェチリア』の天蓋の座る預言者や福音記者の像になると、いっそう手の込んだ仕事振りを見せる（図172）。これらの流れるような微妙な造形は、『サン・パオロ・フオリ・レ・ムーラ』の祭壇天蓋の角張ったそれとは大いに異なる。同じように、一二九九年以前に完成したボニファティウス八世の石棺の上の神経質で繊細な口元をもつふくよかでしっかりとした顔つきは、これが、同時代の如何なる肖像にもまさる作品であることを語っている（図173）。

172.『サンタ・チェチリア』、天蓋の一部、アルノルフォ・ディ・カンビオによる浮き彫り

173. グロッテ・ヴァティカーネ、アルノルフォ・ディ・カンビオ作、ボニファティウス 8 世の墓所（部分）

174.《聖ペトルスのブロンズ像》(部分)、アルノルフォ・ディ・カンビオ(?)

ニコラ・ピサーノの下で学んだアルノルフォは、当然古代ローマ彫刻の美しさや写実性に敏感であった。すでに早くから彼の作品には、師あるいはあるフランス人の見本帳（ヴィラール・デ・オンヌクールの例を見よ）から知ったのであろう古代からの受容が常に見られた。たとえば『サン・パオロ』の祭壇天蓋のふたつのエヴァ像は、ウエヌス像の変形とさえいえる。ローマの滞在が長くなり古代モニュメントとの接触が多くなればなるほど、その受容は、古代の精神や形に対する純粋な感受性によっていっそう強くなった。古代からの受容、それはついには彼の第二の天性とまでになった。『サン・ピエトロ』のブロンズの《祝福を与える聖ペトルス》（図174）は、二〇世紀の五〇年代まで四世紀の作とみなされていた。しかし今日の私たちは、それがアルノルフォ自身の手になるものであることを確信する。この像の〈古代風〉は、まさに一三世紀末のローマの特徴であった。それは、アルノルフォの高い教養をもつ注文主、たとえばボニファティウス八世、『サン・ピエトロ』の聖堂参事会員たち、『サンタ・チェチリア』の名義枢機卿ジャン・コレ、ローマに順化したフランス出身の枢機卿や教皇たちに、賛同をもって迎えられたのだ。一二九八年アルノルフォは、いまだ古代へのローマ的感受性が十分に浸透していないフィレンツェに帰る。そのとき以来彼の作品から古代的性格は消えるのだが、このことは、この書の目的にとっても興味ある現象であった。

　ということは、アルノルフォの芸術は、彼の個性以上にローマによって育成されたといえるからである。ローマは、フランス型墓所と、トスカーナを経てフランスからやってきた少し時代遅れの肖像様式をよろこんで受け入れた。しかしこの都市は、基本的なところではけっしてこの異国の要素を受け入れたわけではなかった。もし一三〇三年の破局がなかったらばこの都市の将来はどうなったか、これは無益な問いかけである。この時代のローマを先導した三人の画家カヴァルリーニ、トリティ、ルスティのモザイクやフレスコ作品には、さまざまな力の相互作用が、彫刻以上に明確にあらわれていた。そこには、外からの芸術思想との対決、受容と拒否、ローマの遺産との混合、いやそれらだけでなく、その結果としての運命の年一三〇三年に先行する三〇年間のローマ自体における美術の壮大な展開さえも見ることができる。しかしその道の専門研究者によって長く議論されてきた諸問題、当時のローマとフィレンツェ絵画の関係、チマブエからカヴァルリーニへ、カヴァルリーニからジョットーへの繋がり、さまざまな流派の坩堝《るつぼ》として果たしたアッシジの『サン・フランチェスコ』の役割、アッシジの〈イサクの画家〉の同定と彼とカヴァルリーニ、トリティ、ジョットーとの関係、トリティへのカヴァルリーニの影響、あるいは両者の独自性、ルスティの占める位置、三人のローマの画家の作品における親方と助手、あるいは後継者との手の違い、さらにはいまだ逸名の、しかし高度な質を示す明らかに異なる手の持ち主の同定などなど、それらに立ち入ることはこの書の範囲を超え、また著者の手に負えることではない。私たちにとって大切なことは、筆者を納得させた最新の研究者の成果を紹介し、それに基づいて論を進めることであろう。

カヴァルリーニ、トリティ、ルスティ、それに彼らの工房は、質と作風において明らかな違いを示す。にもかかわらずそれらすべては、彼らの無名の助手たちを含めて、それまでのローマの芸術環境とは異質で革新的ともいえるひとつの様式の枠内に位置する。このローマ独自の伝統との決別を知るには、たとえばトリティの『サンタ・マリア・マジョレ』のモザイク《マリアの死》（図175）を、『サンティ・クヴァトロ・コロナーティ』アトリウム内のサン・シルヴェストロの礼拝堂を飾るフレスコの一場面（図150）に対置させればよい。いや例としては、より革新的なカヴァルリーニの作品（図176）が、いっそう効果的であろう。一二四六年のサン・シルヴェストロのフレスコ画は、当時教皇と皇帝フリードリヒ二世の間に繰り広げられていた統治権争いの、『コンスタンティヌスの約束』に基づく偉大な政治的プロパガンダのひとつであった。しかし、美術作品としてはけっして偉大とはいえない。どの場面も内容に乏しく、構図も空疎である。切り抜かれた紙人形のような人物像を前景に配し、その上方に頭を並べただけの群集が列を成す。衣の襞は単なる線紋で暗示され、輪郭は硬く彩色はどぎつい。背景は、無地あるいは建築の小道具で埋まるとしても、奥行きのない空間に過ぎない。一一〇〇年頃の『サン・クレメンテ』の「下の教会」のフレスコ（図136）の優雅で繊細な様式がここまでその水準を落とすとは、想像し難いほどである。しかしシルヴェストロ礼拝堂の壁画は、孤立した現象ではない。その

175.『サンタ・マリア・マジョレ』、《マリアの死》、ヤコポ・トリティによるモザイク

約十年前に描かれたアナーニの司教座教会地下聖堂のフレスコ画もまた、同じ傾向を示していた。このような稚拙な美術が、一三世紀中葉のローマやラティウムを支配していたのだ。そして同じ世紀の七〇年代、革新の嵐が起こった。『サンタ・マリア・マジョレ』にトリティが描いた《聖母の死》（図175）では、人物は丸みをもって充実し、その四肢の周囲には衣のゆたかで重々しい襞が流れる。使徒たちは、前後に一部が重なって立ち、浅いとはいえ、ひとつの舞台の上を前に後ろに動く。寝台に横たわる聖母の後ろ、前景からはっきりと後方に退いてキリストの姿が、さらに奥に据えられたマンドーラを背に浮かび上がる。そしてさらにその後方では、岩地の風景と湧き上がる雲の向こうから、天使と聖者たちが見下ろしている。その天使たちの一部は、マンドーラを支える。絵の空間は左右に、後方に、上方にと広がり、黄金の地は無限の奥行きを印象づけ、動きや身振りは描かれた場面を劇化する。その場面は、自身の枠に限られることなく、すぐ上の《聖母の戴冠》を描くアプス丸天井へとつながる。その連続の印象は、下の画面の天使がさらに列をなして繰り返されることで強められる。天使の広げた翼は、あたかも丸天井のコーニスを背負うかに見え、マ

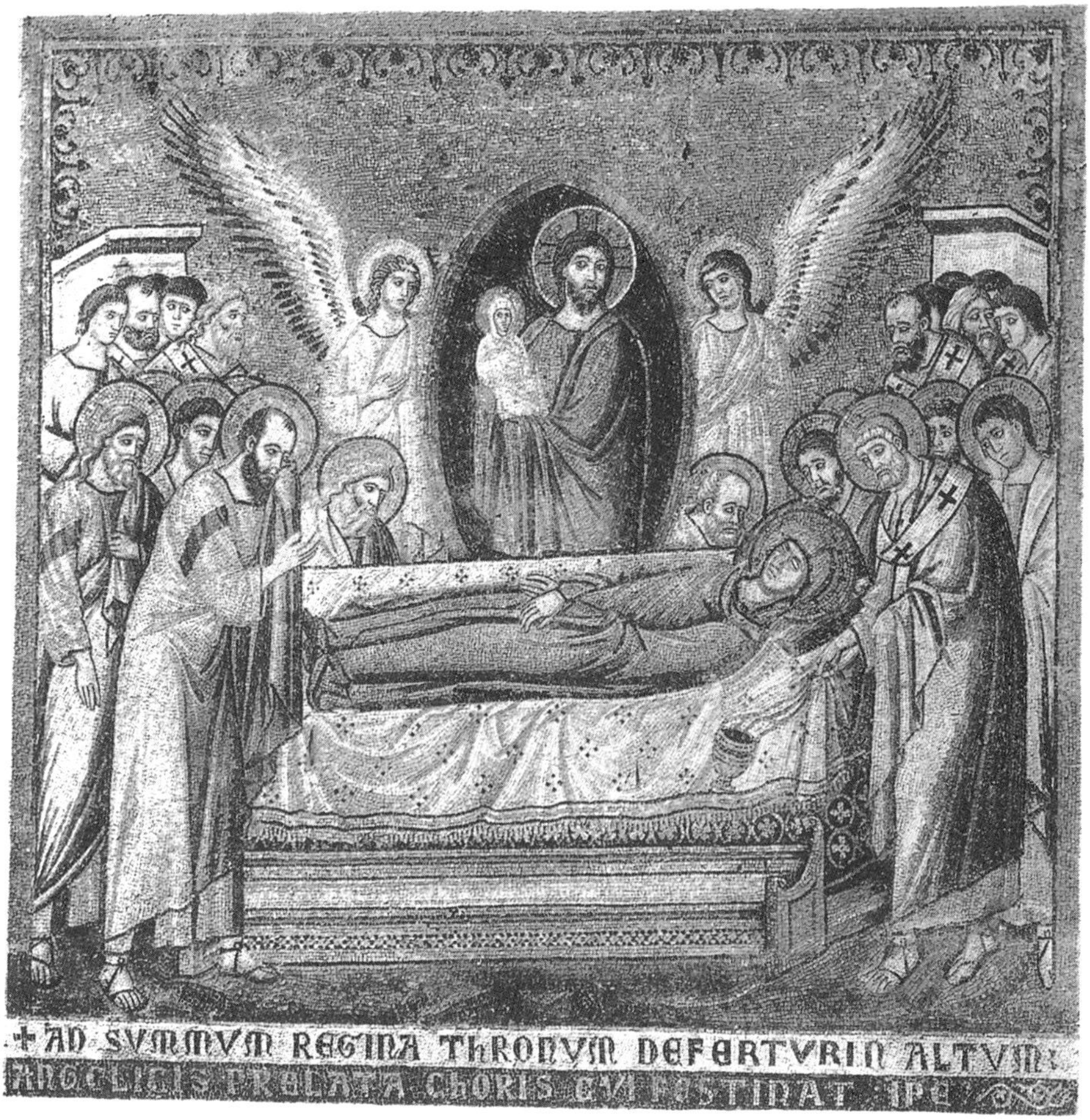
+ AD SVMMVM REGINA THRONVM DEFERTVRIN ALTVM:

176.『サンタ・マリア・イン・トラステヴェーレ』、《マリアの死》、ピエトロ・カヴァルリーニによるモザイク

ンドーラは、その形と位置でアプスの窓の中央部に対応する。このようにしてトリティは、与えられた建築上の枠の中で、きらめく色彩とほのかな光を放つ劇的な構図を合致させた。

これは、一三世紀七〇年代以降のローマを決定する新しい様式を代表する傑作であった。この様式がどこから来たのか、その詳細については今後の研究をまたねばならない。しかし大きく見れば、それは三つの源泉をもつといえる。ひとつは、同じ頃ふたたび息を吹き返し、多くの道を経、多くの形で西方に伝わってきたビザンティンの美術。ふたつは、仕事を求めてやってきたフランス人美術家たちが伝えた北方のゴティック美術。三つは、ローマで常に水脈を保ち、各所で生まれたルネサンスの動きと結びついた古代。一三世紀の最後の三〇年間、ローマはこれらすべての流れに心を開いた。ローマの新しい美術をつくり上げた巨匠たちは、外から来た諸要素、諸思想をわがものとし、それらをローマに深く根を下ろした古代の遺産と結びつけ、この遺産をみずからの世界を新たに見直す手段に使って、それに新しい命を吹き込んだ。しかしそれは、この世紀の中葉、いやそれをさらに越えてローマを支配してきた工房の伝統からの決別でもあった。

ビザンティン、ゴティック、古代の影響 注4

ビザンティン的要素は、『サンタ・マリア・マジョレ』のトリティのモザイクにも、また『サンタ・マリア・イン・トラステヴェレ』のカヴァルリーニのそれにも明らかである。一〇世紀以来展開していた中期ビザンティン美術の図像や構図の定型は、一一世紀の後半から一二世紀にかけて、ビザンティンの主要在外基地シチリアやヴェネツィアで活躍する東側のモザイク職人、東方を訪ねた西側の美術家、そしてなによりも見本帳、イコン、写本をとおして西方に入ってきていた。この東西の繋がりは、一二〇四年から一二六一年の約六〇年間コンスタンティノープルがフランスの騎士やイタリアの商人に占領されたとき、いっそう緊密なものとなった。しかもまさにこの頃、古代への想いのしみこんだ新しい洗練された様式が、ビザンティンの領域で発達していたのだ。ローマ自体とビザンティン美術の直接的な結びつきもまた、一三世紀のはじめ頃からあった。『サン・ピエトロ』のアプスのためにインノケンティウス三世は、外からモザイク職人を呼んだという。シチリアから来たと推測されるが、たしかなことは、彼らがビザンティン風の技を身につけていたことだ。またホノリウス三世は、明らかにビザンティンの技に馴染んだヴェネツィアの工房の出身で『サン・マルコ』で働いていた職人を『サン・パオロ』のアプス・モザイクのために雇った。さらにはこの教皇の、ひとりのモザイク職人をおくってくれたことを感謝し、さらにふたりの職人の派遣を頼んだ一二一八年ヴェネツィアの総督に宛てた手紙ものこされている。またローマの大いなる様式のモザイク美術がすでに一二世紀の初頭、その数十年前ビザンティンの美術家が技を伝えていたモンテ・カシーノの影響下で再生していたこともたしかである。しかし一二世紀の後半この美術はローマ自体ではふたたび姿を消していたのだが、それとまったく同じことが、一二三〇年頃ヴェネツィアから来た美術家が仕事を終えて故郷に帰ったとき起こっていたのだ。そしてそれから二世代ののちトリティとカヴァルリーニは、彼ら自身がヴェネツィア、サロニキ、コンスタンティノープルなどビザンティンの領域を訪ねたか、あるいはそこから助手を呼んでかして、その技を新規に学ばなければならなかった。イコノグラフィーにおいても、聖母の生涯からの一連の場面は、ビザンティンではすでに久しい以前から流行していた。イコノグラフィーや技法は別としても彼らの作品は、この世紀の最後の三〇年にビザンティンやその在外基地で前後してあるいは平行して行われていた様式と──E・キツィンガーが指摘する程度の差こそあれ──その理念を同じにしていた。このことからはまた、両巨匠の作品に認められる相違を説明することもできる。トリティの作品にあっては、硬い衣服の彫刻的人物は奥行きのない、完全には特定できない舞台の上を静かに動き、建物のある背景は、前景の地平と平行に位置する。これらは、同時代のビザンティン美術に普通に見られた特徴であった。それに対してカヴァルリーニの描く人物像は、『サンタ・マリア・イン・トラステヴェーレ』の《マリアの死》(図176)あるいは《キリストの誕生》にあっても、たしかに同じように彫刻的ではあるが、その衣服は重くて柔らかく、いまだ完全とはいえなくともその存在が納得される絵画空間に劇的な動きをもってはめ込まれている。その空間では、人物は対角的に動き、風景と建造物は金色の地の中へいわば潜り込むかのようである。トリティが「現実」を暗示するならば、カヴァルリーニは「現実」を納得させる。しかし後者の場面は、前者のそれに劣らず、まさに同時代のビザンティン圏における洗練された美術を手本にしたかに見える類似点をもつ。セルビアのソポチャニに一三世紀の六〇年代に描かれた壁画は、聖母の死の場面をカヴァルリーニのそれ以上に劇的に描いている。また彼の《キリストの誕生》は、人物像の配置と風景の小道具で、ほぼ同じ時代にヴェネツィアの『サン・マルコ』のアトリウムを飾る──明らかに古代の原型から取った人物像と主題を含む──モーゼ物語からの一場面を想起させる。

このような古代への共鳴が、ローマにおいて歓迎されたことは明らかである。ローマの栄光の過去は、この都市の美術にいつの時代にも刺激を与え、五世紀、九世紀、一二世紀、そして今と、繰り返し新しい美術を生むための原動力となった。たしかに『サンタ・マリア・マジョレ』アプスのトリティの《聖母の戴冠》が、研究者が指摘するように、それまでの中世の手本にも倣っていることは事実であろう。たとえば戴冠の場面自体、おそらくキリストとマリアが同じ玉座に着く『サンタ・マリア・イン・トラステヴェーレ』のアプス・モザイクが、そして彼らを取り巻くアカンサスの蔓には『サン・クレメンテ』のアプス(図118)が手本とされ

177.〘サンタ・マリア・イン・トラステヴェーレ〙、《キリストの誕生》（部分）、《羊飼い》、ピエトロ・カヴァルリーニによるモザイク

たであろう。しかし当時に、ローマで見ることができた異教あるいはキリスト教の古代が、トリティの上に大きな影響を与えたことも間違いない。『サンタ・マリア・マジョレ』のアカンサスの葉は、『サン・クレメンテ』よりも五世紀のラテラーノ洗礼堂のそれ（図140）に似て肉が厚く、その蔓の中で跳びまわるウズラ、サギ、孔雀、兎、オウムもまた、古代末期の手本にさかのぼることができるであろう。アプスの下端には、舟、戯れる童子、漁師、船乗り、水鳥、魚、両端の河の神を描くフリーズが走る。似た《ナイルの風景》は、ラテラーノのアプス・モザイク下端のフリーズにも見られた。この両者には、たとえば『サンタ・コスタンツァ』のドームに一六世紀まで見ることのできたモザイク、あるいはもしかしたらかつて『サン・ピエトロ』、ラテラーノのバシリカ、『サンタ・マリア・マジョレ』のアプスを飾っていた初期キリスト教モザイクが手本となったのであろう。古代末期からのこされ、ふたたびよみがえったものは、カヴァルリーニの作品にも多く見ることができる。『サンタ・マリア・イン・トラステヴェーレ』の《キリストの誕生》の中の笛を吹く羊飼い（図177）とそれを見上げる犬は、古代末期のある牧歌図から採ったに違いない。同じく《マリアの誕生》の中の産湯の用意をする侍女たちは、直接古代の手本に倣ったのであろう。しかしまさにこれらの主題は、久しい以前からビザンティン美術に伝わる古代末期からの遺産の一部であり、一三世紀末にふたたび力を得て表に出てきたものであった。カヴァルリーニは、それら主題をビザンティンの見本帳から直接知ることができたのであろう。もちろん彼にとってローマで親しんだ古代は、そこに個々の主題をさがすといった単純なものではなかった。古代の意味は大きかった。彼にとってそれは、古代末期美術の普遍的な理念、肉体の具象性とその関節の働きの合理性、衣服の重み、人物や建物を重ね

て得られる奥行き空間の現実性、空気や光の存在、劇的な行為とモニュメンタルな形態、それらへの感性を養うものであった。このことは、比較的彼の生涯の早い時期、すなわち彼が五世紀の『サン・パオロ・フオリ・レ・ムーラ』の壁画の修復を任され、その一部に自身の構想を取り入れたとき、すでに彼の思想の一部になっていた。それから二〇数年後、『サンタ・チェチリア』身廊の壁面に聖書からの一連の場面を描いたとき彼は、──その中の今日にのこるヤコブの物語（図178）から知れるのだが──その人物の配置、小道具としての建物、仕草などを『サン・パオロ』の壁画に倣っている。のこされたコピーや、たとえば『サンタ・マリア・マジョレ』身廊モザイク（図42−45）など、他の五世紀の作品に見られる広々とした空間は、中世における古代末期手本の借用であれば当然のことながら、『サンタ・チェチリア』では狭く窮屈なものとなり、『サン・パオロ』の場面を区切っていた古代末期の小円柱は、中世に典型的なコスマーティ式よじれ小円柱に代えられている。

178.『サンタ・チェチリア』、《ヤコブの夢》（部分）、《眠るヤコブ》、ピエトロ・カヴァルリーニによるフレスコ

また聖者に囲まれ空に浮かぶキリストを描く『サン・ジョルジオ・イン・ヴェラブロ』においてもカヴァルリーニ、あるいは彼の工房──ここでは正確な作者名を知ることは必要でない──は、この種のカロリング朝時代の仲介物をとばして、今日『サンティ・コスマ・エ・ダミアーノ』にのこる初期キリスト教の原型（図71）を手本としている。人物の形態が一三世紀後半の表現法に翻案されていることは、ことさらいうまでのことでもあるまい。ローマがカヴァルリーニに教え、彼が自分のために再生させた古代末期は、深く、トリティよりも深く、そしておそらくビザンティンの手本帳から学んだであろう『サンタ・マリア・イン・トラステヴェーレ』の古代風主題よりはるかに深く、カヴァルリーニの中に根を下ろしていたのだ。

しかし一二世紀のルネサンスと違って一三世紀末のローマにおける古代への接近やその再生は、単にひとつの次元での発展と理解することはできない。一二世紀のローマは、みずからの過去をただキリスト教化された古代にのみ求めた。わずかに異教の古代を採用することがあっても、それは、古代での意味をまったく剥奪されてのことであった。最初の刺激はモンテ・カシーノから来たという事実にもかかわらず、この復古の動きは、本質的にはローマ独自の現象であった。ローマの建築家や画家が求めた古代の手本は、もっぱらこの地にのこる古代末期の作品、とりわけキリスト教の作品であった。造形芸術におけるこのルネサンスは、この時代、ローマの外の如何なる西方の地にも見ることはなかった。一二世紀アルプスの北で展開された詩や散文における古代の復活は、もっぱら文学の問題であった。それに対してローマでの動きは、文学だけでなく造形芸術をも呑み込んでいた。しかもそれは、ローマ独自の政治の力、すなわち叙任権闘争に勝利した教皇権、および一一四三年のローマ共和政に道を拓いた知識人によって衝き動かされたものでもあった。

他方、一三世紀末のローマにおこったモザイク、絵画、彫刻での古代の復活は、はるかに広いスペクトルをもっていた。もちろん一三世紀の美術家たちも、一五〇〇年前の先輩同様、もっぱら彼らの注意をその地にのこる異教あるいはキリスト教古代のモニュメントにそそいだ。彼らが用いることのできた古代風様式資財は、先輩たちのそれよりも広いスペクトルをもっていた。一二世紀の美術家は、たとえば【ユニウス・バッススのバシリカ】（図33）や『サンタ・コスタンツァ』（図23）など古代末期の建築モニュメントに見ることのできた《ナイルの風景》とか遠近法による《だまし壁龕》を手本とすることはなかった。他方まさにこのような主題が、一三世紀ローマの美術を特徴づけた。《ナイルの風景》は『サン・ピエトロ』、ラテラーノのバシリカ、『サンタ・マリア・マジョレ』のアプス丸天井の下端にあらわれ、《だまし壁龕》は一二八〇年頃のニコラウス三世のヴァティカン宮でいくつかの部屋を飾った。さらに十年後、それは『サンタ・マリア・マジョレ』翼廊の壁の上にも登場した。様式資財の在庫目録が増大するにつれて、ローマの新しいさまざまの流派が汲む新しい泉は、いたるところで掘り出された。街で目にする純粋に古代の手本だけでなく、たとえば『サン・クレメンテ』や『サンタ・マリア・イン・トラステヴェーレ』のアプス・モザイクといった、一二世紀のこの都市独自の「新古代」もまた、時たま、そして目立たぬところで、手本としての影響を及ぼした。またローマから遠く離れたビザンティン、この古代末期様式資財の「冷蔵庫」も、トリティ、カヴァルリーニ、その他ローマの美術家に古代風資財を提供し、彼らによる古代の復活に寄与した。

しかし一三世紀ローマのルネサンスは、もっと広い枠の中で見なければならない。思えば一三世紀をとおして西方の各地には、ローマのそれと時を同じくして、あるいは一世代早く、さまざまのルネサンスが勃興していた。ランスの司教座教会では一二二五年から一二三〇年にかけて、おそらく直接ビザンティンからの刺激を受けたであろう「ゴティックの彫刻家」が、著しく古代の手本に忠実な作品をつくっていた。また一二四〇年頃南イタリアのフリードリヒ二世の周囲では、アウグストゥス風のにおいの強い政治的動機による古代復帰が、孤立し短期間ではあったが印象深い作品をのこしていた。この世紀の中頃トスカーナでは、ニコラ・ピサーノがその作品に古典的な性格を与えていた。それはおそらくランスの工房の刺激を受けたものであろうが、ピサーノ自身はさまざまな様式資財の広いスペクトルを自由に使える立場にあり、古代の美術を深く理解することにつとめていた。彼は、ランスの彫刻家やフリードリヒ二世の周囲の美術家のように、頭部、衣服など個々の古代風特徴をただ模倣したのではなかった。一三世紀末ローマのルネサンスは、このような広い関係枠の中で考察されるべきであろう。

先に見たように、フランス・ゴティックの墓所の型は、ニコラの弟子アルノルフォ・ディ・カンビオやおそらく手本帳をとおして、一三世紀の七〇年代、すなわち約一世代遅れてローマに入ってきた。また、たとえば『サン・パオロ』の祭壇天蓋の「エヴァーウエヌス」のようなさまざまな古代風主題も、ニコラの見本帳をとおして伝わったのであろう。当時画家たちは、すでにフランスの「現代風」の美術に通じていたと思われる。トリティの鮮やかな朱や青の色調は、その根をフランスにもっていた。たぶん直接の源泉は、アッシジで八〇年代につくられたステンド・グラスであろう。当時トリティは、そこでの創世記物語のフレスコ画制作に参加していた。カヴァルリーニもまた、この世紀の半ば頃から展開したフランスの美術を知っていたと思われる。ゴティックの表現法と溶け合った彼の静謐でモニュメンタルな様式は、彼が一世代前に誇示した擬古典的な性格からはまったく解放されており、しかし見る者がただちにローマやギリシアの古代を思い浮かべるほどに、「古典的」であった。ランスの司教座教会内側ファサードを飾る彫刻群、たとえば《アブラハム・メルキセデクの群像》は、この新しい大いなる様式をもっともよい面で伝える例であろう。カヴァルリーニは、それをおそらく見本帳をとおして知っていたであろうが、いずれにしても『サンタ・チェチリア』内側ファサードの《最後の審判》は、その反映と思われる（図180）。もちろん、ビザンティン的要素はいたるところに見られる。天使が首に懸

179.『サンタ・チェチリア』、《最後の審判》(部分)、《ふたりの使徒》、ピエトロ・カヴァルリーニによるフレスコ

ける宝石を鏤めた〈ロロイ〉(頸垂帯)、その天使たちの丸い優しい顔、髯を生やし個性をあらわす使徒たちの頭部（図179・180）、荒々しい洗礼者ヨハネスなど、それらすべては、東地中海地域の当時の絵画を想起させる。キリストを仰ぎ見る《ある天使の頭部》(図181)や使徒たちにまざる無髯のヨハネスの顔は、ソポチャニの壁画にほとんど正確な対を見出すことができる。しかしカヴァルリーニの《最後の審判》を支配する雰囲気は、北方のゴティックの伝統に根ざしている。形態の静かでしかも自由な配置、キリストと弟子たちの堂々とした、しかし階級の違いを見せないポーズ、重々しい襞をつくって垂れる厚い毛織の衣、引き締まった肉付けの顔つき、それらすべては、古代の様式資財を用いることなく、古代に似てあらわれた同時代のゴティックの作品に親類をもつ。ローマ滞在後期のアルノルフォ・ディ・カンビオ同様、カヴァルリーニもまた同じ頃『サンタ・チェチリア』において、古代を想起させるがしかし古代とは明らかに異なる精神を満たす、単純な偉大さに統合された新しい大いなる様式を展開させた。さらにジョットーのローマ時代の作品もまた、風神、魚を釣る人、灯台といった古代風主題を含み、使徒の堂々とした姿を描くモザイク《ナヴィチェルラ》や古代の主題とは一切無縁ではあるがいっそうモニュメンタルな性格をもつ《ステファネスキの祭壇》など、同じ様式を見ることができる。このふたつの作品には、一三〇〇年以前あるいはそれからかなり後など、さまざまな制作年代が推定されている。

180.『サンタ・チェチリア』、《最後の審判》（部分）、《ある使徒の頭部》、ピエトロ・カヴァルリーニによるフレスコ

181.『サンタ・チェチリア』、《最後の審判》（部分）、《ある天使の頭部》、ピエトロ・カヴァルリーニによるフレスコ

もし後者の推定が正しければ、一三世紀の最後の数十年にローマで展開された芸術理念は、ジョットーのような典型的なフィレンツェの巨匠の仕事にも長く生きつづけたことになり、それは驚くべきことである。

たしかに同時代のビザンティンおよびフランス・ゴティックの美術は、一三世紀の七〇年代ローマにおこった古代の新たな復活に、一部であるとしても影響し、それを力づけたかに見える。しかしその本質から見れば、このルネサンスもまた、ローマにおける以前のそれと同様、この都市にのこされた古代末期のモニュメントを基盤とするもっぱらローマ独特の現象であった。ローマの美術家たちがこのたびは、一二世紀の彼らの祖父や一二三〇年頃のランスの先輩やニコラ・ピサーノとは比較にならないほど、広範囲にわたって古代の要素を取り入れたことは疑いを容れない。それはもはや、ただ個々の頭部、童子、鳥とかいったものではなく、構成すべてにおよんだ。そしてそのような古代末期は、ローマ以外どこにも手に入るものではなかった（例外はビザンティウムだが、それは別の歴史をもつ）。トリティやカヴァルリーニ、あるいは彼らの仲間が『サンタ・マリア・マジョレ』や『サン・パオロ・フオリ・レ・ムーラ』で知った初期キリスト教のモザイクは、彼らの目を古代世界に開き、改めてそれについて考えることを教えた。彼らは、如何に人体を信頼に足る空間で信頼に足るよう行動させ、納得され得る真実性に到達させることができるかの問題を、自身で考え抜かなければならない必要に迫られたのだ。彼らは、見本帳に基づいた中世風の修行を離れ、新たに学ばなければならなかった。一二世紀最初の四半世紀の『サン・クレメンテ』のモザイク作者や一二三〇年頃のランスの彫刻家たちにとって、古代からの借り物が他のものでは中世の世界観では到達できないリアリティーのただ代わりをつとめたのに対し、カヴァルリーニやトリティ、それにローマ滞在後期のアルノルフォ・ディ・カンビオにとって古代は、彼らのリアリティー追及の先達であり、真実の扉を開く鍵であった。彼らは、みずからが手本とする古代の特質を厳密に研究することによって、自分たちを取り巻く世界を直接に、そして新しい目で見ることを学んだ。古代は、その援けで彼らが目に見える世界をみずからのものにする手段となった。

この時代にローマを支配していた政治的および文化的状況の流れの中に、新しい美術の背景、性格、その多産性を知る手がかりが隠れている。教会や宮殿（当時の宮殿装飾について私たちが知るところは少ない）の大規模な装飾プロジェクトを注文したパトロンは、明らかに、ただ富裕であるだけでなく、間違いなく高度な教養をもつ心のひろい人間であった。異国から宮廷もろともやってきた王侯貴族もまた、疑いもなく影響をおよぼした。彼らは、ミサ礼服、織物、エナメルや金の細工品、それにおそらく持ち運び可能なイコン、小さな彫刻など美術品を持ち込み、ときにはその従者の中には金細工師や画家が含まれることもあったろう。ローマに生まれローマで育った高位の聖職者たちは、外からの新しい趣味やその広い視野にいち早く融け込んだのであろう。フランスやイングランド出身の枢機卿たちと同様彼らの目も、狭いローマの境界を越えて、パリや東方、フィレンツェ、ピサ、シエナ、アッシジへと向けられたのであろう。異国からの同僚と同じく彼らもまた、短命ではあったがヨーロッパの各地で芽を吹いた古代趣味の新しい美術に、心を奪われたに違いない。彼らはまた、金、宝石など高価な素材、金糸で刺繍され真珠を鏤めたミサ服、そして多分、モザイクのきらめく金の地と豊かな色彩に目を見張ったに違いない。一三世紀最後の数十年、ローマにおけるルネサンスと政治のかかわりも見逃せない。それが目指す主要なテーマは、教会の尊ぶべき歴史と、使徒の後継である教皇権に帰すべき地上最高権威の宣揚であった。このテーマは、繰り返し改めて採り上げられた。使徒の墓を納める『サン・ピエトロ』や『サン・パオロ』、伝説によれば四世紀に創建され、教皇がクリスマスを祝う文字通り教皇の教会『サンタ・マリア・マジョレ』、古くからの教皇権の座ラテラーノのバシリカなど古雅を誇る教会、さらに教皇がそこから〈ウルビ・エト・オルビ〉に祝福を与えたラテラーノの教皇宮は、建て直され、新たに整備され、飾られた。

中世ローマの終焉 注5

教会の伝統の古さ、キリストによるペトルス（岩）の上の教会は、くりかえし宣揚された。ジョットーの《ナヴィチェルラ》も《ステファネスキの祭壇》も、このテーマを暗示する。この点から見れば、教会の小舟を危機から救うキリスト（前者）が一三〇〇年の「聖年」の予知なのか、緋色のマントで玉座に着くペトルス（後者）がアヴィニョン遷座後のローマへの郷愁なのか、それはたいした問題ではない。同じテーマは、初期キリスト教で使徒の後継を名のった一連の教皇の肖像にもあらわれた。『サン・パオロ』では、新たにアーケードのスパンドレル（三角隅）に聖ペトルスからボニファティウス一世（四一八－四二二年）までの肖像シリーズが描かれた。これは、アーケードの上方に並んでいた一部は五世紀、一部は七世紀末あるいは八世紀初期の古いシリーズを繰り返したものであった。同じように『サン・ピエトロ』では、ニコラウス三世（一二七七－一二八〇年）によって楣式円柱廊のそれぞれの円柱の上に教皇の肖像が並べられたが、これもまた楣の上方にあった五世紀の古いシリーズに倣って初期の教皇を称えたものであった。彼はまたラテラーノの宮殿にも教皇の肖像を描かせたが、この三番目のシリーズは、おそらく一三〇八年の火災で失われたのであろう。そしてカヴァルリーニは、おそらく一三世紀の九〇年代に、『サンタ・チェチリア』に四番目のシリーズを完成させたが、それは『サン・パオロ』の作品を手本にしたものであったと推測される。

教会の古い伝統への敬意は、すでにこの世紀のはじめインノケンティウス三世（一一九八－一二一六年）が『サン・ピエトロ』に完成させたアプス・モザイクとその銘文にはっきりと示されていた（図163）。しかしニコラウス三世からボニファティウス八世までの教皇の姿勢は、インノケンティウス三世のそれとは違っていた。インノケンティウス三世がみずからを聖ペトルスと同一視し、ペトルスのバシリカに意を集中した――彼はそこに宮殿を築こうとさえした――のに対し、ニコラウス三世以後の教皇は、より広い観点に立っていた。『サン・パオロ』の五世紀のフレスコが修理・補充されただけでなく、（『サンタ・チェチリア』は措くとしても）上述の三大バシリカに教皇の肖像を並べることでもって、使徒の権威の継続性を〈アド・オクロス〉（目に）も明らかに訴えた。同じ頃、教皇権の伝統的御座ラテラーノは、ふたたびその古い権威を取りもどした。教皇たちは、世紀の中頃さまよえる教皇庁がしばらく滞在したオルヴィエト、ペルージア、ヴィテルボから帰り、世紀の最後の二〇年間またもや伝統的で合法的な教皇の座としてのラテラーノの宮殿と司教座教会に注意を向けた。たしかにニコラウス三世は、ヴァティカンの宮殿を拡張した。この宮殿は、交通の便ではラテラーノにまさり、要塞化し守るにも容易であった。また丘の上という環境は、健康な空気を保証した。それでもヴァティカンは、単なる離宮でありつづけた。教皇権の公式の座は、ラテラーノであった。ニコラウス三世は『サンクタ・サンクトルム礼拝堂』を改築し、豪華に飾った。教会内には、教皇の肖像を描かせた。十年もたたないうちにニコラウス四世は、古いアプス・モザイクを新しい構図で変えた。カエタニ家出身の教皇ボニファティウス八世は、伝説がコンスタンティヌスより教会に譲られたとするラテラーノの宮殿の古い歴史をことさらに強調した。彼は、民衆が集まる広場を見下ろす祝福のためのロジアを改修した。かつて宮殿にあり、その断片が今日教会内にのこるフレスコ画は、このロジアに立ち〈ウルビ・エト・オルビ〉に「聖年」を宣言する彼を描いていた。

教会と教皇権の古さを重視すること、使徒の権威の連続性に意味をもたせること、教皇の精神界および世俗界の総統治権を強調すること、それは一三世紀の末にはすでに久しい以前から受け継がれてきたテーマでもあった。それは、教皇の欠くことの許されぬ仕事の一部となっていた。ニコラウス三世の教皇在位以後急激に進展したこの風潮は、すでにインノケンティウス三世の時代に芽を吹いていた。新しいのは、教皇の「人間性」にアクセントが移ったことである。ニコラウスは、みずからの名誉を称える彫像の作成をゆるしたあるいは少なくとも反対しなかった最初の教皇であった。それはアンコーナが、この都市とヴェネツィアとの争いを調停した教皇に献じたものであった。その十年後、ニコラウス四世の彫像が建てられた。今日パラッツォ・ヴェネツィアにある一三世紀末の傷みの激しい教皇像が、あるいはそれであったかもしれない。ボニファティウス八世の在位時代は、つづく二〇〇年の間にも例を見ない、この点における絶頂期であった。いまやこのカエタニ家の教皇は、名誉のために彫像を目立つ場所に建てることをみずから要求した。まもなくボローニャに、この都市と辺境伯エステとの争いを調停した感謝として——本来ボローニャは一体のブロンズ像と決めていたが——三体の大理石彫像が建てられた。同じような調停の記念としてオルヴィエトの城門の上に二体、アミアンに、司教座教会聖職者と司教の争いの裁判で決められた科料として鍍金された銀の像一体、さらにアナーニとパドゥアに。未完成にのこされた後者は、受けた恩恵に感謝するものであった。さらにフィレンツェの一体は、教会の建設に寄与した感謝としてつくられ、かつてドームのファサードに据えられていたが、今日はオペラ・デル・ドゥオモで見ることができる。最後にラテラーノの一体は、聖堂参事会に有利な教皇の裁断を記念したものであった。この最後の例と、そしておそらく聖母とともにあらわされていたアミアンの像を除くと、すべての彫像は教皇を立像、あるいは玉座に着く姿であらわしており、すべては調停者、寄進者あるいは都市の庇護者、あるいはまた世俗の支配者として純粋に俗世間の要件で果たした役割を顕彰するものであった。じじつ顕彰像の制作という一三世紀にはじまったこの新しい伝統は、本質的に俗の性格をもつものであった。ローマにおけるこの種の最初の例は、一二七六年元老院が新しい〈終生元老院議員〉を称えてつくらせたアンジューのシャルルの像であった。彼が南イタリアの支配者であったことも、元老院の決定にひとつの役割を演じたと思われる。というのは、そこでは、すなわちカプア、アチェレンツァ、そしておそらく他の地にも、このような習慣がフリードリヒ二世によって最初に導入されたからである。それは、フリードリヒが彼の政治上の主義の枠内で考えた古代復活の一部──皇帝たちの名誉を称える彫像の建立がまったく自明であった古代ローマの復活──であったと考えることができるであろう。

教皇がこの慣習にならったのは一二八〇年頃であるが、それは、彼らが世俗の支配者となったことも意味した。しかし精神界の支配者としての教皇の役割を、世俗界のそれと厳格に区別することは難しかった。ボニファティウス八世の彫像は、いずれも祝福を与える姿であらわされていた。一三世紀末のローマと教皇権の考察には、つねにこの世俗界と精神界との二重役割という枠がついてまわる。教皇は、キリスト教世界の精神的支配者であった。同時に彼は、西方の世俗支配者たちを超える統治権を主張し、じじつ世俗界の統治者として都市ローマと中世あっては広い世界を意味した中央イタリアを統治した。この点で彼は、古代ローマ皇帝の遺産相続人でもあった。このような考えにふさわしく、一二七七年から一三〇三年にかけて一連のローマ出身の教皇や枢機卿、それにその親族たちは、ローマを教皇権の輝かしい首都に変え、その宮廷を世界の真の頂にしようとつとめた。改築され飾られたローマの教会は、この都市のキリスト教過去、その過去に生きた聖人、その聖人のために命を落とした者たちの証人、それゆえ今ある教会の古さ、正統性、偉大さにとっての、さらには教会を代表し、教会を支配する今位にある教皇にとっての証人であった。しかし教皇はまた、ローマ帝国、キリスト教化されたとはいえそれでもローマ帝国の相続人であった。その意味でローマは、教皇をとおして世界の首都であった。この首都で、新鮮でまさにローマ独特の美術が復活したのであり、それがローマを、一三世紀末の短い期間であったが、ピサ、シエナ、フィレンツェと並ぶ、当時中央イタリアに生まれつつあった美術の中心のひとつにしたのであった。しかし教皇の遷座でもって、ローマはその新たに手に入れた地位を失い、そしてのこったのがシエナとフィレンツェであった。

教皇権のないローマは、生存の目的を失った。もはやこの都市は、過去一〇〇〇年間のようには、存続し得なくなった。これまで、ローマと教皇権とのつながりは、理念の上では一度も絶たれたことはなかった。たしかに教皇が他の地の離宮にみずからの意志で、あるいは強いられて移ったことは度々あった。しかしローマは、一三〇八年まで教皇の首都でありつづけた。アヴィニョンへの遷座は、すべてを変えた。ローマと教皇権は、もはやひとつのものではなくなった。つづく約一〇〇年間、ローマはもはや〈カプト・ムンディ〉であることをやめた。

このような状況は、一四世紀における美術モニュメントの貧しさにあらわれた。この点でのはるか遠方からの教皇の働きかけは、まったく限られたものであった。ラテラーノのバシリカは、ペトラルカが詩的誇張をもって伝えるほどではないにしても、一三〇八年と一三六一年の火災で二度大きく傷つき、二度修理されたが、その二度目の修理は結局一五世紀までつづいた。この際祭壇天蓋の修理は、一三六八年シエナの工房に委託された。おそらくローマには、もはやそれに応える美術家がいなかったのであろう。一四世紀の終わり頃、当時教皇の手にわたっていた『パラッツォ・デル・セナトーレ』は、要塞に変えられた。これらの背景には、当時の政治的および経済的状況があった。世紀をとおして、門閥間の争いやアヴィニョンからの教皇代理に対する反乱が相次いだ。終わり頃には教皇の帰座も試みられたが、無駄に終わった。経済的にも、事情は暗かった。教皇庁の機構の大部分はローマを去り、それとともに、彼らがこの都市にもたらしていた収入も途絶えた。小さな資金で建てられる個人の家を除けば、事実上あらゆる建築活動は中止に追い込まれた。要するに、この都市の経済を支えていた三つの産業のうちのふたつが枯れたのだ。ただそのひとつの観光産業のみが、変わらずに栄えた。相変わらず巡礼者はやってきた。それも一三五〇年と公告された「聖年」までは数を減らしていたであろうが、その後はふたたび増え、おそらく訪問者は五〇年前のそれに達したとも思われる。じじつ世紀の後半には、経済の発展が再開したと見える。その兆しは、牛の飼育や取引の業者〈ボヴァティエリ〉や商人組合〈アルテ・デイ・メルカンティ〉の政治的および経済的勢力が強まったこと、トスカーナをはじめ北からの輸入が再開されたこと、フィレンツェの銀行の支店がローマに開設されたことなどに見られる。しかしこれらが本格的に活動をはじめるのは、一四〇〇年以後のことであった。

中世の〈アビタート〉の端から『サンタ・マリア・イン・アラコエリ』に昇る大階段は、一四世紀のローマから知られる唯一の巨大モニュメントである。一三四七年に築かれたこの階段は、皇帝や教皇の上に立ち、かつてそこから世界に号令したカンピドリオ（カピトリウム）を核とするローマ共和国を樹立しようとするコーラ・ディ・リエンツォの壮大な夢のあらわれであった。今日私たちはもはやこの男に、一九世紀の自由主義者が思い描いた非現実的な歴史上の人物を――グレゴロヴィウスは彼に約一五〇ページを献じている――、また別の理由から二〇世紀のイタリアのファシストを熱くした英雄を見ることもない。彼の修辞的な空中の楼閣は、文字どおり現実に礎を置くことなく、じじつ当時の政治に何の影響をおよぼすことはなかった。ローマ復活の彼の夢は、わずか数年後にはかなくも壊れた。思うに彼には、彼の先駆者、都市ローマと教皇権とのあるべき新しい関係について確固たる考えをもっていた知識人、あのブレスキアのアルノルトと比すべきものは何もない。コーラ・ディ・リエンツォの意義は別のところにある、と筆者は思う。私たちは彼を、世紀の後半に新しいローマを構想し、ルネサンスへの道を拓いたペトラルカや他の文学者仲間を考えに入れながら、一四世紀人文主義の流れの中で理解しなければならない。しかしこれは、当時の経済の復活と同様、別の歴史に属する。私たちにとって、一三〇三年がローマの中世の終わりであった。

第二部　中世の〈フォルマ・ウルビス・ロマエ〉

第九章　原典資料

人口について 注1

ゴート戦争からシャルルマーニュおよびその後継者たちまでの時期、すなわち五世紀から一〇世紀にかけての〈フォルマ・ウルビス・ロマエ〉（ローマ都市図）を正確に再現するには、のこされた資料はあまりにも少ない。たしかにこの時期に建てられた教会や教皇の宮殿は、その時どきのローマの思潮やその政治的背景について多くを語っていた。しかし都市ローマの実態については寡黙であった。創設され運営されていた福祉センター〈ディアコニア〉は、それを利用した住民がどこにどのように住み、巡礼者がどこに集まっていたのか、道路はどのように走り、給水はどのように組織されていたのかなどについては、ただ曖昧な情報しか与えてくれない。第一部で私たちは、そのわずかな情報からのこされたモニュメントを基にして、中世をとおしての「都市の肖像」を描くことを試みた。この第二部では、文献や考古学的資料の比較的豊富に伝わる一〇世紀から一三世紀、すなわち中期の中世に焦点を当てて、都市ローマの実景を描くことを目指す。

しかしこの時期からのこされた証拠といえども、当然のことながら中世ローマの正確な都市地図を再現、あるいは都市の景観を彷彿させるためには十分ではない。もちろん中世の都市は、古代ローマのそれと同様、今日に多くのものを残している。しかしそれらは、のちの時代の建物で覆われている。中には素人目にもそれとわかるものもあり、その多くは教会、塔、修道院などモニュメンタルな建物である。民家や路地からはほんのわずかな痕跡しかのこされておらず、その伝わり方にはあまりにも隙間《すきま》が大きい。

住民の数さえ疑問である。個人や家族に配給された食糧のリストも、四世紀および六世紀初頭のわずかな例外を除いて伝えられていない。また一六世紀以前には、人口調査のリストあるいは洗礼者や死亡者のリストも伝えられていない。ただ私たちは、四世紀にはおよそ五〇万あったと思われる人口が、その後急激に減少したことは知っている。ゴート戦争の末期まだ五百人の男たちがいたというプロコピウスの話に、まじめに耳を傾ける必要はないであろう。しかし逃げていた者が帰って来たあとでも、住民の数は少なかったに違いない。グレゴリウス大教皇の時代、ランゴバルド人に追われた周辺地域の修道士や住民たちが街へ逃げ込んだとき、人口は約九万人に膨れた。しかしそれも長くはつづかなかった。七世紀における配給制度の崩壊は、人口の減少を呼んだ。教皇ハドリアヌス一世（七七二–七九五年）およびその後継者たちの下で配給制度は改善され、それはふたたび人口の増加をもたらしたであろうが、九世紀における福祉や配給制度の完全な崩壊、つづく一〇世紀の政治的・経済的混乱は、またもや人口を減少させた。以後一二世紀および一三世紀をとおして人口は、正確を欠く資料から推しても、三万五千前後にとどまったと思われる。一一六七年のマラリアの流行による街中の死者がじじつ——諸種の資料が伝えるように——二万人であったとしたら、当時の人口は四万人を超えていたのであろう。しかし伝記作家が犠牲者の数を誇張したとしたら、それに応じて実際の住民の数はより少ないことになる。それでもその数は、中世の都市にとっては大きかった。じじつマラリア流行の直前に起こったモンテ・ポルツィオの戦い（一一六七年）に動員されたローマ軍は三万を数えたという。このことから従来、兵が集められたローマとその近隣地域の総人口は二一万弱と推計されてきた。一四〇〇年以後の数値から計算される都市ローマとその周辺地域の人口比は一対一〇であり、それを基にすると都市の人口は二万弱となる。しかし一二および一三世紀ローマとその周囲の人口密度比は、一四〇〇年直後のそれとは違っていたであろう。イタリア各地の人口は、一般的に悪化した経済状況やたびたび襲ったペストの疫禍によって、一四世紀をとおして減少したと思われる。それにローマでは、教皇庁のアヴィニョン移転が加わった。したがって実際には、当時の都市ローマの住民は一万七千人ぐらいであったといえよう。しかしまだ一二世紀にはローマとその近隣は栄え、その繁栄は次の世紀になってもつづいた。ローマでも、この頃の西方の大都市が遭遇したように人口の爆発的膨張があったに違いない。したがって近隣と都市との人口比は、一〇対一よりもむしろ五対一ぐらいであったと考えられる。ならば当時のローマの住民は、三万から四万であったと推定される。もちろんローマは、フィレンツェ、ブリュッへ、あるいはケルンのような工業や商業の都市ではない。しかしここには、西方各地からの教皇への献金、十分の一税、仲裁手数料、寄進があつまり、教皇庁の膨れ上がった官僚機構、さらにはその法律家、職員、書記がさまざまな手仕事を街へ呼び、さらにこの都市には、ヨーロッパでもっとも重要な法律センターとしての位置、商業活動の成長を促す巡礼者の流入、教皇庁のみで、あるいは他と提携して経営される銀行業といった他の大都市とは違う財政や経済の支えがあった。この経済的繁栄が人口を増大させたことは、一一世紀から一三世紀末にかけての活発な建築活動、人口密集地域〈アビタート〉の拡大といった事実でも確認される。新たに数十の教会、――しかもそのほとんどが教区教会――が築かれたことは、住民の数が増えたことを意味し、売買契約や賃貸契約、また贈与証書などが伝える何百という家屋の数も同じ傾向を語っている。それでもこれらすべてからも、ローマの正確な人口を知ることはできない。これまで経済学者や人口統計学者が提示してきた数字も、本質的には推計に基づくものである。一五二七年のローマにおける最初の比較的精緻な国勢調査以前には、この都市の人口を知る確実な根拠は何ひとつなかったのである。その人口調査では、ローマの住民数は五五〇〇〇以上を数えている。しかしこの前には、経済が爆発的に膨張した好景気の一世紀があった。中世に関しては、私たちがこれまでローマの人口について知り得たすべてはただ大まかな推測に基づくものと告白せざるを得ない。

環境について注2

他方この都市のイメージを得る具体的な手がかりもまた、その数も質も期待するほど伝えられていない。一九世紀初頭までのこされていた、今日でも一部はそれと認められる道路網は、いくつかのヒントを与えてはくれるが、それとて当然のことながら古代、中世、それ以後の道路がつなぎ合わされたものである。それでも中世に使われていたテヴェレの橋は、あるいはそれらの近くに居住区のあったことを示唆するかもしれない。教会、修道院、〈ディアコニア〉の創設、運営、改築の記録もまた、それぞれの地域での住民の移動の様子を知る手がかりとなる。上水道の損傷、修繕の記録も、それによって給水される地域や教皇の離宮、巡礼者センター、居住密集地などについての情報を補ってくれる。ときには、たとえばテヴェレの氾濫など自然災害の記録も、被災地域の社会的機能を知る手がかりを与えてくれる。古文書から知られる市場、水車小屋、埠頭などの様子からは、それらを必要とした近隣居住地域の情報も得られる。教皇の伝記などから、ただ大まかではあるが、大門閥家の財産の様子をうかがうこともできる。裁判記録には、明快で血の通った資料が見つかる。ファルファやスビアコといった大修道院の記録簿は、それらがローマ市内に所有した不動産の種類、場所などを教えてくれる。最後にローマの教会や修道院の文書保管所にのこる莫大な売買あるいは賃貸の契約書は、彼らが所有した土地や庭園、家屋の場所や外観を記録している。〈*Archivio Società Romana di Storia Patria*〉（ローマ歴史公文書）をはじめ、多くの古文書が公開されている。それらの契約文書は、売買あるいは賃貸される不動産について細部にわたって記述しており、他の如何なる資料よりも一〇世紀以後の中世における住宅事情の真のイメージを伝えてくれる。どの市区のどこといったその位置、境界、家屋あるいは該当不動産の周囲の土地利用の状況、庭および通りとの関係、平屋か二階建てか、外階段は裏あるいは横か、かまどや煙突の位置、建材――石あるいはレンガ――、屋根の種類――瓦あるいは藁葺き――、さらには庭の樹木――リンゴ、オリーヴ、イチジク、ブドウ――など、家屋や居住区の様子を生きいきと伝えている。

のちの時代のものであり、したがって評価も慎重であらねばならない他の資料もある。〈*Archivio di Stato*〉（国立公文書館）にのこるローマの修道士会古文書には、一六世紀中頃直後からはじまる彼らの〈カタスティ〉（不動産台帳）が含まれている。この台帳には、これら修道士会に属するローマ各地域の何百という家屋の平面図が、ときには立面図とともにのこされている。もちろんそれら家屋は、台帳が作成される以前のある時点で建てられた、あるいは改築されたであろう。しかし単純な家屋の平面図はそんなに変わるものではなく、多くは、たとえ直接中世のものでなくとも中世の家屋のタイプを伝えているであろう。ときおり正面の立面図には、その中世風の特色がかなり明確に認められ、また台帳の中の書き込みは、その建物が修道院の手に移った一四世紀あるいは一五世紀の日付を示しており、それは同時に、記事の〈テルミヌス・アンテ・クヴェム〉（最終限）あるいは〈アド・クヴェム〉（最始限）を告げている。

このようにこれら台帳は貴重だが、そこに挙げられているのは修道院の財産に限られている。個人の財産は、たとえ大門閥家あるいは小さな個人の財産であっても、中世をとおしてほとんど記録にのこされてない。私人の間の売買あるいは貸借契約の文書は、関係者の手許に置かれ失われていったのであろう。たしかに代行した公証人の書類の中に写しを伝えるものもあるが、それら書類は、ローマでは一四世紀の中頃以前にはさかのぼらないように見える。ただ非常に珍しいことだが、教会の平信徒あるいは修道院に発行された寄進証書、あるいはごく稀に教会の公文書の中に紛れ込んだ個人文書をとおして、大きな個人不動産の一部を知ることができる。

景観について注3

ローマの地図あるいは景観図（ヴェドゥータ）もまた、比較的のちの時代につくられている。しかしそれらは、中世のローマおよびその周辺のイメージを組み立てる援けとなる。一三二三年、ヴェネツィア出身のフラ・パオリーノが作成したものは、純粋に象徴的な図案を除けば、伝えられている最も古い地図といえよう（図182）。しかもこれは、一二八〇年の『案内書』のテクストと関連づけられるから、おそらく一三世紀のオリジナルにさかのぼることができるのであろう。中世における地図作成法の枠内で見れば、同時代の人びとが見た都市の様子が正確に再現されている。楕円ではあるが【アウレリアヌスの城壁】、湾曲するテヴェレの流れとその島、ローマのいくつかの丘、カンピドリオの上の『パラッツォ・デル・セナトーレ』、【コロセウム】、【パンテオン】、『トレ・デルレ・ミリツィエ』、古代彫像の蒐集をもつラテラーノの宮殿（《マルクス・アウレリウスの像》および《コンスタンティヌス像》の頭部と手が見える）、『サン・ジョヴァンニ・イン・ラテラーノ』、チェリオの上の上水道、『サン・ピエトロ』、『カステル・サンジェロ』、中世のヴァティカン宮殿とその動物園、『サント・スピリト・イン・サッシア』など際立った建物も確認できる。そのうえ中世ローマの具体的イメージにとってより興味深いのは、地図の上に重要な街路、トラステヴェーレ、〈ボルゴ〉、テヴェレ屈曲域の居住区リーパなどの街区、それに街路に沿って独立してあるいは列をなして並ぶ家々が見られることである。要するにこの地図は、シエナにある『タッデオ・ディ・バルトロの地図』やランブール兄弟の『ベリー公のいとも豪華な時祷書』の中の風景、あるいはおそらく一四世紀のそれらの手本にはじまるただ教会や古代のモニュメントを描いた一五世紀の地図以上に、中世のこの都市の真実に近いイメージを与えてくれる。この点で『フラ・パオリーノの地図』は、たとえばチマブエのアッシジのフレスコ画、

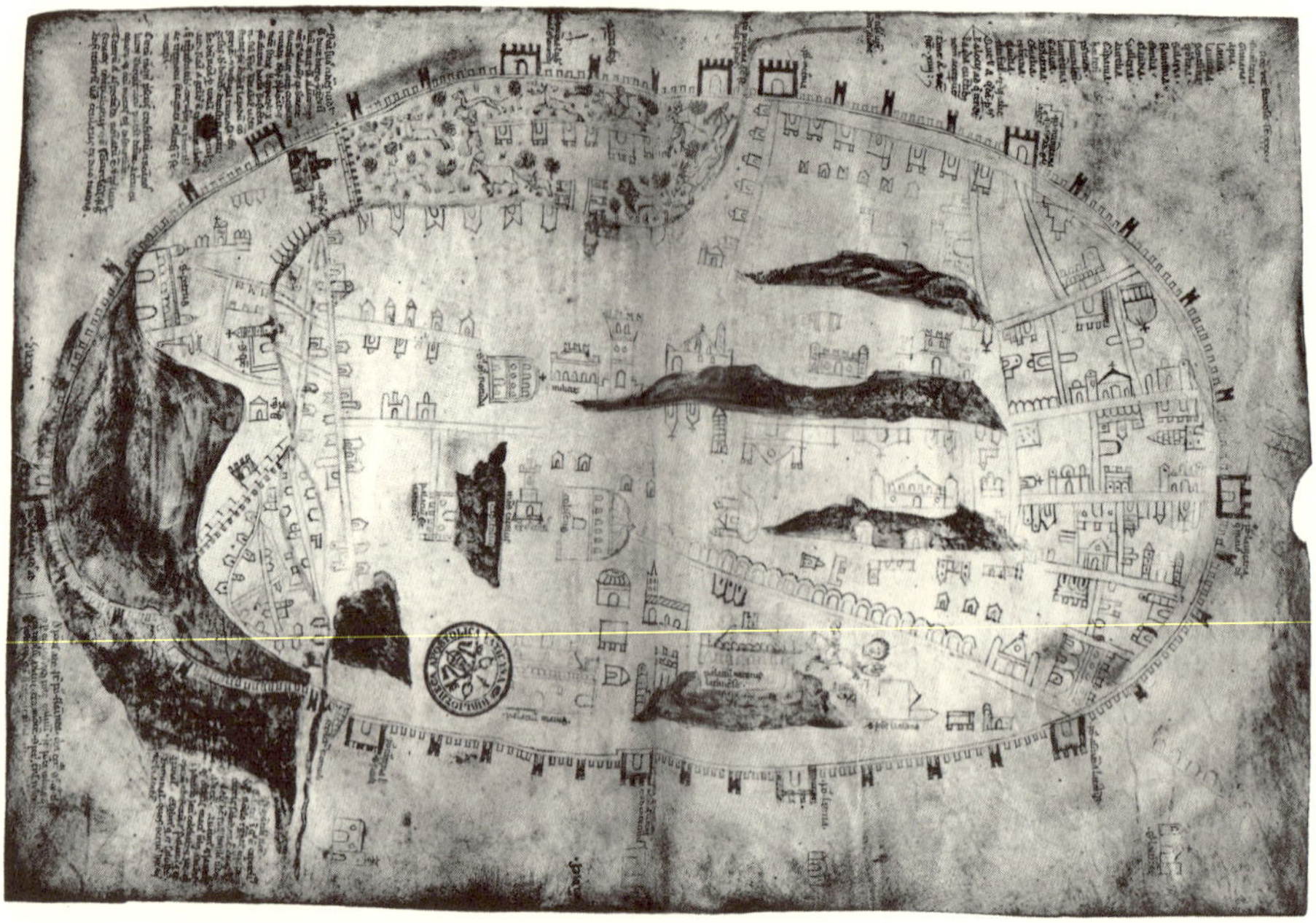

182.　『フラ・パオリーノのローマ地図』、1323年、Biblioteca Vaticana, Vat. lat. 1960, fol. 270v

あるいは一三二八年のルドヴィヒの金の封印（図160）など、同時代、以前、以後の理想化されたローマ図とも根本的に異なる。『ミラビリア』を基にしたこれら理想的ローマ景観図にあっては、塔や凸胸壁を冠する城壁、テヴェレの島と橋、〘カステル・サンタンジェロ〙、〘サン・ピエトロ〙、【オベリスク】、〘サンタ・マリア・イン・トラステヴェーレ〙、【パンテオン】、〘パラッツォ・デル・セナトーレ〙、【コロセウム】、【コンスタンティヌスあるいはティトゥスの凱旋門】、【ケスティウスのピラミッド】、《トラヤヌスの記念柱》、【アウグストゥスの廟】、それに〘サン・ジョヴァンニ・イン・ラテラーノ〙など、この都市の過去や現在、異教やキリスト教の偉大さを代表する幾つかの限られたモニュメントが、長い期間にわたってほとんど変わることなく描かれつづけたのであった（図160・223）。

他方、一五世紀以降ローマの〈ヴェドゥータ〉では、それが視界の広いパノラマであれ、あるいは局所の風景であれ、迷うことなく都市を実際に見えるように描いていた。たとえば一四三五年頃のマソリーノ、一五世紀後半の『コデクス・エスクリアレンシス』の素描家、一五三二年と一五三六年にローマに滞在したマルテン・ファン・ヘームスケルク、さらには一六世紀の五〇ないし六〇年代のウェインゲルデやナルディーニの景観図である。それらは、中世以後の作品であるにもかかわらず、当時中世からのこされていた、あるいはのちに中世の施設の上に築かれた街の様子を忠実に再現している。そこでは、住宅や教会や塔、その中に聳える古代のモニュメントが密集する〈アビタート〉と、廃墟や荒野、その中のわずかな耕地やブドウ畑の広がる〈ディスアビタート〉とが対照的に描かれ、またそこには、堤のない川岸、一〇世紀以降の売買契約書が記述するとおりの、したがって中世に由来する家屋、群れをなす豪族の館塔《やかたとう》などもみることができる。

しかし以上のような手がかりを基にしても、中世都市ローマのイメージはただ漠然とつかめるにすぎない。中世ローマの街並み、その成長、その外観は、この地特有の政治的・経済的状況が、相続された要素、すなわち不変の、少なくともただゆっくりとしか変化しない決定的な要因と絡み合う枠の中で、考察されねばならない。そしてそのローマの形を規定した決定的な要因とは、すなわち丘と谷の地勢、折り曲がりゆったりと西へ向かうテヴェレの流れ、それに【アウレリアヌスの城壁】など古代の遺産、市内の幹線や壁の外の街道、川を渡す橋、カンピドリオの建物、【フォールム】、『カステル・サンタンジェロ』などの巨大廃墟、『サン・ピエトロ』、ラテラーノなど名高いキリスト教の大聖地、それに一度激減した住民が六世紀の破壊のあとに定住した街、それにつづく四〇〇年あるいは五〇〇年の間に新しいローマがゆっくりと苦しみながら成長させた市街などであった。中期中世の都市ローマは、自然、古代ローマ、初期キリスト教ローマ――このあとのふたつは第二の自然となった――といった、相続した要素の上に築かれていたのだ。

第一〇章　考古学的資料

城壁と川 注1

【アウレリアヌスの城壁】は、軍事的に見れば、防御の上で格別の役割を果たすことはなかった。それはあまりにも長く、すでに古代ローマ末期には、壁全域にわたっての攻撃も守備も不可能な、ただ局部的な攻撃に対する防御施設となっていた。攻撃する側がまれに壁を越えることもあったが、それはただうらぎりによる開門によるのが常であった。古代末期にそうであったのだから、軍隊組織が小さくなった中世にあってはなおさらのことであった。それでも壁は、攻撃を仕掛ける者には十分に威嚇的であった。じじつ中期中世にも修理されたことは、一一五七年のポルタ・メトロニア近くの銘文が証明している。囲む地域があまりにも広いゆえ、壁が中世都市ローマの発展に直接影響を与えることはなかった。住宅密集地〈アビタート〉は壁から遠く離れ、その奥深くに埋没していた。『サン・ピエトロ』を取り巻いて築かれた〈レオの都〉は、中期中世までは壁の外の唯一の街であった。まれには耕地が壁を越えて広がることはあったが、〈アビタート〉はレオの都以外では常に壁の内部にとどまった。一六世紀の中葉になっても、このような状況はほとんど変わらなかった（図183）。東岸とトラステヴェーレを囲む【アウレリアヌスの城壁】は、法律的には一一世紀の終わりまで、実際には二〇世紀のはじめまで、都市ローマの境界であった。

壁の内側では、所与の地形が、当然のことながら古代と同じように、中世ローマの成長に影響をおよぼした。しかし根本的な違いもあった。古代においては、大貴族所有の緑地帯がピンチオ、ヴィミナーレ、エスクヴィリーノ、オピオ、チェリオ、アヴェン

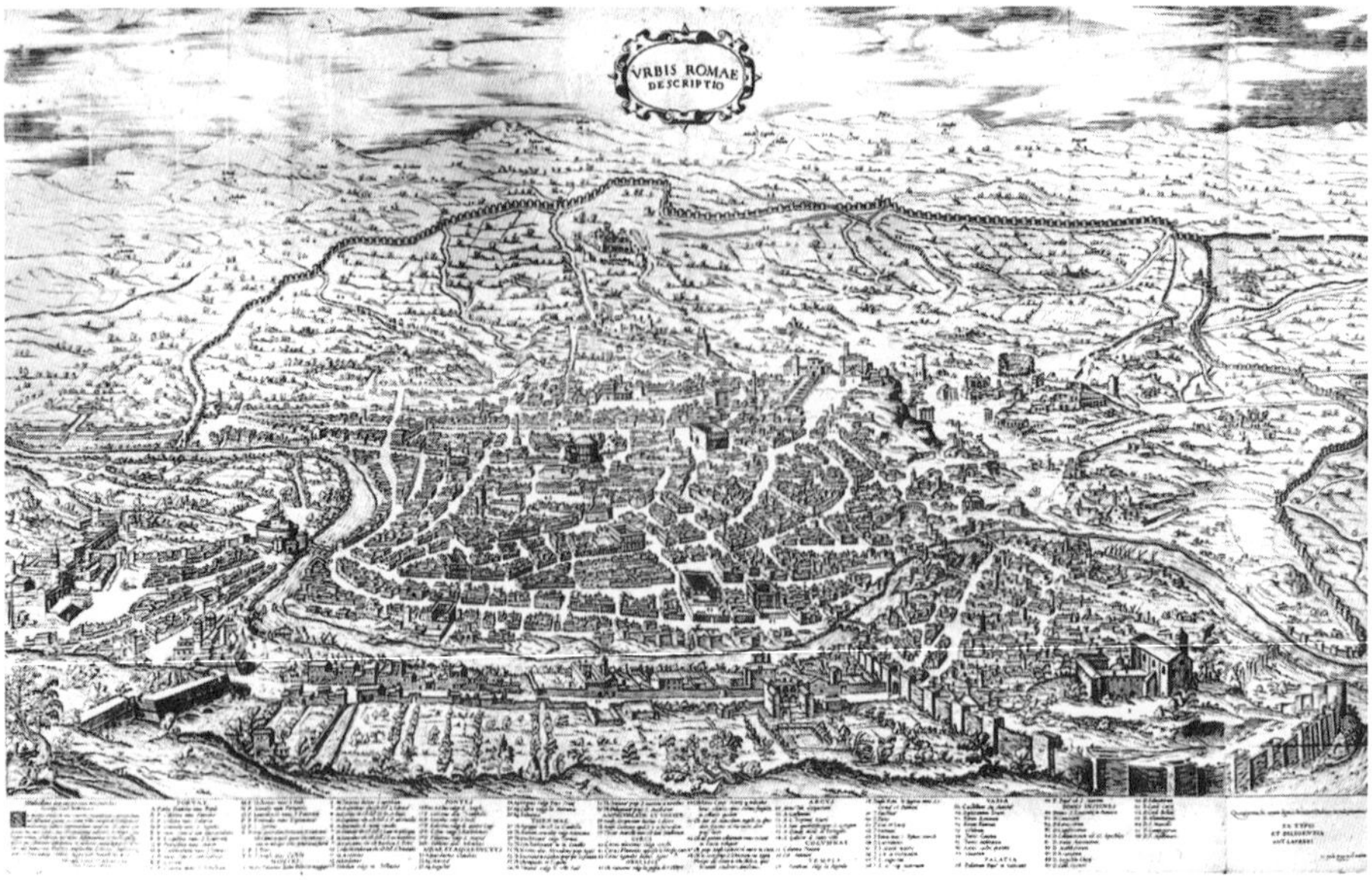

183. 『Ugo Pinardo のローマ地図』、1555 年

ティーノ、それに川向こうのジャニコロなど空気の健康な丘を半円状に囲んでいた。それら丘の下には、テヴェレの屈曲域から東に向かって【コロセウム】にいたる、ローマの原細胞ともいうべきカンピドリオとパラティーノを囲む大規模な〈観光エリア〉が広がっていた。そしてこの緑地帯や〈観光エリア〉の周囲、さらにはその間に、中層および下層民の住宅が入り込み、それが丘の中腹や谷間に沿って延びていった。しかし中世のローマでは、チェリオ、エスクヴィリーノ、アヴェンティーノのように、その麓に孤立した入植集落をもつものはあっても、丘はもはやかつての意義を失っていた。〈アビタート〉は、川の近くの〈チッタ・バッサ〉(低い街)や古代の〈観光エリア〉といった不健康の低地に広がっていた。古代のローマが丘の上の集落から成長し、【フォールム】、カンピドリオ、パラティーノを中心にしていたのに対し、中世のローマはテヴェレの流れを軸にしていた。

たしかにテヴェレは、中世都市ローマ成長の基本的な要因であった。しかし脅威でもあった。古代ローマ以来川は、百年に二度ないし三度、その湾曲する部分で街を水に浸した。三〇年ないし四〇年、ときには二年ないし三年の間隔で襲った洪水による大混乱の光景は、八、九世紀以降の教皇伝記作家が伝えるように一種の定例の行事と化し、中世をとおして、いや一八七〇年まで繰り返された。教皇グレゴリウス九世を追放したローマの市民を罰するために——と当時の人びとは信じていた——、一二三一年二月一日、「主は天の堰を切り、テヴェレの水位を家々の屋根まで上げ、人と動物を殺し、穀物とブドウを腐らせ、寝台と大量の大きな器を海に流した。水が引いたとき、街には大きな蛇の大群がのこされ、その腐乱はペストを呼び、人間と動物の多くを殺し、多くを病にした」という。この洪水で、今日のポンテ・ロットもはじめて崩れ落ちた。一二七七年の一二月には、【パンテオン】の主祭壇が四フィート以上の水の下に沈んだ。似たような浸水は一九世紀の銅版画にも描かれており（図184）、同じ光景は繰り返されたのであろう。今日にのこる最も古い一二七七年の水跡は、当時の洪水がポンテ・サンタンジェロから一五〇メートル離れたバンコ・ディ・サント・スピリト近くまで押し寄せたことを示している。テヴェレは、防岸のなされている今日なお人びとを洪水の恐怖におののかせている（図185）。

しかし川は中世をとおして、この都市の存在の基盤であった。テヴェレの島の北と南の対岸地域は、ゴート戦争のあと激減した住民がいくつかのそれぞれにまとまった集落としてここにのこされたとき、この都市の核となった。のちに都市がひとつの塊としての形を得たとき、この核は、古代ローマの〈観光エリア〉を越えて、大きく湾曲するテヴェレに囲まれたカンポ・マルツィオへと

184.　洪水の【パンテオン】、作者不詳の彩色銅版画、1800年頃

185.　氾濫するテヴェレ、ポンテ・ロット付近

186.　テヴェレの島と橋、1880年頃

広がっていった。中世をとおして川は、外の世界との最も重要な連絡手段であり、また川で隔たれたこの都市をひとつにする道でもあった。中世には、古代から四つの橋がのこされていた。『サン・ピエトロ』に渡る唯一の橋ポンテ・サンタンジェロ、島を中継して東岸の居住区とトラステヴェーレを結ぶポンス・ファブリキウスとポンス・ケスティウス（図186）、そしてトラステヴェーレの南端と『サンタ・マリア・イン・コスメディン』の地域をつなぐ、古代にはポンス・アエミリウス、のちにポンテ・サンタ・マリア、今日のポンテ・ロット（破れ橋）である。この橋は一五五七年に崩れ落ち、一五七四年に修理され、一五九八年にまたもや落ち、その残骸が今日の名称となっている。中世のはじめ頃には〈ポンス・マイオル〉（大橋）と呼ばれたが、それは規模の大きさ、あるいは重要度の大きさ、あるいは両方によるのであろう。古代からの他の橋は、一一世紀までにみな落ちていた。八世紀にトラステヴェーレの最北端と結んでいたポンス・アグリパエ（あるいはアウレリアヌス、中世には間違ってアントニヌスと呼ばれた）は、一四七五年に下流のポンテ・シストに取って代えられた。アヴェンティーノの麓でトラステヴェーレの南部とつないでいたテオドシウス橋は一〇一八年に落ちている。この橋の残骸は、船の通行を自然の障害以上に妨げた（図187）。船の通行可能な水路はもともと狭く、両岸は浅瀬と砂州をつくり、島の北西には中洲が延びていた。一九世紀末の護岸工事はすっかり様子を変えてしまったが、それ以前の写真や素描はかつての状況

187.　アヴェンティーノから見たテヴェレの島とローマの街並み、1557–1564年、バッティスタ・ナルディーニによる素描、個人所蔵

を教えてくれる。ポンテ・シストより上流の左岸に沿っては【アウレリアヌスの城壁】がつづき、中世の初期にはその上に人の住む家が築かれた。

下流の『マルモラータ』と呼ばれた古代の埠頭は、遠い昔に棄てられていた。代わって西岸に新しい船着場『リーパ・グランデ』が築かれた。これがすでに教皇レオ四世（八四七－八五五年）の時代に存在したことは、彼がサラセンの海賊にそなえて川を鎖と三つの塔で封鎖し、その塔のふたつはポルタ・ポルトゥエンゼ、そのひとつがこの船着場に建っていたことから知れる。『サンタ・マリア・イン・トゥリ・トランス・ティベリム』の教会名は、その塔の所在地を示唆しているが、その岸に設けられた急な階段（図188）については、一五世紀の文献がはじめて言及する。『リーパ・グランデ』は、一八世紀まで外洋船にとっての最も重要な港であり、一八七〇年にはイタリアの砲艦三隻が停泊していた。東岸には、ポンテ・ロットの南、【フォルトゥーナ・ヴィリリス】の神殿近くにふたつ目の突堤があった。この神殿は『サンタ・マリア・エギツィアカ』に変えられたが、この教会は民衆の間では『サンタ・マリア・アド・グラデリス』と呼ばれており、その呼称は岸辺の階段に由来していた。ポンテ・サンタ・マリアからポンテ・サンタンジェロまで、船の通行は遮断されていた。ポンテ・サンタンジェロの北に位置して上流からの船のための小さな荷揚げ場『リペッタ』は、あるいは古代まで遡るか

188.　1560年頃の〔リーパ・グランデ〕、Pieter Breughel による素描、Chatsworth, Devonshire Collection

189.　テヴェレに浮かぶ「簗（giornelli）」とカンピドリオへの眺望、1870年以前、Museo di Roma

190.　テヴェレに浮かぶ水車小屋、1650年頃、D. N. Boguetによる水彩画、Roma, Gabinetto Nazionale delle Stampe

もしれない。しかしおそらく中世に築かれたのであろう。これは一九世紀まで使われていたが、一七〇一年に設けられた美しい曲線を描く階段は、一八九〇年にさらに上流の同じ岸に移されるまで、もとのこの場所に見ることができた。

　このようにテヴェレは、物品の流通で重要な意味をもっていたが、チフスやコレラの発生条件やバクテリアについての解明がなされている今日においてはぞっとする話だが、飲料水の供給においても大切な役割を果たしていた。川の近くに住むことは恵まれたことであり、離れたところでは井戸に頼るしかなく、それは夏にはよく涸れた。川には魚もいた。一〇世紀以来修道院は、岸辺や川中の漁業権を貸したり売ったりした。養魚池や釣り場が設けられ、ウナギや他の魚類の生けす――文献に見える〈ピスカリア〉はこの意に解すべきであろう――が、テヴェレの島の岸近くに仕掛けられた。また網や簗《やな》〈ジョルネルリ〉が一九世紀の末まで仕掛けられていたことは、一八七〇以前に撮られた写真からわかる（図189）。川はまた、住民に配給される穀物を挽く水車も浮かべていた。そのような浮き水車は古代に知られており、ローマがゴート人に包囲されたときベリサリウスによってふたたび導入され、以後中世をとおして、さらにはその後も使われた（図187・190）。一〇世紀以来、トラステヴェーレにあった『サンティ・コスマ・エ・ダミアーノ・イン・ミカ・アウレア』の修道院は、テヴェレの島とトラステヴェーレの岸につなぐ浮き水車の水利権と係留権の賃貸や売買を占有した。一二世紀には、テヴェレの島の北端に対置する東岸の二つの教会は、〈イン・カピテ・モラルム〉（水車の集まるところ）と形容された。一四九〇年頃の『コデクス・エスクリアレンシス』のひとつの素描は、川幅が狭まり、水の勢いが増したところの水車の群れを描いている。そのほか上流に向かってはポンテ・サンタンジェロまで係留場はあり、このような浮き水車は一九世紀の末まで稼働していた。

古代からの遺産――廃墟と道路 注2

このように中世ローマの成長に川が与えた影響は明確だが、街中《まちなか》の古代の遺構が果たした役割はよくわかっていない。もちろんいたるところで古代の巨大モニュメントの廃墟は、【フォールム】の神殿やバシリカ、パラティーノの上の宮殿――この丘の東南の麓には三階建ての【セプティツォニウム】が一五八九年まで見えていた――、【コロセウム】、【ネロの黄金宮】、遠く離れた【ディオクレティアヌスの浴堂】と【カラカラの浴堂】、クヴィリナーレの上の【コンスタンティヌスの浴堂】と【セラピスの神殿】など、今日以上に数多く、また人目を引いて聳えていた。それらほとんどは〈ディスアビタート〉（過疎区）にあり、それゆえ〈アビタート〉（居住区）の成長や眺望に影響をおよぼすことはなかった。しかし〈アビタート〉の中にのこるモニュメントも、驚くほど都市の成長に影響を与えていない。その多くは、単に無視されたか、あるいはいち早く中世の都市に呑み込まれ、実用の住居として使われたのであろう。ときには、今は取り壊されてしまったいくつかの中世の建物には、古代の装飾がのこされていた。ヴィア・デイ・バンキ・ヴェッキの東端、『サンタ・ルチア・デル・ゴンファローネ』の近くには、一二世紀まで「市総督クロマティウスの宮殿」と呼ばれた建物があった。それは、「〈オロヴィトレウム〉（モザイク）、水晶、金を使い、数学的精緻さでもって天文学を横道一二宮であらわした図で飾られていた」と記述されている。しかし古代の建物の大半は、廃墟として打ち棄てられていた。【ドミティアヌスの競技場】の崩れ落ちた壁と穹窿の上に、今日ピアッツァ・ナヴォーナを取り囲むパラッツォ、住宅、教会が建てられたのはのちのことであった。ただ二、三の小さな礼拝堂とおそらくいくつかの住宅が穹窿の中に巣くい、ピアッツァの広大な空間自体は、一五世紀までそのままであった。ようやく一七世紀に教会『サンタニェーゼ』、パラッツォ・パンフィリ、〈四つの流れの泉〉が築かれ、今日見るような豪壮な広場に変えられた（図191）。またピアッツァ・ナヴォーナの東の【アレクサンドリーナの浴堂】の廃墟は住宅と小さな礼拝堂で占められ、【パンテオン】の南、ラルゴ・アルゲンティーナ近くの【アグリッパの浴堂】と神殿群も同様であった。〈アビタート〉の真中にのこされた【ポンペイウス劇場】の穹窿は、早くから住宅、貯蔵庫、店舗に使われており、それらは今日ピアッツァ・デル・パラディソ、ヴィア・デル・ビスチオーネとピアッツァ・デイ・サティリに囲まれて、その面影をのこしている（図192）。古代の巨大建築の中にも、わずかではあるが中世ローマ成長の核となっ

191.　ピアッツァ・ナヴォーナ俯瞰

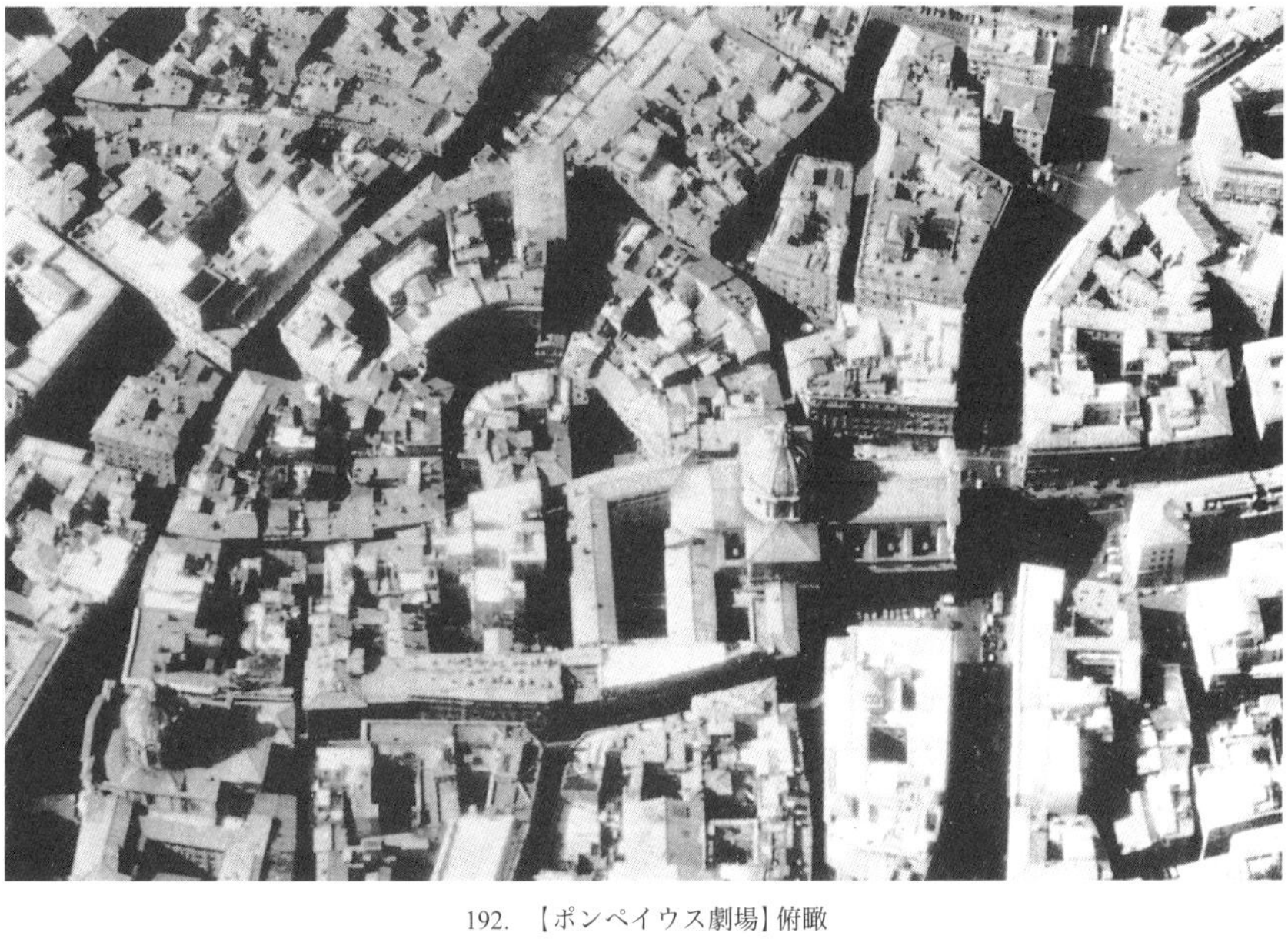

192.　【ポンペイウス劇場】俯瞰

たものもあった。都市北端の【ハドリアヌスの廟】は、『カステル・サンタンジェロ』と名を変え、ポンテ・サンタンジェロを経て『サン・ピエトロ』へ向かう道を守る砦となった。〈アビタート〉の西南に位置する【マルケルス劇場】は、同じく早くから要塞化され、島およびトラステヴェーレに渡る橋を支配下に置いた。しかしカンピドリオの丘は、一二世紀までは中世の都市に呑み込まれることなく、またその欠くべからざる要素でもなかった。この古代ローマの心臓部は、建物密集地区の外縁にあって、〈ディスアビタート〉の一部となっていた。ただ丘が〈アビタート〉に向かって下る西側だけが、市場を介して住宅地と結びついていた。八〇〇年頃のある旅行記の著者にとってカンピドリオは、単なる地理上のメルクマールに過ぎなかった。いずれにしてもそれは、中世における〈アビタート〉の成長には何の役割も果たさなかった。このことは、古代にはこの丘が【フォールム】を見下ろす東側だけに開かれ、道も東側だけに通じていたことを考えれば当然ともいえる。西側の街からの路は、中期中世になってはじめてひらかれたのであり、その後ミケランジェロによって豪壮な登り口が設けられたのであった。中世の道路網は、ポンテ・サンタンジェロや【マルケルス劇場】をその重要な分岐点としたが、カンピドリオはむしろ迂回されたのだ。

しかし異教およびキリスト教の古代ローマは、中世の都市ローマがその形を成すことに貢献した。橋、街路、それに規模は小さくなったといえ上水道など古代のインフラストラクチャーは、引きつづき都市の機能を支えた。古代から相続した道路網は一六世紀の都市図の上でもはっきりと認められ、それらは中世ローマの市街を貫き、あるいはその境界を定めた。それでもいまだ不明の点もあり、中世ローマ地図の再現はなお推測に基づくところが多い（図193a・193b）。しかしいくつかの本質的な事実は、確かめられている。徐々に拡大した中世の都市は、古代ローマのふたつの大通りを境としていた。東側の境は、ピアッツァ・ポポロからカンピドリオの丘の北端に至るヴィア・ラータ、今日のコルソであり、ほとんど中世をとおして建物密集域がこの線を東へ越えることはなかった。このヴィア・ラータは、カンピドリオの北側麓、ほぼ今日白大理石の化け物モヌメント・ヴィットリアーノが堆積するあたりで分岐し、一方は【フォールム】に向かい、他方は丘の東の麓に沿って南の『サンタ・マリア・イン・コスメディン』を目指し、さらにポンテ・サンタ・マリア、今日のポンテ・ロットを渡り、トラステヴェーレに至った。北側では、古代ローマのヴィア・レクタ、今日のヴィア・デイ・コロナリとその東への延長が境をなし、それは、本来は『カステル・サンタンジェロ』の少し下流に架かったネロの橋を出発点としていたのだが、早い時代にこの橋が落ちてからは、市街と『サン・ピエトロ』を結ぶ唯一の橋

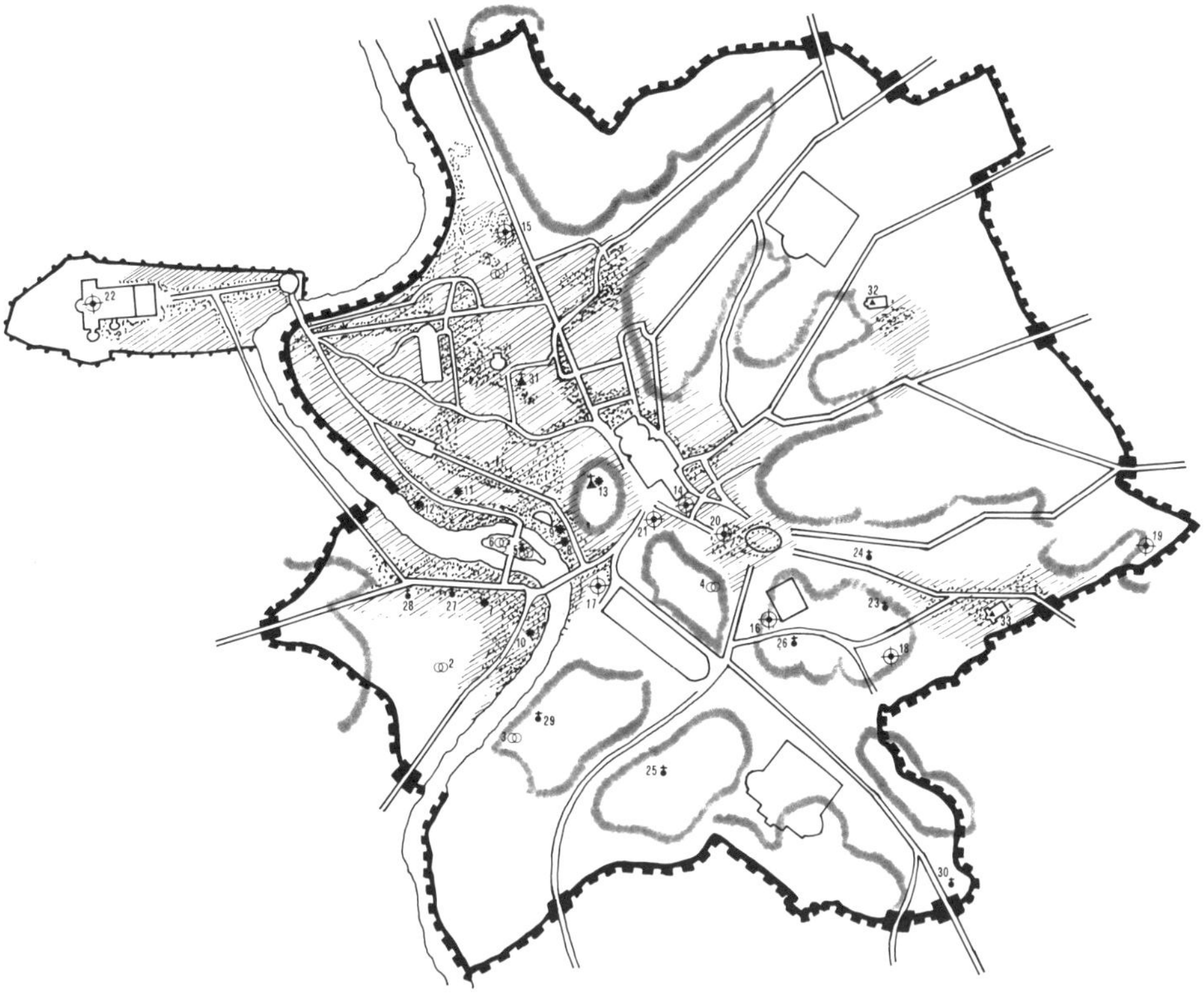

新たに創設された教会　900 年頃-1050 年頃

1. 〔サンタ・マリア・イン・カンポ・マルツィオ〕
2. 〔サンティ・コスマ・エ・ダミアーノ・イン・ミカ・アウレア〕
3. 〔サンタ・マリア・イン・アヴェンティーノ〕
4. 〔サンタ・マリア・イン・パルララ〕
5. 〔サンティ・アダルベルト・エ・パオリーノ〕
6. 〔サン・ジョヴァンニ・カラビタ〕

新たに創設された教会　1050 年頃-1227 年頃

7. 〔サン・ベネデット・イン・ピスチヌラ〕
8. 〔サンタ・マリア・イン・ポルティク〕
9. 〔サン・ニコラ・イン・カルチェレ〕
10. 〔サンタ・マリア・イン・カペルラ〕
11. 〔サンタ・マリア・イン・モンティチェルリ〕
12. 〔サン・サルヴァトーレ・イン・オンダ〕
13. 〔サンタ・マリア・イン・カピトリオ〕

古いものに代わって建てられた教会　1050 年頃-1227 年頃

14. 〔サンタドリアーノ〕
15. 〔サン・ロレンツォ・イン・ルチナ〕
16. 〔サンティ・ジョヴァンニ・エ・パオロ〕
17. 〔サンタ・マリア・イン・コスメディン〕
18. 〔サント・ステファーノ・ロトンド〕
19. 〔サンタ・クローチェ・イン・ジェルサレンメ〕
20. 〔サンタ・マリア・ノーヴァ〕
21. 〔サンティ・セルジオ・エ・バッコ〕
22. 〔サン・ピエトロ〕

古いものを改築した教会　1050 年頃-1227 年頃

23. 〔サンティ・クヴァトロ・コロナーティ〕
24. 〔サン・クレメンテ〕
25. 〔サン・サバ〕
5. 〔サン・バルトロメオ・イン・イソラ〕（かつての〔サンティ・アダルベルト・エ・パオリーノ〕）
26. 〔サンティ・アンドレア・エ・グレゴリオ・イン・チェリオモンテ〕
27. 〔サン・クリソゴーノ〕
28. 〔サンタ・マリア・イン・トラステヴェーレ〕
29. 〔サンティ・ボニファチオ・エド・アレッシオ〕
30. 〔サン・ジョヴァンニ・ア・ポルタ・ラティナ〕

新たに創設された教会　1227 年頃-1308 年頃

13. 〔サンタ・マリア・イン・アラコエリ〕（〔サンタ・マリア・イン・カピトリオ〕の一部を含む）
31. 〔サンタ・マリア・ソプラ・ミネルヴァ〕

古いものに代わって建てられた教会　1227 年頃-1308 年頃

32. 〔サンタ・マリア・マジョレ〕
33. ラテラーノのバシリカ

1050 年頃以前の〈アビタート〉

1050 年頃以後の〈アビタート〉

193a.　中世ローマにおける主要道路と〈アビタート〉の成長（仮説）

この地図に取り上げた教会の情報は主として [Huelsenn, Chiese], passim に拠り、以下の順は文献にはじめて言及された年代に従う。しかしもちろんそれらが、文書や銘文にはじめて登場する以前にすでに存在していた可能性は大いにある。また規模や外観は変えられ、ときには名前も変えられてはいるが今日なお存在する教会は、その番号に下線を引き、今日の呼称をカッコ内に記す。

- ● 1050年以前にはじめて言及された教会
- ▲ 1050年頃-1185年頃にはじめて言及された教会
- † 1186年にはじめて言及された教会（[サン・ロレンツォ・イン・ダマソ]の末孫教会）
- ◁ 主要教会

下線のある番号は、たとえ大きく変えられてはいても今日なお存在する教会

● 1050年以前にはじめて言及された教会

1. 937　[サンタ・マリア・イン・カンポ・マルツィオ]
2. 936-939　サンティ・コスマ・エ・ダミアーノ
3. 939　[サンタ・マリア・イン・アヴェンティーノ]（今日 [サンタ・マリア・デル・プリオラート]）
4. 955　[サンタンジェロ・デ・アウグスタ]
5. 955　[サン・ビアジョ・デ・ペンナ]
6. 955　[サン・バシリオ]
7. 955　[サン・ニコラ・デ・アルキオニブス]
8. 962　[サンタンドレア・デ・コルムナ]
9. 962　[サンタナスタシオ・デ・トリヴィオ]
10. 962　[サンティポリト・デトリヴィオ]
11. 962　[サンタ・マリア・デ・アルキオニブス]
12. 962　[サン・ジョヴァンニ・デ・ピネア]
13. 972以前　[サン・チリアコ・イン・カミルリアーノ]
14. 973　[サンティ・コスマ・エ・ダミアーノ・ユクスタ・ヴィアム・ラタム]
15. 974　[サント・ステファノ・ミッチニ]
16. 977以前　[サンタ・マリア・イン・パルララ]（今日 [サン・セバスティアネロロ]）
17. 989以前　[サント・ステファノ・イン・セネドキオ]
18. 985-996　[サン・サルヴァトーレ・デ・クルティブス]（今日 [サンタ・マリア・デラ・ルーチェ]）
19. 998　[サン・ベネデット・デ・テルミス]
20. 998　[サンタ・マリア・チェルラ・ファルファエ]
21. 998　[サン・サルヴァトーレ・デ・テルミス]
22. 1000頃　[サンタ・マリア・ドムナエ・ロサエ]（今日 [サンタ・カテリーナ・デイ・フナリ]）
23. 1002　[サンタ・ルチア・クヴァトゥオール・ポルタルム]（今日 [サンタ・ルチア・デラ・ティンタ]）
24. 1006　[サン・トリフォーネ]
25. 1006　[サント・ステファノ・デ・ピラ]
26. 1011　[サンタンドレア・デ・フォルディヴォリイス]
27. 1017　[サン・シメオーネ]
28. 1018　[サンティ・アダルベルト・エ・パオリーノ]（今日 [サン・バルチロメオ・イン・イソラ]）
29. 1018　[サン・ジョヴァンニ・カラピタ]
30. 1026　[サンタ・マリア・デ・ポステルラ]
31. 1026　[サン・マルティーノ・デ・ポステルラ]
32. 1029-1032　[サン・ニコラ・デ・コルムナ]
33. 1042　[サンタ・マリア・イン・ヴィア]

† 1050年頃-1185年頃にはじめて言及された教会

34. 1069　[サン・ベネデット・イン・ピスチヌラ]
35. 1072　[サン・ビアジョ・デ・カプトゥ・セクタ]（今日 [サン・ビアジョ・デラ・パニョッタ]）
36. 1073　[サンタ・マリア・イン・ポルティク]
37. 1073-1085　[サン・レオネ・デ・セプテム・ソリイス]
38. 1073-1085　[サン・サルヴァトーレ・デ・ペーデ・ポンティス]
39. 1083　[サン・ロレンツォ・ア・チリアコ]
40. 1090以前　[サン・ニコラ・イン・カルチェレ]
41. 1090　[サンタ・マリア・イン・カペルラ]
42. 1096　[サン・チェサレオ・アルラ・レゴラ]
43. 1090-1100　[サン・サルヴァトーレ・デ・ミリティイス]
44. 1099-1118　[サンタ・マリア・イン・モンティチェルリ]
45. 1104　[サンタ・マリア・デ・カンネルラ]
46. 1113　[サン・パンタレオ・トリウム・クリバノルム]
47. 1113　[サン・サルヴァトーレ・デ・プリミチェリオ]
48. 1118　[サンタ・マリア・セクンディチェリイ]
49. 1121　[サンタガータ・トランス・ティベリム]
50. 1121　[サンタ・ボノサ]
51. 1123　[サンタンジェロ・イン・ジャニコロ]
52. 1123　[サン・ビアジョ・ア・クルチブス・トランス・ティベリム]
53. 1123　[サン・ジョヴァンニ・イン・ミカ・アウレア]
54. 1123　[サン・ジョヴァンニ・デ・ポルタ・セプティミアナ]
55. 1123　[サン・ロレンツォ・イン・クルティブス]
56. 1123　[サンティ・クヴァランタ・トランス・ティベリム]（今日 [サンティ・クヴァランタ・マルティリ・エド・サン・パスクヴァレ・バイロン]）
57. 1123　[サンタ・ルフィナ]
58. 1123　[サン・シルヴェストロ・デ・ポルタ・セプティミアナ]（今日 [サン・ドロテア]）
59. 1127　[サンティ・チェルソ・エ・ジュリアーノ]
60. 1127　[サン・サルヴァトーレ・イン・オンダ]
61. 1131　[サンタ・チェチリア・デ・ポステルラ]（今日 [マドンナ・デル・ディヴィノ・アモーレ]）
62. 1132　[サン・ニコラ・デ・カルカラリイス]
63. 1139　[サン・トマソ・イン・パリオーネ]
64. 1130-1143　[サンタンドレア・デ・モンタナイス]（今日 [サンティヴォ・デイ・ブレットーニ]）
65. 1143　[サン・ロレンツォ・デ・ピスキブス]
66. 1150頃　[サンタントニオ・プローベ・サンタ・マリア・アンティクヴァ]
67. 1150頃　[サン・ロレンツォ・イン・ミランダ]
68. 1150頃　[サンタ・マリア・イン・カタリーナ]（今日 [サンタ・カテリーナ・デラ・ロータ]）
69. 1150頃　[サンタ・マリア・デ・プテオ・プロベエ]
70. 1150頃　[サン・サルヴァトーレ・デ・スタテラ]（今日 [サントモボノ]）
71. 1150頃　[サント・ステファノ・イン・ピスチナ]
72. 1150頃　[サンティ・トリニータ・スコットルム]（今日 [St. Thomas of Canterbury in the Venerable English College]）
73. 1151　[サン・ヴィンチェンツォ・イン・ヴァティカーノ]
74. 1156　[サンタ・マリア・デ・カンピアトリプス]
75. 1160　[サン・サトゥルニーノ・デ・カバルロ]
76. 1174　[サン・サルヴァトーレ・イン・ペンシリス]（今日 [サン・スタニスラオ・デイ・ポラッキ]）
77. 1177　[サン・サルヴァトーレ・デ・インヴェルシス]
78. 1178　[サンタ・マリア・デ・モンティチェルリ・イン・ポンテ]
79. 1179　[サンタ・マリア・イン・ヴァルリチェルラ]（今日 [キエーサ・ヌオーヴァ]）
80. 1180　[サン・ニコラ・デ・フナリス]
81. 1159-1181　[サンタンブロジオ・イン・ヴァティカーノ]
82. 1185以前　[サン・ジャコモ・イン・セッティニャーノ]

▲ 1185年頃にはじめて言及された教会（[サン・ロレンツォ・イン・ダマソ]の末孫教会）

83. [サンタナスタシオ・デ・アレヌラ]

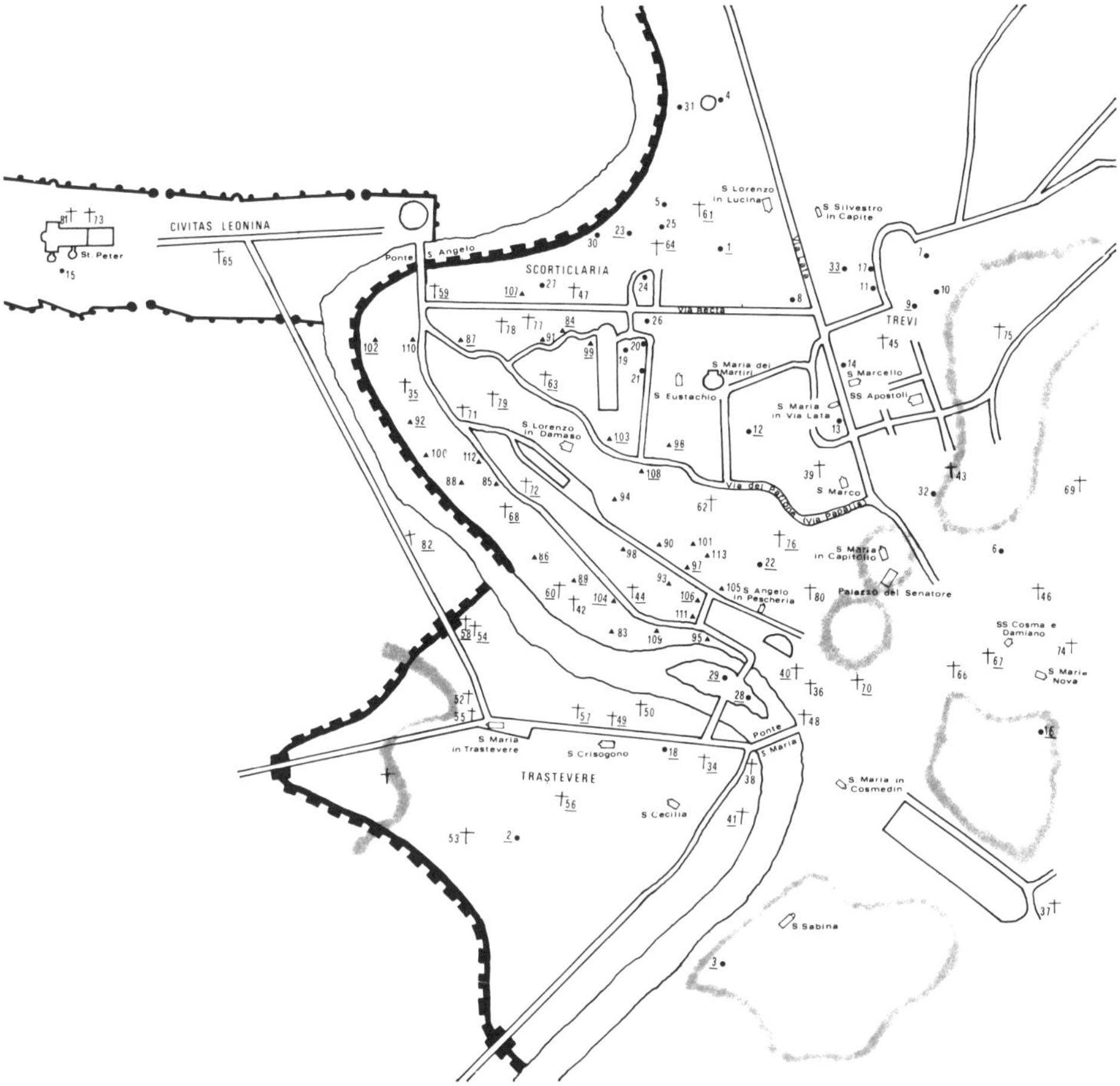

84. 〔サンタンドレア・デ・アクヴァリツァリイス〕(今日〔サンタ・マリア・デルラ・パーチェ〕)
85. 〔サンタンドレア・ア・ドーモ・ヨハニス・アンチルラエ・デイ〕
86. 〔サン・トマソ・デ・ヒスパニス〕(今日〔サンティ・ジョヴァンニ・エ・ペトロニオ・デイ・ボロニェーシ〕)
87. 〔サンタンジェロ・ア・ドーモ・エギディイ・デ・ポーコ〕(今日〔サン・ジュリアーノ〕)
88. 〔サンタウステリイ〕
89. 〔サン・ベネデット・デ・アレヌラ〕(今日〔サンティ・トリニータ・デイ・ペルレグリーニ〕)
90. 〔サン・ベネデット・イン・クラウスラ〕
91. 〔サン・ビアジョ・アルカリオルム〕
92. 〔サンタ・ルチア・アド・フルメン〕(今日〔サンタ・ルチア・デル・ゴンファローネ〕)
93. 〔サンタ・マリア・デ・カカバリイス〕
94. 〔サンタ・マリア・デ・クリプタ・ピンクタ〕
95. 〔サンタ・マリア・ア・カピテ・モラルム〕
96. 〔サンタ・マリア・イン・モンテローネ〕
97. 〔サンタ・マリア・デ・ププリコ〕(今日〔サンタ・マリア・イン・ププリコリス〕)
98. 〔サン・マルティーノ・デ・パンナレルラ〕
99. 〔サン・ニコラ・デ・クリプタ・アゴニス〕(今日〔サン・ニコラ・デイ・ロレネシ〕)
100. 〔サン・ニコラ・デ・フルチス〕
101. 〔サン・ニコラ・デ・メルリニス〕
102. 〔サン・パンタレオ・アド・フルメン〕(今日〔サン・ジョヴァンニ・デイ・フィオレンチーニ〕)
103. 〔サン・パンタレオ・デ・プレテカロリス〕
104. 〔サン・パオロ・デ・アレヌラ〕
105. 〔サン・サルヴァトーレ・デ・パロンチニス〕
106. 〔サン・サルヴァトーレ・デ・カッカバリイス〕(今日〔サンタ・マリア・デル・ピアント〕)
107. 〔サン・サルヴァトーレ・デ・ラウロ〕
108. 〔サン・セバスティアーノ・デ・ヴィア・パパエ〕(今日〔サンタンドレア・デルラ・ヴァルレ〕)
109. 〔サント・ステファーノ・デ・カッカバリイス〕
110. 〔サント・ステファーノ・デ・ポンテ〕
111. 〔サン・トマソ・イン・カピテ・モラルム〕
112. 〔サン・ジョヴァンニ・イン・アギナ〕
113. 〔サン・ヴァレンティーノ・デ・バルネオ・ミッチネ〕

193b.〈アビタート〉とその教会　937年-1186年

ポンテ・サンタンジェロに短い横道でつながれていた。ここからヴィア・レクタは、古代のカンポ・マルツィオを西から東に一直線で貫いて、ピアッツァ・コロンナの【マルクス・アウレリウスの記念柱】近くでコルソにぶつかった。そしてヴィア・レクタ、コルソ、湾曲するテヴェレで囲まれた建物密集域には、東西の方向にコルソとほぼ平行して古代からの三本の道が走り、それらはいずれもポンテ・サンタンジェロを終点としていた。最も南寄りの道は、【マルケルス劇場】の要塞に守られてテヴェレの島にわたるローマ時代の橋ポンス・ファブリキウス（中世ではポンテ・クヴァトロ・カーピ）を起点とし、ほぼ川の東岸に沿って――護岸工事のため一部は迂回を余儀なくされたが――、ヴィア・アレヌラ（以下では今日の通り名を使う）を横切り、ヴィア・カーポ・ディ・フェロに沿ってつづき、ピアッツァ・ファルネーゼを通り抜け、ヴィア・ディ・モンセラートを経てポンテ・サンタンジェロに至った。次の大きな道は、今日なおポンテ・ロット（ポンテ・サンタ・マリア）から【マルケルス劇場】の北隅に至り、そこからかつてのゲットーの中の【オクタヴィアのポルティコ】に沿って進み、ヴィア・アレヌラを横切り、ヴィア・デイ・ジュボナリを抜け、カンポ・デイ・フィオリを経て、そこからヴィア・デイ・カペラリとヴィア・デル・ペレグリオに分かれ、ヴィア・デイ・バンキ・ヴェッキを経てポンテ・サンタンジェロに到達した。三番目の道は、ポンテ・サンタンジェロとコルソの南の終点を結んでいた。それは、一六世紀までヴィア・デル・パリオーネと呼ばれたヴィア・デル・ゴヴェルノ・ヴェッキオを抜け、ピアッツァ・ナヴォーナの南端を通り過ぎ、コルソとほぼ正確に平行してラルゴ・アルゲンティーナを横切り、ヴィア・デルレ・ボッテゲ・オスクレを経てカンピドリオの北麓に至り、さらに東に向かって〈ディスアビタート〉へとつづいていた。おそらくこの地域内には、南北に通じる古代ローマからの道は少なかったと思われる。今日この域を縦横に走る多くの道――一〇〇年前にはもっと多かったであろう――は、中世に起源をもつと考えられる。古代ローマの遺産を基にした中世の道路網は、本質的には東から西に走り、【マルケルス劇場】と島およびトラステヴェーレに渡る橋を含む地域、『サン・ピエトロ』と〈レオの都〉への連絡路ポンテ・サンタンジェロ、カンピドリオ北麓のコルソの終点をしっかりと結んでいた。

ラテラーノと『サン・ピエトロ』、そして規模はやや小さくなるが『サンタ・マリア・マジョレ』や城壁の外の巡礼の中心地『サン・ロレンツォ』、『サンタニェーゼ』、『サン・セバスティアーノ』、『サン・パオロ』など名高いキリスト教の聖地もまた、〈アビタート〉の外という不利な立地条件にもかかわらず、古代から相続した都市のインフラストラクチャー――道路と橋――との関係

194.「七つの教会（Sette Chiese）」、1575 年、A. Lafréry による銅版画

の中で、中世都市の建設を左右する重要な役割を果たした（図194）。『サン・ピエトロ』とラテラーノは、建物の密集した居住区〈アビタート〉から遠く離れているにもかかわらず、中世道路網の要となった。〈アビタート〉を東から西に貫き、ポンテ・サンタンジェロに向かう三本の古代からの道は、テヴェレの東岸の本来の街から『サン・ピエトロ』へ向かう唯一の方法であった。そのうえ、その最も北寄りの道ヴィア・デル・パリオーネは、カンピドリオの北麓を通り、【フォールム】を抜けて【コロセウム】に至り、そこからヴィア・サン・ジョヴァンニを経てチェリオの丘を登り、ラテラーノのバシリカと教皇の宮殿に達していた。この通りは、街とローマの司教座、教会の中の教会を結ぶ最短の道であり、教皇の住まい、その行政府に直行する道であった。この道はまた、『サン・ピエトロ』を起点とするのであるから、それはふたつの偉大なキリスト教聖地を直接結ぶのであり、したがってすべての巡礼者が使い、全中世をとおして教皇の行列が進む中世ローマで最も重要な道となった。それゆえ街中の今日のヴィア・デル・ゴヴェルノ・ヴェッキオの大部分は〈ヴィア・デル・パーパ〉、【コロセウム】から教皇宮へ至る今日のヴィア・サン・ジョヴァンニは『ヴィア・

マヨール』と呼ばれた。他の聖地にも、古代ローマからの道を辿って達した。巡礼者は、ラテラーノへの道を【コロセウム】の手前で左に折れ、【ネルヴァのフォールム】を横切り、ふたつの古代の道のひとつスブラを経てエスクヴィリーノへ昇り、『サンタ・マリア・マジョレ』へ向かうか、あるいはもうひとつの古代からの道を通って、教会の南で丘を横切り、ポルタ・ティブルティーナを抜け、そこからティヴォリへの道を辿って『サン・ロレンツォ・フオリ・レ・ムーラ』へ向かった。敬虔な巡礼者にとっての別の可能性は、カンピドリオの北側から〈ディスアビタート〉を抜け、さらにはクヴィリナーレの尾根を辿って城壁の外へ出る古代の街道ヴィア・ノメンターナを経て『サンタニエーゼ』へ向かうことであった。巡礼者を中世の建物密集地の南端からアヴェンティーノの西斜面とテヴェレの間を抜け、ポルタ・サン・パオロを通ってこの聖者の教会に向かわしたのも、古代からの道であった。あるいは巡礼者は、同じ〈アビタート〉の南端からパラティーノの南斜面に沿って進み、【カラカラの浴堂】を越えてポルタ・アッピアを抜け、『サン・セバスティアーノ』に達することもできた。このように、すべての名高いキリスト教の聖地は、古代の道路網に組み込まれていた。これは、それら聖地が古代の道路網がまだ使われていた古代末期に築かれたことを思えば当然のことであった。これらの中世にも維持された道路網は、〈アビタート〉を貫いて『サン・ピエトロ』に向かう三つの道を除いて、いずれも〈ディスアビタート〉を走り、いわば中世ローマ都市の縁を縫うものであった。しかしこれらの道は、都市とその生活を偉大な聖地、成長する中世都市をみずからの磁界へ引き込む強力な磁石へと生長した教会と結びつけた文字通り「要の道」であった。

居住域〈アビタート〉の形成 注3

ゴート人による攻囲、ビザンティンによる占領、飢餓、伝染病、食糧配給制度の崩壊、それにつづく人口の減少、それによる農業あるいは半農業経済への移行は、六世紀から八世紀にかけて都市ローマの地図と外観を根本から変えた。グレゴリウス大教皇の時代人びとは、【アウレリアヌスの城壁】内側の広大な地域のただ一部にのみ住んだ。彼らは、川の両岸に沿った交通や食糧配給に便利な狭い地帯に引きこもった。あるいは彼らは、川に近いアヴェンティーノを例外として、水のない丘を避け、テヴェレが湾曲する低地帯の泉の周りに移り住んだ。いずれにしても人びとは、【アウレリアヌスの壁】から遠く離れて住んだ。古代には広くひろがり、しかし互いに強く結ばれ固くまとまっていた都市ローマは、小さく縮まり、急激に変貌していた。中世のローマは、もはや互いに結びついた統一体ではなく、巨大な廃墟、荒れた庭園、棄てられた耕地で隔てられ、それらの中に散在する家々が薄いつながりをもつ、小さな集落の寄せ集めに過ぎなかった。

古代から保持された橋、道路、上水道、あるいは〈ディアコニア〉、修道院、教会、市場などの位置、また他の証拠らは、テヴェレの島の東側対岸にはすでにゴート人による攻囲以前、おそくとも大教皇グレゴリウスの時代には、人口密集区——あくまでの中世の意味での「密集」だが——のひとつが、存在していたことを推測させる（図193 a）。それは、南ではカンピドリオの南麓から【マルケルスの劇場】、『サンタ・マリア・イン・コスメディン』、さらには『マルモラータ』に沿ってアヴェンティーノの西麓に至る線、北ではカンピドリオの西麓からコルソの南端を経て『サンタ・マリア・イン・ヴィア・ラータ』にまで達する線で囲まれ、西では、今日教会『サンタンジェロ・イン・ペスケリア』の建つ【オクタヴィアのポルティコ】やその後方の【キルクス・フラミニウス】が含まれていたであろう。しかしこの地域では、ヴィア・アレヌラの西側には早い時代の教会の設立は報告されてない。おそらく一一世紀になって住民の数が増え、その結果【ポンペイウス劇場】、さらにはその西側でも教会や修道院が築かれていったのであろう。【マルケルス劇場】、カンピドリオの丘、コルソの南端、テヴェレの橋が中心を成していたのであろう。このことは、中世をとおして使われた古代からの三つの橋、すなわち島のふたつとその下流のポンテ・サンタ・マリア（ポンテ・ロット）が、【マルケルス劇場】の近くでトラステヴェーレに架かっていたことを思えば当然といえるであろう。この中心部から、すでに見たように〈アビタート〉を貫く古代からの三本の主要道路がポンテ・サンタンジェロ、さらには『サン・ピエトロ』へ向かっていた。北からこの地域を抜ける幹線ヴィア・ラータはその南端で分岐し、そのひとつは西南の【マルケルス劇場】に向かい、〈カナパラ〉（穀倉通り）と呼ばれた別のひとつはカンピドリオの東側を通って南に走り、『サン・テオドロ』、『サン・ジョルジオ・イン・ヴェラブロ』の傍らを抜けてポンテ・ロットあるいは『サンタ・マリア・イン・コスメディン』へ向かった。これらの教会は、コルソの『サンタ・マリア・イン・ヴィア・ラータ』同様、すでに見たように六世紀以来巡礼者や住民を保護するために設けられた〈ディアコニア〉でもあった（図58）。『サンタンジェロ・イン・ペスケリア（魚市場）』の創設はおそく、七五五年【オクタヴィアのポルティコ】入り口

195.【マルケルス劇場】と肉市場、1560年頃、G. A. Dosio による素描、Firenze, Uffizi

の後方、【マルケルス劇場】の西側に築かれた。今日なお古代ローマの円柱廊の後方に見える建物は、一六世紀に改築されたこの教会である。三世紀の巨大なアーチで支えられたこの柱廊の入り口は、一〇〇年前まで魚市場として使われていた（教会の名はそれによる）。たしかにこの地域には、早くからさまざまな市場が開設されていた。五世紀にはカンピドリオの上で開かれていた市場は、一二世紀には丘の西斜面、のちのピアッツァ・アラコエリにまで場所を広げた。九九八年【マルケルス劇場】の傍ら、多分一六世紀まで肉屋があった北側に、肉市場が開かれていた（図195）。一二世紀には、『サン・テオドロ』の近くにも別の肉屋があった。『サンタンジェロ・イン・ペスケリア』傍らの魚市場も、川に近い条件を考えれば、早くからそこにあったと思われる。魚をひろげた大理石の床、教会前の【オクタヴィアのポルティコ】に沿って西にのちのゲットーの内側まで延びていたレンガを積む支壁は、一九世紀の終わりまでのこっていた（図196）。遠方からの食糧は『リーパ・グランデ』の船着場で取引されたであろうが、テヴェレの島の各所に係留されていた浮き水車からの穀物、それにおそらく川の魚も、近くの市場で売られたに違いない。

　路地が網の目のように走り、各所に小さな広場が散らばるピアッツァ・パガニカとピアッツァ・マッテイの間のこの地

196.【ポルティクス・オクタヴィアエ】のなかの魚市場、1650年頃、Jan Mielによる素描、Paris, Louvre

区には、一〇世紀以降の古記録から推察するに、大貴族の家族よりもむしろ中間層市民が住んでいたと思われる。古代の廃墟は、住居として使われただけでなく、その近くに築かれる建物に建材も提供した。廃墟のひとつ【マルケルス劇場】は早くから要塞化されていたが、要塞として言及されるのは一一世紀がはじめてである。【オクタヴィアのポルティコ】は、八世紀以来ふたつの僧院と『サンタンジェロ・イン・ペスケリア』として使われた。川近くの【キルクス・フラミニウス】には別の僧院が築かれた。カンピドリオの廃墟には九三四年頃修道院が建てられ、それはのちに教会『サンタ・マリア・イン・アラコエリ』に変えられた。八世紀までこの地域は、新鮮な水に不自由しなかった。八世紀の末に教皇ハドリアヌス一世は上水道のひとつを修理し、ポルタ・サン・セバスティアーノからパセジアタ・アルケオロギカの谷と【キルクス・マクシムス】を経て「ウスクヴェ・アド・リパム」(リーパまで)、『アクヴァ・ヨビア』を通した。これは大部分が地下を走り、それゆえ良い状態を保っていた。このことを報告する『コデクス・エインシドレンシス』の記事は、「リーパ」でもって、『サンタ・マリア・イン・コスメディン』近くの川岸だけでなく、【マルケルス劇場】までの、いやおそらく中世にこの名で呼ばれたさらに西や北の地域を含む範囲を指していたのであろう。

ローマ上水道の修理と管理は莫大な費用と時間を必要とし、それゆえ教皇の伝記作家はことさらにそれを報告している。それらの記録から上水道によって水を供給される地域の状況を知ることができる。それは必ずしも人口が緻密な市区に限ったことではなかった。『リベル・ポンティフィカリス』を作成した教皇庁役人の最大の関心は、彼ら自身の住むラテラーノ地域の水の供給であった。次ぎに彼らが関心を寄せたのは、彼らの福祉施設や教皇が訪ねる際の、そして九世紀以降は外国の王侯が滞在する際の宮殿のある『サン・ピエトロ』周辺の水の供給であった。それゆえ七七五年頃の【アクヴァ・クラウディア】修理の目的は、ハドリアヌス一世の伝記作家によれば、ラテラーノでの宮殿の浴場、洗礼堂、それに「復活祭の際には」近くの他の教会への水の供給であったという。これにはおそらく、教皇宮近くに築かれた修道院も含まれていたであろう。このような役割から九世紀以来民衆の間で「フォルマ・ラテラネンシス」と呼ばれたこの上水道は、一二世紀にさらに二度修理されている。またハドリアヌス一世の伝記作家は、川向こうのジャニコロの上を走る上水道の修理についての報告の中で、北へ分かれた配管でもって『サン・ピエトロ』のアトリウムの泉やその近くの浴場に水を送るこの水道の機能を強調している。この上水道と配管は、早くも一世代後にもう一度修理されている。

人口密集市区への水の供給を確保する上水道の修理についても、ときおり報告されている。ハドリアヌス一世がふたたび使用させた【アクヴァ・ヴェルギーネ】は、『アクヴァ・ヨビア』と同様その大部分が地下を潜って、ポルタ・サラリアからピンチオを下り、のちに〈フォンタナ・ディ・トレヴィ〉（トレヴィの泉）と呼ばれる泉に至り、そこから『サンタ・マリア・イン・ヴィア・ラータ』近くでコルソを横切り、【パンテオン】に達していた。ハドリアヌスの伝記が主張するところによると、この水道の水は豊かでほとんど「トトゥム・プロ・パルテ」（全都市）をうるおすに十分であったという。しかしこの語は、都市の中でも「人口の密集した地域」と理解すべきであろう。じじつテヴェレの湾曲部とコルソから西へ約一〇〇メートル離れた【パンテオン】周辺を含む地域は、すでに七世紀のはじめには建物が密集し、住民の数も多かったと思われる。六〇九年に【パンテオン】が教会に変えられたことは、この地域における人口の稠密化を想像させるし、八世紀初頭には【パンテオン】の西隣【アレクサンデル・セヴェルスの浴堂】の廃墟に『サンテウスタキオ』、あるローマ神殿の跡に『サンタ・マリア・イン・アクヴィロ』の〈ディアコニア〉が設けられている。後者には、住民や巡礼者のために一〇〇のベッドをもつ病院も付属していた。【パンテオン】東南の【ミネルヴァ神殿】の廃墟には、八〇〇年頃小さな礼拝堂が築かれ、それは五〇〇年後にドミニコ修道会士によって彼らの大きな教会と修道院『サンタ・マリア・ソプラ・ミネルヴァ』に変えられた。コルソと今日のピアッツァ・デル・コレギオ・ロマーノの間には、一〇世紀に裕福な尼僧院『サン・キリアコ』が増設されて地位を高めた古い『サンタ・マリア・イン・ヴィア・ラータ』の〈ディアコニア〉があった。しかしこの市区の中心は、コルソ沿いではなく【パンテオン】や、一〇世紀あるいは一一世紀にある大貴族「サンテウスタキオの旦那」の屋敷が建てられた『サンテウスタキオ』の周辺であった。この【パンテオン】南側に隣接する市区がカンピドリオの西側地域と連結していたかどうかはわからない。【パンテオン】の南では、【アグリッパの浴堂】と、ラルゴ・アルゲンティーナを覆っていた廃墟が、連結の障害となっていたかもしれない。ここにはのちに、隣接する〈カルカラリウム〉（石灰焼成場）で働く石焼人の窯や住まいが築かれた。

今日のヴィア・ディ・カンポ・マルツィオに沿って家並みが北に向かってどこまで伸びていたか、これは今後の研究にまたなければならない。いずれにしてもすでに一〇世紀以前に、いやおそらくすでに八〇六年には、『サンタ・マリア・イン・カンポ・マルツィオ』の尼僧院は築かれていたと思われる。当時の人が「カンポ・マルツィオ」という語でどの地域を指していたか不明だが、一一世紀には古代の【カンプス・マルティウス】（マルスの野）は居住区となっていた。西の方では、すでに早くからピアッツァ・ナヴォーナやピアッツァ・サンタポリナーレは、居住区に呑み込まれていたと思われる。九九八年【アレクサンデル・セヴェルスの浴堂】の廃墟の中には三つの礼拝堂と、穹窿、庭、それに個人所有の中庭に区切られたいくつかの僧房があった。そのすぐ近くに一〇〇六年、今日の『サンタゴスティーノ』の後ろに、聖トリフォーに献じられた宿泊所をもつ教会が再建されている。八世紀末聖アグネスの礼拝堂が、ピアッツァ・ナヴォーナに近い【ドミティアヌスの競技場】の穹窿の中に築かれた。これは、バロックの豪壮な教会に変えられて今日にのこされている。最後に、すでに七世紀、あるいは九世紀になってからか、ピアッツァ・ナヴォーナの北の、今日の大きな、しかしあまり目立たない教会『サンタポリナーレ』の建つ場所に、ひとつの聖域が築かれた。

カンポ・マルツィオ地区には、一〇世紀の終わり頃から「スコルティクラリア」と呼ばれた一画があった。この呼称は、おそらく〈コリアリイ〉「剥ぐ人」、「皮なめし人」に由来するのであろう。汚れをだす職業ゆえ彼らの仕事場は〈アビタート〉の外、しかし一一世紀には家並みがそこまで伸びたヴィア・デイ・コロナリ沿いの西北に位置していたのであろう。あるいはこの一画に人びとが移住したのは、もっと早かったかもしれない。というのは、ヴィア・デイ・コロナリの南側、通りの西端近く、したがってポンテ・サンタンジェロから程遠くない小さな丘には、すでに中世初期から人が住んでいたからである。一三世紀以来『モンテ・ジョルダーノ』と呼ばれたこの丘は、テヴェレの氾濫から守られ、戦略上の要点として橋およびその向こうの『サン・ピエトロ』への道を制圧していた。おそらく早くから要塞化されていたこの丘がはじめて文献に登場するのは、これがリアーノ・フラミニオの領主ジョヴァンニ・ディ・ロンチオーネの所有となり、その名を冠するようになった一二世紀である。一〇〇有余年後、要塞はオルシーニ家の手に渡り、頂上の館は、この丘にその後の呼称を与えた枢機卿ジョルダーノ・オルシーニの離宮となった。今日この丘は、一五世紀から一八世紀までの大邸宅や小住宅の混在で覆われている（図242）。しかしその下方には、今日は俗化しているがかつては『サンタ・マリア・イン・モンティチェルロ』あるいは『サンタ・マリア・デ・モンテ・ヨハニス・ロンツォニス』とも呼ばれた一二世紀の小さな教会『サンティ・シメオーネ・エ・ジューダ』があった。一一七八年にはそのすぐ近くに『サン・シメオーネ』と『サン・サルヴァトーレ・デ・インヴェルシス』のふたつの教会があり、後者は、スコルティクラリアに果樹園をもっていた。これらの教会はいずれも、一一世紀から一二世紀にかけての〈アビタート〉のテヴェレ湾曲部への拡大以前にすでに姿を消していたと思われる。一二六二年と一二六七年にオルシーニ家の財産に数えられている丘の上の世俗の建物も、それ以前の記録には見当たらない。そのほかこの区域、『サン・ピエトロ』への橋に向かう通り沿い、あるいはスコルティクラリアには、丘の麓の塔をもつ館、一三世紀中頃それに建て増しされたロジア、「館と〈ファイオルム〉と呼ばれた塔（館の塔とは別）の下方で壁に囲まれたふたつの小家」などがあった。オリジナルは一五世紀の中葉まで遡るであろう『ストロッツィの地図』では、多くの塔を凸壁で囲む要塞化された丘を確認することができる（図207）。しかしこれら地図に見える建物は、より古いものを建て替えたものであろう。じじつ丘の南側の麓、今日のピアッツァ・デルロロジオあるいはその近く、ヴィア・デル・ゴヴェルノ・ヴェッキオが曲がるところには、一五三六年に取り壊されたもうひとつの塔が立っていた。一二六二年オルシーニ家がこの建物を売却したとき、それは複数の家族の共同住宅となっていた。しかし建物の呼称トゥリス・ステファニ・ペトリは、まさにこれが、市総督ケンキウス・ステファヌスが一〇七五年グレゴリウス七世を閉じ込めたイン・パリオーネ（ヴィア・デル・ゴヴェルノ・ヴェッキオの古名）の塔なのではないか、との推測を呼ぶ。しかもそのときケンキウスは、ポンテ・サンタンジェロに至る地域の支配権を主張していたのである。まとめれば、テヴェレ湾曲部の西北端に位置するこの地域には、東岸の橋頭を制圧するいくつかの建物がすでに早い時代から存在していたのではないか、という仮説を納得させることはできるのではないだろうか。

テヴェレ湾曲部の南側、ピアッツァ・ナヴォーナの西南地域には、唯一の初期教会の創設が伝えられている。四世紀の『サン・ロレンツォ・イン・ダマソ』の〈ティトゥルス〉であり、その遺構は今日カンチェルレリアの建物群で覆われている。そこにあったのが本来の住宅を礼拝儀式用に変えた建物、あるいは正規のバシリカであったにしろ、いずれにしてもこの教会は初期中世におけるローマ教会の序列でははるか低い位置にあったと思われる。このことは、八〇六年から八〇七年にかけての教皇レオ三世によるローマのすべての教会と修道院への新しい燭台の寄進の際、この教会が受けた待遇から判断される。川岸に近く、ヴィア・ジュリアから少し離れたほぼ今日ブラマンテのパラッツォ・デイ・トリブナリの遺構が聳えるところにあった『サン・ビアジョ・デ・カプトゥ・セクタ』の教会と僧院は、一〇七二年に修理されたというから、比較的早い時代の創建に違いない。しかし全体から見れば、のちに中世都市ローマの中心となるテヴェレの湾曲に囲まれた西部域は、一一世紀以前には住民もまだまばらであったと思われる。たしかにいくらかの家は建っていた。しかし中期中世に至るまでこの地域は、むしろ〈アビタート〉の外縁に位置したといえよう。

中世初期テヴェレの島には、わずかに隠遁者の庵と釣り場や養魚池が存在したに過ぎない。九九七年オットー三世が、今日の『サン・バルトロメオ・イン・イソラ』の地に彼の従兄弟聖アダルベルトに献じた教会を築いたとき、この島の建築ははじまった。一〇三七年、この新しい教会の隣に、カンパーニャのシルヴァ・カンディダの司教が自分の住まいを建てた。他方すでに古代に人びとが群居していたトラステヴェーレは、中世にあっても人口の密度は高かった。ゴート人による攻囲の間にもベリサリウスは、人びとの苦しみを和らげる最初の手段として、ジャニコロの斜面に取り付けた水車を回すためにこの丘への上水道トラヤヌスの【アクヴァ・サバティーナ】を修理させている。二五〇年後、教皇ハドリアヌス一世はその範に倣った。水車を回した水を丘の麓の住民に供給することは、じつに正当な処置であった。もちろんこの地をどの程度まで建物が占めていたかは推測の域を出ない。人口の密集域は、ポンテ・ロットおよび島に架かるポンテ・ケスティオの橋詰、それに『サン・ベネデット・イン・ピスチヌラ（池）』――もうひとつの魚市場があったか――の周辺であったと思われる。ここからは、西に真直ぐ『サン・クリソゴーノ』や『サンタ・マリア・イン・トラステヴェーレ』へ向かうヴィア・デルラ・ルンガレッタと南に『サンタ・チェチリア』、さらに分岐して『リーパ・グランデ』に向かうヴィア・デイ・ヴァスチェルラリと、ふたつの中世の道がはじまっていた。たしかにトラステヴェーレは、いつも一二世紀あるいは今日のように、人口が稠密ではなかった。三世紀あるいは四世紀前まで建物が並んでいたのは、下流へ向かって大きく曲がるテヴェレの西岸だけで、その域は狭く、川岸から三つの通り以上に広がることはなかった。中世初期、その人口密集域は、ふたつの橋を挟むトラステヴェーレの最も東の部分からから南へ、九世紀までは時代遅れの信徒集会所にすぎなかった『サンタ・チェチリア』を越えて、ゆっくりと拡大していったのであろう。西に向かっては、一二世紀に今日の教会に替えられるまで同じく古ぼけた建物にすぎなかった『サン・クリソゴーノ』にまで達した。トラステヴェーレ北端に近い『サンタ・マリア・イン・トラステヴェーレ』の周囲には、すでに早くから小さな集落があったと思われる。ポンテ・シストの少し北にあった古代の橋ポンス・アウレリウスは、一〇五〇年——あるいはすでに七九二年——に崩れ落ちており、それゆえトラステヴェーレのこの地帯は、東岸との交通が絶えていた。教会は九世紀まで、少なくとも外観は四世紀の状態を保っていた。しかし九世紀にトラステヴェーレ復興の大掛かりなプロジェクトが実施され、おそらくこれが、地区の南および北への拡大と結びついたのであろう。忘れられていたふたつの古い〈ティトゥルス〉、すなわち『サンタ・チェチリア』が八一七年と八二四年の間に、つづいて八五〇年までには『サンタ・マリア』が正規のバシリカとして再建され、修道院を付属されて大きな勢いを得た。教会とポルタ・セッティミアナの間には民家、果樹園、ある貴族の館塔《やかたとう》、漁師用の小橋のあったことが記録にのこされており、ヴィコロ・デイ・モロニの道沿いには今日なお、もちろん中世に建てられたのではないが、中世風の家並みを見ることができる。それでも『サンタ・マリア』の周辺地域は、一七世紀までトラステヴェーレの北のはずれと目されていた。南では、すでに九世紀の中頃に新しい修道院『サンティ・コスマ・エ・ダミアーノ・イン・ミカ・アウレア』が、畑とブドウ園の真中に建っていた。この修道院は、一三世紀に『サン・コシマート』に変えられたが、その存続時代をとおして豊かな財産を誇っていた。それに相応するように、九世紀の後半以来、裕福な市民がトラステヴェーレに住んでいたことが記録から知られる。要するに、トラステヴェーレは早い時代から栄えていたといえよう。

居住域〈アビタート〉の外[注4]

初期中世をとおして、〈アビタート〉内に貴族が館を構えた跡は見つからない。反対に、彼らが〈アビタート〉の外を好んだことを示唆するものは多い。そこでは、従者を住まわせる広い空間があり、防御施設を築くことができ、多くの耕地を手に入れることができた。そのような城館域のひとつが八世紀までにカンピドリオの北斜面から程遠くない、ヴィア・ラータ（コルソ）南端近くに形成され、それは東はピアッツァ・サンティ・アポストリを越えて【皇帝たちのフォールム】に達していた。ハドリアヌス一世が叔父、コンスルであり、〈ドゥクス〉、〈プリミケリウス〉でもあったテオドトゥスの後見のもとで育った屋敷は、『サン・マルコ』の近くにあった。九世紀から一〇世紀にかけてローマ貴族出身の一連の教皇たちは、同じく〈デ・レギオーネ・ヴィア・ラータ〉か、あるいはコルソの南端と【フォールム】を結ぶ、あるいは【皇帝たちのフォールム】からヴィミナーレの西斜面に至る通りクリヴス・アルゲンタリウス周辺の館に育った。八世紀から九世紀の教皇伝記作家がヴィア・ラータ周辺における洪水の被害を詳細に述べているのは、この地域の社会的重要性を反映してのことであろう。（同じように、四〇〇年あるいは五〇〇年後の伝記作家の報告は、当時の重要地でありまた彼ら自身の居住区でもあった〈カンポ・マルツィオ〉、【パンテオン】、〈ボルゴ〉の洪水被害を詳述する。）いずれにしても早い時代の貴族は、〈アビタート〉の東の縁、あるいはさらにその外に居を構えたと推測される。一一世紀のはじめ『サンタ・マリア・イン・ヴィア・ラータ』近くには、ひとつの〈ドムス・マイオル〉（大邸宅）があったという。おそらくそれは、貴族の城館であったのだろう。それに隣接する、およびその近くにあった『サン・キリアコの僧院』周辺では、当時多くの小さな家が売買、あるいは賃貸されていた。あるいはそれらは、〈ドムス・マイオル〉での下働きで生計を立てていた使用人、農奴、職人たちに関係していたのかもしれない。他の門閥家はカンピドリオの東および東南のカナパラに沿って屋敷を構え、他方丘の北東、『サンティ・アポストリ』の近くには、プリンケプスでありセナトールであったアルベリクの一族が、彼の祖父テオフィラクトゥスの時代、あるいはそれ以前から定住していた。すでに九〇〇年頃この一族は、クヴィリナーレの西端に高く聳える【セラピスの神殿】から今日の『サンティ・アポストリ』とパラッツォ・コロンナのある地までつづいていた三世紀の巨大な階段と壮大な壁で囲まれた区域のひとつに住んでいた。クヴィリナーレ自体の西斜面には、九六三年頃クレスケンティウスの屋敷が、〈ア・カバルロ・マルモレオ〉いわゆる《馬を抑える男たち》の大理石像近くにあったという。おそらくそれは、【セラピスの神殿】の廃墟の中に築かれた建物であったろう。階段と神殿の内陣からなる高い壁は、堅固な要塞の役目を果たしたであろうし、領主の館とそれに付属する従者たちの住まい、厩舎などに十分な空間を提供したのであろう。中世には〈フロンティスピキウム・ネロニス〉（ネロの破風）と呼ばれた【セラピスの神殿】の後方の壁に沿って同じところに、一六世紀まで、もちろん一三世紀とさらに一五世紀にコロンナ一族によって建て替えられたものではあったが、小さな館が建っていた（図197）。

197. クヴィリナーレの麓の旧コロンナ宮殿と【セラピスの神殿】、ヘームスケルクの近くの作者による素描、Kunstmuseum, Düsseldorf

コルソの北部、今日のピアッツァ・サン・シルヴェストロの地にあって、七六一年に修道院『サン・シルヴェストロ・イン・カピテ』に変えられた建物は、これら貴族の館で最も北に位置する教皇パウルス一世一族の屋敷であったと考えられる。これもまた、巨大な古代の建造物、高い壁と広い空間をもつ、あるいは太陽の神の神殿とされた建物の中にあった。アウグストゥスおよびハドリアヌスの霊廟も、防御施設としては格好の建造物であった。しかし【アウグストゥスの霊廟】ははるか北に位置し、コルソからも遠く離れて戦略的には不都合であった。したがってこれが要塞として使われたのはたった一度、権勢をふるった市総督ステファヌス・デ・アウグスタが一〇〇二年、ここに立てこもったときだけであったという。

他方【ハドリアヌスの霊廟】、『カステル・サンタンジェロ』は、おそらくすでに三世紀の末には要塞として使われていた。ゴート戦争で果たしたその役割は、軍事施設としてのこの建物の歴史におけるハイライトであった。九世紀以来それは、まずアルベリク一族、のちにはクレスケンティ家と、その時どきに権力の座についたローマ貴族の手に委ねられた。じじつ一〇八四年教皇グレゴリウス七世が、ロベルト・ギスカルドに救出されるまでここに閉じ込められとき、この建物は

198.　1870年頃のアヴェンティーノ

〈トゥリス・クレスケンティ〉と呼ばれていた。しかしこのような戦略上重要な役割をもつがゆえに、この建物が長期にわたって一私人の手に置かれることはなかった。教皇側も、また皇帝側も、『サン・ピエトロ』と市街を結ぶ唯一の道を支配するこのローマ最強の要塞を確保することに全力を傾けた。

ポンテ・ロットと『サンタ・マリア・イン・コスメディン』周辺区域、さらにそこからの下流域を見下ろすアヴェンティーノは、中世初期に貴族たちが好んで居を構えたもうひとつの地であった。一〇世紀のある記録は、「夏の暑さもしのげ、住み心地良いこの高台には、都の他のどの丘よりも優雅な館が建つ」と述べ（図198）、その中には「エウフィミアヌスの宮殿」もあり、それは、夏と冬の宮殿に分けられていた。前者は「丘のはずれ、ホレア・プブリカの近く」に位置していたというから、『サンティ・ボニファチオ・エド・アレッシオ』に隣接し、おそらくテヴェレを見下ろしていたのであろう。「ホレア・プブリカ」（公の穀倉）は、中世におけるアヴェンティーノの西麓地帯の呼び名であった。それに対して冬の宮殿は、「教会の前」、おそらくさらに丘を下ったところにあったのであろう。この一〇世紀の記録が引用する伝説では、エウフィミアヌスは聖アレクシウスの父親だという。この記録が書かれたとき、その館はすでに古いものであったに

199.　アヴェンティーノからの〈ディスアビタート〉を超えてパラティーノおよびチェリオへの眺望、1870年頃。Museo di Roma

違いない。あるいはその宮殿は、近くにある他の建物と同様、古代ローマのドムスのひとつであったかもしれない。九世紀の中頃、教皇庁の軍事および民事の長官であったグレゴリウスとその娘婿のゲオルギウスなる人物——両者ともいかがしい貴族の出であったという——が、アヴェンティーノの上に住んでいた。九〇〇年頃にはアルベリクが、母方の家系の所有であったこの地の館で生まれている。今日の〈マルタ騎士団の庭園〉の地にあったこの建物は、九四〇年頃アルベリクからクリュニー修道士会に寄贈され、【サンタ・マリア・イン・アヴェンティーノ】修道院に変えられた。数人の年代記編者は、オットー三世もまたアヴェンティーノの「古代の宮殿」に住んだと主張するが、その真否はわからない。他の記録によれば、彼の離宮はパラティーノの「街の中のユリアヌスの宮殿」にあったという。おそらくそれはパラティーノの皇帝の宮殿のひとつで、それを彼は「自分で使うために豪壮な宮殿に建て替えることをはじめた」という。そしてその地には「ユリアヌスの神殿」が建っていたと、中世の古代研究家はいう。ところで、彼らにとって古代の大きな建物はすべて神殿であった。

庶民の居住地区と貴族の館の外側には、北、東、南へと【アウレリアヌスの城壁】まで〈ディスアビタート〉が広がっていた。その大部分は、原野、ブドウ園、牧草地からなり、その間には古代の浴場、上水道、墓廟、宮殿の廃墟が聳え、ときたま農民や労働者の小屋、わずかな教会や修道院に群がる、あるいは古代の遺跡を住みかとした小さな集落が見えた。一八七〇年頃まで、ローマの眺望といえばこのようなものであった（図199）。教皇の住まいであり彼の司教座であったラテラーノは、遠く離れた〈ディスアビタート〉東南の隅、【アウレリアヌスの壁】近くに位置していた。しかしその周囲にはすでに早くから、おそらく六世紀ないし七世紀から、ひとつの集落が形成されていた。遠く離れた〈アビタート〉から【コロセウム】を経て、丘を越える道ヴィア・マイオルを通ってやってきた旅人は、今日オベリスクが立つ地へと、いびつな形で北と西に向かって延びる広場〈カンプス・ラテラーニ〉にたどりついた。バシリカ北側の九世紀の宮殿は、バシリカの北と東で互いにほぼ平行に並ぶ建物群、豪華なモザイク、大理石を張り詰めた床や壁で飾られた謁見広間、礼拝堂、教皇居室――レオ三世のトリクリニウムや饗宴の間〈アクビタ〉を思い起こしていただきたい――の複雑な連なりから成っていた（図200、および93）。一一世紀のはじめには厨房、食堂、貯蔵庫、厩舎、宝庫が数えあげられているが、それらは当然のことながらすでに久しい以前から存在していたに違いない。行政職員の住居や使用人の宿舎もあったであろうし、それらは廊下や中庭でつながれていたのであろう。いくつかの古記録は、バシリカの西と南で宮殿建築群は城壁にまで達していたことさえ暗示している。北に位置する宮殿本体は、中期中世をとおして良い状態を保っていた。そこの多くの広間や礼拝堂は、常に新しく整備され、ときには、たとえばレオ三世の〈アクビタ〉に一三世紀の末二階建ての『サンクタ・サンクトルム礼拝堂』、ファサードやロジアが加えられたように、新たに建て増しされることもあった。一五三六年のヘームスケルクによるラテラーノの展望図（図260）は、左の端に礼拝堂、中央右にロジアを描いている。一五八六年から一五八九年にかけてのシクストゥス五世の建築事業で姿を消したこれら建物群の大半は、中世の早い時代に生まれたも

200.『Du Pérac-Lafréry のローマ地図』部分、1577 年のラテラーノの広場とバシリカの周囲

のと思われる。

ラテラーノの宮殿や教会は、中世の早い時代にすでに印象深い景観をつくりだしていた。宮殿の周囲には、教皇庁職員の宿舎や教皇庁とのつながりで生計を立てる職人や商人の住まいが群がっていたに違いない。のちの一〇世紀の記録は、もちろんその数は増していたであろうが、そのような建物を数えあげている。六世紀ないし七世紀以後、近くに四つの僧院が建てられた。そのひとつは、かつて教皇ホノリウスの所有であった館の中に、他のふたつは、おそらく宮殿と洗礼堂近くの別の館の跡地に、遅れて九世紀に生まれた四つ目は、広場の上を教会の北で走る上水道のアーチの下あるいは傍らにつくられた。しかしラテラーノおよびその周辺の建物は、〈アビタート〉から遠く離れ、都市ローマの活気からは孤立していた。北に向かっては、『サンタ・マリア・マジョレ』からの道ヴィア・メルラナが、今日の道とあまりそれることなく、かつての信徒集会所『サン・マッテオ』や、古くは「ニコメデスのティトゥルス」と呼ばれていた『サンティ・マルケリノ・エ・ピエトロ』を経て通じていた。しかし両者は八世紀にはすでに放棄されたか、あるいは荒れた状態にあり、そこに新たに教会が建つのははるかのちのことであった。ラテラーノの東には、ただ原野と耕地がつづくだけであった。コンスタンティヌスの創建であり、かつては大きな教会であった『サンタ・クローチェ・イン・ジェルサレンメ』は、中世初期にはローマ教会の序列では下位に置かれていた。それは、すでに八世紀には荒れた状態にあり、八〇六–八〇七年にレオ三世がここに寄進した燭台は、下位の教会に割り当てられたものであった。さらに東、ポルタ・マジョレの近くには、一〇世紀のはじめ頃からひとつの教会をもつ農民の集落のあったことが知られる。ラテラーノの西には、荒涼としたチェリオの丘が開けていた。『サント・ステファーノ・ロトンド』の東側にあって七世紀以来隆盛を誇っていた聖エラスモの僧院はすでに九三七年に放棄され、のちにスビアコの修道院に譲渡されてふたたび活動をはじめ、以後二〇〇年存続した。しかし一〇世紀には、『サント・ステファーノ・ロトンド』、『サンタ・マリア・イン・ドムニカ』、『サンティ・ジョヴァンニ・エ・パオロ』、それに聖グレゴリウスの修道院、今日の『サン・グレゴリオ・マーニョ』の傍らを通り、古代の街道クリヴス・スカウリに沿ってパラティーノの麓の谷に終わる上水道と、同じく古くからの道ヴィア・チェリモンターナに沿って、ただわずかに教会、農園、小屋〈ドミケラ〉が散らばるだけであった。中世におけるチェリオのこのような荒廃は、ヴィア・チェリモンターナが人口密集地に繋がる道でなかったことを考えれば当然であった。八〇〇年頃『サンタ・マリア・イン・ドムニカ』の近くに〈ディアコニア〉、つづいて教会が築かれ、一〇世紀には『サント・ステファーノ・ロトンド』が名義教会に格上げされたことは、この地域に新しい息吹を吹き込んだかに見えたが、そうはいかなかった。これら教会は一九世紀に至るまで、〈ディスアビタート〉の半分崩れ落ちた建物群の中で、みずからも惨めな状態でさびしく孤立していた。ラテラーノの宮殿と司教座教会は、その周囲に群がる住宅、僧院、小さな教会とともに、みずからが支配する都市とは完全に切り離された教皇の住まいと行政府になっていた。

第一一章　〈ボルゴ〉

〈レオの都〉注1

都の南東部に位置するラテラーノが初期キリスト教時代から初期中世にかけて次第に孤立していったのに対し、北西の外縁部には、四世紀から五世紀にかけて新しい都の中心が育っていた。【アウレリアヌスの城壁】の外、川向こう、すなわち古代都市の外に建つペトルスの教会、およびそこからテヴェレのポンテ・サンタンジェロまで延びる集落が、いまや都市ローマのイメージ変遷の要となったのだ。しかしすでにコンスタンティヌスの時代から『サン・ピエトロ』は、素朴な大衆の思いの中ではラテラーノの司教座教会より常に高い位置にあった。そこには、教皇の座に着く者の始祖ペトルスの祠があり、それを目指す巡礼者の数は増えつづけていたのだ。アルプスの北は、ペトルスの名の下でキリスト教徒となり、契約はその墓の前で結ばれ、その傍らに保管された。皇帝の冠はペトルスのバシリカで授けられ、ローマの人びと、いや西ヨーロッパの異邦人も、ペトルスの仲立ちで魂の救済を願った。かくして五世紀から九世紀にかけて、使徒ペトルスの教会の周囲には大きな——中世の意味での「大きな」——居住区が生まれた。教会とポンテ・サンタンジェロの間には、巡礼者を泊める五つの宿舎、バシリカを管理し巡礼者の世話をする六つの僧院が築かれ、そのひとつは足の治療に専念した。バシリカの傍らには貧者、それにおそらく隠遁者のための宿房があり、救貧院もひとつ、またバシリカのアトリウムにはすでに早い時代から教会に仕える聖職者や平信徒の住まいとして使われたであろう建物がつづいていた。そして教会の前の広場には、ひとつの噴水と手洗い所が設けられていた。僧院の周囲には他の小さな教会や礼拝堂が群

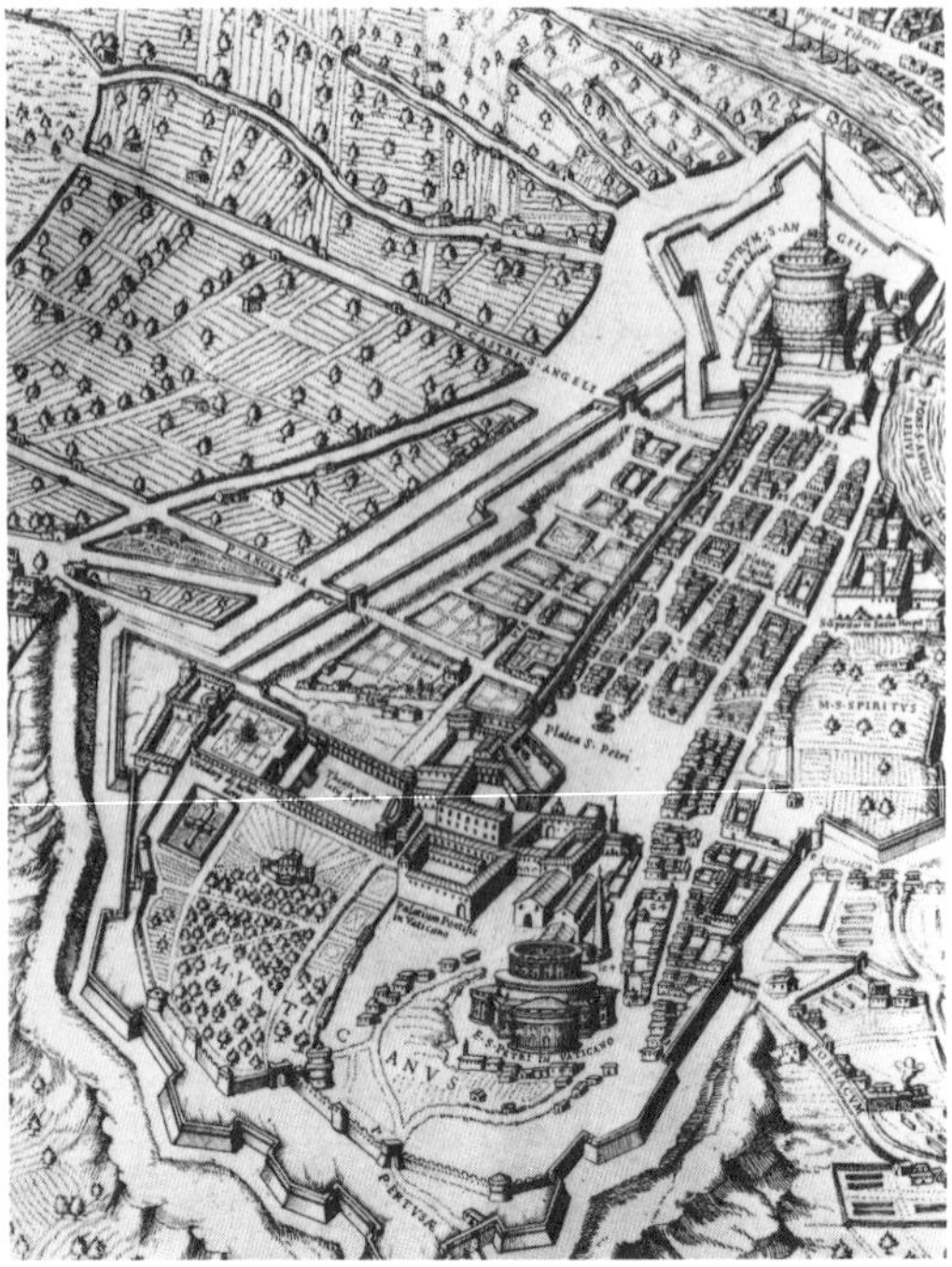

201.　1576年の『カルタロの大地図』部分、〈ボルゴ〉

がり、それらのあるものは『サン・ピエトロ』南側の古代の墓廟に潜り込んでいた。バシリカ翼廊に接続したそのような墓廟のひとつは、八世紀に、伝説がペトルスの娘とする聖ペトロニアの礼拝堂とされた。当時そこで発見された古代のある女性の石棺が、そのような伝説と結びついたのであろう。これはのちにフランク族の、つづいてカロリング朝の王たちの礼拝堂となり、さらには新しい『サン・ピエトロ』の建設までフランス王家の礼拝堂として使われた。シャルルマーニュ、その息子や孫、同じ頃在位した教皇たちによって、バシリカの周囲には壮大な建築事業が展開された。ラテラーノのそれと同じレオ三世のトリコンヘン、また公式の饗宴の間をそなえた「たまげるほど豪華で美しい建物」など諸教皇の謁見用広間、遠いラテラーノからやって来た教皇が「朝の祈りあるいはミサのあと、疲れた脚を休めるための」建物など、みなラテラーノに倣ったものであった。これらの建物は、その後一五〇〇年にわたって使われた。さらに国賓や貴賓のための宿舎が築かれ、その中には、おそらく今日のカンポ・サント・テウトニコにあったであろう古い建物を用いたと思われるシャルルマーニュの「宮殿」もあった。この宮殿もまた、ドイツの皇帝や彼のローマにおける代理人、あるいは皇帝が派遣する使節によって一〇世紀まで使われた。バシリカの近くには、アングロサクソン人、フランク人、ロンバルディア人、フリース人など、異邦人の特別居住区が築かれていた。【ハドリアヌスの墓廟】、すなわち『カステル・サンタンジェロ』は、市街からの唯一の行路であるポンテ・サンタンジェロを守った。この砦を手中にする者は、ペトルスの聖域とその周辺の居住区を支配し、一方では強力な守りが保障されたが、他方では潜在的な脅威ともなった。この集落からはただ一本の道が、川とジャニコロの間を抜けて、南のトラステヴェーレに通じていた。一五七六年までの〈ボルゴ〉は、大体においてこのような状況にあった（図201）。この一五七六年の図では、すでに北側にはヴィア・デル・ボルゴ・ヌオヴォにほぼ平行してヴィア・アレサンドリナが走っており、新しい『サン・ピエトロ』の建設も一部では進んでいる。レオの壁の外には、ピウス四世（一五五九–一五六五年）による新しい北部郊外都市も生まれている。しかし本質的には、中世を支配していた状況はほとんど変わっていない。レオの城壁の中には、『サン・ピエトロ』といくつかの小さな教会、僧院、宿泊所——その多くは九世紀以降姿を消したかつての異邦人居住区に設けられていた——が並ぶ。壁の北側には、ローマの配給食糧の多くを供給した耕地プラティが広がる。

九世紀『サン・ピエトロ』は、西ヨーロッパにとっての信仰の中心となっていた。本来の都の外に位置していたとはいえ、それはローマのもっとも重要な聖域であった。バシリカとその聖具室には、莫大な財宝が蓄積されていた。そして八四六年のサラセン人によるローマの略奪は、防御の意識を生んだ。八四七年から八五三年にかけてレオ四世は、『カステル・サンタンジェロ』から『サン・ピエトロ』の後方に至り、そこからUターンして川岸に向かい、今日のサント・スピリト病院の地に達する城壁を築いた。このレオの城壁は、〈ボルゴ〉を新しい要塞都市に変え、それは〈キヴィタス・レオニナ〉（レオの都）と呼ばれた。城壁は、巨大なバシリカとその財宝、小さないくつかの教会と僧院、聖職者の宿舎、教皇の居館、異邦人の特別区、定住した人びとの住宅と庭、〈ディアコニア〉と巡礼者の宿泊所を守った。しかし同時にこの壁は、〈レオの都〉を川向こうの【アウレリアヌスの城壁】内の都市とは別の、ひとつの独立した都市に変えた。その後の中世をとおして人びとは、本来のローマと〈キヴィタス・レオニナ〉との違いを意識した。一〇世紀ソラクテのベネディクトゥスは、「おゝ、ローマよ……おゝ、レオの都よ……」と、ローマとレオの街の運命を別にして嘆いた。ルドルフ・グラベルの編年記では、一〇〇〇年頃の『カステル・サンタンジェロ』は、「都の外、テヴェレの向こうの塔」としてあらわれ、一一世紀をとおして文書の中で「新しいレオの都市」は、法律的に別のものとして扱われた。この街は約三〇〇年にわたって、法律的にもまた民衆の思いの中でも、いや法律の上だけなら一七世紀の後半まで、独立した統一体であった。

〈ブルグス〉（小さな要塞前衛都市）に因んで〈ボルゴ〉と呼ばれたこの地が一一世紀につくりあげた街の形は、その後中世を超え、一九三八年、すなわちヴィア・デルラ・コンチリアツィオーネが古い道路網を突き破って『サン・ピエトロ』に至る広い通りを貫くまで、基本的には保持された。一六世紀から一九世紀までのローマの地図や景観図、それに記録文書は、そのことを証している。レオ四世の壁の中で〈ボルゴ〉は成長し、『サン・ピエトロ』、それに隣接する小教会や礼拝堂、僧院、墓廟は増殖をつづけた。一五世紀になっても、壁の外にはただ耕地だけが広がっていた。『コデクス・エスクリアレンシス』の中の〈ヴェドゥータ〉（景観図）は、モンテ・マリオからヴィア・カシアを通ってローマに近づいた北からの旅人の見た眺めを描いている（図202）。そこにはレオの壁、一六世紀に取り壊されたピラミッド（メタ・ロムリ）、シクストゥス四世が一四七一年から一四八六年にかけて改築したサント・スピリトの救貧院、『サン・ピエトロ』、教皇宮、遠く背景にジャニコロの丘とトラステヴェーレの城壁、そして左手には【パンテオン】、『サンタゴスティーノ』、カンピドリオの上の『パラッツォ・デル・セナトーレ』など都市の一部が見え、手前には耕地プラティが広がる。一九世紀の末までこの耕地は、モンテ・マリオを越えた先までつづいていた（図203）。レオの壁の中では、『サン・ピエトロ』のアトリウムへ入る階段の前に〈コルティーナ・サン・ペトリ〉あるいは〈プラテア・サンクティ・ペトリ〉と呼ばれた不規則な形の広場が広がっていた（図204）。この広場から『カステル・サンタンジェロ』に向かって、小さな教会、異邦人区、住宅、庭、仕事場、店舗を含む居住区が延びていた。広場の周りと通りの両側には、おそらく店を並べた周廊をもつ建物があり、それら建物の間や後ろには、庭あるいは空き地も見える。それらを東西に貫いて三本の幹線が走り、そのうちの二本は古代の道路を引き継いでいた。北からは、古代の道ヴィア・トリウムファリスを引き継いだルガ・フランキゲナ〈フランス人の道〉が通じていた。この道を通りポルタ・サンクティ・ペトリをくぐってレオの街に来たのはフランク人、それに他のアルプス北方からの旅人であった。モンテ・マリオを越え、ヴィア・カシアから来た旅人がまず目にするのは、「ひしめき合う塔と、人間には数え切れない多くの宮殿」と一二〇〇年頃マギスター・グレゴリウスはイングランドの同僚に書く、ローマの遠望であった。東からは、一五七六年の『カルタロの地図』（図201）にも見るように、『カステル・サンタンジェロ』を起点とする二本ないし三本の道が『サン・ピエトロ』に向かっていた（図205）。その主幹線は、おそらく古代ローマの道に遡るのであろうボルゴ・ヴェッキオであった。この道は、バシリカ南側墓廟群と【ネロのキルクス】を弓なりにめぐっていた古代ローマの小道ヴィア・コルネリアの一部を引き継いだものであり、おそらく初期キリスト教時代に本来の都と『サン・ピエトロ』を結んでいた柱廊と同じ道筋をたどり、中世にはアトリウムへの階段の南東隅で終わっていたのであろう。この道もまた一九三八年ヴィア・デルラ・コンチリアツィオーネ建設の犠牲となった。さらに南側には、今日ボルゴ・サント・スピリトと呼ばれる道が、一一九八年インノケンティウス三世が最初に建て、つづいて一五世紀と一六世紀に新たに建て直された『サント・スピリト・イン・サッシア』の救貧院と教会の場所にあったアングロサクソン人の居住区の

202. モンテ・マリオからの〈ボルゴ〉への眺望、1495年頃、『コデクス・エスクリアレンシス』の中の素描、fol. 7v および 8r

203. 1880年頃のプラティとモンテ・マリオ、前景に16世紀のヴァティカン宮殿と庭園

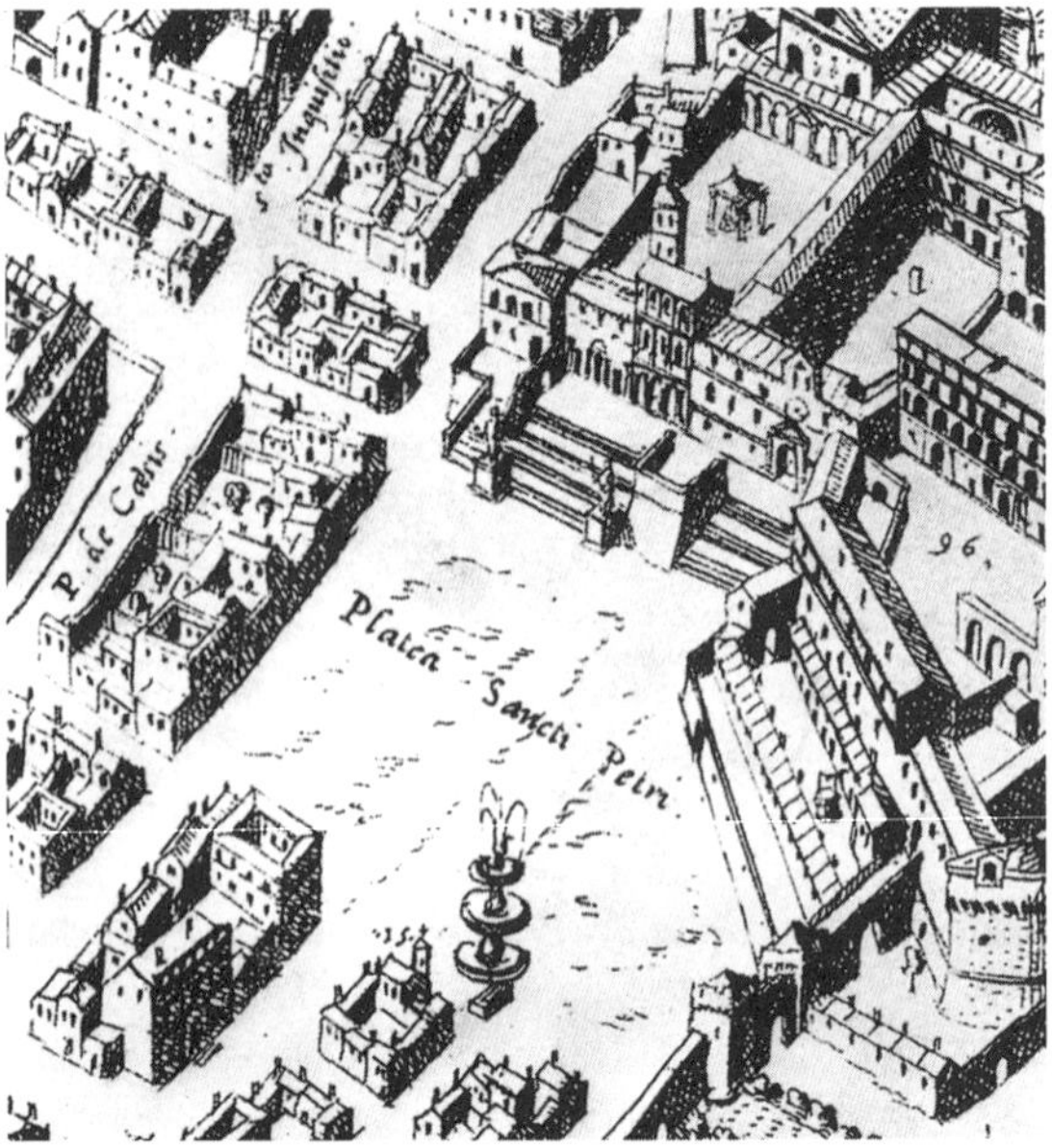

204.『Du Pérac-Lafréry のローマ地図』部分、1577 年のペトルス広場、アトリウムおよび旧バシリカの身廊

205. 1938 年以前のボルゴの道路

傍らを抜け、一九三八年まではほとんどボルゴ・ヴェッキオと平行に走っていた。三本目の道は明らかに中世のものであり、それはレオの街の北壁に沿って走っていたと思われる。すでに一五世紀にはボルゴ・ヌオヴォがほぼ今日のヴィア・デルラ・コンチリアツィオーネの中央帯に沿って走っていたと思われるが、それ以前に同じところを『サン・ピエトロ』に向かった中世の道があったかどうかは不明である。これら東西を貫く幹線には、いずれも中世に生まれた南北に走る狭い横道が交差していた。その中のひとつは、『サント・スピリト・イン・サッシア』の傍らを通ってザクセン門を抜け、そこから田舎道となってトラステヴェーレに達していた。この道を行く巡礼者は、さらにトラステヴェーレを横切ってポンテ・サンタ・マリア（ポンテ・ロット）を渡り、アヴェンティーノの麓に沿ってポルタ・サン・パオロまで進み、そこから『サン・パオロ・フオリ・レ・ムーラ』へと向かった。一一世紀のはじめ頃ペトルス広場、コルティナの周りは、建物で埋まっていたに違いない。一〇三〇年にはそこで「厩舎、塔、木の階段」を

もち、他の三軒の家に隣接した二階建ての家屋が売りに出されている。しかしあちこちには、一二世紀をとおしてまだ耕地やブドウ園も存在した。

レオの街の中で『サン・ピエトロ』から橋に至る道は、重要な交通路であると同時に、訪問者や巡礼者にとっての大切な買い物の通りでもあった。一〇四一年における商売の繁盛振りは、当時ザクセン人区で「ふたつの店棚、パーゴラ、前庭」をもつ家が売りに出されていることからもうかがえる。その二年後には、二軒の二階建て家屋が売りに出されており、そのひとつは、「柱廊（両側が柱廊の道か）に沿って建てられており内側に店舗と商売用の柱廊」をもっていた。さらに一一二七年には、「〈カミナタ〉（暖房）と、前に張り出した店と後ろに小屋をもつ」家が売買されている。じじつすでに八五四年には『サン・ピエトロ』と橋の間に、物置と地下室をもつ家、井戸、庭、ブドウ園をもつ家が並んでいた。一一世紀の中頃には、レオの街の住民として〈セルヴィエンテス〉（給仕人あるいは売り子）とともに、〈タベルナリイ〉（店舗所有者あるいは宿屋の主人）が数えられている。一三世紀には〈ボルゴ〉は名の知れた繁華街、「中世のヴィア・ヴェネト」となり、居酒屋や宿屋の主人は自分たちの区域での独占権を握るだけでなく、外の客を腕力で奪うまでの経済的強者になっていた。一三世紀、〈セナトーレ〉に選ばれた有力者ブランカレオーネはひとつの布告をし、巡礼者に好むところに泊まり、好むところで食料を買う権利を与えた。おそらく彼のこの動きは、川向こうの本来の市街にまで手を伸ばそうとした者たちをおさえるためであったろう。

当然のことだが、一二世紀には、いやおそらくすでにそれよりはるか以前から、バシリカの近くには両替屋の店があった。一四世紀のはじめ、広場やアトリウムへの階段には四九ものそのような店が出ていたという。そしてそれらは、すべてローマの大門閥家が所有するものであった。それら両替屋の傍らには、一二世紀あるいはそれ以前から、藁売りが寝具材としての藁を売っていた。アトリウムの中には本屋も店を出しており、一四世紀にはその中にひとりのユダヤ人がいた。通り沿いあるいは広場には、信仰にかかわるみやげ物売り、イコンや奉納絵の絵描き、フラスコ売り――おそらく彼らの小瓶には、聖ペトルスの墓の近くで燃えているランプの油が入っていたのであろう――、金細工師やロザリオ造りの売店や屋台が並んでいた。靴屋、布地屋、袋物屋、それに果物、野菜、油、香辛料など〈ゲネリ・アリメンタリ〉（生活必需品）の小商人などが店をつらねていた。じじつすでに一三世紀の中頃には、これらの出店はアトリウムへの階段の上、アトリウムの中、ナルテクス、さらにはバシリカの内部にまで入り込んでいた。

このことはおそらく、もちろん十分の見返りを受け取った教会参事会員の承認を得てのことであったろう。市当局はこの実態を規制しようと努めたが、もちろん無駄であった。要するに中期中世には、〈ボルゴ〉の幹線道路、教会前の広場、アトリウムとその階段は、ひとつの大きなバザールとなっていたのだ。

シーズンには巡礼者で数倍にも増える〈ボルゴ〉の住民にとって、宿泊所と病院は早くから欠くことのできないものであった。すでに八世紀に『サン・シルヴェストロ』や『サンタ・マリア〈イン・カプト・ポルティキ〉』の〈ディアコニア〉とともに築かれた宿泊所や、ペトルスの広場に設けられたサン・グレゴリオの病院、さらには、足を痛めた病人の世話を専門とする修道士を定めた『サント・ステファーノ・デリ・アビシニ』など記録されている。このような必要に応じてであろうが、一一九八年『サント・スピリト・イン・サッシア』の病院が設立された。これは、一五世紀と一六世紀に新しい建物に替えられた。一四七四年の最初の改築の際、今日に完全な姿をのこすシクストゥス四世の豪華な翼部建物が、川岸からポルタ・サント・スピリト（かつてのザクセン門）に向かう通りに沿って築かれた。一二世紀の病院は、すでに久しく放置された〈スコラ・サクソヌム〉（アングロサクソン人区）を受け継ぎ、それを広げたものであった。この新しい施設には、高官の宿泊所、救貧院、捨て子養育所、孤児院、産院、堕ちた女性の隠れ家など、多様な仕事が課せられ、それが拡張を必要としたのであろう。さらにこの「病院」には、「一週間に一度、通りや広場で病んだ貧しい人を捜し、彼らをサント・スピリトの建物に収容し、そこで注意深く世話をする」ことが義務づけられていた。この建物群は、都で最も大きな館塔《やかたとう》『トル・デコンティ』を建てたインノケンティウス三世の驕りの罪の償いであったというが、その真否はわからない。いずれにしても記録が伝えるサント・スピリトの任務と組織は、これが壮大なプロジェクトであったことを語っている。しかし残念ながら私たちは、その規模と外観を思い浮かべるにはただ想像力に頼るしかない。

要塞としての〈ボルゴ〉注2

この「病院」の兄弟会（信徒協会）は、その設立文書によれば、〈ボルゴ〉だけでなくローマのいたるところで活躍していた。したがって一二〇〇年頃には、〈ボルゴ〉すなわち〈レオの都〉と、ローマすなわちテヴェレ東岸の〈本来の街〉の間には、新しい関係が生まれていたと推測される。法的には、〈レオの都〉はローマとは別であった。しかし当時の人びとの目には、もはや〈レオの都〉は都市ローマの欠くことのできない一部と映っていた。なんといってもそれは使徒ペトルスの墓の在るところ、彼のバシリカを核として発展した街、すなわちペトルスが育てた街であった。その教会は、ラテラーノの司教座教会をはるかに越えてローマで最も崇敬される聖域であった。一一世紀以来『サン・ピエトロ』の参事会員は、ラテラーノのバシリカに対する自分たちの教会の優位性を主張した。両教会の参事会員の文書による激しい論争は数百年にわたって展開され、最後には『サン・ピエトロ』側の勝利に終わった。断を下したのはインノケンティウス三世であり、すでに見たように彼は、『サン・ピエトロ』のアプス・モザイクの銘文においてそのバシリカを「すべての教会の母」と呼んだ。それは、これまでラテラーノの教会の伝統的な称号であった。ペトルスとその跡継ぎである教皇は同一視され、「ローマ」と同義とされていた。それゆえいまや、『サン・ピエトロ』とそれを取り囲む〈レオの都〉は、もはやローマとは切り離せないものとされたのだ。中期中世に『サン・ピエトロ』とそれを抱く〈ボルゴ〉は、法律の文言ではたしかにそうではないが、一般民衆の間ではローマの一部とされていたのだ。

にもかかわらず〈ボルゴ〉は、中期および後期中世をとおして、都市機構の中では独自の性格を保っていた。まずその立地条件が、ローマの暴徒やこの都市をうかがういかなる軍事勢力からも守った。『カステル・サンタンジェロ』とレオの城壁は、常に最善とはいえなかったとしても、とにかく外からの攻撃に対処した。教皇権と同義とされたペトルスのバシリカを抱える〈ボルゴ〉は、ペトルスの後継者の最後の避難所、要塞化された聖域、ローマの外にあってローマに不可欠な場所、守るに堅く反撃のための突出口に適した場所であった。ローマも〈レオの都〉も敵の手に落ちた一〇八四年、グレゴリウス八世は『カステル・サンタンジェロ』に立てこもった。一二世紀の中頃、ローマの共和政樹立によってラテラーノから切り離されたエウゲニウス三世やハドリアヌス四世は、『サン・ピエトロ』に居を移したという。彼らは、五世紀と九世紀にペトルスの教会の南側、カンポ・サント・テウトニコの地、あるいはその近くに築かれていた古い教皇の建物に隠れたのであろう。教会の北側にもそのような建物はいくつかあり、それらはアトリウムと教会の側壁に接して、あるいはそれらから小道で隔てられて建てられていた。一二および一三世紀、数百年前に一時の住まいとして設計されたこれらの建物はすでに老朽化し、巨大化した教皇庁の官僚の住まいとするにももはや適さなかった。い

206.　南から見た〔カステル・サンタンジェロ〕、1495年頃、『コデクス・エスクリアレンシス』の中の素描、fol. 307v

まや新しい、万一には攻囲にも耐え得る堅固な宮殿が必要とされた。エウゲニウス三世は、おそらく一一五〇年頃、「新しい宮殿」の建設に着手した。この建物が、ある記録が伝えるようにバシリカに接続するものであったとしても、今日私たちはその痕跡すらも確認することができない。しかし一二〇八年頃にインノケンティウス三世が建て、二世代後にニコラウス三世、つづいて彼の後任者たちが一三〇〇年頃までに拡張した宮殿からは、教会北側の丘の上にその中核部がのこされている。それは今日のヴァティカン宮殿の一部をなし、その増築に増築を重ねた建物に覆われてはいるが、それでも基本的には良く保存されている（図161）。一四世紀のはじめ頃、〈ボルゴ〉、さらには川向こうの本来のローマを見下ろすヴァティカンの丘の上に、巨大な中世の宮殿が建った。その堅固な防御施設は、それが何よりもまず避難所として考えられた結果であった。それに、それまで完全に宮殿を巡ることはなかった城壁が増築され、ここに、〔カステル・サンタンジェロ〕、〈ボルゴ〉、宮殿が一体となっての巨大な要塞が形成された。それは、教皇、〔サン・ピエトロ〕、それに〈ボルゴ〉を生活の基盤とした住民を守る不落の砦であり、また常に暴動に走りがちなローマ人に対する警告のモニュメントであった。

ヴァティカン防御の要はもちろん、いつの時代にも〈ボルゴ〉と〔サン・ピエトロ〕を守ってきた〔カステル・サンタンジェロ〕であった（図206）。教皇の防塁としてのその価値は、一二世紀の終わり頃それが、互いにいがみ合ってきたローマの貴族たちから何の抵抗もなく教皇の手に移ったとき、いっそう増大した。サンタンジェロの要塞は常に修理され、四〇〇年の長きにわたって絶え間なく手を加えられてきた。すでに一一世紀には、重々しい円筒形の上に凸胸壁に守られた高い塔が聳えていた。それは、残存する最も古いローマ地図、おそらく一三世紀のオリジナルに基づく一三二三年の『フラ・パオリーノの地図』にも認められる（図182）。一三七九年に新たに築かれた方形の塔と重厚な円筒形の本来の墓廟は、同じく円筒形の堡塁を橋頭とする橋とともに、『フラ・パオリーノの地図』や一三二八年のバイエルンのルドヴィヒの封印にはじまり（図160・207・208・223）、様子は変わるが一五世紀末の『コデクス・エスクリアレンシス』の中の精緻をきわめた素描（図206・225）に至るまでのローマの〈ヴェドゥータ〉（景観図）における主要なメルクマールとされた。

〘カステル・サンタンジェロ〙の要塞とレオの城壁で守られていたとはいえ、中世のヴァティカン宮殿と〈ボルゴ〉は、その基本的な姿勢を防衛においており、川向こうの都市に対しても慎重なそなえを見せていた。たしかに一五世紀まで教皇の恒常的な住まいは、少なくとも理論的にはラテラーノにあった。しかし一一世紀以来〈ボルゴ〉と〘サン・ピエトロ〙は、川向こうの〈アビタート〉の拡大を自分たちに向けさせる磁石に育ち、一二および一三世紀には、その吸引力は強烈に働いた。教会内での最高の権威がラテラーノのバシリカからペトルスの教会に移ったこと、その周囲で教皇の宮殿が次第に拡張されていったこと、テヴェレ東岸の中世市街に近かったこと、それに〈ボルゴ〉の強い経済力と堅固な防衛力、それらすべてが、〈アビタート〉を徐々にポンテ・サンタンジェロへと引き寄せたのであった。ペトルスの墓、彼のバシリカ、〈ボルゴ〉は中世ローマ地誌の変遷におけるもっとも重要なキーポイントとなった。

第一二章 〈アビタート〉

新しい都市の形成 注1

都市ローマの姿は、一一世紀から一二世紀にかけて徐々に、しかし根底から変化した。その理由は、この都市が西方ヨーロッパの行政および司法の一大中心地になったこと、その発展と並行して人口が爆発的に増大したことなどがあげられよう。上で見たように、テヴェレ両岸沿いの三つの地域にはすでに中世の早い時代から人びとが住み着いていたが、それらが人口の増大とともに、住民の密集したひとつの「街」にまとまっていったのだ。トラステヴェーレでは、小さな教会、僧院、それに一一世紀にはすでに軒を並べていた民家の群れが、北へ向かって『サンタ・マリア・イン・トラステヴェーレ』周辺の集落を呑み込み、ポルタ・セッティミアナへと増殖していった。テヴェレの島は、トラステヴェーレと東岸をつなぐひとつの大きな要塞と化した。また東岸ですでに早くから発展していたふたつの地域、すなわち川岸からカンピドリオの南麓までに広がっていたリーパ域と【パンテオン】とピアッツァ・ナヴォーナ周辺域がこの島を仲立ちとしてテヴェレ屈曲部全域を呑み込むひとつの人口密集域と成長し、それは、ついには北のカンポ・マルツィオ、また東の今日の〈トレヴィの泉〉周辺まで拡大していった。そしてかつて市街の外縁に位置した西の〈ボルゴ〉と東のカンピドリオが、いまや新しいローマの要の地となった。このようにして形成された〈アビタート〉(住民密集域)は、少なくともルネサンスまでその形を保ち、今日の大都市ローマの核心部となった。その外では、たとえば【フォールム】東端の『サンタ・マリア・ノーヴァ』──今日の『サンタ・フランチェスカ・ロマーナ』──あるいは『サンタ・マリア・マジョレ』の例のように、早くから教会を核としてその周りに発生していた集落が、本来の〈アビタート〉とゆるやかに結びついた郊外市街へと成長していった。さらに遠く離れた〈ディスアビタート〉（住民過疎区）にあっては、ラテラーノ周辺の集落はひとつの衛星都市に成長したが、その他の広大な原野のあちこちにはただ農園、要塞化された修道院、塔の聳える領主の城館が築かれた。

ピアッツァ・ナヴォーナとカンポ・デイ・フィオリから西および南に向かって川に至る、すなわちほぼ今日のポンテ区とパリオーネ区およびレゴラ区の一部を占めるテヴェレ屈曲地域は、一一世紀末以降建物で埋められていった。新しい教会や修道院の創設年代は、この地域の発展ぶりを知るに重要な手掛かりを与える。一〇五〇年まではわずかな礼拝堂と小さな教会しかなかったこの地に、たとえば『モンテ・ジョルダーノ』の上とかヴィア・ディ・モンテ・ブリアンツォから北に少し離れた川辺の『サンタ・ルチア・デルラ・ティンタ』のように、一一世紀から一二世紀にかけて多くの教会が次々と築かれていった（図193b）。『サン・ロレンツォ・イン・ダマソ』の九世紀以後ほとんど文献に登場することのなかったが古い〈ティトゥルス〉は、再びその重要性を増したと見え、一一世紀以来名義枢機卿が中断することなく名を連ねている。一一七三年から一一七六年にかけては、同じく重要性を回復した『サンテウスタキオ』の〈ディアコニ〉の間との境界が新たに確定されている。そして『サン・ロレンツォ・イン・ダマソ』は、その名義枢機卿がウルバヌス三世として教皇に選ばれた一一八六年には、テヴェレ屈曲地帯における最も権威ある教会になっていたと思われる。この頃この『サン・ロレンツォ』は、ポンテ・サンタンジェロから島北端の対岸に至るテヴェレ屈曲部南西区域にみずからの司法権を及ぼし、その下には六五を超える教会が属していた。一一八六年に数え上げられているそれら教会のあるものは、のちに豪華な建物に替えられ、またあるものは大きく修理されてはいるが、本来の質素なバシリカの姿を今日に伝えている。『サンタニエーゼ・イン・ピアッツァ・ナヴォーナ』、『サンタ・マリア・イン・ヴァルリチェルラ』、『サン・サルヴァトーレ・イン・ラウロ』が前者の例であり、後者にはヴィア・アレヌラ近くの『サン・トマソ・イン・パリオーネ』、ラルゴ・アルゲンティーナの『サン・ニコラ・デイ・カルカラリイ』（あるいはデイ・チェサリニ）――これは一九三二年に取り壊されアプスと地下聖堂の基礎のみをのこす――が属す。もちろん一一八六年に『サン・ロレンツォ』の傘下に数えられた六五の教会の中には、すでに以前から存在していたものもあったであろう。しかし記録や銘文から年代が特定できるものは、ほぼこの頃に創建されている。『サンタ・マリア・イン・モンティチェルロ』は一〇九九年と一一一八年の間に建てられ、一一四三年になって聖別された。『サン・サルヴァトーレ・

イン・オンダ』は一一二七年以前、『サン・ニコラ・デイ・カルカラリイ』は一一三二年、『サン・トマソ・イン・パリオーネ』は一一三九年に聖別された。同じ地域の創建年代が特定できない他の教会も、おそらくその頃に建てられたか建て替えられたのであろう。たとえば、ポンテ・サンタンジェロ近くの『サン・チェルソ』である。一一二七年にはじめて文献に登場し、ベノッツォ・ゴッツォーリのフレスコ画に明らかに一二世紀のナルテクスと広いバシリカをもって『カステル・サンタンジェロ』のすぐ隣に描かれているこの教会は、一六世紀および一七世紀に建て替えられた（図208）。『モンテ・ジョルダーノ』の上の小さな教会『サンティ・シメオーネ・エ・ジューダ』のアプスもまた、一二世紀の改築の際のものと思われる。この地域では一一世紀から一二世紀にかけて活発な再開発のプロジェクトが展開されたのであろう。教区教会の数の多さや、この教区の境界をめぐって起こされた裁判の記録は、この地域に建物と住民が密集していたことを語っている。一五世紀中頃の『ストロッツィの地図』では、このテヴェレ屈曲地帯の主たる特徴として、建ち並ぶ多くの教会、『モンテ・ジョルダーノ』の上の塔をもつ領主の館、ピアッツァ・ナヴォーナ、カンポ・デイ・フィオリ、ピアッツァ・ディ・パリオーネ——おそらく今日のピアッツァ・サン・パンタレオ——などの広場、ポンテ・サンタンジェロに向かういくつかの通りを見ることができる（図207）。同じころに描かれたゴッツォーリのフレスコ画は、【パンテオン】から遠くの背景にあるカンピドリオの『サンタ・マリア・イン・アラコエリ』に至る建物の密集したこの市区の光景を生き生きと伝えている（図208）。

一一世紀と一二世紀にかけて〈アビタート〉が西に向かってテヴェレ屈曲部へと拡大したのは、当然の展開であった。〈ボルゴ〉が磁石となって、東岸の街をポンテ・サンタンジェロへと引きつけたのだ。この橋は、聖ペトルスの墓とそのバシリカを抱え、巡礼者を接待し、その広場や通りには屋台、出店、店舗が並び、両替屋や銀行が繁盛するローマの商業中心地、そして一三世紀のはじめからは教皇が宮殿を構えた〈ボルゴ〉への唯一の交通路であった。もちろん商人や銀行家たちは、その〈ボルゴ〉に渡るこの橋の対岸のたもと、ピアッツァ・デル・ポンテにも引き寄せられたであろう。またこの広場に向かうヴィア・デイ・バンキ・ヴェッキは、この名で記録に登場するのは一四世紀であるが、すでにその二〇〇年ないし三〇〇年以前に、〈ボルゴ〉の商店街につづく〈ヴィア・メルカトリア〉（商人の通り）であり、この辺りには旅籠も建ちはじめていたであろう。たしかにこの地域が記録ではじめて言及されるのは一四世紀であり、その繁栄は一五世紀になってからであろう。しかし一一三五年、〈ボルゴ〉の商店主たちは、テヴェ

207.『ストロッツィのローマ地図』部分、1474年（オリジナルは1450年頃）テヴェレ屈曲域の教会と要塞化された館、Firenze, Laurenziana

208. 1465年のテヴェレ屈曲域の〈アビタート〉の眺め、ベノッツォ・ゴッツォーリのフレスコ画の一部、S. Agostino in S. Gimignano

209.　上流から見たテヴェレの島とポンテ・ファブリツィオ、1495年頃、前景に浮き水車、右に中世の教会［サン・ジョヴァンニ・カラビタ］、『コデクス・エスクリアレンシス』の中の素描、fol. 277ᵛ

レ東岸の商人に脅かされたこの地での商業権を主張し、それを守ろうと努力している。

〈アビタート〉が西に向かってテヴェレ屈曲部へと拡大していった一方で、【パンテオン】周辺と、カンピドリオの麓から西のヴィア・アレヌラさらには【ポンペイウス劇場】を含む川岸域も次第に合体し、建物の過密化をさらにすすめた。この川岸とテヴェレの島は、一一世紀以来有力な門閥ピエルレオニ家の庇護の下で新しい隆盛期を迎えていた。一〇七三年、『サンタ・マリア・イン・ポルティク』は聖別されている。しかし信仰を集めた聖母像をもつこの小さな教会は、一六六五年他の場所に移され、豪華で大きな教会『サンタ・マリア・イン・カンピテルリ』に変えられた。おそらく古代の聖域に建てられたのであろう『サン・ニコラ・イン・カルチェレ』は、一一二八年に聖別されている。島の北部の『サン・ジョヴァンニ・カラビタ』は、すでに一〇一八年に存在しており、一二世紀の前半に建て替えられた（図209）。その南側、オットー三世によって創建された小さな教会『サン・バルトロメオ』は、一一一三年あるいはその半世紀後に、今日の装いは新しいが基本的には変わらぬ大きなバシリカに建て替えられた。このすぐ近くにポルトの司教が一一世紀のはじめひとつの〈クルティス〉（館）を所有しており、その周辺には密集した居住区が形成されていたと考えられる。それから一〇〇年後に島を占有したピエルレオニ家は守りを固め、以来数世紀にわたって島は要塞としてのこされた。一五世紀末の『コデクス・エスクリアレンシス』の中の一葉には、『サン・ジョヴァンニ・カラビタ』と、要塞化された館の高い凸胸壁の向こうに聳える『サン・バルトロメオ』の塔が見える（図209）。この館には、川岸を遠く見渡し、古代にはポンス・ファブリキウス、中世にはポンテ・クヴァトロ・カーピあるいはポンス・ユダエオルムと呼ばれた橋を守る塔が付属していた。一一九二年に文献にはじめて登場する塔とその館の少なくとも一部は、今日にまでのこされている（図240）。レンガ構造から一二世紀のものと推測されるこの塔は、おそらくピエルレオニ家によって築かれたのであろうが、一三〇〇年頃にはカエタニ家の手に渡った。

テヴェレ東岸の〈アビタート〉中核部や島の上の居住区と同様トラステヴェーレにおいても、一一世紀から一五世紀にかけて徐々に建物の数が増していった。しかしこの地の成長は、東岸のそれのように文献の上で明確に辿ることができない。一〇三八年頃すでに『サンタ・マリア・イン・トラステヴェーレ』の周辺では家並が壁を接して連なり、一二世紀にはトラステヴェーレ全域に建物が目立つようになったと思われる。しかし家屋の密集域は、一六世紀に至るまで狭くて短く、『サンタ・マリア・イン・トラステヴェーレ』後方の北部地域を除いて、それがジャニコロの麓に達することはなかった。かつての『サンティ・コスマ・エ・ダミアーノ・イン・ミカ・アウレア』、今日の『サン・コシマート』の修道院や『サン・フランチェスコ・ア・リーパ』は、はるか外側の耕地の中に孤立していた。『サンタ・チェチリア』の西に建物はなく、『リーパ・グランデ』の南にはただ川岸に沿って果樹園がつづくだけであった。しかし居住区の内側では、すでに早い時代から領主の大きな館や館塔が聳えていた。そのような建物は、一四世紀や一五世紀になっても建てられた。一五世紀末の『コデクス・エスクリアレンシス』の中のアヴェンティーノからの眺めを描いたひとつでは、ローマよりもむしろネーデルランドやドイツを想わせる塔、塔で守られた館、段階式破風や凸胸壁をもつ建物が、立錐の余地もなく建ち並んでいる（図210）。しかしそれらは後期中世の建物である。一一および一二世紀には、ピエルレオニ、パパレスキ、ステファネスキ、テバルディなどローマの重要な門閥のいくつかが、トラステヴェーレに居を構えるか、あるいはその地の支配権を主張していた。塔はこの地区の至る所に聳え、中世をとおして、いやピエルレオニ家の場合にはその後も長く、それぞれの所有者の権威を誇示した。しかし同時にトラステヴェーレは、少なくとも一一世紀には、商人の街でもあった。『サンティ・コスマ・エ・ダミアーノ・イン・ミカ・アウレア』の修道院にのこる古文書には、古くからこの地に住み着いていた靴屋、陶工、車大

210. アヴェンティーノからのトラステヴェーレおよび遠くのテヴェレ左岸の〈アビタート〉への眺望、『コデクス・エスクリアレンシス』の中の素描、fol. 56^{v}

211. 『Du Pérac-Lafréry のローマ地図』部分、1577年、〈アビタート〉(薄い部分は中世以後の街区)

Berlin, Kupferstichkabinett, 79D2A, fol.91^{v} および 92^{r}

工など職人と並んで、おそらくこの地に住んでいたのであろう〈ネゴティアトレス〉(商人)が繰り返し登場する。彼らのある者は、近くの〈ボルゴ〉に出店、あるいはトラステヴェーレに店をもつ小商人であったと思われる。しかし一〇四一年の記録に見える〈ヴィル・マグニフィクス・ネゴティクス〉は、大商人、あるいは銀行家であったかもしれない。じじつ一一世紀のピエルレオニ家は、そうであった。門閥家と商人と銀行家、それにトラステヴェーレに住んでいたユダヤ人との関係については、今後の研究にまたなければならない。トラステヴェーレで指導的立場にあったピエルレオニ一族がこれら三者を結ぶ要であったことは確かである。しかしトラステヴェーレの他の門閥家の誰が実業家として出発したか、あるいははじめから商人であったかは不明である。

密集した居住区がまとまりをもってテヴェレの屈曲域の内部にまで拡大した頃、〈アビタート〉はその外縁部でもひろがりを見せていた(図211)。北の縁では、カンポ・マルツィオ区域が一二世紀に市街化していった。一一九四年、『サンタ・マリア・イン・カンポ・マルツィオ』の尼僧院は一五〇を超える貸家を所有しており、その半分は僧院の近くにあったが、他の半分はさらに北のピアッツァ・ニコシア、そして一一三九年に礼拝堂『サンタ・チェチリア・デ・ポステルラ』が建てられたピアッ

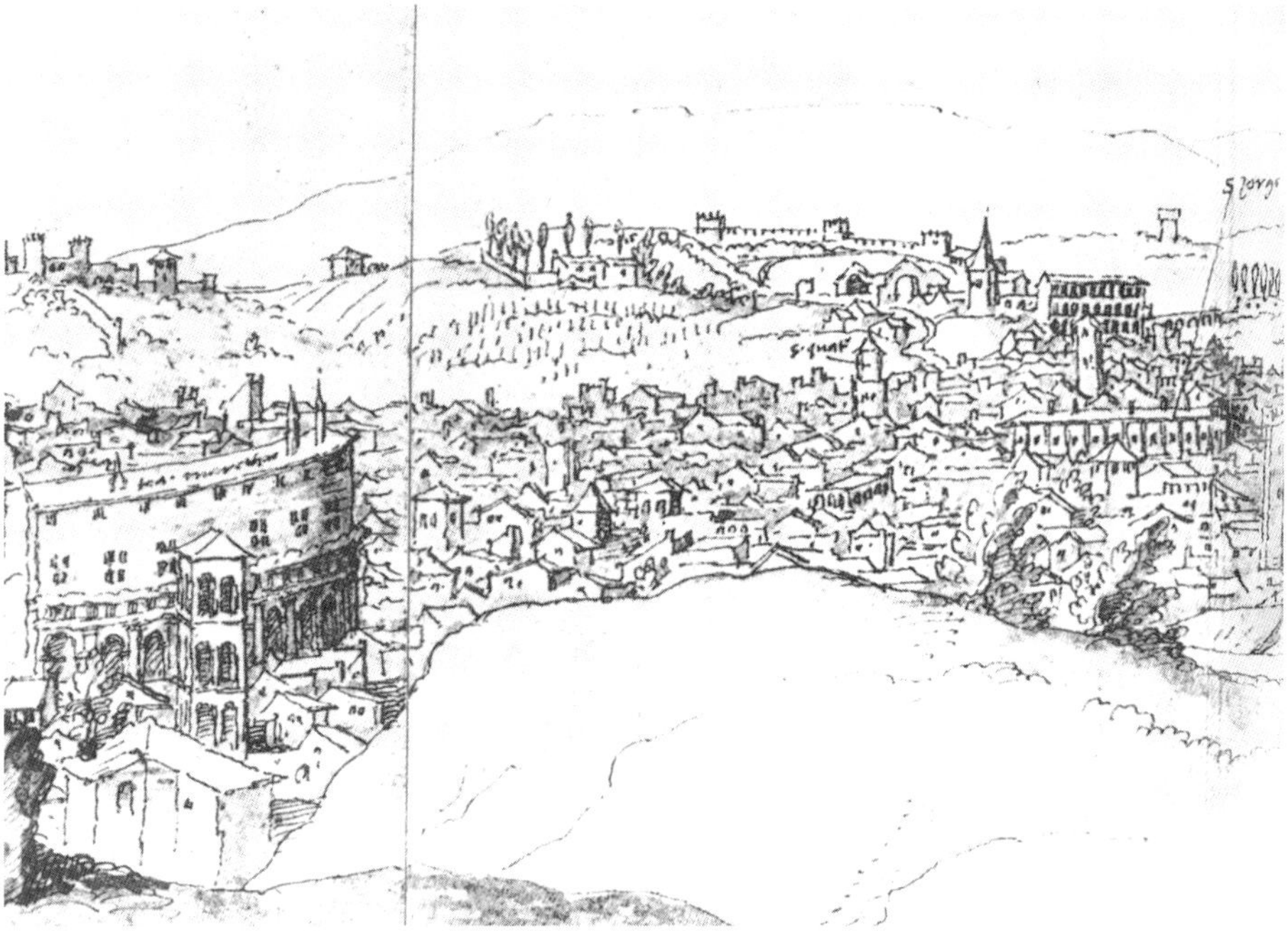

212, 213. モンテ・カプリノからの〈アビタート〉への眺望、1534–1536年頃、ヘームスケルクの素描の一部、

ツァ・ボルゲーゼにまで、散在していた。この礼拝堂は、一八世紀に『マドンナ・デル・ディヴィノ・アモーレ』教会に変えられたが、そのロマネスクの鐘楼は今日にのこされている。東では、僧院の貸家は『サン・シルヴェストロ・イン・カピテ』の近くにまで延びていた。僧院周囲の貸家は、壁を接した長屋風のものであったに違いない。年代ははっきりしないが中世の建物のひとつあるいはふたつがピアッツァ・ディ・カンポ・マルツィオにのこされており、そのイオニア式柱頭と飾り気のない梁を載せた円柱廊は今日、後代の広場の壁にはめ込まれている。しかし中世の市街の中心部には、まだ建物のない広い空き地もあった。一二八〇年ドミニコ修道士会は、古代のミネルヴァの聖域の廃墟およびその近くに、彼らの新しい大きな教会『サンタ・マリア・ソプラ・ミネルヴァ』およびそれに隣接する修道院を築いた。【パンテオン】の東、コルソからは西に向かって数百歩足らずに位置するこの地は、当時なお田園の雰囲気を保っていたと思われる。ドミニコ修道士会は、托鉢修道士会にふさわしく、市街の外のそのような閑寂な土地を探していたと思われるからである。しかし〈アビタート〉の中心部は、一三世紀の末にはすでに過密状態にあり、もはやそこに新たな建物のための土地を求めることはできなかった（図212・213）。それにこの過密な都心部にもはや新しい教会を建てる必要もなく、じじつ一

五世紀および一六世紀にこの地に築かれた教会はなかった。

〈アビタート〉の過密化とともに、水の供給が問題になった。この地域の主たる水源はアクヴァ・ヴェルギーネであったが、それが【パンテオン】にまで伸びることはなく、その最後の配水門はコルソの東、〈フォンタナ・ディ・トレヴィ〉（トレヴィの泉）であった。したがって〈アビタート〉の他の地域は、井戸やテヴェレの水に頼らねばならなかった。じじつ建物密集地全域、さらにはその他の地域にも、至る所に井戸があった。家屋の賃貸あるいは売却契約書には、アヴェンティーノの麓、『サンタ・マリア・イン・コスメディン』の南、『サンタ・マリア・ノーヴァ』近くで井戸が言及されている。また井戸の所在は、通りの名、たとえばヴィコロ・デイ・ポッツィ、ヴィア・デル・ポッツォ、ヴィア・デル・ポッツェットなどからも知られる。そのほか、『トル・デコンティ』から『サンタ・マリア・イン・ヴィア』の間、トラステヴェーレでは『サンタ・マリア・イン・トラステヴェーレ』の近く、そしてテヴェレの屈曲部にも井戸があった。

〈アビタート〉は、東に向かっても拡大していった。今日のピアッツァ・コロンナの東、コルソからあまり離れない〈フォンタナ・ディ・トレヴィ〉の周囲には、早くから居住区が形成されていた。一〇世紀の中頃クヴィリナーレ西麓には、耕地の中に『サン・シルヴェストロ・イン・カピテ』の末孫ともいうべきいくつかの小さな教会が建っていた。この泉近くにベリサリウスが建て、すでに使われなくなっていた古い巡礼者宿泊所とその礼拝堂『サンタ・マリア・イン・クセノドキオ』が、おそらくその中核をなしていたのであろう。一〇四二年、『サンタ・マリア・イン・ヴィア』がはじめて記録に登場する。これは、一六世紀に大きな教会にとって代わられるまで、小さな礼拝堂であったと思われる。一一世紀をとおしてこの地域では、『サン・シルヴェストロ・イン・カピテ』だけでなく、『サンタ・マリア・イン・ヴィア・ラータ』とそれに付属した尼僧院『サン・チリアコ・イン・ヴィア・ラータ』による一貫した居住区化の施策が遂行されたと考えられる。『サン・チリアコ』の僧院は、当時この地における大地主であったと見え、一〇一九年には「『サンタ・マリア・イン・クセノドキオ』の隣に家を建てるため」に四面の小さな土地、一〇四二年には「『サンタ・マリア・イン・ヴィア』から遠くないところの、リンゴの木をもち、住宅用の、建てられたばかり家」、一〇六五年ごろにはクヴィリナーレのはるか上のほう、大理石の巨像《馬を抑える男たち》の近くの土地と小屋（文書では〈カサリネ〉と呼ばれている）を売却している。この地域は長らく田園的雰囲気をのこしていたと思われる。一三世紀のかなり遅くまで〈トレヴィの泉〉近くの『サン・シルヴェストロ・イン・カピテ』所有の家屋は、果樹園つきの平屋か、多くの場合果樹園の中に建つ小屋であった。それは、一二一七年の文書が伝えるクヴィリナーレの北斜面の様子と似たものであったと考えられる。そこでは、ふたつの果樹園の間に、内部にいくつかの（おそらく古代の）穹窿をもつ小さな家があったという。今日〈トレヴィの泉〉の向かいに見える二棟並びの家は、その楣とイオニア式柱頭を載せる単純な円柱からなる柱廊から、この居住区が本来の田園的性格を次第に失いつつあった時代、すなわち一三世紀、あるいは一四世紀に建てられたと推測される。全体として見れば〈アビタート〉の外縁部は、その田園的雰囲気を中期中世も中頃まで保持していたといえるであろう。ピアッツァ・コロンナの北『サン・ロレンツォ・イン・ルチナ』まで広がっていた『サン・シルヴェストロ・イン・カピテ』の所有地は、小さな家を含む果樹園であり、それらの家のひとつは、一二〇七年、いや一二二九年になってもなお、屋根の代わりに天幕を張っていたという。それはまさに牧歌的、田園的光景であった。

道路網[注2]

教皇の行列儀式からも、都心部を抜ける主要道路の様子を知ることができる。今日に伝わる最古の儀礼書『ベネディクトゥス・カノニクスの典書』は、一一四〇年から一一四三年頃にまとめられたものだが、それ以前の伝統を基盤としている。教皇戴冠の行列は、ラテラーノを出てヴィア・マイオル、今日のヴィア・サン・ジョヴァンニ・イン・ラテラーノを『サン・クレメンテ』に下り、【コロセウム】に向かう。そこで北西に曲がり、【ネルヴァのフォールム】後方の凱旋門を抜け、さらに【アウグストゥスのフォールム】の巨大な後壁に沿って進み、サリタ・デル・グリルロを抜けて『トレ・デルレ・ミリツィエ』の傍らを通り、クヴィリナーレの南西斜面に沿って『サンティ・アポストリ』に向かう。つづいてヴィア・デルルミルタ（中世のヴィア・クヴィリナリス）の近くでコルソを横切り、『サンタ・マリア・イン・アクヴィロ』の傍らを通ってヴィア・ディ・カンポ・マルツィオを横断し、ヴィア・デルレ・ステルレッテ、ヴィア・デルロルソ、トル・ディ・ノーナを経てポンテ・サンタンジェロに至り、そこから『サン・ピエトロ』に達する。帰りは、都心の南部を抜ける道を行く。ポンテ・サンタンジェロからいくらか西に向かい、【テオドシウス、アルカディウス、ホノリウスの凱旋門】――最後のものは今日のヴィア・ジュリアの出口辺りにあり、当時はさらに川下にあった【ヴァレンティニアヌスやグラティアヌスの凱旋門】と混同されていた――の傍らを通り、ヴィア・デイ・バンキ・ヴェッキを経て、古代の廃墟のひとつ、伝承によればモザイクでくまなく覆われていたという〈クロマティウスの宮殿〉に至り、ここで教皇はユダヤ人の代表団の表敬を受ける。つづいて行列は、ヴィア・デル・ペルレグリーノを抜け、パリオーネ区に向かってヴィア・デル・パリオーネ――今日のヴィア・デル・ゴヴェルノ・ヴェッキオとコルソ・ヴィットリオ・エマヌエレの一部――を北に折れ、南の【ポンペイウス劇場】と北の【アレクサンデルの凱旋門】――今日同定できないが、おそらく【アレクサンデルの浴堂】の一部であろう――の間を抜け、【アグリッパの浴堂】に至る。さらに行列は、【パンテオン】後方の【ポルティクス・アグリピヌス】に沿ってほんの少し北へ向かい、すぐに南転してヴィア・デルレ・ボッテゲ・オスクレを経て『サン・マルコ』に至る。ここから【フォールム】を横切って【コロセウム】に達し、そしてラテラーノに向かって登って行く。

五〇年後の『ケンキウス・カメラリウスの儀礼書』はほぼ同じ道筋を記述するが、いっそう生き生きとしたイメージを伝えている。『サン・ピエトロ』階段下の広場で教皇は、巡礼者の寝具や馬の餌を売る藁商人、両替屋、蝋燭や松明を並べる出店の傍らを過ぎ、〈ボルゴ〉の大通りを抜けて『カステル・サンタンジェロ』に至り、橋を渡る。ここから行列のゆく道筋や施し金の配られる場所は、この典書ではもはや教会や古代の記念物ではなく、個人の家や通りの名でもって記述される。「(おそらくテオドシウスのであろう)凱旋門は、ヨハネス・パウリの家のある場所」、「ステファーノ・ニツォの家、大理石の家」、「パリオーネの入り口に建つステファヌス・セルペトリの塔」、「ユダヤ人が敬意を表する場所」――これはピアッツァ・ディ・カンポ、今日のピアッツァ・デルロロジオとなっており、ユダヤ人の表敬の場は変わっていたのであろう――、「マッシモの家」――おそらくマッシモ一族のひとりであろう――、「〈ヴィア・デル・パーパ〉のチェンチオ・ムスカ・インプーニャのパラッツォ」、下級貴族の一員であるオド・ボンフィグリの塔、「木靴のあるヨハネスの家とその隣のフーゴの息子ニコラウスの小さな家」の前を通り、行列はヴィア・デイ・カルカラリイへと進み、アーモンドの樹の交差点、そして『サン・マルコ』を過ぎ、さらに東へと向かう。戴冠の行列の際には、通りに架かるアーチは花綵《はなづな》で飾られ、その費用はあとでそのアーチの持ち主に払われた。儀礼書の記述からは、あたかも小家、邸宅、住宅、塔などが、ただ乱雑に建ち並んでいたかの印象を受ける。道筋の家々からは、おそらく特に目立つものが選ばれたのであろうから、おそらくそれらの建物は棟つづきに、あるいは狭い隔たりをもって道沿いに並んでいたに違いない。行列は、花綵で飾られたアーチを抜け、通りをくねくねとうねり、あちこちで立ち止まって準備にかかった費用を払い、群衆の上に小銭を撒き、それを奪い合って人びとは殴りあう。中世をとおしてさまざまな機会に行われた行列は、このようなものであったに違いない。オットー三世の時代の一〇世紀末に編まれた、聖母のイコンを担いで通りを抜ける行列をうたったある長編の詩は、人びとの興奮と叫び、街路に懸かる幟、松明、蝋燭の煌めき、屋根の上の星や月と明るさを競うランプの光を描写する。一二一五年の『サンタ・マリア・イン・トラステヴェーレ』の聖別に向かう行列でインノケンティウス三世は、家から家にわたされたランプに照らされた通りや広場を歩み、幟や緋色の布を垂らす館塔《やかたとう》の間を抜けて進んだ。行列参加者の豪華さはいうまでもない。緋色の衣をまとったローマの貴族、トランペット、シンバル、竪琴の楽の音、聖職者、民衆、オリーヴの枝を手に教皇へと走りよる子供たち。

214. ヴィコロ・ディ・トレ・アルキ

　日常世界での通りは違っていた。中世ローマの通りに沿う家々は、過去六〇〇年ないし七〇〇年に繰り返し建て替えられた。しかし通り自体は、そのままのこった。道路網は保守的なものであり、コルソ、テヴェレ屈曲部、島の南部に囲まれた都心の主要道路や路地は、多くが今日に中世のままの距離とときにはその幅をのこしている。それはくねくねと折れ曲がり、一部でも直線がつづけば、〈ヴィア・レクタ〉「真っすぐな道」とことさらに呼ばれた。狭い路地は、すでに古代にもあった。私たちは、その様子を『サン・クレメンテ』の下に発掘されたふたつの家の間を抜ける小路に見ることができる。古代あるいは中世にはじまるものであれ、通りは狭く、暗いものであった。中世の主要道路のひとつであったヴィア・デ

215.　ヴィコロ・デルラトレタ、後景に中世の建物の外階段が見える

216.　ヴィア・デル・ペルレグリーノ、建物は近世のもの

ル・ペルレグリーノの幅はちょうど五メートル、ヴィア・デイ・コロナリは幅が四、七〇メートル、他はもっと狭くヴィコロ・デルラ・クカーニャは二、八〇メートル、ヴィコロ・デル・ディヴィノ・アモーレは二、四〇メートル、ヴィコロ・サヴェルロは二、三〇メートル、ヴィコロ・デイ・トレ・アルキは二、三五メートル（図214）であった。トラステヴェーレでは一二五〇年、ふたつの通りがその幅でわずか一、三〇メートルと一、八〇メートル、ヴィア・デイ・コロナリから分岐するヴィコロ・サン・トリフォーネは今日までその幅が一、三八メートルである。中世の〈アビタート〉では、たとえば【パンテオン】の周辺、ヴィア・デイ・コロナリとヴィア・デルラ・スクロファの両側、カンポ・デイ・フィオリの周辺、カンポ・マルツィオやトラステヴェーレなど市街部の人口が稠密になればなるほど宅地の需要は増し、あらゆる角《かど》や隅も利用しつくされた。壁を接し、二階、いや三階、ときには四階建

ての狭い家が、通りに沿って棟つづきに並んだ。ヴィコロ・デルラトレタは、もちろんほとんどの家は後代のものだが、今日まで中世の面影を伝えている（図215）。同じことは、ヴィア・デル・ペルレグリーノ（図216）、あるいはトラステヴェーレの横道ヴィア・デルラ・フォンテ・ドリオ（図217）についてもいえる。〈アビタート〉の人口の過密化につれて、庭園や空き地も姿を消していった。しかしまったくなくなることはなかった。一六世紀の都市景観図や地図には、家並の間に押し込まれた庭、あるいは市街の真中、【パンテオン】の近くやカンポ・デイ・フィオリの近く、あるいはパラッツォ・スパーダの後方に、かなりの庭園を見ることができる。しかし全体からみれば、中世をとおして〈アビタート〉は、今日なおヴィア・デリ・オスティア、ヴィコロ・デイ・トレ・アルキ、あるいはアルベルゴ・デルレ・ドゥエ・トッリ近くのヴィア・ディ・モンテ・ブリアンツォとヴィア・デルラ・スクロファの間に見られるように、大小の家、開かれたあるいは囲まれた小さな広場、井戸のある、あるいはない裏庭をつなぐ狭く暗い路地が入り混じり、まさに迷宮へと成長していった。通りのあちこちには、向かい合う家、あるいは建て増しされた突出部を支える堅

217. トラステヴェーレの中世の通りヴィア・デルラ・フォンテ・ドリオ、建物は近世のもの

218. 【サンタンジェロ・イン・ペスケリア】のゲットーの中の通り、前景に魚売りの屋台、1850年頃

219. ヴィコロ・デイ・トレ・アルキのアーチ

固なアーチがわたされていた（図218）。その多くは一九世紀のローマ再開発の際に姿を消したが、トラステヴェーレではヴィア・デイ・サルミの傍らにアルコ・デイ・トロメイがのこっており、東岸ではヴィア・モンテローネとヴィア・トレ・アルゲンティーナを結ぶアルコ・デイ・シニバルディ、ピアッツァ・デイ・チェンチ近くのいくつか、それにヴィア・デイ・コロナリから分岐したすでに名が示している通りヴィコロ・デイ・トレ・アルキの例などをみることができる（図219）。一三世紀にあってそれらのアーチの高さは、一二五〇年トラステヴェーレのある路地のために定められた規則に見るように、「頭に大きな器とその上にさらに小さな器を載せた女性がその下をくぐることができる」よう求められた。一二世紀および一三世紀の経済の繁栄時代に、〈アビタート〉の混雑はいっそう増した。当時の賃貸あるいは売却契約書、それに遺産相続規定は、建物が、その大小にかかわらず、上下左右にひしめき合っていた様子を語っている。一八世紀や一九世紀になってもローマの市街地図や展望図は、この都市の異常なまでの過密ぶりを示している。一九世紀の末までのこされていたゲットーの路地や中庭は、中世の〈アビタート〉の光景をしのばせる（図220）。あるいは私たちは、フィレンツェ、いやそれ以上に狭く薄暗い〈ソットポルテギ〉（路地）や穴のような〈コルティ〉（中庭）のあるヴェネツィアの旧市街に、一三、一四世紀ローマの面影をみることができるかもしれない。そこでは、当時の遺言書や遺産相続規定を調べたロベルト・ブレンターノが生き生きと叙述するように、ひとつの建物群に金持ちと貧者が隣り合わせに生活していた。遺言の書き手である家主は、柱廊のあるパラッツォとそれにつづく建物を所有し、その建物には書記、革職人、理髪師の未亡人が住み、金細工師の仕事場もあった。その隣に店舗があり、それもパラッツォの中の住宅に属していたという。おそらくそれらは柱廊の下にあったのであろう。またそのよう

220. ゲットーの中のヴィア・デルレ・アツィメルレ、1890年以前、Museo di Roma

な〈ポポロ・ミヌト〉（細民）は、邸宅の壁に寄りかかった小屋をも住まいにした。凸胸壁で守られた城館の隣には、靴屋、鍛冶屋、書記、薬草商人の住まいがあった。要塞化された【マルケルス劇場】に住むサヴェルリ一族は、地下の穹窿を肉屋と職人に貸していた。［サンタンジェロ・イン・ペスケリア］の参事会員は、ポリティクスの中の石段を魚屋に貸していた（図218）。地代収入は歓迎されたし、必要でもあった。「店子は権力戦争時の軍兵であった」と、レヴィン教授は筆者に語った。

もともと人ひとりがやっと通れるほどの狭い道路は、さらに建物の突出部や玄関で狭められ、肉屋や靴屋の掃き出すごみで汚された。家々からのごみはただ道路に撒かれ、染色や皮なめしの仕事場からの汚水は道路にあふれた。道路の管理と清掃を受けもつ役所〈マギストリ・ストラタールム〉あるいは〈マエストリ・ディ・ストラーダ〉が設けられた。記録の上では一二三三年以来一八世紀まで途絶えることなくつづいたこの役職は、当初は「元老院」が選出したが、一四二五年以降は教皇が任命した。おそらくこの職は、その上級職である「元老院」が設立された一二世紀すでに仕事についていたと思われる。その任務と権限は絶えず拡大され厳密に規定されたが、基本的には一二三三年の取り決め、すなわち「城壁、家屋、道路、公の広場およびそれらの一部、概していえば都市の内と外のすべての建物に関する問題を解決する」ことであった。なかでも大切なのは、玄関や商売用出店が規定された境界を越えて道路にはみ出さないよう、取り締まることであった。許された境界は、『サン・ピエトロ』広場とそれに北から通じるおそらくかなり広かったのであろう道〈ルガ・フランキゲナ〉で、一、五〇メートルであった。もちろん狭い道では、その許容幅も狭かった。その他の任務としては、建物やその敷地の境界を定めること、空き地のごみを片付けさせること、染物屋——ちなみにこれはユダヤ人の専業であった——に、汚水が道路に流れ出さぬよう仕事場前の排水溝の設置を義務付けることなどであった。一四世紀に〈マエストリ・ディ・ストラーダ〉は、私人による道路占有の監視、汚水あるいは汚物の道路への撒き散らしの取り締まり、道路からの垣や仮の建物の撤去、上水道の保全、週に一度の道路掃除、その際のごみを川に棄てること、私物化されていた公共物、たとえば「ブドウ園、庭園、凱旋門や橋、（おそらく古代の）建物や壁」を再び管理下に置くことを仕事に加えた。これらはしかし、汚物で覆われ、舗装されず、雨天や悪天候には通行不能、繰り返しテヴェレの洪水に襲われ、荷役の動物や人間にふさがれ、玄関口や出店、垣に狭められ、加えて店の前で仕事をする職人、道の上で洗濯、料理をする主婦や小女に邪魔される中世ローマの道路の実態を語っていた。同じ状態は、全中世をとおして、いやその後になってもつづいた。繰り返された禁止令の布告は、それが役に立たなかったことを語っている。要するに中世にあっては、今日のナポリ、エルサレム、ダマスカスの中心市街に似て、いや一〇〇年前までのローマがそうであったように、道路は家屋の延長であり、それ自体としての存在は認められていなかったのだ。

カンピドリオ[注3]

かつて古代ローマの中心であったカンピドリオは、〈アビタート〉の東の端に位置し、初期中世をとおしてなおざりにされ、市街内というよりもむしろ〈ディスアビタート〉の一部とみなされていた。それが、一二世紀に急激に変化した。それは、ローマの民衆が市政に関する共同決定権と連帯責任を要求し、妥協を迫って教皇権に対しておこした反乱の結果であった。

今日このカンピドリオを、ミケランジェロが構想した以外の姿で想像することは難しい。中央の楕円に《マルクス・アウレリウスの騎馬像》を据え、西に向かって開く台形の〈アレア・カピトリーナ〉は、正面の『パラッツォ・デル・セナトーレ』、左にムゼオ・カピトリーノ、右にパラッツォ・デイ・コンセルヴァトーリと三つの建物に囲まれ、左手の少し高みには同じく西に面した『サンタ・マリア・イン・アラコエリ』が聳え、その麓のピアッツァ・アラコエリからは豪壮な階段『コルドナタ』が〈アレア・カピトリーナ〉へと昇る。しかし古代ローマにあっては、カンピドリオの主な建物、すなわち東側岸壁の上に建つ【タブラリウム】のアーチを列ねたファサード、一六世紀にモンテ・カプリノと呼ばれ、タルペアの崖でおわる南側台地の上の【ユピテルの大神殿】、今日『サンタ・マリア・イン・アラコエリ』が建つ北側の突端の上の【ユーノ・モネタの神殿】、南北の台地の間の貴人の邸宅と神格の低い多くの神々の祠など、それらはみな東方に面し、【フォールム】を見下ろしていた。カンピドリオへの主要な道であったモンテ・カプリノへ向かう今日その舗装が復元されている道や、【タブラリウム】北側の高台に向かう狭く急な階段も、東側から登っていた。西側の斜面をよじ登り、おそらく古代末期に市場が開かれていた丘の中央の窪地に至る三番目の道は、あまり重要な意味をもっていなかったと見える。この市場の正確な位置は知られてないが、いずれにしてもそれは、【フォールム】の市場街の丘の上での延長であったに違いない。丘の西斜面に沿っては、早くに大きなアパートメント・ハウスが築かれており、その廃墟の一部は今日にのこる（図14）。東側とは対照的に西側の斜面は、モニュメンタルでなく日常的な性格をもっていたのであろう。

中世に、このような状況は一変した。神殿は姿を消し、【タブラリウム】は、コルシ一族によって、おそらく上層階や塔を建て増しされ、東側の麓に沿って〈アビタート〉からラテラーノに向かう道を制圧する砦に変えられた。要塞化されたこの建造物の西と北の台地は、うず高く積った廃墟の瓦礫で古代よりも六メートル高くなっていた。ミケランジェロが〈アレア・カピトリーナ〉を築くまで、丘の上は凹凸の激しい台地であった（図222）。北側の台地にはすでに八世紀あるいはそれ以前に、おそらく【ユーノ神殿】の廃墟を利用して『サンタ・マリア・イン・カピトリオ』の修道院と教会が築かれていた。教会は、一二世紀の新しい建物と同様、今日の『サンタ・マリア・イン・アラコエリ』の翼廊の地に位置し、南に向いていたと思われる。一二世紀の鐘楼の一部は、今日の教会の南側翼廊にのこされている。一二世紀モンテ・カプリノの上では、おそらく【ユピテル神殿】に付属していたかあるいはその近くにあった柱廊に縄作り職人が住み着き、そこでは、この職業が一六世紀まで継がれた。中世都市ローマの地誌的発展にとって特に重要な意味をもつのは、『サンタ・マリア・イン・カピトリオ』の前の起伏のある台地で開かれていた、おそらく古い起源をもつのであろう市場である。アナクレトゥス二世の勅書も言及するこの市場は、丘の西斜面に沿って麓のピアッツァ・アラコエリまで延びていたと思われ、この広場には、その名が市場とかかわるふたつの教会が建っていた。そのひとつは古代のアパートメント・ハウスの廃墟の中にあり、その小さな鐘楼が今日にのこされている。【フォールム】からカンピドリオに登る東側の階段は、アナクレトゥスの勅書がことさらに触れるようにまだ使われてもいたが、当時すでに丘への主要な登り口は西側、すなわち〈アビタート〉側に移っていた。

　このことは、カンピドリオの役割がまったく変わったことを語っている。しかしこの新しい登り口も丘の上の建物も、いまだモニュメンタルな性格をもつことはなかった。アナクレトゥスの勅書は、民家、住居としての穹窿、中庭、果樹園を樹木、岩、円柱と並べて数え上げているが、おそらくそれらは丘の上に散在していたのであろう。一〇六一年には皇帝使節の住まい〈パラティウム・オクタヴィアニ〉のあったことが知られているが、おそらく古代の廃墟の中に築かれていたのであろう。また〈ポルティクス・カメラリアエ〉と呼ばれた建物もあったというが、それは多くの人が推測するように、【タブラリウム】のことであったろう。これもまたアナクレトゥス二世の時代にはすでにコルシ家の手を離れ、丘全体とともに修道院の所有に帰しており、そこにモニュメンタルな性格を見ることはできない。

　とはいえ、カンピドリオ（カピトリウム）が〈カプト・ムンディ〉としてのかつての名声をまったく失うことはなかった。七世紀あるいはもっと早くに生まれたであろう〈サルヴァティオ・ロマエ〉の伝説によると、カンピドリオの上には、ローマが屈服させた属州の象徴としての彫像が立っていたという。このようにして、かつての栄光の記憶は生き生きと保たれていた。一〇六一年の皇帝の使者も熱烈な古代崇拝者であったとみえ、カンピドリオの古代の栄光を十分に意識していた。これらのことから、一一四三／一一四四年の再生ローマ共和政が、その元老院をカンピドリオの上に設置したのは当然であった。「カピトリウムの再建、元老院の権威の復活、騎士階級の再構築」、これが革命の合言葉であった。「カピトリウムの再建」、この言葉で中世の人びとが理解したことがらが、ただちに実行に移されたのであろう。もちろん、カンピドリオの当時の様子を知ることは難しい。コルシ家のかつての館の中に築かれたのであろう〈コムーネ〉の新しい集会堂は、必ずしも西に向いていたとはいえない。それは、東の【フォールム】の方向、あるいは同じく当時建て替えられた『サンタ・マリア・イン・カピトリオ』のファサードと鐘楼に向かい合って北に面していたとも考えられる。この建物と教会のファサードの間の高く盛り上げられた中世の丘の頂に、一二あるいは一三世紀、古代のオベリスクが建てられた。一二〇〇年頃には、『パラッツォ・デル・セナトーレ』、その前庭、市場は、おそらく西に向いていたと思

221. モンテ・カプリノからのカンピドリオへの眺め右前景に〔パラッツォ・デル・セナトーレ〕、1534–1536年、ヘームスケルクの展望図、Berlin, Kupferstichkabinett, 79D, 2A, fol. 91v および 92r

222. 南から見た〔サンタ・マリア・イン・アラコエリ〕、1534–1536年、ヘームスケルクの素描、Berlin, Kupferstichkabinett, 79D, 2A, fol.164

われる（図221）。しかし教会とオベリスクはいまだ、【フォールム】からの階段を登って丘を東から西へ横切る道に面していた。

一三世紀に中世のカンピドリオの基本形は出来上がり、それは三〇〇年後ミケランジェロの構想で確定された。一二世紀の元老院は、【タブラリウム】の残骸の上には、すでに述べたように、『パラッツォ・デル・セナトーレ』がまったく新しく建てられた。一二世紀の元老院は、都市の最高行政官であるひとりの〈セナトーレ〉に取って代わられた。堂々とした新しい建物は、丘とその前に広がる〈アビタート〉の東部地域に睨みを利かせるためのものであった。パラッツォとともに、一三世紀にかつての『サンタ・マリア・イン・カピトリオ』に取って代わった新しい『サンタ・マリア・イン・アラコエリ』の教会もまた、同じ地域を眼下に置いた（図222）。古い建物は、一二五〇年フランシスコ修道士会に委ねられ、新しい建物の建築は五〇年代の終わり頃にはじまり、十年後におわったと思われる。古い建物からほんの一部を継いだ新しい大きな教会は、ローマの教会建築が固執した梁構造の屋根をもつバシリカとして建てられ、当時の時代様式であったゴティックの要素はわずかに尖頭アーチの窓、ファサードと翼廊に付属した礼拝堂のバラ窓に見られるのみであった。フランシスコ修道士会がカンピドリオの上に示そうとした強い自己主張は、一三世紀の二〇年代以来、この修道士会と諸都市の〈コムーネ〉の間に存在した密接なつながりで説明されるであろう。しかし〈コムーネ〉が早くから発達したフランス、イングランド、ライン地方、北イタリア、トスカーナでは、〈コムーネ〉の建物が都市の中心に築かれたのに対し、ローマのフランシスコ修道士会は、市街周縁部の廃墟の中に居を構えた。自治の動きが遅くに生まれたこと、およびカンピドリオと結びついた心情と伝統が、〈コムーネ〉の建物を市街の外に建てねばならなかった、またそれゆえフランシスコ修道士会がすぐその隣に居を構えることができた理由であろう。じじつ一二四二年には、それ以前ではけっしてありえないことだが、古い教会『サンタ・マリア・イン・カピトリオ』とその修道院もまた、〈コムーネ〉の建物として使われた。布告は教会の前で発せられ、〈セナトーレ〉の下に置かれた市参事会は修道院の中、おそらく回廊のひとつで、会議をもった。

『サンタ・マリア・イン・アラコエリ』は、中世ローマの都市図の中でも際立った存在であった。この新しい教会は、『パラッツォ・デル・セナトーレ』の左前方の位置、それゆえいっそう目立つ位置に高く聳え立ち、丘の麓に広がる〈アビタート〉を見下ろしていた。すべてを凌駕するその地位は、一三四八年、麓のピアッツァ・アラコエリから教会に至る壮大な階段が築かれたことによっていっそう高められた。『パラッツォ・デル・セナトーレ』と『サンタ・マリア・イン・アラコエリ』からなる建物群は、中世共和政

223.　ローマの理想的イメージ、〔カステル・サンタンジェロ〕、【パンテオン】、【コロセウム】とカンピドリオ、〔サンタ・マリア・イン・アラコエリ〕と〔パラッツォ・デル・セナトーレ〕が見える。Apollonio di Giovanni によるディドとアエネアスの物語を描いた長持ち絵の一部。Yale University Art Gallery, James Jackson Jarves Collection

の象徴となり、一四世紀から一五世紀にかけてのローマ地図や景観図に繰り返し登場した（図223）。モヌメント・ヴィットリアーノの札束で粉飾された大理石の塊が、一九一一年のその完成以来カンピドリオを凌ぎ、それを後ろに隠し、都市のイメージにおける過去の栄光をあるいは抑えたかもしれない。しかしこの奇形の怪物が生まれる以前、『サンタ・マリア・イン・アラコエリ』を含むカンピドリオの上の建物群は、ラテラーノからジャニコロに至る、またポルタ・デル・ポポロとモンテ・マリオに至る〈ディスアビタート〉、そして丘の麓からポンテ・サンタンジェロ、『サン・ピエトロ』、さらには一三世紀のヴァティカン宮殿までの〈アビタート〉のどこからも見える高みに聳え立っていた。教皇権と〈コムーネ〉との対立は、たしかに政治的には一二八〇年に解決されたが、それぞれの中心は、どこからも見える市街の外縁に生きつづけたのだ。カンピドリオは、その輝かしい伝統と中世ローマの政治的中心としての新しい意味にもかかわらず、地誌的には〈アビタート〉の成長に何の影響もおよぼさない、市街の外に追いやられた〈ディスアビタート〉周縁の最後の基地のひとつにすぎなかった。中世の都市ローマは、ただ西に向かって成長し、テヴェレ屈曲部の市街区、ポンテ・サンタンジェロ、〈ボルゴ〉を核とする強い磁場から出ることはなかった。

第一三章　民家、塔、城館

民家[注1]

中世ローマにおける住宅の様子を思い描くことは容易でない。世俗建築に関する考古学的資料は少なく、わずかにのこる遺構も常に正確なイメージを伝えているわけではない。それらは、あまりにも修理されており、建てられた時代も比較的遅く、一三世紀以前のものはごくまれである。しかも造りは堅固で上流階級のための建築法であり、また〈アビタート〉の中にあって多くは棟つづきの建物の一部をなし、それゆえ一六世紀までほとんどの民家に不可欠とされた庭を欠いている。より早い時代の、あるいはより質素な民家が形を変えてのこっていた、あるいは発掘されたとしても、その平面図や細部が記録され保存されることはなかった。もちろん道路がそうであったように民家の場合でも、後世のものが中世の基礎あるいは下部構造の上に築かれるということは、しばしばあったに違いない。しかしこれまで考古学者が、中世の民家のタイプや性格、あるいは住宅の配置やその密集具合に注意を払うことはなかった。それゆえわずかにのこる遺構について検討する前に、まずは一五世紀末から一六世紀の都市景観図や、中世からのこる民家の賃貸あるいは売却契約書に目を向けることが必要であろう。これらの資料は、中世の〈アビタート〉の内と外に見られた民家の実情を生き生きと伝えてくれる。

『コデクス・エスクリアレンシス』の中のトラステヴェーレの眺め（図210）やこの素描集の中の他の景観図あるいは一五三五年頃の『ヘームスケルクの都市図』（図212・213）は、全体として同じような印象を与える。これらの都市図に登場する一五あるいは

224.　ヴィア・ディ・モンテ・ブリアンツォに沿って古代の城壁の上に建てられた家々。1886年頃、E. Roesler Franzによる水彩画、Museo di Roma

一六世紀の建物の中には、当時まだ基本的にはほとんど変わらなかったであろう中世都市の様子を伝えるものが少なくない。家々は寄り集まり、しかもそれぞれは破風あるいは屋根の長辺を通りに向けて建っていた。すでに一三二三年（原型は一三世紀）の『フラ・パオリーノの地図』にも、孤立して建つ建物と並んで、特に〈ボルゴ〉や東岸のモンテ・ブリアンツォ近くには、通りに面して軒を連ねる家屋が見える（図182）。地図の作者はしかし両者でもってただ建物のある場所を示そうとしたのであろうが、それでもそのような棟つづきの家は当時の都市中心部では普通に見られたのであろう。そして時代とともに、庭もだんだん小さく少なくなっていったのであろう。ポンテ・シストから少なくともポンテ・サンタンジェロの間の城壁の上には、中世以降次々と建物が築かれ、その様子は、建物はさらに新しく積み上げられてはいるが、一〇〇年前までヴィア・ディ・モンテ・ブリアンツォ沿いに見ることができた（図224）。城壁が築かれることのなかったその下流の島の対岸では、『コデクス・エスクリアレンシス』のひとつの素描に見るように高さの違うさまざまな種類の家屋や塔が、危険なまで水辺に迫っていた（図210）。もちろん『コデクス・エスクリアレンシス』あるいはヘームスケルクの描く建物は、一五世紀以前のものではないかもしれない。しかし世俗の、特に下層階級の建物の建築家はきわめ

225. 〔カステル・サンタンジェロ〕と中世の建物、1495 年頃、『コデクス・エスクリアレンシス』の中の素描、fol. 26v

て保守的であり、一五世紀あるいは一七世紀でさえ、小さな民家の多くは古い時代の特徴を受け継いでいたであろう。一一世紀あるいは一二世紀の質素な家が、『コデクス・エスクリアレンシス』が描く島対岸（図210）あるいは〔カステル・サンタンジェロ〕の下（図225）の家々とまったく違っていたとする理由は何もない。それらは小さく、それでも張り出した玄関、前面あるいは側面にアーケードをもつものもあり、平屋かあるいはただ屋根裏に物置を載せる、あるいはたしかに二階建てではあるが、その二階には窓ではなくただ覗き穴が開いていた。

考古学や都市図による証言があまりにも少ないのに対し、公文書や売買契約書は、生き生きとしたイメージを提供してくれる。建物の敷地は狭く、ときにはせいぜい三六×三六フィート（一〇、一六平米）、広くて一一〇×四四フィート（三二、五〇メートル×一三メートル）であった。公道から戸口までの路は、「手押し車、あるいはロバ、あるいは馬」が通れる幅などと、詳細に記述されていた。たいていの家には表か裏に果樹園があり、そこには——これは賃貸あるいは売買契約書が詳細に数え上げるのだが——リンゴ、オリーヴ、ときにはイチジクあるいはブドウが植わっていた。小さな前庭あるいは張り出した玄関が付いたものもあり、多くの場合おそらく古代の廃墟から「略奪」したのであろう〔テグリキア〕（レンガ）でつくられていた。また

226. ヴィコロ・デイ・モロニ

それらの家はしばしば〈スカンダリキア〉と記述されているが、それは薄く削った板〈スカンダラ〉(こけら板)で屋根を葺いていた、あるいは羽目を覆っていたことを意味していたのであろう。しかし多くの場合は藁《わら》屋根で、あるいは両素材が同時に使われたこともあったと思われる。また多くは〈テリネア〉(平屋)で、〈ソララタ〉(二階建て)もあった。上階へは外の階段を昇り、それはときには、ラティウムの小さな中世都市にのこっているように大理石でつくられていた。似た例は、トラステヴェーレのポルタ・セッティミアナの近くで【アウレリアヌスの城壁】につづくヴィコロ・デイ・モロニにも見ることができる(図226)。建てられたのは間違いなく一六世紀であろうが、タイプは中世のものと思われる。一〇世紀以来『サンタ・マリア・ノーヴァ』の近くでは、売買契約書に平屋あるいは二階建ての家がしばしば記録されている。九八二年には「二階建て、レンガとこけら造り、小さな前庭と大理石の外階段、オリーヴとリンゴの植わる裏庭つき」、あるいは一一二七年には「上と下にレンガの〈カンミナータム〉(暖炉のある部屋)、前に階段と張り出し玄関とその石、および庭と同じくその石」のある優雅な家が売りに出されている。「その石」とは、石のタイルを張ったテラスのことであろうか。同じ年には「平屋、屋根はこけらと藁葺き、小さな裏庭つき、七本手の燭台のアーチ(ティトゥスの凱旋門)の近く」との記録も見える。『サンタ・マリア・ノーヴァ』付近の田園地帯にこのような民家があったことは、少なからぬ驚きである。しかし一〇〇八年似たような家が、一一世紀ローマにおける絶好の住宅地『サンタ・マリア・イン・ヴィア・ラータ』近くでコルソから少し入ったところでも売りに出されている。「藁屋根のこけら造り、ブドウ棚とリンゴの樹が植わる小さな前庭つき、ローマ第四区、大理石のアーチ(コルソを跨ぐディオクレティアヌスの凱旋門〉の近く」とある。『サンタ・マリア・マジョレ』周辺の集落では、一〇九一年『サンタ・プラセーデ』近くの家が「完全なレンガ造り、ふたつの部屋とその上の物置（屋根裏のことか）、屋根はこけら葺き、オリーヴ園つき」と記述されている。この場合「こけら葺き」は、借り手によって注文されている。一一五四年には、カンポ・マルツィオ地区の〈アビタート〉の北縁に小さな民家と並んで藁葺きの小屋が建っていた。平屋あるいは二階建てにかかわらずそれぞれの家は、前庭、果樹園、また多くの場合近くに空き地をもっていた。川を上って来た船が着く『リペッタ』埠頭の近くには、船乗りたちに賃貸する倉庫が建っていた。〈アビタート〉の中心部では、街はゆっくりと迷宮へと変貌し、空き地や果樹園も、たとえ完全ではないにしろ、徐々に姿を消していった。無計画な都市の発展は、街をアーチの架かる小径と路地がわがもの顔に走る、中期中世特有の迷路に変えた。建物の乱雑な密集化と余裕のない堅固な構造への移行は、早くから見られた現象であったとも思われる。一〇九二年スコルティクラリアの『サンタポリナーレ』近くに、柱廊玄関と「商売のため」の〈プレフォルルム〉――おそらく両者は直接並んでいたのであろう――をもつこけら造りの家があった。柱廊玄関とはいえ、その多くは『コデクス・エスクリアレンシス』の素描に見るようにアーケードの一柱間から成り、〈プレフォルルム〉は、店の窓を保護する廂あるいは跳ね上げる窓の鎧戸であったと思われる。しかしすでにその半世紀前、『サンタ・マリア・イン・トラステヴェーレ』近くのある通り沿いには、棟つづきの家屋が建っていた。一〇三八年教会に寄贈された「こけら造りで二階建ての半分家」は、「一方が自分（すなわち寄贈者）の住宅、他方はウルソ（という男）の住宅に接し、裏は空き地、表は通り」に面していた。このような棟つづきの建物は、多くの場合地上階にアーケードをもち、それは道路に面して、もちろん高低の異なる、通り抜けの柱廊を形成していた。ヴィア・デルラルコ・デルラ・パーチェにのこる小さな凝灰石を積み上げる工法〈オプス・サラキネスクム〉から一三世紀に帰せられる建物は、おそらく伝統的な建築の型を伝えていたと思われる（図229）。一〇四一年〈ボルゴ〉には、「二階建て、レンガ造り、裏庭とふたつの売り台が置ける張り出し玄関つき、記念碑（おそらく古代の廃墟）に接し、『サン・ピエトロ』に通じる柱廊をもつ」建物があった。

中期中世の商店街では、このような棟つづきの建物が普通であったと思われる。図227は、一六〇〇年頃『サンティ・トリニータ・デイ・ペルレグリーニ』の〈オスピツィオ〉（救貧院）が所有した不動産の目録に含まれていた図である。ここに描かれているヴィア・デル・ペルレグリーノの通りの様子は、一二世紀以来ほとんど変わっていないと思われる。左から三軒と右からの二軒の建物

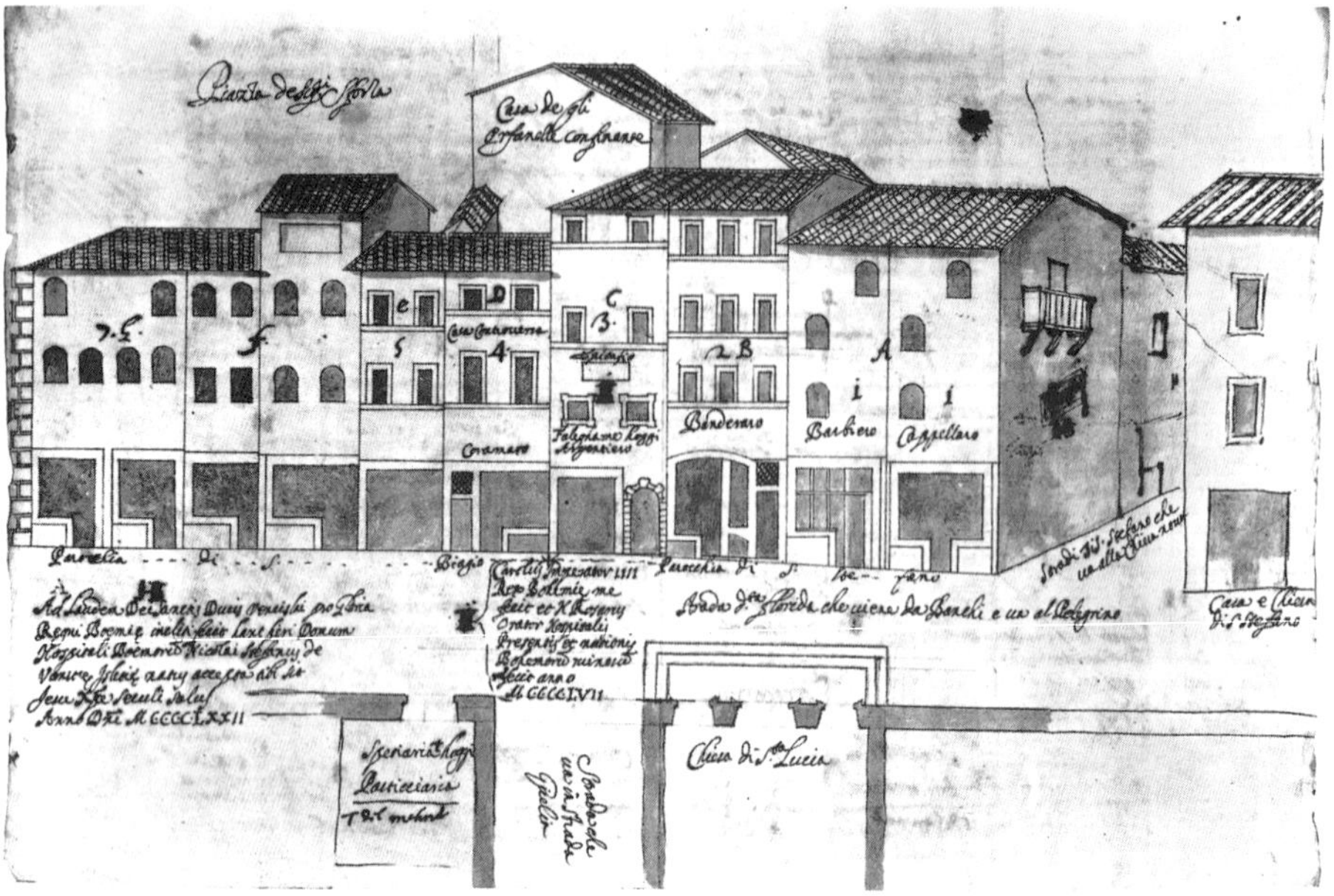

227.　ヴィア・デル・ペルレグリーノに面した家並。1600年頃、Archivio di Stato, Roma

は、中期中世あるいは一五世紀のもので、ただ店への入り口は新しく設えられたと思われる。それぞれの家は狭く、その幅は窓ふたつ分、あるいはせいぜい四つ分で、地階の上に二階あるいは三階が載る。いずれの家でも店舗が地階の全横幅を占め、その上一個ないし二個の石の売り台が開口部の四分の三、あるいはそれ以上を塞いでいる。このような店構えは、ポンペイの遺跡あるいはファルファの一六世紀の商店街にも見られる。ここで軒を並べていたのは、帽子屋、床屋、布地屋、金細工師——かつては指物師の仕事場——、ロザリオ細工師、砂糖菓子屋であった。

　このイメージを実証する中世の建物が、いくつかのこされている（図228）。いずれの建物も狭くて低いが、奥行きは深い。通りに面した正面の幅はほとんど五メートルを超えることはなく、二階あるいは三階建てでもその高さはせいぜい八メートルである。高さも幅も異なる建物が軒を接して並び、それらのファサードは何の飾り気もなく、ただ地階のドアが、この三軒が左側で【オクタヴィアのポルティコ】に接していたことを示している。しかし多くの場合、張り出し玄関あるいは柱廊が、地階の空間の半分を占めていた。「略奪」できる古代の円柱は、周囲に有り余るほどあった。この種の柱廊は、『コデクス・エスクリアレンシス』に見るように、ときおり前面だけでなく側面でもより狭いアーチで開かれていた。このようなタイプからは、二つの家が残されている。そのひとつはトラステーヴェレのヴィコロ・デルラ・ルーチェにあり、もうひとつは、解体され、ピアッツァ・イン・ピスチヌラに面した大きな建物群の一部に組み込まれている。またヴィア・デルラルコ・デルラ・パーチェ一〇／一一番地の家は、通りに面してふたつのアーチを開けていた（図229）。ヴィコロ・デイ・モロニ（図226）あるいはヴィコロ・デルラ・ルーチェの角（図230）にのこる中世の建物では、ファサードあるいは側面に外階段がついていた。このような階段は、ときには屋根で守られ、上階の小さな玄関やロジアに通じていた。質素あるいは優雅な造り、張り出し玄関あるいは柱廊つきにしろ、それぞれの建物は、家並の凹凸、不揃いの破風とともに、高さ、幅、隣との間隔、建材、窓の配置、屋根の葺き方の多様さで、街路に生気と豊かさを与えていた。

時代が下るとともに、連なって並ぶ建物が金持ちに買い占められ、高さや床面の違いにもかかわらずドアや階段でつながれ、ひとつの統合家屋にまとめられていった。そのような建物が、〔サンタ・チェチリア・イン・トラステヴェーレ〕の向かいにのこっている（図231）。一隅は塔のように改造され、かつてイオニア式の円柱と端の角柱で支えられ、正面と側面に沿って通り抜けていた

228. 〔ポルティコ・ディ・オッタヴィア〕付近の中世の建物

229. ヴィア・デルラルコ・デルラ・パーチェ　10/11番地の中世の建物

230. ヴィア・デイ・サルミ　161番地、ヴィコロ・デルラ・ルーチェの角の中世の建物

231. 『サンタ・チェチリア』向かいの城館、改築以前

L字型の柱廊は塞がれている。同じようなアーチは、ヴィア・アレヌラの脇道のひとつヴィア・サンタ・マリア・イン・モンティチェルロにのこる複合家屋〈カーセ・ディ・サン・パオロ〉の地階にも見られる。これは、一四世紀以後の異なる時代に次つぎと建てられた四戸あるいは五戸の狭く高い建物（そのひとつは塔）をひとつの統合家屋にまとめたものであった。しかしこの建物も、『サンタ・チェチリア』の向かいのそれと同様徹底的に手を加えられ、かつての面影をほとんどのこしていない（図232）。古代の建物からの「略奪」であれ中世の製品であれ、イオニア式円柱に支えられ

た楣式あるいはアーチ式の柱廊は、中期中世ローマにおける高級住宅のステイタス・シンボルであったに違いない。中には、今は姿を消したが写真にのこるヴィア・サン・バルトロメオ・デリ・ストレンガリ二九番地の例のように五柱間（ベイ）をもつものもあり、あるいは約三メートルの柱間をもって六基のずんぐりした円柱を並べるピアッツァ・ディ・カンポ・マルツィオ六番地の例もある。さらには、正面にただ三柱間から成る全長約九メートルの柱廊をもつヴィア・カーポ・ディ・フェロ三一番地とヴィア・アルコ・デル・モンテの角やピアッツァ・ディ・トレヴィ九三／九三A番地の例ものこる。これらの円柱はすべて、細いあるいは太いのも手近に調達できた古代廃墟からの再利用品であったと思われる。楣材も古代からの借用で、そのあるものは、ヴィア・カーポ・ディ・フェロやピアッツァ・ディ・トレヴィ、あるいはポンテ・サンタンジェロの東側橋詰の建物に見られるように、見事な細工を示していた（図233）。このような建物が、たとえば〈トレヴィの泉〉わきの建物や〈カーセ・ディ・サン・パオロ〉のように、一列に連なって築かれているところでは、道路に沿って通り抜けの柱廊がつくられていた。使われている円柱、楣、アーチの材質や形、またその高さが異なるにもかかわらず、それら柱廊は、北イタリアにおけると同様ローマでも本来は通行人を雨

232. 北から見たカーセ・ディ・サン・パオロ、改築以前

233.　柱廊玄関をもつ中世の建物、ヴィア・ディ・サント・スピリト60/61番地、ピアッツァ・デル・ポンテの角

や夏の陽射しから守るためのものであった。しかしローマで、この目的が果たされたどうかは疑わしい。というのは、ここでのその主要な目的は、商人に商いの場を与えることにあったからである。彼らの出店や屋台は、〈マエストリ・ディ・ストラーダ〉（道路局）の繰り返された通達にもかかわらず、出店や垣で塞がれた道路と同様アーケードの下の通行を妨げたに違いない。

のこされている中世の建物の内部は、質素なものも贅沢なものも、みなのちの時代に改装されている。しかし少なくとも単純な建物のプランは保守的であったろうし、今もなお信徒会文書保管所に多くのこる一六世紀の土地台帳は、多様な中世民家の様子をかなり正確に伝えている。それらが一六世紀あるいはそれ以前に建てられたかは、あまり重要ではない。地階と二階にはそれぞれ一部屋か二部屋があり、少し贅沢な家は上階に大きな〈サーラ〉（広間）をもっていた（図234）。ヴィコロ・デルラトレタ一四番地の小さいながらも優雅な家——独り者の聖職者用か——では、内側に設けられた階段はレンガ造りのファサードに平行し、上階には円柱と角柱に載るふたつのアーチから成るロジアがあり、建物の上端は、おそらく後代の改装によるのであろうが、大理石の持ち送りに載る浮き出した凝灰石の壁がつくる尖頭アーチのフリーズで飾られている（図235）。大勢の家族が共に住み、商売用の倉庫なども必要とした大型の住宅建築が、長い時間をかけてであろうが、次第に成長していった。一四〇〇年頃、聖フランチェスカ・ロマーナが夫とともに住んだ建物は、A・エシュの研究によって見事に復元されている。地階には、階段横に倉庫とおそらく家畜小屋——彼女の夫は牛商人であった——があり、主要階では、暖炉のある大きな〈サーラ〉を家族と使用人の寝室、台所、化粧室が囲み、中庭にはロジアが開き、道路には玄関が面し、屋上はテラスになっていた。もちろんこの建物には、それ以前の小さな家屋が取り込まれていたと思われる。それは普通のことであった。一四三三年フランチェスカは、彼女が創設した信徒団体のために、一四世紀あるいはもっと前に建てられた最高級の民家を手に入れた。カンピドリオ、より正確にいえばタルペイの丘の麓のその建物は、何度かの改築や一五世紀さらには一七世紀の拡張などによって変えられているが今日までのこされている。一五世紀に属する部分は、中世後期に典型的な迷宮を形成している。〈サーラ〉から使用人部屋まで、大きさも床の高さも異なるさまざまな部屋がドアや階段でつながれ、それに狭く暗い中庭が口を開け、本来外にあった階段は、あいつぐ改築のあいだに内階段になっていた。このようなタイプの大きな民家がすでに一二世紀あるいは一三世紀に存在し得たか否かは、容易には答えられない。筆者は、この種の

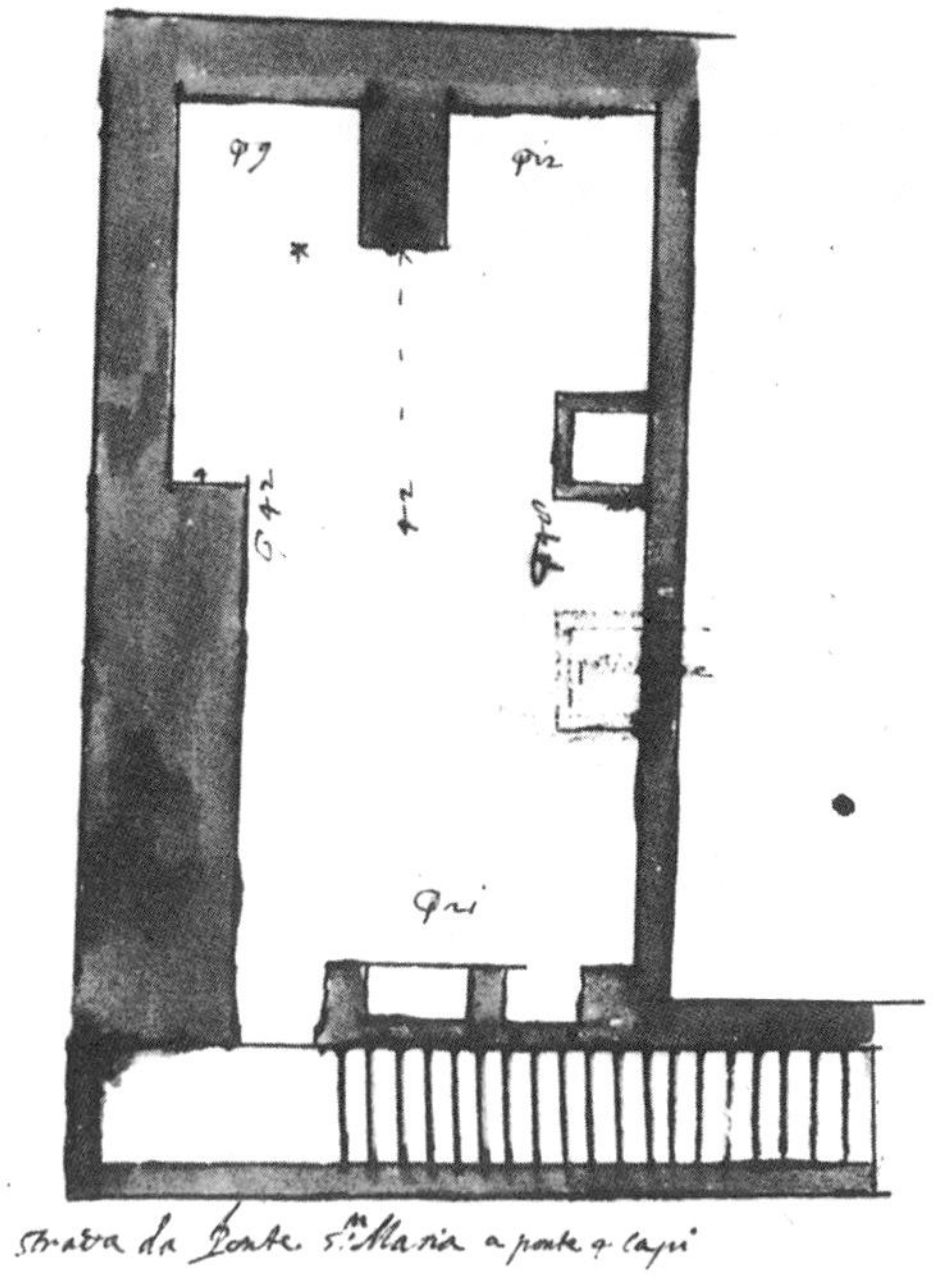

234.　長屋型家屋の平面図。Archivio di Stato, Archivio SS. Annunziata

235.　ヴィコロ・デルラトレタ　14番地の中世の建物

236.〔パラッツォ・デイ・カヴァリエリ・ディ・ロディ（マルタ騎士団）〕の【アウグストゥスのフォールム】に面したファサード

建物が一二世紀から一三世紀にかけてローマに生まれた大商人の需要に応えたのではないかと考える。一一三〇年頃、大きな穀物商、船主、カンパーニャの領主であったトゥスクルムのプトレマイオスがローマにもっていたのは、このタイプの屋敷であったと推測される。

中世をとおして古代の建物は、可能な限り住宅として使われた。カンピドリオの麓の古代のアパートメント（図14）には、教会『サン・ビアジョ・イン・メルカート』だけでなく、数人の家主がいた。同じことは、古代からの道スブラ、今日のヴィア・サン・マルティーノ・アイ・モンティの『サンタ・プラセーデ』のアトリウムに沿った古代風の数軒の家屋についてもいえるし、今日なお同じ状況はつづいている。ヴィア・デルラ・ルンガリナの中世に貴族の館塔《やかたとう》として使われていたおそらく古代末期に築かれた高い建物は、一八七七年まで人が住んでいた。劇場、柱廊、浴堂など古代の巨大な建造物は、格好の棲みかとされた。ときおり古代の廃墟の上に新しい建物が載った。【マルケルス劇場】の最上階の上に建つパラッツォ・オルシーニは、その一例である。【アウグストゥスのフォールム】に聳えるマルタ騎士団の宮殿パラッツォ・デイ・カヴァリエリ・ディ・ロディの翼廊は、一五世紀の改築にもかかわらず今日なおその最上階の曲線を描く中世の壁に、ロマネスク様式の窓と角張った持ち送りに載る軒蛇腹を見せる（図236）。その近くの【トラヤヌスのフォールム】は、一部が中世の貴族の館塔として補修された。古代の【ポンペイウス劇場】の穹窿は、ドアと窓の部分を除いて壁で塞がれ、今日まで住宅、ワイン商店、トラットリア、その他の店舗で埋められている。【マルケルス劇場】の穹窿もまた、二〇世紀の二〇年代まで、古物商、古着屋、〈カルボナリ〉（木炭販売人）、宿屋に使われていた（図237）。彼らがいつそこに住み着いたのかわからないが、それが中世も早い時代であったことは確かである。【オクタヴィアのポルティコ】もまた、中世初期以来住宅として使われていた。ヴィア・

237.　1880年頃の【マルケルス劇場】

デイ・カルデラリでは、楣を載せるドリス式の円柱に囲まれた古代のアーチが、一九世紀まで小さな家の地階として使われるために壁で塞がれ、その上に二階部が築かれていた（図238）。中世をとおして街の至る所で、古代の穹窿が貸しに、あるいは売りに出されていた。「古代の穹窿、その前の小さな家つき、サン・ロレンツォ・イン・ルチナ区」、あるいはクヴィリナーレの上では「後ろにアプスをもつ一階建て、大理石の道近く、四方はそれぞれふたつのアプス、古代の壁、（コンスタンティヌスの）浴堂の入り口、公道に接す」、そして「以前にはいくつかの穹窿があったが今はひとつの穹窿と壁がつき、『サンタ・マリア・イン・クセノドキオ』のアプスの後ろ」すなわち〈トレヴィの泉〉近くの地所も売りに出された。このような穹窿は、仕事場として使われるか、住宅とされるか、あるいはただ財産の一部に数え上げられるかした。「水を通さない古代のクリュプタ、ふたつの古代の角柱と、私の父親がそのクリュプタの上に建てた一戸建ての家、それにひとつの塔つき」が、『サン・ロレンツォ・イン・ルチナ』の近くで売りに出されている。

【サンタ・マリア・ノーヴァ】近くの三つの大きな廃墟、【ウエヌスとローマの神殿】、【ネロの黄金宮】、【コロセウム】では、穹窿――文書ではクリュプタと呼ばれている――やアプスが賃貸されて、その借り手は鍛冶屋、肉屋、石灰焼成人、聖職者などあらゆる職業に及び、みな〈ヴィリ・ホネスティ〉（立派な市民）であっ

238.　古代の廃墟を利用したヴィア・デイ・カルデラリの建物、1819年頃、Rossiniの銅版画

た。【コロセウム】では、一一世紀の中頃すべて、あるいはほとんどすべての穹窿天井の空間が貸しに出されていた。たとえばそのひとつは、「人びとがコロセウムと呼ぶ円形劇場のそれぞれの側にトラヴェルティノ製の半角柱をもち、すっかり丸天井で覆われたひとつの完全なクリュプタで、三方はそれぞれグイド・デ・ベルタのクリュプタ、ドーダのクリュプタ、シンギオレクトゥスのクリュプタに接し、一方は公道に面している」と記述されている。これは、【コロセウム】の最も外側に位置していたことになる。あるいは、「コロセウムの中の一階から成る穹窿（競技場に面していたのであろう）の半分、共用の出入口をもつその前の中庭の半分つき、ひとつの側は同じ穹窿の他の半分とヨハネスの持ち物である穹窿、ふたつ目の側はペテロ・ベックリの穹窿、三つ目の側はスポーサの穹窿に接し、四つ目は共用の出入口に面している」という。【コロセウム】のアリーナもまた、住宅で占められていた。一〇六〇年の文書には、「二階の穹窿とレンガとこけら造りの二階建て独立家屋、前面に大理石の外階段、すなわち救世主の教会に接する半分部分、隣接する小さな庭とその裏のリンゴ園つき」とある。「救世主の教会」とは、アリーナの中の『サン・サルヴァトーレ・デ・ロータ』あるいはそれに直接する穹窿のひとつを指していたのであろう。ときにはそのような一個の穹窿あるいは穹窿半部分は、前を粗末なファサードで閉じられ、小さな前庭と外階段を経る通路をもっていた。これら文書に使われている寸法の単位は、【コロセウム】の入口の穹窿の寸法と一致する。また穹窿は、倉庫、仕事場、あるいは石灰焼成窯にも使われていた。ある住宅は、「古代のアプスの半分、石灰焼成窯の内部（及び）アプスを半分にし

たこの窯の端、すべて丸天井、この窯を抜ける出入口」と記述されている。【キルクス・マクシムス】の穹窿もまた、一三世紀以降——実際にはもっと早くからであろう——、その所有者『サン・グレゴリオ・マーニョ』の修道士団体によって、住宅用に解放されていた。

同じように、『サンタ・マリア・ノーヴァ』周囲の古代の廃墟やその中に築かれた家屋もまた、教会の所有物であった。要するに一〇世紀から中期中世にかけて教会と修道院は、ローマにおける大きな不動産所有者であった。一四世紀以降、勃興した兄弟会がそれらと肩を並べ、やがて『サンクタ・サンクトルム礼拝堂』や『サン・ジョヴァンニ・イン・ラテラーノ』の救貧院などの兄弟会が、家主の大半を占めるようになった。一般の個人もまた、早くから〈アビタート〉および〈ディスアビタート〉にかなりの不動産を所有していたと思われる。しかし教会以外の財産記録は少なく、その実情を知ることは難しい。ただひとつには信心深い平信徒やその家族による教会や修道院への多大な寄進、ふたつには教会財産の定期的な他への転用の記録などから、個人の手にあった不動産の額を大まかに推測できるだけである。しかしレヴィン教授が筆者に語ったように、古い門閥家や勃興してきた商人がすでに早い時期から、農業用地だけでなく、それと並んで、地代を生む街中の不動産に投資していたことは十分にありうる。いずれにしても当時の記録から、一三世紀以降、すなわち大門閥家が経済的及び戦略的理由から〈アビタート〉内外に広大な土地を確保していたとき、〈アビタート〉内の住宅の個人所有もまた、かなりの量に達していたことが知られる。それでも〈ディスアビタート〉や城壁の外のラティウム全域の農場、耕地、塩田などを経営していた教会と修道院は、〈アビタート〉およびその周縁郊外密集地においても、早い時代からの最大の不動産所有者であった。賃貸および売買契約書や寄進記録は、『サン・ピエトロ』、ラテラーノのバシリカ、『サンタ・マリア・マジョレ』、『サンタ・マリア・ノーヴァ』、『サン・シルヴェストロ・イン・カピテ』などが、ときには何十、いや何百という大小の貸家を抱える大不動産管理者であったことを語っている。通常これらの不動産は、それぞれの教会の近くにあった。それは、寄進者のほとんどが近くに住む教区民であったことを考えれば当然であった。しかしいくつかの教会や修道院は、他の地区にも貸家をもっており、その代表は何といっても『サン・ピエトロ』であった。

239. 1435年頃のローマ眺望図、マソリーノによるフレスコ画、Castiglione d'Olonaの洗礼堂

城館と塔 注2

ますます進む人口の過密化と市街の拡張は、街の景観を急激に変えていった。一一世紀、あるいはそれ以前から一五世紀にかけて、何百という館塔《やかたとう》、すなわち一門の権勢を誇示すべく天を指して聳える高層建造物が林立した。一四三五年マソリーノが描いたローマの眺望図では、密集する家屋の間に何十もの塔が立っており（図239）、ヘームスケルク（図212・213）やナルディーニ（図187）の都市図にも多くの例を見ることができる。大規模な取り壊しの動きもあったが、新しい都市貴族の勃興と結びついたこの建造物は、一三世紀中頃までその数を増しつづけた。新しい門閥となった彼らの多くは、トラステヴェーレとその対岸のリーパ区、すなわち川岸とカンピドリオの間に館を構えた。塔で守られたパパレスキ家の館は、『サンタ・マリア・イン・トラステヴェーレ』の近くに築かれた。ポンテ・サンタ・マリア（ポンテ・ロット）の西の橋詰を見張っていた巨大な塔は、その所有者の名を伝えていない。一五世紀末の『コデクス・エスクリアレンシス』（図210）やその七〇年後の『ナルディーニの素描』（図187）に見える『サンタ・チェチリア』の

アトリウムの向かい、ピアッツァ・デ・メルカンティのふたつの塔は、一八世紀まで立っていた。マソリーノが描くように、この地域には特に多くの塔が立っていた。ピエルレオニ家と同じく、テバルディ家、ロマニ家、ブラクッキ家もトラステヴェーレの出であった。ピエルレオニ本家の位置は知られてないが、おそらくそれは島に渡る橋のたもと近くにあったと思われる。彼らは、一一世紀の末には島を本拠地にしていたからである。彼らのものであったと思われる塔が、今日なお、リーパから島に渡るポンテ・クヴァトロ・カーピ、すなわちポンス・ユダエオルムのたもとに立っている（図240）。一一〇〇年頃ピエルレオニ家は、カンピドリオの南端、すなわちタルペイの崖のふもとに、要塞化された館を築いた。おそらく中世末期のものであろうその一部は、二〇世紀の前半に無残に手を加えられた姿ではあるが、今日なお『サン・ニコラ・イン・カルチェレ』の向かいに見ることができる（図241）。

240. テヴェレの島のポンテ・ファブリツィオを守る館塔

241. ピエルレオニ家（?）の城館

さらにこの家族のいくつかの塔が北の『サン・マルコ』の近く、今日のパラッツォ・ヴェネツィアの地に立っていた。南のポンテ・ロットの東側橋詰近くには、一一一九年にピエルレオニ家と結託したノルマンニ家の一支族であり、悪名を馳せたペトルス・ラトローネの属するコルシ一族、それにブルガミニ家の者たち——彼らはみな一一一九年の事件ではピエルレオニ家と結託した——が、それぞれの要塞化した館を並べていた。リーパ区の要所【マルケルス劇場】は、一二世紀にはファッフィあるいはファビイという名の豪族に属していたが、一三世紀にサヴェルリ家のものとなり、その後オルシーニ家の手に移った。この巨大な建物をピエルレオニ家が所有したという記録はないが、一一〇〇年頃この地を完全に掌握していた彼らが、地域最強の要塞を他家の所有に委ねたとは考えられない。

ピエルレオニ家がリーパを支配していたように、テヴェレ屈曲地域は、ケンキ一族の支配下にあったと思われる。当時〈カンポ〉と呼ばれ、ここに「パリオーネ家が興った」とされたピアッツァ・デルロロジオには、一五三六年まで、一〇五〇年頃ケンキ一族の首長であったステファヌス・セルペトリが築いた塔が立っていた。グレゴリウス七世が、一〇七五年『サンタ・マリア・マジョレ』でのクリスマス・ミサから拉致され、幽閉されたのはこの塔であったろう。塔というよりむしろ多塔形式の要塞というべきこの建物は、『モンテ・ジョルダーノ』への登り口に位置していた。この小さな丘自体、当時はケンキ家に占拠されていたのであろうが、一三世紀にはオルシーニ家の支配下に入った。今日の丘の上の複雑に入りこんだ建物群には、中世の要塞化された領主の館が増改築を繰り返し、数世紀にわたって変っていった様子を見ることができる（図242）。ポンテ・サンタンジェロを守るため一〇七四年に築かれたもうひとつの塔は、早くもその翌年、ケンキ一族の不倶戴天の敵グレゴリウス七世によって取り壊された。この一族のさらに別の塔が、リーパ区との境界に沿ってモンテ・チェンチ（ケンキ）の上、あるいはピアッツァ・パガニカ、あるいは両方に立っていた。〈スタッティイ〉とも称したサンテウスタキオ一族のいくつかの塔が、この教会の近く、すなわち【パンテオン】の近くに立っていた。一三世紀のはじめ頃オルシーニ一族は、【キルクス・フラミニウス】の廃墟の中にひとつの要塞をもっていた。その外側、すでに一一〇〇年以前に〈アビタート〉の一部になっていた『サンタ・マリア・イン・ヴィア・ラータ』に隣接する尼僧院の近くに、ふたつの塔が立っており、そのひとつは、古代ローマの凱旋門の上に載っていた。カンピドリオの上、おそらく今日『パラッツォ・デル・セナトーレ』の地に、オルシーニ一族の要塞化された館が建っていた。

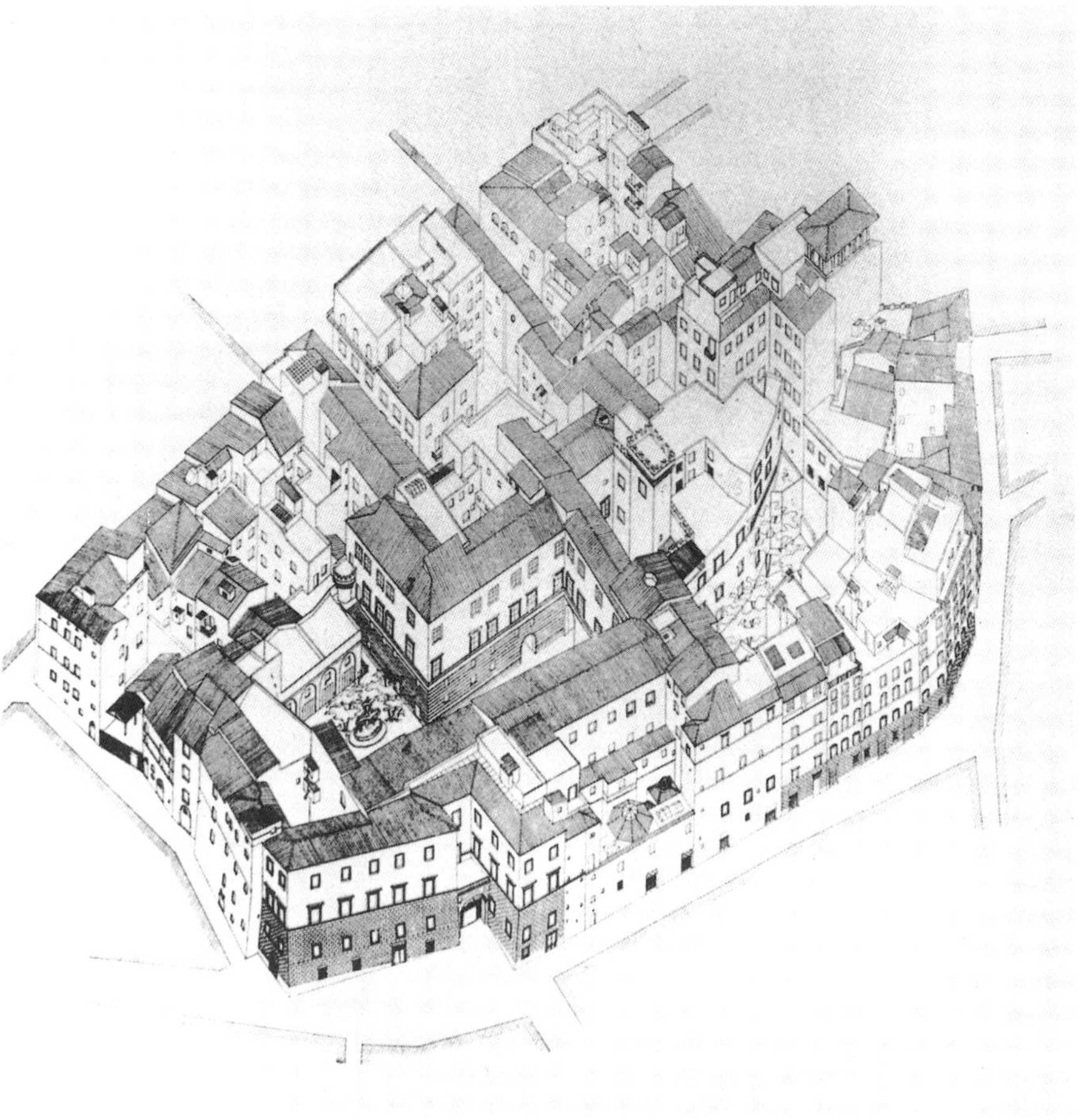

242.　1950 年頃の〔モンテ・ジョルダーノ〕、M. P. F. Asso の素描

〈アビタート〉の中にあってこのように記録にのこる塔からは、今日にはほんのわずかしかのこされていない。他方、今日見ることのできる数少ない塔を記録の中に見出すことも難しい。列挙すれば、ラルゴ・アルゲンティーナの『トレ・デル・パピト』、ピアッツァ・ナヴォーナの北側の『トレ・サンギーニャ』、ヴィア・デルラ・スクロファわきの『トレ・デルラ・スキンミア』、ピアッツァ・デイ・マルガーニの同名の塔（図243）、パラッツォ・マッテイ・ディ・パガニカの中庭の巨大な無名の塔、ヴィア・デルラ・トリブーナ・ディ・トル・デイ・スペッキのボヴェスキ一族の塔、一四九〇年頃隣接する館とともに古い建物から改築されたヴィア・デルラニマの『トル・ミルリナ』、そしてトラステヴェーレのアンギルララ家の塔などである。一六世紀の地図や都市図には、そのほかまだ多くの塔を見つけ出すことができる。たと

243.〔トレ・デイ・マルガーニ〕

えば『サンタ・カテリーナ・デイ・フナリ』近くのパラッツォ・パトリツィに組み込まれている『トレ・デル・メランゴーロ』やカンポ・デイ・フィオリの上の『トレ・デルラルパカータ』などである。

　これらの塔が、今日見るように、孤独にぽつねんと立っていたことはまずなかった。それらを空き地の上のモニュメントとして寂しく聳えさせることは、二〇世紀の都市計画者が一九世紀の趣味に適合させた不幸な思いつきであった。ラルゴ・アルゲンティーナの『トレ・デル・パピト』は、その悲しい好例である。中世にあっては、塔はむしろ城館ともいうべき大きな建物群の一部であった。当時の人びとがある貴族の〈トゥリス〉(塔)と〈ドムス〉(館)について語るとき、両者は常に対をなす、ときには同義の関係にあった。『コデクス・エスクリアレンシス』の『サンタ・チェチリア』付近の景観図(図210)に見るように、塔が連なって立つこともしばしばあった。それらは、ときには同盟し、ときには敵対する門閥の所有するものであった。同盟は、すぐに破られるものであったと見える。一二三八年アルキオニ家は、クヴィリナーレの【コンスタンティヌスの浴堂】の一部を貸しに出したが、それには、借り手はおそらく要塞化されていたのであろうその建物を使って「勝手にアルキオニ一族以外の誰かと戦争したり和平を結んではならない」という条件が付いていた。わずかにのこされた貴重な遺構や一六世紀の地図や都市図からも、塔と塔に守られた城館が群れをなす様子をうかがうことができる(図244)。そのあるものは、高い主塔の外周を囲む凸壁やその外に建つ小塔で守られ、またあるものは、凸壁で守られた方形の構造物であった。防壁の内側には厩舎や宿舎、ときには一段と高い領主の館が築かれ、その一隅は専用の塔で特別に守られた。トラステヴェーレのポンテ・ガリバルディのたもと、『サン・クリソゴーノ』の向かいに建つアンギルララ家の城館は、たしかに一三世紀あるいはもっとのちに建てられたものではあり、今は内も外もすっかり磨かれてはいるが、このタイプの典型的な例を示している（図245）。『E・レスラー・フランツの水彩画』は、磨きあげられる以前のその内部を描いている（図246）。〔トレ・ディ・マルガーニ〕を含む同名の館（図243）は、一三〇五年に建てられ、修理され磨かれすぎてはいるが一四世紀および一五世紀の状況を今日に伝えており、それは広場を見下ろす塔と、壁で囲まれた中庭で後方につづく柱廊をもっ

244.　テヴェレ屈曲域の館塔に守られた城館

245.　アンギルララ一族の城館の外観、改築以後

246.　アンギルララ一族の城館の中庭、改築以前、1880年頃（?）、E・レスラー・フランツによる水彩画、Museo di Roma

た翼部からなっていた。方形の館への入り口は、古代の軒蛇腹で縁取られている。今日にのこるこの種の館でもっとも古い例は『サンタ・マリア・イン・コスメディン』近くの枢機卿の館で、そこでは大きさ、高さ、基本構想がまちまちで年代も異なる建物が方形の中に配置されており、本来不可欠な軍事用の塔に代わって教会の鐘楼が聳えている。この建物に八世紀あるいは九世紀の要素が隠れているとしても、これが建てられた、あるいは改築されたのは、一二世紀はじめから一五世紀の間であろう。じじつ古い都市図に見える塔で守られた館の多くは、数世代にわたって建てられたとものと思われる。『コデクス・エスクリアレンシス』が描かれたとき、低い塔をもった方形の館が『トル・デコンティ』の隣に見えた（図225）。はたしてこの館が今日にのこる巨大な塔と同時期、それともあと、あるいは以前に築かれたのか、わからない。ときには、防御設備のない大小の高い建物——中世後期の建築タイプか——が、すでに存在していた塔に建て増しされている。ヴィア・デルラニマのミルリナ家の館は、より古い館塔に接して一五世紀の末に増築されたふたつの翼廊建築からなる。ただしすべては、同じ時期に修理されている。ヴィア・デイ・ポルトゲシの『トレ・デルラ・スキンミア』もまた、かつてそこに塔と館からなる建物群が存在したことを語っている。

早い時代の地図は、中世ローマにおいては普通であった塔と城館の結びつきの様子を伝えてくれる。しかしそれら地図が、メルクマールとする城館や教会を強調し孤立させて描けば、それは〈アビタート〉全体のイメージを歪めてしまう。現実には、領主の城館にも教会にも、その大小にかかわらず、四方から庶民の住宅が迫っていたのだ。一五世紀初頭のマソリーノの眺望図（図239）は、『コデクス・エスクリアレンシス』の中の眺望図と同様、真実により近いイメージを伝えている。そのことは、たとえ数世紀にわたって繰り返し修理され建て直されてきたとはいえ、今日にのこるわずかな例あるいは考古学的調査でも確認される。『サンタ・プラセーデ』の教会と修道院は、アトリウムの前、教会の両脇、アプスと翼廊の後ろと、その四方を中世あるいはそれ以前の基礎をもつ群小の建物で囲まれていた。『サンタ・チェチリア』もまた、同じように多くの建物で囲まれており、その中の小さな複層階の家は、ユダヤ人区の中だが、教会の礼拝堂の壁に接して建てられていた。『モンテ・ジョルダーノ』の建物もまた、過去五〇〇年間のさまざまな変遷にもかかわらず、ひとつの家系に属する建物が小さな教会『サン・シメオーネ』の一二世紀のアプスを巻き込んで複雑に建て込む様子を示している（図242）。本家オルシーニの大きな城館の四方の壁には小さな民家が張りつき、分家たちは、軍事上あるいは家庭の事情でそれぞれの翼に住み分けていた。一二七九年のブレンターノの生き生きとした報告は、【パンテオン】近くのサンテウスタキオ一族の入り組んだ邸宅の様子を伝えている。一部は他の家族に属していた小さな塔とアーチ門をもったその建物は、一方を【パンテオン】の壁、他方を別の豪族の館に接していた。その邸宅の並びには、【パンテオン】に接続した要塞（その一部はサンテウスタキオ一族に属していたというが、それがどのような外観であったかは不詳）、鍛冶屋が住む〈パラスト〉、一軒の平屋、一族のひとりが住む丸屋根とアーチの建物があった。最後のものは、【パンテオン】の南約一〇〇メートルに位置する【アグリッパの浴堂】の中のアルコ・デルラ・チャンベルラのことかもしれない。これらの建物の間には、狭い路地に沿ってぴったりと寄り添って建ち、弁護士、役人、職人などあらゆる階層の人びとが住む家や小屋が並んでいた。住宅域では、社会的階層の違いは問題にならなかった。一〇〇年前、いや今日でも多くの古い「パラッツォ」でそうであるように、同じ建物の中に貴族、公証人、靴屋がともに住んでいた。コスタグティ家や他の貴族は〈ピアノ・ノビレ〉「高貴な階」に住み、その地階と中庭には、店舗と職人の仕事場があった。中世のローマには、富者と貧者を分ける住宅街はなかった。

今日にのこる、あるいは古い都市図に見る塔や城館の多くは、後期中世のものである。しかしそのような建物は、すでに一二世紀や一三世紀のはじめにも多く存在していた。一二五七年ブランカレオーネ・ディ・アンダロは、それら塔や城館の一五〇を取り壊し、その一〇〇年前、短命の共和政は教皇に忠実な豪族の塔を破壊し、それ以前にも叙任権闘争の中でいくつかの塔が毀された。しかしそれらはいち早く再建されるか、あるいは新しいより堅固なものに取って代わられたし、一五世紀になっても新たな建設はつづいた。

中世をとおして、〈アビタート〉に限らず〈ディスアビタート〉においても、ローマのスカイラインを支配していたのは塔であった。狭く曲がりくねる道路、密集する家屋の塊の上に、あるいはその外の城壁まで広がる原野の地平から天を指すのは、大門閥家の館塔であり、それに一一世紀の後半以来ローマ教会建築の不可欠の要素となった無数の〈カンパニーレ〉（鐘楼）であった。すでに小さな鐘楼は、一〇六九年に築かれた『サン・ベネデット・イン・ピスチヌラ』、あるいは『サンタ・ルフィナ』（図127）――いずれもトラステヴェーレ――またカンピドリオの麓の古代住宅跡に建つ『サン・ビアジョ・イン・メルカート』にもあった。最後のものは、一八世紀の『サンタ・リータ・ダ・カスチア』を一九三〇年代に【マルケルス劇場】近く約五〇〇メートルの地に石ひとつ違うことなく移した今日の教会で再び目にすることができる。巨大な鐘楼としては、『サンティ・ジョヴァンニ・エ・パオロ』（図128）、『サンタ・マリア・イン・コスメディン』（図126）の例が挙げられる。ほとんど中世をとおして、ローマの街もサン・ジミニャーノや一八世紀までのボローニャのように、ハリネズミのような観を呈していたのであろう。ただ違うのは、たしかにスカイラインを支配していたのはそれら館塔や鐘楼であったが、中世ローマを最も特徴づけていたのは古代の廃墟であり古代のモニュメントであった。これらこそが、モンテ・マリオからローマを眺望したイングランドのマギスター・グレゴリウスの心を「塔の芽」とともに揺り動かした「宮殿」であったのだろう。古代の廃墟、特に大浴堂のそれは、中世のローマでは「宮殿」と呼ばれていた。ゴッツォーリ、『コデクス・エスクリアレンシス』の素描家、ヘームスケルク、ナルディーニたちが見たのは、〈アビタート〉の中にあって凸壁で周囲を固め、川に向かって拒絶するように聳え立つ【パンテオン】、【カステル・サンタンジェロ】、【マルケルス劇場】であった（図187・208・210・212・213）。今日なお『サンティ・トリニータ・デイ・モンティ』から【パンテオン】の丸屋根を眺望する者は、その間に横たわる一九世紀および二〇世紀の建物が邪魔をするとはいえ、古代のモニュメントや廃墟が中世の〈アビタート〉に与えていたのと同じ圧倒的な印象を抱くに違いない。二〇世紀の中頃まで、同じことはいまだ四方を家々に取り囲まれていた【マルケルス劇場】についてもいえた。また少なくとも【カラカラ劇場】や【コロセウム】は、今日なお見る者の心に、荒野にあって寂しく、しかし超然と立つ廃墟の強烈な印象をうえつける。一四三五年頃のマソリーノの眺望図は、たしかに地誌的細部では信頼できないであろうが、人家のまばらな〈ディスアビタート〉を背景にして、塔や古代の廃墟を密集する建物の塊から高く突出させる過密都心部の全体像を説得力をもって語っている。

第一四章　〈ディスアビタート〉とラテラーノ

〈ディスアビタート〉注1

本来の市街〈アビタート〉（密集居住域）を取り巻く〈ディスアビタート〉（過疎居住域）は、東はカンピドリオの後方、南は【マルケルス劇場】あるいは『サンタ・マリア・イン・コスメディン』近く、北はカンポ・マルツィオ地区の『サン・ロレンツォ・イン・ルチナ』近くではじまり、【アウレリアヌスの城壁】まで広がっていた。この地域の様子は、文献資料以外にも、後代のものではあるが『ヘームスケルクの景観図』などからも知ることができる（図247）。カンピドリオの東崖すぐ下、【コンコルディアの神殿】の円柱の間には、いくつかの小屋と庭のある民家が見え、他の家屋がこの神殿あるいは別の建物の穹窿内にはめ込まれ、さらにふたつの家が〈コルムナ・ペルフエクティッシマ〉（【フォカスの記念柱】のことか）の基礎に寄り掛かり、その間にはオリーヴ園が広がっている。状況は、一七世紀にもそれほど変わってはいなかったであろう（図248）。【マクセンティウスのバシリカ】内部に築かれた建物は、一一九二年にケンキウス・カメラリウスが数え上げたのと同じものと思われる。【フォールム】も、パラティーノの頂や斜面同様、樹木、耕地、ブドウ園で覆われていた。少し離れたチェリオの丘も『サン・サバ』のある小アヴェンティーノも緑で覆われていた。中世の多くの記録は、ラテラーノからチェリオの西端『サンティ・ジョヴァンニ・エ・パオロ』、その麓の『サン・グレゴリオ・マーニョ』へ至り、東のポルタ・マジョレを結ぶ線の内側には、耕地、ブドウ園、牧草地、それとわずかの農家しか報告していない。たとえば九三八年のある記録は、『サント・ステファーノ・ロトンド』の近くでは「建物と庭と、それにオリーヴ、リンゴの樹

247.　住宅に浸食された【フォールム】、後景にカンピドリオ、1534–1536年、ヘームスケルクの近くにいた作者による素描、Berlin, Kupferstichkabinett, 79D, 2A, fol.12r

の植わる果樹園をもち、ゲオルギウスの庭とペトルスたちの小屋、ウルススの穹窿と畑、長老レオの畑、三番目の側が〈デ・バンネオ・ネアポリム〉（マニャナポリ出身）のハドリアヌスの遺産である畑と貴夫人セルギアのブドウ園、それにひとつの小屋で囲まれた」サン・エラスモの僧院が打ち棄てられていたという。同じ世紀の終わり頃、すでにスビアコのものであった修道

248.　【マクセンティウスのバシリカ】の中の『サンタ・マリア・ノーヴァ』に接する住宅。1625年頃、B. Breenberghによる素描、Amsterdam, Rijksmuseum

249.　1534–1536年頃の〈ディスアビタート〉の眺め、［サンタナスタシア］と［サンタ・マリア・イン・コスメディン］、ヘームスケルクの素描、Berlin, Kupferstichkabinett, 79D, 2A, fol. 91ᵛ および 92ʳ

院は、「庭とワイン貯蔵所、穀物倉、オリーヴの林とリンゴの樹で囲まれた建物」からなる農場になっていた。九二四年ポルタ・マジョレの近くには、聖テオドルスの礼拝堂と庭を囲む一群の農家が、その司祭（のちに司教）フロルスに寄進された。九五八年にはそこに、中庭と果樹園をもつ小家と「中庭とパーゴラ、庭と周りを壁で囲まれたブドウ園とリンゴ園、それに『サンタ・クローチェ・イン・ジェルサレンメ』につづく道に面して穹窿」をもつ大きな農場があった。

ヘームスケルクの景観図のひとつ（図249）には、アヴェンティーノの『サンタ・サビーナ』の近くに一二八五年から一二八七年にかけて築かれたサヴェルリ家の要塞とその周りに二、三の家、丘の麓の『サンタ・マリア・イン・コスメディン』を取り巻く数軒の家、その近くのすでに廃墟と化した【ヤヌスのアーチ】や『サンタナスタシア』の教会が見える。もちろんヘームスケルクの時代にはすでに古い建物のいくつかは消え、新しいものが建てられていたであろう。アヴェンティーノの上のサヴェルリ家の城とパラティンの麓の一五世紀のふたつの建物、すなわち『サン・テオドロ』のロトンドと『サンタ・マリア・デルラ・コンソラツィオーネ』の病院と教会をのぞけば、ヘームスケルクが見た景色は、四〇〇あるいは五〇〇年前の〈ディスアビタート〉のそれとほとんど変わっていなかったはずである。他方北に目をやれば、ピアッツァ・コロンナおよび〈トレヴィの泉〉からポルタ・デル・ポポロ、また『サン・シルヴェストロ・イン・カピテ』からピンチオの麓にかけての一帯は、一六世紀に至るまでまったくの田園であった。九および一〇世紀この地域は、『サン・シルヴェストロ・イン・カピテ』の修道院に属しており、その所有地はヴィア・フラミニアに沿って、すでに荒廃しつつあった『サン・ヴァレンティーノ』を経てはるか城壁の外のミルヴィウス橋まで延びていた。この鄙びた風景の中に【アウグストゥスの墓廟】、【巨大な日時計のオベリスク】、【マルクス・アウレリウスの記念柱】あるいは古代末期五世紀の『サン・ロレンツォ・イン・ルチナ』のバシリカなど、カンポ・マルツィオ北部のモニュメントが聳えていた。これら莫大な不動産——少なくともその一部——は、七六一年の『サン・シルヴェストロ』建設の際、創建者教皇ステファヌス二世とパウルス一世の家族から寄進されたのであろう。一世紀後その規模は最大に達し、【マルクス・アウレリウスの記念柱】、ポルタ・デル・ポポロ、ポンテ・ミルヴィオなどのモニュメントもまた、この教会の所有に帰した。これらの財産は、一〇世紀の末から分譲されていったと思われる。【アウグストゥスの墓廟】は、一〇世紀末に短期間ではあるが要塞化されたこともあったが、おそらく中期および後期中世には放置され、次第に崩壊していったのであろう。川岸に沿ってさらに北には、「ネロの幽霊のあらわれる」塔があったという。古代の廃墟から再建された塔があったのであろう。〈モンテチトリオ〉も、一三世紀にコロンナ家が占拠する以前にも要塞であったかもしれない。コルソの北部分、ポルタ・デル・ポポロやその近くのヴィア・フラミニアは、戦略的重要性が低かったとも思われる。しかし一二および一三世紀になっても『サン・シルヴェストロ』の所有地であった『サン・ロレンツォ・イン・ルチナ』から、特別の価値を有した【マルクス・アウレリウスの記念柱】の建つピアッツァ・コロンナ、そしてコルソを越えて〈トレヴィの泉〉の周囲、さらにはクヴィリナーレの西斜面、東ではポルタ・ピンキアーナまでの地域は、ただ小さな民家、納屋、藁葺きの小屋、小さな教会、果樹園と畑、それに【コンスタンティヌスの浴堂】や【セラピスの神殿】の廃墟が散在する、まさに牧歌的雰囲気の中にあった。ましてやその東、一六世紀から一七世紀には優雅な別荘地となるクヴィリナーレやピンチオは、鄙そのものであった。

それにもかかわらず〈ディスアビタート〉の農地と荒野には、すでに早い時代からいくつかの集落が生まれていた。そのひとつはラテラーノ付近、ふたつは『サンタ・マリア・マジョレ』の周辺、三つはパラティーノの北東麓と『サンタ・マリア・ノーヴァ』（今日の『サンタ・フランチェスカ・ロマーナ』）および【コロセウム】の周囲である。『サンタ・マリア・マジョレ』の近くでは、早くから〈アビタート〉との結びつきを確保し、教会財産の維持と拡大、生まれた集落の活性化がすすめられた。すでに七八六年、ハドリアヌス一世はバシリカの近くに教会の運営を担うべく権威ある修道院を再建し、ゆたかに整備した。そして九世紀、『サンタ・プラセーデ』と『サン・マルティーノ・アイ・モンティ』の信徒集会所は、――しかも前者は聖遺物をもち、巡礼者を引きつけていた――豪華な教会堂に変えられ、新たに設立された立派な修道院に委託された。九世紀末――あるいはそれよりはるか以前――に、聖アンドレアスに献じたふたつの修道院が『サンタ・マリア・マジョレ』に近接して築かれた。少し離れた『サン・ヴィト・イン・マチェルロ』の〈ディアコニア〉もまた、おそらく九世紀のうちにある修道院の手に委ねられていた。少し東には、すでに五世紀に『サンタ・ビビアーナ』の教会が築かれていた。この教会は、八〇六／八〇七年のレオ三世による寄進の少なさから当時の低い地位が推測されるが、その後裕福な尼僧院に併合されてその勢いを取り戻し、一〇世紀にはローマにおけるもっとも豊かな教会のひとつに数えられた。おそらく一三世紀に改築されたのであろう楣式柱廊で支えられた身廊をもつ小さなバシリカは、一六二四年ベルニーニによって今日見る姿を得た。これら教会と修道院の周りには、当然ひとつの集落が生まれたであろう。そしてそれを核に、エスクヴィリーノの上にコルレ・オッピオの方向に広がる、明らかに農村の特徴をもつ郊外集落が発達したと考えられる。一一九二年には、『サンタ・マリア・マジョレ』と『サンタンドレア・イン・カタバルバラ』の周囲に納屋、小屋、庭をもつ四〇軒を超える、いずれもこのバシリカと近くの修道院に属する農家のあったことが知られる。『サンタ・プラセーデ』を経営する修道院の近くにも数軒の民家があり、その集落は約一五〇メートル南東の『サン・マルティーノ・アイ・モンティ』まで延びていた。すでに一一世紀の中頃この地域は、おそらくその起源は古代に遡るであろう配管で給水されていた。近くでは、市場も開かれていたであろう。それは、『サン・ヴィト・イン・マチェルロ』に近いかつての【マケルム・リヴィアエ】の地、すなわち今日大きな市場の開かれるピアッツァ・ヴィットリオ・エマヌエレ近くであったろう。『サンタ・マリア・マジョレ』の北西、丘を少し下った『サンタ・プデンツィアーナ』の周囲にも数軒の家があった。ウェインゲルデの素描は、一五五〇年頃のこの地の様子を伝えている（図250）。〈アビタート〉への道は、早くから通じていた。西の『サンティ・アポストリ』やコルソ南端との連絡は、その道筋にあたる『サンテウフェミア』と『サン・ロレンツォ・イン・パニスペルナ』の近くにふたつの修道院が建設されていることによって証明される。古代以来中世をとおしてこの地域は、【皇帝たちのフォールム】の集落とはふたつの道で結ばれていた。このふたつの道は、か

250.　1550年頃の『サンタ・マリア・マジョレ』周辺、隣接する城館および『サンタ・プデンツィアーナ』、ウェインゲルデによる素描の一部、Oxford, Ashmolean Museum

つて〈フォルム・トランシトリウム〉（通り抜けフォールム）と呼ばれた【ネルヴァのフォールム】を起点とし、中世には〈アルカ・ノエ〉のちに〈アルケ・ノア〉（ノアの方舟）と呼ばれていた【ネルヴァの凱旋門】〈アルクス・ネルヴァエ〉をくぐって東へ向かっていた。このアーチの後方、一一九八年以来インノケンティウス三世が築いた館塔『トル・デコンティ』の立つ一角にも家並が迫っていた。一四世紀には、もちろん久しい以前に生まれたのであろうが、塔の近くの路地沿いに肉屋が並ぶ商店街があり、すでに一二〇〇年頃には、このフォールムの神殿は「枢機卿たちの穀倉」に使われていた。塔に似た神殿を穀物の倉庫にしたこの建物は、一二世紀の建築様式に倣って地階に円柱、上階に角柱の支える柱廊をもっていた（図251）。ケンキウス・カメラリウスの記録もまた、〈アビタート〉と『サンタ・マリア・マジョレ』周辺の集落との中間点に位置するこの地の家屋の建てこみ振りを報告している。【ネルヴァの凱旋門】をくぐった道は二手に分かれ、それぞれエスクヴィリーノとコルレ・オッピオへと向かう。そのひとつ、古代にヴィクス・パトリキウスと呼ばれた道は、今日のヴィア・マドンナ・デイ・モンティとヴィア・ウルバナに沿って『サンタ・プデンツィアーナ』のわきを通り、『サンタ・マリア・マジョレ』へと向かった。古代にヴィクス・スブラヌス

251. 〔枢機卿の穀物倉〕に変えられた【ミネルヴァの神殿】のある【ネルヴァのフォールム】、中央に【ネルヴァの凱旋門】（中世にまず「アルカ・ノエ（ノエのアーチ）」、のちに「アルケ・ノア（ノアの方舟）」と呼ばれた）、その後方に柱廊をもつ家屋、右に〔トル・デコンティ〕、1495 年頃、『コデクス・エスクリアレンシス』の中の素描、fol. 57^{v}

と呼ばれた、ほぼ今日のヴィア・カヴールに沿うふたつ目の道は、『サンタ・ルチア・イン・セルチス』わきの古代の舗装がのこる道を抜け、『サン・マルティーノ・アイ・モンティ』のアプスの後ろでさらに二手に分かれる。そのひとつは『サンタ・プラセーデ』と『サン・ヴィト・イン・マチェルロ』を経てポルタ・サン・ロレンツォに向かい、もうひとつは南に折れ、ポルタ・マジョレに向かう。そしてそれぞれは、ティヴォリあるいはパレストリーナへとカンパーニャを貫く街道へとつづく。

少なくとも一〇世紀以後に、【フォールム】の東にも『サンタ・マリア・マジョレ』の周辺集落よりは〈アビタート〉に近いもうひとつの集落が生まれていた。八五五年頃に建てられた『サンタ・マリア・ノーヴァ』がその核であった。一〇世紀末から中世をとおしての数多くの記録が証明するように、ここでは住宅化が【ウエヌスとローマの神殿】、【コロセウム】、【ネロの黄金宮】の中まで迫り、さらにパラティーノの斜面までにも延びていた。記録が伝える賃借人およびその保証人――おそらく隣人――の大半は、銅細工師、鍛冶屋、車大工、靴屋、レンガ工、そして多くの石灰焼成工など職人であった。廃墟にふんだんにある大理石が焼成工を引きつけのであろう。この地域は、他の似た

252.　1560年頃の『サンタ・マリア・ノーヴァ』周辺、前景に【コンスタンティヌスの凱旋門】、G. A. Dosioによる素描、Firenze, Uffizi

条件の地域と同様〈カルカラリウム〉（石灰焼成場）として知られていた。もちろんこれら細民と並んで、そこにはすでに早くから〈スクリナリウス〉（教皇庁の役人）、聖職者、公証人、貴族も名を連ねている。公証人や貴族は、他所に住むこの地域の地主であったかもしれない。すでに一一世紀の前半にはひとりの銀行家が、近くの「銀行の辻」（トリヴィウム・カンビアトリス）に店を構えていた。一一八〇年【コロセウム】の近くには、ここを通ってラテラーノに向かう巡礼者のためであろう〈コントラーダ・カンビアトルム〉（両替屋通り）があった。いずれにしても一二世紀にこの集落はかなりの街に成長し、土地は個人の所有になり、住民の生活水準も高くなったと推定される。一一九二年に『リベル・ケンスウム』（人別帳）をまとめたケンキウス・カメラリウスは、ここに四〇軒以上の民家を挙げている。ある公共浴場近くの建物群はフランギパーニ家の城館を形成し、その他の家屋は聖職者、肉屋など、教皇の行列の際、自宅および自宅前の道を花綵で飾ることのできる名誉ある市民の持ち物であった。その贅沢ができない人びとの小家、小屋、バラックは、数には入れられなかった。あるいは一一世紀末以来フランギパーニ家が【コロセウム】、パラティーノの斜面、都心への道の一部を支配下に置いていたことも、この集落の発展に貢献したのかもしれない。『サンタ・マリア・ノーヴァ』周辺の家並は、一方では教会の前方に、他方では南にパラティーノの『サンタ・マリア・イン・パルララ』（今日の『サン・セバスティアーノ・アルラ・ポルヴェリエラ』）へ向かう道沿いに延びていった（図252）。この地域と〈アビタート〉を結ぶ道はふたとおりあり、そのひとつは【フォールム・ロマーヌム】を抜けてカンピドリオの北側崖下に至る、そのふたつは【皇帝たちのフォールム】を抜けてコルソの南端に達した。一六世紀の都市図に見える家屋は、もちろん建て替えられてはいるだろうが、ケンキウス・カメラリウスがこのふたつの道沿いおよび『サンタ・マリア・ノーヴァ』と【ティトゥスの凱旋門】に近いパラティーノの斜面で数え上げたのと同じものであろう。

エスクヴィリーノの『サンタ・マリア・マジョレ』周辺の集落がさらに発展していったのに対し、『サンタ・マリア・ノーヴァ』周辺のそれは、パラティーノの斜面の一部をのぞいて、次第に寂れていった。これは驚くに当たらない。〈ディスアビタート〉にあっても、比較的健康な環境である丘の上に対し低地は敬遠されたのだ。【コロセウム】とその周辺は、一部の高みをのぞいて、ヘンリー・ジェイムズが『デイジー・ミラー』で語るように、一九世紀までけっして健康的とはいえなかった。病原の媒介者ハマダラ蚊の存在が知られたのはわずか一〇〇年前であるが、すでに一二世紀の人間は、この虫の棲み処からマラリアが蔓延することを知っていた。沼地や溜水から黒く、熱を帯びた靄が立つと考えられたのだ。マラリアは、〈ディスアビタート〉から街へと触手を伸ばし、毎年夏にはその住民を、街を棄て丘へと追いやった。もちろんそれは、それができる人たちのことであり、それ以外は街にのこった。〈アビタート〉の外は、それでなくとも恐ろしい地であった。大部分は、ただ廃墟が影を落とし、屍の発するガスに似た毒気を吐く緑色のヘビ、黒いヒキガエル、有翼のドラゴンが隠れる不毛の荒野であった、と一一五五年、フリードリヒ・バルバロッサの軍隊の半分を斃したマラリアの目撃者は語る。

それでも、一二世紀の中頃この地を訪ねた若者は、彼の祖父が見たのとはまったく違う光景を見たであろう。祖父が見たのは、惨めな姿で立ついくつかの教会と寂しげな家並みと農場であった。孫の時代には、もはや城壁の中だけでなく、その外にまで家が建っていた。一二世紀、一三世紀には、職人や小役人が城壁の外に畑やブドウ園をもつことも珍しいことではなかった。――しかしこのブドウ園の持ち主が、一五世紀の庶民がそうしたように、暖かい日、家族とともにそこまで遠出をしたかどうかはわからない――。このようにして〈ディスアビタート〉は、限られた範囲の中でだが、次第に開発されていった。

〈ディスアビタート〉の豪族たち 注2

それでも一二、一三世紀の旅人が〈ディスアビタート〉に見た光景は、おぞましいものであった。そこには、要塞と化した無数の城館や塔が、すでに建ち、また建てられていた。【フォールム】、【コロセウム】の周り、コルレ・オッピオの斜面、クヴィリナーレやパラティーノの上の巨大な廃墟は、豪族たちによって砦に変えられていた。これら砦は、都心とエスクヴィリーノや【コロセウム】周囲の集落あるいはラテラーノを結び、さらには城門の外に延び、近郊の領地に通じる街道へとつづく道を見張っていた。今日なおクヴィリナーレの南西斜面には【ネルヴァのフォールム】の後方、ヴィア・カヴール下端の一一九八年頃に教皇インノケンティウス三世の建てた『トル・デコンティ』（図162）、【トラヤヌスのフォールム】後方の『トレ・デル・グリルロ』（図253）、そのやや上方、ヴィア・クヴァトロ・ノヴェンブレの持ち主も建立時もわからない塔、【トラヤヌスのフォールム】に近いマニャナポリの高みに建つ、ピンチオやジャニコロまで見渡す『トレ・デルレ・ミリツィエ』（図254）などがのこる。現在なお五メートルを超え、本来はその上にさらに一階を載せていた『トレ・デルレ・ミリツィエ』は、古い、おそらくビザンティンの砦の上に築かれたのであろう。一一七九年フランギパーニ家に属していたこの砦は、一二五〇年アンニバルディ家の手中に落ち、一三〇一年にはカエタニ家の手に渡った。今日の塔は、その構築法と扶壁の構造から一三ないし一四世紀に築かれたと考えられる。一二世紀以来、のちにマルタ騎士団の所有となる館が建っていたこの地には、古代の廃墟に聳え立つ三つの塔が、【トラヤヌスのフォールム】とともに、見る者を震えさす巨大な要塞をつくり上げていた。コルレ・オッピオの上、『サン・ピエトロ・イン・ヴィンコーリ』の近くにも三つの塔が立っていた。そのひとつは、北側のヴィア・カヴールからのぼる丸天井で覆われた階段を見下ろす地に、『トル・デコンティ』と同様黒と白の石を積み上げた下部構造をもって築かれていた。ふたつ目は、今日『サン・フランチェスコ・ディ・パオラ』の鐘楼として使われている。丘の西斜面に立ち、かつてアンニバルディ家の所有であった三番目の塔は、【コロセウム】へと下ってゆくヴィア・デル・ファグターレを見下ろしていた。『サン・マルティーノ・アイ・モンティ』の後方には、はじめはアルキオニ家とケロニ家、のちにカポッキ家に属したふたつの塔が立っている。しかし〈ディスアビタート〉のこの地域には、一六および一七世紀まで、なお多くの塔が建っていた。

一一〇〇年頃ピエルレオニ家と並んで強力な門閥であったフランギパーニ家は、【フォールム】、パラティーノ、【コロセウム】周囲の各所に要塞化された建物を築き、この地域は〈カンポ・トレキアート〉（櫓通り）と呼ばれた（図255）。おそくとも一三世紀までに彼らは【コロセウム】をも要塞化したが、地階の穹窿は『サンタ・マリア・ノーヴァ』の所有にとどまり、その後五〇年も住宅あるいは工場として貸し出された。フランギパーニ家は、パラティーノ北斜面、『サンタ・マリア・イン・パルララ』（今日の『サン・セバスティアーノ・アルラ・ポルヴェリエラ』）近くにも砦を構えた。その登り道は、〈トゥリス・カルトゥラリア〉と呼ばれた【ティトゥスの凱旋門】で守られていた。その西方にも多くの塔があった。【アントニウスとファウスティーナの神殿】近くのフランギパーニ家の塔、一一九九年には、おそらくそれよりはるか以前に築かれたであろうふたつの塔が【セプティミウス・セヴェルスの凱旋門】の上に聳え、そのひとつ、近くの『サンティ・セルジオ・エ・バッコ』の所有に帰していた南側の塔は、一六〇〇年にはまだ見ることができた（図256）。もうひとつの塔『トレ・デル・カンパナロ』は、【フォカスの記念柱】の近くにあった。一一四五年フランギパーニ家は、【キルクス・マクシムス】東端に建つ塔を買い取り、ほど遠くないパラティーノの南東の隅にあってすでに要塞化されていた【セプティツォニウム】の廃墟を賃借した。エスクヴィリーノの『サンタ・プラセーデ』の近くにも、フランギパーニ家の要塞があった。要するに一二世紀の中頃、西

253. 〔トレ・デル・グリルロ〕、1900年以前

254.　1625年頃の〔トレ・デルレ・ミリツィエ〕、B. Breenbergh による素描、British Museum, London

および東からラテラーノに近づく道はフランギパーニ家に抑えられており、それによってこの一族は、教皇を守ることも包囲することもできたのであった。一三世紀および一四世紀にフランギパーニ家の権勢が衰えてくると、その塔や城館は次世代の有力門閥の手にわたり、また必要ならば彼らは、新たに築いた。一二四〇年頃アンニバルディ家は【コロセウム】の半分を譲り受け、早くもその一世代後円形劇場全部を手中にし、またフランギパーニ家から『トレ・デルレ・ミリツィエ』を買い取った。これはおそらく現在の建物の前身であったろう。じじつすでに一三世紀の初頭アンニバルディ家は、『サン・ピエトロ・イン・ヴィンコーリ』から【コロセウム】の向かいまでのいたるところに塔を所有、あるいは築いた。また教皇宮への出入りを見張るため、ラテラーノ近くの上水道の上にも塔を築いた。しかしこの塔は、インノケンティウス三世の命で間もなく取り壊された。アンニバルディ家と並ぶカポッキ家は、今日なお『サン・マルティーノ・アイ・モンティ』の後方に立つ彼らの塔が語るように、先輩のフランギパーニ家の跡をついでエスクヴィリーノの『サンタ・マリア・マジョレ』へ通じる道を支配した。アルキオニ家は一三世紀、【コンスタンティヌスの浴堂】あるいは【トラヤヌスのフォールム】を要塞として、クヴィリナーレ西部を支配下に置いた。サヴェルリ家は一三世紀のはじめ、アヴェンティーノの上のホノリウス三世がそこでいくつかの勅書に署名した『サンタ・サビーナ』の近くに城館を構えた。一二七九年頃、これもサヴェルリ家の一員ホノリウス四世は、バシリカの後方に要塞を築いた。この年、まだ枢機卿であった彼はすでに遺言状をしたため、そこで財産として「我々がサンタ・マリア・アド・グラデル

255. 『サンタ・マリア・イン・アラコエリ』からの館塔の林立するオピオおよびエスクヴィリーノの丘への眺望、手前に〔トル・デコンティ〕が見える、1495年頃、『コデクス・エスクリアレンシス』の中の素描、fol. 40v

256. 【セプティミウス・セヴェルスの凱旋門】とその上に立つ中世の塔、1575年頃、E. Du Pérac の銅版画

リス（【フォルトゥーナ・ヴィリリス】のこと）から『マルモラータ』に沿って所有するすべての家屋、塔、塔の廃墟、および『マルモラータ』の上の要塞、また我々がこの教会から川岸まで、およびリーパ区に所有する家屋と塔、およびモンス・ファビオルム（【マルケルス劇場】のこと）の上の要塞」と列挙する。同じように当時コロンナ家は、〈モンテチトリオ〉と、すでに九〇〇年あるいはそれ以前からクヴィリナーレ西斜面の【セラピスの神殿】の廃墟に城館を構え、〈アビタート〉の北および東辺を支配していた。一三〇〇年頃カエタニ家が表舞台に登場し、もはやピエルレオニ家ではなかったと思われるテヴェレの島の持ち主からポンテ・クヴァトロ・カーピを見下ろす塔を買い取り、アンニバルディ家から島の防御施設の大部分を譲り受けた。

門閥家同士の、あるいはそのときどきの教皇派と反教皇派の戦いにおいて、塔は明らかに重要な役割を果たした。『ゲスタ・インノケンティイ』（インノケンティウス三世伝）には、一二〇三年の塔攻防戦の様子が生き生きと描かれている。ドラマの悪役カポッキ家は、〈セナトーレ〉が壊させたひとつの塔を再建し、マニャナポリ近くの〈セナトーレ〉側の塔を攻めた。その際彼らは、浴堂や教会に柵、土塁、濠をめぐらして要塞化し、「ある古代のモニュメント」（おそらく【トラヤヌスのフォールム】であろう）の上に攻囲器械を設置した。このようなカポッキ家に対抗して、ペトルス・アレクシウスの息子たちは、ひとつの非常に高い塔、ギルド・カルボーネなる人物はさらに三つの塔を築き、一方アンニバルディ家は【コロセウム】の近くにひとつの塔を建てた。こう書くと険悪に聞こえるが、現実はそれほどでもなかった。戦いは小規模なもので、むしろならず者の喧嘩の呈をなしていた。しかし塔は、たとえ実際の戦いには役に立たなくとも、一族の権威の象徴として重要であった。

ラテラーノの防御と美化、そして孤立[注3]

このような状況にあって、隔絶した地にあるラテラーノもまたは防御を必要とした。すでに九世紀に『サンティ・クヴァトロ・コロナーティ』の〈ティトゥルス〉は巨大な教会に変えられ、その門塔は丘への登り道ヴィア・マイオルを軍事的に支配していた。一二世紀の叙任権闘争の際に、ラテラーノ周辺の防御はさらに強化された。かつて一〇八四年、ロベルトゥス・グイスカルドゥス（ロ

257. 『サンティ・クヴァトロ・コロナーティ』、要塞化された教会と修道院、1625年頃、B. Breenbergh による素描、Paris, Louvre

ベルト・ギスカルド）に率いられたノルマン人は、グレゴリウス七世の退位を迫って「ラテラーノの周囲と【コロセウム】までの地域を炎と剣で荒らし」、その蛮行は『サン・ロレンツォ・イン・ルチナ』から『サン・シルヴェストロ・イン・カピテ』の間でも行われたという。ならばそれは、まさに〈アビタート〉の東と北の外縁でなされたことになる。一一一五年頃、——おそらくこの劫掠ののち一五年足らずで修理され飾られていたのであろう——四世紀の『サン・クレメンテ』のバシリカは棄てられ、その五メートル上に新しい教会が築かれた。この教会に接して、堅固な壁で守られた聖職者たちの新しい住まいも建てられた。一一一六年ラテラーノの丘への登り道に『サンティ・クヴァトロ・コロナーティ』が新たに建てられたとき、近くの修道院がそこに移された。その理由を教皇の勅書は、「その地が、うちつづく戦乱で住民が消え、荒野と化した」からだとし、それは、言外に新しい教会が地域再開発の核となることを望んでいた。そのとき築かれた巨大な修道院とのちの増築は、岩山の上に聳える『サンティ・クヴァトロ・コロナーティ』の建築群を、修道院と教皇宮を守り、新しい住民に安全を約束する、まさに本格的な堂々たる要塞に変えた（図257）。チェリオの丘を越えてラテラーノに至る道も、同じくこの一二世紀の防衛施策の枠内に置かれた。一〇九九年と一一一八年の間に『サンティ・ジョヴァンニ・エ・パオロ』に築かれた修道院の建物群は、石塊を堅固に積んだ古代の貯水槽【クラ

258.　要塞化された〔セプティツォニウム〕、1560年頃、G. A. Dosioによる素描、Firenze, Uffizi

ウディアヌム】の遺構を利用しての巨大な要塞と変えられた。一二世紀の中頃、修道院はさらに拡張され、五〇年前の低く強固な塔は今日みる高さにまで積み上げられた（図128）。『サンティ・ジョヴァンニ・エ・パオロ』と道を挟んで向かい側に築かれた『サン・グレゴリオ・マーニョ』の新しい建物は、さらにチェリオへの登り口、およびポルタ・サン・パオロの谷から教皇宮へ近づく道を固めた。谷の向こう側、パラティーノの南東隅の柱廊【セプティツォニウム】は、すでに九七五年『サン・グレゴリオ・マーニョ』の修道士たちによって要塞化されていた。この要塞は、一〇八四年ヘンリクス四世の攻撃に耐え――その際数基の円柱が崩れた――一一一七年には教皇パスカリス二世の隠れ家とされた（図258）。

〈ディスアビタート〉南東地域での教皇による建築および入植地建設プロジェクトの真の目的は、ラテラーノの宮殿とバシリカを核にした一大防御圏を構築することであった。一一および一二世紀の宮殿は、「古代の穹窿、緒種の建物、ブドウ園、オリーヴやリンゴの植わる果樹園」をもち、一二世紀にはそれに一一二〇年頃に修復された古代の上水道から水を引いた水車小屋、貯水池、馬の水浴び場も加わった巨大な農園風の城館であった。そしてその周りには、修道院をはじめ聖職者の住宅、あるいは教皇庁の役人、使用人、従者、さらには宮廷と取引のある商人たちに賃貸された民家が、新築あるいは増築されていった。一三世紀の中頃、高位聖職者――多くはローマ有数の門閥出身――が貸し出す家屋は二五〇〇を数え、この新しい入植地はもはや立派な街を形成していた。

259. 『サンタ・クローチェ・イン・ジェルサレンメ』、1743年以前、作者不詳の素描、Stockholm, Nationalmuseum

家並みは、南は城壁と宮殿の間、北は古代の上水道まで、また丘を下ってヴィア・サン・ジョヴァンニ・イン・ラテラーノに沿い【コロセウム】近くまで延びていた。さらに職人、小商人、両替屋の出店が五七、それに肉屋が一軒、公共の浴場がひとつあった。これらの多くはすでに早くから存在していたと思われるが、一二世紀あるいはすでにそれ以前に、宮廷への訪問者やバシリカの聖遺物を訪ねる巡礼者のための宿もあったに違いない。これらの宿のひとつ――ヴィア・メルラナにその一部をのこすものか――に、一二〇九年から一二一〇年にかけて聖フランツィスクスは泊った。『サンティ・クヴァトロ・コロナーティ』に向かう通りの『サン・ジョヴァンニ』（かつては『サンタンジェロ』と呼ばれた）の救貧院は、一三三三年から一三四八年の間に築かれた。

これらの施設全体、特に教皇の宮殿は、もちろん防衛されねばならなかった。しかし一二世紀および一三世紀におけるラテラーノとその周辺の建築活動は、ただ軍事的観点からのみ行われたのではなかった。宮殿、バシリカ、それにこの地域の教会は、贅沢に修理あるいは改築された。それは明らかに、一一世紀の中頃から以後二五〇年にわたってローマ全域で大々的になされた開発および再開発活動の一環であった。その目的は、ローマを新しいあるいは改修された教会で若返らせること、「新しい首都」にすることであった。そしてこの若返り大プロジェクトの枠内で、ラテラーノおよびその周域の建築活動にも特別の意が払われたのだ。たしかに防御圏に沿っては、要塞化された

Berlin, Kupferstichkabinett, 79 D2A, fol. 12r および 71r

教会が新たに建てられた。またそのように改装された。しかしラテラーノと深いつながりのある古い教会にも、修理の努力は向けられた。『サント・ステファーノ・ロトンド』では、一一三〇年から一一四三年にかけて、崩壊した礼拝堂とそれをめぐっていた庭をつないでいたアーケードは壁で塞がれ、中央部の屋根を支えるためには、――もはや必要な長さの梁が手に入らなかったのであろう――三つの巨大な筒型穹窿天井が採用された。『サンタ・クローチェ・イン・ジェルサレンメ』もまた、一一四四年から一一四五年にかけて建て直された。かつての広い会堂は、アーケードで支えられたふたつの壁でもって身廊、側廊、アプス前の翼廊に分けられ、床面のない疑似二階席に光を採り入れる開口部をもつその壁は、フレスコでゆたかに飾られた。バシリカの前には、高い塔が築かれた（図259）。新たな建物群には、将来の教会の運営と信仰上の機能を保全するため、正規の司教座聖堂参事会の結社が組織された。一二世紀の後半になって間もなく、ラテラーノのバシリカをはじめとして『サンタ・クローチェ』、『サンタ・マリア・マジョレ』、『サンティ・ジョヴァンニ・エ・パオロ』、『サント・ステファーノ・ロトンド』のファサードの前に広い前室が増築されたが、これもまたラテラーノとその周囲の改装と華美化の一環であった。それから間もなく、遅くとも一一九〇年までには、『サンタ・マリア・マジョレ』の隣に、一六世紀の素描にも見えるひとつの城館が築かれた（図250）。ラテラーノの宮殿およびその礼拝堂の改装、そのフレスコ画による新たな装飾もまた、この一二世紀中頃の華

260. ラテラーノの宮殿、バシリカ、洗礼堂および救貧院の一角（?）。1535年頃、ヘームスケルクの素描、

美化の一環であった。ラテラーノのバシリカのナルテクスに記された銘文は、このような動きの証左であり、一〇六三年から一一九八年にかけて歴代の教皇がこの教会に埋葬されたという事実も、当時のラテラーノの立場を語っている。ただし、たとえばグレゴリウス七世のようにローマを遠く離れて歿した数人の教皇、あるいは特別の理由から『サン・ピエトロ』に葬られたふたりの教皇の例外もある。このようなラテラーノへの新たな意識の傾注は、叙任権闘争で勝利した改革教皇たちが実現し、ローマ共和政を克服した次世代の教皇たちが強化した教皇権復活という動きの中で考察されるべきであろう。

一〇〇年後の一三世紀末、教皇たちはもう一度、ラテラーノのバシリカや宮殿を豪華に飾り、周囲の集落をさらに開発することを志した。このように、全中世をとおしてラテラーノでの建築事業は活発に行われた。ただ、その効果は必ずしも十分とはいえない。中世およびその後のローマの都市構造、またこの都市の中でのラテラーノの位置づけという観点からみれば、この地での建築事業は、一三世紀のそれで終わった。すでに見たように五世紀の教皇たちは、都市の南東部の僻地に司教座教会を抱える広大な教皇の宮殿を築き、それを、当時すでに西に向かってあとずさりしはじめていた都市をみずからに引き寄せるべく、「新しいローマ」の新しい核にしようとした。しかしそれは失敗に終わった。司教座教会も教皇庁を含む宮殿も、次第に孤立へと追い込まれていった。八世紀および九世紀における教皇の建築活動は、たしかに広範囲に及ぶものではあった。しかし宮殿と教会のいっそうの豪壮化というその目的を十分に果たすことはできなかった。都市構造におけるラテラーノの位置や〈アビタート〉との結びつきが、十分考慮されなかったのだ。当然ラテラーノの領域に入るべき『サンタ・マリア・マジョレ』の周域が、この教会を核として再建され、またそれぞれの周囲に家並や果樹園を集めた『サンタ・プラセーデ』や『サン・マルティーノ・アイ・モンティ』などの修道院とともに、ひとつの独立した街を形成したのだ。一見一二世紀の建築活動は、五世紀のそれを再び採用したかに見える。すなわち『サンティ・ジョヴァンニ・エ・パオロ』、『サンティ・クヴァトロ・コロナーティ』、『サン・クレメンテ』、『サンタ・マリア・マジョレ』を取り込んで東、西、北へと広がる〈偉大なるラテラーノ・ボルゴ〉の建設を目指した。しかし五世紀のプロジェクトが、はやくも西へと向かっていた都市の発展を教皇の勢力範囲へと転換させようとしたのに対し、一二世紀のそれは、まったく逆に、ただラテラーノ自体を美化し、その周囲に堅固な防御圏を築くことであった。一二世紀の〈ラテラーノ・ボルゴ〉は、〈アビタート〉に近づくのではなく、〈アビタート〉との交わりを断ち、広い無人地帯によってみずからを隔離することであった。この孤立は一三世紀にも受け継がれた。新たに改築された教会や宮殿の建物、すなわち教皇の行列や巡礼者の目標は、北西の今日シクストゥス五世のオベリスクが建つピアッツァ・サン・ジョヴァンニ・イン・ラテラーノに面していた（図260）。【コロセウム】から丘へ登る都心からの最も重要な道路は、この広場を終点としていた。それゆえバシリカの改築の際には、翼廊の北側ファサードが、刳り型のある破風の後方に聳える双塔でもって強調された。そしてボニファティウス八世もまた、一二九九年の教会に接続する宮殿の一画を改築する際、九世紀の饗宴の広間〈アクビタ〉前方のバルコニーを、来る「聖年」に広場に集まる巡礼者の群れに祝福を与えるための特別なロジア〈ディ・ベネディッツィオーネ〉に変えたのであった。不規則で、舗装されておらず、東端を他の中世の建物で狭められた広場自体、たしかにラテラーノ建築群の一部をなしてはいたが、宮殿や教会同様、都心とのつながりを無視したものであった。宮殿と教皇の司教座教会は、本来それらが支配すべき、またそれらに仕えるべき都市〈アビタート〉との結びつきを絶ち、さらに孤立をつづけていった。

訳者あとがき

本書は、Richard Krautheimer, *Rome : Profile of a City, 312-1308*, Princeton University Press, Princeton, New Jersey, 1980（Second printing with corrections）の翻訳である。

人はよく、「永遠の都ローマ」について語る。しかしそれは「古代のローマ」、「ルネサンスのローマ」、「バロックのローマ」であった。このとき跳び越えられる「中世のローマ」について語るのが、本書である。それは、ミルヴィス橋の戦いでコンスタンティヌスがマクセンティウスを破った三一二年から、教皇権がアヴィニョンに遷座した一三〇九年までの約一〇〇〇年のことである。この間、都市ローマは数奇な運命をたどった。かつての大帝国の首都は、次々と南下する蛮族に侵され、幾度となく壊滅の危機に瀕した。しかし栄光の「カプト・ムンディ」（世界の頭）への誇りは、その危機に耐え、この都市にキリスト教の聖都、教皇の座の地位を与えた。だが世界の頂きを自負するがゆえに、その地位をめぐって、教皇、異邦の皇帝、それにときには市民が加わっての、凄惨な戦いが繰り広げられた。この書は、このような波乱に満ちた中世都市ローマの歴史をひとつの生き物になぞらえ、その肖像を造形しようとする。

本文は二部からなる。「イメージと実体」と題する第一部では、のこされた建築、それを飾る壁画、モザイク、彫刻を通して、一〇〇〇年間の都市ローマの実体が詳細に、正確に展開される。すなわちモニュメントに結晶したイメージでもって、目指す肖像のデッサンに確固たる輪郭線が与えられる。「中世の〈フォルマ・ウルビス・ロマエ〉」と題された第二部では、著者は古記録をあさり、考古学の成果を閲して、発掘された大理石板が伝える古代の地図「フォルマ・ウルビス」の中世版の作製を試みる。すなわち肖像に、血の通う肉体が与えられる。

しかし、世界美術史のほとんどすべての領域が耕された今日にあっても、中世ローマの美術史にはいまだ未踏の地がある。その未踏の地を探り、専門外の社会史、宗教史のたすけを借りながら、薄闇の中に消えていた中世都市ローマの肖像を描くことは、著者自身も告白するごとく（第六章および第七章注1参照）、あまりにも大胆な企てであったかもしれない。だが助力を惜しまぬ同僚とすぐれた弟子に支えられた八三歳の老儒は、積み重ねてきた該博な知識と天与の繊細な感性に裏打ちされた深い洞察でもって、この大事業を成し遂げた。

著者リチャード・クラウトハイマーは、一八九七年フランケン地方フュルトのユダヤ人家庭に生まれた。第一次大戦の過酷な兵役を経験したのち、ミュンヘン、ベルリン、マールブルクに学び、一九二五年ハレでパウル・フランクルの指導のもと中世ドイツ托鉢修道院教会建築の研究で学位、つづいて一九二七年マールブルクで教授資格を取得。以後マールブルクとローマを行き来しながら、ローマの初期キリスト教教会史料の集大成『コルプス・バシリカルム・クリスティアナルム・ロマエ』の仕事に取り組む（一九三三年に第一巻を刊行したこの仕事は一九七七年の第五巻刊行までつづく）。しかしナチスの台頭とともにドイツを離れ、しばらくローマに滞在するもやがてアメリカ合衆国に移住した。まずはケンタッキー州のルイヴィル大学に招かれるも、まもなくヴァッサー大学に移る。第二次大戦がはじまるとアメリカに帰化し、研究のかたわら戦略諜報局（OSS）に志願し、ローマの歴史的建造物を爆撃から守る航空写真の分析に従事する。その間の一九四二年、中世の建築を過去の偉大なるモニュメントの意識的な「コピー」あるいは「寄せ集め」とする論文『カロリング朝時代における初期キリスト教建築の復活』を発表、美術史学に一石を投じる。また一九五二年ニューヨーク大学に移り、一九五九年ロレンツォ・ギベルティに関する彼の唯一のモノグラフィーを刊行。一九六二年には、一般向けの書でありながら学界に大きな反響をよんだ『初期キリスト教とビザンティンの建築』（ペリカン美術史叢書）を出版（一九七五年と一九七九年に改訂）。一九七一年ギベルティに関するふたつ目の書を発表したのちニューヨーク大学を退き、ローマに帰る。ヘルツィアーナに居を与えられた学翁クラウトハイマーは、一九七七年大業『コルプス・バシリカルム』を完結させ、さらに構想久しいふたつの大著、すなわち本書（一九八〇年）と『アレクサンダー七世のローマ』（一九八五年）を上梓。一九九四年、パラッツォ・ツッカーリにて死去、享年九七。

クラウトハイマーが美術史学の世界に投じた礫は、大きな波紋を生じた。二〇世紀の斯界を主導していたのは、ヴェルフリン、フォシオンたちの形式主義的様式論、すなわち造形芸術の形式はそれ自体命をもち、その様式は、アルカイック、クラシック、バロック、アブストラクトと変遷成長するというものであった。それに対してクラウトハイマーは、個々の作品は様式の流れに浮かぶ泡沫《うたかた》ではなく、それをつくらせた人間の執拗な理念の象徴であるとした。そして中世の都市ローマの裡には、「偉大なるローマ再生」の理念が、隠れたマグマのごとく脈々と流れていた。初期キリスト教、さらにはその向うの古典古代文化へのそのたぎるあこがれは、いつの時代にもこの都市の思潮に新鮮な息吹を与え、五世紀、九世紀、一二世紀、そして一三世紀末に、熔岩となって噴出したのであった。古代の再生（ルネサンス）は繰り返されたのであり、一五世紀のルネサンスもまた、起こるべくして起きた後期中世の一現象であった。西洋の美術史から「ひとつのルネサンス」という概念を消したクラウトハイマー（およびパノフスキー）の投げた石の波紋は、今日なお美術史のみならず社会史の世界を揺るがしている。

私事にわたるが、訳者は早くから西洋にあこがれ、西洋の教養を身につけることを目指した。そのため古典考古学（古代ギリシア・ローマ美術史）を学び、それに結局半世紀をついやしてしまった。しかし今の西洋を知るには、キリスト教中世を看過することはできない。そして古代からキリスト教中世へと目が向いたとき出合ったのが、この書であった。それは、古代と中世の強靭なつながり、後期中世における近世への移行、いわゆる「ルネサンス」の深い震源を教えてくれた。

最後に、この書との出合いのきっかけをつくってくださり、あまりにも多い寄り道のため遅々として進まぬ翻訳を辛抱強く見守ってくださった中央公論美術出版の小菅勉社長に、また本をつくるという楽しい仕事に誠実に協力してくださった編集部の小野瀬あや氏に、心からの謝意を表します。

二〇一三年四月

中山　典夫

付録

索引 I

地名および事項

＊印はローマ以外の地

カ

キ

ク

ケ

コ

サ

ス

テ

ト

ナ

索引 II
教会

サ行

タ行

ナ行

ハ行

マ行

ラ行

索引 III
ラテラーノとヴァティカン

索引 IV

道路、橋、広場、民家

橋

広場

民家

索引V
人物

サ

シ

ス

セ

ノ

ハ

ヒ

フ

索引 VI
ローマ貴族

サ行

タ行

ナ行

ハ行

ラ行

注

第１章

1)　コンスタンティヌスの複雑な人間性と都市ローマ、異教、教会に対する彼の政治姿勢を理解するために筆者は、エウセビウスの『コンスタンティヌス伝』及び『頌辞』を再読した。加えて資料をよくまとめた H. Dörries, *Das Selbstzeugnis Kaiser Konstantins,* Göttingen, 1964 におおいに援けられた。さらに読者にはコンスタンティヌスのモノグラフィーとして、同じく H. Dörries, *Konstantin der Grösse*, Stuttgart, 1958、R. MacMullen, *Constantine*, London, 1970、そして特に A. Alföldi, *The Conversion of Constantine and Pagan Rome*, Oxford 1948 の一読をお薦めする。

312 年頃のローマの建築については、以下の研究を基にした：L. Homo, *Rome Impériale et l'Urbanisme*, Paris, 1951；［Lugli, *Monumenti*］；［Nash, Dictionary］；A. Boethius and J. B. Ward-Perkins, *Etruscan and Roman Architecture*（Pelican History of Art）, Harmondsworth, 1970（特に Ward-Perkins による最後の章）。古代末期のローマの全体像、特に《大理石図面》〈フォルマ・ウルビス〉については、R. Lanciani の編集による *Forma Urbis Romae*, Milano, 1896 がいまだ欠かせない文献であり、また G. Carrettoni, A. M. Colini, L. Cozza and G. Gatti, *La pianta marmorea di Roma antica*, Roma, 1960 の《大理石図面》の公開の果たした役割も大きい。

この章で筆者が展開した見解に関しては、コロンビア大学の Alfred R. Frazer 教授から多くの示唆をいただいた。ここに改めて教授への謝意を表したい。

コンスタンティヌス時代のローマの人口については、172,000 から 1,500,000 まで、実に様々な提案がなされている。はじめの数字は、*Transactions of the American Philosophical Society*, 48, 3, 1958, 64ff. の中の J. C. Russell, *Late Ancient and Medieval Population of Rome* において提案されているもので、おそらくあまりにも少ないであろう。それに対しての後の数字は、［Lugli, *Monumenti*］, IV, 2, 71ff. にあるもので、これはあまりにも大きすぎると思われる。筆者はむしろ、A. von Gerkan, *Die Einwohnerzahl in der Kaiserzeit*, in:［*RM*］55, 1940, 149ff. が提案する 600,000 と 700,000 の間が適当ではないかと推測する。また F. Castagnoli, *L'insula nei cataloghi regionari...*, in: *Rivista di Filologia*, CIV, 1976, 45ff. もまた約 600,000 を提案する。J. E. Packer, *The Insulae of Imperial Ostia*, in: *Memoirs of the American Academy in Rome*, 31, 1971, 74ff. に見られる 1,000,000 足らずという数字も、筆者にはまだ可能な範囲に思える。

2)　城壁については、I. Richmond, *The City Wall of Imperial Rome*, Oxford, 1930 のモノグラフィーと並んで、［Lugli, *Monumenti*］II, 139ff. および［Nash, *Dictionary*］II, 86ff. の注および図版参照。最後に挙げた文献には塔に関する情報もある。

ディオクレティアヌスおよびマクセンティウス時代のローマの外観の一新については、A. Frazer, *The Iconography of the Emperor Maxentius' Buildings on Via Appia*, in: [*Art Bull*], 48 (1966), 385ff. を参照。この著者の考えを筆者は本文にて使わせていただいた。また個々の建物については、前の注で引いた [Nash, *Dictionary*] および上で引いた A. Boethius and J. B. Ward-Perkins, *op. cit.* を参照されたい。〚サンティ・コスマ・エ・ダミアーノ〛の前身の建物については、下の第 3 章の注 3 参照。

【セソリウム】については A. M. Colini, *Horti Spei Veteris*, in: [*Mem Pont Acc*], 8, no. 3, (1955), 137ff. 参照。ラテラーノのバシリカ西側の発掘については、同じ著者の *Storia e topografia del Celio nell' Antichità*, [*Mem Pont Acc*], 7 (1944)、その後の新しい研究については、V. Santa Maria Scrinari, *Egregiae Lateranorum Aedes*, Roma, 1967 および idem, *Scavi sotto la sala Manzoni all'ospedale di S. Giovanni in Roma*, in: [*Rend Pont Acc*], 41, (1968/1969), 167ff. 参照。

古代の道路網に関しては、すでに上で引いた R. Lanciani, *Forma Urbis Romae* にすぐれた資料を見ることができる。

〈観光エリア〉については、これもすでに引いた [Lugli, *Monumenti*]、[Nash, *Dictionary*] および G. Lugli, *Roma antica, il centro monumentale*, Roma, 1946 を参照。

3)　『レギオナリア』については、[Urlichs, *Codex*] 1ff.、H. Jordan, *Topographie der Stadt Rom im Alterthum* II, Berlin, 1871；[Valentini-Zucchetti], I, 63ff.、A. Nordh, *Libellus de Regionibus Urbis Romae* (*Skrifter…Svenska Institutet i Rom* III, 8°), Lund, 1949 参照。〈クリオスム〉と〈ノティティア〉の関係、およびその年代——コンスタンティヌス以前か、コンスタンティヌス時代か、あるいはもっと後代か——については、[Valentini-Zucchetti], *loc. cit.* および Nordh, *op. cit.*, 60ff. 参照。

〈インスラ〉の正確な意味については議論がなされているが、多くの家族が共同で住む家屋の存在はオスティアの遺構が証明している。オスティアの遺構については G. Calza, *La preminenza dell'insula nell'edilizia romana*, in: [*Mon. antichi*], 28 (1914) pp. 541ff. および A. Boethius and J. B. Ward-Perkins, *op. cit., passim* を参照。それら共同住宅が狭い通りに面していたこと、また〈観光エリア〉や緑地帯にも迫って建てられていたことは、上の注 1 で触れた《大理石図面》〈フォルマ・ウルビス〉が示している。

古代の〈マウソレア〉、〈コルンバリア〉、〈アエディクラエ〉について、A. Boethius and J. B. Ward-Perkins, *op. cit., passim* および J. C. Toynbee and J. B. Ward-Perkins, *The Shrine of Saint Peter*, London, New York and Toronto 1956, 特に pp. 24-124 参照。

古代ローマの社会の「光」と「闇」について、非専門家である筆者の判断によれば、J. Carcopino, *Daily Life in Ancient Rome*, New Haven and Rome, 1960(ポケット版)の叙述が生き生きとし、かつすぐれているように見える。ヴェルギリウスの詩句は、もちろん『アエネーイス』VI, 851 からの引用。

4)　コンスタンティヌス以前およびコンスタンティヌス時代のローマにおけるキリスト教建築に

ついては、［Vielliard, *Origines*］13ff. 参照。加えて筆者の［*Corpus*］および［*Pelican*］29ff. さらには［Pietri, *Roma Christiana*］3ff. および 90ff. を参照。

ローマの〈ティトゥルス〉および〈ドムス・エクレシア〉に関しては、問題は複雑である。J. P. Kirsch, *Die römischen Titelkirchen im Altertum*, Paterborn, 1918 は、市街のいくつかの重要な教会の下に横たわる、あるいはそれらの一部としてのこる 2–3 世紀の共同住宅、民家、あるいはその他の世俗家屋の遺構を〈ティトゥルス〉と結びつけて解釈した最初の試みである。しかしローマでは過去 2000 年、あるいはそれ以上にわたって、古い建物が新しい建物に替えられ、あるいはその一部のみが利用されることが繰り返されてきた。他方ローマでは、4 世紀以前に〈ティトゥルス〉という言葉が使われた例はなく、また、おそらく〘サンティ・ジョヴァンニ・エ・パオロ〙の場合を除いて、それらの教会の下に発見された遺構が、かつて〈ドムス・エクレシア〉として使われたという明確な考古学的証拠もない。このことから［Pietri, *Roma Christiana*］, 83ff. は、当然のことながら、コンスタンティヌス時代以前の〈ティトゥルス〉がその後も長くのこったということに疑問をいだいている。じじつ、〈ドムス・エクレシア〉に変えられたと確信をもっていえる唯一の建物、すなわち Dura の〈ドムス〉は、ローマを遠く離れた辺鄙な地のしかも小さな町の遺構である。〈ティトゥルス〉の問題に関する筆者の考えについては、［Krautheimer, *Pelican*］, 26ff. を参照されたい。しかし筆者が、いつの日かその考えを変えるであろうことは大いにあり得る。

コンスタンティヌス以前の殉教者の祠やカタコンベについては、非常に多くの著作が発表されている。ここでは代表として［Krautheimer, *Pelican*］, 32ff. を挙げておく。〘サン・セバスティアーノ〙については［*Corpus*］, IV, 99ff.、聖ペトルスの祠については、公式な発掘報告書 B. M. Apolloni Ghetti, A. Ferrua, E. Josi and E. Kirschbaum, *Esplorazioni sotto la confessione di S. Pietro in Vaticano…*, Vatican, 1951 に基づいた［*Corpus*］, V, 165ff. を参照。また J. C. Toynbee and J. B. Ward-Perkins, *The Shrine of Saint Peter*, London, New York and Toronto, 1956 および K. Kirschbaum, *The Tombs of the Aposteles*, New York, 1959 を参照。

コンスタンティヌスの教会建築の寄進については、［*LP*］, I, 172 が古記録から数え上げている。また［Pietri, *Roma Christiana*］, 4ff. を参照。帝国全体におけるコンスタンティヌスの教会建築、およびその規模、機能、その後の展開については、筆者の *The Constantinian Basilica*, in:［*DOP*］, 21, (1967), 114f. が扱っており、その要約は［Krautheimer, *Pelican*］, 39ff. にまとめられている。

ラテラーノについては、［*Corpus*］, V, 1ff. を参照。コンスタンティヌスがローマの司教に寄進したたという【ドムス・ファウスタエ】に関しては、E. Nash, *Convenerunt in Domum Faustae in Laterano. S. Optati Milevitani*, I, 23 in:［*RQSCHR*］, 71, (1976), 1ff. を参照。

〘サンタ・クローチェ・イン・ジェルサレンメ〙については、［*Corpus*］, I, 165ff. および A. M. Colini, *Horti Spei Veteris, op. cit.*, p. 8. no. 8, pp. 154ff.、また［Krautheimer, *Pelican*］, p. 50 および no. 28 参照。Colini は、3 世紀の本来の建物は、おそらくその幅があまりにも広いゆえにか、屋根で覆われていなかった（Il grande atrio）という。そうであるならば、窓はなぜ必要だったのだろうか。

〖サン・ロレンツォ〗〖サンティ・マルチェリーノ・エ・ピエトロ〗〖サン・セバスティアーノ〗の墓地バシリカについては、［*Corpus*］, II, 1ff. 特に 116ff.；III, 190ff.；IV, 99ff. 参照。それぞれの個所にはより詳細な参考文献が挙げられている。

〖サンタニェーゼ〗のバシリカについては、F. W. Deichmann, *Die Lage der...Hl. Agnes*, in:［*RAC*］, 22,（1946）, 213ff.　および R. Perrotti, *Recenti ritrovamenti presso S. Costanza*, in: Palladio, n. s. 6,（1956）, 80ff. 参照。

殉教者墓所自体を含む墓地バシリカとしての〖サン・ピエトロ〗については、［*Corpus*］, V, 165ff. 参照。

墓地バシリカに関する諸問題に関する筆者の見解は、*Mensa-Coemeterium-Martyrium*, in:［*Cah Arch*］, xi, 1960, 15ff. および［Krautheimer, *Pelican*］52ff. に述べられている。それに対しては、F. W. Deichmann, *Märtyrerbasilika, Martyrion, Memoria und Altargrab*,［*RM*］, 77,（1970）, 144ff. および同じ著者の *Rom, Ravenna, Konstantinopel und Naher Osten*, Wiesbaden, 1982 参照。

5）　筆者は、コンスタンティヌスのアンビヴァレンツ、すなわちラテラーノの地を選びそこを豪華に飾り立てた彼の都市ローマに対する相矛盾する政治姿勢について *Il Laterano e Roma... in: Accademia Nazionale dei Lincei Adunanze straordinarie...*, I, No. 2, 1975, 231ff. においてその最初の指摘を試みた。この後筆者は、すでに H. Grisar, *Roma alla fine del Mondo Antico*, I, Roma, 1908 が、数行ではあるが、教会建築の際【フォールム】が公に避けられたことを指摘していることを知った。そこでは、この事実を著者は教会の賢明な慎重さに帰している。

第２章

1）　この章で扱う教会については［*Corpus*］, I-V, *passim* を参照。しかし本文の叙述に関して重要と思われる新しい発見や、これら［*Corpus*］とその後の筆者の見解の変化については、以下のそれぞれの個所で指摘する。4 世紀末から 5 世紀にかけてのローマにおける新しい教会の市街への進出については、［Vielliard, *Origines*］, *passim* および S. Pressouyre, *Rome au fil du temps*, Boulogne, 1973、それにもちろん［Pietri, *Roma Christiana*］を参照。新しく選出された教皇にはひとつの教会を創建する道徳的義務が課せられていたことについては、D. Kinney, *S. Maria in Trastevere from its Founding to 1215*, Ph. D. Thesis, New York U. 1975, p. 29 を参照。

おそらく 5 世紀の最初の四半世紀にローマの局地的に流行したと思われる教会の正面をアーケードで開放する新しい教会建築の構造については、G. Matthiae, *Basiliche paleocristiane con ingresso a polifora*, in: *Bollettino d'Arte*, 42,（1957）, pp. 107ff. および［Krautheimer, *Pelican*］, pp. 181 and 502, n. 2 参照。

4 世紀に盛んに行われた公共の建物や広場の修理や改装については、［Lanciani, *Destruction*］, pp. 28ff., pp. 47ff. が簡潔に触れている。またヴィア・サクラ沿いの彫像の管理については、同著の p. 36 を参照。アウグストゥスの妻リヴィアが今日のピアッツァ・ヴィットリオ・エマヌエレ北の隅に創設し、367 年に修理された【マケルム・リヴィアエ】については、

［Lugli, *Monumenti*］, III, pp. 418f. 参照。F. Magi, *Il calendario dipinto S. Maria Maggiore*（［*Mem Pont Acc*］, 11, 1), Roma, 1972, pp. 59ff. が提案するように、『サンタ・マリア・マジョレ』の下に発見された建物をこの macellum と同一視することには、さらなる証拠が必要であろう。【ポルティクス・デオルム・コンセンティウム】については、［Nash, *Dictionary*］, II, p. 241 を参照。【ユニウス・バッススのバシリカ】については、［Nash, *Dictionary*］, I, p. 190、さらに詳しくは、R. Enking, *S. Andrea in Cata Barbara e S. Antonio Abbate*（*Chiese illustrate*), Roma, 1964, p. 83 および G. Becatti, *Scavi di Ostia*, VI, Roma, 1969, pp. 181ff. 参照。357 年のコンスタンティウス 2 世の訪問に関しては、Ammianus Marcellinus, *Rerum...gestarum historia*, XVI, X, 13,（［*LCL*］, 300, 1, London, 1958, pp. 248ff.）および［Lanciani, *Destruction*］, pp. 47f. 参照。

2) 異教とキリスト教の抗争およびローマの政治的支配をかけての宮廷のキリスト教徒と異教の元老院貴族の間の確執、キリスト教改宗以前および以後の元老院貴族の古代の遺産を救おうとする努力については、これまでに多くの研究がなされている。その中から筆者は、A. Alföldi, *A Conflict of Ideas in the Late Roman Empire*, Oxford, 1952；A. Momigliano 編 *The Conflict between Paganism and Christianity in the Fourth Century*, Oxford, 1963；P. Brown, *Augustine of Hippo*, Berkeley and Los Angeles, 1967；および同じ著者の *Religion and Society in the Age of St. Augustine*, New York, 1972 年の中の論文；J. Mattews, *Western Aristocraties and Imperial Court*, 364-425, Oxford, 1975 および［Pietri, *Roma Christiana*］, pp. 405ff. を挙げておく。

異教聖域のキリスト教聖地への転用については、すでに F. W. Deichmann, *Frühchristliche Kirchen in antiken Heiligtümern*, in:［*JDAI*］, 54,（1939), pp. 105ff. があり、そこでは皇帝の布告についても触れている。カシオドルスの『書簡』は、［*MGH AA*］, XII, pp. 1ff.（Variarum libri duodecem）に収められている。T. Hodgkins 編 *The Letters of Cassiodorus*, London, 1886 は、ヴィクトリア朝英語による翻訳。本書への引用は、I, 39（コンムニス・パトリア）；III, 29（穀物倉庫）；III, 30（水路網）；IV, 51（【ポンペイウス劇場】),；VII, 13（彫像の数量とブロンズ像の盗難）；X, 30（象)。プロコピウスが数え上げるローマの宝物については、彼の『ゴート戦争』VII, 21, 12-14、彼の《アエネアスの船》については同著 VII, 22, 6 参照。

4 世紀末の豪華な美術、その古典的余韻、異教的表現法については、R. Bianchi Bandinelli, *Rome, the Late Empire*, New York, 1971, pp. 96ff. にすぐれた記述がある。個々の研究には、R. Delbrück, *Die Consular-Diptychen...*, Berlin, 1929；S. Poglayen-Neuwall, *Über die ursprünglichen Besitzer des Silberfundes vom Esquilin...*, in:［*RM*］, 44,（1930), pp. 124ff.；F. Gerke, *Der Sarkophag des Junius Bassus*, Berlin, 1936 などがある。なお L. von Matt and E. Josi, *Early Christian Art in Rome*, New York, 1961 には、《ニコマクス-シンマクスの象牙》、《プロジェクタの宝石函》、《ユニウス・バッススの石棺》などの美しい図版がある。

古典的教養とキリスト教の葛藤については、Hieronymus（Jerome）の『書簡』XXII, 29 および 30――Jerome, *Selected Letters*,［*LCL*］, 262,（1954), pp. 124ff.――が、今日でも最もすぐれた資料であり、本書の引用もこれによる。ダマススの立場は、彼の詩に明らかにあらわれている；A.

Ferrua, *Epigrammata Damasiana*, Vatican, 1942 参照。『フィロカルスの暦』については、H. Stern, *Le calendrier de 354*, Paris, 1953 参照。

キリスト教のローマ化およびそれに果たしたダマススの指導的役割については、C. Pietri, *Concordia Apostolorum et renovation urbis* (*Culte des martyrs et propaganda*) in: [*MEFR*], 73, (1961), pp. 275ff., および [Pietri, *Roma Christiana*], pp. 1571ff. 参照。

プルデンティウスからの本書への引用は、*Peristephanon*, II, verses, 433ff. (Prudence IV, *Sources Chrétiennes*, Paris, 1951, p. 44) に拠る。

3) 〚サン・パオロ・フオリ・レ・ムーラ〛の4世紀の建物およびレオ1世の新しい建物については、[*Corpus*], V, pp. 93ff. 特に pp. 149ff. 参照。(三人の教皇の書簡は、O. Guenther 編 *Epistolae imperatorum...*, [*CSEL*], XXXV, Wien, 1895, pp. 46f.) に拠る。また筆者の論文 *Intorno alla fondazione di S. Paolo fuori le mura*, [*Rend Pont Acc*], 53-54, (1980-1982), pp. 307ff. 参照。〚サンタ・プデンツィアーナ〛のモザイクについては、G. Matthiae, *Mosaici medioevali di Roma*, I, Roma, 1967, pp. 55ff.

5世紀の教会における古典古代の復活については、筆者の論文 *The Architecture of Sixtus III. A Fifth Century Renascence ?,* in: *Essays in Honor of Erwin Panofsky*, New York, 1961, pp. 291ff. 参照。これは、後の論文を加えて、[*Studies*], pp. 181ff. に収録されている。この論文のかなりの部分を筆者は本書に使っているが、[*MEFR*], 73, (1961) の中の Pietri の論文や [Pietri, *Roma Christiana*]、さらには Peter Brown の研究や上に引いた他の研究に基づいた変更も加えている。筆者は、このルネサンスにはシクトゥス3世の個性が重要な役割を果たしたと考えている。もちろんこのルネサンスは、350年以後、キリスト教化した貴族やキリスト教指導者階級のエリートたちによって徐々に形成されたものであったろう。

このようなキリスト教によるルネサンスという考えを含む原典資料の多くは、上に挙げた筆者や Pietri の論文に引用されている。ここではただローマの占領とそれによるローマ人の衝撃について、Augustinus,『神の国』, I, 1 ([*LCL*], 411, 1957, pp. 10ff.) および Hieronymus, *Selected Letters*, Letter CXXVII, 12, ([*LCL*], 262, 1954, pp. 462ff.) を指摘するにとどめる。なお本文中の引用〈capta est urbs quae totum cepit orbem〉はヒエロニムスの書簡に拠る。レオ3世の立場については、彼の説教82 ([*PL*], 54, col. 423) からの本文の引用に集約されている。[Caspar, *Papsttum*], I, pp. 427ff. and pp. 489f. 参照。

〚サンタ・マリア・マジョレ〛の建築年代については [*Corpus*], III, pp. 1ff.。モザイクについては B. Brenk, *Die frühchristlichen Mosaiken in S. Maria Maggiore zu Rom*, Wiesbaden, 1975 および J. G. Decker, *Der alttestamentliche Zyklus von S. Maria Maggiore in Rom*, Ph.D. thesis, Bonn, 1976 および H. Karpp, *Die frühchristlichen und mittelalterlichen Mosaiken in S. Maria Maggiore zu Rom*, Baden-Baden, 1966 および C. Cecchelli, *I mosaici della basilica di S. Maria Maggiore*, Torino, 1956 のテクストおよび図版参照。

ラテラーノの洗礼堂に関する最近の研究 G. Pellicioni, *Le nuove scoperte sulle origini del battis-*

tero lateranense（[*Mem Pont Acc*], XII, iii), Vatican, 1973 は、考古学的調査の結果を踏まえたものであるが、その結論についてはさらなる考究を要すると思われる。また近くの〘サンタ・クローチェ〙に関しても、伝えられている図面や今日のその場所の下に眠る遺構の調査をさらにつづける必要があろう。

〘サント・ステファーノ・ロトンド〙の中庭をもつ S. Corbett によって提案された復元案（[*Corpus*], IV, pp. 232ff., fig. 195）は、C. Ceschi の考察によって説得力をもって証明された（C. Ceschi, *S. Stefano Rotondo*, in: [*Mem Pont Acc*], XV, Roma, 1984, p. 76)。もちろん筆者は、[*Corpus*], IV で論じていた従来の疑問を撤回する。〘サン・ピエトロ〙を含む城壁外の殉教者教会の建築やレオ1世による改築については、[*Corpus*], *passim* および L. Reekmans, *L'Implantation monumentale chrétienne dans la zone suburbaine de Rome...*, in: [*RAC*], 44, (1968), pp. 173ff.

4) 5世紀の教皇による建築活動については、上の第1章の注で引用した筆者の論文 *Il Laterano e Roma...* を参照されたい。

城壁の内外に新たに築かれた洗礼堂に関して、〘サン・ロレンツォ・フオリ・レ・ムーラ〙については J. Zettinger, *Die ältesten Nachrichten über Baptisterien der Stadt Rom*, [*RQSCHR*], 16, (1902), pp. 326ff. および [*LP*], I, p. 244；〘サン・マルチェロ・アル・コルソ〙については A. Nestori, *Il battistero paleocristiano a S. Marcello*, [*RAC*], 58, (1982), pp. 81ff., および [*Corpus*], II, pp. 205ff.；〘サンタ・サビーナ〙については [*LP*], I, p. 233 参照。

〈スタチオ礼拝式〉の創設については、これからの研究がまたれる。

〘サンタンドレア・イン・カタバルバラ〙、かつてのユニウス・バッススのバシリカについては、上で引いた R. Enking, *S. Andrea in Cata Barbara e S. Antonio Abbate* 参照。

第3章

1) グレゴリウスの人間性と彼の政策について。F. H. Dudden, *Gregory the Great*, London, 1905 は今日すでに時代遅れとなっており、本書のこの章は、多くを Caspar, [*Papsttum*], II, pp. 306ff. に負っている。また最新の研究および参考文献を豊富に載せる [Bertolini, *Roma di fronte*], pp. 231ff. および [Llewellyn], pp. 78ff. は、大いに参考になった。1857年に著され、*Kulturgeschichtliche Vorträge*, Leipzig 1930, pp. 20ff. に再録された J. Burckhardt, *Rom unter Gregor dem Grossen* は、部分的には時代遅れとなっているが、素晴らしい概説書であることに変わりはない。

すべての新しい研究は、グレゴリウスの書簡（[*MGH Epp*] I, II）および約300年後に編まれた Johannes Diaconus の『*Vita Gregorii*』を基盤としている。C. Leonardi, *La Vita Gregorii di Giovanni Diacono*, in: [*Roma e l'età Carolingia*], pp. 381ff. 参照。

〘サン・グレゴリオ・マーニョ〙近くのクリヴス・スカウリに沿った三つの礼拝堂については、[*Corpus*], I, pp. 320ff. を参照。ただしその叙述は、I. Toesca, *Antichi affreschi a Sant'Andrea al Celio*, in: *Paragone*, 13, (1972), pp. 263ff. に紹介されている新しい発見によって補われねばならない。またアガピトゥスの図書館などの建物の歴史については、これからの研究がまたれる。こ

こでは H. I. Marrou, *Autour de la bibliothèque du Pape Agapite*, in: ［*MEFR*］, 48, (1931), pp. 124ff. を指摘するにとどめる。

教会領地の財政管理については、［Partner, *Lands*］, pp. 4ff.；A. H. M. Jones, *Church Finances in the Fifth and Sixth Centuries*, in: *Journal of Theological Studies*, 11, (1960), pp. 84ff.　および［Llewellyn］, pp. 138ff. 参照。グレゴリウス時代の官僚制度については、［Llewellyn］, pp. 109ff. 特に pp. 114ff.；ビザンティンの施政については pp. 141ff.、さらにこの項については、C. Diehl, *Études sur l'administration de l'exarchat...*, (*Bibliothèque des Écoles Françaises d'Athènes et de Rome*, LIII), Paris, 1888 が、今日なお参考になる。また［Caspar, *Papsttum*］, II, pp. 306ff. も参照。

4 世紀からグレゴリウス大教皇の時代までの言葉使いについては、［Caspar, *Papsttum*］, *passim* 特に pp. 394ff.； Erich Auerbach, *Mimesis*, Bern, 1946, pp. 53ff. および同じ著者の *Romanische Forschungen*, 64, (1952), pp. 304ff. に収められている論文 *Sermo humilis* を参照。

ベネディクトゥスおよび彼の修道士会については、［Caspar, *Papsttum*］, II, pp. 320ff.；［Bertolini, *Roma di fronte*］, pp. 210ff.；L. Salvatorelli, *Dizionario biografico degli italiani*, VIII, Roma, 1968, p. 249 参照。イングランドにおける布教に関しては、Beda, *Ecclesiastical History of the English People*, III, pp. 23ff., II, pp. 2ff. and *passim*（*Bedae opera historica*, *LCL*, 246, 1962, pp. 100ff., pp. 204ff. and *passim*）参照。

2)　同時代の証言について。Johannes Diaconus, *Vita Gregorii*, I, 36 and 42（［*PL*］, 75, col. 78, col. 80f.）は、おそらく *Homiliae in Ezechielem*, I, ix, 9 and II, vi, 22（［*PL*］, 76, col. 873f., col. 1009f.）および Gregory of Tours の *Historia Francorum*, X, I（［*MGH SS RM*］, I, pp. 406ff.）を基にしたと思われる。

ローマの攻囲については、プロコピウス『ゴート戦争』, V, xvi および VI, x（537-538 年の第一次攻囲）；VII, xiii-xx（544 年の第二次攻囲）；VII, xxiv-xxv（547 年の第三次攻囲）；VIII, xxxiii-xxxv（552 年の第四次攻囲）および［*LCL*］, 217, (1961-62) books III-V, *passim*。加えて Robert Graves, *Count Belisarius*, London, 1962（初版は 1938 年）, 特に pp. 291ff. 参照。

ローマに通じる橋の修理については、*Capitolium*, 7, (1931), pp. 390ff. に収められている A. M. Colini の論文 *Ponte Salario attraverso la storia*、および G. M. de Rossi, *Torri e castelli...della Campagna Romana*, Roma, 1969, pp. 111f.、特にノメンタヌス橋については pp. 117f.、またサラリアヌス橋の銘文については、E. Diehl, *Inscriptiones Latinae Christianae Veteres*, Berlin, 1925, nos. 77 a,b 参照。

ランゴバルド人によるローマ周辺地域の略奪および彼らによる脅威については、［Gregory, *Epp*］, I, pp. 1ff. and *passim*；［Llewellyn］, pp. 93ff.；［Bertolini, *Roma di fronte*］, ランゴバルド人の侵攻によって追われ、街に逃げ込んだ周辺地域住民および修道士たちの救済については［Gregory, *Epp*］, VI, 26 参照。

テヴェレの氾濫については、［*LP*］, I, pp. 317f. and II, p. 145, pp. 153f., p. 154。これ以前および以後の氾濫については、［Lugli, *Monumenti*］, II, pp. 278ff. 参照。*Enciclopedia italiana*, XXIX, p.

767 に挙げられている人口数は、推測に基づくものである。

カシオドルス 引用句は、Cassiodorus, *Letters*（上の第 2 章の注 2 参照）に拠る。古代建築材の「略奪」(Spolium）については、F. W. Deichmann, *Säule und Ordnung in der frühchristlichen Architektur*, in: ［*RM*］, 55, (1940), p. 114 および同じ著者の *Spolien in der spätantiken Architektur*（*Abhandlungen der Bayerische Akademie der Wissenschaften, phil-hist. Klasse, Sitzungsberichte*, 1975, H. 6), München, 1975 参照。

【フォカスの記念柱】については、［Nash, *Dictionary*］, I 。536 年にまだ機能していた上水道については、プロコピウス『ゴート戦争』V, xix, 13（［*LCL*］, 217, 1962, pp. 188f.）および 602 年に機能していたものについては、［Gregory, *Epp*］, XII, p. 6. 参照。ベリサリウスによって設置された水車については、プロコピウス『ゴート戦争』, V, xix, 20(［*LCL*］, 217, 1962, pp. 190f.)。【フォールム】およびグレゴリウスの時代にまだ使われていた浴場については、*Homilae in Evangerium*, I, vi, 6（［*PL*］, 76, col. 1098）および［Caspar, *Papsttum*］, II, p. 390, n. 2 参照。コンスタンス 2 世のローマ訪問については［Lanciani, *Destruction*］, pp. 124ff.。「宮殿管理者」〈curator palatii〉については、［*LP*］, I, p. 386, n. 1 参照。

〖サンティ・クヴィリコ・エ・ジュリッタ〗については、［*Corpus*］, IV, pp. 37ff.。〖サンティ・アポストリ〗については、［*Corpus*］, I, pp. 67ff.、しかし筆者は、三連コンヘ式宴会場が 6 世紀のものであるとする考えには固執しない。〖サン・ジョヴァンニ・ア・ポルタ・ラティナ〗については、［*Corpus*］, I, pp. 404ff.、この教会の創建を 550 年とすることには、N. and R. Schumacher, *Die Kirche San Giovanni a Porta Latina*, in: *Kölner Domblatt*, 12/13, (1957), pp. 22ff. を参照。ドミティルラ・カタコンベの中の〖サンティ・ネレオ・エド・アキレオ〗については、［*Corpus*］, III, pp. 124ff.。〖サン・ロレンツォ・フオリ・レ・ムーラ〗については、［*Corpus*］, II, pp. 1ff.　特に pp. 44ff. および pp. 123f. 参照。

3）　当時の教会の財政状況と教会の私有地については、上の注 1 参照。

公共施設のキリスト教教会への転用については、B. M. Apollonj Ghetti, *Nuove Considerazioni... (su)...SS. Cosma e Damiano*, in: ［*RAC*］, 50, (1974), pp. 7ff. および［*Corpus*］, I, pp. 144ff. 参照。しかし筆者は、この古代の会堂建築はすでにコンスタンティヌスの時代にキリスト教徒に使われていたとする Apollonj の見解を支持することはできない。〖サンタ・マリア・アンティクヴァ〗の本来の用途を警衛所とすることについては、C. Bertelli, *La Madonna di Trastevere*, Roma, 1961, pp. 52ff. 参照。〖サンタ・マルティーナ〗については E. Nash, *Secretarium Senatus, in: Essays ...in memoriam Otto Brendel, Mainz*, 1976, pp. 191ff. 【クーリエ】の〖サンタドリアーノ〗の転用については A. Mancini, *La chiesa medioevale di S. Adriano*, in: ［*Rend Pont Acc*］, 40, (1967-1968), pp. 185ff. 〖サンティ・クヴァトロ・コロナーティ〗については［*Corpus*］, IV, pp. 1ff. を参照。

【パンテオン】のキリスト教への転用については、［*LP*］, I, p. 317；イングランド布教に対するグレゴリウスの指示に関しては［Gregory, *Epp*］, XI, p. 56。〖サンタンジェロ〗に関しては C. D'Onofrio, *Castel S. Angelo*, Roma 1971, pp. 56ff. and pp. 105f. および C. Cecchelli, *Documenti per ...*

Castel S. Angelo, in: ［*ASRStP*］, 74, (1951), pp. 27ff. 参照。

ローマの教会の東方聖者への献納については、H. Delehaye, *Les Origines du culte des Martyrs,* Brüssel, 1933, *passim* 参照。〘トレ・デルレ・ミリツィエ〙の地のビザンティン要塞の存在、また〈ミリティアエ・ティベリナエ〉と皇帝マウリキウス・ティベリウスとの関係、〈バンヌム・ネアポリス〉としてのマニャナポリの説明に関しては、F. Castagnoli and others, *Topografia ed urbanistica di Roma*, Bologna, 1958, pp. 259f. の中の C. Cecchelli の論文参照。

4)　グレゴリウスは、その書簡の中で住民の食糧配給に関して繰り返し言及している。［*MGH Epp*］, I, ii および Johannes Diaconus, *Vita*, *passim*, 特に II, 22ff. 参照。教会の穀物倉については、［Gregory, *Epp*］, *passim*、たとえば I, 42 や IX, 115、また［*LP*］, I, p. 315 および［Llewellyn］, pp. 95ff. 参照。

〈ディアコニア〉について、その東方の起源、ローマにおける機能と経営、およびその 8 世紀までの発展については、H. -I. Marrou, *L'Origine orientale des diaconies romaines*, in: ［*MEFR*］, 57, (1940), pp. 95ff. に述べられている。また O. Bertolini, *Per la storia delle diaconie romane*, in: ［*ASRStP*］, 70, (1947), pp. 1ff. および要約された形での［Ferrari, *Monasteries*］, pp. 255ff. 参照。しかし〈ディアコニア〉がいつローマに登場したかについては意見が分かれる。682/683 年の文献に言及を見るから（［*LP*］, I, p. 364)、ローマにはじめて登場したのは 7 世紀の後半であったろうと推測される。文献資料、あるいは考古学的または様式的に 600 年前後の作とみなされる〈ディアコニア〉と関連づけられ建物、あるいはフレスコ画あるいはモザイク画、さらには後代の文献資料から、早い時代の〈ディアコニア〉の登場は考えられないとされる（Bertolini, *op. cit.* 参照)。しかし筆者は、後代の文献資料からではあるが、〈ディアコニア〉と建物、フレスコ画、モザイク画との早い時代の結びつきを示す少なくともふたつの証拠があると考える。そのひとつは、〘サン・テオドロ〙、〘サンタ・マリア・イン・コスメディン〙、〘サンタ・マリア・イン・ヴィア・ラータ〙(《七人の眠る男》を描くフレスコ画はただ写真でのみのこされている；C. Bertelli, *The Seven Sleepers...*, in: ［*Paragone*］, CCXCI, 1974, pp. 233ff. 参照）に見る政府のかつての穀物倉、あるいは食糧配給用建物の中での〈ディアコニア〉の設立であり、そのふたつは、『*Liber Pontificalis*』の後代の書き込みの中で、700 年以後の〈ディアコニア〉のほとんどがその設立期を述べられているのに対し、これらの建物が設立期を挙げられることなく〈ディアコニア〉として登場していることである。〘サンタ・マリア・イン・コスメディン〙については、［*Corpus*］, II, pp. 277ff.　特に pp. 300ff.；〘サン・ジョルジオ・イン・ヴェラブロ〙については、［*Corpus*］, I, pp. 244ff.　特に pp. 260ff.；〘サンタ・マリア・イン・ヴィア・ラータ〙については、［*Corpus*］, III, pp. 72ff. 参照。〘サン・テオドロ〙については、［*Corpus*］, IV, pp. 279ff. および E. Monaco, *Ricerche sotto...S. Teodoro*, in: ［*Rend Pont Acc*］, 45, (1974), pp. 223ff. 参照。しかし筆者は、6 世紀のアプスの下に発掘されたアプスをもった建物は、教会であるよりはむしろ古代の管理所と穀物倉の一部と解釈したい。〘サンタ・マリア・アンティクヴァ〙もまた、6 世紀の末にはすでに〈ディアコニア〉と結びついていたと思われる。これについては、C. Bertelli, *La Madonna di Trastevere*,

Roma, 1961, p. 53 参照。

5) 修道院に関しての基本文献としては、［Ferrari, *Monasteries*］が挙げられる。

聖遺物に対するグレゴリウスの言葉については、［Gregory, *Epp*］, VI, p. 30 からの引用。また［Caspar, *Papsttum*］, II, p. 397, no. 1 参照。使徒を縛った鎖を削ったやすりの屑は、すでに 519 年、ユスティニアヌスの皇太子がコンスタンティノープルに建てた聖ペトルスとパウルスの教会のために教皇の特使に懇望されている（O. Guenther 編 *Epistulae Imperatorum*...,［*CSEL*］, XXXV, Wien, 1895, 680）。また［Caspar, *Papsttum*］, pp. 291ff., no. 4 参照。

巡礼一般については、［Llewellyn］, pp. 173ff., *passim*；J. Zettinger, *Die Berichte der Rompilger aus dem Frankenreich*（［RQSCHR］, Suppl. 11）, Roma, 1900；W. J. Moore, *The Saxon Pilgrims to Rome*, Fribourg, 1937 参照。個々の問題、たとえばアイルランドの巡礼と東方からの巡礼の会合については、*Vita S. Cummiani*（［*PL*］, 87, col. 977, これは［Llewellyn］, p. 181 に引用）, ローマに向かう巡礼道と宿泊所については［Gregory, *Epp*］, II, p. 382, IX, 197, *passim*；A. L. Muratori, *Antiquitates Italicae*..., II, Milano, 1751, pp. 465ff., および J. Zettinger, *op. cit.*, pp. 18f.。ベネディクト・ビスコプについては、Beda, *Lives of the Abbots*...（［*LCL*］, 248, (1954), II, 400）。テオドについては、［*LP*］, I, p. 398 および Zettinger, *op. cit.*, pp. 18f. と 44f.。ウナルドについては、［*LP*］, I, p. 441。スイスの貴婦人については、Zettinger, *op. cit.*, p. 68、ここにはまた聖ボニファティウスの手紙を引用しての不品行な巡礼者についての言及もある（［*MGH Epp*］, III, 301 を参照）。Marculf の『書簡定型集』から引用した推薦状は、［*MGH Epp*］, II, p. 49（［*PL*］, 87, col. 755）および Zettinger, *op. cit.*, p. 40 に見える。

ローマの「貧者の家」については、［*LP*］, I, pp. 261 参照。〚サント・ステファーノ・デリ・アビシニ〛の役割については、［*LP*］, II, p. 52。救貧院の使命については、Th. von Sickel 編 *Liber Diurnus*, Wien, 1889, form 66, p. 62（［Llewellyn］, p. 116 form 46 として引用）参照。

〚サン・ペルレグリーノ〛については、［*Corpus*］, III, pp. 175ff.；〚サント・ステファーノ・デリ・アビシニ〛については、［*Corpus*］, IV, pp. 178ff.；〚サンテウスタキオ〛と〚サンタ・マリア・イン・アクヴィロ〛については、［*LP*］, I, pp. 419f. と p. 440 および［Kehr, *It. Pont*］I, p. 97；〚サンタンジェロ・イン・ペスケリア〛については、［*Corpus*］, I, pp. 64ff.（40 年前の筆者にはまだ疑問であった 755 年の創設年代は、今は正しいと思う）；〚サンティ・コスマ・エ・ダミアーノ〛と〚サンタドリアーノ〛の〈ディアコニア〉の創設については、［*LP*］, I, p. 509；〚サンティ・セルジオ・エ・バッコ〛については、M. Bonfioli, *La diaconia dei SS. Sergio e Bacco*, in:［*RAC*］, 50, (1974), pp. 55ff. 参照。

ボニファティウスに関する引用は、彼の『*Vita*』, cap. V（［*PL*］, 89, col. 613）に拠る。カドワラとイナについては、［Beda, *Ecclesiastical History*］, V, 7；コエンリドとオッファについては、［Beda, *Ecclesiastical History*］, V, 19（［*LCL*］, 246, 1962, II, p. 224, p. 229）および Moore, *op. cit.*, *passim* 参照。ベネディクト・ビスコプのローマ訪問と買い物については、Beda, *Lives of the Abbots*（［*LCL*］, 248, 1964, II, pp. 404ff., pp. 412ff.）。彼と〚サン・ピエトロ〛の聖歌隊隊長については、

[Beda, *Ecclesiastical History*], IV, 18（[*LCL*], 246, 1962, II, pp. 96ff.）参照。

〈スコラ〉の発生については、[*LP*], II, p. 36, n. 27；F. Ehrle, *Ricerche in alcune chiese nel Borgo*, in [*Diss Pont Acc*], ser II, 10,（1910）, pp. 1ff.；L. Reekmans, *Le développment topographique de la region du Vatican*, in: *Mélanges…Lavalleye*, Louvain, 1970, pp. 197ff.　その教会については、[Huelsen, *Chiese*], p. 279, p. 363, p. 388, p. 454。〘サン・ミケレ・イン・ボルゴ〙については、[*Corpus*], III, pp. 125ff. 参照。

巡礼路に関する案内書『*De locis sanctis martyrum*（*Epitome Salisburgense*）』および『*Notitia ecclesiarum*（*Itinerarium Salisburgense*）』からの引用は、G. B. de Rossi, *Roma sotterranea*, I, Roma, 1864, p. 139 および p. 141 に拠る。

6）　〘サン・ロレンツォ・フオリ・レ・ムーラ〙と〘サンティ・ネレオ・エド・アキレオ・イン・ドミティルラ〙については、上の第 1 章注 5 および第 3 章注 2 参照。〘サンタニェーゼ〙については、[*Corpus*], I, pp. 14ff. 参照。

〘サン・ピエトロ〙の環状式地下聖堂およびその年代については、[*Corpus*], V, pp. 277f.〘サン・クリソゴーノ〙の環状式地下聖堂については、[*Corpus*], I, pp. 156ff. および B. M. Apollonj Ghetti, *S. Crisogono*（*Chiese illustrate*, XCII）, Roma, 1966, pp. 39ff.（しかしここではいくつかの修正が必要とされる）。〘サン・パンクラツィオ〙の地下聖堂については、[*Corpus*], III, p. 163, p. 174。ローマとラティウムのこの建築様式の関係については、B. M. Apollonj Ghetti, *La chiesa di S. Maria in Vescovio*, in: [*RAC*], 23/24,（1947/1948）, pp. 253ff. 参照。

第４章

1）　ローマにおける世俗的な事柄に関する教皇と皇帝の権威の並存という問題は、すでに 19 世紀末に C. Diehl が取り上げ（第 3 章注 1 参照）、それは、[Bertolini, *Roma di fronte*], *passim* に簡潔にまとめられている。[*LP*]のいくつかの章句は、次のような事柄に関してヒントを与えてくれる。ローマ公国の誕生と独立について（[*LP*], I, pp. 392f., p. 403, pp. 426ff.　その他）；コンスタンティノープルの司教会議への教皇あるいは彼の代理人の出席について（[*LP*], I, p. 350, pp. 371ff.）；コンスタンス 2 世のローマ訪問について（[*LP*], I, p. 343）；教会領地への課税について（[*LP*], I, p. 366, pp. 368f. および *passim*）；ローマの問題への総督の干渉と教皇マルティヌスの逮捕について（[*LP*], I, pp. 328f., pp. 356ff. p. 369, p. 390）、また [*LP*], 88, pp. 113ff., p. 200 も参照。

東方出身の教皇たちが選出された理由については、J. Gay, *Quelques remarques sur les papes grecs…*, in: *der Festschrift Mélanges Schlumberger*, Paris, 1924, pp. 40ff.　ローマにおける東方由来の修道士会の設立に関して、〘サン・サバ〙については、[Ferrari, *Monasteries*], pp. 281ff. [*Corpus*], IV, pp. 51ff.、〈トレ・フォンターネ〉については、[Ferrari, *Monasteries*], pp. 33ff., C. Bertelli, *Caput Sancti Anastasii*, in: *Paragone*, 247,（1970）, pp. 12ff., pp. 18ff.　他のローマにおける東方系修道士会については、[Ferrari, *Monasteries*], p. 75. p. 117, p. 119, p. 276。イングランドにおくられた

東方系布教師については、Beda, *Ecclesiastical History*, IV, 1（［*LCL*］, 246, 1962）。

ローマにおける東方由来の聖遺物については、［*LP*］, I p. 310, p. 331, 334。東方由来の祭日や儀式については、I. Gay, *op. cit.*（そこに挙げられている年代はすべて *termini ante quos* である）。「東方系教皇」による聖遺物の移動〈ex ossibus〉については、［*LP*］, I, p. 330, p. 332, p. 360。〘サント・ステファーノ・ロトンド〙の十字架とそのエルサレムとの関連については、É. Mâle, *La Mosaique de Sto. Stefano Rotondo...*, in: *Scritti in onore di Bartolomeo Nogara*, Vatican, 1937, pp. 257ff. および A. Grabar, *Les Ampoules de Terre Sainte*, Paris, 1858（また［Matthiae, *Mosaici*］, pp. 181ff.）。

東方の影響による典礼の変化と結びついたローマでの教会の構造の変化については、Th. F. Mathews, *An Early Roman Chancel Arrangement...*, in:［*RAC*］, 38, (1962), pp. 73ff. 〘サン・ピエトロ〙の祭室前の楣を載せる円柱列については、［*Corpus*］, V, p. 198, p. 261 および［*LP*］, I, p. 417。浮き彫り形式あるいは板絵形式のイコン（imagines）の使用については、［*LP*］, I, p. 374, p. 404, *passim*。ここに列挙した現存するイコンについては以下の章で扱う。

680 年のローマにおけるギリシア語に通じた神学者の不足については、［*LP*］, I, p. 350 および Mansi, *Sacrorum Conciliorum Nova et Amplissima Collectio*, Firenze and Venezia, 1758-, XI, pp. 230ff. コンスタンティノープルのトルロの公会議に教皇庁からおくられた大使は、すべてローマの東方系修道会士、総督の首府ラヴェンナの出身者、南イタリア、あるいは東方系貴族の出身者であった。8 世紀における改善された状況については、［*LP*］, I, p. 415, p. 426。教皇グレゴリウス 3 世、また教皇ツァカリアスも、ラテン語からギリシア語への、あるいはその逆の翻訳に頼った。東方系修道士によるローマ修道院の相続については、［Ferrari, *Monasteries*］, pp. 302ff. および *passim*。

2)　7 世紀および 8 世紀におけるローマの絵画とモザイク、およびそのビザンティンおよびローマの古代末期との関係に関する著述の中で、［Kitzinger, *Malerei*］ および彼の論文、たとえば *On Some Icons of the Seventh Century*, in: *Late Classical and Medieval Studies...Albert Mathias Friend*, Princeton, 1955, pp. 132ff. および *Byzantine Art in the Period between Justinian and Iconoclasm, in: Berichte des ...XI. Internationalen Byzantinisten-Kongress*, München, 1958, IV, 1, pp. 1ff.（この両論文は［Kitzinger, *Byzantium*］, pp. 157ff. および pp. 233ff. に再録されている）を超えるものはない。また同じ著者の *Byzantine Art in the Making*, London, 1977、特に pp. 113ff. を忘れることはできない。彼の貢献によって、この時代の絵画に関する複雑な問題は近年ますます盛んな論議を呼んでいる。たとえば、C. Bertelli, *La Madonna di Trastevere*, Roma, 1961；P. Romanelli and P. J. Nordhagen, *S. Maria Antiqua*, in:［*Acta*］, 1, (1962), pp. 53ff.；同じ著者の *The Mosaics of John VII*, in:［*Acta*］, 2, (1965), pp. 121ff.；同じ著者の *The Frescoes of John VII*, in:［*Acta*］, 3, (1968), pp. 1ff.　特に pp. 101ff.；さらには、［Matthiae, *Mosaici*］および［Matthiae, *Pittura*］の中の素晴らしい図版と概説を参照。

〘サンティ・コスマ・エ・ダミアーノ〙のモザイクについては、［Kitzinger, *Malerei*］, pp. 5f.；G. Matthiae, *SS. Cosma e Damiano e S. Teodoro*, Roma 1948（ただしこの著者は、アプスを囲む

壁のモザイクを7世紀末とする）；また［Matthiae, *Mosaici*］, pp. 135ff., pp. 203ff. 〖サン・テオドロ〗については、上に挙げたG. Matthiae, *SS. Cosma e Damiano e S. Teodoro* および［Matthiae, *Mosaici*］, pp. 143ff. 〖サン・ロレンツォ・フオリ・レ・ムーラ〗および〖サンタニェーゼ〗については、［Kitzinger, *Malerei*］, pp. 6f. および［Kitzinger, *Byzantium*］, pp. 172f., *passim*；G. Matthiae, *Tradizione e reazione nei mosaici romani del sec. VI-VII*, in: *Proporzioni*, 3,（1950）, pp. 10ff. および［Matthiae, *Mosaici*］, pp. 149ff.、（ここでは、〖サン・ロレンツォ・フオリ・レ・ムーラ〗のモザイクにおける6世紀の3人の作者の様式の違いが指摘されている）。他方N. Baldass, *The Mosaic on the Triumphal Arch of S. Lorenzo...*, in:［*GBA*］, 49,（1947）, pp. 1ff. は、聖パウルス、ステファヌス、ヒッポリュトゥスの像に、12世紀のひとりの作者の手を見る。

P. J. Nordhagen,［*Acta*］, 2, pp. 121は、モザイクにおける肌色部にガラス片を優先的に使うことを古代末期およびその後のローマ・モザイクのひとつの特徴であるとする。彼の見解によれば、このようなローマのモザイク技法に対して、東方ではほとんど全体に大理石の石片が使われるという。筆者には、この見解はさらなる精緻な観察と証明が必要であると思われる。

〖サンタ・マリア・アンティクヴァ〗の《マリア・レギナ》の制作年代を6世紀の前半とすることには、異論はないようである（［Kitzinger, *Malerei*］, p. 5；［Bertelli, *Trastevere*］, pp. 52ff.）。【パンテオン】のイコンについては、C. Bertelli, *La Madonna del Pantheon*, in: *Bollettino d'arte*, 46,（1961）, pp. 24ff.

3）　ローマの〈ヘレニズム〉について。コンスタンティノープルとローマの美術における〈ヘレニズム〉についてはすでに早くから指摘され、しかし曖昧にされてきたが、Kitzingerによってはじめて、それらの関係を明らかにすることが試みられた（［Kitzinger, *Malerei*］, pp. 10ff. より詳しく［Kitzinger, *Byzantium*］, *passim*）。彼は、《美しい天使》とそれに近似した〈ヘレニズム〉的なフレスコの制作年代を630年から640年の間とする（［Kitzinger, *Byzantium*］, p. 158および*Byzantine Art in the Making*, pp. 151f.）。それに対してP. J. Nordhagenは、570年から580年の間を提案し、彼自身の以前の説を撤回している（［*Acta*］, 3, pp. 110f.　以前彼は、上に挙げたRomanelliとの共同論文で7世紀初頭を提案し、［*Acta*］, 1, p. 57ではさらに漠然と「after 576-578」としている。これは576-578の意味だろうか？）。570年から580年の間とすることは、建物の教会への転用の年代と一致するかもしれない。考古学者Boniの1900年の報告によれば、建物が転用されるときに据えられた柱礎の下から567年から578年の間のコインが3個発見されたということである。コインの行方は不明であり、発見に関する報告についてKitzingerは、疑いを投げかけている（*Byzantine Art in the Making*, pp. 151f.）。筆者は、例外的なことだが、あまり疑念を抱いていない。Boniほどの経験豊かな考古学者が、これほど重要な発見の状況をわずか数年後に間違えるとは思えない。そこで筆者は、警衛所を教会に変えるとき傷ついた《マリア・レギナ》は急いで上塗りされたのであり、それもおそらく600年以前のことであったと推測する。しかしもちろん筆者は、何らかの解決が示されるならば、専門家の意見に従うにやぶさかでない。

〖サンタ・マリア・アンティクヴァ〗の教父を描く壁画については、［Kitzinger, *Malerei*］, pp.

8f. および P. J. Nordhagen,［*Acta*］, 1, p. 55。聖ヴェナンツィオの礼拝堂と〚サント・ステファーノ・ロトンド〛のモザイクについては、［Kitzinger, *Malerei*］, pp. 12f., p. 14 および［Matthiae, *Mosaici*］, pp. 191ff.。〚サン・ピエトロ・イン・ヴィンコーリ〛の聖セバスティアヌスを描くモザイクについては、［Kitzinger, Malerei］, p. 21 および［Matthiae, *Mosaici*］, pp. 199ff.。〚サンタ・フランチェスカ・ロマーナ〛のイコンを Kitzinger は、彼のいうはじめての〈ヘレニズム化の波〉に乗った一連の作品の仲間とみなし、その制作年代を 700 年頃とする（［Kitzinger, *Byzantium*］, p. 233）。Bertelli は、もう少し後の作とみなそうとしているかに見える（［Bertelli, *Trastevere*］, p. 88）。

ヨハネス 7 世の建築活動に関する情報は［*LP*］, I, p. 385 にあつめられており、そこには〚サンタ・マリア・アンティクヴァ〛の上方にひとつの宮殿を築く彼の計画にも触れている（また p. 386 の注 1 では、彼の父プラトンの墓碑銘にも触れている）。その活動の規模は、彼の前任者たちのそれをはるかに超えるものであったという（たとえば［*LP*］, I, p. 375 参照）。〚サン・ピエトロ〛の中の彼の礼拝堂のモザイクについては、P. J. Nordhagen,［*Acta*］, 2, pp. 121 参照。教皇グレゴリウス 3 世およびツァカリアスの寄進については、［*LP*］, I, pp. 417ff. および pp. 431f.　グレゴリウス 2 世およびグレゴリウス 3 世による〈ディアコニア〉の新設については、［*LP*］, I, pp. 397f. および p. 417。修道院については、［Ferrari, *Monasteries*］, pp. 365ff., *passim*。教皇ツァカリアスによるラテラーノ宮殿の荘厳化については、［*LP*］, I, p. 432 をそれぞれ参照。

〚サンタ・マリア・アンティクヴァ〛のヨハネス 7 世のフレスコについては、［Kitzinger, *Malerei*］, pp. 15ff. がはじめて記述し、その特徴については、Nordhagen,［*Acta*］, III のモノグラフィー参照（ここには美しい図版がある）。しかしそこで Nordhagen は、［Kitzinger, *Byzantium*］, pp. 193ff. が主張する 630 年、あるいはそれ以前の第一波と 705 年から 707 年にかけての第二波の「ふたつのヘレニズムの波」といったビザンティンからローマへの *perennial Hellenism* の存在を否定している。むしろ彼は、570 年頃コンスタンティノープルの宮廷の世俗美術において再生したヘレニズムが宗教美術に浸透し、それがローマに伝わったのだと主張する。そしてビザンティンと同様ローマにおいても、このヘレニズムは途絶えることなく、8 世紀にそれが消滅するまでつづいたというのだ。このことについては、さらなる研究がまたれる。

〚サンタ・マリア・イン・トラステヴェーレ〛のイコンについては、［Bertelli, *Trastevere*］参照；この作品をヨハネス 7 世と結びつける彼の見解に筆者は全く賛成するのだが、D. Kinney, *S. Maria in Trastevere*, Ph. D. thesis, New York University, 1975 は疑問視し、9 世紀の制作を提案する。M. Andaloro, *La datazione della tavola di S. Maria in Trastevere*, in: *Rivista Istituto Nazionale di Archeologia e Storia dell'Arte*, 19/20,（1972/1973）, pp. 139ff. もまた疑問をいだくも、彼もまた 6 世紀の作であることには同意する。ヨハネス 7 世のモザイクについては、P. J. Nordhagen,［*Acta*］, 2, pp. 121ff. 参照。

Ernst Kitzinger は、対象や壁画とモザイクという表現形式が異なればそれぞれに使われるモードもまた異なるという中世絵画史の研究に重大な示唆を与える見解を展開している（たとえば［Kitzinger, *Byzantium*］, p. 193, *passim* および彼の *Byzantine Art in the Making*, pp. 123ff. 参照）。

8 世紀のヨハネス 7 世以後のローマの絵画一般については、［Kitzinger, *Malerei*］, pp. 26ff., pp.

31f. および［Matthiae, *Pittura*］と［Matthiae, *Mosaici*］の *passim* 参照。個々に関して、〚サン・サバ〛については、P. Styger, *Die Malereien in der Basilika des hl. Sabas*..., in:［*RQSCHR*］, 28, (1914), pp. 49ff. 特に pp. 60ff.。またその絵画の様式と 9 世紀におけるその持続については、C. Davis-Weyer, *Die Mosaiken Leos III*..., in:［*ZKG*］, 29, (1966), pp. 111ff.。〚サンタ・マリア・アンティクヴァ〛のテオドトゥス、教皇パウルス 1 世およびハドリアヌスのフレスコについては、［Kitzinger, *Malerei*］, *op. cit.*。グレゴリウス 3 世およびツァカリアスの肖像、並びにそれから敷衍されたテオドトゥスの壁画の制作年代については、［Kitzinger, *Malerei*］, pp. 43ff.；また［Kitzinger, *Byzantium*］, pp. 256ff.。〚サン・クリソゴーノ〛については、［Kitzinger, *Malerei*］, p. 32 および B. M. Apollonj Ghetti, *S. Crisogono*（*Chiese illustrate*, 92）, Roma, 1966, pp. 59f. をそれぞれ参照。

8 世紀末から 9 世紀にかけてのローマへのビザンティンの影響が西方のギリシア人都市によって仲介された可能性については、P. Battifol, *Inscriptions grecques à St. Georges au Velabre*, in:［*MEFR*］, 7, (1887), pp. 419f.；C. Davis-Weyer, *Die ältesten Darstellungen der Hadesfahrt Christi*, in: *Roma e l'età Carolingia*, Roma, 1976, pp. 183ff.。教会建築については、〚サンタンジェロ・イン・ペスケリア〛［*Corpus*］, I, pp. 46ff.；〚サンタ・マリア・イン・コスメディン〛［*Corpus*］, II, pp. 277ff.；〚サンタ・マリア・イン・ドムニカ〛［*Corpus*］, II, pp. 308ff.；〚サンティ・ネレオ・エド・アキレオ〛［*Corpus*］, III, pp. 128ff.

4)　ベネディクト・ビスコプについては、上の第 3 章の注 5 参照。

教皇権が西方で占めていた位置については、たとえば B. R. W. Southern, *Kirche und Gesellschaft im Abendland des Mittelalters*, Berlin, 1976, pp. 77ff.。グレゴリウス 2 世の書簡からの引用は［*PL*］, 89, col. 520ff. に拠る。7 世紀中葉における教皇へのランゴバルド人およびビザンティン人の圧力と、その結果としての教皇のフランク人への傾斜については、［Llewellyn, *Rome*］, pp. 202ff. 7 世紀中頃以降のローマにおける市民軍および〈ポプルス〉の誕生に見られる一種の解放運動およびその際に大門閥家が果たした役割については、［*LP*］, I, pp. 337f., pp. 371ff., p. 383, pp. 386f. その結果としてのビザンティンとの関係の疎遠については、［Llewellyn, *Rome*］, pp. 165ff. および［*LP*］, I, p. 392, pp. 403ff., p. 430（教皇ツァカリアスは、みずからを「民衆の羊飼い」として民衆に語りかけている）。

教皇ステファヌスのピピン訪問（および前任者のシャルル・マルテルへの訴え）については、［*LP*］, I, pp. 444ff. および［Llewellyn, *Rome*］, pp. 208ff.、ここではステファヌスの書簡（*Libri Carolini*, nos. 4, 5, 6［*MGH Epp*］, III, pp. 487ff.）が指摘されている。〈パトリキウス〉の概念については、［Llewellyn, *Rome*］, p. 212。ビザンティンの曖昧な態度については、［Partner, *Lands*］, pp. 17ff. および［*LP*］, I, p. 442。ローマとステファヌス 2 世の立場については、［Llewellyn, *Rome*］, pp. 215f.。ローマ、教皇権、聖ペトルスの同義性については、たとえばグレゴリウス 3 世のシャルル・マルテルあての書簡（*Libri Carolini*, nos. 1, 6［*MGH Epp*］, III, pp. 476f. および pp. 488ff.、そこには聖ペトルスの〈ペクリアリス・ポプルス〉とか〈レス・プブリカ・ロマノルム〉といった言葉が見られる）。これらについては、F. Kampers, *Roma aeterna et sancta Dei ecclesia rei publicae*

Romanorum, in: *Historisches Jahrbuch der Görresgesellschaft*, 44, (1924), pp. 240ff. 参照。8世紀末の〈パトリモニウム・ペトリ〉については、[Partner, *Lands*], pp. 15ff.。教皇の選挙については、[*LP*], I, p. 371, p. 471、ここでは7世紀末からの平信徒指導者の参加が言及されている。また[Llewellyn], p. 130, p. 159, p. 217, p. 225 参照。〈セナトゥス・ノビリウム〉を含む古代ローマおよびビザンティンの称号の使用については、[*LP*], I, p. 486, p. 506, II, p. 6 および *passim*、同じく[Llewellyn], *passim*、たとえば p. 217。〈*Senatus Populusque Romanus*〉の使用については、[*LP*], II, p. 91。

第5章

1）　ここで筆者は、この章を通読し、大小の助言をくださった Robert Brentano 教授に心からの感謝の意を表します。

ハドリアヌスの出自と人物については、[*LP*], I, p. 486 を参考にし、引用もこれに拠った。8世紀におけるハドリアヌス登位以前のランゴバルド人の侵攻とそれにつづく荒廃については、教皇グレゴリウス2世（[*LP*], I, pp. 396ff.）グレゴリウス3世（[*LP*], I, pp. 415ff.）およびステファヌス2世（[*LP*], I, pp. 441ff.）の伝記、さらに『*Libri Carolini*』in: [*MGH Epp*], III, pp. 494ff.（ここには、755年の荒廃についての記述もある）。ハドリアヌスの教皇登位時の確執については、[*LP*], I, pp. 494ff.,『*Libri Carolini*』, *op. cit.* および [Llewellyn], pp. 199ff. 参照。

ハドリアヌス以前に存在した〈ドムス・クルタエ〉については、[*LP*], I, pp. 434f. 755年の荒廃については、[*MGH Epp*], III, pp. 494ff. ハドリアヌスによる〈ドムス・クルタエ〉の再興については、[*LP*], I, pp. 501f., pp. 505f., pp. 508f. 加えて [Partner, *Lands*], pp. 36ff. その終焉については、同著 p. 50, pp. 93ff. 詳しくは、同著者 *Notes on the Lands of the…Church*, in: [*PBSR*], 34, (1966), pp. 68ff. および O. Bertolini, *La ricomparsa …di Tres Tabernae…*, in: [*ASRStP*], 75, (1952), pp. 102ff. ヴェイイ近くのカプラコルムに発見された建物については、A. Kahane, L. Murray Threipland, J. B. Ward-Perkins, *The Ager Veientanus…*, in: [*PBSR*], 36, (1968), pp. 1ff. の短い報告。ラテラーノのポルティクスにおける食糧の配給については、[*LP*], I, p. 502 参照。

ハドリアヌス1世およびレオ3世時代に新たに設けられた〈ディアコニア〉については、[*LP*], I, pp. 503ff., pp. 510ff., p. 520, II, p. 12, p. 21, さらに [Vielliard, *Origines*], p. 115。上水道の修理については、[*LP*], I, pp. 503ff., pp. 510ff., p. 520, II, p. 77, p. 154 および『コデクス・エインシドレンシス』, in: [Valentini-Zucchetti, *Codice topografico*], II, p. 173 参照。ハドリアヌス以前の城壁の修理については、[*LP*], I, p. 493, p. 501, p. 503。テヴェレの堤防工事については、[*LP*], I, p. 504。

教会の建設、修理、改装一般については、[*LP*], I, p. 499, p. 501（引用もここに拠る）、および *passim*。〖サンタ・マリア・イン・コスメディン〗については、[*LP*], I, pp. 507f., [*Corpus*], II, pp. 277ff. 特に p. 306。大規模な屋根の修理については、[*LP*], I, p. 500, p. 503, pp. 505f., p. 508 および『*Libri Carolini*』, nos. 65, 78（[*MGH Epp*], III, p. 592, pp. 609ff.）。垂れ幕および銀製調度品については、[*LP*], I, pp. 499ff., p. 504 および *passim*。

不成功に終わったカタコンベ修理の試みと、聖遺物を街の中に移した 761 年以降の政策については、［*LP*］, I, p. 420, pp. 464f.。762 年に批准された〖サン・シルヴェストロ・イン・カピテ〗建設協約文書については、V. Federici, *Regesto del monastero di S. Silvestro in Capite*…, in:［*ASRStP*］, 22, (1899), pp. 213ff.。首尾一貫しないハドリアヌスの政策は一方ではカタコンベの礼拝堂を修理し（［*LP*］, I, p. 509)、他方では〖サンタ・マリア・イン・コスメディン〗の会堂式地下聖堂が証明するように、聖遺物を街中に移した（［*Corpus*］, II, pp. 298ff., pp. 306f.)。この聖遺物移動の政策が 9 世紀の前半に一般化したことは、環状式地下聖堂が教会の正規の構成要素になったこと（［*Corpus*］, *passim*, B. M. Apollonj Ghetti, *La chiesa di S. Maria in Vescovio*…, in:［*RAC*］, 23/24, (1947/1948), pp. 253ff. および〖サンタ・プラセーデ〗の後代の補遺はあるものの長大な聖遺物リスト（U. Nilgen, *Die grosse Reliquieninschrift von Santa Prassede*…, in:［*RQSCHR*］, 69, (1974) , pp. 7ff.)によって証明される。〖サン・ピエトロ〗の環状式地下聖堂については、第 3 章の注 6 参照。

2)　筆者はすでに半世紀前、ローマの教会建築におけるカロリング朝ルネサンスについて、自分なりの見方を披歴した（筆者による *The Carolingian Revival of Early Christian Architecture*, in:［*Art Bull*］, 24, (1942), pp. 1ff.　補足の論文と共に［*Studies*］, pp. 203ff. に再録)。これに対して Caecilia Davis-Weyer, *Die Mosaiken Leos III*…, in:［*ZKG*］, 29, (1966), pp. 111ff. は、トリクリニウムのモザイクよりもむしろ失われた〖サンタ・スザンナ〗のモザイクを重要視し、ここにレオ 3 世による古代末期への回顧のはじまりを見ようとする。この見解によれば、初期キリスト教の復活はむしろ教皇パスカリス 1 世の時代に頂点に達したことになる。それに対して H. Belting, *Die beiden Palastaulen Leo's III. im Lateran, Frühmittelalterliche Studien*, XII, 1978, pp. 55ff. は、レオ 3 世のトリクリニウムのモザイクにこの動きのはじまりを見る見解をとり、それを教皇権とシャルルマーニュとの同盟、およびその結果としての教皇権の新しい定義と結びつけようとしている。

ここで展開されたローマにおける古代復活の現象は、たしかにそのさまざまな側面から考察する必要があるであろう。しかし筆者は、少なくともここでは、その一筋の発展のみに注目すればよいのではないかと思う。すなわちローマの純粋に建築上の革新とキリスト教世界に限った古代再生の理念は、ハドリアヌス 1 世の時代においてまったく局地的に展開されたものであった。しかし同時に、そしてそれとは別個に、イングランドやアルプスの北の大陸の修道院では、学問分野での古代の再生が興っていたのであり、この学問的再生は、8 世紀末の数十年の間にフランクの宮廷でその頂点を迎えていたのである。しかしそれがローマに達したのは遅く、ようやく 9 世紀の半ばになってのことであった。このローマにおけるルネサンスの動きを純粋に政治的局面からみれば、それはローマ皇帝の正当な遺産相続人をみずから任ずる教皇の座であるローマにあってはコンスタンティヌスを中心にしたものであり、8 世紀の末からすでに教皇の宮廷に根を下ろしはじめていたものであった。つづくレオ 3 世の時代にこの政治上のルネサンスは、教皇と新たにその位についたカロリング朝の皇帝によって具現化されたのだ。このような動きは、たしかに一度も明確な形で表にあらわれることはなかったが、それでもロー

マでも、またフランクの宮廷でも、底流に脈々と流れていたのだ。理念からいえば都市ローマは、両者、すなわち教皇と皇帝の首都であった。レオとシャルルマーニュが世を去って間もなく、両者の間に亀裂が生じた。すなわちパスカリス以後教皇権は、自身を世界の頭、ローマを全世界的な君主国家の首都とみなし、そしてこの考えは、ニコラウス1世の時代に頂点に達した。他方皇帝側は、ローマを首都とする世界帝国という甘い夢に耽っていたのだ。

〈聖ペトロニルラ〉については、［*LP*］, I, p. 455, p. 464, 加えて A. Angenendt, *Mensa Pippini Regis*..., in: ［*RQSCHR*］, Suppl. 35, (1977), pp. 52ff.。『*Liber Pontificalis*』の中のコンスタンティヌス風の言葉使いについては、［*LP*］, I, p. 503, II, pp. 20ff., p. 54, p. 79 加えて C. Huelsen, *Zu den römishen Ehrenbögen*, in: *Festschrift*...*Otto Hirschfeld*..., Berlin, 1903, pp. 423ff.。〈ティトゥルス〉の再登場については、H. Geertman, *More veterum*, Groningen, 1975, pp. 143ff.。『コデクス・エインシドレンシス』(Itinerario di Einsiedeln)の制作時とその意義については、［Valentini-Zucchetti, *Codice topografico*］, II, pp. 154ff.。すでに古びたものではあるが R. Lanciani, *L'itinerario di Einsiedeln*..., in: ［*Mon. antichi*］, 1, (1891), pp. 473ff. があり、これには C. Huelsen, *La Pianta di Roma dell'Anonimo Einsidlense*, in: ［*Diss Pont Acc*］, ser. II, 9, (1907), pp. 379ff. が反論している。

『コンスタンティヌスの約束』〈*Constitutum Constantini*〉に関する複雑な問題、すなわちその編纂時、その原典、その意義、および「フランクの宮廷と教皇権の政治の流れの中でのシャルルマーニュの戴冠」に関しては、筆者が1942年および1969年に発表した論文参照。その後の主な研究としては、以下のものが挙げられよう。H. Fichtenau, *Das Karolingische Imperum*, Zürich, 1949, pp. 60ff.；P. Classen, *Karl der Grosse, das Papsttum und Byzanz*, in: H. Beumann 編 *Karl der Grosse*..., I, Düsseldorf, 1965, pp. 537ff.；H. Fuhmann, *Das Constitutum Constantini*..., in: ［*MGH FIG*］, X, 1968。編纂時について、W. Gericke, *Wann entstand die Konstantinische Schenkung*, in: ［*ZSRG*］, *Kanon*, 43, (1957), pp. 1ff.、同じ著者の *Das Constitutum Constantini und Sylvesterlegende*, in: ［*ZSRG*］, *Kanon*, 44, (1958), pp. 343ff.。疑惑が多く伝わるシャルルマーニュの戴冠、教皇や都市ローマに対する皇帝の態度、また〈*imitatio Constantini*〉については、［*LP*］, I, pp. 496f., II, pp. 6f.；［*MGH SS*］, I, p. 38, p. 189, pp. 305f.；G. M. Pertz and G. Waitz, Einhardi 編 *Vita Karoli*..., in: ［*MGH SS RG*］, 1911, p. 32；［*MGH PL*］, I, p. 226, および II, pp. 36f., 65 参照。

レオ3世のトリクリニウムのモザイクを詳細に調査した Caecilia Davis-Weyer 教授は、その論文 *Die Mosaiken Leos III*, pp. 114f. において、その制作年代を 798/799 年と断定し、1625年に修復されたとするアプス丸天井左側のコンスタンティヌスを含む群像に関しては疑問を投げかけている（*Eine patristische Apologie des Imperium Romanum*, in: *Munuscula Discipulorum*... *Studien Hans Kaufmann*..., Berlin, 1968, pp. 71ff. 特に pp. 73f.）――しかし8世紀の見方からして、ここにシャルルマーニュ以外の人物が考えられるだろうか（Belting, *Die beiden Palastaulen*..., *op. cit.* 参照）。また現存する断片の中で、オリジナルの部分と17世紀の部分を区別することは可能だろうか（*Karolingisches und nicht-Karolingisches*, in: ［*ZKG*］, 31, (1974), pp. 31ff. 参照）。

皇帝に関する特異な術語については、註1に挙げた典拠参照。シャルルマーニュとレオ3世の後継者の時代に生まれた新しい状況については、O. Bertolini, *Osservazioni sulla "Constitutio*

Romana"...dell' 824, in: *Studi...in onore di A. de Stefano, Palermo*, 1956, pp. 43ff.；同じく［*MGH LL*］, *Capitularia* I, 323；［*MGH SS*］I, p. 216（*Einhardi Annales*, ad. an. 827）；［*LP*］, II, pp. 87ff., pp. 97f. and *passim*；［Llewellyn, *Rome*］, pp. 259ff.

3)　〈レオの城壁〉および〈レオの都〉の誕生に関する重要な文献資料は、［*LP*］, II, p. 123。［*LP*］, II, p. 137, n. 46 で L. Duchesne が引用する皇帝ロタール 2 世の「布告」〈*capitulare*〉は、847 年の城壁建築の決定が皇帝の主導でなされたことを語っている。建造、修理、銘文、壁自体については、I. Richmond, *The City Wall of Ancient Rome*, London, 1930, p. 43；A. Prandi, *Precisazioni... sulla Civitas Leonina*, in: *Miscellanea... Nozze Jacovelli... Castano*, Massafra, 1969, pp. 109ff.；ibid. *L'Antiquarium del Passetto di Borgo*, in: *Strenna dei Romanisti*, 34,（1973）, pp. 356ff.；C. Belli Barsali, *...La civitas Leonina...*, in: *Roma e l'età Carolingia*,（*op. cit.*）, pp. 210ff. および Sh. Gibson and J. B. Ward-Perkins, *The surviving remains of the Leonine Wall*,［*PBSR*］, 47,（1979）, pp. 30ff.

レオ 3 世による教会への寄進については、［*LP*］, II, pp. 3ff., *passim* にそのリストが挙げられている。H. Geertman, *More veterum* は、すべての教会、〈ディアコニア〉、修道院への寄進品を分配の厳密な基準に従って調べ上げ、その分配の年を 806 年ではなく 807 年としている。

4)　中世のラテラーノ宮殿の施設やその造営史についての研究は、C. Rohault de Fleury, *Le Latran au Moyen-Age*, Paris, 1877 および P. Lauer, *Le Palais de Latran*, Paris, 1911 の大著以来、長らく途絶えていた。資料としては、『*Liber Pontificalis*』や中世古文書に散見する数少ない文献資料、取り壊しの数年前の不正確な記述、ラテラーノ公文書館にある 1560 年頃の一葉の平面図（P. Lauer, *op. cit.*, p. 311, pl. 116, オリジナルのコピー）、1534 年から 1586 年の間にヘームスケルクの描いた都市景観図、ヴァティカンのシクストゥス 5 世図書館所蔵の 1586 年頃の景観図、16 世紀 70 年代の数葉の都市地図、サクラ・サンタの後ろにのこるサンクタ・サンクトルムの礼拝堂（1278-1281）およびいくつかのより古い建物群などの考古学的調査などが挙げられる。しかしレオ 3 世のふたつの建物については、比較的多くの情報がのこされている。そのひとつは三つのコンクをもつトリクリニウムで、ヴァティカンの Codex の中に Ugonios の素描があり（Barb. Lat. 2160, fol. 5^{r}）、その銅版画が N. Alemanni, *De Lateranensibus parietibus*, Roma, 1625、その記述が［*LP*］, II, pp. 3f. にある。もうひとつは〈アクビタ〉で、これもまた Ugonios の素描（Barb. Lat. 2160, fol. 157^{v}, 158）と［*LP*］, II, p. 11 に短い記述、それに Heemskerck の景観図とヴァティカンのシクストゥス 5 世図書館のフレスコ画からその外観を知ることができる。〈アクビタ〉と広間自体、さらにそれに付随する宮殿の一部とコンスタンティノープルの皇帝宮殿に相当する部分との関係については、筆者による *The Enneadeka-cubita...*, in: *Tortulae*,［*RQSCHR*］, Suppl. 30, Freiburg, 1966, pp. 195ff. において扱っており、ここではそれにさらにコンスタンティノープル（U. Alemanni, *op. cit.*, p. 18）やラヴェンナ（A. Weis, *Der römische Schöpfungszyklus im Triklinium Neons zu Ravenna*, in: *Tortulae*, p. 300）の龕をもつ例を加えることができる。

〈マクロナ〉については、［*LP*］, II, pp. 28f.。グレゴリウス 4 世およびニコラウス 1 世の増築

については、［*LP*］, II, p. 76, p. 81, p. 166. および E. David, *Überreste des vatikanischen Trikliniums Leos III. im Campo Santo*, in:［*RQSCHR*］, 31, (1923), pp. 139ff. 参照。

『サンタ・プラセーデ』の建物自体およびその歴史については、［*Corpus*］, III, pp. 232ff.　モザイクについては、［Wilpert, *Mosaiken und Malereien*］, pp. 115ff.,［Matthiae, *Mosaici*］, I, p. 233 の図版参照。P. J. Nordhagen, *Un problema...a S. Prassede*, in: *Roma e l'età Carolingia*, pp. 159ff. は、『サンタ・プラセーデ』と『サンティ・コスマ・エ・ダミアーノ』のモザイクの技法と構図の類似性を指摘し、その結果として『サンタ・プラセーデ』を『サンティ・コスマ・エ・ダミアーノ』に直接関連づけている。筆者は、両者の源となった共通の原典があったのではないかと今も推測している。

『サンティ・ネレオ・エド・アキレオ』、『サンタ・プラセーデ』、『サンタ・チェチリア』、『サンタ・マリア・イン・ドムニカ』、『サン・マルコ』については、筆者は H. Geertman, *op. cit. passim* の提案する創建年代を受け継ぐ。『サンタ・スザンナ』については、［*Corpus*］, IV, pp. 254ff. 特に p. 276 に述べているように、C. Davis-Weyer, *Das Apsismosaik Leos III...*,［*ZKG*］, 28, (1965), pp. 177ff. に提案されている 799 年説に同意する。

5)　ローマのイコノグラフィーにおけるビザンティンの要素は、近年しばしば、おそらく過度に強調されている。『サンタ・マリア・エギツィアカ』については、F. Lafontaine-Dosogne, *Peintures médiévales dans le Temple... de la Fortune Virile*, Brüssel and Roma, 1959。《冥府のキリスト》 を描くモザイクについては、C. Davis-Weyer, *Die ältesten Darstellungen der Hadesfahrt Christi...*, in: *Roma e l'età Carolingia*, pp. 183ff.。〈テンピオ・デルラ・トッセ〉については、B. Brenk, *Die Wandmalereien im Tempio della Tosse*, in: *Frühmittelalterliche Studien*, 5, (1971), pp. 401ff.　特に『聖ゼノの礼拝堂』の一連の主題については、同著者による *Zum Bildprogramm der Zenokapelle...*, in: *Archivio Espñol de Arqueologia*, 45-47, (1972-1974), pp. 213ff. を参照されたい。

C. Davis-Weyer 教授は、9 世紀のローマのモザイクについて、その素材、技法、様式、イコノグラフィー、原典、発展、ビザンティン、北方、古いローマとの関係について詳細な研究を発表する予定であるとのことだが、これまでにもレオ 3 世のトリクリニウムのモザイクの様式や技法について、たとえば［*ZKG*］, 29, (1966), 34, (1974) にその研究の成果を発表している。多分教授の結論もまた、筆者がこの章で述べようとしている見解と一致するのではないかと推測される。

『聖ゼノの礼拝堂』については、［*Corpus*］, III, pp. 252ff.。そこの pl. 222 にある 16 世紀の素描をこの礼拝堂のプランと見ることは筆者の間違い（ごめんなさい）であり、それは古代末期の、おそらくティブルティウスの墓廟を描いている。モザイク全体のプログラムについては、B. Brenk, *Zum Bildprogramm der Zenokapelle* (*op. cit.*)。人物像および衣文の様式の分析と原典については、C. Davis-Weyer,［*ZKG*］, 29, (1966), pp. 121ff.。『聖ゼノの礼拝堂』に見られる「住民のいる蔓植物紋」の古代美術の先例については、J. B. Ward-Perkins and J. Toynbee, *Peopled Scrolls...*, in:［*PBSR*］, 18, (1950), pp. 23ff.。5 世紀の『サンタ・クローチェ』礼拝堂の装飾については、A.

M. Colini, *Storia e Topografia dei Celio*（［*Mem Pont Acc*］, VII）, Vatican, 1944, p. 309；ラテラーノに存在したと推測される〈エティマシア〉の図については、T. Buddensieg, *Le coffret d'ivoire de Pola*, in:［*Cah Arch*］,10,（1959）, pp. 157ff.　特に p. 178 および fig. 130 参照。

〘サント・ステファーノ・デリ・アビシニ〙については、［*Corpus*］, IV, pp. 178ff.。〘サンティ・クヴァトロ・コロナーティ〙については、［*Corpus*］, IV, pp. 1ff.〘サンタ・マリア・ノーヴァ（サンタ・フランチェスカ・ロマーナ）〙については、［*Corpus*］, I, p. 220。〘サン・マルティーノ・アイ・モンティ〙については、［*Corpus*］, III, pp. 87ff.〘サン・ジョルジオ・イン・ヴェラブロ〙、〘サン・マルコ〙、〘サンタ・マリア・イン・ドムニカ〙については、［*Corpus*］, I, pp. 244ff., II, pp. 216ff.、特に p. 243 および pp. 308ff.〘サンタ・チェチリア〙については、［*Corpus*］, I, pp. 94ff.、加えて E. Bentivoglio, *I progetti del XIX secolo per S. Cecilia*..., in:［*Quaderni*］, 97-114,（1975）, pp. 133ff. 参照。〘サンティ・クヴァトロ・コロナーティ〙のカロリング朝時代の新築については、［*Corpus*］, IV, pp. 1ff. 特に pp. 29f.　また Chr. H. Mellendon, *The revival of opus sectile pavements ... in the Carolingian period*, in:［*PBSR*］, 48,（1980）, pp. 157ff. 参照。

筆者は、1942 年の *Carolingian Revival* においても、また 1969 年の論文においても〘サン・ジョヴァンニ・イン・ラテラーノ〙がカロリング朝の翼廊をもたない教会タイプの手本であり、アーケードは単に古代からの長大な「略奪品」が手に入らないがゆえに好まれたという、今日では疑いのない事実を見落としていた。単純な説明は、常に最後にくるものだ。

ローマにおける教会の経済力は〈ディスアビタート〉に新しい修道院を建設することによって増大したのではないか、と筆者に示唆してくれたのは Milton Lewine 教授であった。これは、筆者が教授に感謝しなければならない多くの示唆のひとつである。

〘サン・シルヴェストロ・イン・カピテ〙については、［*Corpus*］, IV, pp. 144ff. 参照。すでに 755 年【セルヴィアヌスの城壁】の石塊が〘サンタンジェロ・イン・ペスケリア〙に使われている、［*Corpus*］, I, pp. 64ff.。また〘サンタナスタシア〙については、［*Corpus*］, I, pp. 42ff. 参照。

6）　アルプスの北におけるカロリング朝時代の教会に関する今日の知識は、F. Oswald, L. Schaefer and R. Sennhauser 編 *Vor romanische Kirchenbauten*, I-III, München, 1966-1971 にまとめられている。フルダについては、*op. cit.*, I, pp. 84ff.。この教会は、おそらく楣式ではなくアーチ式の柱列で復元されるべきであろう。〘サン・ピエトロ〙の木製の塔については、［*LP*］, I, p. 454。ヴァルカリウスの活躍については、*Libri Carolini*,［*MGH Epp*］, no. 60, p. 592, p. 605。〘サンティ・クヴァトロ・コロナーティ〙の塔については、［*Corpus*］, IV, p. 36 参照。

カロリング朝のルネサンスが北方に起源をもつことについては、何よりも E. Panofsky,［*Renaissance and Renascences*］（アーウィン・パノフスキー『ルネサンスの春』中森義宗、新思索社、2006 年）の特に pp. 57ff. を参照されたい。この説が一般に受け入れられていることについては、たとえば［Llewellyn］, *passim* および Fichtenau, *op. cit.*, *passim* 参照。北方からローマへの希少ではあるが重要な意味をもつ美術作品や美術家の輸入については、J. Ramackers, *Die Werkstattheimat der Grabplatte Papst Hadrians I.*, in:［*RQSCHR*］, 59,（1964）, p. 36.。ハドリアヌス

の墓標の故郷は、かつてはアクヴィタニア地方とされていたが、今日ではアーヘンあるいはその周辺とされている（M. Maccarone その他編 *La cattedra lignea di S. Pietro in Vaticano*,［*Mem Pont Acc*］, X, Vatican, 1971 および *Nuove ricerche sulla cattedra*,［*Mem Pont Acc*］, in 8°, Vatican, 1975）。

〚サン・クレメンテ〛の《マリアの昇天》については、G. Ladner, *Die italienische Malerei im 11. Jahrhundert* in: *Jahrbuch der kunsthistorischen Sammlungen in Wien*, n. s. 5,（1931）, pp. 33ff.　特に pp. 90ff.；同所の〈アナスタシス〉については、J. Osborne, *The Painting of the Anastasis*, in: *Byzantium*, 1981, pp. 225ff.

すでに聖ビードの思想に見える政治的な概念の重要さとそのグレゴリウス的根源については、Robert Brentano 教授の示唆を受けた。

第６章

1)　だれしも、自分の専門としない分野に敢えて踏み込むことなどしないものである。しかし、いくつかの分野の専門家になるには、一生はあまりにもみじかい。そして都市ローマの千年の肖像をひとつの分野で描こうという大胆不敵な人間は、それがまったく不可能であることを知る。また読者も、当然の権利としてその肖像に、たとえそれが建築の歴史に頼るものであっても、少なくともその基盤となる重要な事実、要因、思想に、たとえわずかでも触れることを望む。このディレンマから抜け出す唯一の道は、哀れな門外漢が恥知らずにも、それぞれの分野を徹底的に調べ上げた専門家の成果を盗み、その犯行を自白することである。

以上のことを承知で筆者は、この章で用いるすべてをそっくりと、専門家だけではなく——筆者もその中のひとりであろうか——教養ある広範な読者に向けられたいくつかの著書から、使わせていただくことにする。

Gregorovius, *Geschichte der Stadt Rom im Mittelalter*［Gregorovius］は、19 世紀中葉の自由主義、国家主義、ロマン主義の匂いがしみ、いくつかの細部では時代遅れともいえるが、どうしても欠くことのできない基本文献である。これに、その間にこれもまた古典の仲間入りした［Schramm, *Renovatio*］；G. Falco, *La Santa Romana Repubblica*, Milano, 1954（第 2 版）の翻訳 *The Holy Roman Republic*, NewYork, 1964；Raffaele Morghen の論文集 *Medioevo Cristiano*, Bari, 1972；R. W. Southern, *Kirche und Gesellschaft im Abendland des Mittelalters*, Berlin 1976；［Partner, *Lands*］；［Llewellyn, *Rome*］の最後の数章；P. Toubert, *Les structures du Latium mediὲvale... du IXe à la fin du XIIe siὲcle*, Roma, 1973；［Waley, *Papal State*］；［Brentano, *Rome before Avignon*］が加わる。これらの著書から筆者は、［*ASRStP*］, Studi Gregoriani,［*BISI*］, *Traditio, Dizionario biografico degli Italiani*、その他の、名を挙げれば紙数が尽きてしまう多くの論文集の中の重要な記事に導かれた。

公開されている原典資料に関しては、主として［*MGH*］および［*RIS*］を用い、非公開の資料には手を広げなかった。［Bartolini, *Senato*］と［*LP*］は、より徹底して参考にした。しかし筆者は、みずから公文書館に通い、みずからの専門以外の分野での探索を行うことはなかった。筆者はただ、斯界の権威が集め解釈した事実とその意味を、筆者が理解する範囲において、借用

することに努めた。

しかし筆者は、自身も他の分野から敢えて美術史の分野に踏み込んできた研究者仲間の著書の余白に、首をかしげながら疑問の言葉や印をつけたことのあったことを思い出す。門外漢に堅牢な基盤が欠けることは、やむを得ないのではなかろうか。彼は、あまりにも単純化しやすいのであり、その分野の最新の研究状況に疎いのである。そこでは筆者もまた、とんでもない間違いを避けるため、歴史を専門にするふたりの友人にこの章を通読してもらうことにした。それでもそこに誤りが見つかったら、それはもちろん筆者の責任である。ジョーカーは、筆者の手の中にあるのだ。

2)　「教会の農園」〈*domus cultae*〉についてはすでに触れた（参考文献については第 5 章注 1 参照）。

10 世紀の歴史一般について筆者は、多くを［Llewellyn］, pp. 286ff. および［Partner, *Lands*］, pp. 77ff. に頼った。またこの時代のイデオロギー的背景については、［Schramm, *Renovatio*］, I, pp. 44ff. および pp. 68ff. を参照した。アルベリクスの家系、人物、政策については、G. Arnaldi が *Dizionario biografico degli Italiani*, I, pp. 647ff. に寄せた短い文章に見事に要約されている。これに関する最良の原典資料は、たしかに反ローマ的で親皇帝の偏りはあるが、それでもなおグレモナのリトプランドの記録であろう（J. Becker 編 *Liutprandi opera omnia*, in:［*MGH SS RG*］, 1915）、*Antapodosis*, bk. III, xlv, *passim* および *Historia Ottonis*, I, viii ff.（［*MGH SS RG*］, 1915, pp. 97f., pp. 164f.）。ローマにおけるクリュニー派の改革の規模と影響に関する筆者の叙述は、B. Hamilton, *Monastic Revival Tenth-Century Rome*, in: *Studia monastica*, 4,（1962）, pp. 19ff., および P. Fedele, *Le carte del monastero di SS. Cosma e Damiano in Mica Aurea*, in:［*ASRStP*］, 21,（1898）, pp. 471ff. 特に pp. 474ff. に基づく。

ローマを「カプト・ムンディ」〈caput mundi〉、「黄金のローマ」〈Roma Aurea〉とする思想については、［Schramm, *Renovatio*］が中心テーマとするものであり、その I, pp. 37f. では、古代末期からオットー 3 世までのこれらの言葉の使い方が述べられている。ニコラウス 1 世については *op. cit.* pp. 24ff.。その叙述は、［*LP*］, II, pp. 151ff. の中の彼の伝記、［*MGH Epp*］, VI, *passim* の書簡、あるいは、たとえば F. Kunze 編［*MGH SS RG*］, Hannover, 1890, p. 94 に見える Regino of Prüm のような同時代人ののこした原典資料に基づいている。

オットー 1 世に対する反乱とその制圧については、［*LP*］, II, p. 252 および［Gregorovius］, III, pp. 360ff., 367ff. および［Partner, *Lands*］, p. 90. 参照。ソラクテのベネディクトゥスの嘆きは、G. Zucchetti 編 *Chronicon di Benedetto ... di S. Andrea*,（*Fonti della Storia d'Italia*, 55）, Roma, 1920, p. 186 に見える。

ローマを全世界的な君主国の首都および使徒の座、またみずからを「使徒に比する者」〈*isapostolos*〉とみなすオットー 3 世についての筆者の叙述は［Schramm, *Renovatio*］からの要約であり、引用もこの書に拠る（*op. cit.*, I, pp. 108f., p. 132, no. 5；II, pp. 62ff.）。また R. Morghen, *Medioevo Cristiano*, pp. 71ff. も参照。『ミュンヘンの福音書』の図（Cod. Monac. Lat. 4453, cml. 58, fol. 23^v, 24^r）は、［Schramm, *Renovatio*］, I, pp. 118f. および idem. *Die deutschen Kaiser und Könige in*

Bildern ihrer Zeit, I, Leipzig and Berlin, 1928, pp. 93f. で扱われている。オットーの布告に見える「元老院の執政官」という言葉使いについては、［Schramm, *Renovatio*］, I, pp. 128f. 参照。

3） 11世紀の教会改革、革新派教皇、グレゴリウス7世の人物像、叙任権闘争に関する文献は枚挙にいとまがない。筆者は、主に以下の文献から情報を得た：A. Fliche, *La réforme Grégorienne*, I, II（*Spicilegium Sacrum Lovaniense*, 6, 9）、Löwen-Paris, 1924/1925；R. Morghen, *Medioevo Cristiano*, pp. 91ff. および pp. 189ff.；idem. *Gregorio VII e la riforma della Chiesa*..., Palermo, 1974；同著者の［*ASRStP*］および *Studi Gregoriani* の中の論文。

原典資料に関して：グレゴリウスの登位以前については［*LP*］, II, pp. 331ff., pp. 351ff.；グレゴリウスの教皇時代については［*LP*］, II, pp. 282ff.；ベルンリードのパウロによるグレゴリウス伝については［*PL*］, 148, col. 39ff.；グレゴリウスの書簡については E. Caspar 編 *Gregorii VII Registrum*,（［*MGH Epp*］, Selectae II）, Berlin, 1920, 1923。また叙述の一部には、［Tierney, *Crisis*］の特に pp. 40ff., pp. 49f.（ディクタトゥス・パパエ）および pp. 57ff. の翻訳と解説を使った。まとめとしては、［Partner, *Lands*］, pp. 107ff. および pp. 117ff. を参考にした。

筆者が思うに、60年代におけるヒルデブラント―グレゴリウス派と対立教皇派の戦いについては、今日においても［Gregorovius］, IV, pp. 127 が最もすぐれたイメージを与えてくれるのではないだろうか。教皇時代のグレゴリウス7世の戦いについては、同著 pp. 175ff.；1081年から1084年にかけてのローマ内外における戦いについては、同著 pp. 213ff. ベンツォの1061年の使節に関する報告および1081年から1083年にかけてのハインリヒ4世によるローマ攻囲に関する彼の報告については、［*MGH SS*］, XI, pp. 591ff., 特に pp. 612ff. pp. 658ff. ローマの市街戦については［*LP*］, II, pp. 336f.；1075年の聖夜のグレゴリウスの拉致については［*LP*］, II, p. 282 およびベルンリードのパウロによる伝記［*PL*］, 148, col. 56ff.；1082年から1083年にかけての〈レオの都〉における戦いと1084年のノルマン人による解放については、ベンツォの報告と［*LP*］, II, p. 290 を参照。

4） ウルバヌス2世、パスカリス2世、ゲラシウス2世の不安定な教皇位、絶え間ない市街戦、1111年と1117年のハインリヒ5世の侵攻などについては、それぞれの伝記に詳細に記されている：［*LP*］, II, pp. 293（ウルバヌスとピエルレオニの確執）；［*LP*］, II, pp. 296ff.（パスカリスと都市の騒乱）、［*LP*］, II, pp. 298f.（1111年の侵攻、教皇の譲歩と彼の拉致）、［*LP*］, II, pp. 300ff. および pp. 338ff.（1117年の侵攻）、［*LP*］, II, pp. 303f. および pp. 311ff.（ゲラシウスの拉致と彼の解放）、［*LP*］, II, pp. 313f.（ゲラシウスの逃避）。絶えることのなかったプロパガンダ戦争、およびパスカリスの失敗に終わった譲歩、「ヴォルムスの政教条約」の最終的締結については、［Tierney, *Crisis*］、pp. 74ff., pp. 89f., pp. 91f. 参照。

アナクレトゥスとインノケンティウスの争いについては、P. F. Palumbo, *Lo schisma del MCXXX*（*Miscellanea Dep. Romana di Storia Patria*）, Roma, 1942；［*LP*］, II, pp. 379ff. のインノケンティウスの伝記に拠った。また P. Jaffé 編 *Bibliotheca Rerum Germanicarum, V, Monumenta Bambergensia*,

Leipzig, 1869の中の相対する両者の書簡を、いくらかランダムではあるが、参考にした。

ラテラーノの壁画については、その個々の図が［Landner, *Papstbildnisse*］, I,（パスカリス2世、カリクストゥス2世、アナクレトゥス2世）, II, pp. 17ff.（インノケンティウス2世）に掲載され、詳細に論じられている。また筆者は、E. Kitzinger, *Renaissance and Renewal in the Twelfth Century*, in: *The arts as aspect of a Renaissance renewal*, Cambridge（Mass.）, 1982, pp. 637ff. も参考にした。1157年と1158年の戦闘については、［Landner, *Papstbildnisse*］, II, pp. 21f. および［Tierney, *Crisis*］、pp. 106ff. 参照。教皇の宗教界ならびに世俗界の統治権についていくらかでも論じるためには、本来ならばこれまでに発表された、またはいまだ公にされていない諸研究を詳しく読み、引用しなければならないであろう。しかし筆者のごとき門外漢にとっては、この問題は［Tierney, *Crisis*］, pp. 97ff., pp. 110f., pp. 116ff., pp. 127ff. に過不足なく要約されていると思える。［Schramm, *Kaiser, Könige und Päpste*］, IV, 1, pp. 186ff. は、歴代の教皇が要求した皇帝位の記章に関する問題を扱い、カリクストゥス2世とインノケンティウス2世に適用された術語（pp. 183f., no. 26)、教皇の〈ティアラ〉の歴史（pp. 107ff.）についても論じ、それによってLadnerの基本となる研究*Die Statue Bonifaz' VIII ... und die Entstehung der dreifachen Tiara*, in:［*RQSCHR*］, 42,（1934), p. 35を補っている。ボニファティウス8世に関するおそらく偽の逸話の出所は、Franciscus Pipinus, *Chronicon*, chap. 47, in:［*RIS*］, IX, p. 745であろう。教皇の絶対的な統治に関するピピンの信頼できる証言はFinke, *Aus den Tagen Bonifaz' VIII*, Münster, 1902, pp. 151ff. に収集され、解説されている。皇帝の封印については、P. Schramm, *Die Bilder der deutschen Kaiser und Könige*, I, Leipzig, 1928, p. 122およびW. Erbes, *Rombilder auf kaiserlichen Siegeln*, Graz, Wien und Leipzig, 1931, p. 40参照。

ラティウムにおける領主としての教皇の役割と教会国家の生長に関する叙述は、［Partner, *Lands*］, pp. 154ff., pp. 200ff. を基にしている。

5）　筆者は、1143年の革命からインノケンティウス3世までのローマ共和政を扱った新しい歴史書を見出すことができなかった。そこで、それに関連する以下の著書を参考にした。シャルルマーニュからオットー3世までの時代における、教皇ニコラウス1世と彼の直接の後継者の周囲における政治に関する擬古典的な術語の復活については、［Schramm, *Renovatio*］, I, pp. 44ff.；ハインリヒ4世時代における古代語の復活については、*op. cit.*, pp. 257ff. 「テントでできた新しいローマ」の文句は［*MGH SS*］, XI, p. 614およびpp. 657f. のベンツォの報告に見える。王ロタールに宛てたローマ貴族の書簡については、C. Baronius, *Annales..., XII*, Roma, 1607, p. 195。

革命以前の出来事については、Otto of Freising, *Chronica*, VII, pp. 27ff.（Hofmeister編［*MGH SS RG*］, pp. 352ff.）および［*LP*］, II, pp. 385ff. 1155年の事件については、Otto of Freising, *Gesta Frederici imperatoris*, I, 29, II, 20ff.（［*MGH SS*］, XX, pp. 404ff.）　ローマ使節団の要求とフリードリヒの素っ気ない返答については、［Tierney, *Crisis*］, pp. 103f. またこれについては詩人による描写もある；Gunther, *Ligurinus sive de rebus gestis Frederici*, IV, Vers 15ff.（［*PL*］, 212, col. 378ff.）特に*op. cit.*, Vers 73ff. およびVers 185ff. は、ボルゴの戦いとマラリアの疫禍を生き生きと描写

する（［*LP*］, II, pp. 391ff.） 1167年のモンテ・ポルツィオの戦いとそれにつづいた〚サン・ピエトロ〛周辺での市街戦については、［*LP*］, II, pp. 415f. それ以後については、［Gregorovius］, IV, pp. 581ff. とその脚注参照。共和政成立の基盤となる思想と次第にずれて行く焦点については、『*Codice del Senato, I*』, *passim* の元老院の記録が詳しく語っている。

フリードリヒ・バルバロッサとアレクサンデル3世の亀裂については、［Partner, *Lands*］, p. 201、市民側と教皇側の妥協については、［Bartoloni, *Senato*］, pp. 69ff.、ベネディクトゥス・カルスホモ、元老院内部での変化、次第に増大するローマ市民の領土への執着については、［Waley, *Papal State*］, pp. 23ff.

インノケンティウス3世に関する最もすぐれた文献資料としては、今日なお *Gesta Innocenti*, in:［*PL*］, 214, col. xviiiff.、彼の書簡については、［*PL*］, 214, 1ff., 215, 9f., 216, 9ff. また R. Morghen, *Medioevo Cristiano*, pp. 149ff. は、この教皇の教会政策を大まかな輪郭でスケッチしている。彼の世俗政策、特に都市ローマ、さらには広くラティヌムに対する野心について筆者は、［Waley, *Papal State*］, *passim* を基にし、引用もそこから借りた。また［Partner, *Lands*］, pp. 299ff. および［R. Brentano, *Rome before Avignon*］, pp. 101ff. も参考にした。1203/1204年の教皇派と市民派の衝突は、*Gesta*, p. 100, pp. 130ff.（［PL］, 214, col. 182ff.）で確かめることができる。この問題について私たちは、後に中世の地図について述べるところで再び触れるであろう。

6) 教皇権の下での大地主貴族の封建臣下化とその教皇権への影響、さらには都市政策における彼らの役割については、すでに［Partner, *Lands*］, pp. 159ff., pp. 229ff. がその輪郭を述べており、また P. Toubert, *Les structures…*, Roma, 1973 の特に pp. 493ff.、および pp. 1355ff. のまとめにおいて詳細に論じられている。教皇庁の行政への非イタリア人の浸透については、［Partner, *Lands*］, p. 159 に示唆がある。Toubert, *op. cit.*, pp. 635f., pp. 673ff. は、ローマの諸教会の公文書館およびファルファの修道院公文書館の記録を基に、ローマにおける同業組合の研究をまとめている。しかしこの分野にあっては、L. M. Hartmann, *Zur Wirtschaftsgeschichte Italiens…*, Gotha, 1904, pp. 16ff. が今日なお基本的文献としての価値を失っていない。

中世ローマの市区については、E. Re, *Le regioni di Roma nel medioevo*, in: *Studi di Storia e Diritto*, 10, (1889), pp. 349ff. に代わって、L. Duchesne, *Les regions de Rome au Moyen-Age*, in:［*MEFR*］, 10, (1890), pp. 126ff.（*Scripta Minora*, Roma, 1973, pp. 90ff. に再録）が、今日基本的資料とされる。引用は［*LP*］, I, pp. 497f. および II, p. 252, p. 313、および12世紀に関しての引用は P. Fabre and L. Duchesne 編 *Liber Censuum*, II, Paris, 1905, p. 141 にあるベネディクトゥス・カノニクスの〈オルド〉（祭式書）に拠る。

13世紀以前のローマにおける交易と金融に関する文献資料は、数は少ないが Toubert, *Structures*, pp. 669ff. に集められ、解説されている。トゥスクルムのプトレマイオス父子のふたつの企業計画がのこされているが、1105年のそれ（*Codex diplomaticus Caietanus*, II, Monte Cassino, 1891, p. 169, No. 278）は、ガエタのある船主と共同しての「国際的な」商売を目指し、1127年のそれ（*op. cit.,* No. 312）は、モンテ・カシーノの修道士会およびローマの門閥家との共同経営に

ついて述べている［Partner, *Lands*］, p. 142。ローマへの富の流入とその結果としての銀行の必要性については、G. Falco, *The Roman Republic*, London, 1964, p. 248 で説明されており、それが教皇庁への企業の集中によるものであることは、R. W. Southern, *Western Society and the Church*, pp. 111ff. で見事に論じられている。13 および 14 世紀における教皇庁においてトスカーナ（およびローマ）の銀行家が果たした役割については、E. Jordan, *De Mercatoribus Camerae Apostolicae*, Rennes, 1909 参照。

ローマではそれぞれの門閥家がそれぞれの区域を支配していたということは、G. Tomassetti, *La Campagna Romana*, I, Roma, 1910, pp. 137 によってはじめて明確にされた。L. Casanelli, G. Delfini, D. Fonti, *Le mura di Roma*, Roma, 1974, p. 84, no. 38, fig. 87 は、その事実を繰り返し、ひとつの地図で図解している。これらとは独立して、［Brentano, *Rome before Avignon*］, *passim*, 特に pp. 34ff. および pp. 182ff. は、彼らが、それぞれの区域でその地の「細民」〈*popolo minuto*〉と共生しながら、如何に経済的および政治的に活動していたかを生き生きと述べている。ピエルレオニ家のはじまりについては、D. B. Zema, *The Houses of Tuscany and of Pierleoni*, in: *Traditio*, 2, (1944), pp. 155ff. 他の大門閥家については、［*ASRStP*］に散見する論文と［Brentano, *Rome before Avignon*］, pp. 173ff. の手短な解説を参照。

7)　政治、司法、行政の中心としてのローマについては、R. W. Southern, *Western Society and the Church*, pp. 105ff.、それがヨーロッパの金融において果たした役割については G. Falco, *The Roman Republic*, London, 1964, p. 248, 参照。本文中の引用句もこれに拠る。

ブランカレオーネ・ディ・アンダロについては *Dizionario biografico*, III, pp. 45ff.,［Waley, *Papal State*］, pp. 157ff.,［Partner, *Lands*］, pp. 258f.　アンジューのシャルルについては［Waley, *Papal State*］, pp. 172ff.、ニコラウス 3 世については *ibid*, pp. 189ff. および［Partner, *Lands*］, pp. 269ff. 参照。

教皇庁の官僚主義の崩壊は、R. W. Southern, *Western Society and the Church*, pp. 107ff., p. 118f. に強調して述べられている。10 分の 1 税の数字は、K. Kaser, *Das späte Mittelalter*, Stuttgart-Gotha, 1925, pp. 60ff.　巡礼者の寄進の数字は、［Gregorovius］, V, p. 552。家族の財を積む教皇の政策については、［Partner, *Lands*］, *passim*, 特にニコラウス 3 世については pp. 275ff.、ボニファティウス 8 世については pp. 278ff. 参照。

「聖年」一般について、また特に 1300 年のそれについての文献は広範にわたる。筆者は、Morghen の *Medioevo Cristiano* の中の論文の pp. 265ff. および Ventura, *Chronica Astense*, in:［*RIS*］, XI, pp. 191f. および G. Villani, *Cronica*, bk. VIII, ch. 36, Florenz, 1587, p. 311 に収められた重要な原典資料を読み直した。

第 7 章

1)　12 世紀におけるローマの教会建築を包括的にとらえた研究書は、今日まで出ていない。いわんや世俗建築においてをや。すぐれたモノグラフィーさえもまれである。その中で G. B.

Giovenale, *La basilica di S. Maria in Cosmedin*, Roma, 1927, および D. Kinney, *S. Maria in Trastevere from Its Founding to 1215*, Ph. D. thesis, N. Y. U. 1975 が傑出する。*Chiese illustrate di Roma* および［*GuideRionali*］におさめられた紙数の上からやむを得ず短縮された小さなモノグラフィーのいくつかは、中世における個々の教会の新築あるいは改築についての有益な情報を提供してくれる。また［Armellini-Cecchelli, *Chiese*］は、すべてが信頼できるとはいえないが、この時代を語るには欠くことができない文献である。

12 世紀の教会〘サン・クレメンテ〙に関しては、近いうちに Joan Barday Lloyd の博士論文 *The Architecture of the medieval church and conventual buildings of S. Clemente* が発表される予定である。今日のところ、この教会の聖別年代――1128 年ではない――、「下の教会」の補強工事の年代については、L. Boyle, O. P., *The Date of the Consecration of the Basilica of San Clemente in Rome*, in: *Archivum Fratrum Praedicatorum*, XXX, 1960, pp. 418ff., および H. Toubert, *Le renouveau paléo-chrétien à Rome au debut du XIIe siècle*, in:［*Cah Arch*］, 20, (1970), p. 100, n. 4 参照。〘サンティ・クヴァトロ・コロナーティ〙の二度にわたる改築については、［*Corpus*］, IV, pp. 1ff. 参照。ここでは文献資料をまとめることも試みられている。〘サンタ・マリア・イン・トラステヴェーレ〙については、上に挙げたモノグラフィーを参照。R. Malmstrom, *The Colonnades of High Medieval Churches in Rome*, in: *Gesta*, 14, (1975), pp. 37ff. は、身廊の柱列に加わる角柱は、聖職者と平信徒の席を隔てるためのものであったことを指摘している。12 および 13 世紀のローマにおけるレンガ壁の工法の年代については、J. B. Lloyd,［*PBSR*］, 53, (1985), pp. 225ff.

［Wilpert, *Mosaiken und Malereien*］が図示するモザイクや絵画は、［Matthiae, *Mosaici*］あるいは［Matthiae, *Pittura*］で、その様式、流派、およびその発展が論じられている。筆者は、一部では Matthiae の見解に従うが、この章の叙述の多くは、上に挙げた Toubert のすぐれた研究の成果に負っている。また Ernst Kitzinger や Otto Demus の見解も採用しているが、それについては以下の当該の箇所で明示する。

〘サンタ・マリア・イン・トラステヴェーレ〙について、D. Kinney, *op. cit.*, pp. 225ff. は、Gabinetto Nazionale delle Stampe, Roma, Inv. 2826, fol. 2510, F. N 32 746 (35) にのこるこの教会の平面図を改築のためのものとみなしている。筆者は、今日のところそれに関する判断を保留する。また Kinney は、〈オプス・セクティレ〉様式の舗床装飾のはじまりを 12 世紀ではなく 13 世紀とのみなす。Ernst Kitzinger は、論文 *A Virgin's face*,［*Art Bull*］, 42, (1980), pp. 6ff. において、アプス・モザイクの図柄の典拠を、すでに長くローマで一般化していた《キリストとマリアのふたつの有名なイコンを掲げるふたつの行進の出会い》という主題の「擬古典的」な再現とみなしている。

10 および 11 世紀の小さな教会については、［*Corpus*］, Bd. I, p. 39 (S. Agnese in Piazza Navona)；G. di Geso, *Un caso lamentevole: la Chiesa di S. Barbara dei Librai*, in: *Bolletino dei Curatores dell'Alma Città di Roma*, 16, (1976), pp. 4ff. (S. Barbara dei Librai)；L. Paterna-Baldizzi, *La chiesa di S. Maria Egiziaca...*, Napoli, 1928；P. Fedele, *Una chiesa del Palatino ―― S. Maria 'in Pallara'*, in:［*ASRStP*］, 26, (1903), pp. 343ff.　U. Nilgen 教授は、最後に挙げた教会についての詳細な研究を用意している。ここに挙げた 12 世紀の教会については、L. Huetter, *S. Salvatore in Onda* (*Chiese*

illustrate, 51）; P. Styger, *La decorazione…del secolo XII…di S. Giovanni ante Portam Latinam*, in: *Studi Romani*, 2,（1914）, pp. 261ff. 参照。Sister Margaret Manion は、彼女のメルボルン大学の博士論文 *The Frescoes of S. Giovanni a Porta Latina in Rome*, Bryn Mawr, 1972 に基づいて、12 世紀のフレスコ画に関する最新の研究成果による論文を用意している。〚サント・ステファーノ・デル・カッコ〛については、［Armellini-Cecchelli, *Chiese*］, Bd. I, pp. 572ff.。アプスにのこる 1607 年以前の寄進者肖像は、パスカリス 1 世ではなくむしろパスカリス 2 世であろう。

12 世紀創建あるいは改築の大きな教会については、B. M. Apollonj Ghetti, *S. Crisogono*,（*Chiese illustrate*, 92）。〚サンティ・ボニファチオ・エド・アレッシオ〛と〚サンタ・クローチェ・イン・ジェルサレンメ〛については、［*Corpus*］, I, pp. 40f. および pp. 165ff.。〚サン・バルトロメオ・イン・イソラ〛については、P. Casimiro, *Memorie istoriche delle Chiese…dei Frati Minori*, 2ed. Roma, 1845, pp. 370ff., および idem, *Dissertazioni…di S. Bartolomeo in Isola*, Roma, 1742 参照。今日にあってもこの両著を超えるものはない。

2）　鐘楼（カンパニーレ）に関する基本的な文献としては、A. Serafini, *Torri campanarie di Roma e del Lazio nel medioevo*, Roma, 1927 が挙げられるであろう。この著書は、鐘楼の製作地とその発展について先入観に支配されており十全に信頼できないかもしれないが、少なくとも貴重な図版を提供してくれる。12、13 世紀の教会施設およびこの領域で活躍した一連の工房に関しては、今日なお G. Giovannoni, *Note sui marmorari romani*, in:［*ASRStP*］, 27,（1904）, pp. 5ff. および idem, *Opere dei Vassalletti*, in: L'Arte, 11,（1911）, pp. 262ff. を参考にする必要があり、A. M. Bessone Aurelj, *I marmorari Romani*, Roma, 1935 もまたそれらに拠っている。また E. Hutton, *The Cosmati, The Roman Marble Workers of the Twelfth and Thirteenth Centuries*, London, 1950 参照。〈マルモラリ〉に関しては、大著 P. C. Clausen, *Magistri doctissimi Romani* が準備されている。儀式の在り方によって内部空間を区切る新しい教会型式については、すでに上で Ronald E. Malmstrom の論文を挙げている。〈オプス・セクティレ〉様式の舗床装飾については、D. Glass, *Studies on Cosmatesque Pavements*, Oxford, 1980 がある。Glass 教授は、この研究を原稿の段階で筆者に示されたが、それは近いうちに拡大され、修正された形で公にされるであろう。また Joan Barclay Lloyd と Jeremy Blake による中世のローマ修道院建築に関する大著も準備されている。〚サン・クレメンテ〛の参事会用建物については、上に挙げた J. B. Lloyd の論文を参照。

ローマの中世教会における初期キリスト教様式の保持（あるいは再生？）に関しては、D. Kinney, *op. cit.*, pp. 306ff. でも扱っている。

3）　モンテ・カシーノのデシデリウスの教会の建築、装飾、施設一般については Leo of Ostia, *Chronicon Cassinense*, Bd. III, chs. 26ff. の記述、また第二次大戦後の考古学的発掘、さらにはモンテ・カシーノの教会を親とする末孫教会の構造から知ることができる、A. Pantoni, *Le Vicende della basilica di Montecassino attraverso la documentazione archeologica*, Monte Cassino, 1973；idem, *La basilica di Montecassino e quella di Salerno*, in: *Benedictina*, 10,（1956）, pp. 23ff.。Leo のテクス

トの最も優れた解読としては、O. Lehmann-Brockhaus, *Schriftquellen zur Kunstgeschichte des 11. und 12. Jahrhundert...*, Berlin, 1938, pp. 476ff. H. M. Willard, *A project for the graphic reconstruction of...Monte Cassino*, in: *Speculum*, 10,（1935）, pp. 144ff. には、K. J. Conant と H. M. Willard の説得力のある復元図を見ることができる。筆者が言及するモンテ・カシーノの単純化された末孫教会については、J. Wettstein, *Les fresques de S. Angelo in Formis*, Genf, 1960 を参考にした。絶えず問題とされるこれら一連の末孫教会の創建年代や細部の構成については、W. Paeseler, *Bauwerk und Bildkunst von Sant'Angelo in Formis*, in: *Actes...XXe Congrès International ...Histoire de l'Art... Budapest 1969*, Budapest, 1972, pp. 259ff. を参照。しかしそれは、ここでは問題としない。ネピ近くの Castel S. Elia については、O. Hjørt, *The Frescoes of Castel Sant'Elia. A Problem of Stylistic Attribution*, in；*Hafnia*, 1970, pp. 7ff. および P. Hoegger, *Die Fresken von S. Elia bei Nepi*, Frauenfeld und Stuttgart, 1975. 参照。

11、12 世紀における修道院の歴史とその指導的立場については、H. Bloch, *Montecassino, Byzantium and the West...*, in:［*DOP*］, 3,（1946）が、今日なお最も重要な文献である。この論文は、間もなくこの主題に関する彼自身の *magnum opus* で補完されるであろう。

Salerno にあるモザイクの断片は、E. Kitzinger によってモンテ・カシーノのモザイクの写しであり、ローマの〖サン・クレメンテ〗のアプス丸天井のモザイクと関係づけられ、その歴史的位置を定められた、E. Kitzinger, *The Gregorian Reform and the Visual Arts: A Problem of Method*, in: *Transactions of the Royal Historical Society*, 5th ser., 22,（1972）, pp. 87ff.（idem, *Byzantium*, pp. 271ff. に再録）。O. Demus, *The Mosaics of Norman Sicily*, London, 1949, pp. 206ff. は、モンテ・カシーノの仕事には、ビザンティンで訓練されたシチリアあるいは南イタリアの美術家が参加していると推測する。

〖サン・パオロ〗、モンテ・カシーノおよび他の南イタリアの都市のブロンズ製扉については、G. Matthiae, *Le Porte bronzee byzantine in Italia*, Roma, 1971；E. Josi, *La Porta Bizantina di S. Paolo*, Roma, 1967 参照。

4) 11 世紀から 12 世紀初頭にかけてのローマ絵画の流れ、およびその中でモンテ・カシーノが果たした大きな役割について理解するための基本となる文献としては、G. Ladner, *Die italienische Malerei im 11. Jahrhundert*, in: *Jahrbuch der Wiener kunsthistorischen Sammlungen*, n. s. 5,（1931）, pp. 33ff. があげられよう。近年の研究は、ビザンティンあるいはおそらく南イタリアがモンテ・カシーノに及ぼした強い影響を指摘し、このモンテ・カシーノの動きがローマから独立するものであったことを強調して、Ladner の成果を補完している（たとえば、O. Demus, *Byzantium and the West*, New York, 1970, pp. 103ff.）。また〖サン・クレメンテ〗の「下の教会」のフレスコから、〖サン・ニコラ・イン・カルチェレ〗のフレスコ、さらには〖サン・クレメンテ〗や〖サンタ・マリア・イン・トラステヴェーレ〗のモザイクに至るローマの絵画の様式、技法、文様、イコノグラフィーに見られる初期キリスト教美術の再生という問題については、Hélène Toubert の［*Cah Arch*］, 20,（1970）, pp. 99ff. の論文、および上の第 6 章注 5 で見たようにこの問題を見

事に解説したKitzingerの論文を参照されたい。

以前にはほとんど省みられなかった〚サン・ニコラ・イン・カルチェレ〛のフレスコは、今日ヴァティカン美術館の収納庫に置かれている。筆者にその身近での調査を可能にしてくれたDr. F. Mancinelliにこの場を借りて感謝を申し上げたい。すでにO. Demus, *op. cit.*, pp. 205ff.は、ベネディクト修道会士、特に〚サン・パオロ・フオリ・レ・ムーラ〛に属する彼らの影響、およびこの動きに対する〚サン・ピエトロ〛や〚サン・パオロ・フオリ・レ・ムーラ〛の初期キリスト教モザイクの影響を指摘している。

5)　11世紀および12世紀の〈ルネサンス〉を美術および文学の両面から最初に指摘し、また全中世をとおして繰り返された「古代の再生」を考察した［Panofsky, *Renaissance and Renascences*］は、まさに記念碑的研究である。

古代の文様あるいは具象の彫刻作品および「略奪品」に対する相異なるあるいはときには正反対の見解については、A. Esch, *Spolien*, in: *Archiv für Kulturgeschichte*, 51, (1969), pp. 1ff.において、慎重に、そしてみごとに論じられている。これに関しては、R. Lanciani, *Scavi*, Bd. I, pp. 8ff.およびpp. 22ff.も参照。またここでは、ローマの石灰焼成窯場〈カルカラリ〉についても触れており、これに関してはさらに［Gnoli, *Topografia*], pp. 44f.も参照。〈マルモラリ〉の古物商としての役割については、R. Lanciani, *op. cit.*, pp. 9ff.が要約して述べている。またP. Fedele, *Sul commercio delle antichità in Roma nell XII secolo*, in:［*ASRStP*], 32, (1909), pp. 465ff.を参照。しかし［Panofsky, *Renaissance and Renascences*], I, 73, n. 1は、このような売買を過度に重要視することに警告している。またこの問題に関しては、A. Esch, *op. cit.*, *passim*およびJ. B. Ross, *A Study of Twelfth Century Interest in the Antiquities of Rome*, in: *Medieval and Historiographical Essays in Honor of J. Westfall Thompson*, Chicago, 1938, pp. 302ff.参照。【ディオクレティアヌスの浴堂】の円柱をSaint-Denisに運ぼうとしたSugerの計画については、E. Panofsky, *Abbot Suger*, Princeton, 1946, pp. 90f.参照。筆者が本文で引用した1375年のGiovanni Dondiの手紙については、R. Krautheimer and T. Krautheimer-Hess, *Lorenzo Ghiberti*, Princeton, 1956 (1970, 1982に再、再再版), p. 296参照。

ウィンチェスターの司教ヘンリーに関する引用は、R. L. Poole編John of Salisbury, *Historiae pontificalis quae supersunt*, Oxford, 1927, pp. 81f. (chap. 40)に拠る。この句を筆者は、J. B. Ross, *op. cit.*, pp. 308fで知った。Magister Gregoryの人物像やローマ訪問の時期については、筆者の知る限り、これまで精密に研究されていない。しかし彼の報告についてはこれまで何度も引用されており、その最新の例はR. B. Huygens, *Magister Gregorius...Narracio* (*Textus Minores*, 42), Leiden, 1970に見ることができる。しかしG. McN. Rushforth *Magister Gregorius de Mirabilibus Urbis Romanae*, in: *Journal of Roman Studies*, 9, (1919), pp. 14ff.および［Valentini-Zucchetti, *Codice topografico*], III, pp. 137ff.、さらにはJ. B. Ross, *op. cit.,* pp. 316ff.も参照することができる。

6)　ラテラーノのフレスコ画とナルテクスのモザイクについては、［Ladner, *Papstbildnisse*], Bd. I, Vatican City, 1941, pp. 195ff.およびBd. II, Vatican City, 1970, pp. 17ff.；C. Walter, *Political Imagery*

in the Medieval Lateran Palace, in:［*Cah Arch*］, 20,（1970）, pp. 155ff.、特に pp. 162ff., また *ibid.*, 21,（1971）, pp. 109ff.（〘サンティ・クヴァトロ・コロナーティ〙の聖シルヴェステルの礼拝堂のフレスコ画主題については、*ibid.*, pp. 124ff.）。また G. Mattiae, *Pittura politica del medioevo Romano, Roma*, 1964 参照。

〘サン・ピエトロ〙の本来低かった翼廊を 1154 年に高くしたことについては、J. Christern, *Der Aufriss von Alt-St. Peter*,［*RQSCHR*］, 62,（1967）, pp. 133ff. が最初に指摘している。また［Corpus］, V, p. 176 および 278 参照。

ローマにおける 12 世紀の政治的、文化的、異教的、キリスト教的ルネサンスと結びついた古代遺品の再利用については、K. Noehles, *Die Kunst der Cosmaten und die Idee der Renovatio Romae*, in: *Festschrift Werner Hager*..., Recklinghausen, 1966, pp. 17ff.；H. Toubert, *op. cit.*；F. Gandolfo, *Riimpiego di sculture antiche nei troni papali del XII secolo*, in:［*Rend Pont Acc*］, 47,（1976）, pp. 203ff.

ラテラーノの古代彫像の蒐集については、W. S. Heckscher, *Sixtus III. Aeneas insignes statuas Romano populo restituendas censuit*, Den Haag, 1955 によって、ときおりまったくの憶測が混じるも、すぐれて調査され、解説されている。その脚注には、それぞれの彫像のラテラーノにおける最初の所在が報告されている。新しい見方からの研究としては、Ingo Herklotz, *Der Campus Lateranensis im Mittelalter*,［*Röm Jbch*］, 22,（1985）, pp. 1ff. が挙げられる。これらの彫像のいくつかが 9 世紀以来もっていた「裁き」の意味については、A. Erler, *Lupa, Lex und Reiterstandbild*..., Wiesbaden, 1971。あるときはコンスタンティヌス、またあるときは民衆の英雄とされた《マルクス・アウレリウスの騎馬像》の解釈の変遷については、J. S. Ackerman, *Marcus Aurelius on the Capitoline Hill*, in: *Renaissance News*, 10,（1957）, pp. 69ff. が簡潔に要約している。K. Noehles, *op. cit.* は、ヘームスケルクの素描（図 153）に見られるこの像を載せていたライオン像が 12 世紀の作であることを説得力をもって証明している。

Bernhard Bischoff 教授は、Dr. Rudolf M. Kloos の質問に答え、また質問者に同意して、〈カーサ・ディ・クレスチェンツィオ〉にのこる銘文の制作年代を 11 世紀の終わりから 12 世紀の中頃の間とし、どちらかといえばこの期間の初めの頃と考えている（教授の 1976 年 6 月 22 日付筆者あて書簡）。この推定が正しければ（もちろんこの碑文学界最高の専門家の判断に同意できない理由はない）、この銘文が属する建物は、すでに 1100 年頃、40 年後にローマ共和政を生む精神を〈ante litteram〉に先取りしていたことになる。

《マルクス・アウレリウスとトラヤヌスの記念柱》に関する古文書については、P. L. Galletti, *Del Primicerio*..., Roma, 1767, pp. 323f., doc. 16（マルクス・アウレリウス）、A. Nibby, *Roma nel MDCCCXXXVIII*, I, 2, Roma 1839, p. 642（トラヤヌス）を参照されたい。〘サンタ・マリア・イン・アラコエリ〙の前身である 12 世紀の〘サンタ・マリア・イン・カピトリオ〙については、R. E. Malmstrom, *The Twelfth Century Church of S. Maria in Capitolio and the Capitoline Obelisk*, in:［*Röm Jbch*］, 16,（1976）, pp. 1ff.　今日ヴィルラ・マッテイにあるカンピドリオの上のオベリスクとそれを支えていたライオン像については、その建立の年代として Malmstrom は 1200 年ごろを提案し、それをブランカレオーネの政権と結びつけて 13 世紀とする K. Noehles, *Die Kunst der*

Cosmaten und die Idee der Renovatio Romae, in: *Festschrift Werner Hager…*, Recklinghausen, 1966, pp. 17ff.、あるいはコーラ・ディ・リエンツォの支配と結びつけて14世紀とするC. D'Onofrio, *Gli obelischi di Roma*, Roma, 1967, pp. 214ff. の提案に異議を申し立てている。

7）『ミラビリア』の最新の版としては［Valentini-Zucchetti, *Codice topografico*］, Bd. III, pp. 1ff. があり、その序文はすぐれているものの、注解の中には納得できないものもある。古い版から筆者は、P. Fabre and L. Duchesne 編 *Liber Censuum*, Paris, 1905, Bd. I, pp. 262ff. の L. Duchesne の解説、および Urlichs, *Codex*, pp. 91ff. の解説を推薦する。その著者が Benedictus Canonicus であること、制作年代の〈*terminus ante quem*〉として1143年が挙げられることは、L. Ducheschurchne, *L'auteur des Mirabilia*, in:［*MEFR*］, 24,（1904）, pp. 479ff. の指摘によって納得させられる。すでに50年前に知られていた『ミラビリア』の原テクストやその手本については、［Schramm, *Renovatio*］, Bd. II, pp. 45ff. および pp. 105ff. で扱われているが、近年さらなる原テクストが問題とされている（たとえば M. Demus-Quatember, *Zur Weltwunderliste des Pseudo-Beda*, in: *Römische historische Mitteilungen*, 12, 1970, pp. 67ff.）。

古代に対する中世の特異な「憎愛」感情については、近年 T. Buddensieg, *Gregory the Great: The Destroyer of Pagan Idols*, in:［*JWC*］, 28,（1965）, pp. 4ff. が論じている。本文中で筆者が引用した Martin of Oppau の言葉もそれに拠った（pp. 47f. n. 9）。

ラヴァルダンのヒルデベルトのラテン語の詩は、［Schramm, *Renovatio*］, I, pp. 300ff. に再録されている。

第８章

1）13世紀のローマに関する豊富な文献から最も重要と思われるものを第6章の注1との重複をおそれずここに挙げる。［Waley, *Papal State*］；Morghen, *Medioevo Cristiano*；Southern, *Western Society and the Church*；［Partner, *Lands*］；［Brentano, *Rome before Avignon*］。インノケンティウス3世の伝記としては *Gesta Innocentii Papae III*, in:［*PL*］, 214, col. 43ff.；書簡については *op. cit.*, pp. 1ff. および［*PL*］, 215, 216。ブランカレオーネ・ディ・アンダロ について筆者は、*Dizionario biografico degli Italiani*, 3,（1961）, pp. 45ff. の E. Christiani の論文、13世紀初頭と末期の教皇登位列については、［Brentano, *Rome before Avignon*］、pp. 116ff. を参考にした。

13世紀歴代教皇の聖俗両域における建築およびその装飾活動については、H. Schröder, *Die kunstfördernde Tätigkeit der Päpste im 13. Jahrhundert*, Diss. Phil. Leipzig, 1931。インノケンティウス3世の寄進リストについては、*Gesta*, chaps. 145-150（［*PL*］, 214, cols. 203-223）cciii-ccxxiii に見ることができ、また A. Mai, *Spicilegium, Additamentum*, pp. 300ff. を参照。〚サンティ・セルジオ・エ・バッコ〛については、*Gesta*, chaps. 4 および 145（［*PL*］, 214, cols. 18 および 207）；M. Bonfioli, *La diaconia dei SS. Sergio e Bacco…*, in:［*RAC*］, 50,（1974）, pp. 55ff.　特に pp. 62f.、（ここには詳細な文献リストがある）。ラテラーノ宮殿の修理と「治療室」〈*cameram egestivam*〉の設置については、*Gesta*, chap. 146, in:［*PL*］, 214, col. 211。〚サント・スピリト〛の施療院について

は、*Gesta*, chap. 144, in: ［*PL*］, 214, col. 200f. および［Brentano, *Rome before Avignon*］, pp. 19ff.、（ここには古い文献並びに施療院設立の規約を見ることができる）。〔トル・デコンティ〕およびこの塔と施療院の創立との関係については、Ptolemäus von Lucca, *Historia Ecclesiastica*, XXI, p. 16（［*RIS*］, XI, 1127）および idem, *Annales*,（［*RIS*］, XI, 1276）, B. Schmeidler 編 idem, *Die Annalen des Tholomeus von Lucca*,［*MGH SS*］, n. s. 8,（1930）, p. 90。さらに Riccobaldo of Ferrara, *Historia Pontificum Romanorum*（［*RIS*］, IX, 179）。また〖サント・スピリト〗の創建については、Franciscus Pipinus, *Chronicon*（［*RIS*］, IX, 632）も参照。インノケンティウスによって「堂々として実用的」〈*honorabile et utile*〉に建てられたヴァティカン宮殿については、*Gesta*, chap. 211, in: ［*PL*］, 214, col. 211 および F. Ehrle and H. Egger, *Der Vatikanische Palast*..., in: *Studi e documenti per la storia del Palazzo Apostolico Vaticano*, II, Vatican City, 1935, pp. 33f. また私たちにとってより重要なのは、D. Redig de Campos, *I Palazzi Vaticani*, in: *Roma Cristina*, 18, Bologna, 1967　ここの pp. 22f. には、今日にのこるインノケンティウスの宮殿と同定される部分が復元図で示されている。K. B. Steinke, *Die mittelalterlichen Vatikanpaläste und ihre Kapellen*, in: *Studi e documenti per la storia del Palazzo Apostolico Vaticano*, V, Vatican City, 1981 は、今日にのこる最も古い部分をインノケンティウス 3 世ではなく、インノケンティウス 4 世（1243-1254）に帰している。

インノケンティウス 3 世とグレゴリウス 9 世の芸術奨励政策全般については、H. Schröder, *op. cit.*, pp. 22ff., pp. 33ff.〖サン・ロレンツォ・フオリ・レ・ムーラ〗の新しい建物については、［*Corpus*］, III, pp. 1 ff., pp. 35ff., pp. 139f. この建築費用の一部が平信徒によって調達された可能性については、［Ladner, *Papstbildnisse*］, II, pp. 92f.〖サン・パオロ〗とホノリウスの関係については、以下の該当箇所の注参照。ラテラーノのグレゴリウス 9 世の宿泊施設については、アラゴンの枢機卿（Nicola Roselli）, *Vita Gregorii Papae IX*, in: ［*RIS*］, III, 1, 577 参照 。

旧〖サン・ピエトロ〗のモザイクについては、［Ladner, *Papstbildnisse*］, II, pp. 56ff.（このモザイクを最もよく伝えているのは Jacopo Grimaldi のためにつくられたコピーであろう、R. Niggl 編 *Descrizione della Basilica Vaticana*, Vatican City, 1972, pp. 196f.）；J. Ciampini, *De sacris aedificiis*..., Roma, 1693, pl. XIII, さらに J. Ruysschaert, *Le tableau Mariotte*..., in: ［*Rend Pont Acc*］, 40,（1967/1968）, pp. 295ff.、（ここにはわずかに相違したコピーが図示されている）。今日にのこるふたつの断片、すなわち《エクレシア・ロマーナ》と《インノケンティウス 3 世の頭部》（［Ladner, *Papstbildnisse*］, II, pp. 64f.）は、Museo di Roma に見ることができる、［Matthiae, *Mosaici*］, pp. 327ff. 参照。教皇と教会の位置については［Ladner, *Papstbildnisse*］, II, p. 66 が詳しく論じている。インノケンティウスのモザイクの手本とされた初期キリスト教の図については、C. Davis-Weyer, *Das Traditio-Legis-Bild und seine Nachfolge*, in: *Münchner Jahrbuch*, XII, 1961, pp. 7ff. 参照。

〖サン・パオロ〗のモザイクについては、［Ladner, *Papstbildnisse*］, II, pp. 80ff.；Franciscus Pipinus, *Chronicon*, II, 42（［*RIS*］, IX, 664）；［*LP*］, II, p. 453, n. 6 参照。

〔パラッツォ・デル・セナトーレ〕の建物については、C. Pietrangeli, *Il palazzo Senatorio nel Medioveo*, in: *Capitolium*, 35,（1960）, pp. 3ff. 参照。ここには、たとえば［Bartoloni, *Senato*］に見られ

る原典資料――その pp. 216ff. には 1257 年の文書も再録されている――や、ミケランジェロの建物内にのこる中世の建造物とその創建年代に関する最初の報告もある。ミケランジェロの新しい建物とその建築時の様子を描く図については、J. Ackerman, *The Architecture of Michelangelo*, London, 1961, Catalogue, pp. 49ff., Plates, 30aff.（ジェームス・S・アッカーマン『ミケランジェロの建築』中森義宗訳、彰国社、1976 年）。

13 世紀末、特にニコラウス 3 世およびニコラウス 4 世時代の芸術奨励に関して論じたものに J. Gardner, *The Influence of Popes' and Cardinals' Patronage on the Introduction of the Gothic Style into Rome, 1254-1305*, Diss. Phil., Courtauld Institute, London University, 1969 がある。これは公刊されていないが、著者は親切にも筆者に利用を許してくれ、本著のこの個所は多くをその見解に学んでいる。この浩瀚の書とその後の研究の成果を惜しげもなく筆者に示され、また興味深く刺激的な話をしてくださった Gardner 教授に心から感謝の意を表したい。

今日に伝わる諸家の財産目録の中で特に興味深いものは、L. Mortari, *Il Tesoro della Cattedrale di Anagni*, Roma, 1963；E. Muentz and A. L. Frothingham, *Il Tesoro della Basilica di S. Pietro*, in: [*ASRStP*], 6, (1883), pp. 1ff. に見ることができる。その中の 1361 年と 1436 年の目録の年代はただ〈*termini ante quos*〉を告げるものであり、Basilica Vaticana の *Liber anniversariorum* に見える 1303 年の目録 *Necrologi della Provincia Romana*, I,（P. Egidi 編 *Fonti per la storia d'Italia*, 44), Roma, 1980, pp. 260ff. は、ただボニファティウス 8 世の寄進を含むだけである。ニコラウス 3 世の寄進については、*ibid.*, p. 288 参照。今日ヴェローリにある *Casamari* の断片については、*Mostra tesori d'arte sacra di Roma e del Lazio, Roma*, 1975, pp. 53ff. 参照。枢機卿ステファネスキが〖サン・ピエトロ〗工事に費やした金額については、Basilica Vaticana の *Liber anniversariorum, op. cit.,* pp. 222f. 参照。

ニコラウス 3 世と彼の後継者による 1300 年までのヴァティカン宮殿の拡張については、D. Redig de Campos, *I Palazzi Vaticani*, pp. 25ff.、また挿図 III-V では今日にのこる部分が同定され、素描でもって復元されている。また記録については、Ehrle and Egger, *Der Vatikanische Palast...*, pp. 37ff.、また最近では、上の注 1 に挙げた K. B. Steinke の pp. 226f. 参照。発見された壁画については、D. Redig de Campos, *Di alcune traccie del palazzo di Niccolo III...*, in: [*Rend Pont Acc*], 18, (1941/1942), pp. 71ff.

2)　13 世紀の後半にローマで活躍した美術家たちの仕事のうち本書にとって重要と思われるものだけを、あまりにも表面的だが、取り扱うことにする。筆者が主として参考にした［Matthiae, *Pittura*］と［Matthiae, *Mosaici*］以外の基本的な文献を列挙すると、上で触れた J. Gardner の博士論文；J. White, *Art in Italy, 1250-1400*, (Pelican History of Art), Harmondsworth, 1966；A. M. Romanini, *Arnolfo di Cambio*, Milano, 1969；J. Gardner, *Arnolfo di Cambio and Roman Tomb Design*, in: [*Burl Mag*], 115, (1973), pp. 422ff.；idem, *The Tomb of Cardinal Annibaldi by Arnolfo di Cambio*, in: [*Burl Mag*], 114, (1972), pp. 136ff.；H. Keller, *Der Bildhauer Arnolfo di Cambio und seine Werkstatt*, in: *Jahrbuch der Preussischen Kunstsammlungen*, 55, (1934), pp. 205ff. および 56, (1935), pp. 22ff.；

G. Matthiae, *Pietro Cavallini*, Roma, 1972；S. Lothrop, *Pietro Cavallini*, in: *Memoirs of the American Academy in Rome*, 2, (1918), pp. 77ff.；J. White, *Cavallini and the Lost Frescoes in S. Paolo*, in: [*JWC*], 19, (1956), pp. 84ff.；J. Gardner, *S. Paolo Fuori le Mura, Nicholas III and Pietro Cavallini*, in: [*ZKG*], 1971, pp. 240ff.；P. Hetherington, *The Mosaics of Pietro Cavallini in S. Maria in Trastevere*, in: [*JWC*], 33, (1970), pp. 84ff.；Gardner の見解に異を唱えるものとして Hetherington, *Pietro Cavallini, Artistic Style and Patronage...*, in: [*Burl Mag*], 114, (1972), pp. 4ff.；R. Bertos, *Jacopo Torriti*, Diss. Phil. München, 1963；その他、『サンタ・マリア・マジョレ』外側ファサード壁のフレスコについては、J. Gardner, *Pope Nicholas IV and the Decoration of S. Maria Maggiore*, in: [*ZKG*], 1973, pp. 1ff.

ローマにおけるジョットーの仕事については、W. Paeseler, *Giottos Navicella und ihr spätantike Vorbild* [*Röm Jbch*], 5, (1941), pp. 49ff.；W. Kemp, *Zum Programm von Stefaneschi-Altar und Navicella*, in: [*ZKG*], 30, (1967), pp. 309ff.；M. Gosebruch, *Giottos Stefaneschi Altarwerk...*, in: *Miscellanea Bibliothecae Hertzianae*, München, 1961, pp. 104ff.；J. Gardner, *The Stefaneschi Altarpiece...*, in: [*JWC*], 37, (1974), pp. 57ff.、ここでは、《ナヴィチェルラ》の制作年代として多くの人が 1314 年あるいはそれ以後とするのに対し、1300 年以前が提案されている。

以上に挙げた文献は、以後の注では著作者名、発表年、あるいは必要な場合に省略された題名のみを記すこととする。

チマブエの 1272 年のローマ滞在については、E. Battisti, *Cimabue*, Milano, 1963, p. 93 参照。

『サン・パオロ』の壁画からの 1630 年から 1640 年の間に描かれた水彩コピー（ヴァティカン図書館、Barb. lat. 4406）については、St. Waetzold, *Die Kopien des 17. Jahrhunderts nach Mosaiken und Wandmalereien in Rom*, in: *Römische Forschungen der Bibliotheca Hertziana*, 18, München und Wien, 1962, pp. 55ff. また J. Garber, *Wirkungen der frühchristlichen Gemäldezyklen...*, Wien und Berlin, 1918 は、17 世紀のコピーを詳細に考察した上で、カヴァルリーニが 5 世紀のオリジナルを手本として作り上げた場面と、1823 年まで見ることのできたその 5 世紀のオリジナルの場面との相違を明らかにしようと試みている。しかしこの Garber の見解も、今日疑問視されている。また J. Gardner は、[*ZKG*], (1971), pp. 240ff. において、このフレスコにカヴァルリーニ以前の 13 世紀の他の美術家の手を見ている。じじつカヴァルリーニのサンクタ・サンクトルム礼拝堂での仕事については、しばしば疑問が投げかけられている —— [Matthiae, *Pittura*], pp. 195ff.；J. Wollesen, *Eine vorcavallineske Mosaikdekoration in Santa Sanctorum*, [*Röm Jbch*], 17, (1979), pp. 9ff.；idem, *Die Fresken in Santa Sanctorum*, [*Röm Jbch*], 19, (1981), pp. 35ff.。筆者は、1291 年をむしろ『サンタ・マリア・イン・トラステヴェーレ』のモザイク制作の〈*terminus ante quem*〉とする見解（White, *op. cit.*, 1956, p. 97）に賛成である。White は、『サンタ・チェチリア』のフレスコ制作時を 1291 年から 1293 年の間、あるいはそれよりも少し後とし、このフレスコを『サン・パオロ』の初期キリスト教の壁画やカヴァルリーニの壁画と結びつけているが、この見解は多かれ少なかれ一般に認められている（G. Marangoli, *Delle cose gentilesche...delle Chiese*, Roma, 1744, p. 311 は、かつて『サンタ・チェチリア』にあった一連の教皇肖像に言及している。これは、これまで注目されることのなかった見解である）。『サン・ピエトロ』の失われた作品については、J.

von Schlosser 編 *Lorenzo Ghibertis Denkwürdigkeiten*, Berlin, 1912, I, p. 39；J. Grimaldi, *Descrizione*, fol. 120^v, fol. 121^r, pp. 156ff. 〘サン・パオロ〙のファサード・モザイクと〘サン・クリソゴーノ〙については、*Lorenzo Ghibertis Denkwürdigkeiten, op. cit.*、また前者については N. M. Nicolai, *Della basilica di S. Paolo*, Roma, 1815, pl. VI および J. Gardner, *Copies of Roman Mosaics in Edinburgh*, in: ［*Burl Mag*］, 115,（1973）, pp. 583ff. 特に pp. 589ff.、ここにはより古い文献が挙げられており、また著者は、カヴァルリーニの様式との近似を強調している。

トリティについては、Bertos, 1963；J. Gardner,［*ZKG*］,（1973）；［Ladner, *Papstbildnisse*］, II, pp. 235ff.（1292 年の銘をもつ〘サン・ジョヴァンニ・イン・ラテラーノ〙のモザイク）および pp. 241ff.（〘サンタ・マリア・マジョレ〙のアプス丸天井、銘文は 16 世紀に 1296 年と読まれているが、筆者は Gardner, *op. cit.*, p. 2, p. 8, p. 12 および *passim* に従って、1290 および 1295 と読みたい）。

ルスティについては、Gardner, *op. cit.*, pp. 21ff.。翼廊のフレスコの逸名の画家については、*ibid.*, pp. 18ff.、「アッシジの〈イサクの画家〉と近い関係にある」。〈トレ・フォンタナ〉の作品群に関しては、C. Bertelli, *L'enciclopedia delle Tre Fontane*, in: *Paragone*, 235,（1969）, pp. 24ff.

3) サンクタ・サンクトルム礼拝堂については、J. Gardner, *Nicholas III's Oratory of the Sancta Sanctorum*, in: ［*Burl Mag*］, 115,（1973）, pp. 283ff. がこの礼拝堂の歴史を述べ、その様式を分析している。その際著者は、アッシジの〘サン・フランチェスコ〙の翼廊と関連づけ、この建物を「同時代のローマ建築の重々しい擬古典主義的な流儀に変えている」とする。〘サンタ・マリア・イン・アラコエリ〙については、R. E. Malmstrom, *S. Maria in Aracoeli at Rome*, Diss. Phil. New York University, 1973 が、今日の教会、建物の歴史、前身である 12 世紀の教会からの残存部を調査し、また G. Urban, *Die Kirchenbaukunst des Quattrocento in Rom*, in: ［*Röm Jbch*］, 9/10,（1961/1962）, pp. 73ff.、また pp. 119ff. で〘サンタ・マリア・ソプラ・ミネルヴァ〙について集中的に考察している。〘サンタ・マリア・マジョレ〙と〘サン・ジョヴァンニ・イン・ラテラーノ〙については、簡単ではるが［*Corpus*］, III, pp. 1ff. および V, pp. 1ff. で触れている。ローマの初期キリスト教教会の中世における建て替えについての詳細な研究は、いまだなされていない。中世ローマ教会建築の保守的な性格については、D. Kinney, *S. Maria in Trastevere*, Diss. Phil. New York University, 1975, pp. 306ff.

古代の石棺の再利用については、F. Gregorovius, *Die Grabmäler der römischen Päpste*, Leipzig, 1857, *passim*, 特に p. 33（オットー 2 世）；J. Déer, *The Dynastic Porphyry Tombs of the Norman Period...*,（*Dumbarton Oaks Studies*, V）, Cambridge, Mass., 1959, pp. 146ff.（インノケンティウス 2 世）, pp. 150f.（アナスタシウス 4 世）, p. 152（ハドリアヌス 4 世）；I. Herklotz, *Sepulcra e Monumenta del Medioevo*, Roma, 1985；G. Marangoni, *Delle cose gentilesche*, Roma, 1744, *passim*。

ローマへのゴティック式墓所型式の導入とその動きへのアルノルフォの関わりについては、Hrklotz, *op. cit.* 参照。Herklotz 以前では、［*Burl Mag*］,（1972, 1973）の中の Gardner の論文および［Ladner, *Papstbildnisse*］, II, pp. 209ff.（ニコラウス 3 世の墓、ただ「横臥像」〈*gisant*〉だけが〈ヴァティカンの洞窟〉にのこされている）、pp. 229ff.（ホノリウス 4 世の墓、断片が〘サンタ・マリ

ア・イン・アラコエリ〗にのこる)、pp. 302ff.(ボニファティウス8世の墓、本来は古風で重々しい過度にゴティック的な天蓋で覆われており、今日石棺と「横臥像」が〈ヴァティカンの洞窟〉にあり、本来天蓋の側壁に置かれていた祝福を与える教皇の半身像は、今日教皇居室に据えられ、墓の後ろ壁のトリティとアルノルフォの署名のあったモザイクは失われている——[Ladner, *Papstbildnisse*], II, pp. 310ff. および Grimaldi, *Descrizione*, pp. 44f.——、またこの墓所全体は1301年1月以前に完成されている——[Ladner, *Papstbildnisse*], II, p. 310)。〖サン・パオロ〗と〖サンタ・チェチリア〗の天蓋については、Romanini, *op. cit.*, pp. 57ff.;pp. 75ff., *passim*.

《聖ペトルスのブロンズ像》については、M. Salmi and B. Bearzi, *Il problema della statua bronzea di S. Pietro*, および *Esame tecnologico e metallurgico della statua di S. Pietro*, in: *Commentari*, 11, (1960), pp. 22ff. と pp. 30ff. が、この像の制作時を13世紀の末、おそらく1296年と1298年の間と断定している。H. Keller はこれを「彫刻家アルノルフォ・ディ・カンビオの作」, in: *Jahrbuch der Preussischen Kunstsammlungen*, 55, (1934), p. 223 とし、Romanini, *op. cit.*, p. 181 も、この像をアルノルフォの工房の作品としている。しかし筆者は Salmi とともにこの像は、たとえ素材が作者に慣れないものであったとしても、アルノルフォ本人の手になるものと考える。

たとえば13世紀末のローマとフィレンツェ美術の関係、あるいはローマにおける新しい美術の形成に果たしたアッシジの役割などについて、その分野の専門家でない筆者は深く立ち入ることができず、叙述をローマでの美術家の活躍を概観するに制限せざるを得なかった。その際参考としたのは、サン・シルヴェストロ礼拝堂の壁画については、[Matthiae, *Pittura*], pp. 146ff. および idem, *Pittura politica del medioevo Romano*, Roma, 1964, pp. 86ff.。Anagni については、[Matthiae, *Pittura*], pp. 132ff.、しかし Matthiae は、1231年を地下聖堂の床装飾の〈*terminus post quem*〉とするが、それは〈*terminus ante quem*〉ではないだろうか。

4) ローマの美術家、特にトリティに与えたビザンティン美術の影響について筆者は、E. Kitzinger, *The Byzantine Contribution to Western Art of the Twelth and Thirteenth Centuries*, in: [*DOP*], 20, (1966), pp. 27ff. (idem, *Byzantium*, pp. 357ff. に再録) の一部をほとんどパラフレーズした。それとは別に、しかしほとんど同じやり方で、O. Demus, *Byzantium and West*, New York, 1970, pp. 121ff., 特に pp. 226ff. を参考にした。

〖サンタ・マリア・マジョレ〗でのトリティの仕事については、Gardner, [*ZKG*], (1973)、このモザイクとラテラーノのモザイクについては、[Ladner, *Papstbildnisse*], II, pp. 241ff. および pp. 234ff.、また [Matthiae, *Mosaici*], p. 355 のまとめの項を参考にした。〖サン・ピエトロ〗のモザイクにおけるシチリアの影響については、O. Demus, *The Mosaics of Norman Sicily*, London, 1950, pp. 453ff. 〖サン・パオロ・フオリ・レ・ムーラ〗に関するホノリウス3世の書簡は、P. Pressuti 編 *Regesta Honorii III Papae*, Paris, 1888, p. 173 に見え、[Ladner, *Papstbildnisse*], II, pp. 80ff. に引用されている。セルビアのソポチャニについては、Kitzinger, *Byzantium*, pp. 373ff.;O. Demus, *Byzantium and West*, New York, 1970, pp. 226ff.,;V. J. Djurić, *Sopoćani*, Belgrad, 1963 参照。

Gardner, [*ZKG*], (1973) は、トリティの《戴冠》と〖サン・クレメンテ〗および〖サンタ・マリ

ア・イン・トラステヴェーレ〛のアプス・モザイクとの繋がりを推測する。13 世紀に再び顕著となった古代手本への回帰については、W. Paeseler, *Der Rückgriff der römischen Dugentomalerei auf die christliche Spätantike*, in: *Beiträge zur Kunst des Mittelalters, Vorträge der ersten deutschen Kunsthistorikertagung*..., 1948, Berlin, 1950, pp. 157ff. において、大まかではあるが論じられている。筆者は、13 世紀の古代回帰が単に手本の模倣でなく、そこに新しい創造性を見ることで Paeseler の見解に賛同する。しかし古代末期の絵画を「アレクサンドリア様式」とする彼の定義は今日すでに時代遅れであり、13 世紀の回帰の手本として彼が提案するものは、あまりにも大げさに見える。

Panofsky は、13 世紀における各地でのルネサンスの動きを考察し、アルプスの北と南での中世のルネサンスの性格の違いを明らかにする：［Panofsky, *Renaissance and Renascences*］, pp. 73ff.（ランス）、pp. 75ff.（フリードリヒ 2 世）、*passim*（ニコラ・ピサーノ）。またフリードリヒ 2 世については、E. Kantorowicz, *Kaiser Friedrich II.*, Berlin, 1927, pp. 483ff.；ニコラ・ピサーノと古代の関係については、M. Seidel, *Studien zur Antikenrezeption Niccolò Pisanos*, in: *Mitteilungen des Kunsthistorischen Instituts Florenz*, 19,（1975）, pp. 307ff.

トリティに与えた、おそらくアッシジ経由のフランスの影響については、Gardner,［*ZKG*］,（1973）が指摘している。カヴァルリーニとフランスの繋がりについての本書の叙述は、筆者の推測である。古代に対するジョットーの姿勢については、上に挙げた Paeseler の *Giottos Navicella* および *Rückgriff* 参照。ジョットーのローマ滞在の時期については、P. Murray, *Notes on Some Early Giotto Sources*, in:［*JWC*］, 16,（1953）, pp. 58ff.（《Navicella》ca.1300）：Paeseler, *Giottos Navicella*（《Navicella》1306/1307-1311）；M. Gosebuch, *Giottos Stefaneschi Altarwerk*..., in: *Miscellanea Bibliothecae Hertzianae*, München 1961, pp. 104ff.（《祭壇》1313 以後）；W. Kemp, *Zum Programm von Stefaneschi-Altar und Navicella*, in:［*ZKG*］, 30,（1967）, pp. 309ff.（《祭壇》と《ナヴィチェルラ》1309 以後）；J. Gardner, *The Stefaneschi Altarpiece*..., in:［*JWC*］, 37,（1974）, pp. 57ff.（《祭壇》と《ナヴィチェルラ》、「聖年」と関連づけて 1300 頃）。

5)　教皇の顕彰肖像一般については、［Ladner, *Papstbildnisse*］, II, p. 215、ここでは、フリードリヒ 2 世の肖像にも触れている。ニコラウス 3 世の肖像については、*op. cit.*, p. 226。おそらくニコラウス 4 世をあらわしたのであろうパラッツォ・ヴェネツィアの像については、*op. cit.*, pp. 253f. ボニファティウス 8 世の肖像については、*op. cit.*, pp. 296ff.（ボローニャ）, *op. cit.*, pp. 301ff.（アミアン）, *op. cit.*, pp. 322ff.（フィレンツェ）, *op. cit.*, pp. 332ff.（オルヴィエト）, *op. cit.*, pp. 337ff.（アナーニ）, *op. cit.*, pp. 339ff.（パドゥアのために計画された像）。また U. Sommer, *Die Anklage der Idolatrie gegen Bonifaz VIII.*, Freiburg, 1920 および H. Keller, *Die Entstehung des Bildnisses am Ende des Hochmittelalters*, in:［*Röm Jbch*］, 3,（1939）, pp. 227ff. 参照。

〚サンタ・マリア・イン・アラコエリ〛に昇る大理石の階段、その石工の名を記す銘文、1348 年の年代については、［Forcella, *Iscrizioni*］, Bd. I, p. 127, No. 453.〚サン・ジョヴァンニ・イン・ラテラーノ〛の祭壇天蓋については、A. Monferini, *Il ciborio Lateranense e Giovanni di Stefano*, in:

Commentari, 13, (1962), pp. 182ff.

第9章

1) 〈フォルマ・ウルビス・ロマエ〉については、第1章注1参照。都市ローマの人口について：6世紀以降、全中世をとおしてのローマの人口を知ることは非常に難しい。プロコピウスの『ゴート戦争』VII, xx, 19（[*LCL*], IV, 328f.）が伝える「生きのこった500人」は、たぶん「人間」ではなく「男」であろう。近年、納税リストを検討することによって全中世、特に14および15世紀におけるローマおよびラティウム諸都市の人口を統計学的に推測することがある程度可能とされている。しかし割り出された数字の幅は大きく、その評価は大きく揺れる。これに関しては、[Partner, *Lands*], *passim*, 特に pp. 354f., pp. 389f., pp. 420ff. 参照。1400年頃について、A. Esch, *Bonifaz IX. und der Kirchenstaat*, Tübingen 1969, pp. 209ff.；すでに古くなったが、K. J. Beloch, *Bevölkerungsgeschichte Italiens*, Berlin und Leipzig, 1937-1939（しかし書かれたのは1929年）Bd. II, pp. 36ff. 1420年から1422年にかけて都市自体ではなくローマ全域で徴収された家屋税と塩税を基にした数字の多くの問題点については、G. Tomassetti, *Del sale e focatio del comune di Roma*..., in: [*ASRStP*], 20, (1897), pp. 313ff.、（ここでは人口を約460,000としている）、また G. Pardi, *La populazione del distretto di Roma sui primordi del Quattrocento*, in: [*ASRStP*], 49, (1926), pp. 331f.、（ここで挙げられた数字176,000は、Beloch, *op. cit.*, pp. 37ff. で提案された最も低い数字に一致する）。J. C. Russell, *Medieval Regions and Their Cities*, Bloomington, Ind., 1972, pp. 51ff. は、すでに彼の *Late Ancient and Medieval Population*（*Transactions of the American Philosophical Society*, 43, 3), 1958にあるように、13世紀末のローマの人口として17,000–20,000という低い数字を挙げており、それは聖職者と一般住民の比率を1：3あるいは1：4とすることに基づいている。しかし聖職者約5,000人は14世紀末の数字であり、13世紀のものではない。Parudiの推測する176,000は、戦争、疫病により農場が閉じられ廃村がつづいた1420年頃の数字とはいえ、ラティウムが繁栄した（[Partner, *Lands*], pp. 189ff.）150年あるいは200年前のそれと比べてもあまりにも低すぎるのではないだろうか。

12および13世紀に関していえば、私たちが手に入れることのできる唯一の数字は1167年のMonte Porzioの戦いの際のローマ軍の動員数30,000であろう（*Annales Colonienses Maximi*, [*MGH SS*], XVII, p. 766)。Acerbo Morenaは、動員数を30,000、戦死者を2,000としている——F. Güterbeck編 *Das Geschichtswerk des Otto Morena und seiner Fortsetzer*, in: [*MGH SS RG*], n. s. 7, (1930), pp. 197ff.

Beloch, *op. cit.*, p. 1では、そのような動員の数字——1362年には22,000——はまったく信用できないとしている。筆者にはそのような断定はできない。ローマとその周辺域にとって、——けっしてローマだけではない（Belochはそうとっている）——1362年の22,000という数字はありえないことではないと思える。1420年の全域の人口が180,000——おそらく1362年には数千少なかったであろう——であるならば、都市ローマとその周域の人口比が1：8あるいは1：9として、市内の人口は17,000となる（D. Herlihy, *Medieval and Renaissance Pistoia*, New Haven and

London, 1967, pp. 72ff.)。この著者の論を正しく理解したとするならば、この比率は忠誠の誓いを立てた 16 歳から 60 歳、あるいはそれより少し上の男性市民の数によるということになろう（*op. cit.*, p. 73；また idem, *Pisa in the Early Renaissance*, Port Washington, New York and London, 1973, reprint, p. 36)。武器をとることを志願する、あるいはそれが可能な 17 歳以上の男性は、全男性の 3 分の 1、すなわち総人口の 8 分あるいは 9 分の 1 ぐらいではないだろうか。そうすると、ローマとその周域での動員数が 30,000 ということは、その総人口が 240,000 から 270,000 ということになる。

全域ではなく都市ローマだけの人口を、大雑把に推計することも難しい。1167 年のマラリアによる死者がローマだけで 20,000 に達したという *Annales Cameracenses*,［*MGH SS*］, XVI, p. 540 の報告は、信用できない。もしかしたらその数字は、ローマだけでなく、その周域を含んでのものであろう。すでに F. Cancellieri, *Lettera sopra il tarantismo*, Roma, 1817, p. 19 は、インノケンティウス 3 世時代の人口を 35,000 と推定し、それをおそらく正しいとして Beloch は受け継ぎ (*op. cit.*, p. 1)、さらに［Brentano, *Rome before Avignon*］, p. 13 は、躊躇しながらも 12 および 13 世紀のローマの人口としてその数字を挙げている。Beloch は、14 世紀末の人口を 25,000 推定しているが（*op. cit.*, p. 2)、それは説得力をもつものではない。たとえ Cancellieri の 17,000（*op. cit.*, p. 26)を誤りとし、Beloch が正した（*op. cit.*)としても、真の数字はそれほど大差あるものではないであろう。いずれにしても、ローマがヨーロッパの重要な行政および司法の中心都市であった 1150 年から 1300 年にかけて、その人口はけっして多くはなかったと思われる。ローマがそのような中心都市と成り得たのは、中世の初期については［Llewellyn］, pp. 109ff. が、中期については R. W. Southern, *Western Society and the Church in the Middle Ages*, Harmondsworth, 1970, pp. 105ff. が語るように、西方のあらゆる地から所用で、あるいは巡礼で押し寄せる旅人の所為であった。

1527 年の人口調査については、D. Gnoli, *Descriptio Urbis o censimento…di Roma Avanti il sacco Borbonico*, in:［*ASRStP*］, 17, (1894), pp. 375ff. 参照。

2)　市街の道路に関する資料については、R. Lanciani, *Forma Urbis Romae*, Roma, 1893ff. 参照。ここには古代と近代の道路が示されている。また時代は中世後になるが 16 世紀から 19 世紀の間に制作された地図もまた、［Frutaz, *Piante*］が例を示すように、利用価値が高い。ローマは、長い時間をとおして変えることなく、その中世の道路網を維持してきた。これら古地図の多くは、ファクシミリで複写、公開されている。F. Ehrle, *Roma al tempo di Giulio III*, Roma, 1911；idem, *Roma primo di Sisto V. La pianta di Roma Du Pérac-Lafréry del 1577*, Roma, 1908；idem, *Roma al tempo di Clemente VIII. La pianta di Roma di Antonio Tempesta del 1593…*, Vatican City, 1932；idem, *Roma al tempo di Urbano VIII. La pianta di Roma Maggi-Maupin-Losi del 1626*, Roma, 1915；idem, *Roma al tempo di Clemente X. La pianta di Roma di Giambattista Falda del 1676…*, Roma, 1931；idem, *Roma al tempo di Benedetto XIV. La pianta di Roma di Giambattista Nolli del 1748*, Vatican City, 1932 および［Huelsen, *Chiese*］の中の 2 葉の地図。道路および広場の名前については、［Gnoli, *Topografia*］お

よび P. Romano, *Roma nelle sue strade...*, Roma, 1950。道路の市当局による管理と清掃については、E. Re, *Maestri di strada*, in:［*ASRStP*］, 43, (1920), pp. 5ff.；idem, *Maestri delle strade del 1452*, in:［*ASRStP*］, 46, (1923), pp. 407ff.；C. Scaccia Scarafoni, *L'antico studio dei magistri stratarum*, in:［*ASRStP*］, 50, (1927), pp. 239ff.；E. Rossi, *L'albergo dell'Orso*, in:［*ASRStP*］, 50, (1927), pp. 51ff. 典礼の行進書に述べられた道筋については、Farbe and Duchesne 編 *Liber Censuum*, Paris, 1905, II, pp. 139ff. (Benedictus Canonicus) および I, pp. 290ff. (Cencius Camerarius)。

中世に使用され管理されていた橋については、［Nash, *Dictionary*］, *passim* および［Gnoli, *Topografia*］, p. 219 および pp. 222ff.

数世紀の間に居住区化した地域の一般的な状況については、S. Pressouyre, *Rome au fil du temps*, Boulogne, 1973。［*Guide Rionali*］には、有益な情報が満載されている。以下では市区〈*Rione*〉名と巻数のみを記す。

教会については、［*Corpus*］；［Huelsen, *Chiese*］；［Armellini-Cecchelli, *Chiese*］ および *Chiese di Roma Illustrate* のシリーズ参照。修道院については、［Ferrari, *Monasteries*］。これは、初期中世の修道院に関する基本的文献である。［*LP*］, II, pp. 22ff. には、806/807 年に存在した教会、修道院、ディアコニアの一覧表がある。12 世紀の僧院については、P. Mallius, *Historia basilicae Antiquae S. Petri..., Acta Sanctorum*, June VII；Appendix 51[x], Paris and Roma, 1867, および *Liber Censuum*, I, 309。

中世に新たに建てられた教会および修道院は、［Huelsen, *Chiese*］, *passim*, およびその Plan II の援けで容易に見出すことができる。〈ディアコニア〉および機能していた、あるいは修理された上水道については、4 章および 5 章参照。

当時の年代記および［*LP*］, *passim*, その他の記録に見える自然災害については、それぞれの該当個所の注を参照。

住宅事情については、教会および修道院所有不動産の権利文書が最大の情報源である。以下に主要教会あるいは修道院とその権利文書についての参考文献を挙げる。

- 〖サンティ・ボニファチオ・エド・アレッシオ〗：A. Monaci, *Regesto dell'abbazia di Sant'Alessio all'Aventino*, in:［*ASRStP*］, 27, (1904), pp. 351ff.；in:［*ASRStP*］, 28, (1905), pp. 395ff.
- 〖サンタ・ビビアナ〗：下の〖サンタ・マリア・マジョレ〗参照。
- 〖サンタ・チェチリア〗：E. Loevinson, *Documenti di S. Cecilia in Trastevere*, in:［*ASRStP*］, 49, (1926), pp. 355ff.
- 〖サンティ・コスマ・エ・ダミアーノ〗：P. Fedele, *Carte del monastero dei SS. Cosma e Damiano in Mica Aurea*, in:［*ASRStP*］, 21, (1898), pp. 459ff.；in:［*ASRStP*］, 22, (1899), pp. 255ff. および pp. 383 ff.
- 〖サンタ・マリア・マジョレ〗：G. Ferri, *Le carte dell'archivio Liberiano dal secolo X al XV*, in:［*ASRStP*］, 28, (1905), pp. 23ff. および［*ASRStP*］, 30, (1907), pp. 119ff.
- 〖サンタ・マリア・ノーヴァ〗：P. Fedele, *Tabularium S. Mariae Novae ab an. 982 ad an. 1200*, in:

［*ASRStP*］, 23,（1900）, pp. 171ff.；in:［*ASRStP*］, 24,（1901）, pp. 159ff., in:［*ASRStP*］, 25,（1902）, pp. 169ff., in:［*ASRStP*］, 26,（1903）, 21ff.

・〚サン・ピエトロ〛：L. Schiaparelli, *Le carte antiche dell'archivio Capitolare di S. Pietro in Vaticano*, in:［*ASRStP*］, 24,（1901）, pp. 393ff.；in:［*ASRStP*］, 25,（1902）, pp. 273ff.
・〚サンタ・プラセーデ〛：P. Fedele, *Tabularium S. Praxedis*, in:［*ASRStP*］, 27,（1904）, pp. 27ff.；in:［*ASRStP*］, 28,（1905）, pp. 41ff.
・〚サン・シルヴェストロ・イン・カピテ〛：V. Federici, *Regesto del monastero di S. Silvestro in Capite*, in:［*ASRStP*］, 22,（1899）, pp. 213ff., pp. 489ff.；in:［*ASRStP*］, 23, 1900, pp. 67ff., pp. 411ff.

ファルファやスビアコの僧院、また上で挙げなかった教会や修道院の同じような文書が、他の所で発表されている。大きな僧院のローマ内の不動産は、［*Reg Farf*］や［*Reg Sub*］で繰り返し、また U. Balzani 編 Chronicon Farfense, Roma, 1903 でも時おり言及されている。上で挙げなかった教会や修道院の不動産については、

・〚サンタニェーゼ〛と〚サンタ・コスタンツァ〛：P. F. Kehr, *Papsturkunden in Rom*, in: *Göttinger Nachrichten*（*Nachrichten der K. Gesellschaft der Wissenschaften zu Göttingen*）, 1900, pp. 140ff.
・〚サン・ロレンツォ・イン・ダマソ〛：J. Ciampini, *De Sanctae Romanae ecclesiae vicecancellario*, Roma, 1697, pp. 140ff.
・〚サンタ・マリア・イン・カンポ・マルツィオ〛：E. Carusi, *Cartario di S. Maria in Campo Marzio*（*986-1199*）（*Miscellanea della Società Romana di Storia Patria XVII*）, 1948；F. Martnelli, *Roma ex ethnica sacra*, Roma, 1653, pp. 201f.
・〚サンタ・マリア・イン・トラステヴェーレ〛：P. A. Galletti, *Chartularium S. Mariae Transtiberim*, Vat. Lat. 8051（非公開）
・〚サンタ・マリア・イン・ヴィア・ラータ〛：L. M. Hartmann, *S. Maria in Via Lata*, および L. Cavazzi, *La diaconia di S. Maria in Via Lata*, Roma, 1908.　この不動産と教会は、富裕な修道院サンティ・キリアコ・エ・ニコラに属していた。

さらなる情報は、［Kehr, *It. Pont*］, I, Roma, Berlin, 1906（再版 1961）, II, *Latium*, Berlin, 1907,（再版 1961）*passim* に見ることができ、ここにはまた教会および修道院の古文書の所在に関する情報も知ることができる。

［Brentano, *Rome before Avignon*］, *passim* には、ローマにおける中世の住宅の様子が生き生きと描写されている。その際著者は、上に挙げた資料のほか未公開の資料をも参考にしている。

16 世紀および 17 世紀のローマにおける兄弟会（信徒会）の「不動産台帳」〈*catasti*〉については、F. Fregna and S. Politi, *Fonti di archivio per una storia edilizia di Roma*, in: *Controspazio*, 3,（1971）, fasc. 9, pp. 2ff., *ibid.* 4,（1972）, fasc. 7, pp. 2ff.

3)　15 世紀から 19 世紀にかけてのローマ景観図については、『コデクス・エスクリアレンシス』

(特に 15 世紀末と 16 世紀初頭)、ベルリンにあるヘームスケルクの素描帖(主として 16 世紀の 30 年代)、その他［Egger, *Veduten*］, および［Frutaz, *Piante*］参照。

ローマの早い時代の地図に関する基本的文献としては、［Frutaz, *Piante*］があり、『フラ・パオリーノの地図』については B. Degenhart and A. Schmitt, *Marino Sanudo und Paolino Veneto*, in:［*Röm Jbch*］, 14, (1973), pp. 1ff.(特に 1323 年のもの)、より詳細には、W. Holtzmann, *Der älteste mittelalterliche Stadtplan von Rom*, in:［*JDAI*］, 41, (1926), pp. 56ff.

バヴァリアのルドヴィヒの封印については、［Frutaz, *Piante*］ および W. Erben, *Rombilder auf kaiserlichen und päpstlichen Siegeln...*, Graz, Wien und Leipzig 1931, pp. 55ff., *passim*。また『ベリー公のいとも豪華な時祷書』の中のローマ古地図、および『タッデオ・ディ・バルトロの古地図』、それにこれまで知られていなかった三番目のローマ古地図(Meiss, Fig. 4)については、Millard Meiss, *French Painting in the Time of Jean de Berry, III, The Limbourg Brothers and Their Contemporaries*, London and New York, 1974, pp. 209ff. 参照。これらはみな、同一の失われたオリジナルからの正確さに差のある模写である。

第 10 章

1) テヴェレとこの川が都市ローマの生活において果たした役割については、C. D'Onofrio, *Il Tevere e Roma*, Roma, 1970 参照。繰り返された氾濫については、多くの文献が数え上げている。1–3 世紀については、［Lugli, *Monumenti*］, II, pp. 278ff.；中世初期については、上の第 3 章参照；1231 年の氾濫については、Nicclò Rosselli(アルゴンの枢機卿), *Vita Gregorii Papae IX*, in:［*RIS*］, III, 1, p. 578(本文の引用もこれに拠る)。P. Frosini, *Una inondazione di Roma...*, in: *Strenna dei Romanisti*, 27, (1966), pp. 183ff. には、水没の痕跡から検証された 1180 年から 1870 年にかけての氾濫のリストがある。1495 年と 1530 年の氾濫の際のトラステヴェーレ、ポント、ボルゴ市区の様子については G. Dati, *Del diluvio di Roma di MCCCCLXXXXV...*, Roma, 1495；E. Amadei, *Il diluvio di Roma del 1530*, in: *Strenna dei Romanisti*, 13, (1952), pp. 263ff., これからの引用が D. M. Novara, *Del diluvio di Roma*, Bologna, 1531 に見える。ポンテ・ロットの繰り返された崩壊と再建については、［Nash, *Dictionary*］, II, pp. 182f. および［Gnoli, *Topografia*］, pp. 223f., また他の橋については両著の *passim*。

水運と埠頭:〔リーパ・グランデ〕(Ripa Romea)については、C. D'Onofrio, *op. cit.*, pp. 242ff.(ここでは 1074 年のことがはじめて述べられた)；［*ASRStP*］, 22, (1899), n. 76。レオ 4 世による埠頭の要塞化については、［Gnoli, *Topografia*］, p. 267；［*LP*］, II, p. 115。〘サンタ・マリア・イン・トゥリ・トランス・ティベリム〙については、［Huelsen, *Chiese*］, p. 372。〘サンタ・マリア・アド・グラデリス〙(〘サンタ・マリア・エギツィアカ〙)については、［Huelsen, *Chiese*］, p. 336。その近くの埠頭〔リーパ・グラエカ〕(もし存在したのならだが)については、［Gnoli, *Topografia*］, p. 266。〔リペッタ〕の中世の前身については、Carusi, *Cartario di S. Maria in Campo Marzio...*, No. 3 (1010 年とする)。砂州、特に〈イソレッタ〉、および古い写真や素描に見える浅瀬については、V. Campajola, *Il Ghetto di Roma...*, in:［*Quaderni*］, 67-70, (1965), pp. 67ff.

浮き水車および漁業権については、［Kehr, *It. Pont*］, I, p. 82（931-936）にいくつかの例が挙げられており、1194年の勅書（Carusi, *Cartario di S. Maria in Campo Marzio*..., pp. 115ff., No. 62）に見える〈クロアカ・マクシマ〉の近くの「ロープと桟橋でつながれた」水車については、*op. cit.*, p. 89, No. 10。〘マルモラータ〙の前の水車については、F. Martinelli, *Roma ex ethnica sacra*, Roma, 1653, pp. 201ff.；1123年の勅書（G. B. Crescimbeni, *L'istoria di ...S. Giovanni Avanti Portam Latinam*, Roma, 1716, pp. 243ff.）に見える別の水車については、［Kehr, *It. Pont*］, I, p. 129, No. 4。「ポンス・アヴェンティヌス」（おそらくアントニヌス橋のことであろう、ポンテ・ロットではありえない）近くの〘サンタ・マリア・イン・トラステヴェーレ〙が所有する3基の水車、およびポンテ・シスト近くの「ポンス・フラクタ」（ポンス・アントニヌスのこと）わきの漁場あるいは「生けす」（*piscaria*）については、［Gnoli, *Topografia*］, p. 224。島の水車については、［*ASRStP*］, 21, (1898), no. 1（948/949年の項）。トラステヴェーレの水車については、［*ASRStP*］, 22, (1899), no. 38（1033年の項）, pp. 64ff.、およびP. A. Galletti, *Chartularium S. Mariae Transtiberim*, Vat. Lat. 8051（非公開）、fol. 20（1073年および1082年の項）、最後のものはポルタ・セッティミアナの近く、またこの地域の「生けす」については、*ibid.* の1062年および1063年の項参照。

2)　〈アビタート〉内の古代モニュメントの再利用：〘クロマティウスの宮殿〙については、Fabre and Duchesne 編 *Liber Censuum*, Paris, 1905, I, p. 272（*Mirabilia*, chap. XLI）、［Valentini-Zucchetti］, III, p. 212, p. 219。ピアッツァ・ナヴォーナについては、［Nash, *Dictionary*］, II, p. 387、［Gnoli, *Topografia*］, pp. 186ff.（［*Reg Farf*］, No. 474, 690, 804, すなわち999年、1012年、1044年の項から引用）、［Huelsen, *Chiese*］, p. 168。ピアッツァ・ナヴォーナの〘サンタニェーゼ〙については、［*Corpus*］, I, p. 39。中世における【ポンペイウス劇場】については資料が少なく、ただ〘サンタ・バルバラ・デイ・リブライ〙については、［Huelsen, *Chiese*］, p. 204参照。【マルケルス劇場】については、C. Helsen, *Sulle vicende del Teatro di Marcello*..., in:［*Rend Pont Acc*］, 1, (1921-1923), pp. 169ff.、これは、枢機卿ヤコポ・サヴェルリ（教皇ホノリウス4世）の1279年の遺言書――M. Prou 編 *Les régistres d'Honorius IV*, Paris, 1888, pp. 579ff.、ここでこの建物はMons Saffo（Faffo）と呼ばれている――からの引用。さらにG. Marchetti-Longhi, *Theatrum Marcelli et Mons Fabiorum*, in:［*Rend Pont Acc*］, 20, (1943/1944), pp. 14ff.、同じく［*Guid Rionali*］, S. Angelo, I, pp. 6ff.。また30年代の過度の洗浄以前の外観については、P. Fidenzoni, *Il teatro di Marcello*, Roma, 1970。998年には〈*sub templo Marcelli*〉と呼ばれていた市場については、［*Reg Farf*］, No. 459。

古代の道路網については、R. Lanciani 編 *Forma Urbis Romae*, Milano, 1896参照。中世の主幹道路については、Benedictus Canonicus（*Liber Censuum*, I, pp. 292ff., pp. 298ff.）および他の「行列典礼書」〈*ordines*〉が伝える教皇の行進の道筋が最適の資料といえる。また中世の道路は15世紀から18世紀までほとんどのこされていたから、後代の地図からもその様子を知ることができる、1447年のオリジナルに基づく1474年の『ストロッツィの地図』：［Frutaz, *Piante*］, pl. 159；G. Scaglia, *The Origins of an Architectural Plan of Rome*, in:［*JWC*］, 27, (1964), pp. 137ff.；1551年の『ブファリーニの地図』：［Frutaz, *Piante*］, Fig. 189ff.；1748年の『ノルリ

の地図』: *op. cit.*, pl. 396ff.；T. Magnuson, *Studies in Roman Quattrocento Architecture*（Figura, 9), Stockholm, 1958, pp. 21ff., Fig. II；S. Pressouyre, *Rome au fil du temps*, Boulogne, 1973, Fig. XIV-XVII。〈ヴィア・デル・パーパ〉,〈ヴィア・デル・パリオーネ〉,〈ヴィア・デル・ペルレグリーノ〉,〈ヴィア・デイ・バンキ・ヴェッキ〉などの呼称については、[Gnoli, *Topografia*], *passim*。

3) 居住域〈アビタート〉の形成については、S. Pressouyre, *op. cit.*, pl. XIV が本書と同様、中世ローマの中心が「リーパ」〈Ripa〉(【マルケルス劇場】の周囲）を北と西に向かって拡張していったとするが、その西への広がりは、今日のポンテ・マッツィーニまでとする。しかし早い時代の居住域が、散在する建物群からなり、連続する街並をなしていなかったという点で本書と一致する。

【パンテオン】の近くの建物群は、おそらくひとつの城館であったとおもわれるが、それについては［*Reg Farf*], 998 年の No. 428 参照。「石灰焼成窯場」〈*calcararium*〉 については、G. Marchetti-Longhi, *Le contrade medioevali della zona in Circo Flaminio. Il calcarario*, in: [*ASRStP*], 42, (1919), pp. 401ff. カンポ・マルツィオについては、Carusi, *Cartario di S. Maria in Campo Marzio..., passim*。【アレクサンデルの浴堂】内の 998 年の礼拝堂については、[*Reg Farf*], No. 458f.、また［Huelsen, *Chiese*], p. 212, p. 378, p. 455。ピアッツァ・ナヴォーナとそこの穹窿内の礼拝堂については、[*Reg Farf*], 999 年の No. 474, [Huelsen, *Chiese*], p. 168。「スコルティクラリア」〈*Scorticlaria*〉 については、[*Reg Farf*], no. 458, no. 539（1017 年), no. 557（1019 年)；[Gnoli, *Topografia*], pp. 294ff.；[ASRStP], 24, (1901), no. 23, no. 24（1066 年), pp. 485ff.「空き地」〈*terra vacante*〉 については *ibid.* no. 25（1073 年), pp. 488ff.,「藁屋根の小屋」については *ibid.* pp. 488ff. 〘モンテ・ジョルダーノ〙については、M. P. F. Asso, *Monte Giordano*, in: [*Quaderni*], 1, (1953), pp. 12ff.,；[*Guide Rionali*], Ponte, II, pp. 30ff.；[Gnoli, *Topografia*], pp. 179f.（*Monte Roncione* 参照）；P. Pecchiai, *Palazzo Taverna a Monte Giordano*, Roma, 1963。

パリオーネの市総督ケンキウス・ステファヌスの城館については、[*LP*], II, p. 282；[Gnoli, *Topografia*], p. 197；[Valentini-Zucchetti], III, p. 332；[Nash, *Dictionary*], II, p. 414――ただしこの建物の場所については、ピアッツァ・パガニカあるいはピアッツァ・ケンキに意見が分かれる。

テヴェレの島には、987 年および 996 年にはまだ住民はいなかったと見える（[*ASRStP*], 27, (1904), no. 2, pp. 365ff., no. 5, pp. 371ff.)。〘サン・バルトロメオ〙あるいは〘サン・ジョヴァンニ・カラビタ〙の近くに、ある司教の館が築かれことについては［Kehr, *It. Pont*], II, 20（1018 年の項)。トラステヴェーレの建物については、[*ASRStP*], 21, (1898), pp. 459ff.、[*ASRStP*], 22, (1899), pp. 25ff., pp. 383ff. さらに詳しくは P. A. Galletti, *Chartularium S. Mariae Transtiberim*, Vat. Lat. 8051, fol. 7ff., fol. 16ff., fol. 18ff., fol. 21,（1038 年、1075-1076 年、1089 年の項)。すべて〘サンタ・マリア・イン・トラステヴェーレ〙とポルタ・セッティミアナの近くとされる。

4) 〈アビタート〉の外の貴族の館に一般ついては、[*Reg Sub*], no. 155（942 年の項）および［Gregorovius], III, p. 326 参照。個々については、パウルス 1 世（S. Silvestro）の館：[*LP*], I, p. 464；ハドリアヌス 1 世一族の館：[*LP*], I, p. 486；ステファヌス 5 世とアルベルクの息子ヨハ

ネス12世の館：［*LP*］, II, p. 247（このふたつは *de regione Via Lata*）；レオ8世の館：［*LP*］, II, p. 250（*de clivo argentario*）；ベネディクトゥス6世の館：［LP］, II, p. 255（*de regione VIII sub Capitolio*）；ヨハネス15世の館：［*LP*］, II, p. 260（*de regione Gallinae albae—Quirinal?—*）；ヨハネス18世の館：［*LP*］, II, p. 266（*de regione secus portam Metrovi*）；クレスケンティウスの館（de Caballo marmoreo),（dux Gregorio de Canapara）および Petrus Canaparius の館——この三者は Liutprand, *Historia Ottonis*, chap. 9 の963年の項に挙げられている（［*MGH SS RG*］, 166, J. Becker 編 *Liutprandi Opera omnia*, 1915）——1000年頃の〘サンティ・ボニファチオ・エド・アレッシオ〙の僧院長ヨハネス・カナパリウス の館：F. Nerini, *De templo... Bonifacii et Alexii...*, Roma, 1752, pp. 134ff.；アルベリク一族の館：G. Zucchetti 編 *Il chronicon di Benedetto...di Soracte*,（*Fonti per la Storia d'Italia LV*), Roma, 1920, p. 163、また［*Reg Sub*］, no. 155（942年の項）、および［*Reg Farf*］, no. 637（1013年の項）、*...domus domni Alberici eminentissimi consulis et ducis iuxta sanctos apostolos...*。

【アウグストゥスの廟堂】については、［*ASRStP*］, 22,（1899), p. 268, no. 3, no. 4,（955年と962年の項、すなわち廟堂が〘サン・シルヴェストロ・イン・カピテ〙の所有に帰していたとき）、さらに *ibid.*, p. 532, no. 19（1002年、このとき廟堂はローマ市総督ステファヌスの手に渡っており、その署名はギリシア文字でなされている）。

中世における〘カステル・サンタンジェロ〙については、C. D'Onofrio, *Castel S. Angelo*, Roma, 1971, pp. 73ff.；C. Cecchelli, *Documenti per la storia antica e mediovale di Castel S. Angelo*, in:［*ASRStP*］, 74,（1951), pp. 27ff., idem, *Castel S. Angelo al tempo di Gregorio VII*, in: *Studi Gregoriani*, II, Roma, 1947, pp. 103ff.

アヴェンティーノについて。890年頃のゲオルギウス・デ・アベンティーノについて、［*LP*］, II, p. 225；963年のグレゴリウスについて、Liutprand, *op. cit.*；エウフィミアヌスの宮殿：［*ASRStP*］, 27,（1904), no. 1, pp. 364ff.；*ibid.*, no. 5 , pp. 372ff.（996年）が言及する偽の宮殿；祖母テオドーラによって再建されたアルベリクの母方（?）の屋敷、（A. Muñoz, *La basilica di Santa Sabina*, Milano, 1925, p. 40）および「彼が生まれたこの家は、936-937年に新しく築かれた修道院〘サンタ・マリア・イン・アヴェンティーノ〙に寄贈された」(［Ferrari, *Monasteries*］, p. 205)。丘の上の健康な環境については、*Vita S. Odilonis*（*Acta S. Benedicti VIII*, 1, Venedig, 1733, p. 698)。

アヴェンティーノではなくパラティーノの上のオットー3世の宮殿について、C. Brühl, *Die Kaiserpfalz bei St. Peter und die Pfalz Ottos III. auf dem Palatin*, in: *Quellen und Forschungen aus italienischen Archiven*, 34,（1954), pp. 1ff.

ラテラーノの宮殿とそれに付属する建物について、［Kehr, *It. Pont*］, II, no. 25（1037年)、*ibid.*,（1050年)、*ibid.*, p. 28（1154年)、ここに見える〈*suburbium*〉という言葉は、宮殿の近くに複数の建物のあったことを示唆している。チェリオの上の修道院、特に〘サン・エラスモ〙については、［Ferrari, *Monasteries*］, pp. 119ff.。百姓家については、［*Reg Sub*］, no. 82, no. 91（両者とも1003年の項)。全10世紀をとおしてその存在が確認できるポルタ・マジョレ近くの集落については、［*Reg Sub*］, no. 27, no. 59, no. 79。〘サンタ・ビビアナ〙近くの耕地については、［*ASRStP*］,

27, (1904), pp. 441ff., no. 173f., no. 181f., no. 195ff., no. 442 において、981 年から 1148 年の間の存在が確認される。

第 11 章

1)　聖ペトルスとその教会に対する崇敬については、これまでの章でたびたび触れきた。〘サン・ピエトロ〙の周囲にあつまった小さな教会、修道院、宿泊所、〈ディアコニア〉、異邦人居住区、施療院については、重複するがもう一度基本文献として、L. Reekmans, *Le dévelopement topographique…du Vatican*, in: *Mélanges…Jacques Lavalleye*, Louvain, 1970, pp. 197ff. を挙げる。レオ 3 世が〘サン・ピエトロ〙の近くに建てた教皇の居館については、その前身の 731 年から 741 年にはまだ機能していた古い建物について［*LP*］, II, p. 8, pp. 27f. と *ibid.*, I, p. 420；少なくとも 983 年までは常に使われていたレオの建物については、［*Reg Sub*］, no. 185、［Kehr, *It. Pont*］, II, p. 90, no. 22 参照。じじつ 1143 年に Benedictus Canonicus は、オベリスクの近くの教皇の建物〈*domus Aguglie*〉に言及している：Fabre and Duchesne 編 *Liber Censuum*, Paris, 1905, II, p. 143。

シャルルマーニュの「宮殿」と 9 世紀以後にもつづいたその使用については、G. Zucchetti 編 *De imperatoria potestate libellus*,（*Fonti per la storia d'Italia* 55）, Roma, 1920, pp. 197f., p. 203, および［*Reg Farf*］, no. 325, no. 537（872 年および 1017 年の項）；また C. Brühl, *Die Kaiserpfalz bei St. Peter und die Pfalz Ottos III. auf dem Palatin*, in: *Quellen und Forschungen aus italienischen Archiven*, 34, (1954), pp. 1ff.　この章全体については、拙書 *St. Peter's and medieval Rome*（*Unione Internationale degli Istituti*）, Roma, 1985 を参照されたい。

〈レオの都〉の建設については上の第 5 章で述べた。この都市の現実面だけでなく法律上でのローマとの分離については、いろいろなところで示唆されている。市壁の銘文〈*civitas leonina vocatur*〉については A. Prandi, *Un'iscrizione frammentaria di Leone IV…*, in:［*ASRStP*］, 74,（1951）, pp. 149ff.、ソラクテのベネディクトゥスの嘆きの歌、G. Zucchetti 編 *Il chronicon di Benedetto… del Soratte*,（*Fonti per la storia d'Italia* 55）, Roma, 1920, p. 186、あるいは 998 年の〘カステル・サンタンジェロ〙について語る「テヴェレの向こう、都（ローマを意味する）の外の塔」という文句、Rodolphus Glaber, *Historiarum libri IV*, in:［*MGH SS*］, VII, p. 56、およびレオ 4 世が 854 年〘サン・マルティーノ〙の修道院に与えた特権（［*ASRStP*］, 24,（1901）, pp. 432ff., no. 2,「この我われの新しいレオの都において云々」）にはじまり、1053 年の「レオの都のすべての人間」（*ibid.*, pp. 467ff. no. 16）までの多くの法律文書、さらには 1014 年の「レオのと呼ばれるこの新しい都の中にあって」という［Hartmann, *Scae Mariae in Via Lata*］, XXXVI の言葉などである。

〈レオの都〉内の建物、庭、宅地については、［*ASRStP*］, 24,（1901）, no. 2, pp. 432ff.（854 年の項）「住宅、穹窿、井戸、樹木のついたフリース人の聖ミカエルの教会（〘サン・ミケレ・マーニョ〙）…（そして）ひとつの庭…ポルティクスに沿って」（最後は〘サン・ピエトロ〙に向かう柱廊に面していたことか）が最も古い言及であろう。つづいて *ibid.*, no. 10, pp. 456ff.（1030 年の項）「外壁〈*cortina*〉の近くの家畜小屋つき二階建て住宅」；*ibid.*, no. 29, p. 495（1088 年の項）。「すでに建っている家屋の隣のフリース人区の宅地」；［*ASRStP*］, 25,（1902）, no. 54, pp. 309ff.（1166 年

の項)「市壁に沿った建物のない土地（おそらく耕地の一部）」；*ibid.*, no. 69, pp. 329ff.（1185年の項)「宅地とブドウ園」——云々。13世紀における建物群については、*Liber anniversariorum della Basilica Vaticana, in: P. Egidi* 編 *Necrologi della Provincia Romana*, I, Roma, 1920, pp. 174ff., *passim*。

商業的空間についてもしばしば言及されている。［*ASRStP*］, 24, (1901), no. 12, pp. 460f.（1041年の項)、*ibid.*, no. 13, pp. 461ff.（1043年の項)、［*ASRStP*］, 25, (1902), no. 35, pp. 277f.（1127年の項）参照。また「内に ponteca（apotheca、倉庫？)、大きなポルティクスの前に店舗をもつレンガ造りの平屋 … Meta（すなわちカステル・サンタンジェロ西側の Meta Romuli）の近く」*ibid.*, no. 40, pp. 284ff.（1144年の項)。

住宅内の売り場のほかに、*Liber Censuum*, I, p. 299（［Valentini-Zucchetti］, III, p. 224参照）によると、〚サン・ピエトロ〛を出た教皇が通る道に沿った藁商人（*paliarii*)、両替屋、フラスコ売り（*fiolarii*）など、さまざまな店（おそらく屋台のようなものであろう）も建ち並んでいたという。また魚市場も、おそらく〚サン・ロレンツォ・イン・ピスチブス〛(この教会は1838年までボルゴ・サント・スピリト沿いに建っていた）の近くにあった。P. Pecchiai, *Banchi e botteghe dinanzi alla basilica Vaticana...*, in: *Archivi d'Italia*, ser. II, 18, (1951), pp. 81ff. は、14世紀に〈ボルゴ〉に開業していた商人を列挙している。12世紀に〚サン・ピエトロ〛の近くに店を開いていた商人については、I. Guidi, *La descrizione di Roma nei geografi arabi*, in:［*ASRStP*］, 1, (1878), pp. 173ff.。ここには、アラビア人の旅行者イドリシの実に愉快な見聞談がある。

すでに1053年ボルゴには、宿屋や他の宿泊施設があった。［*ASRStP*］, 24, (1901), no. 16, pp. 467ff. には、〈レオの都〉定住者の長大な賃貸借契約書に名を連ねる者たちの中に、〈*tabernarii*〉おそらく食べ物屋の主人や〈*servientes*〉おそらく給仕人が、否定住者すなわち巡礼者やその他の異邦人〈*advenae*〉と区別されて数えられており、〈*oratores*〉の宿泊や生活必需品の売買について触れている。ブランカレオーネ一族による〈ボルゴ〉宿泊施設の独占の破綻については、［Bartoloni, *Senato*］, no. 86（1235年の項)、バシリカ内への屋台の侵入については、*ibid.*, no. 108（1244年5月の項)参照。

〈ディアコニア〉とその機能については、上の第3章参照。〚サント・スピリト〛の施療院については、P. De Angelis, *Regula ...hospitalis Sancti Spiritus*, Roma, 1954, および［Brentano, *Rome before Avignon*］, pp. 19ff. 参照。

2)　ラテラーノに対する〚サン・ピエトロ〛の優位性の主張については、P. Mallius, *Historia Basilicae Antiquae S. Petri*, in: *Acta Sanctorium*, Juni VII（リプリント、Paris, 1867), pp. 37ff.　インノケンティウス3世の銘については、上の第3章の注1参照。

中世のヴァティカン宮殿とその前身については上の第3章および F. Ehrle and H. Egger, *Studi e documenti per la storia del Palazzo Apostolico*, Vatican City, 1935、また D. Redig de Campos, *I Palazzi Vaticani*, Bologna, 1967, pp. 19ff. 参照。

〔カステル・サンタンジェロ〕については、C. D'Onofrio, *Castel S. Angelo*, Roma, 1971, *passim*,

およびその他の文献については第 8 章参照。

第12章

1)　新しい都市の全体像については、［*Guide Rionali*］が基本的文献となる。〚サン・ロレンツォ・イン・ダマソ〛については、A. Fonseca, *De Basilica S. Laurentii in Damaso*..., Fano, 1745（ここにはウルバヌス 3 世の勅書が詳しく紹介されている pp. 250ff.）；［Kehr, *It. Pont.*］, I, p. 94；［Huelsen, *Chiese*］, p. 284：［Armellini-Cecchelli, *Chiese*］, p. 457 and pp. 1326ff. 参照。本文中に列挙したこの区域に 12 世紀に創建され今日にのこる、あるいは古い図から知られる小さな教会については、L. Huetter, *S. Salvatore in Onda*（*Chiese Illustrate*, 41）；G. Segni, C. Thoenes and L. Mortari, *SS. Celso e Giuliano*（*Chiese Illustrate*, 88）, pp. 29ff.；G. Marchetti-Longhi, *Le transformazioni medioevali dell'area Sacra Argentina*, in:［*ASRStP*］, ser. 3, 26,（1972）, pp. 5ff.；および［Huelsen, *Chiese*］,［Armellini-Cecchelli, *Chiese*］,［Forcella, *Iscrizioni*］のそれぞれの項参照。

ポンテ区〈Rione Ponte〉一般については、［*Guide Rionali*］, Ponte, I-IV.。ヴィア・デイ・バンキ・ヴェッキ については、［Romano, *Strade*］, p. 70.；［Gnoli, *Topografia*］, p. 31, pp. 106ff.（また下のヴィア・フロリダの項参照）、p. 165（下のヴィア・メルカトリアの項参照）。14 世紀にはまだ質朴であったこの地域の住民が次第にフィレンツェの銀行家に遂われたことについては、A. Esch, *Vom Mittelalter zur Renaissance : Menschen in Rom 1350-1400*, in: *Jahrbuch der Akademie*...*Göttingen*, 1970, pp. 26ff. 特に pp. 29ff.；idem, *Florentiner in Rom um 1400*, in: *Quellen und Forschungen*, 52,（1972）, pp. 476ff. 旅籠については、U. Gnoli, *Alberghi ed osterie di Roma nella Rinascenza*, Spoleto, 1935。〈ボルゴ〉の独占権については、［Bartoloni, *Senato*］, No. 86.

リーパ区〈Ripa〉について、［*Guide Rionali*］, S. Angelo I。この市区および島の教会については、［Huelsen, *Chiese*］；［Armellini-Cecchelli, *Chiese*］　および G. Matraca, *Historia*［*di*］...*S. Maria in Portico*..., Roma, 1627；C. A. Erra, *Storia*...*di S. Maria in Portico*..., Roma, 1750；L. Pasquali, *Santa Maria in Portico*, Roma, 1902；G. B. Proia, *S. Nicola in Carcere*（*Chiese Illustrate*, 112）　また Th. Mommsen, *Petrarch and the Sala Virorum Illustrium in Padua*, in:［*Art Bull*］, 34,（1952）, pp. 95ff.（14 世紀の教会の素描、p. 110）および H. Toubert, *Le rénouveau paléochrétien*..., in:［*Cah Arch*］, 20,（1970）, p. 100, no. 4。上の第 7 章も参照。〚サン・バルトロメオ・イン・イソラ〛については、隣接する〚サン・ジョバンニ・カリビタ〛の中世の前身同様、ほとんど研究されていない。したがって、今日なお P. Casimiro, *Memorie istoriche*..., Roma, 1845, pp. 307ff. および idem, *Dissertazioni*, Roma, 1742 が参考とされる。ポルトの司教の座〈*curtis*〉に言及する〚サン・バルトロメオ〛に関する古記録については、［Kehr, *It. Pont.*］, I, 112, II, 17ff. が取り上げている。ポンテ・クヴァトロ・カーピ近くの塔については、*Liber Censuum*, II, p. 109,［Kehr, *It. Pont.*］, I, 189 参照。

トラステヴェーレについては、Galletti, Vat. Lat. 8051, *passim*。そこで活躍した商人〈ネゴティアトレス〉については、［*ASRStP*］, 21,（1898）, no. 16, 17, 両者とも 1000 年の項；［*ASRStP*］, 22,（1899）, nos. 20, 45, 46, 56（Leo〈*vir magnificus et laudabilis negotiator*〉）, 1003 年、1041 年、1051 年の項、および pp. 25ff., pp. 79ff., pp. 81ff., pp. 97ff.

11 世紀および 12 世紀における〈アビタート〉の北への拡張については、Carusi, *Cartario di S. Maria in Campo Marzio…, passim*。12 世紀末の建物の密集状況については、［Kehr, *It. Pont.*］, I, p. 89, no. 10（1194 年の項）、この基となっているのは、F. Martinelli, *Roma ex ethnica sacra*, Roma, 1653, p. 201,（ここには、原典のイタリア語訳がある）。〖サンタ・チェチリア・イン・ポステルラ〗(今日の〖マドンナ・デル・ディヴィノ・アモーレ〗) については、［Huelsen, *Chiese*］, p. 228。〖サンタ・マリア・ソプラ・ミネルヴァ〗については、*ibid.*, pp. 346f.；J. J. Berthier, *L'église de la Minerva*, Roma, 1910、G. Urban, *Die Kirchenbaukunst des Quattrocento in Rom*, in:［*Röm Jbch*］, 9/10,（1961/1962), pp. 73ff.　特に pp. 119f.。東、すなわち〈トレヴィの泉〉周辺への拡張について、［Hartmann, *Scae Mariae in Via Lata*］, XLI-XLIV（1019 年の項)、LXXXI（1051 年の項)、これらはいずれも〖サンタ・マリア・イン・クセノドキオ〗の近く。〖サンタ・マリア・イン・ヴィア〗の近くについては、*ibid.*, LXXIV（1042 年), LXXXX（1063 年)。「大理石の道の近く」とクヴィリナーレの上の【コンスタンティヌスの浴堂】付近については、LXXXXIII（1065 年)。

2)　教皇の行列が進んだ道については、*Liber Censuum*, II, pp. 139ff.（Benedictus Canonicus）および I, pp. 290ff.（Cencius Camerarius)，また［Valentini-Zucchetti］, III, pp. 210ff., pp. 213ff.。オットー 3 世時代の行進をうたった詩は、W. Giesebrecht, *Geschichte der deutschen Kaiserzeit*, I, Leipzig, 1881, pp. 898ff. に最初に公開された。インノケンティウス 3 世の〖サンタ・マリア・イン・トラステヴェーレ〗への行進については、S. Kuttner and A. Garcia y Garcia, *A New Eyewitness Account of the Fourth Lateran Council*, in: *Traditio*, 20,（1964), pp. 115ff.

パラッツォ・スパーダ近くの庭園あるいは耕地については、1593 年の『テンペスタの地図』(［Frutaz, *Piante*］, fig. 272), 1550 年頃の『ウェインゲルデの景観図』(New York, Metropolitan Museum、図の一部は C. L. Frommel, *Der römische Palastbau der Hochrenaissance*, in: *Römische Forschungen der Bibliotheca Hertziana*, 21, III, Tübingen, 1973. Fig. 30f. に見ることができる)。トラステヴェーレにおけるアーチの最低の高さの規定については、Galletti, Vat. lat. 8051, I, fol. 41（1250 年の項)。富者と貧者がともに居住することについては、［Brentano, *Rome before Avignon*］, p. 37, pp. 39ff., pp. 41ff.（最後の記事は【マルケルス劇場】について)。ゲットーの居住の様子については、A. Milani, *Il Ghetto di Roma*, Roma, 1964, pp. 201ff.； V. Campajola, *Il Ghetto di Roma…*, in:［*Quaderni*］, 67-70,（1965), pp. 67ff.

「道路局」〈*magistri stratarum*〉とその通達については、L. Schiaparelli, *Alcuni documenti sui Magistri aedificiorum urbis*, in:［*ASRStP*］, 25,（1902), pp. 5ff.；E. Re, *Maestri di Strada*, in:［*ASRStP*］, 43,（1920), pp. 5ff.；C. Scaccia Scarafoni, *L'antico statuto dei Magistri Stratarum*, in:［*ASRStP*］, 50,（1927), pp. 239ff.。本文の引用句は、Schiaparelli, *op. cit.*, pp. 6f., doc. I に見える 1233 年の規約に拠る。この規約は 1279 年の doc. V に繰り返されており、また〖サン・ピエトロ〗の周辺におけるバルコニーや玄関間の前方道路への張り出しを規制している。1238 年の doc. III は、染色屋に対する規制。1306 年の doc. X は、〖サント・スピリト〗の向かいの地への廃棄物に対する規制。この役所の以後の役割については、E. Re, *op. cit.* 参照。ここには、先例を成文化した 1425 年 5

月 29 日の教皇マルティヌス 5 世の勅書が紹介されている。道路を家屋の一部とみなすことについては、*ibid.*, p. 7。Frank E. Brown 教授によると、古代のローマにおいても道路は法的にそれに面する家屋の土地に属していたという。今日にあっても合衆国では、家の前の道路に対してはその家の所有者が責任をもつことになっている。

3) カンピドリオ一般については、[*Guide Rionali*], *Campitelli*, II, *passim*。古代については、G. Lugli, *Roma antica. Il centro monumentale*, Roma, 1946, pp. 3ff.；E. Rodocanachi, *Le Capitole Romain*, Paris, 1905, pp. 1ff.；C. D'Onofrio, *Renovatio Romae*, Roma, 1972, pp. 12ff. 中世については、E. Rodocanachi, *op. cit.*, pp. 51ff., また p. 62, no. 1 では、1130 年にアナクレトゥス 2 世 よって発令された勅書が紹介されている（また C. Urlichs, *Codex*, p. 147, [Kehr, *It. Pont.*], I, p. 101 参照)。C. D'Onofrio は、この勅書はグレゴリウス 3 世（731-741）のそれを繰り返したものではないかと推測するが、筆者はそうではないと思う。C. Cecchelli, *Il Campidoglio nel medioevo*, in: [*ASRStP*], 67, (1944), pp. 209ff.；C. D'Onofrio, *op. cit.*, pp. 72ff. 参照。コルシ一族の要塞については、[*LP*], II, p. 290, p. 298；C. D'Onofrio, *op. cit.* モンテ・カプリノの上の縄作り職人については、E. Rodocanachi, *op. cit.*, pp. 106ff.（ここでは『ミラビリア』を引用している）。丘の麓と西斜面の市場については、C. Cecchelli, *op. cit.*；[Huelsen, *Chiese*], p. 218, p. 273（アナクレトゥスの勅書を含む)。〘サンタ・マリア・イン・アラコエリ〙にその一部をのこす 12 世紀の〘サンタ・マリア・イン・カピトリオ〙については、R. E. Malmstrom, *S. Maria in Aracoeli*, Diss. Phil. New York University, 1973, *passim*；idem, *The Twelfth Century Church of S. Maria in Capitolio...*, in: [*Röm Jbch*], 16, (1976), pp. 1ff.

1061 年のハインリヒ 6 世へのベンツォの報告に見える〈*palatium Octaviani*〉については、[*MGH SS*], XI, pp. 612f., また上の第 6 章参照。アナクレトゥスの勅書が言及する〈*porticus Camellariae*〉が、【タブラリウム】とおそらく同一のもであったであろうことについては、C. D'Onofrio, *op. cit.*, p. 73。カンピドリオと結びついた伝説については、上の第 7 章、および A. Graf, *Roma nella memoria...*, 2. ed. Turin, 1923, *passim* 参照。

中世人の目に映ったカンピドリオの歴史的および政治的意味については、上で引いたハインリヒ 6 世へのベンツォの報告参照。[*LP*], II, p. 313 に基づいた Duchesne, *Liber Censuum*, I, p. 106 および idem, *L'auteur des Mirabilia*, in: [*MEFR*], 24, (1904), pp. 479ff. は、カンピドリオがすでに 1118 年に民衆集会の場として、またローマ市総督の座として使われていたと推測する。13 世紀のローマ共和政によるカンピドリオの再利用については、Otto von Freising, *Chronica*, VII, chap. 27（A. Hofmeister 編 [*MGH SS RG*], n. s. 1912, pp. 352ff.；[*MGH SS*], XX, p. 263), idem, *Gesta Friderici Impertoris*, I, 28（G. Eaiz 編 [*MGH SS RG*], 44, 1912)。〘パラッツォ・デル・セナトーレ〙については、上の第 8 章の注 1 ならびに C. Pietrangeli, *Il palazzo Senatorio nel Medioevo*, in: *Capitolium*, 35, (1960), pp. 3ff. 参照。12 世紀の〘サンタ・マリア・イン・カピトリオ〙とカンピドリオのオベリスクについては、上の 7 章参照。〘サンタ・マリア・イン・アラコエリ〙に上る階段と、教会のファサードにのこる銘文が伝える 1348 年の創建時については、[Forcella, *Iscrizioni*], I, p.

127, no. 453 および上の 8 章参照。

第 13 章

1)　信じがたいことだが、今日ローマにのこる中世の住宅建築を集成した目録は存在しないのである。そのような試みのひとつ、Associazione artistica dei cultori di architettura の編集による *Inventario dei monumenti di Roma*, Roma, 1908ff. I, pp. 369f. は、あまりにも古すぎる。また A. Prova and P. Romano, *Roma nel Cinquecento*, Roma, 1935（リオネごとにまとめたもの）も、あまり役に立たない。最もよい方法は、［*Guide Rionali*］に目を通し、そこに挙げられている中世の建物を探し出すことである。J. W. Parker や A. Moscioni の古い写真は、19 世紀の後半にまだ多くのこされていた建物の様子をよく伝えてくれる。1323 年の『フラ・パオリーノの地図』、15 世紀あるいはそれ以後の古い地図や景観図、また住宅建築一般については、上の第 9 章の記述参照。

16 世紀以前に作成された住宅建築の平面図は、修道院や教会の土地台帳〈*catasti*〉や、「国立文書館」〈Archivio di Stato〉に何百とのこされており、そのほとんどは手をつけられておらず、文字通り研究者にとっては宝の山である。ただその一部が、P. M. Lugli, *Storia e cultura della città italiana*, Bari, 1967, pp. 146f.；R. Fregna and S. Polito, *Fonti di archivio per una storia edilizia di Roma*, in: *Controspazio*, 3, (1971), fasc. 9, pp. 2ff., 4, (1972), fasc. 7, pp. 2ff. に公開されている。

住宅の建築のために売買あるいは賃貸借された土地の大きさについては、［Hartmann, *Scae Mariae in Via Lata*］, XLII, XLIII, XLIV に見え、すべて 1019 年のものであり、大きさもすべて 36 x 36 ローマ・フィート。この他に *op. cit.*, XXVIII の 1017 年の項に 110 x 44 ローマ・フィートの例もある。この点に関して興味深いことには、Frank E. Brown 教授によると、古代のローマ、あるいは例えばコーサといった古代の小都市においても同じ広さ、すなわち 30 x 30 ローマ・フィートが使われていたということである。

住宅建築に関する法的文書からは、本書 9 章の注 1 に列挙したように、住宅やその入り口までの通路の様子を知ることができる。入口に関する引用句は、［*ASRStP*］, 23, (1900), no. 13, pp. 206ff.（1042 年の項）に拠る。また *ibid.*, no. 15, pp. 211ff.（1052 年の項）参照。建築材や、建物の外観などについては、第 9 章で参考にした古記録を参照。用語は明快であり、Du Cange の〈*scandalicia*〉を「こけら板で被せた」との解釈は、疑問の余地がない。ただそれが壁の外被にまでおよぶのか、あるいは屋根の葺き方に限るのか、疑問がのこる。テキストは、このことを明確にしていない。

筆者が〖サンタ・マリア・ノーヴァ〗周辺の例として挙げたものは、［*ASRStP*］, 23, (1900), no. 1, pp. 182ff.（982 年の項）；［*ASRStP*］, 24, (1901), no. 45, pp. 180ff.（1127 年の項）；［*ASRStP*］, 23, (1900), no. 19, pp. 218ff.（1062 年の項）に拠る——1491 年までコルソに架かっていた【ディオクレティアヌスの凱旋門】については、［Nash, *Dictionary*］, I, p. 120 の Arcus Novus の項参照）。コルソ沿いの藁屋根の家については、［Hartmann, *Scae Mariae in Via Lata*］, XXIX, 1018 年の項。〖サンタ・プラセーデ〗近くの家については、［*ASRStP*］, 27, (1904), no. 10, pp. 62ff.（1091 年の項）。カンポ・マルツィオ地区の小家については、Carusi, *Cartario di S. Maria in Campo Marzio*...,

no. 49（1154 年の項）。〔リペッタ〕近くの倉庫については、Carusi, *op. cit.*, no. 3（1010 年の項）。

15 世紀および 16 世紀の都市の様子は、『コデクス・エスクリアレンシス』、ヘームスケルク、ウェインゲルデの景観図、あるいは 1593 年の『テンペスタの地図』(［Frutaz, *Piante*］, pl. 262ff.) から知ることができる。

〈スコルティクラリア〉については、上の第 10 章およびそこの注 3 を参照。そこで記述されている家については、［Gnoli, *Topografia*］, p. 295、その引用は Schede Marini, Vat. lat. 9113, c. 8 (〈*carte*〉の記述は、残念ながら Gnoli の誤解である)。

〘サンタ・マリア・イン・トラステヴェーレ〙近くの家については、Galletti, Vat. lat. 8051, I, fol. 71ff.（1038 年とされている）。ヴィア・デルラルコ・デルラ・パーチェ 10-11 番地の家については、［*Guide Rionali*］, Ponte, II, p. 50、〈ボルゴ〉の家については、［Hartmann, *Scae Mariae in Via Lata*］, XXXVI, 1014 年の項。〈サンティ・トリニータの救貧院〉所有の長屋については、「ローマ国立文書館」(Archivio di Stato, Roma) の Buste patrimoniali, n. 192, および R. Fregna and S. Polito, *op. cit.* in: *Controspazio*, 3, (1971), fasc. 9, pp. 2ff.、特に p. 19 と (1972), fasc. 7, pp. 2ff.「サン・パオロの家」については、［*Guide Rionali*］, Regola, III, p. 44, それに Museo di Roma 所有の数枚の小写真、ならびに同じ美術館所有の E. Roesler Franz の水彩画。「ヴィア・サン・バルトロメオ・デリ・ストレンガリの家」については、H. Bergner, *Rom im Mittelalter*, Leipzig, 1913, p. 89, fig. 105。

今日なお「聖フランチェスカ・ロマーナ信徒団の家」に見られる中世の住宅の内部構造については、A. Esch, *Die Zeugenaussagen im Heiligsprechungsverfahren für S. Francesca Romana*, in: *Quellen und Forschungen aus italienischen Archiven*, 53, (1973), pp. 93ff., 特に pp. 121f. 参照。

筆者の友人故 Milton Lewine 教授は、数年前、聖フランチェスカ・ロマーナが彼女の信徒団のために購入した家は、今日なおトル・デスペッキの修道院内に保存されていると教えてくれた。筆者はそれを、この家が［*Guide Rionali*］, *Campitelli*, I, pp. 46ff. に記述されているにもかかわらず知らなかったことを恥じるばかりである。

ヴィア・サン・マルティーノ・アイ・モンティに沿った古代ローマ風の家並については、B. M. Apollonj Ghetti, *Santa Prassede*, (*Chiese, illustrate*, 66), pp. 12ff.。Via della Lungarina の家については、［Lanciani, *Destruction of Rome*］, p. 202, pl. 35。法的記録に繰り返し言及されている古代のモニュメントの中に設けられた住宅、仕事場、倉庫については、上の第 9 章の住宅に関する記述参照。「ヴィア・デイ・カルデラリの家」については、［*Guide Rionali*］, Regola, I, pp. 50f. および L. Rossini, *Antchità Romane*, pl. 97, 1819。【ポンペイウス劇場】については、［*Guide Rionali*］, Parione, II, pp. 147ff. 本文中の引用は、［*ASRStP*］, 22, (1899), no. 22（1158 年の項）, pp. 497ff. に拠る。また、［Hartmann, *Scae Mariae in Via Lata*］, no. LXXXX（1065 年の項）no. LXXXI（1051 の項）参照。より大きな建物に組み込まれた住宅については、Carusi, *Cartario di S. Maria in Campo Marzio…*, no. 17（1076 年の項）。

〘サンタ・マリア・ノーヴァ〙付近の古代廃墟の中の住宅については、上の第 9 章の記述参照。本文中の引用は、［*ASRStP*］, 23, (1900), no. 10（1038 年の項）, pp. 204f.；no. 8（1061 年の項）. pp. 216ff.；no. 17（1060 年の項）, pp. 214ff.；no. 3（1011 年の項）, pp. 187ff. 中世における【コロセウ

ム】については、M. Di Macco, *Il Colosseo*, Roma, 1971 も参考にされたい。〘サン・サルヴァトーレ・デ・ロータ〙については、［Huelsen, *Chiese*］, p. 452。【キルクス・マキシムス】内の穹窿については、［Lanciani, *Scavi di Roma*］, I, Roma, 1902, pp. 31ff.

1326 年におけるサンクタ・サンクトルムの信徒会、および サン・ジョヴァンニ・イン・ラテラーノの施療院が所有する財産については、P. Egidi 編集の *Necrologi della Provincia Romana*, I, Roma, 1920, pp. 317ff. に列挙されている。14 世紀の 30 年代に、エルサレムの聖ヨハネス修道士会（のちのマルタ騎士団）の地区修道院長に属していた財産については、［Brentano, *Rome before Avignon*］, p. 41。中世後期の個人不動産については、*op. cit.*, pp. 27ff. 参照。

2)　ローマにおける中世の塔に関する十分に満足できる参考文献は、いまだ見ることができない。近年この分野に精通していた唯一の研究者は、故 Milton Lewine 教授であったといえよう。今日にのこされているあるいは失われてしまった館塔に関する、またその他の諸問題について本書に述べられる多くのことは、筆者がかつて彼と交わした会話に基づいており、またそこには、本書の原稿を見た後で彼が与えた新しい提案や刺激が多く含まれている。もちろん筆者は、すべての提案をここに取り上げることはできなかった。しかしそれは、けっして礼を欠くものではなかったと思う。中世の塔に関する彼の知識、それに関する記録や一般的条件に関して彼の有する情報は、あまりに広く、また深く、彼の寛容な配慮にもかかわらず、そのすべてをここに展開することはできないことであった。彼に対する感謝の意は、けっして言葉で言いあらわされるものではない。

以下に筆者は、*faute de mieux*、今日手に入る文献を列挙する。景観図あるいは地図で知られない他の例については、上の第 9 章の注参照。塔に言及する古記録としては、『*Liber Pontificalis*』、『*Mirabilia*』、『*Liber Censuum*』、ローマ門閥家間の市街戦についての当時の記録（たとえば［*MGH*］, *De Lite*, I, p. 606；あるいは *Gesta Innocentii Papae III*, in:『*Liber Pontificalis*』, 214, chap. 137）、またローマにおける不動産簿（これに関しては上の第 9 章参照）。F. Sabatini, *Monumenti e reliquie medioevali della città di Roma*, Roma, 1907 は、いくらかの情報を与えてくれるがもちろん信頼できるものは少ない。塔に関する一般的な研究としては、G. Tomasetti, *Torri di Roma*, in: *Capitolium*, I, 1925, pp. 266ff. があり、E. Amadei, *Le torri di Roma*, Roma, 1969（初版 1932 年）は、このテーマを扱った唯一の一般書である。

記録、あるいは素描から知られるそれぞれの門閥家の館塔について。トラステヴェーレのアントニヌスの橋の近くの「ジョヴァンニ・ブラツティの遺産である塔」については、P. A. Galletti, Vat. lat. 8051, I, fol. 13f.（1073 年の項）。〘サンタ・マリア・イン・トラステヴェーレ〙近くの「パパレスキの塔」については、F. Gregorovius, *Geschichte der Stadt Rom*, IV, p. 401, no. 2。おそらく「ピエルレオニ家に属していた島の上の塔」については、［Kehr, *It. Pont.*］, I, p. 189. 参照。1118 年にピエルレオニ家がこの島を支配していたことについては、［*LP*］, II, p. 311.〘サン・ニコラ・イン・カルチェレ〙近くの〈タルペイの崖〉下のこの一族の館については、［*LP*］, II, p. 294（1099 年の項）, および p. 311（1116 年の項）。〘サン・マルコ〙近くの塔については、*op. cit.*, p.

380, no. 1。【フォルトゥーナ・ヴィリリスの神殿】近くの川岸にあったステファヌス・ノルマンウス、コルシ一族のペトルス・ラトローネ、およびブルガミニ一族の館については、［*LP*］, II, p. 314。【マルケルス劇場】については、筆者は1279年のヤコポ・サヴェルリ（ホノリウス4世）の遺書を指摘しておく。これについては、M. Prou編 *Les registres d'Honorius IV*, Paris, 1886, p. 576参照。〘モンテ・ジョルダーノ〙下のケンキ家の塔、〈トレ・デル・カンポ〉については、M. T. Russo, *La Torre del Campo a Monte Giordano*, in: *Strenna dei Romanisti*, 26, (1965), pp. 374ff. 〘モンテ・ジョルダーノ〙とその要塞については、M. P. F. Asso, *Monte Giordano*, in: ［*Quaderni*］, 1, (1953), pp. 23ff. ポンテ・サンタンジェロを制圧していたケンキ一族の塔については、ベンツォの *ad amicum*（［*MGH*］, *De Lite*, I, p. 603およびp. 605。〚サンテウスタキオ〛近くのスタティ家の塔については、［Brentano, *Rome before Avignon*］, p. 199。【キルクス・フラミニウス】の中の塔については、*Gesta Innocentii Papae III*,『*Liber Pontificalis*』, 214, chap. 137。〚サンタ・マリア・イン・ヴィア・ラータ〛近くのアデルマリ一族の塔については、［Hartmann, *Scae Mariae in Via Lata*］, no. CXV（1086年の項）, no. CXXI（1094年の項）——両者はそれぞれ別の塔。カンピドリオのコルシ家の要塞については、［*LP*］, II, p. 290およびpp. 298f. フランギパーニ家の少なくともひとつの塔について、E. Tea, *La Rocca dei Frangipani alla Velia*, in: ［*ASRStP*］, 44, (1921), pp. 235ff. そのほかにも、たとえば1593年の『テンペスタの古地図』(［Frutaz, *Piante*］, pls. 262ff.）や、ヘームスケルクの景観図（*op. cit.*, pl. 176）の上には、今日にはのこらない、また所有者の名も明らかでないいくつかの塔が見える。

〈アビタート〉の内部に今日にのこる塔は、Amadei, *op. cit., passim*, Tomassetti, *op. cit.* あるいは［Gnoli, *Topografia*］, pp. 391ff. で言及されたものを除いて、以下の文献に比較的詳しく、しかしときには誤解を含んで論じられている。〈アンギルララの塔〉について、D. Camillo Massimo, *Cenni storici sulla Torre Anguillara*, Roma, 1847（第2版、1869）；U. Gnoli, *La famiglia ed il palazzo dell'Anguillara in Roma*, in: *Cosmos Catholicus*, III, 1907, pp. 670ff.。しばしば〈トレ・アルゲンティーナ〉と呼ばれている〈ラルゴ・アルゲンティーナの塔〉については下の〈トレ・デル・パピト〉の項参照。〈トレ・デルラルパカータ〉について、［Gnoli, *Topografia*］, p. 320；［*Guide Rionali*］, *Parione*, II, pp. 150f. 〘トル・デコンティ〙について、F. Mora, *Di Tor de' Conti,* in: *Atti del Collegio degli Ingegneri ed Architetti in Roma*, 9, (1885), pp. 37ff.；C. Cecchelli, *Tor de' Conti*, in: *Pan*, 3, (1934), pp. 540ff.；A. M. Colini, *Forum Pacis*, in: ［*Bull Comm*］, 65, (1937), pp. 7ff. 〈*Torre dell Merangolo* (*Melangolo*)〉について、［*Guide Rionali*］, *S. Angelo*, I, pp. 71f.；さらに詳しくは、［Gnoli, *Topografia*］, pp. 326f. 〈トル・ミルリナ〉について、G. B. Giovenale, *Tor Millina*, in: *Annuario Accademia di San Luca*, 1, (1910/1911), pp. 127ff.；［*Guide Rionali*］, *Ponte*, I, pp. 34f. 〈トレ・デル・パピト〉について、D. Gnoli, *La Torre Argentina in Roma*, in: *Nuova Antologia*, 1908, pp. 3ff.；G. Marchetti-Longhi, *La turris Papiti...*, in: *Capitolium*, VIII, 1932, pp. 245ff.；［*Guide Rionali*］, *Pigna*, I, pp. 24ff. 〈トル・サンギーニャ〉について、F. Sabatini, *op. cit.*, p. 31；P. Adinolfi, *La Torre dei Sanguigni*, Roma, 1863。

〈ディスアビタート〉の塔については、下の第14章参照。

アルキオニ一族によって賃借された廃墟について、［*ASRStP*］, 23, (1900), no. 94, p. 74（1238年の項）。塔が林立する典型的な風景については、［Frutaz, *Piante*］, *passim*、特に pl. 148（ランブール兄弟）、pl. 150（15世紀前半の逸名の画家）、pl. 159（『ストロッツィの地図』）。アンギルララの占有地ならびにマルガーニの館については上の注参照。〚サンタ・マリア・イン・コスメディン〛地域については、G. B. Giovenale, *La Basilica di S. Maria in Cosmedin*, Roma, 1927, p. 48, pp. 278ff.　および彼の復元図 pp. 406ff. 参照。

〚サンタ・チェチリア〛周辺の家屋の密集について、［*ASRStP*］, 49, (1926), no. 8（1404年の項）。【パンテオン】周辺については、［Brentano, *Rome before Avignon*］, p. 199。

ローマにあった塔の正確な数は不明だし、それはもちろん変化したであろう。F. Sabatini, *Monumenti e reliquie medievali...*, Roma, 1899 は、13世紀におけるその数を900以上とし、16世紀には360、18世紀にも30あったとするが、その典拠は挙げていない。E. Amadei, *Le torri di Roma*, Roma, 1969, p. 11 は、1313年の破壊について言及している。1144年のローマの民衆による塔の破壊については、Otto von Freising, *Chronica*, VII, 31（A. Hofmeister 編［*MGH SS RG*］, 12, 1912, p. 360), しかしどのくらい破壊されたかは不明。

ローマの鐘楼については、ここでも A. Serafini, *Torri campanarie di Roma e del Lazio nel medioevo*, Roma, 1927 を挙げるが、その信頼性については繰り返し警告する。また上の第7章の記述参照。そこで筆者は、マギスター・グレゴリウスの〈*Narracio*〉について触れたが、そのさまざまな説明については、第7章の注5参照。マソリーノの景観図については、［Frutaz, *Piante*］, I, pp. 128f. に解説があり、図自体は II, pl. 152 に見ることができる。

第14章

1)　カンピドリオ麓の建物と〈*columna perfectissima*〉を住まいにすることがインノケンティウス3世の特権とされていたことについては、［*PL*］, 214, cols. 651ff.；〈ケンキウス・カメラリウスのリスト〉については、Fabre and Duchesne 編 *Liber Censuum*, Paris, 1905, I, p. 300 参照。

中世におけるフォールムとパラティーノについては、G. F. Carettoni, *Il Palatino nel medioevo*, in: *Studi Romani*, 9, (1961), pp. 508ff.；idem, *Il foro romano nel medioevo e nel rinascimento*, in: *Studi Romani*, 11, (1963), pp. 406ff.

チェリオとその東側斜面の田園的性格については、［*Reg Sub*］, no. 24（938年の項）――ここには聖エラスモの修道院に関する叙述があり、本文の引用もこれに拠る――、また［Ferrari, *Monasteries*］, p. 121 参照。同じような叙述は、*ibid.*, doc. 13（997年の項）にも見える。ポルタ・マジョレ近くの農家については、*ibid.*, doc. 27（924年の項), doc. 3（967年の項), doc. 12（958年の項), doc. 15（1015年の項)。アヴェンティーノの上、おそらく〚サンタ・サビーナ〛の修道院の中に、1216年までサヴェルリ家の邸宅があったと思われる――P. Pressuti 編 *Regesta Honorii Papae III.*, Roma, 1888, docs. 89, 153, 196, 553, 878（いずれも1216/1217年の項)。枢機卿ヤコポ・サヴェルリ（ホノリウス4世）が1279年にしたためた遺言には、丘の上の要塞が言及されている、M. Prou 編 *Les registres d'Honorius IV.*, Paris, 1886, p. 576。また彼の教皇在位中そこに

「ひとつの宮殿と他の多くの建物」が築かれた、とルッカのプトレマイオスは報告している（B. Schmeidler 編 *Die Annalen des Tholomeus von Lucca*, Berlin, 1930、また［*MGH SS*］, n.s. 8, p. 204；*Historia Ecclesiastica*, XXIV, 19,［*RIS*］, XI, 1194）。10 世紀には〔マルモラータ〕に沿った丘の麓には小さな農園があったことが知られる（［*Reg Sub*］, doc. 19 の 926 年の項）が、それがのちまでつづいたか否かは不明。ポルタ・デル・ポポロに至る街の北側部分については、［*ASRStP*］, 22, (1899), no. 1（761 年の項）, pp. 254ff., no. 2（844 年の項）, pp. 263f., no. 3（955 年の項）, no. 4（962 年の項）, pp. 265ff.（以下つづく）。「ネロの亡霊がうろつく塔」については、［Frutaz, *Piante*］, pl. 158。

〘サンタ・マリア・マジョレ〙周辺の集落については、［*LP*］, I, p. 511（ハドリアヌスの修道院）；［*LP*］, II, pp. 54f.（〘サンタ・プラセーデ〙）；p. 96（〘サン・マルティーノ・アイ・モンティ〙）；［Ferrari, *Monasteries*］, pp. 51ff.（〘サンタンドレア・イン・マッサ・ジュリアナあるいはイン・カタバルバラ〙および〘サンタンドレア・イン・アサイオ〙）；pp. 68ff.（〘サンタ・ビビアナ〙）；pp. 345ff.（〘サン・ヴィト〙）。11 世紀以後になるとバシリカの近くに多くの家屋、庭園、耕地が確認される――［*ASRStP*］, 26, (1904), pp. 147ff.,［*ASRStP*］, 27, (1905), pp. 23ff.,［*ASRStP*］, 30, (1907), pp. 119ff.,［*ASRStP*］, 27, (1904), no. 22（1192 年の項）, および pp. 451ff.〘サンタ・プラセーデ〙周辺の建物については、［*ASRStP*］, 27, (1904), pp. 27ff., no. 10（1091 年の項）, no. 37（1143 年の項）, no. 49（1209 年の項）など。これらは、教会あるいは修道院に隣接して建てられていた。また［*ASRStP*］, 27, (1904), no. 9（1143 年の項）, p. 190 は、〘サン・ロレンツォ・イン・パニスペルナ〙の修道院の「階段」〈*ad gradatas*〉に沿い、階段を避けておそらく〘サンタ・マリア・マジョレ〙のアプスの後方を回っていた道路の下の水道管について言及しており（*fistula domnica qui dicitur centinaria*）、そこでは「舗装された道路」（*silice publica*）、および市場に通じる道路についても触れられている。

【ネルヴァのフォールム】の中世における呼び名とその周囲の様子については、［Gnoli, *Topografia*］, p. 8〈アルカ・ノエ〉、また［Urlichs, *Codex*］, p. 140 には、〈*Polistoria Johannis Caballini de Cerronibus*〉と引用されている。さらに上の第 13 章の注 2 で触れたマギスター・グレゴリウスは、「枢機卿の穀物倉」に言及している。［Valentini-Zucchetti］, III, p. 156, n. 1 は、この呼び名の由来を近くにコンティ一族出身の三代の屋敷があったことから説明している。

〘サンタ・マリア・ノーヴァ〙近くの集落については、［*ASRStP*］, 23, (1900),［*ASRStP*］, 24, (1901),［*ASRStP*］, 25, (1902),［*ASRStP*］, 26, (1903) に記述がある。この地の〈カルカラリウム〉については、［Lanciani, *Scavi di Roma*］, I, p. 25, *passim* および［*ASRStP*］, 23, (1900), no. 13（1042 年の項）, pp. 206ff.；住民については、*ibid.*, no. 1（982 年の項）, pp. 182ff., no. 3（1011 年の項）, pp. 187ff., no. 4（1017 年の項）, pp. 190ff., さらに *passim*。〈ケンキウス・カメラリウスのリスト〉については、*Liber Censuum*, I, p. 300、［Gnoli, *Topografia*］, p. 46、および［*ASRStP*］, 23, (1900), no. 29（1052 年の項）, pp. 211ff.（銀行家の辻、*trivium cambiatoris*）。この集落のパラティーノの斜面への拡張については、［*ASRStP*］, 23, (1900), no. 29（1092 年の項）, pp. 233f.,［*ASRStP*］, 24, (1901), no. 61（1147 年？の項）, pp. 176f. など。

〈ディスアビタート〉および城壁の外におけるマラリア禍については、Ligurinusの詩、第4書、185行以下（［*PL*］, 212, col. 382）。城門外の耕地については、［Brentano, *Rome before Avignon*］, p. 27, p. 51, および*passim*。15世紀については、A. Esch, *Die Zeugenaussagen im Heiligsprechungsverfahren für S. Francescana Romana*..., in: *Qullen und Forschungen aus italienischen Archiven*, 53,（1973）, pp. 93ff. 特に pp. 133ff.

2)　〈ディスアビタート〉の塔については、E. Amadei, *Le torri di Roma*, Roma, 1969。個々の塔：〖トレ・デルレ・ミリツィエ〗については、［Kehr, *It. Pont.*］, p. 193（1179年にはフランギパーニ家に属していた）、しかしこの塔の建築についての研究はまだないようだ。フランギパーニ家の要塞、すなわち〈トレ・カルトゥラリア〉とカンポ・トレキアーノの他の塔については、［Gnoli, *Topografia*］, p. 323（呼称について）；E. Tea, *La rocca dei Frangipani*, in:［*ASRStP*］, 44,（1921）, pp. 235ff., pp. 244ff.；［Gnoli, *Topografia*］, p. 322（〈トゥリス・カルトゥラリア〉）；［Urlichs, *Codex*］, p. 110（【アントニウスとファウスティーナの神殿】近くのフランギパーニ家の塔）；インノケンティウス3世の書簡──［*PL*］, 214, cols. 631ff.（【セプティミウス・セヴェルスの凱旋門】の上の塔）；J. B. Mittarelli, *Annales Camaldulenses*, III, Venizia, 1758, app., col. 417, doc. 271（【キルクス・マキシムス】の中の塔──この記録は3月18日と日付けされており、したがって［Kehr, *It. Pont.*］, I, p. 191の1145年1月31日の記録と混同してはならない）。〖サンタ・プラセーデ〗近くの塔について、［*LP*］, II, p. 316。1133年における【コロセウム】のフランギパーニ家の要塞としての使用について、ルッカのプトレマイオスの『年代記』（*Annales*）（B. Schmeider編 *Die Annalen des Tholomeus von Lucca*, 1930［*MGH SS RG*］, n.s. 8, pp. 47f. および［*RIS*］, XI, 1263）とアラゴンの枢機卿（Nicola Roselli）, *Vitae Pontificum Romanorum*（［*RIS*］, III, 1, 434）に記述がある。両者とも、P. Colagrossi, *L'anfiteatro Flavio*..., Firenze, 1913, pp. 150f. および M. Di Macco, *Il Colosseo*, Roma, 1971, pp. 113f. に言及されている。ローマ共和政による【コロセウム】の占拠（Colagrossi, *op. cit.*, pp. 151f.）は、文献の上では確認できない（Di Macco, *op. cit.* p. 114, n. 24）。いずれにしてもこの建物は、12世紀の後半および13世紀にはFrangipani家とAnnibaldi家とに共同で使われた（Di Macco, *op. cit.*, pp. 31f. および pp. 113f. n. 20, 26）。そのほか〖サン・マルティーノ・アイ・モンティ〗後方のいわゆる〈カポッキの塔〉や、〖トレ・デル・グリルロ〗など〈ディスアビタート〉の他の塔については、E. Amadei, *op. cit.*, *passim*に挙げられているにもかかわらず、いまだ詳しくは研究されていない。

各市区におけるそれぞれ大門閥家の支配権については、G. Tomassetti, *La Campagna Romana*, I, Roma, 1910, pp. 137ff.、およびL. Casanelli, G. Delfini, D. Fonti, *Le Mura di Roma*, Roma, 1974, p. 84, n. 38, fig. 87参照。アルキオニ家については、［*ASRStP*］, 23,（1900）, no. 94（1238年の項）, pp. 74f. および C. Corvisieri, *Il trionfo romano di Eleanora D'Aragona*, in:［*ASRStP*］, 10,（1887）, pp. 629ff.　特に pp. 685ff. doc. V（ここでは、【トラヤヌスのフォールム】の状況を推測させる）。サヴェルリ家については、この章の注1に挙げたヤコポ・サヴェルリの遺言を参照。アルベリクの末裔と思われるコロンナ家については、P. Colonna, *I Colonna origini dalle al secolo XIX*, Roma,

1927。

1203年の塔をめぐる戦いについては、*Gesta Innocentii Papae III*, cap. 137ff.（［*PL*］, 214, cols. 185ff. 参照。

3)　ラテラーノを囲む半円形地域における教会や修道院の要塞化：ロベルト・ギスカルド軍の略奪による荒廃については、［*LP*］, II, p. 290。〖サン・クレメンテ〗については、上の第7章に挙げた文献参照。〖サンティ・クヴァトロ・コロナーティ〗についても同所文献および P. F. Kehr, *Papsturkunden in Umbrien*, in: *Göttinger Nachrichten*,（*Nachrichten der K. Gesellschaft der Wissenschaften zu Göttingen*）, 1889, pp. 379f., および［Kehr, *It. Pont.*］, I, pp. 41f. 参照。〖サンティ・ジョヴァンニ・エ・パオロ〗については、A. Prandi, *Il complesso monumentale della Basilica...dei SS. Giovanni e Paolo*, Roma, 1953, pp. 249ff., pp. 355ff. 〖サン・グレゴリオ・マーニョ〗については、［*Corpus*］, I, pp. 320ff. 防衛施設および避難所としての【セプティツォニウム】については、J. B. Mittarelli, *Annales Camaldulensium*, I, Venezia, 1955, pp. 117f.（974年の項）［*LP*］, II, p. 290（1084年の項）, p. 344（1117年の項）。

いくつかの勅書に見えるラテラーノ宮殿の拡張と周辺集落の拡大について、1037年の勅書: F. Ughelli, *Italia Sacra*, I, Venezia, 1717, cols. 100ff. 特に col. 104［Urlichs, *Codex*］, p. 205 および［Kehr, *It. Pont.*］, II, p. 26；1050年の勅書：C. Rasponi, *De Basilica et Patriarchio Lateranensi*, Roma, 1656, p. 110,［Kehr, *It. Pont.*］, I, p. 25；1061年から1073年にかけての勅書：［Kehr, *It. Pont.*］, *op. cit.*（「バシリカ周辺の家屋」の記述）；1153年の勅書：［Kehr, *It. Pont.*］, *op. cit.*, p. 28,――*Bullarium Romanum*, II, Roma, 1739, p. 345からの引用――；1154年の勅書：G. B. Crescimbeni, *Istoria della Chiesa S. Giovanni Avanti Porta Latina*, Roma, 1716, pp. 284ff. また［Kehr, *It. Pont.*］, *op. cit.* ここでは「バシリカ周辺の集落」に言及し、「そこと上水道に沿う家々、〈*in cancello*(?)〉の家々、さらに〈ヴィア・マイオル〉沿いの家々… 庭と池… サン・ジョヴァンニ門の外のその池の端の水車」などの記述。1216年と1228年の勅書：P. Pressuti 編 *Regesta Honorii Papae III*, Roma, 1888, appendix, p. 57, p. 61――ここでは〈*suburbium*〉という言葉が使われている――；Crescimbeni, *op. cit.*, pp. 151ff. これらの勅書には、もっと多くの建物や物売りの屋台が記述されている。また［*LP*］, II, p. 379には、「古い上水道を利用した」給水、「馬に水をやるための池」、それに付属するいくつかの水車、その池の周りの「多くのブドウ園や果樹園」の記述がある。

13世紀にラテラーノ周辺地域にあった集落の規模は、1247年に教会参事会員に支払われた家賃のリストからも推測される（P. Lauer, *Le Palais de Lateran*, Paris, 1911, pp. 236f.）。この地の諸教会の改装について：〖サント・ステファーノ・ロトンド〗、［*Corpus*］, IV, pp. 199ff.；〖サンタ・クローチェ・イン・ジェルサレンメ〗,［*Corpus*］, I , pp. 165ff. フレスコについて、G. Biasiotti, S. Pesarini, *Pitture del secolo XII...in S. Croce...*, in: *Studi Romani*, 1,（1913）, pp. 245ff.；G. Matthiae, *Gli affreschi medioevali di S. Croce in Gerusalemme*, Roma ,1968；［Matthiae, *Pittura*］, p. 93, p. 252；C. Bertelli, *Un problema medioevale romano*, in: *Paragone*, 231,（1969）, pp. 3ff. 参事会員集会所の建設について、［*LP*］, II, p. 385。〖サンタ・マリア・マジョレ〗近くの城館について、［Kehr,

It. Pont.], I, p. 36；G. Biasiotti, *Una descrizione...di S. Maria Maggiore nel secolo XII*, in: *Atti del III Congresso Nazionale di Studi Romani*, II, 1935, pp. 5ff.　ラテラーノ宮殿の壁画について、[Ladner, *Papstbildnisse*], I, pp. 198ff., II, pp. 17ff. また上の第 7 章参照。バシリカ内の教皇の埋葬について、Johannes Diaconus, *Liber de Lateranensi Ecclesis* および O. Panvinio, *De septem praecipuis basilicis Urbis Romae*, 両者とも in: P. Lauer, *op. cit.*, pp. 392ff.、特に pp. 400f. および pp. 439f.；また I. Herkotz, *Sepulcra e Monumenta del Medioevo*, Roma, 1985, pp. 91ff., *passim*。〈アビタート〉からの道に面した〈*piazza*〉の上の翼廊正面と宮殿正面の新築については、[*Corpus*], V, p. 15, pp. 61ff., fig. 2, figs. 70-72. 参照。

C

頻出参考文献の省略形

［Armellini-Cecchelli, *Chiese*］	M. Armellini, *Le chiese di Roma*, ed. C. Cecchelli, Roma, 1942
［*Art Bull*］	*Art Bulletin*
［*ASRStP*］	*Archivio della Societa Romana di Storia Patria*
［Bartoloni, *Senato*］	*Codice diplomatico del Senato Romano*, ed. F. Bartoloni, Roma, 1948
［Bertolini, *Roma di fronte*］	O. Bertolini, *Roma di fronte… a Bisanzio e ai Langobardi*, Bologna, 1941
［*BISI*］	*Bulletino dell Istituto Strico Italiano*
［Brentano, *Rome before Avignon*］	R. Brentano, *Rome before Avignon*, New York, 1974
［*Bull Comm*］	*Bullettino della Commissione Archeologica Comunale di Roma*
［*Burl Mag*］	*Burlington Magazine*
［*Cah Arch*］	*Cahiers Archéologiques*
［Caspar, *Papsttum*］	E. Caspar, *Geschichte des Papsttums, I-II*, Tübingen, 1930-33
［*Corpus*］	R. Krautheimer and others, *Corpus Basilicarum Christianarum Romae, I-V*, Vatican City, Roma, New York, 1937-77
［*CSEL*］	*Corpus Scriptorum Ecclesiasticorum Latinorum*
［*Diss Pont Acc*］	*Atti della Pontificia Accademia Romana di Archeologia, Dissertazioni*
［*DOP*］	*Dumbarton Oaks Papers*
［Egger, *Veduten*］	H. Egger, *Römische Veduten…*, Wien-Leipzig, 1911-31（vol. I, 2nd ed., Wien, 1932）
［*Escurialensis*］	*Codex Escurialensis*, ed. H. Egger, Österreichisches Archäologisches Institut, Sonderschriften 4, Wien, 1905-6
［*Esplorazioni*］	B. M. Apollonj Ghetti and others, *Esplorazioni sotto la confessione di San Pietro in Vaticano*, Vatican City, 1951
［Ferrari, *Monasteries*］	G. Ferrari, *Early Roman Monasteries*, Vatican City, 1957
［Forcella, *Iscrizioni*］	V. Forcella, *Iscrizioni delle chiese… di Roma*, Roma,1869-93
［Frutaz, *Piante*］	A. P. Frutaz, *Le piante di Roma*, Roma,1962
［*GBA*］	*Gazette des Beaux Arts*
［Gnoli, *Topografia*］	U. Gnoli, *Topografia e toponomastica di Roma medioevale e moderna*, Roma, 1939
［Gregorovius］	*Geschichte der Stadt Rom im Mittelalter*, Stuttgart, 1859-1872（trans.

Mrs. G. W. Hamilton, *History of the City of Rome in the Middle Ages*, London, 1906, reprinted New York, 1967)

[Gregory, *Epp.*] *Gregorii, Magni Epistolae*, in [*MGH AA*], I-II

[*Guide Rionali*] *Guide Rionali di Roma*, ed. C. Pietrangeli and others, 1967-

[Hartmann, *Scae Mariae in Via Lata*] L. M. Hartmann, *Ecclesiae Scae Mariae in Via Lata Tabularium*, Wien, 1905

[Heemskerck] C. Huelsen and H. Egger, *Die Römischen Skizzenbücher von Marten van Heemskerck*, Berlin, 1913-16

[Huelsen, *Chiese*] C. Huelsen, *Le chiese di Roma nel Medio Evo*, Firenze, 1927

[*JDAI*] *Jahrbuch des Deutschen Archäologischen Instituts*

[*JWC*] *Journal of the Warburg and Courtauld Institutes*

[Kehr, *It. Pont.*] *Italia, Pontificia*, ed. P. Kehr, Roma, 1906-

[Kitzinger, *Malerei*] E. Kitzinger, *Römische Malerei vom Beginn des 7. bis zur Mitte des 8. Jahrhunderts*, München, 1935

[Kitzinger, *Byzantium*] E. Kitzinger, *The Art of Byzantium and the Medieval West; Selected Studies*, Bloomington, Indiana, 1976

[Krautheimer, *Pelican*] R. Krautheimer, *Early Christian and Byzantine Architecture*, Pelican History of Art, 2nd ed. Harmondsworth, 1975

[Ladner, *Papstbildnisse*] G. Ladner, *Die Papstbildnisse des Altertums und des Mittelalters, I-II*, Vatican City, 1941, 1970

[Lanciani, *Destruction*] R. Lanciani, *The Destruction of Ancient Rome*, New York, 1899

[Lanciani, *Scavi*] R. Lanciani, *Storia degli Scavi di Roma, I-IV*, Roma, 1902-1912

[*LCL*] *Loeb Classical Library*

[Llewellyn] P. Llewellyn, *Rome in the Dark Ages*, New York, 1971

[*LP*] *Le Liber Pontificalis*, ed. L. Duchesne, Paris, 1886-92, repr. 1955-57, 3rd vol., ed. Cyrille Vogel, Paris, 1957

[Lugli, *Monumenti*] G. Lugli, *I monumenti antichi di Roma e suburbio*, Roma, 1934-40

[Matthiae, *Mosaici*] G. Matthiae, *Mosaici medioevali delle chiese di Roma*, Roma, 1967

[Matthiae, *Pittura*] G. Matthiae, *Pittura romana del medioevo*, Roma, 1965

[*MEFR*] *Mélanges d'Archéologie et d'Histoire de l'Ecole Français de Rome*

[*Mem Pont Acc*] *Atti della Pontificia Accademia Romana di Archeologia, Memorie*

[*MGH AA*] *Monumenta Germaniae Historica, Auctores Antiquissimi*

[*MGH Epp*] *Monumenta Germaniae Historica, Epistolae*

[*MGH LL*] *Monumenta Germaniae Historica, Leges*

[*MGH SS*] *Monumenta Germaniae Historica, Scriptores*

［*MGH SS RG*］ *Monumenta Germaniae Historica, Scriptores Rerum Germanicarum*

［*MGH SS RM*］ *Monumenta Germaniae Historica, Scriptores Rerum Merovingicarum*

［*Mon. antichi*］ *Monumenti antichi Accademia dei Lincei*

［Nash, *Dictionary*］ E. Nash, *A Pictorial Dictionary of Rome*, London, 1961

［Panofsky, *Renaissance and Renascences*］ E. Panofsky, *Renaissance and Renascences in Western Art*, The Gottesman Lectures, Uppsala University, Stockholm, 1960
E. Panofsky, *Die Renaissancen der europäischen Kunst*, Frankfurt, 1979

［Partner, *Lands*］ P. Partner, *The Lands of Saint Peter*, London, 1972

［*PBSR*］ *Papers of the British School at Rome*

［Pietri, *Roma Christiana*］ C. Pietri, *Roma Christiana. Recherches sur l'Eglise de Rome... 311-440* (Bibliothèque des Ecoles Françaises d'Athènes et de Rome, 224), Roma, 1976

［*PL*］ J. P. Migne, *Partrologiae Cursus Completus, Series Latina*, Paris, 1844-90, suppl. 1958-74

［*Quaderni*］ Università di Roma, Istituto di Storia dell'Architettura, *Quaderni dell' Istituto di Storia dell'Architettura*

［*Quellen und Forschungen*］ *Quellen und Forschungen aus Italienischen Archiven*

［*RAC*］ *Rivista di Archeologia Cristiana*

［*Reg Farf*］ *Il Regesto di Farfa*, ed. I. Giorgi and U. Balzani, Roma, 1887-1914

［*Reg Sub*］ *Il Regesto Sublacense*... ed. L. Allodi and G. Levi, Roma, 1885

［*Rend Pont Acc*］ *Atti della Pontificia Accademia Romana di Archeologia, Rendiconti*

［*RIS*］ *Rerum Italicarum Scriptores*, ed. L. A. Muratori, Milano, 1723-54

［*RM*］ *Mitteilungen des deutschen Archäologischen Instituts, Römische Abteilung*

［*Röm Jbch*］ *Römisches Jahrbuch für Kunstgeschichte*

［*Roma e l'età Carolingia*］ *Roma e l'età Carolingia*, ed. Istituto di Storia dell Arte del Università di Roma, Roma, 1976

［Romano, *Strade*］ P. Romano, *Roma nelle sue strade e nelle sue piazze*, Roma, 1947-49 and later editions

［*RQSCHR*］ *Römische Quartalschrift*

［Schramm, *Renovatio*］ P. Schramm, *Kaiser, Rom und Renovatio, I-II* (*Studien der Bibliothek Warburg*, 17), Leipzig, 1929

［Schramm, *Kaiser, Könige und Päpste*］ P. Schramm, *Kaiser, Könige und Päpste, I-IV*, Stuttgart, 1968-70

[*Studi Gregoriani*]	*Studi Gregoriani*, ed. G. B. Boreno, vols. I-VII, Roma, 1947-
[*Studies*]	R. Krautheimer, *Studies in Early Christian, Medieval and Renaissance Art*, New York, 1969
[Tierney, *Crisis*]	B. Tierney, *The Crisis of Church and State, 1050-1300*, Englewood Cliffs, N. J., 1964
[Urlichs, *Codex*]	L. C. Urlichs, *Codex Urbis Romae Topographicus*, Würzburg, 1870
[Valentini-Zucchetti]	R. Valentini and G. Zucchetti, *Codice topografico della città di Roma*, 1940-53, vols. I-IV (Fonti per la Storia d'Italia)
[Vielliard, *Origines*]	René Vielliard, *Recherches sur les origins de la Rome Chrétienne*, Mâcon, 1942 (repr. Roma, 1959)
[Waley, *Papal State*]	D. Waley, *The Papal State in the Thirteennth Century*, London, 1969
[Wilpert, *Mosaiken und Malereien*]	J. Wilpert, *Die Römischen Mosaiken und Malereien*, Freiburg, 1916
[*ZKG*]	*Zeitschrift für Kunstgeschichte*
[*ZSRG*]	*Zeitschrift der Savigny Stiftung für Rechtsgeschichte, Kanonische Abteilung*

参考文献について

以下に、筆者がこの書をあらわすにあたって参考にした文献について、それらが本文の中で引用されているか否かにかかわらず、必要と思われることを述べておく。

まず原典資料一般について。この分野で最も重要なのは、L. Duchesne 編 *Le Liber Pontificalis*, I, II, Paris, 1886-92, repr. 1955-57；Cyrille Vogel 編、III, Paris, 1957（以下では［*LP*］I, II, III と略記）であり、また 1826 年以来刊行の *Monumenta Germaniae Historica*［*MGH*］―― *Scriptores*［*MGH SS*］, *Scriptores Rerum Germanicarum*［*MGH SS RG*］, *Auctores Antiquissimi*［*MGH AA*］, *Epistolae*［*MGH Epp*］その他に分載――もまた、わたしたちに関心のある多くの古文書をすぐれた編集で伝えている。同じことは、P. Migne, *Patrologiae Cursus Completus*, Series Latina, Paris 1844-1890, suppl. 1958-1974［*PL*］についてもいえる。この全 221 巻は非常に役立つものであるが、中でもそのうちの 4 巻の索引（218 頁以下）は非常に役に立った。L. A. Muratori 編 *Rerum Italicarum Scriptores*, Milano, 1723-54［*RIS*］及び新シリーズ［*RIS*], n. s.、さらに P. F. Kehr 編 *Italia Pontificia*, 1, Roma, Berlin, 1906［Kehr, *It. Pont*］は、1198 年以前の教皇、高位聖職者、ローマの大門閥家に関する文書をすぐれて批判的に編集している。

次に歴史に関する原典資料について。中世ローマの地誌にとって特に重要な古文書は、ローマ諸教会の公文書館、中でも *Archivio della Società Romana di Storia Patria* に見出すことができる。それらの多くは、19 世紀から 20 世紀にかけて多くの研究者によって整理、刊行されている［*ASRStP*］。R. Valentini と G. Zucchetti による、*Codice topografico della città di Roma*, Roma, 1940-1953［Valentini-Zucchetti］は、もちろんまったく誤りがないわけではないが、さまざまな原典からローマの都市計画の様子やそのモニュメントに関する資料を抜き出している。L. C. Urlichs, *Codex Topographicus Urbis Romae*, Würzburg, 1870［Urlichs, *Codex*］は、ローマの地誌に関する原典を広範囲にわたって公にしている。A. P. Frutaz, *Le Piante di Roma*, Roma, 1962［Frutaz, *Piante*］は、主として 13 世紀からおよそ現代に至るまでのローマの地図と図面をほぼ完全に蒐集しており、それに 3 世紀の〈フォルマ・ウルビス〉のいくつかの例を加え、また古代と中世初期の都市を図面の上で復元することを試みている。

誤解を避けるため、前もって次のことを注意しておく。初期キリスト教時代および中世の都市ローマの歴史に関する研究は、これまで無数発表されている。しかしここでは、それらからのほんのわずかしか引用されていない。この書の筆者は歴史家ではなく、この書もまた都市ローマ、教皇権、あるいは中世教会の歴史を目指したものでない。それゆえ歴史の諸問題に対する筆者の姿勢もまた、斯界の専門家のそれに比べればけっして徹底しているとはいえないのである。

F. Gregorovius, *Geschichte der Stadt Rom im Mittelalter*, Stuttgart, 1859-1872［Gregorovius］は、筆者

の考えでは、今日なお中世の都市ローマの歴史に関する最もすぐれた文献である。その後に発表された多くの研究書や個々の局面や人物に関するすぐれた著作にもかかわらず、いまだこれを超えるものはなく、確かに文体や考察には 19 世紀的においても隠せないが、その叙述の仕方や補注にあらわれる原典に関するその知識は、まさに驚異といえよう。それは版を重ね、さまざまな言語に訳されている。（ここでは F. G. Hamilton 夫人の訳、London, 1906, reprinted New York, 1967 を使う）F. Schneider, *Rom und Romgedanke im Mittelalter*, München, 1926 は、正確さにやや欠けるのではと思わせるものの、それでも、ローマの思想の歴史を述べようとする想像力ゆたかな最初の試みである。教皇権に関する多くの研究の中からとりわけ筆者は、取り扱うのは 8 世紀末までであるが E. Caspar, *Geschichte des Papsttums*, Bd. I, II, Tübingen, 1930-33［Caspar, *Papsttums*］を利用した。それより頻度は少ないが、W. Ullmann, *A Short History of the Papacy in the Middle Ages*, Roma, 1972 も利用した。G. Falco の著作からの英訳、*The Holy Roman Republic*, London 1964 は、その表題にもかかわらず、教皇権とかかわりをもつ政治的理念や出来事、および経済的発展に関するすぐれた研究となっている。P. Partner, *The Lands of St. Peter*, Berkeley and Los Angeles, 1972［Partner, *Lands*］は、教会国家のはじまりから中世の終わりまでを述べたすぐれた歴史書である。8 世紀から 15 世紀を扱った R. W. Southern, *Western Society and the Church in the Middle Ages*, Harmondsworth, 1970 は、ペンギン文庫の小本ながら、教皇権の座としてのローマが対決しなければならなかった行政的、経済的、法律的諸問題についてのすぐれた概説書である。R. Morghen, *Medioevo Cristiano*, Bari, 1972 は、刺激的な論文集である。

近年ローマの都市学的研究はめざましく、その成果が大量に世にあらわれている。しかしここでは、いくつかの書を挙げるにとどめる。都市ローマの地誌については、F. Castagnoli, C. Cecchelli, G. Giovannoni and M. Zocca, *Topografia e urbanistica di Roma*, Istituto di Studi Romani, Bologna, 1958 の最初の 2 章がまず挙げられねばならない。R. Vielliard, *Recherches sur les origines de la Rome Chrétienne*, Mâcon, 1942［Vielliard, *origines*］は、キリスト教古代から 9 世紀までのローマの都市学的発展を述べようとした最初の大胆な試みであった。Lanciani の精力的な仕事、*New Tales of Old Rome, Christian and Pagan Rome, The Ruins and Excavations of Rome, The Destruction of Ancient Rome*［Lanciani, *Destruction*］などは、ときおり利用できる情報の掘りあたる鉱山である。U. Gnoli, *Topografia e toponomastica di Roma medioevale e moderna*, Roma 1939［Gnoli, *Topografia*］および P. Romano, *Roma nelle sue strade e nelle sue piazze*, Roma, 1950（繰り返しリプリント）［Romano, *strade*］は、この分野の基本文献である。もちろん筆者は、繰り返し古いローマの案内書をとりあげた。それらは、シリーズの表題にもかかわらず早い時代のものも取り上げている L. Schudt, *Le guide di Roma*（*Quellenschriften zur Geschichte der Barockkunst in Rom*）, Wien and Augsburg, 1930 に列挙されている。現代ローマをシリーズで概観する C. Pietrangeli 編 *Guide Rionali di Roma* は、非常に援けとなった。S. Pressouyre, *Rome au fil du temps*, Boulogne, 1973 もまた、一連の非常に明快な、しかしやむをえないことではあろうが、ときには憶測に頼らねばならない地図でもって、都市ローマの都市学的歴史を展開しており、おおいに筆者を援けてくれた。

ローマの建築に関しては、謙虚さに欠けるかもしれないが、第一に筆者自身と多くの仲間たちに

よる *Corpus Basilicarum Christianarum Romae, I-V*, Vatican City, Roma, New York, 1937-1977［*Corpus*］を挙げねばならない。もちろん欠陥もあるだろうがこの一連の刊行物は、4 世紀から 9 世紀にかけて、いやときにはそれを超えて、ローマに築かれた教会に関しての基本的な事実を述べており、また詳細な参考文献表も備えている。C. Huelsen, *Le Chiese Roma nel Medio Evo*, Firenze, 1927［Huelsen, *Chiese*］は、地誌により関心を寄せているが、欠くことはできない。C. Cecchelli 編 M. Armellini, *Le Chiese, di Roma dal Secolo IV al XIX*, Roma, 1942［Armellini-Cecchelli, *Chiese*］は、多くの点で時代に遅れてはいるが、手に入り難い文献や公文書保管の場所など、便利な情報を多く含んでいる。W. Buchowiecki, *Handbuch Kirchen Roms*, Wien, 1967-　は、非常に実利的で、筆者が調べた限り、記述はきわめて正確である。個々の教会については、巻によっては役に立つ情報を少なからず含む *Chiese illustrate di Roma* を利用することもあった。G. Ferrari, *Early Roman Monasteries*, Vatican City, 1957［Ferrari, *Monasteries*］は、5 世紀から 10 世紀までのローマにおける修道士会設立と修道院建設に関する基本的文献である。

歴代教皇表

［*LP*］, I, p. 260 および［Partner, *Lands*］による。(　) 内は対立教皇。

	在位年
4 世紀	
ミルティアデス	311-314
シルヴェステル	314-335
マルクス	336
ユリウス	337-352
リベリウス	352-366
(フェリクス	355-365)
ダマスス 1 世	366-384
(ウルシヌス	366-367)
シリキウス	384-399
5 世紀	
アナスタシウス 1 世	399-401
インノケンティウス 1 世	401-417
ツォシムス	417-418
ボニファティウス 1 世	418-422
(エウラリウス	418-419)
ケレスティヌス 1 世	422-432
シクストゥス 3 世	432-440
レオ 1 世	440-461
ヒラルス	461-468
シンプリキウス	468-483
フェリクス 3 世	483-492
ゲラシウス	492-496
アナスタシウス 2 世	496-498
6 世紀	
シンマクス	498-514
(ラウレンティウス	498-505)
ホルミスダス	514-523
ヨハネス 1 世	523-526
フェリクス 4 世	526-530
ボニファティウス 2 世	530-532
(ディオスクルス	530)
ヨハネス 2 世	533-535
アガピトゥス 1 世	535-536
シルヴェリウス	536-537
ヴィギリウス	537-555
ペラギウス 1 世	556-561
ヨハネス 3 世	561-574
ベネディクトゥス 1 世	575-579
ペラギウス 2 世	579-590
7 世紀	
グレゴリウス 1 世	590-604
サビニアヌス	604-606
ボニファティウス 3 世	607
ボニファティウス 4 世	608-615
デウスデディトゥス 1 世	615-618
ボニファティウス 5 世	619-625
ホノリウス 1 世	625-638
セヴェリヌス	640
ヨハネス 4 世	640-642
テオドルス 1 世	642-649
マルティヌス 1 世	649-653
エウゲニウス 1 世	654-657
ヴィタリアヌス	657-672
デウスデディトゥス 2 世	672-676
ドヌス	676-678
アガト	678-681
レオ 2 世	682-683
ベネディクトゥス 2 世	684-685
ヨハネス 5 世	685-686
コノン	686-687
(テオドルス	687)
(パスカリス	687)
8 世紀	
セルギウス 1 世	687-701
ヨハネス 6 世	701-705
ヨハネス 7 世	705-707
シシニウス	708
コンスタンティヌス	708-715
グレゴリウス 2 世	715-731
グレゴリウス 3 世	731-741
ツァカリアス	741-752
ステファヌス 2(3) 世	752-757
パウルス 1 世	757-767
(コンスタンティヌス	767-769)
(フィリップス	768)
ステファヌス 3(4) 世	768-772
ハドリアヌス 1 世	772-795

9世紀

レオ3世	795-816
ステファヌス4(5)世	816-817
パスカリス1世	817-824
エウゲニウス2世	824-827
ヴァレンティヌス	827
グレゴリウス4世	827-844
(ヨハネス	844)
セルギウス2世	844-847
レオ4世	847-855
ベネディクトゥス3世	855-858
(アナスタシウス	855)
ニコラウス1世	858-867
ハドリアヌス2世	867-872
ヨハネス8世	872-882
マリヌス1世	882-884
ハドリアヌス3世	884-885
ステファヌス5(6)世	885-891
フォルモスス	891-896
ボニファティウス6世	896
ステファヌス6(7)世	896-897
ロマヌス	897
テオドルス2世	897
ヨハネス9世	898-900

10世紀

ベネディクトゥス4世	900-903
レオ5世	903
(クリストフォルス	903-904)
セルギウス3世	904-911
アナスタシウス3世	911-913
ランド	913-914
ヨハネス10世	914-928
レオ6世	928
ステファヌス7(8)世	928-931
ヨハネス11世	931-935
レオ7世	936-939
ステファヌス8(9)世	939-942
マリヌス2世	942-946
アガピトゥス2世	946-955
ヨハネス12世	955-964
レオ8世	963-965
ベネディクトゥス5世	964
ヨハネス13世	965-972
ベネディクトゥス6世	973-974
(ボニファティウス7世	974 ; 984-985)
ベネディクトゥス7世	974-983
ヨハネス14世	983-984
ヨハネス15世	985-996
グレゴリウス5世	996-999
(ヨハネス16世	997-998)

11世紀

シルヴェステル2世	999-1003
ヨハネス17世	1003
ヨハネス18世	1004-1009
セルギウス4世	1009-1012
(グレゴリウス	1012)
ベネディクトゥス8世	1012-1024
ヨハネス19世	1024-1032
ベネディクトゥス9世	1032-1044
シルヴェステル3世	1044-1045
ベネディクトゥス9世	1045 ; 1047-1048
グレゴリウス6世	1045-1046
クレメンス2世	1046-1047
ダマスス2世	1048
レオ9世	1049-1054
ヴィクトル2世	1054-1057
ステファヌス9(10)世	1057-1058
(ベネディクトゥス10世	1058-1059)
ニコラウス2世	1059-1061
アレクサンデル2世	1061-1073
(ホノリウス2世	1061-1072)
グレゴリウス7世	1073-1085
(クレメンス3世	1080-1100)
ヴィクトル3世	1086-1087
ウルバヌス2世	1088-1099

12世紀

パスカリス2世	1099-1118
(テオドリクス	1100)
(アルベルトゥス	1102)
(シルヴェステル4世	1105-1111)
ゲラシウス2世	1118-1119
(グレゴリウス8世	1118-1121)
カリクストゥス2世	1119-1124
ホノリウス2世	1124-1130
(ケレスティヌス2世	1124)
インノケンティウス2世	1130-1143
(アナクレトゥス2世	1130-1138)
(ヴィクトル4世	1138)
ケレスティヌス2世	1143-1144
ルキウス2世	1144-1145
エウゲニウス3世	1145-1153
アナスタシウス4世	1153-1154
ハドリアヌス4世	1154-1159
アレクサンデル3世	1159-1181
(ヴィクトル4世	1159-1164)
(パスカリス3世	1164-1168)
(カリクストゥス3世	1168-1178)
(インノケンティウス3世	1179-1180)
ルキウス3世	1181-1185
ウルバヌス3世	1185-1187
グレゴリウス8世	1187
クレメンス3世	1187-1191
ケレスティヌス3世	1191-1198

13世紀

インノケンティウス3世	1198-1216
ホノリウス3世	1216-1227
グレゴリウス9世	1227-1241
ケレスティヌス4世	1241
インノケンティウス4世	1243-1254
アレクサンデル4世	1254-1261
ウルバヌス4世	1261-1264
クレメンス4世	1265-1268
グレゴリウス10世	1271-1276
インノケンティウス5世	1276
ハドリアヌス5世	1276
ヨハネス21世	1276-1277
ニコラウス3世	1277-1280
マルティヌス4世	1281-1285
ホノリウス4世	1285-1287
ニコラウス4世	1288-1292
ケレスティヌス5世	1294

14世紀

ボニファティウス8世	1294-1303
ベネディクトゥス11世	1303-1304
クレメンス5世	1305-1314

【著者略歴】

リチャード・クラウトハイマー

1897年フランケン地方フュルトのドイツ系ユダヤ人家庭に生まれる。1925年中世ドイツ托鉢修道院教会建築の研究でハレ大学にて学位修得。1933年ナチスからのがれてローマに、つづいて1935年アメリカ合衆国に移住。ルイヴィル大学、ヴァッサー大学、ニューヨーク大学にて美術史および建築史を教える。1970年公務を退き、ローマのビブリオテカ・ヘルツィアーナの一隅に住む。主たる著作としては本書のほか、『コルプス・バシリカルム・クリスティナルム・ロマエ』(共著)、『カロリング朝時代における初期キリスト教建築の復活』、『アレクサンダー7世のローマ』などがある。1994年ローマにて没。

【訳者略歴】

中山 典夫(なかやま・のりお)

1940年生まれ。1971年東京教育大学大学院修士課程修了。1977年ドイツ、フライブルク大学学位修得。専攻はギリシア・ローマ美術史、筑波大学名誉教授。主要論文に『ギリシア美術とプラトン』、『ギリシア美術と現代』、『『草枕』と西洋美術史』など、主要訳書にJ. J. ヴィンケルマン『古代美術史』、エルンスト・ゴンブリッチ『若い読者のための世界史』などがある。

リチャード・クラウトハイマー
ローマ ―ある都市の肖像 三一二〜一三〇八年― ©

平成二十五年七月十五日印刷
平成二十五年七月二十五日発行

訳者 中山 典夫
発行者 小菅 勉
印刷 広研印刷株式会社
製本 松岳社
用紙 王子製紙株式会社

中央公論美術出版
東京都中央区京橋二丁目八―七
電話〇三―三五六一―五九九三

製函 株式会社加藤製函所

ISBN 978-4-8055-0713-1